TEOLOGÍA DEL ANTIGUO TESTAMENTO

El mensaje divino contenido en la ley,
los profetas y los escritos

*"ASÍ HA DICHO YAHWEH EL
SEÑOR, DIOS DE ISRAEL"*

Juan María Tellería Larrañaga

Editorial CLIE
www.clie.es

EDITORIAL CLIE
C/ Ferrocarril, 8
08232 VILADECAVALLS
(Barcelona) ESPAÑA
E-mail: clie@clie.es
http://www.clie.es

TEOLOGÍA DEL ANTIGUO TESTAMENTO
ISBN: 978-84-17131-34-0
Depósito Legal: B 18912-2018
Teología cristiana
General
Referencia: 225072

Impreso en USA / *Printed in USA*

Juan María Tellería Larrañaga

Natural de Donostia, San Sebastián (Guipuzkoa), España, es Doctor en Filosofía (PhD), especialidad en Teología, por la T. U. A. (Theological University of America), Iowa (EEUU). Magíster en Teología Dogmática, por C.E.I.B.I. (Centro de Investigaciones Bíblicas), Santa Cruz de Tenerife (España). Licenciado en Sagrada Teología en C.E.I.B.I. Posee una Diplomatura en Teología por el Seminario Teológico Bautista Español de Alcobendas (Madrid).

En el campo de la filología tiene una Licenciatura con especialidad en Filología Clásica, por la Universitat de València. Licenciatura en Filología, especialidad de Filología Española. U.N.E.D (Universidad Nacional de Educación a Distancia).

Ha cursado, también, estudios de posgrado en Griego Moderno y posee diplomas y certificados correspondientes en francés e inglés.

Con experiencia docente en CEIBI (Centro de Investigaciones Bíblicas), en las áreas de Hebreo, Griego, Dogmática, Metodología Exegética y Exégesis del Antiguo y del Nuevo Testamento, Metodología Teológica y Teología del Antiguo y del Nuevo Testamento.

Presbítero y Delegado Diocesano para la Educación Teológica en la Iglesia Española Reformada Episcopal (IERE, Comunión Anglicana). Decano Académico del Centro de Estudios Anglicanos (CEA)

Conferenciante consagrado, es, también, autor de diversos libros y colaborador del *Gran Diccionario Enciclopédico de la Biblia* de CLIE, en varios artículos.

ÍNDICE

CAPÍTULO INTRODUCTORIO

Al comenzar la redacción de estas páginas, somos plenamente conscientes de que la pretensión de adentrarnos en los escritos veterotestamentarios para intentar alcanzar el fondo de su contenido, es decir, de su *teología* o *pensamiento de base*, supone algo parecido a lanzarse de lleno sin salvavidas en un océano proceloso. Y es que resulta complicado, incluso para muchos y grandes especialistas en la materia, no solo el llegar a discernir con claridad cuál es ese fondo, ese núcleo, sino incluso el definir con precisión en qué consiste exactamente la *Teología del Antiguo Testamento* como disciplina o materia académica. No queremos, por lo tanto, iniciar este nuestro trabajo sin recordar aquellas palabras del teólogo dominico Johannes Petrus Maria Van der Ploeg, que con gran dosis de humildad —y de realismo— afirmaba en un artículo publicado en la prestigiosa *Revue Biblique*, año 1948, p. 108:

> «No es cosa fácil escribir una *teología bíblica*. La idea de teología supone en nosotros un *sistema* bien ordenado, en el que todo encuentra su lugar. Ahora bien, los autores inspirados de los libros del Antiguo Testamento, y aun los del Nuevo, escribían muchas veces sin un sistema, al menos sin un esquema preconcebido[1]».

Palabras que, pese al tiempo transcurrido, siguen constituyendo una certera definición del problema[2]. No nos ha de extrañar que hace algunas décadas haya habido ciertos eruditos reacios al sintagma *Teología*

---

[1] Citado por GARCÍA CORDERO, O. P. *Teología de la Biblia*, vol. I, *Antiguo Testamento*. Madrid: B.A.C., 1970, p. 3.

[2] El mismo autor replanteó la cuestión años más tarde, en 1962, en el artículo "Une 'théologie de l'Ancien Testament' est-elle possible?", publicado en la revista *Ephemerides Theologicae Lovanienses*.

del Antiguo Testamento, y que incluso hayan propuesto otras designaciones que han creído más exactas[3].

Puestos ante la tesitura de ofrecer, a nuestra vez, una definición de este campo, diremos que, si por *teología* entendemos lo que su etimología nos indica[4], es decir, *el estudio ordenado acerca de Dios y de todo cuanto a él se refiere,* y por *Antiguo Testamento*, el conjunto de treinta y nueve libros sagrados canónicos que componen la primera gran sección de la Biblia —redactada antes del nacimiento de Cristo— podemos atrevernos a definir así la Teología del Antiguo Testamento:

> *Disciplina académica que estudia de forma ordenada y estructurada aquello que los libros del Antiguo Testamento nos transmiten acerca de Dios.*

Esta definición, que en principio nos puede parecer lógica y simple, está sujeta no obstante a muchos interrogantes, ya que son numerosos los obstáculos a los que ha de hacer frente. Vamos a mencionar a continuación algunos de los más comunes.

La historia narrada en el Antiguo Testamento. Tal como nos ha sido transmitido y encontramos en las ediciones corrientes de la Biblia, el Antiguo Testamento en su conjunto viene a relatarnos lo siguiente:

- Dios crea *en un principio*[5] el mundo y el hombre, pero este último muestra para con su Creador la mayor de las ingratitudes y cae de su estado original[6] —según da a entender el propio texto bíblico— desde el primer momento, propiciando la entrada del mal, el dolor y la muerte en nuestro planeta. No obstante, la caída conlleva una promesa de restauración, recogida en Gn. 3: 15, versículo

---

[3] *Cf.* el artículo clásico de F. M. Braun, O. P., "La théologie biblique. Qu'entrendre par là?", publicado en la *Revue Tomiste* de 1953, donde su autor propone que se hable más bien de *exégesis sistemática* o *exégesis teológica*.

[4] Del griego θεός *theós*, "Dios", y λόγος *logos*, "estudio ordenado", "discurso bien construido".

[5] Con estas mismas palabras, que en hebreo son una sola, בראשׁית *bereshith,* se inicia el libro del Génesis y con él todo nuestro Antiguo Testamento.

[6] Lo que los teólogos antiguos llamaban *el estado de inocencia. Cf.* SANTO TOMÁS DE AQUINO. *Summa Theologiae.* Roma: 1889. Pars prima, quaestio 97.

al que los antiguos Padres de la Iglesia dan el nombre de *Protoevangelio* (Gn. 1-3)[7].

- La humanidad primitiva se aleja cada vez más del Creador hasta el extremo de que este ha de castigarla con el Diluvio Universal, que casi la precipita en una extinción definitiva, para luego dispersarla por el mundo a raíz del episodio de la torre de Babel (Gn. 4-11). De esta época data el llamado "pacto de Noé" (Gn. 9:11), entendido como una especial alianza, cuyas cláusulas son de obligatorio cumplimiento para todos los seres humanos de todos los pueblos y épocas[8].

- Ante el avance del pecado y la desobediencia, Dios escoge a un hombre, Abraham, al que hará especial depositario de sus promesas. El Señor establece un pacto con él, renovado más tarde con su hijo Isaac y luego con su nieto Jacob, el padre de las que serán, andando el tiempo, las doce tribus de Israel; pacto que señala directamente hacia el Nuevo Testamento (Gn. 12-37).

- Durante los últimos años de la era patriarcal, el clan de Jacob-Israel desciende a Egipto y se instala allí, donde vivirá durante varias generaciones (Gn. 38-50).

- Los hebreos se ven reducidos a la esclavitud por los egipcios, llegando incluso al extremo de que uno de los faraones ordena el exterminio de los varones israelitas recién nacidos. En aquel momento viene al mundo Moisés, salvado de tal destino por una providencial componenda de su familia, y es adoptado por la hija de Faraón, si bien más tarde habrá de huir del país (Éx. 1-2).

- Refugiado en la región de Madián, al sur de Palestina y norte de Arabia, Moisés tiene un encuentro sobrenatural con Dios, que le

---

[7] Ni que decir tiene que esta es, lógicamente, una lectura *cristiana* del Antiguo Testamento. Las lecturas que hacen los judíos actuales es bastante distinta, como tendremos ocasión de indicar en su momento.

[8] Así lo ha entendido desde siempre la tradición judía. En la edición comentada de la Tanakh publicada por la editorial Jerusalem de México, Yaacob Huerin Galante (o Yaacob ben Itsjac Huerin) dice lo siguiente acerca de Gn. 9:11:

«El pacto es una seguridad que da Hashem [Dios] a los seres humanos, a fin de que ellos tengan la tranquilidad de que todo lo que hagan para procrear y adelantar el progreso no será destruido. Sin esta promesa, los seres humanos vivirían salvajemente, pues se dedicarían solo a los placeres materiales».

El corchete es nuestro.

revela su Nombre: el Sagrado *Tetragrámmaton* (יהוה *YHWH*[9]), generalmente pronunciado como *Yahweh*, y lo comisiona como libertador de Israel. Moisés se enfrenta a la tiranía faraónica y, mediante el poder divino, consigue la libertad de su pueblo mientras Egipto queda devastado. El paso milagroso del mar Rojo supone la ruptura definitiva de Israel con el país del Nilo y el comienzo de su verdadera historia como nación (Éx. 3-15).

- Conducidos por Moisés, los hebreos recién liberados llegan al monte Sinaí, donde Yahweh se les muestra como su Dios y entra en una especial alianza con ellos, haciéndoles entrega de la ley (תורה, *Torah*), estableciendo para siempre los principios que han de regir su vida y sus circunstancias. Israel se convierte así en el pueblo de la promesa, una nación santa, apartada, un pueblo eminente y fundamentalmente *sacerdotal* (Éx. 16:1 – Nm. 10:10).

- Moisés conduce a Israel desde el Sinaí hasta las puertas de Canaán o Palestina, *la Tierra Prometida*, en medio de toda una serie de sucesos que ponen de manifiesto la ingratitud de aquel pueblo y la misericordia de Dios (Nm. 10:11 – 36:13).

- A las puertas de la tierra de Canaán —más concretamente en los llanos de Moab, al oriente del mar Muerto y el río Jordán— Moisés recopila el contenido fundamental de la ley y, en una serie de discursos, marca las pautas de lo que habrá de ser la religión y la vida de Israel en el futuro (Deuteronomio).

- Tras la (misteriosa) desaparición de Moisés, los israelitas, dirigidos por Josué y más tarde por los ancianos del pueblo y los jueces, van ocupando la *Tierra Prometida*, no sin dificultades (de hecho, la ocupación total del país no tendrá lugar sino en la época del rey David, hacia el siglo X a. C.) (Josué, Jueces, Rut).

- Samuel, último juez de Israel, instaura la monarquía hebrea al ungir como rey de las doce tribus al benjaminita Saúl. Pero pronto será David quien se hará con el trono, primero de la gran tribu del Sur (Judá), de donde era originario, y luego del resto (Israel), estableciendo una dinastía eterna según el pacto especial que Dios hace con él (2Sa. 7), un pacto eminentemente mesiánico. Su hijo Salomón llevará el reino a su máximo esplendor al dominar toda Palestina y la Siria Occidental, desde el torrente de Egipto (Wadi-el-Arish) y el golfo de Áqaba por el sur hasta el

---

[9] YHVH, según la Biblia Textual (BTX).

curso superior del Éufrates por el norte, teniendo los desiertos de Arabia y el mar Mediterráneo como límites oriental y occidental, respectivamente. Pero a su muerte, acaecida en el 931 a. C., la nación se deslinda en dos reinos: el de Israel y el de Judá. La dinastía davídica se aposenta en Judá, reino del Sur, con capital en Jerusalén y algunos reyes fieles a Dios, mientras que el reino del Norte, entregado a la idolatría desde el primer momento, sufre diversos vaivenes dinásticos, alcanzando su máxima extensión en tiempos de Jeroboam II (primera mitad del siglo VIII a. C.) y desapareciendo para siempre poco después, en el año 722 a. C. El reino de Judá es borrado del mapa cuando los ejércitos de Nabucodonosor destruyen Jerusalén y deportan al pueblo a Babilonia a partir del año 586 a. C. Esta época de los reinos hebreos divididos es la de los grandes profetas —especialmente el siglo VIII a. C.— que algunos estudiosos señalan como la era clásica de la profecía hebrea (1 y 2 Samuel, 1 y 2 Reyes, 1 y 2 Crónicas, Isaías, Jeremías, Oseas, Joel, Amós, Abdías, Jonás, Miqueas, Nahúm, Habacuc, Sofonías[10]). Los oráculos de Jeremías, especialmente el archiconocido de Jer. 31:27-40, apuntan ya con claridad hacia un Nuevo Pacto futuro.

- Durante la cautividad babilónica, los judíos —nombre que se aplica al remanente de Israel a partir de este momento de la historia por su particular vinculación con el desaparecido reino de Judá— viven condiciones de especial peligro, al mismo tiempo que ven su fe reforzada por la intervención sobrenatural de Dios y los mensajes de esperanza que les transmite a través de sus siervos inspirados (Ezequiel y Daniel). Las profecías de Daniel, especialmente los capítulos 2 y 7-12 del libro que lleva su nombre, muestran lo que se ha dado en llamar una *teología de la historia*, cuya enseñanza fundamental es que el Señor traza el destino de todos los pueblos y reserva una porción especial para sus elegidos, de tal manera que, incluso en medio de la aparente victoria de las fuerzas adversas, el propósito divino se cumple siempre.

- Tras la caída de Babilonia en poder de los persas el 539 a. C., los judíos son autorizados a regresar a su país de origen y reedificar la ciudad de Jerusalén y el templo en medio del entusiasmo por el retorno a la patria, la minuciosa regularización de la observancia

---

[10] No todos los autores ubican al conjunto de los profetas clásicos en esta época.

de la *Torah* y los mensajes proféticos que intentan encauzar al pueblo en la fidelidad a Dios (Esdras, Nehemías, Hageo, Zacarías, Malaquías).

- La mayoría de los judíos, no obstante, permanece fuera de Palestina *motu proprio,* lo que no deja de crearles problemas en medio de las sociedades paganas en que se asientan (Ester).

De esta manera, los escritos veterotestamentarios se inician con la creación del mundo en Gn. 1 y concluyen con la promesa de un precursor del Mesías en Mal. 4[11], siempre según el canon cristiano y protestante, es decir, sin tener en cuenta los llamados *libros apócrifos o deuterocanónicos.* En el orden del canon judío, sin embargo, el Antiguo Testamento se inicia con la creación narrada en Gn. 1 para concluir con el decreto de Ciro en 2Cr. 36, en el que el rey de Persia se declara comisionado por Dios para reconstruir el templo de Jerusalén. Sea como fuere, estos escritos, en su gran profusión de datos, narraciones y géneros literarios diferentes, nos vienen a mostrar una revelación divina primitiva oscurecida por el pecado humano y refugiada en un pueblo especialmente bendecido, aunque particularmente ingrato para con Dios, y apuntan siempre, en medio de grandes altibajos, hacia una promesa de restauración futura. Esta realidad plantea una pregunta de gran trascendencia:

¿Es el Antiguo Testamento un documento histórico fidedigno? Durante siglos ha habido grandes sectores de creyentes, tanto en el campo judío como en el cristiano, que han respondido de manera afirmativa a este interrogante, pero conforme a los patrones de lo que en el mundo occidental se ha entendido tradicionalmente por *historia*[12], es decir, lo que indicaba el poeta Horacio en el conocido verso 73 de su *Epístola a los Pisones* o *Arte Poética*:

Res gestae regumque ducumque et tristia bella

O sea, "los hechos de reyes y jefes militares, así como las tristes guerras". Según este punto de vista, los libros veterotestamentarios constituirían documentos de primera mano que, junto con la aportación de

---

[11] O Mal. 3, dependiendo de las ediciones de la Biblia.

[12] Etimológicamente, procede del griego jonio ἱστορίη *historíe*, "conocimiento adquirido a partir de una investigación previa".

las ciencias auxiliares más recientes[13], evidenciarían la verdad de los hechos narrados en sus capítulos y versículos cual si de crónicas periodísticas se tratara, de tal manera que sus autores tradicionales se verían como testigos presenciales de cuanto en ellos se refiere. Dado que, además, los escritos del Antiguo Testamento se entienden como inspirados por Dios e inerrantes en su forma y contenido[14], se añade con ello un mayor elemento de peso a favor de su valor histórico intrínseco. En nuestros días, esta opinión sigue siendo mantenida, en ocasiones con auténtica virulencia, por los sectores más ultraconservadores y fundamentalistas del llamado *evangelicalismo americano,* así como por los judíos ortodoxos más recalcitrantes.

Por el contrario, desde el despuntar de los métodos críticos en la investigación documental antigua a partir del siglo XVIII, se ha tendido en los medios protestantes europeos —sobre todo luteranos, reformados y anglicanos— a enfocar los treinta y nueve libros veterotestamentarios desde una óptica diferente, no como documentación histórica según nuestros patrones occidentales, sino como un material elaborado a partir de unos presupuestos literarios que, por encima de todo, son *teológicos.* Los estudios llevados a cabo durante el siglo XIX por eruditos germánicos de la talla de Karl Heinrich Graf, Julius Wellhausen, Bernhard Dumm, o Hermann Gunkel —por no citar sino algunos de los más renombrados— sentaron unas bases científicas para el estudio del Antiguo Testamento que han dejado una huella indeleble, penetrando incluso en el campo católico romano, en el que han producido también fruto abundante. Las conclusiones a que llegan los estudiosos contemporáneos no son siempre concordes con las que señalaron aquellos autores decimonónicos, pero se prosigue dentro de la misma línea de investigación, realizada con métodos científicos y con una clara finalidad: comprender y exponer el contenido del mensaje de Dios que subyace tras el ropaje literario de los textos veterotestamentarios.

---

[13] Entendidas por tales la arqueología, la lingüística, la literatura comparada, la paleografía, la numismática, la geografía, la etnografía, la antropología y la sociología, principalmente.

[14] *Cf.* a tal efecto clásicos de la literatura más conservadora, como ARCHER, G. L. *Reseña crítica de una introducción al Antiguo Testamento.* Grand Rapids, Michigan: Ed. Portavoz, 1987; KEIL & DELITZSCH. *Commentary on the Old Testament,* 10 volumes. Peabody Massachusetts: Hendrickson Publishers, 2001; PACHE, R. *L'inspiration et l'autorité de la Bible.* Saint-Légier, Suisse: Éditions Emmaüs, 1967; PFEIFFER, C. F. *El comentario bíblico Moody: Antiguo Testamento.* Grand Rapids, Michigan: Ed. Portavoz, 1992.

Es evidente que los hagiógrafos que compusieron los libros del Antiguo Testamento concebían el mundo, la propia humanidad y las realidades históricas, de una manera completamente distinta a como los entendemos nosotros. Se ha señalado en más de una ocasión que su lengua ni siquiera contenía un término concreto para designar lo que nosotros llamamos *historia*. Lo más parecido es el vocablo תולדות[15] *toledoth* —en ocasiones escrito con la grafía simplificada תולדת—, que habitualmente solemos traducir por "generaciones", y hace referencia al recuento de la familia o los descendientes de alguien muy concreto (Gn. 5:1; 6:9; 10:1; Éx. 6:16; 1Cr. 26:31), e incluso, en sentido mucho más general, da cuenta de un todo y de cuanto procede de ello (Gn. 2:4). Digamos, no obstante, que tales recuentos no aparecen en el texto sagrado en toda su extensión, vale decir que no son exhaustivos. La razón es sencilla: para aquellos autores sacros lo realmente importante era dejar constancia de los hechos salvíficos de Dios para con Israel, no de crónicas de reinados al estilo de las escribanías de los pueblos que les rodeaban[16]. Si queremos considerar el Antiguo Testamento como un libro, o mejor aún, un conjunto de libros históricos, habremos de matizar que solo lo es en tanto que nos transmite la Historia de la Salvación o *Heilsgeschichte*, en su nomenclatura clásica alemana, no la historia de un pueblo concreto. La disciplina a la que damos el nombre de *Teología del Antiguo Testamento* no está llamada, por tanto, a exponer la historia de los antiguos hebreos tal cual, es decir, *lo que sucedió en la Palestina del 2º y 1er milenio a. C.* o *lo que hicieron los antiguos israelitas* allí, que sería objeto de estudio de otras disciplinas, sino *lo que se dice que ocurrió debido a la intervención divina*, o sea, un relato, un discurso que lee e interpreta *lo que Dios hizo en, con, por medio de y para el pueblo de Israel en aquellas épocas recónditas*. Dios es

---

[15] A lo largo de todo este trabajo citaremos los vocablos hebreos únicamente con las letras del alefato cuadrado o arameo, sin los puntos masoréticos que los acompañan en las ediciones bíblicas al uso de Kittel (BHK) o la Stuttgartensia (BHS). Ello no obedece exclusivamente a una mera comodidad gráfica: la vocalización masorética, como bien sabe el amable lector, resulta muy posterior a la redacción original de los textos hebreos veterotestamentarios, con lo que supone una lectura, una interpretación muy tardía de estos y, todo hay que decirlo, no siempre segura. Nos adherimos así a la práctica de ciertos trabajos eruditos contemporáneos de nuestro continente europeo.

[16] De hecho, la propia Biblia da testimonio de que existieron en el antiguo Israel crónicas de corte al estilo de las de otros pueblos circundantes (*cf.* 1Re. 14:19, 29, por no citar sino solo dos ejemplos), pero no se han conservado en el Antiguo Testamento, dado que sus finalidades eran completamente distintas, vale decir, no contenían tradiciones sagradas.

el protagonista indiscutible de las narraciones veterotestamentarias, no Israel, ni los seres humanos. De aquí los interrogantes sobre la forma en que los escritos del Antiguo Pacto fueron redactados y recibidos como sagrados.

¿Cómo se escribió el Antiguo Testamento? No vamos a profundizar a lo largo de este nuestro trabajo en cuestiones que competen más bien a otras materias académicas, como la *Introducción a la Biblia* o la *Introducción al Antiguo Testamento*, ya sea en lo referente al conjunto veterotestamentario o en lo que toca a sus distintos libros constitutivos. Son muchas y muy diversas las teorías que hay respecto al origen y la redacción de los treinta y nueve libros canónicos de las Escrituras Hebreas, desde las más conservadoras —según las cuales los diferentes conjuntos de escritos o algunos libros en particular se atribuirían a figuras muy destacadas de la historia y la religión de Israel, por lo que algunos serían antiquísimos— hasta las más críticas —empeñadas hasta hace no demasiado tiempo en "descuartizar" literalmente estos escritos buscando sus documentos literarios constitutivos y datándolos en diferentes momentos de la historia de Israel—, pasando por todas las gamas y gradaciones imaginables, por lo que el lector interesado podrá acudir sin demasiada dificultad a amplias bibliografías que existen, también en nuestro idioma, a favor o en contra de cualquiera de estos posicionamientos previos mencionados. Tan solo queremos ofrecer un breve esbozo del estado de la cuestión de forma razonable.

Que en los libros del Antiguo Testamento, tal como nos han llegado y leemos hoy, emergen distintas tradiciones y composiciones literarias de diversas procedencias y momentos, que más tarde serían recopiladas y puestas por escrito en una edición definitiva (¡corregida y aumentada!) conforme a una ideología o una teología previa, es algo que nadie puede ya negar sin violentar los propios textos. Pero que, al mismo tiempo, algunas de esas tradiciones puedan remontarse, sin lugar a dudas, a las grandes figuras de la historia de Israel, es un dato a tener muy en cuenta y que no se puede obviar alegremente. Ofrecemos a continuación un esbozo de la historia de la composición literaria del Antiguo Testamento desde el punto de vista de la crítica más clásica, indicando los documentos y/o tradiciones (orales o escritas) de base[17]:

---

[17] Tenemos delante de nosotros el cuadro esbozado por el hoy clásico anglosajón BEWER J. A. *The Literature of the Old Testament in its historical development.* New

- *Composiciones del período premonárquico* (antes del año 1000 a. C.)

Cantos bélicos: Canto de Lamec (Gn. 4:23-24)[18]. Cánticos de Moisés (Éx. 15:1b-18) y de María (Éx. 15:21). La guerra eterna de Dios contra Amalec (Éx. 17:16). Invocación al Arca del Pacto (Nm. 10:35-36). Las estaciones o etapas de Israel en el desierto (Nm. 21:14b-15). Canto del pozo (Nm. 21:17b-20). Victoria sobre los amorreos (Nm. 21:27-30). Orden de Josué al sol y a la luna (Jos. 10:12b-13). Cántico de Débora (Jue. 5)[19]. Cántico de Sansón (Jue. 15:16). Peán sobre las hazañas de David y Saúl (1Sa. 18:7b; 21:11b; 29:5).

Leyes: Decálogo moral o los Diez Mandamientos (Éx. 20:1-17; Dt. 5:6-21)[20]. Código de la Alianza (Éx. 20:22 – 23:33). Decálogo Cultual (Éx. 34:14-26).

Proverbios, enigmas y fábulas: Proverbio de David (1Sa. 24:13). Enigmas de Sansón (Jue. 14:14, 18). Fábula antimonárquica de Jotam (Jue. 9:7b-15).

- *Reinados de David y Salomón* (1000-910 a. C.)

Poemas: Elegía de David sobre Saúl y Jonatán (2Sa. 1:19b-27). Elegía de David sobre Abner (2Sa. 3:33b-34). Algunos de los

York: Columbia University Press, 1928, pp. xii-xiv. Ni que decir tiene que las ciencias bíblicas hoy han avanzado mucho desde su fecha de publicación, y que sus propuestas ya no siempre resultan válidas en el estadio actual de nuestros conocimientos. No obstante, seguimos sus pautas cronológicas y temáticas, que nos parecen bien estructuradas desde un punto de vista puramente pedagógico, añadiendo, suprimiendo y adaptando su presentación a lo que en nuestros días se conoce con más exactitud acerca de estos temas.

[18] Conocido también como *Canto de la espada*, está considerado como la muestra más antigua de la poesía hebrea profana.

[19] Críticos contemporáneos, y algunos de décadas pasadas también, consideran que se trata de la composición bélica sagrada más antigua de la Biblia, y tal vez el primer texto veterotestamentario que viera la luz. Otros, no obstante, atribuyen prioridad temporal al *Cántico de Moisés* y al *Cántico de María* de Éx. 15, que algunos especialistas entienden como una composición única, no como dos más tarde agrupadas en una.

[20] Aunque en sus dos redacciones actuales, la de Éxodo y la de Deuteronomio, revela interpolaciones muy posteriores en el tiempo.

salmos atribuidos tradicionalmente a David. Parábola de Natán (2Sa. 12:1-4). Grito de guerra de Seba (2Sa. 20:1b). Oración de Salomón en la dedicación del templo (1Re. 8:12-13, 15-61). Composición definitiva de los Libros del *Justo*[21] y de las *Guerras de Yahweh*[22], obras literarias hebreas perdidas de las que forman parte algunos de los poemas citados[23]. Bendición de Moisés (Dt. 33).

Textos narrativos: Historia del establecimiento y consolidación de la monarquía en Israel (1Sa. 8 – 1Re. 2). Libro de los hechos de Salomón (1Re. 3-11). Anales y crónicas de la corte de Jerusalén y del templo.

- *La monarquía hebrea dividida: reinos de Israel y Judá* (siglos IX y VIII a. C.)

Ciclos de Elías (1Re. 17-19; 21; 2Re. 1) y Eliseo (2Re. 2-8; 13:14-21). Historia del ascenso y la caída de los Omridas (1Re. 16; 20; 22; 2Re. 3; 6:24 – 7:20; 8:7-15; 9-10). Recopilación de tradiciones muy antiguas referentes a la era patriarcal, el éxodo con los orígenes de Israel y la conquista de Canaán, efectuada toda ella por sacerdotes, que hallamos distribuidas a lo largo de todo el Hexateuco[24]. Amós (hacia el 750). Oseas (entre 745-735, aproximadamente). Proto-Isaías[25] (entre 738-700, tal vez un poco más tarde). Miqueas (desde el 725 hasta comienzos del siglo VII a. C.).

- *Siglo VII a. C.*

Sofonías (hacia el 627-626). Primera recopilación de los oráculos del profeta Jeremías (a partir del 626). Recopilación de las a veces antiguas tradiciones subyacentes al Deuteronomio y publicación del conjunto (621). Nahúm (hacia el 615). Primera edición de la magna obra que hoy conocemos como Libros de los Reyes (1 y 2 Reyes, entre el 620 y el 608).

---

[21] O de *Jaser* (*Yaser* en algunas versiones de la Biblia).

[22] O de las *Batallas de Jehová*, como leemos en la clásica versión protestante castellana Reina-Valera (RV).

[23] Jos. 10:13 cita el libro de *Jaser* y Nm. 21:14 el de las *Guerras de Yahweh*.

[24] Es decir, los cinco componentes del Pentateuco más el libro de Josué.

[25] Es decir, el conjunto de Is. 1-39.

- *Siglo VI a. C.*

Segunda recopilación de los oráculos de Jeremías (tal vez concluida el 585). Habacuc (entre el 600 y el 590). Ezequiel y el Código de Santidad[26] (593-571). Lamentaciones (586-550). Posible segunda edición de los Libros de los Reyes juntamente con Josué, Jueces, 1 y 2 Samuel (hacia el 550)[27]. Deutero-Isaías[28] (entre el 546 y el 539). Hageo (520). Proto-Zacarías[29] (520-518). Documento Sacerdotal[30] (hacia el 500).

- *Siglo V a. C.*

Trito-Isaías[31], Abdías y Sofonías (primera mitad del siglo). Malaquías (hacia el 460). Memorias de Esdras[32] y Nehemías (Esdras y Nehemías, respectivamente) y 1 y 2 Crónicas (después del 432). Recopilación definitiva de las tradiciones sobre la familia de David que se plasman en Rut (hacia el 410). Libro de Jonás. Composición de los primeros dos capítulos de Joel (hacia el 400). Edición definitiva del Hexateuco (segunda mitad del siglo).

- *Siglo IV a. C.*

Última parte de las profecías de Joel. Partes más antiguas de Proverbios, Job, Apocalipsis de Isaías[33]. Probable edición definitiva de Oseas.

---

[26] Lv. 17-26. La exégesis de hace unas décadas señalaba el gran parecido entre Ezequiel y este código.

[27] Lo que se ha dado en llamar *Historia* (o *Historiografía*) *Deuteronomística*, debido a la innegable influencia del Deuteronomio en su composición definitiva.

[28] Es decir, Is. 40-55.

[29] Zac. 1-8.

[30] Conocido entre los críticos como *Documento P*, uno de los supuestos elementos literarios componentes del Hexateuco que abarcaría básicamente el libro del Levítico.

[31] Is. 56-66.

[32] Destaca de forma especial el Esdras arameo (Esd. 4:8 – 6:18) como un documento con entidad propia dentro del conjunto actual de los libros de Esdras y Nehemías.

[33] Es decir, Is. 24-27, documento que muestra una identidad muy propia dentro del conjunto del Proto-Isaías.

- *Siglo III a. C.*

  Edición definitiva de 1 y 2 Crónicas (entre el 300 y el 250), Gn. 14, 1Re. 13, Ester y Cantar de los Cantares. Partes más recientes de Proverbios y Eclesiastés (hacia el 200).

- *Siglo II a. C.*

  Recopilación y redacción definitiva de Daniel (165-164). Deutero-Zacarías[34]. Is. 33. Edición definitiva del Salterio[35].

Diremos, en resumen, que para el siglo I de nuestra era el texto protomasorético hebreo[36] del Antiguo Testamento ya estaba constituido, como atestiguan, además del Texto Masorético o TM actual, los distintos documentos hallados en el mar Muerto y pertenecientes en su mayoría a la comunidad esenia. El Pentateuco Samaritano, que vería la luz entre los siglos V y II a. C., presenta ciertas diferencias con el TM, la mayoría de orden puramente ortográfico, y muestra en ocasiones un gran parecido con el texto de la versión griega de los LXX o *Septuaginta*. Esta última, aunque es una traducción, reviste un gran interés para la crítica textual, dado que sus lecturas suponen un texto hebreo diferente del Masorético, tal vez anterior o contemporáneo de él en algunos casos. De hecho, no son pocos los estudiosos que en el día de hoy siguen prefiriendo las lecturas de la LXX a las del TM por considerar que están mucho más cerca de lo que serían los autógrafos originales del Antiguo Testamento. El TM viene despertando desde hace bastante tiempo profundas sospechas de manipulación anticristiana de las Escrituras por parte de los judíos, si bien se reconoce de forma general su gran valor y, de hecho, la mayor parte de las traducciones actuales de la Biblia al uso se fundamentan en él[37].

---

[34] Zac. 9-14. Algunos exegetas han señalado los capítulos 12-14 como una obra independiente de otro autor al que dan el nombre de Trito-Zacarías.

[35] Estos tres últimos elementos (Deutero-Zacarías, Is. 33 y la edición definitiva del Salterio) son ubicados por la mayoría de los exegetas actuales en la segunda mitad del siglo. Algunos eruditos, sin embargo, los colocan en el siglo I.

[36] Con ciertas partes que habían sido redactadas originalmente en arameo: Gn. 31:47 (una palabra); Jer. 10:11; Dn. 2:4b – 7:28; Esd. 4:7 – 6:18; 7:12-26.

[37] Traducciones de la Biblia a idiomas occidentales fundamentadas en la LXX existen desde el siglo XIX. En nuestra lengua castellana la primera data de 1928 y ve la luz en América Latina. En la actualidad es el CSIC español (Consejo Superior de

El problema de la formación del canon del Antiguo Testamento entre los judíos. En el momento en que escribimos estas líneas, y ya desde hace unas cuantas décadas, se está viviendo en el campo exegético interdenominacional un gran debate en torno a la formación del conjunto que llamamos Antiguo Testamento, lo que no deja de tener importancia para el desarrollo de nuestra disciplina. Es evidente, como hemos indicado ya, que el TM hebreo y la LXX griega no coinciden siempre en sus lecturas, pero además, tampoco en el número de libros que contienen, e incluso en el orden en que se presentan. Como bien sabe el amable lector, el canon cristiano de nuestras versiones habituales de la Biblia no distribuye los treinta y nueve libros veterotestamentarios de la misma forma que las ediciones judías: las biblias cristianas siguen más de cerca el orden de la LXX, aunque no en todos los casos. Lo cierto es que antes del año 70 de nuestra era y la destrucción de Jerusalén por las legiones romanas de Tito Vespasiano, no podemos hablar de un canon definitivo del Antiguo Testamento. Más aún, los distintos grupos religiosos judíos contemporáneos de Jesús y del nacimiento de la Iglesia cristiana no consideraban de igual manera los diversos libros que hoy componen esta importantísima primera parte de la Biblia.

Por no señalar sino unos pocos ejemplos por todos bien conocidos, los aristocráticos *saduceos*, es decir, la facción sacerdotal, únicamente consideraban obras canónicas o autoritativas en cuestiones religiosas los cinco libros de Moisés, el Pentateuco o *Torah*. Los popularísimos *fariseos*, que tenían en este sentido una mentalidad mucho más abierta, concedían a los Profetas y a la literatura sapiencial un peso específico como Escritura Sagrada, sin dejar de reconocer por ello la autoridad básica indiscutible de los escritos mosaicos. Más aún, en relación con la ley, profesaban la creencia de que, junto con la *Torah* escrita (los cinco libros del Pentateuco), Dios había revelado a Moisés también una *Torah oral* o תורה שבעל פה, *Torah shebbeal peh*, lo que los Evangelios llaman *la tradición de los ancianos* (Mr. 7: 5), y a la que concedían la misma autoridad que a la primera. Andando el tiempo, esta *ley oral* iría adquiriendo en la conciencia de los escribas

---

Investigaciones Científicas) quien ha tomado a su cargo esta labor y la está llevando a cabo. De la Peshitta siríaca se realizan las primeras ediciones en lenguas occidentales a partir del siglo XX; en castellano tenemos una hermosa edición que ha visto la luz en julio de 2007 y que difunde Editorial Peregrino.

e intérpretes de la ley del partido de los fariseos, más importancia que la propia *Torah* escrita y que el resto de las Escrituras, por lo que, convertida en la *Mishnah*, llegaría a definir y canonizar el Antiguo Testamento para los judíos; las discusiones entre Jesús y los fariseos que nos presentan los Evangelios darían a entender que ya para comienzos del siglo I de nuestra era se palpaba en los círculos palestinos regentados por los escribas una relegación de la Escritura en beneficio de las tradiciones orales. Por otro lado, los *esenios* y los judíos llamados *helenistas* por ser de lengua y cultura griega, parecen haber tenido una biblioteca sagrada un poco más amplia que los fariseos ortodoxos, como evidencian los manuscritos del mar Muerto y la propia LXX.

Evidentemente, fueron los fariseos quienes, tras la destrucción de Jerusalén y el templo, dieron su impronta al judaísmo hasta el día de hoy ante la desaparición de los demás grupos religiosos. Se debe, pues, a sus rabinos y maestros destacados la definición del Antiguo Testamento que hoy tenemos en nuestras biblias, aunque no se aceptaron sus treinta y nueve libros sin discusiones. Si bien no hubo nunca objeciones en el seno de esta facción a la recepción en el canon judío del Pentateuco (la *Torah*) y los Profetas (נביאים *Nebiim*, en los que incluían los libros que nosotros llamamos *históricos*: Josué, Jueces, 1 y 2 Samuel, y 1 y 2 Reyes), que eran reconocidos como texto sagrado desde una época más o menos temprana, la cuestión de los llamados Escritos o כתובים *Kethubim* fue más complicada. En ellos se engloba toda una literatura dispar en la que algunos maestros fariseos encontraron con gran disgusto, desde la irreverencia que roza la blasfemia declarada (el libro de Job), hasta el escepticismo más insultante (Eclesiastés), pasando por la mundanalidad más subida de tono (el Cantar de los Cantares). El Talmud recoge algunas de estas cuestiones candentes en aquellos momentos (siglos II a. C. – I d. C.):

«Los Sabios quisieron retirar el libro de Qohéleth [*Eclesiastés*] de la circulación porque contiene contradicciones internas. ¿Por qué no lo hicieron? Porque se inicia y concluye con palabras fieles a la Torah[38]».

---

[38] Talmud *Shab* 30b, citado por RÖMER, T. *et alteri*. *Introduction à l'Ancien Testament*. Genève: Labor et Fides, 2009, p. 24. Tomamos esta cita y las siguientes directamente de la edición original en francés. De esta obra existe una buena edición castellana publicada por Desclée de Brouwer con el título *Introducción al Antiguo Testamento*.

El celebérrimo rabino Aqiba dice, por su parte, acerca del Cantar de los Cantares, frente a quienes se oponían a su inclusión en el canon:

> «El universo entero no vale el día en que el Cantar de los Cantares fue dado a Israel, pues todos los Escritos (Kethubim) son santos, pero el Cantar de los Cantares es el Santo de los Santos[39]».

No obstante lo cual, el Talmud *Sanhedrín* 101a advierte:

> «Nuestros maestros nos han enseñado: "El que lee un versículo del Cantar de los Cantares a guisa de canto amoroso o en un banquete, fuera de tiempo, trae la desgracia sobre el universo"[40]».

¿Por qué, pues, los rabinos y maestros fariseos se arriesgaron a incluir en el sagrado canon de las Escrituras toda una colección de escritos que podían crear problemas y divisiones frente a la seguridad inmutable del Pentateuco o los tonos rotundos de los Profetas? La respuesta, según algunos eruditos centroeuropeos actuales[41], es la siguiente: el judaísmo de los siglos que precedieron a nuestra era, pese a lo que se pretende en algunos círculos radicales y fundamentalistas contemporáneos, no fue impermeable al entorno cultural en que vivía. Tal como evidencian especialmente la literatura apócrifa y la pseudoepigráfica, amén del propio Nuevo Testamento, el impacto del Helenismo sobre los judíos fue enorme desde el momento en que la lengua y la cultura originarias de la Grecia Clásica se extendieron por el Cercano Oriente de la mano de las monarquías sucesoras del imperio de Alejandro Magno. Ni siquiera los esfuerzos protagonizados por los valerosos Macabeos frente a la helenización forzada llevada a cabo por el rey greco-sirio Antíoco IV Epífanes, pudieron impedir el avance imparable del la lengua y el pensamiento griegos[42]. Dado que los eruditos alejandrinos habían esta-

---

[39] *Mishnah, Yadaím* 3, 5. Citado por Römer, T. *Íd.* p. 25.

[40] Citado por Römer, T. *Ibíd.*

[41] Uno de los más destacados Albert de Pury, profesor de Antiguo Testamento en la Facultad de Teología Protestante de Ginebra, Suiza, así como elocuente predicador, uno de cuyos sermones sobre la figura de Agar en el libro del Génesis tuvimos la oportunidad de escuchar en la catedral de Ginebra.

[42] Una visión general sobre la realidad de la helenización que vivió el pueblo judío en Palestina se halla en Tellería Larrañaga, J. M. *Los semitismos del Evangelio según San Marcos. La lengua en que vio la luz la Buena Nueva.* Disertación doctoral (inédita) presentada en la T.U.A. (Theological University of America), Iowa, EEUU, para la

blecido en la celebérrima biblioteca de la capital del Egipto ptolemaico un canon tripartito de la abundantísima literatura griega, concebido como base de la educación y la formación de los ciudadanos cultos en aquel reino, y más tarde en el resto del mundo de habla helena, canon constituido por una cuidadosa selección de las obras inmortales de los poetas Homero, en primer lugar, y luego Hesíodo, juntamente con las piezas teatrales más relevantes de los tres grandes tragediógrafos Esquilo, Sófocles y Eurípides, los sabios de Israel quisieron responder al Helenismo con su propio canon tripartito. De la misma manera que las tragedias de Esquilo, Sófocles y Eurípides —el tercer componente del canon helenístico— venían a responder y/o actualizar los mitos contenidos en Homero y Hesíodo, no sin controversias o discusiones, además de plantear y tratar otros asuntos de interés para el ciudadano contemporáneo, los *Kethubim* hebreos presentaban una respuesta actualizada del Israel contemporáneo (es decir, el judaísmo postexílico) a la ley y los profetas, en ocasiones incluso actualizando su interpretación y generando discusión acerca de la aplicación de sus contenidos específicos a las nuevas situaciones por las que el pueblo atravesaba.

Esta explicación no carece de sentido, desde luego. *Literatura* significa siempre "selección", y lo cierto es que de la confrontación entre ambos cánones tripartitos, el veterotestamentario judío y el helenístico alejandrino, nacen a través de Roma y el cristianismo la conciencia y la identidad cultural de Occidente.

El Antiguo Testamento en relación con la historia de Israel. Sentado ya que el Antiguo Testamento NO es un libro de historia, y que en realidad no se escribió para transmitirnos la historia del antiguo Israel, la pregunta viene de por sí: ¿qué hay entonces de realmente histórico en él? Y aún podemos añadir algunas cuestiones más: ¿de qué otras fuentes podemos hoy obtener información fidedigna que nos permita reconstruir la historia auténtica del antiguo pueblo hebreo? ¿Diferiría mucho esa historia real de Israel de lo que leemos en el Antiguo Testamento? Intentaremos ofrecer a continuación respuestas coherentes, aunque breves, a estos interrogantes.

Siguiendo al gran teólogo y exegeta alemán Gerhard von Rad, hemos de decir —reiterándonos en lo que ya habíamos señalado

---

obtención del Doctorado en Filosofía (especialidad en Teología), el 17 de noviembre de 2012. Pp. 176-199.

páginas atrás— que Dios se revela a Israel por medio de hechos históricos *ciertos*, acaecidos *realmente* en el espacio y en el tiempo, y que,
reflexionados, interpretados, reinterpretados y definitivamente recogidos en los treinta y nueve libros de las Escrituras Hebreas, devienen su Palabra Viva a través de la cual él se da a conocer a su pueblo.
La teología del Antiguo Testamento ha de fundamentarse en ellos,
aunque, como indicábamos anteriormente, los autores de los libros
sagrados fueran conscientes de que no narraban crónicas históricas,
y aunque no siempre esos acontecimientos mencionados sean accesibles para nosotros hoy siguiendo los métodos de las ciencias históricas contemporáneas.

La exégesis crítica de comienzos y mediados del siglo XX había
considerado sucesos históricos indudables los siguientes[43]:

- Esclavitud en Egipto, éxodo a través del mar Rojo y estancia en el
  Sinaí y el desierto, acontecimientos acaecidos, más o menos, ha-
  cia el siglo XIII a. C.
- Asentamiento en Palestina (siglo XII).
- Guerras contra los cananeos (siglos XII-XI).
- Monarquía de David (1000 a. C.).
- División del reino hebreo entre Israel y Judá (siglo IX).
- Caída de Samaria, capital de Israel, en el 722.
- Reforma de Josías en Judá en el 621.
- Caída de Jerusalén en manos de Nabucodonosor en el 586 y cau-
  tividad de los judíos en Babilonia.
- Regreso de algunos cautivos a Judea y comienzos de la restaura-
  ción de Jerusalén y el templo (siglo V).

Quedaban fuera de este esquema los relatos míticos[44] de Gn. 1-11, imposibles de datarse en la historia, así como las narraciones patriarcales de Gn. 12-50 y las referidas al nacimiento, infancia y sucesos de la

---

[43] *Cf.* el ya clásico DODD, C. H. *La Biblia y el hombre de hoy*. Madrid: Ed. Cristiandad, 1973. Nos basamos en el cuadro que ofrece en la página 49, aunque no lo
seguimos exactamente.

[44] *Míticos* en cuanto a su estilo, es decir, composiciones tendentes a vehicular por
medio de un lenguaje muy colorista y de figuras muy bien trabajadas, enseñanzas sobre
asuntos que escapan a la percepción humana ordinaria o a su comprensión.

vida de Moisés hasta la liberación de Israel de Egipto, por ser consideradas meramente como composiciones legendarias[45].

A partir de los años 80, y como resultado de una serie de trabajos realizados sobre la arqueología de Palestina y la forma de leer sus hallazgos a la luz de los textos veterotestamentarios, el llamado *minimalismo bíblico* o *Escuela de Copenhage,* cuyos exponentes principales serán, entre otros, Lemch Niels Peter, Thomas Thompson y Philip Davies, postula la idea de que los escritos veterotestamentarios son creación literaria de la comunidad judía que regresa del exilio en Babilonia a partir del 539 a. C., y que busca en un pasado idealizado su identidad como pueblo frente a los gentiles. De ahí deduce, en líneas generales, que el Antiguo Testamento no contiene en realidad datos históricos fidedignos, y que la historia del antiguo Israel se debe reconstruir a partir de otras fuentes, como la arqueología y toda la información a que ella nos permita acceder. Ofrecemos a continuación una reconstrucción aproximada de lo que habría sido la realidad de lo acontecido en Palestina durante el período veterotestamentario, según este punto de vista[46]:

- Período del Bronce Antiguo (3100-2000 a. C.)

  Primeras ciudades fortificadas, como Jericó, Hai o Meguido.

- Período del Bronce Medio (2000-1550)

  Aparición de nuevas ciudades fortificadas, como *Urusalim,* la futura Jerusalén. Tradicionalmente se ha considerado este momento como el Período Patriarcal, pero esta escuela interpreta los relatos de Gn. 12-50 como una reconstrucción idealizada del retorno del exilio babilónico a Jerusalén.

- Período del Bronce Reciente o Tardío (1550-1200)

  Momento específico en el que, tradicionalmente, se ha ubicado la estancia de Israel en Egipto, la esclavitud de los hebreos en el

---

[45] Von Rad. G. *El libro del Génesis.* Salamanca: Ediciones Sígueme, 1982, pp. 13-27.

[46] Nos basamos en el breve esquema que hallamos en Römer, T. *Op. cit.* p. 53.

país del Nilo, y los acontecimientos del éxodo, el Sinaí, la peregrinación por el desierto hacia la Tierra Prometida y la conquista de Canaán. Según esta escuela, sin embargo, la investigación histórica actual es incapaz de encontrar rastro alguno de todos estos sucesos, por lo que se los considera como idealizaciones mitificadas del pasado de Israel, una pura ficción literaria[47]. Se rechaza, por lo tanto, la historicidad de los relatos del Éxodo e incluso la existencia del propio Moisés como personaje histórico real, de Josué y de otras figuras destacadas que se nombran en el Hexateuco. De todas maneras, se admite que Israel conserva en sus tradiciones sacras el recuerdo de una antigua revelación del dios Yahweh cuando aún no lo adoraban.

- Período del Hierro I (1200-1000)

Constitución real del pueblo de Israel en Palestina, o bien como confederación de grupos semíticos procedentes de Egipto emparentados por su origen, o bien como una sublevación general de braceros cananeos y de bandas de nómadas *habiru* contra sus señores[48], a los que eliminarían saqueando y destruyendo el país. En este momento también se datan los comienzos de lo que luego sería la monarquía israelita.

- Período del Hierro IIA (1000-900)

Época tradicional del imperio de David y Salomón, pero esta escuela pone en duda los datos que ofrecen 2 Samuel, 1 Reyes y 1 y 2 Crónicas en relación con estos reinados, como indicamos a continuación.

---

[47] Así, entre otros, el arqueólogo Israel Finkelstein en una ponencia realizada en 2006.

[48] Sobre los *habiru* o SA.GAZ, como se los menciona en escritura cuneiforme mesopotámica, y su identificación con los *hebreos* de la Biblia se ha escrito mucho. En la actualidad, se tiende a considerar que no son términos equivalentes, aunque sin duda, los hebreos bíblicos pudieron muy bien ser considerados *habiru* por los cananeos asentados en culturas urbanas.

- Período del Hierro IIB (900-720)

Época de la monarquía dividida entre los reinos de Israel y Judá. En el siglo IX a. C. se constata por vez primera la existencia de una epigrafía israelita. Los restos arqueológicos otrora atribuidos por la arqueología a las grandes construcciones de Salomón (siglo X a. C.), esta escuela los ubica en el siglo IX, por lo que serían contemporáneos de los que se hallan en Siria. De ahí que los asigne a la dinastía de Omri, en el reino efrainita de Israel, del cual la monarquía judaíta hierosolimitana habría sido vasalla en realidad. Se propone, por lo tanto, una lectura desmitificadora de los reinos davídico y salomónico, que no serían sino trasuntos del gran imperio de Israel creado por Omri y forjados siglos más tarde en el reino del Sur como intento de relatar una historia nacional judaíta digna. De hecho, algunos sostenedores de estas tendencias llegan a decir que las figuras de David y Salomón son en realidad creaciones meramente literarias, sin ningún fundamento histórico real, cuyos nombres no constan en ninguna inscripción de la época en que se supone habrían vivido.

- Período del Hierro IIC (720-539)

Se admite como hecho histórico auténtico la reforma religiosa de Josías, de la cual da testimonio la *Historiografía Deuteronomística*, que debió ser contemporánea. En relación con el exilio en Babilonia, se tiende a desmitificar la realidad presentada en los libros bíblicos. Se estima así que tan solo un 20% de la población judaíta viviría el destierro babilónico; la mayoría se habría quedado en Palestina. El peso religioso, no obstante, recaería sobre los exiliados, ya que serían la élite aristocrática e intelectual de la corte hierosolimitana (*cf.* las figuras de Esdras, Nehemías, Ester, Ezequiel o Daniel), que en Babilonia reflexionaría acerca de las tradiciones del desierto y el culto a Yahweh en el tabernáculo, dando forma de esta manera a lo que después serían las Escrituras y el culto de Israel.

- Época persa (539-333)

El escriba y sacerdote Esdras es el verdadero fundador del judaísmo, y su código legal debía ser semejante al Pentateuco que hoy conocemos. Las tradiciones judías hacen de él una especie de Moisés *redivivus* y le atribuyen la redacción, composición, recopilación y/o descubrimiento de la antigua ley, que se habría perdido con la destrucción del templo por los babilonios. Los adherentes a la escuela minimalista, no obstante, tienden a considerar puramente legendario cuanto se cuenta acerca de él, tanto en la literatura apócrifa y pseudoepigráfica, como los datos ofrecidos por el libro canónico que lleva su nombre, y el de Nehemías. Un ejemplo lo hallaríamos en la historia del repudio generalizado de las mujeres extranjeras (Esd. 10), que no sería sino una ficción ilustrativa de la gran pureza religiosa y legal alcanzada con las reformas de aquel personaje.

- Época helenística (333-63)

En este momento —según algunos, ya en el período persa— cristaliza del todo la visión idealizada hierosolimitana sobre la historia del antiguo Israel y se forjan textos que hacen hincapié en la unidad de origen de las míticas doce tribus: Nm. 1-4, Ez. 40-48 y 1Cr. 1-9. En relación con este último, se dice que las genealogías presentadas pueden contener el recuerdo de nombres y hechos reales, ya que las culturas semíticas actuales del Oriente Medio (los beduinos especialmente) tienden a fijar en la memoria listas de nombres de antepasados hasta la décima o la quinceava generación.

- Época romana (del 63 a. C. en adelante)

Se fijan para siempre los escritos del Antiguo Testamento tal como los conocemos hoy. La pérdida de la independencia política judía tras la toma de Jerusalén y el templo en el año 70 d. C., y la ulterior rebelión de Bar Kokheba, abortada por Roma el 135, centran la vida y la conciencia nacional de los judíos en la Biblia.

Ni que decir tiene que esta postura ha sido fuertemente criticada, no solo por sectores ultraconservadores o fundamentalistas religiosos, judíos y cristianos, sino también por arqueólogos e historiadores que han visto en ella una tendencia exagerada, y no demasiado imparcial, a eliminar el testimonio bíblico de la historia de forma sistemática e irracional. Como botón de muestra, diremos que un hallazgo arqueológico realizado entre 1993 y 1994 en Tel Dan por Avraham Biram, del *Hebrew Union College* de Jerusalén, consistente en fragmentos de una estela aramea con escritura del siglo IX a. C., dice que un rey sirio había derrotado al rey de Israel y al rey de *bythdwd* (ביתדוד en escritura cuadrada aramea clásica). Dada la dificultad de leer epigrafía antigua en lenguas semíticas, al no escribirse signo vocálico alguno, se ha propuesto la lectura más obvia *Beth Dawid*, es decir, *Casa de David*. Algunos autores minimalistas han pretendido leer engendros como *Casa del tío, Casa del amado* o incluso *Casa de la caldera*. Pero resulta más lógico en el contexto histórico y geográfico de la estela entender que se menciona a un monarca de la Casa de David que habría combatido al lado del rey de Israel contra Siria. De esta manera, y a solo un siglo de distancia de la época supuesta en que habría vivido el rey David, tendríamos el primer testimonio epigráfico que confirmaría su existencia como personaje histórico. A partir de este hallazgo, y de otros del mismo tenor, el minimalismo bíblico ha tenido que modificar algunos de los postulados más radicales de sus comienzos. No obstante, sigue siendo una escuela altamente influyente en los estudios históricos y arqueológicos palestinos en la actualidad, y a cuyas aportaciones no podemos hacer oídos sordos de manera sistemática.

Esbozo histórico de la religión de Israel. De forma paralela a las investigaciones históricas sobre el pueblo de Israel, se han ido desarrollando a lo largo de los tres últimos siglos, aunque en ocasiones con antecedentes mucho más antiguos, toda una serie de teorías e hipótesis sobre el origen del fenómeno religioso hebreo tal como lo hallamos en los escritos del Antiguo Testamento. Vamos a ofrecer a continuación, a guisa de ejemplo, tan solo las dos posturas más conocidas. Los postulados judeo-cristianos más tradicionales parten del siguiente esquema:

- Revelación divina primitiva realizada en los albores de la humanidad.

    Según esta concepción, el hombre habría sido monoteísta desde el primer momento, no por sí mismo, sino por una especial intervención de Dios, que se habría mostrado como tal a los primeros individuos de nuestra especie (*cf.* los *Relatos de la Creación* en Gn. 1-2). Esta idea fue apoyada en su momento, además de por todo el elenco religioso de la sinagoga, los pensadores islámicos y las diferentes confesiones cristianas, por las corrientes filosóficas fideístas decimonónicas de los franceses Robert de Lamennais y, sobre todo, Louis de Bonald. Hoy cuenta con valedores principalmente entre los grupos más conservadores y fundamentalistas de las tres grandes religiones abrahámicas.

- Degradación de esa revelación original y, como consecuencia lógica, nacimiento del politeísmo.

Siguiendo la historia bíblica y otras del mismo tenor que se encuentran en el Talmud, el Corán y la literatura apócrifa o pseudoepigráfica, amén de otros supuestos escritos sagrados más recientes, al estilo del *Libro de Mormón*, muy pronto los seres humanos se habrían olvidado del Creador, entregándose a una idolatría que alcanzaría formas cada vez más aberrantes (astrolatría, antropolatría y, especialmente, zoolatría, esta última la más degradante de todas), hasta llegar a prácticas deshumanizadoras y decadentes, como los cultos orgiásticos de la fertilidad y los sacrificios humanos. Los adherentes a esta postura indican que el origen de la idolatría está, por lo tanto, en el pecado del hombre, es decir, en la desobediencia a Dios, que degrada al ser humano y le hace perder de vista lo realmente importante, para dar prioridad a cosas secundarias, hundiéndolo en la ignorancia y la perversión (*cf.* Ro. 1:18-32).

- Recuperación de la prístina idea de una Divinidad única a través de la revelación especial acordada al pueblo de Israel.

Suelen indicar los partidarios de esta corriente de pensamiento que en realidad siempre ha existido —desde los orígenes— una rama de la familia humana en la que se ha adorado al único y verdadero Dios. El pueblo de Israel no sería sino un eslabón, el depositario de una revelación monoteísta que enlazaría la humanidad primitiva con el pacto de Moisés a través de una serie de hitos: los patriarcas antediluvianos de Gn. 5, los semitas protohebreos de Gn. 11 y los tres grandes patriarcas Abraham, Isaac y Jacob. La existencia de personajes bíblicos presuntamente antiquísimos y ajenos al pueblo de Israel, pero creyentes en el Dios verdadero (el patriarca oriental Job o el rey-sacerdote Melquisedec), vendría a corroborar esta idea.

La crítica histórica más clásica, por el contrario, ve la religión de Israel como un enigma que pretende explicar a partir de complicados fenómenos de tipo psicológico y cultural; ello haría de la antigua estirpe hebrea una etnia especialmente dotada para el desarrollo del pensamiento religioso, de la misma forma que la prístina raza helena habría estado particularmente habilitada para la elaboración de una mentalidad más abstracta y un pensamiento filosófico. A partir del conocido erudito alemán decimonónico Julius Wellhausen, esta tendencia distingue cuatro etapas o períodos en la evolución religiosa del pueblo hebreo:

- Período patriarcal

  En pleno ambiente primitivo de trashumancia[49], los patriarcas (Abraham, Isaac y Jacob) son conscientes de una presencia divina misteriosa que los acompaña en sus desplazamientos comerciales como dios del clan familiar, y a la que van asimilando las distintas divinidades de los santuarios locales cananeos que visitan. La religión patriarcal, no obstante, presenta rastros de un antiguo *totemismo* patente en la onomástica: Lea significaría "antílope", Raquel, "oveja", y Débora, "abeja", por no indicar sino unos ejemplos muy conocidos. Asimismo, creen detectar los exponentes de esta escuela rasgos de *fetichismo* en el alzamiento de altares (Gn. 12:7; 13:18; 22:9), la estancia de Abraham en el encinar (¿sagrado?) de Mamre (Gn. 13:18), el hecho de que plantara un tamarisco (¿árbol cúltico?) en Beerseba para invocar la presencia de Dios (Gn. 21:33), o la unción realizada por Jacob sobre la piedra que le había servido de cabecera en su viaje a Padán-Aram (Gn. 28:18), entre otros.

- Período mosaico

  En la época del éxodo, Moisés, al que se considera como uno de los grandes líderes religiosos de la historia de la humanidad, da a su pueblo recién liberado de la esclavitud de Egipto una divinidad tutelar y protectora, el dios Yahweh adorado por los madianitas en el monte sagrado de Horeb, más concretamente por el clan de su suegro Jetro, que era su sacerdote (Éx. 2:16; 3:1). Dado que

---

[49] Tal es la imagen del mundo patriarcal que se proyectaba durante el siglo XIX y buena parte del XX.

Israel había perdido en Egipto la noción del dios ancestral que acompañaba a sus antepasados patriarcales nómadas, Moisés se la devuelve identificada ahora con el Yahweh del desierto, e instaura un tipo de culto muy particular: reconociendo sin problemas la existencia de otras divinidades tutelares para otros pueblos, Israel solo podrá rendir culto a Yahweh, que es un dios en extremo celoso y no tolera la competencia de otras deidades (Éx. 20:1-3). Da así la religión de Israel un paso de gigante desde el primitivismo de los patriarcas —pasando por la etapa de contacto permanente con la idolatría egipcia— hasta un tipo de monolatría cúltico (e intransigente) que, andando el tiempo, derivará en un monoteísmo absoluto.

- Período de instalación en la Tierra Prometida

Abarca varios siglos —desde la entrada en Canaán hasta el exilio en Babilonia— y se caracteriza por una primera confrontación del adusto Yahweh del desierto con los baales y las aseras cananeos, dioses de la fertilidad, que concluye con la victoria del primero. Israel se siente identificada como nación con el culto yahvista, y su Dios, en contacto con las deidades de otros pueblos, empieza a ser concebido como un Dios universal, con dominio sobre toda la tierra y las demás divinidades (cf. los *oráculos de las naciones* de Isaías, Jeremías o Ezequiel). La labor de los profetas, grandes figuras religiosas que luchan contra la permanencia de los cultos idolátricos autóctonos, conduce a Israel a un monoteísmo moral que alcanza la cima de la espiritualidad del Antiguo Testamento. El profetismo es, en realidad, savia nueva en el añejo tronco del yahvismo, ya que refiere una historia de nuevos hechos salvíficos del Dios de Israel. Asimismo, el libro del Deuteronomio, que en su forma primitiva ve la luz más o menos en la época de Josías, pretende ser una obra de reforma y restauración de la fe ancestral en el reino de Judá en medio de una monarquía davídica moribunda por la que no siente excesivas simpatías (Dt. 17:14-20).

- Período del exilio y origen del judaísmo

Supone la desaparición del antiguo Israel como nación independiente y la cristalización de la religión judía como nueva identidad del remanente hebreo. En realidad, constituye un tiempo muerto para la Historia de la Salvación, que solo se retoma a partir de las declaraciones de Neh. 9:6-38, cuando el pueblo que ha regresado a Jerusalén se consagra de nuevo a su Dios pidiéndole perdón por sus pecados y las iniquidades de los padres, y recordando una vez más los hechos misericordiosos y salvíficos de Yahweh (Dn. 9:4-19). Pero no todo ha sido en vano. El fracaso de las monarquías efrainita y judaíta ha obligado a las élites intelectuales de los exiliados en Babilonia a una profunda reflexión y revisión de sus creencias ancestrales, con lo que en la restauración se reinterpreta la historia del pueblo elegido. La nueva clase de los escribas —de la que son Esdras y la Gran Sinagoga los máximos representantes— retoma las tradiciones sacras centradas en la *Torah*, expresión máxima de la voluntad de un Dios que es único y absoluto, como piedra angular de la fe y la praxis cultual de Israel, con lo que la ley se convierte en el distintivo del pueblo judío, o como algunos han apuntado con gran tino: en su verdadera patria; este hecho se hará aún más patente en las comunidades de la diáspora. A partir de este momento, empieza a quedar atrás la elevada espiritualidad de los profetas, sacrificada en aras del cumplimiento estricto de la *Torah* y, concluida ya la etapa inspiracional de la religión de Israel (entre Malaquías y Juan el Bautista no habrá ya más profetas), aparece una nueva forma de religiosidad de mano de los escribas, plasmada en esas tradiciones que un día llegarán a constituir la *Mishnah* y la *Gemarah*, cuya unión compone el Talmud. Sabiduría y ritualismo, por lo tanto, conformarán ese judaísmo farisaico de prácticas meramente externas contra el que reaccionará Jesús, y que no es sino una perversión de lo que había sido la religión de Israel, teniendo en cuenta que acabará centrándose exclusivamente en leyendas muy *sui generis*, meras fórmulas repetitivas y una serie de preceptos agobiantes que matarán en realidad la comunión de los fieles con el Dios de Abraham, Isaac y Jacob. Tal es la línea que sigue hoy el judaísmo ultraortodoxo.

Ni que decir tiene que estas teorías, vivas aún en la actualidad, aparecen muy matizadas o alteradas según las escuelas y los diferentes autores.

Una investigación realizada básicamente por creyentes. Algo que entendemos ha de quedar bien patente para cualquiera que se acerque a los estudios críticos sobre el Antiguo Testamento, en su conjunto o en sus diversos textos constitutivos, a fin de establecer su teología de base, es que este enfoque no es obra ni producto de ateos, descreídos, herejes mal llamados "liberales", o enemigos acérrimos de la inspiración de la Biblia. Quienes iniciaron en la segunda mitad del siglo XVIII el análisis de los Sagrados Textos con los métodos científicos del momento, eran en su mayor parte clérigos, teólogos o eruditos creyentes comprometidos con su fe y sus iglesias respectivas, y lo mismo podemos decir de los investigadores y especialistas de las centurias decimonónica y vigésima, así como de aquellos que en este nuestro siglo XXI prosiguen las mismas tareas. Las excepciones solo vienen a confirmar la regla. El estudio crítico de las Escrituras, pese a lo que algunos pudieran pensar, enriquece espiritualmente a quienes lo realizan al colocar ante sus ojos, no precisamente documentos monolíticos fosilizados de épocas pretéritas, sino la constatación de una PALABRA VIVA — lo escribimos adrede con mayúsculas— que en su devenir a través de los siglos llega hasta nosotros como lo que realmente es: el mensaje de Dios para los hombres. Lo que la crítica hizo en el pasado (y hace en el presente) es devolverle a la Biblia su condición humana, el hecho de que se trata de una colección de escritos compuestos por hombres, no caída del cielo como un conjunto cerrado y concluido desde el primer momento; y esto es algo que redunda siempre en beneficio del pueblo de Dios. Cuanto más se enfatiza el lado humano de las Escrituras, aunque parezca lo contrario, más resalta su elemento divino, su indiscutible inspiración divina.

La narrativa veterotestamentaria, entre la poesía y la filosofía. Uno de los grandes obstáculos —quizá el mayor— con que se topa el investigador actual o el estudioso de la teología del Antiguo Testamento, es la dificultad de sistematizar sus contenidos en medio de la gran profusión de estilos y géneros con que aparece redactado. Los treinta y nueve libros que componen los escritos canónicos del Antiguo Pacto se resisten, no ya a una exposición, sino a una comprensión lógico-deductiva según nuestros patrones occidentales grecolatinos. Digámoslo con claridad: la lectura superficial o apresurada del Antiguo Testamento puede darle al creyente de hoy una impresión general de desorden en su composición; sus relatos se superponen e interpenetran muchas veces, de tal manera que se puede crear en el lector la molesta sensación de repeticiones innecesarias de eventos, dobletes mal construidos o imprecisión en la narración. Si a ello añadimos el hecho evidente de que en sus libros se mezclan diferentes tradiciones y géneros literarios muy variados, además de no siempre fácilmente delimitables, y de que son diversas las manos que han intervenido en la redacción de todo el material recopilado y conservado, nos hallamos, no precisamente frente a un manual de teología sistemática, sino ante una *magna obra literaria*, auténtico patrimonio de la humanidad, y esencialmente *vitalista*, rebosante de todas las emociones y sentimientos propios del ser humano, expresados por medio de giros de dicción, imágenes y figuras impactantes, de gran colorido, con una propensión innata a lo nebuloso y lo imaginativo. Por decirlo de forma sencilla: el Antiguo Testamento es el producto de una mentalidad poético-descriptiva, muy común entre los pueblos semíticos antiguos y modernos, que se muestra especialmente adecuada para describir o expresar situaciones muy peculiares en que la mente humana llega al límite de sus posibilidades. Nunca olvidemos que la poesía no era para los antiguos un género simplemente estético, sino un arte muy bien cultivado que pretendía transmitir hechos capitales para ser recordados y repetidos; es decir, tenía una finalidad didáctica.

Pese al empeño de algunos en negar obstinadamente la realidad, y postular contra viento y marea la singularidad del Antiguo Testamento como si fuera una *rara avis* en el entramado cultural del Medio Oriente, lo cierto es que el antiguo Israel, tal como han evidenciado la arqueología, la etnografía, la literatura comparada y la lingüística, compartió con sus vecinos y coterráneos rasgos de aquel mundo y aquellas épocas en que le tocó vivir: unos códigos legales comunes o muy similares a los de otros pueblos (pensemos en el archiconocido de Hammurabi); la idea de un santuario central consagrado al dios nacional y adscrito al cual se hallaba todo un sistema sacerdotal y sacrificial; poemas y cánticos (sagrados y profanos); liturgia sacra; sabiduría y profetismo, elementos todos ellos que evidencian cómo los antiguos hebreos estaban bien enraizados en la sociedad y en el entorno cultural del primer milenio a. C. La única aportación original del pueblo de Israel al elenco común de su mundo y de la humanidad entera ha sido su fe monoteísta, o al menos, para ser más exactos, la fe monoteísta de los sacerdotes y círculos levíticos, y más tarde proféticos; no hemos de olvidar que el Antiguo Testamento en su conjunto proclama con claridad —y condena sin paliativos— la tendencia innata del pueblo del Pacto a la idolatría.

Nada de ello basta para que reconozcamos el inmenso valor teológico e incluso *filosófico* del conjunto veterotestamentario o de sus partes constitutivas. Aunque no hallemos en él una exposición definitiva y concluyente de la Revelación divina, algo que solo encontramos en el Nuevo Testamento en la persona y la obra de Jesucristo, podemos considerarlo una *revelatio in fieri*, es decir, un esbozo de lo que habría de ser la manifestación plena de Dios entre los hombres. Los esquemas rudimentarios del pensamiento veterotestamentario, de lo cual da testimonio la propia lengua en que se ha redactado mayormente, apuntan más a una *ortopraxia* que a una *ortodoxia* propiamente dicha; a un existencialismo vitalista antes que a una deducción doctrinal puramente lógica. De ahí que las verdades —quizás fuera más correcto decir *los misterios*— de la fe se *insinúen* en el Antiguo Testamento de forma kerigmática, *catequética*, o incluso *pastoral*, si se nos permite el anacronismo.

Por ello, el lector y el estudioso cristiano han de realizar un gran esfuerzo a la hora de abrir la Palabra de Dios contenida en las Escrituras Hebreas y sumergirse con provecho en sus aportaciones. No es fácil deshacerse de todo un *a priori* cultural occidental para intentar comprender la riqueza de pensamiento de un mundo completamente ajeno a nuestros paradigmas mentales y que hace más de dos milenios que dejó de existir.

La moral del Antiguo Testamento. Se suele plantear una gran objeción a los estudios veterotestamentarios en relación con las escenas manifiestamente contrarias a los principios cristianos que muchas de sus páginas describen y hasta alientan. Desde los ejemplos de cruda poligamia, con la consiguiente e inherente minusvaloración cultural y social de la figura femenina, que hallamos en las historias patriarcales del Génesis y los harenes reales de David y Salomón, hasta los genocidios previstos (¡y ordenados!) por la ley de Moisés y descritos a veces con detalles no demasiado agradables en los libros de Josué y Jueces, pasando por los juicios devastadores sobre Egipto que leemos en el libro del Éxodo y las maldiciones lanzadas por los profetas contra los pueblos vecinos y enemigos de Israel, el conjunto de los treinta y nueve libros del canon hebreo aparece bañado en unos tonos más bien oscuros, por no decir de color de sangre. El mundo semibárbaro que describe y su baja concepción de la Divinidad —que algunos pensadores y teólogos contemporáneos equiparan a la religiosidad coránica más integrista de la actualidad— son muchas veces diametralmente opuestos a los valores del evangelio que hallamos en el Nuevo Testamento. De ahí el rechazo que a lo largo de la historia de la Iglesia ha suscitado en un buen número de creyentes sinceros, algo de lo cual indicaremos en los capítulos subsiguientes.

No podemos abstraer los escritos veterotestamentarios del mundo y los patrones culturales en medio de los cuales vieron la luz, ni debemos caer en la peligrosísima trampa de pretender justificarlos a toda costa en aras de una apologética mal entendida —contraproducente en realidad— y además pasada de moda. El Antiguo Testamento se nos presenta tal cual nos fue transmitido, con toda su crudeza, su crueldad, su salvajismo visceral, su inhumanidad, sus odios apasionados y mal disimulados hacia todo lo que no fuera hebreo, y hasta con su no pequeña medida de superstición en relación con el Dios de Israel (*cf.* Jue. 6:36-40; 1Sa. 14:38ss; 2Sa. 21:1-14). Solo si aceptamos su hiriente realismo, estaremos en mejores condiciones para comprender cómo, en medio de un mundo hostil y degradado hasta unos extremos difíciles de imaginar para nosotros, Dios iba poco a poco abriendo caminos (en ocasiones solo rendijas o pequeñas brechas) para que su luz pudiera entrar en aquellas almas entenebrecidas por el miedo y la más crasa ignorancia. Únicamente en tal caso seremos capaces de apreciar las perlas que se esparcen a lo largo de sus capítulos y versículos, cual estrellas que en una noche oscura acompañan a los caminantes, permitiéndonos prever la aurora de los tiempos mesiánicos. Entretejida con la moral social más baja y degradada, con los asesinatos más crueles, y con una concepción pobre y mezquina de la existencia, y hasta de la propia Divinidad, late en los textos veterotestamentarios la Teología de la Gracia que hallamos plenamente revelada más tarde en la persona y la obra de Nuestro Señor Jesucristo.

El lugar de la Teología del Antiguo Testamento. De ahí que la disciplina académica que llamamos *Teología del Antiguo Testamento* sea, retomando las líneas generales de lo que decíamos al comenzar este capítulo, una materia de complicada delimitación, al mismo tiempo histórica y descriptiva de las ideas de los hagiógrafos y los profetas[50]; a medio camino entre la pura exégesis de los Textos Sagrados y

---

[50] Así la concibe, entre otros, ROVIRA BELLOSO, J. M. *Introducción a la teología.* Madrid: B.A.C., 2000, pp. 209-211.

la teología sistemática. Tal indefinición sustancial —es preciso reconocerlo— la ha colocado en ocasiones en una incómoda posición de servidumbre forzosa a la dogmática, como si no tuviera otra finalidad que el proporcionar evidencias, pruebas "bíblicas", *testimonia probantia* en definitiva, sobre las que ir ensamblando las doctrinas cristianas. Pese a su espectacular desarrollo durante los dos últimos siglos, sigue siendo, no obstante, una disciplina relativamente muy joven y en proceso de formación, una materia en búsqueda permanente de un método y un lugar concretos en el vasto campo de los estudios bíblicos. Tal situación, entendemos, presenta una vertiente negativa: su constante indefinición, junto con un lado altamente positivo: se trata de un campo de estudio *vivo*; más aún, en plena ebullición, capaz de desarrollo y de evolución de sus postulados; no consiste en algo ya fijo y encorsetado, establecido de una vez por todas *ne varietur*.

Retomando conceptos que ya hemos ido mencionando a lo largo de este capítulo introductorio, podemos decir en definitiva acerca de ella que se trata de una *teología de la historia*, pero no un mero reportaje de sucesos acaecidos en tiempos pretéritos o una colección de reliquias arqueológicas. Precisando un poco más, en su desarrollo y exposición encontramos las líneas generales de una Historia de la Salvación o *Heilsgeschichte* que solo fue accesible para quienes, dirigidos por el Espíritu de Dios, recogieron, recopilaron y redactaron una serie de tradiciones sacras, no como enseñanza puramente objetiva, sino como *kerygma*[51], proclamación de una verdad revelada, supraterrena, de gran profundidad. Los hagiógrafos que escribieron los documentos constitutivos de los libros veterotestamentarios, reflexionaron en realidad sobre los distintos hechos salvíficos operados por Dios a favor de su pueblo y el sentido final de aquella historia, de tal manera que hoy nos ofrecen —en una redacción final que llama la atención por su remarcable unidad en medio de su gran diversidad— una interpretación muy particular de ciertos eventos reales a la luz de la gran verdad de que el Señor sale al encuentro de su pueblo. De ahí que temas como la creación, el pacto o alianza, el ministerio de los profetas, el exilio, y tantos otros que hallamos en sus páginas sagradas, hayan constituido desde hace al menos tres milenios una fuente imperecedera de inspiración para los creyentes de todos los tiempos.

---

[51] Del gr. κήρυγμα *kérygma*, "anuncio", "proclamación", uno de los términos capitales para los estudios teológicos y bíblicos en general.

El Antiguo Testamento como recopilación de Escritos Sagrados que invita al diálogo ecuménico e interreligioso. Los treinta y nueve libros de las Escrituras Hebreas son una obra eminentemente *israelita*, vale decir *judía*, y ello debe tenerse siempre en cuenta a la hora de abrir sus páginas y leerlas en ambientes y entornos cristianos. De hecho, y hablando con propiedad, la alianza de Dios con Israel nunca ha sido revocada. El Nuevo Pacto llevado a término por Jesús el Mesías no supone, como a veces se ha entendido en medios eclesiásticos, una ruptura radical con el Antiguo, su aniquilación —lo que resultaría un tanto arbitrario e incomprensible— sino más bien su culminación y pleno y definitivo cumplimiento (*cf.* Ro. 9-11). Dentro de esta línea de pensamiento se engloban las advertencias de los eruditos protestantes James Parkes y Arthur Roy Eckardt, que en las décadas de los años 1930 y 1940, desde Inglaterra y los Estados Unidos respectivamente, habían lanzado la voz de alarma denunciando la inaceptable complicidad cristiana en el antisemitismo nazi que asolaba Alemania y los países ocupados por ella; o también la declaración realizada en 1980 por el entonces papa Juan Pablo II (el prelado polaco Karol Wojtiła), en la que definía la fe judía como "la Alianza que nunca había sido revocada por Dios"[52]. El cristianismo puede —y debe, en la medida de lo posible— realizar lecturas y estudios conjuntos del Antiguo Testamento, no solo entre las distintas confesiones en que se encuentra dividido, sino también con el judaísmo, especialmente con el más abierto y dialogante, el más crítico en su relación con los estudios bíblicos y menos atado por las tradiciones del talmudismo más ortodoxo. Y es que el texto veterotestamentario está lleno de esperanza para el futuro, y presenta por medio de metáforas y figuras hiperbólicas, el propósito redentor de Dios para todos los seres humanos. En realidad, los treinta y nueve libros canónicos hebreos no se escribieron para satisfacer las ansias de conocimiento de eruditos e investigadores, filósofos y/o teólogos, sino para un pueblo creyente que sufre y espera algo mejor proveniente de la mano de Dios.

Nuestra aportación. Partiendo de la idea capital de que el Antiguo Testamento es en principio Palabra inspirada de Dios para el antiguo

---

[52] En 1986, el mismo pontífice apostrofó a los judíos con las palabras: "Sois nuestros hermanos y, en cierto modo, podría decir que sois nuestros hermanos mayores en la fe".

Israel a través de medios humanos (¡escandalosa y groseramente humanos en ocasiones!), y que alcanza su pleno cumplimiento en el Nuevo, es decir, en Jesús el Mesías, Rey y Señor de Israel, entendemos que cuando la Iglesia cristiana en su conjunto —o cada uno de los creyentes cristianos de forma individual— lo leemos, nos hallamos frente a una Historia de la Salvación que es también nuestra propia historia, solo realmente accesible en clave cristológica. No es porque sí que nuestro Señor afirmó:

> *Estas son las palabras que os hablé, estando aún con vosotros: que era necesario que se cumpliese todo lo que está escrito de mí en la ley de Moisés, en los profetas y en los salmos* (Lc. 24:44).

De ahí que, sin negar que las tradiciones y documentos subyacentes a los escritos veterotestamentarios tengan un alto valor en sí mismos, y que sea conveniente conocer su origen y su prístino contexto sociocultural a fin de entenderlos más plenamente, comprendamos que el resultado final, nuestro canon actual del Antiguo Testamento, solo pueda ser realmente asimilado como tal en su plenitud espiritual a la luz del acontecimiento Cristo. No hemos, pues, de rasgarnos las vestiduras ante las diferentes lecturas que se puedan realizar, y que de hecho se realizan en nuestros días por estudiosos de talla, sobre estos extraordinarios treinta y nueve libros bíblicos. No nos ha de escandalizar el hecho de que algunas tradiciones o relatos ostenten en su estado puro demasiados rasgos paganos o que compartan los puntos de vista y las supersticiones del mundo, a veces antiquísimo, en que se forjaron. A la hora de elaborar un estudio teológico sobre un texto bíblico determinado, todos esos datos pueden ser de interés, máxime teniendo en cuenta que el resultado final siempre se ha de dirigir y ha de apuntar hacia el Hijo de Dios que vino a este mundo para salvarnos.

No tiene sentido hoy, por lo tanto, pretender leer o estudiar el Antiguo Testamento en medios evangélicos haciendo *tabula rasa* de las aportaciones de la crítica, "como si nada hubiera pasado", o como si se hubiera generado un "vacío espiritual" —más bien intelectual— entre el siglo XVII y nuestros días, insistiendo en puntos de vista, opiniones o métodos de trabajo del todo anacrónicos y por ello completamente superados. Tanto pastores, sacerdotes, vicarios o rectores y predicadores en general, como profesores de seminarios o institutos bíblicos, catequistas, monitores de escuelas dominicales o grupos de estudio bíblico orientado a jóvenes y adultos, del mismo modo que cada creyente en su devoción personal y privada sobre las Escrituras, todos hemos de ser conscientes de que los treinta y nueve libros de esta primera parte de la Palabra de Dios contienen todo un mundo conceptual que nos exige una total seriedad y suma reverencia a la hora de abrir sus páginas. Únicamente de este modo podremos escuchar en ellas, una vez más, la voz del Omnipotente que sigue hablando hoy a su pueblo.

Plan de trabajo. Hemos dividido este libro (por pura comodidad pedagógica) en cuatro secciones, donde las dos primeras abarcan varios capítulos:

i) *Historia de la Teología del Antiguo Testamento.* Especie de prefacio consistente en una somera visión de conjunto —muy resumida— de los autores que han trabajado este tema, así como de sus obras más destacadas, desde los comienzos del cristianismo hasta nuestros días.

ii) *El núcleo del pensamiento veterotestamentario.* En esta parte central del libro dedicaremos nuestra atención a los asuntos fundamentales que recogen y resumen los treinta y nueve escritos del Antiguo Testamento en forma de binomios temáticos: la adopción (*filial*, BJ) y la gloria-presencia de Dios; los pactos-alianzas y la promulgación de la ley de Moisés; las ordenanzas-culto y las promesas; los patriarcas y Cristo-el Mesías, que es Dios bendito por los siglos, todos ellos impregnados por la concepción de Dios propia de Israel. Tal será nuestra pequeña aportación al estudio de la teología veterotestamentaria, o si se prefiere, nuestra propuesta de una Teología del Antiguo Testamento propia, es decir, cristiana, reformada y conservadora en el más puro sentido del término, o sea, abierta a un diálogo permanente.

iii) *Apéndice: la literatura apócrifa.* Básicamente se trata de unos breves apuntes con la finalidad de ofrecer una visión muy general y muy somera del pensamiento expuesto por los libros apócrifos o deuterocanónicos del Antiguo Testamento, desgraciadamente bastante desconocidos en los medios evangélicos, entendiendo que, si bien estas obras no forman parte de las Escrituras canónicas tal como las entiende el judaísmo o las concibe la mayoría de las denominaciones protestantes, se trata, sin embargo, de escritos que vieron la luz a su sombra, en ocasiones junto a ellas, y que nos ayudan a comprender un poco más cómo era el mundo en que se fue gestando, después de la cautividad babilónica, aquel pueblo judío en cuyo seno nacería Jesús y vería la luz la primera Iglesia cristiana.

iv) *Conclusión. ¿A dónde nos conduce la teología del Antiguo Testamento?* Esta parte, la más breve de todas, recopila y resume cuanto se ha dicho enfocándolo hacia la realidad del Mesías, cuyo ministerio, muerte y resurrección nos dan la clave interpretativa del Antiguo Testamento para los cristianos.

> *Un estudio científico y una reflexión crítica sobre los escritos del antiguo testamento, llevados a cabo con la debida circunspección y respeto a su sagrado contenido, contribuirá a acercar más las riquezas del evangelio de Cristo a la iglesia actual*

PREGUNTAS PARA REFLEXIONAR: ¿A qué llamamos comúnmente "Antiguo Testamento"? ¿Coincide el concepto protestante más generalizado de "Antiguo Testamento" con el de los católicos romanos o el de otras comunidades cristianas antiguas? Explica las diferencias. ¿Qué nombre le dan los judíos al Antiguo Testamento? ¿Cómo podríamos definir la disciplina que recibe el nombre de *Teología del Antiguo Testamento*? ¿En qué sentido se trata de una materia académica que aún no ha concluido su proceso de formación? ¿Qué nos narra exactamente el Antiguo Testamento solo con una lectura superficial? ¿A qué se debe que en ocasiones los textos veterotestamentarios resulten de difícil lectura para los cristianos contemporáneos? ¿Se puede asimilar sin más el Antiguo Testamento a la historia de Israel? ¿En qué sentido comprendemos que el Antiguo Testamento no es exactamente un documento histórico o arqueológico? ¿De qué forma el mundo que nos describe el Antiguo Testamento puede resultar hasta repulsivo para lectores educados en presupuestos cristianos? ¿Por qué ha existido en el mundo evangélico más conservador una desconfianza radical hacia los estudios críticos de la Biblia? ¿Qué beneficio espiritual puede acarrearle a un creyente sincero en la inspiración de la Biblia el estudiar el Antiguo Testamento con métodos científicos y críticos? ¿En qué sentido se afirma que la Teología del Antiguo Testamento se halla entre la exégesis bíblica y la teología sistemática? ¿En qué sentido se puede afirmar que el Antiguo Testamento presenta una orientación ecuménica en sus enseñanzas? ¿Cómo se podría hoy realizar una lectura ecuménica e interreligiosa del Antiguo Testamento? ¿En qué beneficiaría a la Iglesia de Cristo?

MATERIALES DE BASE: Los términos hebreos que se citan en las páginas de este libro han sido extraídos directamente del Texto Masorético (TM) tal como viene publicado en la Biblia Hebraica Stuttgartensia (BHS), aunque, como ya se ha indicado en una nota a pie de página, sin los puntos vocálicos masoréticos. Para los textos griegos de la Versión de los Setenta o *Septuaginta* (LXX), nos serviremos de la excelente y clásica edición de Alfred Rahlfs. Los de la *Vulgata* latina, los leeremos de la edición de la B.A.C. de 1985.

En cuanto a las citas de textos bíblicos, se tomarán directamente —y con las abreviaturas al uso— de la versión conocida como Reina-Valera Revisada de 1960 (RVR60), por ser aún en el día de hoy —y pese a sus en ocasiones furibundos detractores— la de uso más extendido entre los protestantes y evangélicos de lengua castellana. En el caso de que se mencionen otras versiones de las Escrituras en nuestro idioma, se indicarán *in situ* de la manera siguiente:

Versiones protestantes:
BdC (Biblia del Cántaro, versión original de Cipriano de Valera)
BdO (Biblia del Oso, versión original de Casiodoro de Reina)
BSO (Biblia Siglo de Oro)[53]
BTX (Biblia Textual)
DHH (Dios Habla Hoy)
NVI (Nueva Versión Internacional)
NTV (Nueva Traducción Viviente)
RV (Reina-Valera antigua, anterior a la RVR60)

---

[53] BdC y BdO son, como sabe el amable lector, las antecesoras de nuestra versión RVR60, de las que las Sociedades Bíblicas editaran en su día sendos facsímiles de inestimable calidad. BSO es la Reina-Valera de 1995 con un apéndice entre los dos Testamentos que contiene los apócrifos o deuterocanónicos habituales en las versiones bíblicas católicas o interconfesionales. Como ya haremos notar en el capítulo correspondiente, BdC y BdO cotienen, además de estos apócrifos o deuterocanínicos acostumbrados, algunos más, como se ve en la edición de la BdO que sacó a la luz Alfaguara (2001) en cuatro volúmenes.

Versiones católicas e interconfesionales:
BEP (Biblia Ediciones Paulinas)
BJ (Biblia de Jerusalén)
BTI (Biblia Traducción Interconfesional)[54]
CI (Cantera-Iglesias)
NBE (Nueva Biblia Española)
NC (Nácar-Colunga)

---

[54] Existe una edición de esta Biblia para uso exclusivo de protestantes y evangélicos, a la que se han retirado los apócrifos o deuterocanónicos, y que se ha publicado y distribuido con el nombre de Versión *La Palabra.*

PRIMERA PARTE:

HISTORIA DE LA TEOLOGÍA DEL ANTIGUO TESTAMENTO

1. LA EDAD ANTIGUA

La Teología del Antiguo Testamento propiamente dicha es, como ya se ha apuntado en el capítulo introductorio, una disciplina relativamente joven, cuyo nacimiento puede datarse a partir de finales del siglo XVIII, con ciertos antecedentes inmediatos en el XVII. Antes de ese momento, no puede hablarse propiamente de una teología veterotestamentaria (ni del conjunto de la Biblia) tal como la planteamos hoy, pero ello no significa que los creyentes de épocas pretéritas no hayan reflexionado sobre los treinta y nueve libros del canon hebreo, o no hayan buscado comprender y sistematizar su significado fundamental. En este capítulo y en los dos que le siguen contemplaremos a vista de pájaro el empleo que los primeros pensadores cristianos más destacados hicieron de ellos. Empezaremos por la Edad Antigua, con la Era Apostólica, más o menos desde los años 30 al 70 d. C.[55], y la llamada Edad Patrística, el período que abarca *grosso modo* desde finales del siglo I hasta el siglo VI[56].

---

[55] Por lo general, se suele retrasar el fin de la Era Apostólica hasta el año 100 d. C. o incluso hasta los primeros años del siglo II, teniendo en cuenta lo que la tradición cristiana nos dice acerca del apóstol Juan, o bien considerando que 2ª Pedro, que sería tal vez el último escrito del Nuevo Testamento, habría visto la luz a comienzos de la segunda centuria cristiana. Si aquí indicamos el año 70 d. C., no es por sentar una fecha límite como tal, sino porque entendemos que, aunque algunos apóstoles pudieron muy bien sobrepasarla en sus vidas y ministerios, las tradiciones más fidedignas, por un lado, tienden a difundir la idea de que para entonces la mayor parte de ellos ya había muerto, y por el otro, existen claros indicios de que algunos de los Padres de la Iglesia (por lo menos, de los considerados como Padres Apostólicos o discípulos directos de los apóstoles de nuestro Señor), ejercieron un ministerio activo a partir de ese momento, en las últimas décadas del siglo I.

[56] Para las diferentes periodizaciones de esta época de la historia de la Iglesia *cf.* SÁNCHEZ GARCÍA, B. *Manual de Patrología.* Viladecavalls (Barcelona): CLIE, 2005, libro de texto preparado específicamente para la materia de este nombre impartida en el CEIBI (Centro de Investigaciones Bíblicas). Sirva esta mención como rendido

El Antiguo Testamento, la primera Biblia de la Iglesia cristiana.
Tanto Jesús como sus primeros discípulos eran judíos palestinos piadosos, fieles a la antigua alianza de Dios con Israel, sin que se los pueda encasillar en ninguna de las facciones religiosas que existían en el
momento, y de las más importantes o destacadas de las cuales hemos
hecho mención anteriormente. La primera comunidad cristiana existente propiamente dicha, la de Jerusalén, estuvo compuesta esencialmente por judíos, algunos de ellos palestinos de habla aramea, y otros
procedentes tal vez de la diáspora y de habla griega, los *helenistas*
(BTX) o *griegos* (RVR60) ya antes mencionados. Hasta que no tuvo
lugar la conversión del centurión Cornelio, narrada en Hch. 10, aquella
iglesia no fue consciente de que Dios también había dado a los gentiles *arrepentimiento para vida* (Hch. 11:18). En aquel primer ambiente cristiano estrictamente judío eran las Escrituras de Israel, el Antiguo
Testamento, la única Biblia posible. Los veintisiete libros del Nuevo
Testamento dan testimonio constante de ello:

- Los cuatro Evangelios muestran al propio Jesús como un cono-
  cedor privilegiado de las Escrituras, tanto en su instrucción a los
  discípulos como en las disputas con sus adversarios. Las citas literales de los Libros Sagrados, especialmente Deuteronomio, Salmos e Isaías, son constantes en sus labios o en la interpretación
  que de sus palabras y sus hechos presentan los evangelistas. Y
  cuando no, las imágenes que emplea para ilustrar sus enseñanzas
  tienen un profundo sabor veterotestamentario (la vid, la higuera,
  los trabajadores de la viña, el pastor y sus ovejas, el sembrador, la
  puerta, el camino, la luz y las tinieblas, etc.).
- El libro de los Hechos de los Apóstoles narra la expansión de la
  iglesia naciente desde Jerusalén por toda *Judea, Samaria y hasta lo último de la tierra* (Hch. 1:8). La proclamación de los primeros cristianos de que Jesús era realmente el Mesías esperado
  por Israel, tanto ante los judíos de Palestina como en las sinagogas y comunidades de la diáspora, además de entre los gentiles,
  llenó de creyentes la cuenca Mediterránea en menos de una generación. El rechazo del mensaje del evangelio por parte de los
  dirigentes judíos hierosolimitanos, así como los obstáculos que

homenaje a este querido pastor y profesor, fallecido el 23 de febrero del año 2012,
mientras recopilábamos materiales y notas para la redacción de este libro.

los apóstoles hallaron en las sinagogas y comunidades judías del Asia Menor, Grecia e Italia, para propagar la redención, incidió en que se prodigasen a lo largo de todos los capítulos del libro de los Hechos las citas constantes del Antiguo Testamento en las que se evidenciaba el cumplimiento del plan de Dios en Cristo.

- El epistolario paulino, pese a estar dirigido a comunidades de creyentes de la gentilidad, no por ello se desliga de las raíces judías del cristianismo. De ahí que sean constantes las citas veterotestamentarias en las cartas del Apóstol de los Gentiles, o bien para hacer patente que Jesús es el Señor y Salvador de todos los hombres, como indicaban las viejas Escrituras, o bien para fundamentar en ellas las enseñanzas más importantes de su teología. Todo ello viene a evidenciar que, incluso entre los gentiles convertidos al cristianismo, los libros del Antiguo Testamento eran reconocidos como la Palabra de Dios por antonomasia. Es importante destacar que en algunos casos concretos (1Co. 10:1-4; Gá. 4:22-26) el Apóstol echa mano del recurso a la tipología para explicar pasajes de los llamados "libros de Moisés" y darles una aplicación cristológica más actual y más acorde con los tiempos en que vivía; es decir, realiza en ellos una actualización teológica.

- Las epístolas católicas o universales reflejan en ocasiones una forma de pensar estrechamente dependiente de las Escrituras veterotestamentarias. Se ha señalado, a guisa de ejemplo, el carácter sapiencial de la Epístola de Santiago, cuyo estilo sería muy próximo al libro de los Proverbios, así como el sabor indiscutiblemente judío de las epístolas petrinas[57] o la Epístola de Judas.

- El Apocalipsis, nombre griego[58] que significa en realidad "Revelación", no solo constituye una pieza de particular valor dentro del conjunto de veintisiete escritos del Nuevo Pacto, sino que es, sin duda alguna, el más veterotestamentario de todos los libros del Nuevo Testamento, tanto por su peculiar contenido como

---

[57] *Cf.* especialmente 1Pe. 2:4-8, donde explota en sentido cristológico los textos de Is. 28:16 y Sal. 118:22, o también el conocido versículo 9a:

Mas vosotros sois linaje escogido, real sacerdocio, nación santa, pueblo adquirido por Dios,

en el que aplica a la realidad de la Iglesia las palabras dichas por Dios a Israel en Éx. 19:5-6.

[58] Ἀποκάλυψις *apokálypsis.*

por su redacción y composición, en las que, según se ha dicho en ocasiones, se encuentran representados todos los libros del canon hebreo. Si bien esta última afirmación nos parece por demás exagerada —y aunque de hecho no se encuentre en sus veintidós capítulos ni una sola cita literal de un libro del Antiguo Testamento— qué duda cabe que la imaginería apocalíptica halla sus fuentes principales en esos representantes de las Escrituras Hebreas que los especialistas designan con el nombre de *literatura apocalíptica*, como es el caso de Daniel[59], Ezequiel[60], Zacarías[61] y Joel[62]

---

[59] Por no mencionar sino unos pocos ejemplos, diremos que la actuación del dragón de Ap. 12 se inspira en la de los cuernos pequeños de Dn. 7 y 8, y la primera bestia de Ap. 13 parece una singular amalgama de las cuatro bestias de Dn. 7; ciertos períodos proféticos, como los 42 meses de Ap. 11:2; los 1.260 días de Ap. 12:2; y el *tiempo, tiempos y la mitad de un tiempo* de Ap. 12:14, que vienen a implicar un mismo período simbólico de tribulación para el pueblo de Dios, están claramente tomados de Dn. 7:25 y 12:7.

[60] Algunos estudiosos han subrayado la similitud de estructura temática entre el Apocalipsis y el libro de Ezequiel. A modo de ejemplo, diremos que los cuatro seres vivientes de los capítulos 4 y 5 del Apocalipsis (seres a los que se da, tradicionalmente, el nombre de *Tetramorfo*), y que aparecen en la gran visión celestial que nos introduce de lleno en el contenido del libro —las cartas a las siete iglesias del Asia Menor constituyen, a todas luces, una unidad temática aparte—, evidencian su parecido con los misteriosos seres de la visión de Ez. 1; la escena del sellamiento de los judaítas fieles antes de la destrucción de Jerusalén en Ez. 9 ha sido comparada con el sellamiento de los simbólicos 144.000 de Ap. 7 inmediatamente anterior a los juicios devastadores que caen sobre un mundo impío. Por otro lado, los capítulos finales del libro de Ezequiel siguen una pauta que pareciera reproducirse al final del Apocalipsis: el capítulo 36 de Ezequiel, que habla de la restauración de Israel, se parangona con Ap 19, donde se describe la victoria del Verbo de Dios contra las huestes de maldad, y el comienzo de la plenitud de la monarquía divina; Ez. 37 relata la visión de los huesos secos que devienen en seres humanos vivos (una restauración de la casa de Israel) por el poder de la Palabra y el Espíritu de Dios, de la misma forma que Ap. 20 coloca al comienzo del milenio escatológico la resurrección de los justos; Ez. 38 y 39 aluden a la guerra contra Gog, soberano de Magog, nombres que se repiten en Ap. 20 en relación con la guerra escatológica postmilenial; y Ez. 40-48 (sección conocida en ciertos círculos como la *Torah de Ezequiel*) está dedicado a la descripción del nuevo templo, con un inciso (el capítulo 47) en el que se introduce el manantial de vida procedente de la presencia de Dios que sana cuanto toca, imágenes que se corresponderían con la descripción de la Nueva Jerusalén de Ap. 21-22, así como con el Edén de Gn 2.

[61] Los caballos de Ap. 6 son extraordinariamente parecidos a los de las visiones de Zac. 1 y 6. Los dos testigos de Ap. 11 recuerdan a los de la visión de Zac. 4.

[62] Las continuas referencias del Apocalipsis a fenómenos cósmicos (*cf.* Ap. 6:12-13) o la mención de una terrible plaga de langostas (Ap. 9:1-11) se fundamentan

fundamentalmente[63], además de otros profetas[64], y que en este curioso escrito aparecen también figuras tomadas de forma directa de los relatos narrados en los libros del Génesis[65] y del Éxodo[66], entre otros.

En resumidas cuentas, con no pequeña dosis de razón se ha afirmado en ocasiones que el Nuevo Testamento podría ser considerado en toda la extensión del término una primera "teología del Antiguo", ya que en este encuentra su exclusivo fundamento, y cuyo cumplimiento perfecto en Cristo proclama.

La Iglesia antigua. Una vez desaparecidos los doce apóstoles y aquella primera generación cristiana que había sido testigo directo de los hechos prodigiosos que marcaran el comienzo de la proclamación de las buenas nuevas, se inicia el periplo de la Iglesia propiamente dicha, ya consolidada, que andando el tiempo cristalizaría en los dos grandes bloques del cristianismo que permanecen hasta hoy: el oriental (iglesias ortodoxas, coptas, etíope y de otras tradiciones) y el occidental (catolicismo romano, y a partir de la Reforma también el protestantismo y sus derivaciones evangélicas posteriores). Para entender qué tipo de acercamiento hizo la Iglesia antigua a las Escrituras del

---

evidentemente en las imágenes que encontramos a lo largo de los tres capítulos que componen el libro de Joel.

[63] Estudios más recientes no dejan de señalar también el parecido del Apocalipsis con la liturgia levítica, por lo que se prodigan en sus capítulos y versículos imágenes propiamente sacerdotales, como la detallada descripción del Hijo del Hombre en el capítulo 1, las alusiones a un altar y un santuario celestiales, remedo del tabernáculo de Moisés y sus servicios, o incluso la manera en que son presentados algunos ángeles, que parecen más bien levitas o sacerdotes en pleno servicio sacrificial. *Cf.* Prigent, P. *L'Apocalypse de Saint Jean.* Genève: Labor et Fides, 2000.

[64] La imagen de la gran ramera de Ap. 17, *la que está sentada sobre muchas aguas* (v. 1) es una figura tomada de Jer. 51:13. Efectivamente, esa extraordinariamente bella y perversa mujer es identificada como *Babilonia la grande* (Ap. 17:5), trasunto de la belicosa potencia antigua que destruyó Jerusalén y puso fin al estado judaíta independiente y la monarquía davídica.

[65] La *serpiente antigua* de Ap. 12:9 no puede ser otra que la de Gn. 3:1; *el río* y *el árbol de la vida,* o la mención del *paraíso de Dios* que leemos en Ap. 2:7 o 22:1-2, no son sino remedos de imágenes muy conocidas del *Segundo relato de la Creación* (Gn. 2:4b-25).

[66] Las siete trompetas de los capítulos 8-11 o las siete copas del capítulo 16 son un remedo de las diez plagas de Egipto de Éx. 7-12.

Antiguo Testamento, nos es suficiente con unos cuantos nombres destacados, a guisa de ejemplo.

Los escritos de los llamados Padres Apostólicos. Se da el nombre de *Padres Apostólicos* a una serie de figuras descollantes de finales del siglo I y principios del II que, según la tradición cristiana, habrían sido discípulos directos de los Doce. Bajo esta designación se conservan una serie de escritos, de los cuales la mayoría son atribuidos a alguno de estos personajes, aunque hay otros anónimos[67]. En relación con nuestro tema de estudio, citamos únicamente dos ejemplos preclaros:

El primero procede de la ***Epístola Primera de San Clemente Romano*** o, mucho más simple, *1 Clemente*[68], escrito que en su momento, y según el sentir de algunas comunidades cristianas antiguas, formó parte del canon neotestamentario[69]. En el pasaje que citamos *in extenso* a continuación, el capítulo 12, encontramos una curiosa interpretación de un texto veterotestamentario, Jos. 2:

«1. La fe y la hospitalidad salvaron a Rahab la ramera.

2. Cuando Josué hijo de Nun envió espías a Jericó, el rey del país supo que se habían dirigido allí para explorar la región. Envió hombres para arrestarlos y, una vez capturados, condenarlos a muerte.

3. La hospitalaria Rahab los recogió y los escondió en su terraza bajo tallos de lino.

4. Aparecieron los emisarios del rey y dijeron: "Han entrado en tu casa espías que han venido a reconocer nuestro país; hazlos salir, por orden del rey". Ella respondió: "Los hombres que buscáis vinieron aquí, pero enseguida se marcharon, y van por ese camino de ahí", y les mostró la dirección opuesta.

---

[67] Son bastantes —y todas ellas excelentes— las obras consagradas al estudio y la divulgación de estos antiguos Padres y la literatura que produjeron. La que tenemos ante nuestros ojos a la hora de redactar estas páginas es *Les Pères apostoliques. Écrits de la primitive Église*, Traduction et introduction de France Quéré, les Éditions du Seuil, 1980. De ella tomamos y traducimos directamente los textos que citamos.

[68] Su abreviatura más comúnmente empleada en los trabajos académicos es 1 Clem. Se supone que el autor sería aquel Clemente Romano, discípulo del apóstol Pablo mencionado en Fil. 4:3, que habría llegado a ser el tercer obispo de Roma, según lo menciona San Ireneo de Lyón en *Adversus haereses* ("Contra los herejes") III, 3, 3. En líneas generales, se está de acuerdo con esta atribución tradicional.

[69] O en cualquier caso fue empleada como lectura litúrgica en los oficios de muchas comunidades antiguas, al menos hasta la segunda mitad del siglo II, de lo cual da testimonio directo Eusebio de Cesarea en su *Historia Eclesiástica*, IV, 23, 11.

5. Luego dijo a los espías: "Lo sé bien; el Señor Dios os entrega este país. Pues habéis sembrado el temor y el pánico en esta tierra. Cuando os enseñoreéis de ella, protegedme, así como a la casa de mi padre".
6. "Será como nos has dicho", respondieron".Tan pronto como oigas de nuestra llegada, reunirás a todos los tuyos bajo tu techo, y serán salvos. Mas todos los que sean sorprendidos fuera de tu casa, perecerán".
7. La invitaron también a dejar colgado de la casa, a guisa de señal, un cordón escarlata: era la indicación de que la sangre de Cristo rescataría a todos los que creen y esperan en Dios.
8. Ya lo veis, amados, en aquella mujer no había solamente fe, sino el don de *profecía*».

Una vez más, nos encontramos con una lectura típicamente cristológica del texto del Antiguo Testamento; la historia de Rahab la ramera sirve para ilustrar en el pequeño detalle del cordón el poder salvífico de la sangre de Cristo. Y al mismo tiempo, vemos cómo el autor de la epístola se atiene a una interpretación por encima de todo alegórica de la historia sagrada. Por medio de ella justifica algo que moralmente chocaría con la concepción cristiana de la existencia (el que unos creyentes —y, en tanto que israelitas, aquellos espías lo serían— se hospedaran en lo que parecería a todas luces un burdel) y hace de la prostituta un ejemplo de fe y del carisma profético.

El segundo texto lo tomamos de la llamada *Epístola de Bernabé*, atribuida al levita convertido al cristianismo mencionado en Hch. 4:36-37 y más tarde compañero del apóstol Pablo en la evangelización de los gentiles[70]. En el capítulo 6 y versículo 9 nos habla del conocimiento genuino (en griego τελεία γνῶσις, *teleía gnosis*), es decir, la interpretación alegórica y espiritual de las Escrituras, la única válida para captar su verdadera esencia (lo que hoy llamaríamos su teología). De hecho, los diecisiete primeros capítulos, la parte con mucho más importante del escrito, ofrece las claves alegóricas de la interpretación del Antiguo Testamento; a lo largo de todos ellos su autor entabla un diálogo polémico con el judaísmo, negando el valor literal de sus ritos y enseñanzas, en los que ve el anuncio en clave del evangelio de Cristo.

---

[70] Contrariamente a lo que ocurre con 1 Clem., las evidencias internas de esta epístola abogan en contra de la autoría tradicional de Bernabé y apuntan más bien a un cristiano anónimo para nosotros, procedente de la gentilidad y tal vez originario de Alejandría de Egipto.

Un ejemplo clásico lo hallamos en el capítulo 10, en relación con las restricciones alimentarias de Lv. 11. Veamos los versículos iniciales:

«10. 1. Si Moisés ha dicho: "No comeréis ni cerdo, ni águila, ni gavilán, ni cuervo, ni pescado desprovisto de escamas[71]", es que su inteligencia había percibido la triple enseñanza[72].

2. Dice finalmente en el Deuteronomio: "Y yo expondré a este pueblo mi voluntad[73]". No es pues un mandamiento de Dios el no comer, sino que Moisés habla en espíritu.

3. Acerca del cerdo quiere decir: no te ligarás a hombres semejantes a cerdos que, cuando nadan en el lujo, se olvidan del Señor y no se acuerdan de él más que cuando se ven forzados por la necesidad. Así es este animal: ¿Está comiendo? No se acuerda de su amo. ¿Tiene hambre? No deja de gruñir hasta que lo ponen en el engordadero».

Para el autor de este escrito, los judíos no llegaron a comprender bien la voluntad de Dios expresada en el Pentateuco y los Profetas, solo accesible a los cristianos a la luz de la plenitud del conocimiento de la Verdad, que es Cristo[74].

---

[71] Lv. 11:7, 10, 13, 15.

[72] Esperanza de vida, justicia y amor (*cf.* 1:6).

[73] Dt. 4:1,5.

[74] Hay que decir, en honor a la verdad, que la corriente más helenística y más filosófica del judaísmo representada por la apócrifa *Carta de Aristeas* (el judaísmo alejandrino) había preparado el terreno para esta interpretación. Leemos en este documento, por ejemplo, afirmaciones como las que mencionamos a continuación:

«Moisés no nos entregó esta legislación [la de los animales puros e impuros de Lv. 11] por una simple cuestión de curiosidad acerca de ratones y comadrejas, sino con una intención de pureza y buenas acciones, siempre teniendo como fin la práctica de la justicia. Los animales que comemos se distinguen por su temperamento pacífico y la limpieza de su nutrición. Los otros, salvajes, rapaces, comen carne... Quiso dar a entender [Moisés] al llamarlos impuros, que quienes han recibido la Ley están obligados a practicar la justicia con toda su alma y no hacer daño a nadie ni llevarse nada ajeno, como esas aves limpias; por el contrario, han de dirigir sus vidas en el camino de la justicia. Por medio de estas prescripciones ha dado a comprender a los inteligentes que han de ser justos, no agresivos, ni tiranizar a los demás en base a sus propias fuerzas [...] Así funcionan todas nuestras leyes relativas a los animales; la división de uñas o el pie hendido simbolizan el hecho de que hemos de procurar que todos nuestros actos tiendan hacia el bien [...] Por medio de las prescripciones relativas a alimentos, bebidas y contactos, ordena que no hagamos ni escuchemos nada en vano, y que no abusemos del poder de la razón en aras de la injusticia».

La confrontación con la herejía: gnósticos y marcionitas. Aunque los movimientos heréticos dentro de la Iglesia cristiana comenzaron a aflorar ya en la época apostólica —de lo que da testimonio el propio Nuevo Testamento[75]— fue prácticamente al comenzar el siglo II cuando se manifestaron como sistemas de pensamiento bien articulados y, en ocasiones, con una organización interna que amenazaba claramente la unidad y la integridad del conjunto de los creyentes. Mencionamos a continuación las dos grandes corrientes que constituyeron el gnosticismo y el marcionismo, por sus peculiares afirmaciones sobre el Antiguo Testamento dentro del ámbito cristiano.

Dada la complejidad que supone enfocar la múltiple realidad del *gnosticismo* antiguo[76], y puesto que lo único que nos interesa destacar es la forma en que los gnósticos cristianos podían entender las Escrituras Hebreas, diremos que entre ellos se dieron dos maneras de enfocarlas: o bien rechazándolas en bloque como producto de un pueblo despreciable (los judíos), adorador de una entidad maligna, el creador de este mundo inferior o *demiurgo*[77], o bien dándoles un sentido ale-

---

Traducido directamente de Rops, D. *La Bible Apocryphe en marge de l'Ancien Testament.* Paris: Cerf-Fayard, 1975, pp. 205-207. Los corchetes son nuestros.

[75] Ya el libro de los Hechos de los Apóstoles evidencia el desgarramiento interno de la Iglesia primitiva entre las corrientes judaizantes que, andando el tiempo, cristalizarían en el movimiento ebionita, y el pensamiento más abierto del apóstol Pablo, como se constata, además, en la Epístola a los Gálatas. Por otro lado, en escritos como las Epístolas a los Efesios y a los Colosenses, las llamadas Epístolas Pastorales (1 y 2 Timoteo, Tito), así como en las cartas juaninas, 2 Pedro y Judas, asoman ya (tímidamente en algunos casos) una serie de doctrinas que los siervos de Dios combaten, muy cercanas a lo que sería el docetismo y otras líneas de pensamiento contrarias al mensaje de Cristo que se desarrollarían más tarde. Por su parte, Ap. 2:6,15 menciona a los *nicolaítas*, grupo herético del que sabemos poco, pero que atrae las iras del Señor; y el Cuarto Evangelio parece haber sido escrito, entre otras cosas, para refutar ciertas ideas acerca de Cristo que no se correspondían con la sana doctrina y que estarían muy cerca del gnosticismo del siglo II.

[76] Una buena presentación del gnosticismo desde el punto de vista divulgativo la hallamos en Secanella, J. *Gnosis y cristianismo. Evangelio de Judas e historicidad.* Barcelona: Publicaciones Andamio, 2012.

[77] Es de todos conocido el hecho de que los gnósticos profesaban un dualismo absoluto que les hacía rechazar todo cuanto fuera material, hasta el extremo de considerar el mundo en que vivimos esencialmente maligno y obra directa, no del Dios de la luz, Padre de Jesucristo, sino de una criatura inferior, a la que denominaban, como queda dicho, con el título de *demiurgo* o "artesano" (gr. δημιουργός *demiurgós*, término tomado de la filosofía de Platón), ruin y malvada, rápidamente identificada con el demonio, *el dios de este siglo* de que habla el apóstol Pablo en 2Co. 4:4 (*el dios de este mundo* en

górico que las acomodara a la luz superior manifestada en el Nuevo Pacto, algo muy similar a lo que ya hemos visto en los Padres Apostólicos. Las sectas gnósticas que seguían la primera interpretación tendían curiosamente a exaltar (¡a veces incluso tributándoles culto!) a las figuras veterotestamentarias enfrentadas al aborrecible creador del mundo: así, los llamados *cainitas* veneraban a Caín, personaje tristemente célebre del libro del Génesis; y los *ofitas* o *naasenos*, por no mencionar sino un solo ejemplo más, adoraban a la serpiente del Edén (en griego ὄφις *ophis* y en hebreo נחש *najash*), que al oponerse a los designios del *demiurgo*, reveló a los primeros hombres la verdadera γνῶσις *gnosis*, es decir, la auténtica sabiduría.

El ***marcionismo***, por otro lado, representa una corriente más específicamente cristiana, sin vinculación real con el gnosticismo[78], y más concretamente paulinista[79], hasta el punto de que algunos autores, a partir de las investigaciones publicadas por Von Harnack en 1924, han llegado a decir que Marción de Sínope, su fundador, fue en realidad el primer reformador de la historia del cristianismo, una especie de Lutero *avant la lettre*. La lectura estrictamente literalista del Antiguo Testamento realizada por Marción, sin concesión alguna a la alegoría, le obligó a rechazarlo en bloque por considerarlo obra, no del Dios bueno, el Dios Padre revelado en Jesucristo, sino de una divinidad inferior, el dios de los judíos, algo similar al *demiurgo* de los gnósticos, y esencialmente cruel y sanguinaria, responsable de los genocidios narrados en las Escrituras Hebreas. En su obra hoy perdida Ἀντιθέσεις *Antitheseis*, mejor conocida entre los estudiosos hispánicos por su nombre

---

BTX), y a la que algunas sectas en particular daban el curioso nombre de *Yaldabaoth, el de cara de león*, denominación que se ve confirmada por ciertas representaciones plásticas conservadas, en las que esta divinidad aparece como una serpiente con cabeza de león.

[78] En la mayoría de los manuales clásicos, no obstante, suele ser moneda corriente la presentación del marcionismo como una rama muy particular dentro del amplio espectro gnóstico. No faltan quienes hacen de ella la más importante de todas e incluso la que mejor lo representaría, algo que evidencia, a todas luces, desconocimiento de la realidad del gnosticismo en sí y del propio marcionismo como tal.

[79] Recuérdese que el canon marcionita comprendía solo una selección de epístolas del Apóstol de los Gentiles y una versión expurgada del Evangelio según Lucas, es decir, de un supuesto discípulo del apóstol Pablo. *Cf.* MEAD, G. R. S., *Gospel of Marcion. Fragments of a Faith Forgotten*. London and Benares: 1931, pp. 241-249; RIPARELLI, E. *Il volto del Cristo dualista. Da Marcione ai Catari*. Bern-Berlin-Bruxelles-Frankfurt am Main-New York-Oxford-Wien: Peter Lang Pub., 2008.

castellano *Antítesis*, y entresacada de las citas de los Padres de la Iglesia que la refutaron —Tertuliano de Cartago, principalmente[80]— exponía con claridad las diferencias entre los escritos del Antiguo Pacto y la realidad del evangelio. Helas aquí tal como las reconstruye Von Harnack en su obra *Marcion. Das Evangelium vom fremden Gott,* pp. 89-92, publicada en Leipzig en 1924:

- El Dios del Nuevo Testamento es desconocido: *Nadie conoce... quién es el Padre, sino el Hijo* (Lc. 10:22), mientras que el dios del Antiguo Testamento es conocido desde el primer momento por Adán y los demás impíos, que conversan, caminan y están en constante comunicación con él.
- Cristo conocía lo que hay en el corazón del hombre (Lc. 5:22); el creador, en cambio, pregunta a Adán: *¿Dónde estás tú?* (Gn. 3:9).
- Cristo se mostró siempre misericordioso para con los ciegos (Lc. 7:21-22; 18:35-43), mientras que David los había aborrecido hasta la muerte (2Sa. 5:6-8).
- Cristo da vista a los ciegos (Lc. 7:21), mientras que el creador no cura la ceguera de Isaac (Gn. 27:1-2).
- Moisés se impone como juez entre sus hermanos que pelean (Éx. 2:13-14). Sin embargo, cuando a Jesús le piden que resuelva una disputa, se niega (Lc. 12:14).
- Los israelitas salieron bien equipados de Egipto (Éx. 13:18) después de despojar a sus habitantes autóctonos por orden del creador (Éx. 11:2-3; 12:35-36). Cristo manda a predicar a sus discípulos diciéndoles: *No toméis nada para el camino, ni bordón, ni alforja, ni pan, ni dinero; ni llevéis dos túnicas* (Lc. 9:3).
- El creador legisla *ojo por ojo, diente por diente* (Éx. 21:24); el Hijo del Dios Supremo dice: *Al que te hiera en una mejilla, preséntale también la otra* (Lc. 6:29).
- La ley de Moisés establece que si uno toma un vestido ajeno, el culpable pagará el doble (Éx. 22:8); Cristo declara: *Al que te quite la capa, ni aun la túnica le niegues* (Lc. 6:29).
- El creador envía fuego sobre los enemigos del profeta Elías (2Re. 1:9-10); Jesús reprende a los discípulos que le piden les permita

---

[80] Una de sus obras lleva, precisamente, el más que sugerente título de *Adversus Marcionem libri V*. El otro Padre que lo refutó con autoridad fue San Ireneo.

hacer bajar fuego del cielo sobre los samaritanos precisamente como había hecho Elías (Lc. 9:54-55).

- El creador envía osos que devoran a los cuarenta y dos niños que se habían burlado del profeta Eliseo (2Re. 2:23-24); Cristo dice a sus discípulos: *Dejad a los niños venir a mí* (Lc. 18:16).

- El creador sanó solo un leproso por medio de Eliseo, el general sirio Naamán, cuando en Israel había muchos (Lc. 4:27), y para ello precisó que aquel se lavara siete veces en las aguas del Jordán (2Re. 5:9-15); el Hijo del Dios Supremo sanó a diez con su sola palabra y de inmediato; por otra parte, el que de los diez regresó glorificando a Dios, y que además ni siquiera era judío, incumplió la ley de Moisés (Lc. 17:11-19).

- El profeta del creador dice: *Que sus oídos se endurezcan* (Is. 6:10 BTX); Cristo dice: *El que tiene oídos para oir, oiga* (Lc. 8:8).

- La ley dice: *Es maldito de Dios el que muere colgado de un árbol* (Dt. 21:23 DHH); Cristo fue colgado en un madero (Gá. 3:13).

- El mesías judío vendrá solo para Israel[81]; el Cristo de Dios viene para todos los pueblos de la tierra (Ro. 15:7-12).

- El Dios Bueno lo es para todos (Ef. 2:14-19); el creador se preocupa solo de los que le pertenecen (Éx. 19:4-6). El Dios Bueno salva a los que creen en él, pero no castiga al resto, mientras que el creador salva a sus fieles y castiga a los demás[82].

- La maldición es la característica de la ley[83]; el evangelio se caracteriza por ser bendición.

- En la ley el creador dice: *El rico y el pobre se encuentran; a ambos los hizo Jehová* (Pr. 22:2); pero Cristo solo llama bienaventurado al pobre (Lc. 6:20).

- En la ley se da la felicidad a los ricos y la desgracia a los pobres[84]; en el evangelio es al revés (Lc. 6:20-21,24-25).

---

[81] Aunque no podamos afirmarlo de forma explícita, pues carecemos de documentación suficiente para ello, es posible que Marción tuviera *in mente* los llamados *Cánticos del Siervo de Yahweh* del libro de Isaías: 42:1-4 (5-9); 49:1-6; 50:4-9 (10-11); 52:13 – 53:12.

[82] Afirmación que nos evidencia la repulsa de Marción a ciertos libros neotestamentarios en los que se habla de castigos para los impíos, desde los Evangelios Sinópticos hasta el Apocalipsis, por considerarlos impregnados de pensamiento judío.

[83] Sin duda que Marción se refería a pasajes como Lv. 26 o Dt. 27-28, entre otros del mismo tenor.

[84] De todos es conocido que el lenguaje del Antiguo Testamento, especialmente las promesas dadas a los patriarcas y al pueblo de Israel recién liberado de Egipto en

- La ley manda amar al prójimo y odiar al enemigo (Lv. 19:18)[85]; pero es necesario amar a los enemigos (Lc. 6:27-35).
- El creador estableció el sábado (Gn. 2:1-4a), que Cristo no observó (Lc. 6:1-10[86]; 13:10-17).
- La ley prohíbe tocar a una mujer con flujo de sangre (Lv. 15:25-27); el Cristo de Dios no solo la toca, sino que la sana (Lc. 8:43-48).

A la luz de estas declaraciones, es perfectamente comprensible que el marcionismo se haya constituido en fuente principal de inspiración para quienes, a lo largo de los últimos veinte siglos de historia de la Iglesia —y hasta el día de hoy— han rechazado de plano la validez del Antiguo Testamento como Escritura Sagrada vigente para los cristianos[87].

---

relación con la posesión de la tierra de Canaán, describe las bendiciones de Dios como exclusivamente materiales en la inmensa mayoría de los casos. Algo similar se lee en muchos oráculos de los libros proféticos, con lo que se daría la impresión de que la pobreza fuera una maldición divina o de que los pobres no tuvieran lugar en los propósitos de Dios. No obstante, contrástese, v. gr., con Sal. 9:18; 113:7-8.

[85] Lv. 19:18 reza literalmente:

No te vengarás, ni guardarás rencor a los hijos de tu pueblo, sino amarás a tu prójimo como a ti mismo. Yo Jehová.

La alusión al odio a los enemigos, que se encuentra en la mención de Jesús a la ley recogida en Mt. 5:43, no consta en ninguno de los textos bíblicos de que hoy disponemos. En realidad, el mandamiento de aborrecer a los enemigos, aunque refleja ciertos estadios de pensamiento que evidentemente hunden sus raíces en el Antiguo Testamento (*cf.* Sal. 101:8; 108:13; 109; 137:7-9), hay que buscarlo más bien en la literatura pseudoepigráfica, de amplia circulación por la Palestina del siglo I d. C., y en la mentalidad general de los judíos de la época de nuestro Señor, que entendían era preciso aborrecer a los enemigos de Israel, considerados también como enemigos acérrimos del propio Dios. *Cf.* los célebres *Salmos de Salomón*, muy especialmente el XVII, así como ciertos documentos de la literatura qumramita.

[86] De haberla conocido, Marción hubiera apreciado la lectura de Lc. 6:5 que ofrece el Codex D (Bezae-Cantabrigiensis), donde dice:

El mismo día vio a un hombre que realizaba un trabajo en sábado. Entonces le dijo: «¡Oh, hombre! Si sabes lo que haces, eres feliz [algunas versiones lo traducen bienaventurado]. *Pero si no sabes lo que haces, eres maldito y un transgresor de la ley».*

Tomado de Jeremias, J. *Palabras desconocidas de Jesús*. Salamanca: Ediciones Sígueme, 1984, p. 67. El corchete es nuestro.

[87] Citamos a modo de ejemplo unas palabras de Adolf von Harnack, tomadas de su libro antes mencionado *Marcion. Das Evangelium vom fremden Gott*, publicado en 1920, donde afirma:

San Ireneo de Lyón. Considerado por muchos como el primer gran teólogo postapostólico, e incluso el fundador de la teología cristiana[88], desarrolla su pensamiento en pleno siglo II, época de confrontación con la herejía y en la que, además de las Escrituras del Antiguo Testamento, la Iglesia dispone ya de los libros del Nuevo. Ello hace que su lectura teológica del canon veterotestamentario siga la línea que habíamos encontrado en los Evangelios, los Hechos y el epistolario paulino. En sus propias palabras:

> «Así, por tanto, todas las Escrituras, tanto proféticas como evangélicas —que pueden escucharlas todos igualmente, aunque no las crean todos de la misma manera— proclaman claramente y sin ambigüedad que un solo y único Dios, con exclusión de cualquier otro, ha hecho todas las cosas por medio de su Verbo, las visibles e invisibles, las celestes y las terrestres, las que viven en las aguas y las que se arrastran bajo tierra, como hemos demostrado por las palabras mismas de las Escrituras; por su parte, el mundo mismo donde estamos, por lo que nos ofrece a nuestras miradas, atestigua también que es uno solo Aquel que lo ha hecho y lo gobierna[89]».

Cristocentrismo y apologética son, pues, las líneas maestras de su lectura del Antiguo Testamento.

Interesante por demás es también su opinión de que la versión griega del Antiguo Testamento, los LXX o *Septuaginta*, es totalmente inspirada por Dios. En efecto, haciéndose eco de la leyenda transmitida en la apócrifa *Carta de Aristeas,* del siglo II a. C., afirma ser cierto que los setenta —o setenta y dos— sabios traductores de Jerusalén llamados a Alejandría de Egipto por el rey Ptolomeo II Filadelfo realizaron su labor individualmente bajo la dirección del Espíritu Santo, de tal

---

«Rechazar el Antiguo Testamento en el siglo segundo, fue un error que la gran Iglesia condenó con razón; mantenerlo en el siglo dieciséis fue un destino al que la Reforma todavía no se podía sustraer; pero, desde el siglo diecinueve, conservarlo todavía en el protestantismo como documento canónico, de igual valor que el Nuevo Testamento, es consecuencia de una parálisis religiosa y eclesiástica».

[88] QUASTEN, J. *Patrología*, vol I. Madrid: B.A. C., 2004, p. 294.

[89] Ἔλεγχος καὶ ἀνατροπὴ τῆς ψευδονόμου γνώσεως *Élenkhos kaí anatropé tes pseudonomu gnóseos*, es decir, "Desenmascaramiento y derrocamiento del falsamente llamado 'conocimiento'", por lo general más conocido por su título latino *Adversus Haereses,* que suele llevar en castellano el título *Contra las herejías*, (II, 27, 2). Lo tomamos de la edición de Alfonso Ropero, *Lo mejor de Ireneo de Lyón.* Viladecavalls (Barcelona): CLIE, 2003.

manera que todas las traducciones concordaban. Sus palabras textuales son las siguientes:

> «Ahora bien, cuando se reunieron ante Ptolomeo y compararon las traducciones entre sí, Dios fue glorificado y las Escrituras reconocidas como verdaderamente divinas, porque todos habían expresado los mismos pasajes con las mismas palabras y los mismos términos desde el principio hasta el fin, para que los gentiles de ahora supieran que las Escrituras habían sido traducidas por inspiración de Dios[90]».

Y no tiene desperdicio lo que sigue a continuación:

> «Y no es sorprendente que Dios haya obrado este prodigio entre ellos, después que las Escrituras fueron destruidas cuando el pueblo fue hecho cautivo por Nabucodonosor, al tiempo que los judíos después de 70 años volvían a su país; y más adelante en tiempos de Artajerjes, rey de los persas, ¿no fue Dios mismo el que inspiró a Esdras, sacerdote de la tribu de Leví, para rememorar todas las palabras de los profetas anteriores y devolver al pueblo la ley dada por Moisés?[91]».

Tales opiniones, que sin duda fueron predominantes en la Antigüedad en muchos círculos judíos y cristianos, siguen siendo mantenidas por ciertos sectores de las Iglesias orientales de la actualidad.

San Clemente de Alejandría. Es, sin lugar a dudas, una de las más ilustres figuras de la Iglesia antigua, y vive en la segunda mitad del siglo II y principios del III. Su nombre está indisolublemente vinculado al de la así llamada *Escuela Catequética de Alejandría*, centro de estudios cristianos de alto renombre en su época, de la que fue director a la muerte de su fundador, el afamado filósofo Panteno, entre cuyos discípulos tuvo el honor de contarse[92]. Esta escuela se distinguió por el empleo absoluto y exclusivo del método alegórico de interpretación de las Escrituras, del cual ya hemos visto algunos ejemplos en el propio Nuevo Testamento, en los Padres Apostólicos y en el gnosticismo, desarrollándolo hasta su máxima expresión. No hay que olvidar que en la ciudad de Alejandría había vivido y enseñado el filósofo judío Filón,

---

[90] *Contra las herejías*, II, 21, 2. Ed. de Alfonso Ropero.
[91] *Ibíd.*
[92] *Cf.* EUSEBIO DE CESAREA. *Historia Eclesiástica,* V, 10, 1.

gran cultivador del método alegórico, y que, desde los reyes Ptolomeos, en la célebre Biblioteca allí fundada se cultivaba el método alegórico o *evemerismo*[93] para la interpretación de los grandes clásicos de la poesía helénica. La escuela catequética cristiana contaba, por lo tanto, con buenos antecedentes y un trasfondo cultural adecuado. Por medio de este método, pues, pretendía llegar al meollo de la revelación divina, su contenido espiritual, vale decir, su teología, obviando el "envoltorio" material y en ocasiones demasiado grosero en que venía transmitido.

El hecho de que empleara principalmente los recursos de la filosofía como instrumento para la comprensión de las verdades reveladas en las Escrituras, ha propiciado que San Clemente sea considerado por unanimidad como el fundador de la teología especulativa cristiana. Así, por ejemplo, aplica el nombre de Λόγος *Logos,* término propio de la filosofía griega, al Hijo de Dios encarnado en tanto que fuente permanente de sabiduría para los creyentes[94]. Pese a todo su ropaje filosófico, la lectura del Antiguo Testamento que realiza San Clemente Alejandrino sigue la misma tendencia que hemos encontrado hasta ahora. Veamos algún ejemplo:

«De muchas formas es el Logos designado alegóricamente: alimento, carne, comida, pan, sangre, leche. El Señor es todo beneficio nuestro, pues hemos creído en Él. Que nadie se extrañe si alegóricamente llamamos leche a la sangre del Señor. ¿No se llama esa sangre, también alegóricamente, vino? "El que lava en el vino su manto y en la sangre de la viña su vestido" (Gn. 49:11). Dice que el cuerpo del Logos se embellecerá en su propia sangre, como también alimentará con su espíritu a los que tengan hambre del Logos. Que la sangre es el Logos lo atestigua la sangre del justo Abel, que clama a Dios (Gn. 4:10; Mt. 23:35; He. 11:4).

Ya que es imposible a la sangre emitir sonidos, es necesario pensar que con la palabra "sangre" nos estamos refiriendo alegóricamente al Logos. Aquel justo antiguo era figura del nuevo Justo, y la sangre antigua hablaba en nombre de la sangre nueva. Quien clama a Dios es la sangre, es decir, el Logos, y revelaba que el Logos estaba destinado a sufrir[95]».

---

[93] Del nombre de Evémero de Mesene, iniciador de este método interpretativo entre los siglo IV y III a. C.

[94] Aunque Jn. 1:1 o Ap. 19:13 apliquen este mismo vocablo a Cristo, lo cierto es que tal designación no estaba demasiado extendida en el mundo cristiano de aquellos primeros siglos.

[95] Παιδαγωγός *paidagogós*, más conocido por su nombre latino *Paedagogus,* I, 47, 2-4. Se titula *La obra del pedagogo* en la edición de Alfonso Ropero, *Lo mejor de Clemente de Alejandría.* Viladecavalls (Barcelona): CLIE, 2001.

Dentro de esta misma línea de pensamiento, desarrolla de manera magistral la idea lucana de que Cristo (el *Logos*) fue el pedagogo por antonomasia del antiguo pueblo de Israel por medio de los Escritos Sagrados que señalaban hacia él:

«Antiguamente el Logos educaba por medio de Moisés; más tarde lo hizo por medio de los profetas. El mismo Moisés fue también un profeta: la Ley es, pues, la pedagogía de los niños difíciles: Una vez saciados —dice—, se levantaron para divertirse (Éx. 32:6). Dice *saciados*, no *alimentados*, para indicar el irracional exceso de alimento.

Y como después de saciarse desordenadamente se dedicaron a divertirse también de modo desordenado, vino a continuación la Ley y el temor para alejarlos de los pecados y exhortarles a la buena conducta, preparándolos así para obedecer dócilmente al verdadero Pedagogo: el mismo y único Logos que se adapta según la necesidad. "La Ley ha sido dada —dice Pablo— para llevarnos a Cristo" (Gá. 3:24)[96]».

Ahondando en el mismo concepto, se hace también eco de una creencia extendida por ciertos sectores de la Antigüedad cristiana, según la cual se equiparan el Antiguo Testamento y la filosofía como propedéuticas del evangelio, el uno para los judíos y la otra para los griegos[97]:

«Antes de la venida del Señor, la filosofía era necesaria para la justificación de los griegos; ahora es útil para conducir las almas a Dios, pues es una propedéutica para quienes llegan a la fe por la demostración. "Que tu pie no tropiece, pues" (Pr. 3:23), refiriendo todas las cosas hermosas a la Providencia, ya sean las de los griegos, ya las nuestras. Dios es, en efecto, la causa de todas las cosas hermosas; de unas lo es de una manera principal, como del Antiguo y Nuevo Testamento; de otras, secundariamente, como de la filosofía. Y esta tal vez ha sido dada principalmente a los griegos antes de que el Señor les llame también; porque ella condujo a los griegos hacia Cristo, como la Ley a los hebreos. Ahora la filosofía queda como una preparación que pone en el camino al que está perfeccionado por Cristo[98]».

---

[96] *Paedagogus,* I, 11, 96.3-97.1.

[97] Había despuntado ya con algunos de los llamados Padres Apologistas griegos. *Cf.* BERKHOF, L. *Historia de las doctrinas cristianas.* Capellades (Barcelona): El estandarte de la verdad, 1995, pp. 72-78.

[98] Στρωματεῖς *stromateîs*, es decir, "tapices", obra que se suele mencionar normalmente como *Stromata*, I, 5, 28. Citado por QUASTEN, J. *Op. cit.* p. 328.

De esta forma, prepara San Clemente el camino para esa simbiosis perfecta entre teología y filosofía que marcará el cristianismo, o una parte de él al menos, hasta el día de hoy.

Orígenes de Alejandría. Conocido también como Orígenes *Adamantino* ("duro como el diamante"), vive a caballo entre los siglos II y III y está considerado de forma unánime como la figura teológica más destacada de la Iglesia antigua, al menos en Oriente. Discípulo de San Clemente de Alejandría y director también durante algún tiempo de la Escuela Catequética de aquella ciudad, ha pasado a la historia como el máximo exponente del método alegórico de interpretación de las Sagradas Escrituras, y como su mejor sistematizador para la posteridad. Considerado como el primer teólogo sistemático de la Cristiandad debido a lo que muchos estudiosos entienden que es su trabajo más importante, la magna obra titulada en griego Περὶ ἀρχῶν *Perí arkhôn*, mejor conocida por su título en latín, *De Principiis*[99], tuvo gran respeto por las Escrituras veterotestamentarias, de las que preparó a partir del año 212 una gran edición crítica, la primera en su género, las famosas y tristemente perdidas Εξαπλᾶ *Hexaplâ*, "las seis [columnas]", que en castellano solemos llamar *Hexaplas* o *Exaplas*, en las que se cotejaban distintas versiones griegas de la época con el texto hebreo premasorético y su transcripción fonética en alfabeto griego. Su interés por los treinta y nueve libros del Antiguo Testamento se acrecentó hasta tal punto que fue uno de los pocos Padres de la Iglesia que se interesaron realmente en aprender la lengua hebrea, considerando que para un erudito cristiano no era suficiente el acercarse a la Palabra de Dios solo a través de una traducción, por bien hecha que estuviera o por prestigiosa que fuera. Su lectura e interpretación de los libros del Antiguo Pacto, a los que denomina *las antiguas Escrituras judaicas, de que también nos valemos nosotros... que las iglesias tienen por divinas*[100], y que considera obra de la Providencia, al igual que los Evangelios[101], no se desmarca en absoluto de lo que hemos encontrado hasta ahora. En efecto, afirma en el prefacio a su *De principiis* ya antes mencionado:

---

[99] En la edición de Alfonso Ropero *Lo mejor de Orígenes*, tiene el tíntulo de *Tratado de los principios*. Viladecavalls (Barcelona): CLIE, 2002.

[100] Κατὰ Κέλσου *Katá Kelsu*, más conocido por su título latino *Contra Celsum*, en castellano *Contra Celso,* III, 45. Madrid: B.A.C., 1967.

[101] Íd., VII, 26.

«Entonces, finalmente, [añadimos] que las Escrituras han sido escritas por el Espíritu de Dios, y tienen un significado, no solo el que es evidente a primera vista, sino también otro, que se escapa del conocimiento de la mayoría. Porque aquellas [palabras] que están escritas son las formas de ciertos misterios (*sacramentos*) y las imágenes de las cosas divinas. Respecto a lo cual hay una opinión universal en toda la Iglesia, que la ley entera es verdaderamente espiritual; pero que el significado espiritual que la ley encierra no es conocido a todos, sino únicamente a aquellos a quienes es concedida la gracia del Espíritu Santo en la palabra de sabiduría y de conocimiento[102]».

El libro IV de esta misma magna obra está consagrado todo él a las Sagradas Escrituras, y en sus páginas, siguiendo una tendencia apologética muy marcada en los Padres Griegos de los siglos II y III, acusa abiertamente a los judíos de haber descuidado la verdadera comprensión de la Palabra de Dios que les había sido entregada por el Espíritu Santo, entendimiento que no podía ser otro que el espiritual, y haberse quedado en el más puro literalismo, lo que les ha impedido ver con claridad quién era realmente Cristo. Aprovecha también la ocasión para acusar a los herejes que, debido a una lectura excesivamente literalista del Antiguo Testamento, ven dificultades en asimilar el Dios Creador que aparece en sus libros al Dios Padre revelado por Jesucristo en el Nuevo. En sus propias palabras:

«[En la Escritura] todo tiene un sentido espiritual, pero no todo tiene un sentido literal[103]».

Considerado como el primer exegeta que trabajó los textos sagrados con un método científico, escribió *escolios*[104] o explicaciones breves de pasajes particularmente difíciles del Éxodo, Levítico, Isaías, los primeros quince Salmos y del Eclesiastés, así como también amplios comentarios a diversos libros veterotestamentarios, repletos de notas filológicas, textuales, históricas y etimológicas, sin faltar las observaciones pertinentes de carácter puramente teológico o filosófico. La lástima es que no nos queda prácticamente nada de todo ello, salvo alguna que otra cita o alusión dispersa en obras de otros autores.

---

[102] Edición de Alfonso Ropero, *Lo mejor de Orígenes*.
[103] *De principiis*, IV, 3, 5. Citado por Quasten, J. *Op. cit.* p. 403.
[104] Del griego σχόλια *skholia* "comentarios propios de escuelas".

Para Orígenes, por lo tanto, es indudable la inspiración estrictamente verbal de los Escritos Sagrados, y los concibe, tanto sean del Antiguo como del Nuevo Testamento, como una Palabra viva y dinámica que interpela al hombre de forma directa, al mismo tiempo que refleja las realidades de un mundo espiritual superior.

Se comprende que toda la interpretación alegórica posterior de los Escritos Sagrados, ampliamente cultivada en la Edad Media, tenga su punto de partida en este alejandrino universal.

San Cirilo de Jerusalén. Es, juntamente con San Juan Crisóstomo, una de las figuras destacadas de la llamada *Escuela Catequética de Antioquía*, la gran rival de la Escuela de Alejandría antes mencionada. Fundada en el siglo IV por Luciano de Antioquía, se formó en un ambiente más semítico —concretamente de lengua siríaca— que la de Alejandría, vale decir, en un entorno más próximo a la mentalidad bíblica y menos helenizado; de ahí que propugnara una lectura e interpretación de los Escritos Sagrados más ajustadas al texto en sí, más literal, con algunas concesiones a la alegoría y a la interpretación espiritualista, pero sin llegar a los niveles de los alejandrinos. El hecho de que fueran discípulos de Luciano de Antioquía personajes como Arrio o Pablo de Samosata, contribuyó a que muy pronto se lanzara sobre esta escuela el baldón de ser "generadora de herejes".

El propio San Cirilo, debido a su nombramiento como obispo de Jerusalén por un prelado arriano, fue acusado de participar de aquella desviación doctrinal, lo que le generó, andando el tiempo, serios problemas con la Iglesia y con el gobierno imperial romano. No obstante, hoy nadie cuestiona su integridad ortodoxa personal. Se lo recuerda de forma específica por sus Κατηχήσεις *Katekheseis*, conocidas en castellano con el título de *Instrucción catequética*, en la que expone una teología acorde con lo que la Iglesia había mantenido siempre en relación con el depósito doctrinal. En lo referente a nuestro tema, hace hincapié en los ejemplos veterotestamentarios de siervos de Dios (profetas, reyes piadosos, figuras destacadas como Rahab) en los que el cristiano debe verse reflejado. Su lectura del Antiguo Testamento es, por encima de todo, cristocéntrica desde el primer capítulo del Génesis, en cuyo versículo 26 lee una alusión a la persona del Hijo en el plural *hagamos al hombre a nuestra imagen y semejanza*. El Antiguo Testamento, a fin de tener sentido para los creyentes, ha de apuntar todo él hacia Cristo:

«Esto nos enseñan las Escrituras divinamente inspiradas del Antiguo y Nuevo Testamento. Pues uno es el Dios de ambos, el cual anunció a Cristo en el Antiguo como un hecho manifestado en el Nuevo, y que por medio de la Ley y de los Profetas llevó hacia Cristo a manera de un pedagogo...
Y cuando vieres a alguno de los herejes que difama a la Ley o a los Profetas, oponles aquellas saludables palabras: "No penséis que he venido para abrogar la ley o los profetas; no he venido para abrogar, sino a cumplir" (Mt. 5:17)[105]».

Al igual que San Ireneo de Lyón, ve en la *Septuaginta* un sello de inspiración divina evidenciado por la historia de su traducción milagrosa. Y añade un detalle de gran importancia, que es su concepción del canon veterotestamentario:

«Lee, pues, los veintidós libros de estas divinas Escrituras, y de los demás libros apócrifos no quieras saber nada. Solamente estudia y medita en aquellos que en la Iglesia leemos con toda seguridad y certeza. Mucho más prudentes y religiosos que tú eran los apóstoles y obispos y pastores de la Iglesia que te los entregaron; pues tú, siendo hijo de la Iglesia, no cambies las leyes que están establecidas. Como ya hemos dicho, del Antiguo Testamento medita en los veintidós libros[106], que si tienes un poco de interés en aprender, te los deberás grabar en la memoria uno por uno, mientras yo te los voy diciendo. Los cinco primeros libros de la Ley son de Moisés, a saber, el Génesis, el Éxodo, el Levítico, los Números y el Deuteronomio. Después el de Josué, hijo de Nun, y el libro de los Jueces, que juntamente con Rut, hace el número séptimo. De los demás libros históricos, el primero y segundo de los Reyes para los hebreos es un solo libro[107]; así como el tercero con el cuarto. Igualmente para ellos, el primero y segundo de los Paralipómenos (Crónicas) hacen un solo libro; y hasta el primero y segundo de Esdras[108]. El de Ester es el duodécimo, y estos son los libros históricos.

---

[105] *Instrucción catequética*, I, 4, 33. Edición de Alfonso Ropero, *Lo mejor de Cirilo de Jerusalén. Sellados por el Espíritu.* Viladecavalls (Barcelona): CLIE, 2001.

[106] Idéntico número ofrece el historiador judío Flavio Josefo en su obra *Contra Apión* I, 37-45.

[107] Se refiere en realidad a nuestros 1 y 2 Samuel. En efecto, eran conocidos en la Antigüedad como 1 y 2 Reyes (o también 1 y 2 Reinos), con lo que los 1 y 2 Reyes de nuestras ediciones actuales de la Biblia recibían el nombre de 3 y 4 Reyes (o 3 y 4 Reinos).

[108] Nuestros libros de Esdras y Nehemías actuales.

Los poéticos son también cinco: Job, Salmos, Proverbios, Eclesiastés y Cantar de los Cantares, que hace el número diecisiete. Siguen finalmente los cinco libros proféticos, a saber, de los doce profetas menores, uno; de Isaías, uno; de Jeremías con Baruc, las Lamentaciones y la Epístola, uno; después Ezequiel y, por último, Daniel, que hace el vigésimo segundo del Antiguo Testamento[109]».

Resulta sorprendente, por un lado, su devoción por la LXX, cuya distribución del orden de los Libros Sagrados sigue, y por otro, su rechazo de los apócrifos, siendo que se introducen a partir de esta versión. No obstante, hay algunos que sí acepta como canónicos: Baruc y la Epístola de Jeremías a los cautivos en Babilonia, que por lo general se suele incorporar en las ediciones católicas de la Biblia al libro de Baruc, del que se presenta como el capítulo 6[110].

San Juan Crisóstomo. Considerado de forma unánime como uno de los grandes Padres de la Iglesia Griega, exponente sin igual de la cultura cristiana expresada en lengua helénica, y orador cristiano por antonomasia[111], es sobre todo conocido por sus homilías o predicaciones, pronunciadas muchas de ellas ante la familia imperial en su calidad de patriarca de Constantinopla, en las que desarrolla su pensamiento teológico sobre las Escrituras. Contrario a la alegoría, como buen antioqueno, buscaba siempre el sentido literal de los textos, si bien no desdeñaba que estos tuvieran una aplicación espiritual. Del Antiguo Testamento le interesaron básicamente los libros del Génesis, Isaías, algunos pasajes de los Reyes, algunos profetas, pero sobre todo el Salterio, que no trabajó únicamente sobre el texto de la LXX, sino también cotejándolo con otras versiones en lengua griega: Símmaco, Aquila y Teodoción, sin por ello menospreciar el texto hebreo proto-masorético o menoscabar el siríaco. Encuentra en la Biblia básicamente consuelo y esperanza para los creyentes, así como ejemplos preclaros de conducta positiva o negativa:

---

[109] *Instrucción catequética*, I, 4, 35.

[110] *Cf.* BJ o la conocida y popular versión NC, por ejemplo. Sin embargo, la BTI separa la Epístola del libro de Baruc, quedando este como un escrito de cinco capítulos. Lo mismo sucede en la excelente versión crítica CI y en la NBE.

[111] La designación *Crisóstomo* es en realidad un apodo (χρυσόστομος, *khrysóstomos*) que significa "Boca de oro".

«No sirve de alimento a los rebaños el follaje de los árboles que al mediodía hacen de techo para las ovejas, procurándoles la suspirada y útil sombra para el dulce sueño. Del mismo modo, la lectura de las Sagradas Escrituras recrea y restaura las almas afligidas y desoladas, alivia la dureza y las angustias de las tribulaciones, ofreciendo un consuelo más dulce y jovial que cualquier sombra. Tanto consuelo nos lo proporciona no solo en los desastres financieros o en la pérdida de hijos y otras calamidades del mismo género, sino también cuando estuviéramos postrados por el pecado. [...]
Por lo tanto, para todos los desconsolados, conscientes del peligro que corren por el pecado, las historias antiguas de la Escritura ofrecen un oportuno remedio, basta que se quiera[112]».

San Jerónimo. Para concluir esta rápida ojeada a la Edad Antigua, vamos a fijar nuestra atención en quienes, sin duda, son los dos representantes más conspicuos de la Patrística occidental, vale decir, en lengua latina, cuyas vidas transcurren entre los siglos IV y V. El primero de ellos, Eusebio Hierónimo de Estridón, o simplemente San Jerónimo, es sobretodo conocido por su revisión de la Biblia *Vetus Latina* que conocemos como la *Vulgata*, aún hoy versión oficial de la Escritura en latín para la Iglesia Católica Romana[113]. Caso extraño entre los Padres de la Iglesia —como había sido Orígenes en su momento— San Jerónimo, a pesar de su magnífica formación literaria clásica en lengua latina, mostró un gran interés por la lengua hebrea, que aprendió con un rabino de Belén amigo suyo y empleó para su traducción y sus estudios sobre los libros del Antiguo Testamento, de los que escribió algunos pequeños comentarios exegéticos. Hoy en día, no obstante, son muchos los eruditos que cuestionan ese aprendizaje y afirman sin ambages que San Jerónimo únicamente adquirió ciertos rudimentos de la lengua de Moisés y los profetas, como evidenciarían sus trabajos sobre el Antiguo Testamento.

---

[112] Περὶ ἱερωσύνης *Perí hierosynes*, más conocido por su título latino *De sacerdotio*, IV, 1. Publicado con el título *La dignidad del ministerio* en la edición de Alfonso Ropero, *Lo mejor de Juan Crisóstomo*. Viladecavalls (Barcelona): CLIE, 2002, pp. 262-263.

[113] La revisión iniciada bajo los auspicios del Concilio Vaticano II y conocida como *Nova Vulgata* o *Neo-Vulgata* vio la luz en 1979. Una segunda edición fue publicada en 1986. En 2001 el Vaticano, mediante la instrucción *Liturgiam Authenticam*, ha establecido la Neo-Vulgata como punto de referencia para todas las traducciones en lenguas vernáculas de la liturgia según el rito romano, a fin de mantener su finisecular tradición.

Aunque origenista y partidario en un principio de la interpretación alegórica de las Escrituras Hebreas como medio seguro para aprehender sus líneas básicas de pensamiento, no por ello desdeñaba la precisión textual, lo que le impulsó a realizar un trabajo verdaderamente filológico, únicamente comparable al esfuerzo de Orígenes en componer las ya mencionadas *Hexaplas*. Y algo realmente importante: su fe en Cristo fue siempre el principio hermenéutico fundamental que le guio a la hora de interpretarlas, si bien ya teñido de las tendencias de la época, una de ellas la creciente mariología. Un par de ejemplos clásicos tomados del Texto Masorético hebreo contrastado con la traducción de la Vulgata nos servirán para comprobarlo:

והרעשתי את־כל־הגוים ובאו חמדת כל־הגוים

(wehireashtí eth-kol-haggoyim ubaú jemdath kol-haggoyim)

Et movebo omnes gentes, et veniet Desideratus cunctis gentibus
(Hag. 2:8)

La traducción que ofrece la versión RVR60, muy ajustada a la Vulgata, pese a su pretensión de ser una revisión realizada sobre los originales hebreos, reza:

*Y haré temblar a todas las naciones, y vendrá el Deseado
de todas las naciones*[114].

La traducción del texto hebreo es como sigue, según la BJ:

*Sacudiré todas las naciones; vendrán entonces los tesoros
de todas las naciones*[115].

---

[114] En RVR60 y las versiones castellanas al uso es el v. 7.
[115] En una nota a pie de página indica:

«La Vulg. ha leído aquí una alusión al Mesías… De ahí el uso litúrgico de este texto en tiempo de Adviento».

El segundo texto es el siguiente:

ואיבה אשית בינך ובין האשה ובין זרעך ובין זרעה
הוא ישופך ראש ואתה תשופנו עקב

(weebah ashith benekha uben haishshah uben zareakha uben zareaj)
(hú yeshuphekha rosh weattah teshuphenu aqeb)

Inimicitias ponam inter te et mulierem, et semen tuum et semen illius:
Ipsa conteret caput tuum, et tu insidiaberis calcaneo eius (Gn. 3:15)

La traducción que efectúa RVR60 sobre este *Protoevangelio* resulta ambigua en este caso, porque al ser los términos *mujer* y *simiente* femeninos en castellano, no se ve con claridad el matiz de la traducción de San Jerónimo:

> *Y pondré enemistad entre ti y la mujer, y entre tu simiente*
> *y la simiente suya;*
> *esta te herirá en la cabeza, y tú le herirás en el calcañar*[116].

La traducción de BJ, que es muy literal con el texto hebreo masorético, reza:

> *Enemistad pondré entre ti y la mujer, y entre tu linaje y su linaje:*
> *él te pisará la cabeza mientras acechas tú su calcañar.*

Lo que San Jerónimo traduce en su versión latina es:

> *Enemistad pondré entre ti y la mujer, y entre tu linaje y su linaje:*
> *ella te pisará la cabeza mientras acechas tú su calcañar.*

---

[116] En este caso, la BTX traduce:

Y pondré enemistad entre ti y la mujer, y entre tu descendiente y su descendiente. Él te aplastará la cabeza cuando tú hieras su calcañar.

Y añade en una nota a pie de página referente al pronombre *Él*:

«Él. En heb. el vocablo *zera'* = *descendencia, simiente,* es masculino. Por ello, el pronombre que aparece después de la pausa en *su descendencia,* es también masculino (*hú* = *él*). Así, la referencia no es a la mujer, sino al *descendiente* de esta».

Es decir, será la mujer, o mejor dicho, la *nueva* mujer, la nueva Eva que es María en la tradición patrística, la que vehiculará la redención.

En otro orden de cosas, San Jerónimo expresó también su desdén por los apócrifos o deuterocanónicos. En su prólogo al libro de los Proverbios afirma:

> «El libro de Jesús, hijo de Sirac; la Sabiduría de Salomón, Judit, Ester, Tobías y los Macabeos se leen para edificación, pero no gozan de autoridad canónica[117]».

Y en el prólogo a Esdras añade:

> «El III y IV de Esdras no son más que fantasías[118]».

Es decir, que no se molestó demasiado con ellos. Únicamente dedicó un poco de atención a los libros de Judit y Tobías, cuyos contenidos resultan más atractivos para el gran público por su aspecto novelesco, pero no para traducirlos con exactitud, palabra por palabra, sino más bien teniendo en cuenta el sentido general del texto que tenía delante[119]. Sin embargo, consideró con respeto y tradujo como el resto del Antiguo Testamento los añadidos deuterocanónicos de los libros de Ester y Daniel, en los que encontraba mensajes de profunda espiritualidad y altamente inspiradores para el pueblo cristiano.

San Agustín de Hipona. Considerado de forma unánime como el gran Padre de la Iglesia de Occidente, ha sido sin duda el mayor teólogo de la Cristiandad Latina, el mejor expositor de la Teología de la Gracia después de Pablo hasta la Reforma, el gran sintetizador de la filosofía y la teología antiguas que abrió las puertas a la cultura cristiana medieval, y el forjador del pensamiento que ha marcado nuestro mundo occidental, en una palabra. Nacido en un hogar mixto, de padre pagano y madre cristiana y piadosa (Santa Mónica), por la que fue educado, el deseo que experimentó el ya maduro Aurelio Agustín de un

---

[117] Citado por Di BERARDINO, A. (dir.). *Patrología III. La edad de oro de la literatura patrística latina*. Madrid: B.A.C, 2001, pp. 265-266.

[118] *Ibíd.*

[119] *Magis sensum a sensu quam ex verbo verbum transferens*, o sea, "traduciéndolo más por el sentido que palabra por palabra", se lee en su prólogo al libro de Judit. *Ibíd.*

cristianismo limpio, puro y racional, tras una juventud de disipación y desorden, le arrojó —antes de su conversión definitiva— en los brazos del maniqueísmo, y con ello a un rechazo radical del Antiguo Testamento[120], en el que encontraba una gran falta de belleza retórica y de altura filosófica, escollos para él insuperables, dada su formación clásica latina. En sus célebres *Confessiones* menciona

> «...las dificultades que me hacían algunos pasajes oscuros y enigmáticos del Antiguo Testamento, los cuales, tomados según el sonido de la letra, no los entendía bien, y *daban muerte a mi alma* (2Co. 3:6)[121]».

La interpretación tipológica y neoplatónica que hacía de los Escritos Sagrados del Antiguo Pacto el obispo San Ambrosio de Milán le hizo cambiar de opinión. Comprendió que todo el Antiguo Testamento es un camino hacia Jesucristo. Solo Cristo es la clave para comprender la profundidad y la belleza filosófica de las antiguas Escrituras Hebreas:

> «Muy alegre y con gran contento oía predicar a Ambrosio, el cual como si a propósito y con todo cuidado propusiera y recomendara la regla para entender la Escritura, repetía muchas veces aquello de Pablo: *La letra mata, pero el espíritu vivifica* (2Co. 3:6); cuando quitando el misterioso velo de algunos pasajes, que entendidos según la corteza de la letra parecía que autorizaban la maldad, los explicaba en sentido espiritual tan perfectamente que nada decía que me disonase, aunque dijese cosas que todavía ignoraba yo si eran verdaderas[122]».

---

[120] El maniqueísmo, sistema religioso-filosófico de origen iranio (su fundador, un tal Mani o Manes, procedía de una familia de la aristocracia parta), aunque se pretendía cristiano en cierto sentido (al parecer, el propio Mani se identificaba a sí mismo con "el Espíritu de Jesús" y pretendía que su doctrina le había sido revelada directamente por el *Paráclito*), tenía cierta vinculación ideológica con el antiguo gnosticismo y con el marcionismo, por lo que no mostraba gran simpatía por las Escrituras de los judíos. Algunos cristianos del siglo IV vieron en él al gran adversario de la Iglesia, su mayor competidor, dada su extensión por amplias zonas del Medio Oriente y por el hecho de que aparentemente asimilaba elementos cristianos (la Trinidad, por ejemplo, aunque expuesta de manera muy *sui generis*), al mismo tiempo que pretendía explicar el mundo de forma aparentemente racional (en realidad, echando mano de todos los mitos orientales a su alcance, por abigarrados y enrevesados que fueran, especialmente en lo referente al origen de los astros, asunto en el que se explayaba bastante).

[121] V, XIV, 24.

[122] *Íd.* VI, IV, 6.

A partir de su conversión y su ingreso en la Iglesia cristiana —a la que en sus escritos designa siempre como *Ecclesia Catholica*, en su sentido más etimológico—, dedicará parte de sus esfuerzos a comentar y enseñar lo que antes había vituperado, alternando los sentidos literal y alegórico, según hiciera declaraciones dogmáticas o pronunciara discursos ante el pueblo, respectivamente. Ve en la historia narrada en el Antiguo Testamento un ejemplo de cómo las fuerzas del bien y del mal siempre han estado enfrentadas, algo que confirma al cotejarla con los relatos de los historiadores grecolatinos[123]. Interesante es señalar que fue Génesis su libro preferido de todo el elenco veterotestamentario, por ser precisamente aquel contra el que los maniqueos más dardos lanzaban: sus comentarios directos a este escrito que encabeza la Biblia, y las alusiones que hace de él en otras de sus obras, nos dan a entender que en sus capítulos y versículos leía —partiendo de los relatos de la Creación— una representación figurada de la Iglesia y de la vida espiritual de los creyentes. Pero además de ello, su interpretación alegórica (no literalista) de los días del hexamerón[124] y sus ideas acerca del origen del universo y la creación simultánea[125] resultan hoy altamente atractivas para muchos, incluso dentro del campo cristiano más conservador, dadas las conexiones que podrían tener con la teoría de la

---

[123] Así en lo que unánimemente se considera su *opus magnum*, el escrito *De Civitate Dei*, libros XI al XVIII.

[124] Del griego ἑξαμερόν *hexamerón*, lit. "período de seis días", término entendido como abreviatura de la expresión ἡ ἑξαήμερος δημιουργία *he hexaémeros demiurgía*, "el trabajo de los seis días", clara referencia a Gn. 1.

[125] Idea según la cual la materia básica de la que está configurado el universo que conocemos se produjo toda al mismo tiempo. Se fundamentaba para ello San Agustín de Hipona en el libro apócrifo del Eclesiástico o Sabiduría de Jesús ben Sirac, 18:1, donde el texto griego lee:

ʽΟ ζῶν εἰς τὸν αἰῶνα ἔκτισεν τὰ πάντα κοινῇ
Ho zôn eis ton aiona éktisen ta panta koiné

Que la excelente versión crítica CI traduce:

El que vive por siempre creó todas las cosas en conjunto

Una nota a pie de página indica que el adverbio griego κοινῇ *koiné* significa "a una", pero no forzosamente "al mismo tiempo", como había entendido e interpretado la tradición latina, y de ahí San Agustín. En efecto, leemos en la *Vulgata* la traducción de este versículo de la siguiente manera:

Qui vivit in aeternum creavit omnia simul
"El que vive para siempre creó todas las cosas al mismo tiempo"

relatividad y el evolucionismo actuales[126]. Lo que está claro es que San Agustín entiende las Escrituras Hebreas como algo muy serio con lo que no se puede jugar:

«No cabe decir: "El autor de este escrito ha errado", pues o el códice es defectuoso, o el traductor se equivocó, o tú no comprendes[127]».

En relación con el tema de los libros apócrifos (o deuterocanónicos) y su inclusión en el canon del Antiguo Testamento, San Agustín de Hipona es, juntamente con San Basilio de Cesarea y San León Magno, una voz autorizada de la Antigüedad Cristiana que aboga a favor de que fueran considerados también Palabra inspirada de Dios al mismo nivel que los treinta y nueve del canon hebreo, tal como se evidencia en las actas de los concilios de Hipona (año 393) y de Cartago (397), en los que él fue la mente pensante rectora, hecho que se reconoce hoy unánimemente.

A modo de conclusión. La Edad Antigua del cristianismo, como hemos comprobado, no llegó a la elaboración de una verdadera teología del Antiguo Testamento. Los Padres de la Iglesia y el conjunto de religiosos del momento se vieron muy pronto confrontados con problemas internos de testimonio apologético necesario, y externos de herejía y de consolidación de la fe, que se acrecentaban aún más por el hecho de que los escritos del Antiguo Pacto venían redactados de una manera que chocaba ampliamente con la sensibilidad —no ya griega o romana— sino con la de los propios judíos y cristianos educados en los presupuestos culturales helenísticos. Encontramos en este período de

---

[126] En una entrevista realizada al eminente físico, matemático y cosmólogo británico Roger Penrose, y publicada en 2007, este decía que San Agustín de Hipona, al afirmar que el tiempo y el universo habían surgido a la vez, había tenido "una intuición genial". Por otro lado, el obispo africano, que había conocido la primera exposición de la teoría evolucionista de la historia del pensamiento occidental, vale decir, la de los filósofos griegos Anaximandro (ca. 610-546 a. C.) y Empédocles (ca. 490-430 a. C.), sostuvo que no todos los seres actuales eran creación directa de Dios, sino que procedían de otros más antiguos, prototípicos, que el Creador había formado en tiempos antiquísimos. Distinguía así entre una *Creatio prima*, en la que se colocaban los fundamentos del mundo y de la vida, y una *Creatio secunda* u ordenación providencial de lo creado. Muchos evolucionistas cristianos actuales siguen esta misma forma de pensamiento, más o menos matizada a la luz de los descubrimientos científicos hodiernos.

[127] *Contra Faustum*, 11,5. Citado por Di Berardino, A. (dir.). *Op. cit.* p. 508.

la historia del cristianismo un esfuerzo titánico por entender el sentido primordial de aquellas Escrituras recibidas como una herencia de difícil asimilación en ocasiones. Pero, eso sí, esta época nos deja un valioso legado:

> *Los cristianos de los primeros siglos entendieron con total claridad, siguiendo las enseñanzas de Jesús, que todo el Antiguo Testamento, desde su primer escrito hasta el último, apuntaba hacia el mesías que había de venir, y a la obra de la redención del conjunto del género humano*

PREGUNTAS PARA REFLEXIONAR: ¿Cuál era la actitud del Señor Jesús para con las Escrituras veterotestamentarias? ¿En qué se parecía a la de otros judíos contemporáneos suyos, y en qué se diferenciaba? Intenta ilustrar tu respuesta con textos tomados de los propios Evangelios. ¿Cómo emplea el apóstol Pablo el Antiguo Testamento en sus epístolas? ¿Qué detectamos en el libro del Apocalipsis en relación con el Antiguo Testamento? ¿Y en el libro de los Hechos de los Apóstoles? ¿A quiénes damos el nombre de *Padres Apostólicos*? ¿A cuántos conoces? ¿Cómo interpretaban los Padres Apostólicos las Escrituras Hebreas? ¿Qué problemas plantearon el gnosticismo y el marcionismo a la Iglesia antigua en relación con las Escrituras veterotestamentarias? ¿Qué tienen en común ambos sistemas en lo referente al Antiguo Testamento, y en qué se diferencian? Menciona cinco antítesis marcionitas y coméntalas con tus propias palabras. ¿Está en lo cierto el marcionismo al poner en evidencia de forma tan patente las diferencias entre el Antiguo y el Nuevo Testamento? Razona muy bien tu respuesta. ¿A qué llamamos *evemerismo*? ¿De qué manera responden los padres de la Iglesia como San Ireneo de Lyón, San Clemente de Alejandría, Orígenes o San Cirilo de Jerusalén, entre otros muchos, a las herejías que negaban el valor del Antiguo Testamento para los cristianos? Indica cuál es tu opinión acerca del uso de la tipología o de la alegoría a la hora de entender el mensaje del Antiguo Testamento: ¿puede considerarse un método válido en nuestros días? ¿De qué se hacen eco los Padres de la Iglesia en relación con la traducción griega del Antiguo Testamento que llamamos *Septuaginta* (LXX)? ¿Qué piensas acerca de esta traducción: es más o menos fiable que el Texto Masorético (TM) hebreo a la hora de efectuar trabajos de investigación sobre el Antiguo

Testamento? ¡Atención a tu respuesta! Documéntate bien antes de emitirla. ¿Qué valor tuvieron en su día las *Hexaplas* de Orígenes? ¿En qué sentido se ha dicho alguna vez que la traducción de la Biblia al latín realizada por San Jerónimo, la llamada *Vulgata*, fuerza el sentido de ciertos textos del Antiguo Testamento? ¿Tiene razón esta afirmación, o te parece exagerada? ¿Cómo concibe San Agustín de Hipona las Escrituras del Antiguo Testamento antes y después de su conversión? Explica el valor tan grande que tiene para él el libro del Génesis; ¿a qué se debía su particular interés por este escrito?

2. EL MEDIOEVO

Llamamos generalmente *Edad Media* o *Medioevo* al período comprendido de forma convencional entre los años 476, cuando tuvo lugar la caída del Imperio romano de Occidente en manos de los hérulos capitaneados por Odoacro, y 1453, en que los turcos otomanos tomaron la ciudad de Constantinopla[128]. Época particularmente relevante para la historia de Occidente, desde el punto de vista del devenir de la teología cristiana, reviste una gran importancia. En este momento la Iglesia es ya una institución bien consolidada, en la que no solo se refugian la cultura y el saber puramente teológicos —es decir, la Patrística de la Edad Antigua—, sino también el saber clásico y humanístico. Y aunque no se desarrolla aún una teología del Antiguo Testamento tal cual, lo cierto es que esta primera parte de la Biblia va a tener una influencia enorme en el desarrollo de la piedad cristiana de la época, desde la más popular hasta la más elevada, dándole un sello que aún en nuestros días no ha desaparecido en las denominaciones históricas más antiguas.

¿Fue el Medioevo un período de oscurantismo e ignorancia de la verdad revelada en la Biblia? Desde hace unos tres siglos se ha ido vendiendo la idea de que la época medieval fue un período esencialmente tenebroso, algo parecido a un "tiempo intermedio" —de ahí su nombre— sin valor en sí mismo, ubicado entre dos etapas gloriosas de la civilización humana: la Edad Antigua, identificada con la cultura clásica grecolatina, y la Edad Moderna, que se inicia con el Renacimiento y el Humanismo, es decir, el redescubrimiento de los valores perennes

---

[128] La historiografía española tradicional ha tendido a fechar el fin de este período en 1492, por ser este un año de gran trascendencia para lo referente a la política y la cultura de nuestro país: en él tuvo lugar la toma de Granada y el fin del dominio sarraceno en la península Ibérica; el descubrimiento de América, y la publicación de la gramática de la lengua castellana de Antonio de Nebrija.

del mundo antiguo. Tal concepto se debe, fundamentalmente, a Cristóbal Cellarius, autor de una *Historia Medii Aevi a temporibus Constantini Magni ad Constantinopolim a Turcis captam deducta*, publicada en Jena en 1688 y en la que toma como punto de referencia dos grandes hechos: el reinado de Constantino el Grande y la toma de Constantinopla por los turcos, puntos inicial y final de lo que él llama "el Evo Intermedio". Pero más tarde se vio reforzado por los asertos de los enciclopedistas y revolucionarios franceses del siglo XVIII, que identificaron los siglos del Medioevo con el feudalismo, la ignorancia, la superstición, el miedo y la teocracia, es decir, todos los males e infamias que ellos veían en el Antiguo Régimen encarnado en su monarquía borbónica.

Si tales afirmaciones no son siempre ciertas en lo tocante a los ámbitos de la política, la ciencia, el pensamiento, la cultura y la técnica, tampoco lo es el aserto de que durante todos aquellos siglos la autoridad bíblica fuera reemplazada por la tradición eclesiástica de forma tan absoluta que la Iglesia Católica Romana en Occidente —y las iglesias ortodoxas en Oriente— relegaran las Sagradas Escrituras y su conocimiento al olvido más absoluto. Afirmaciones de esta índole, que en ocasiones se escuchan desde ciertos púlpitos y aulas de seminarios e institutos bíblicos de corte fundamentalista —y que se han convertido en uno de los grandes tópicos religiosos más difundidos entre los creyentes evangélicos de nuestras latitudes— demuestran un grave desconocimiento de la realidad. Los cristianos medievales vivieron marcados por unas sociedades muy particulares, especialmente guerreras y rudas, en las que imperaban superticiones y deficiencias muy específicas que incluso salpicaban a la Iglesia en su pensamiento y su actuación —¿y no sucede acaso algo similar en todas las épocas, sin exceptuar la nuestra?—, pero no por ello se les puede acusar de ignorancia absoluta en lo referente a la fe. Al contrario. El Medioevo fue un momento fecundo para la teología cristiana y para la elaboración de ciertos dogmas. De hecho, hasta el siglo XII la teología medieval de Occidente fue bíblica por pura necesidad: no tenía otra fuente que las llamadas *autoridades*, es decir, las Sagradas Escrituras en lengua latina y los Padres de la Iglesia, especialmente San Agustín de Hipona, y estos últimos, como hemos visto, se fundamentaban siempre en la Palabra de Dios escrita. De ahí que las construcciones teológicas de las primeras centurias medievales fueran prácticamente comentarios a la Biblia teñidos de un agustinismo más o menos moderado o matizado, según los autores. En el siglo XII fue el archiconocido y conflictivo Pedro Abelardo quien rompió con la tendencia agustinista y neoplatónica, haciendo que la teología tomara otros derroteros y deviniera una exposición sistemática independiente del comentario bíblico, al introducir el pensamiento aristotélico. No obstante, de manos de teólogos como Santo Tomás de Aquino y otros de menor renombre, aún alcanzaría cimas elevadas. Es preciso llegar al siglo XIV para constatar un cambio radical. La teología llamada Escolástica, una vez apagadas sus principales lumbreras, degenerará en una serie de escuelas filosóficas dedicadas a la discusión por la discusión de temas no siempre de importancia, mientras la Cristiandad Occidental se fragmentaba en facciones a cual más corrupta, y cundía en el pueblo sencillo la más amarga decepción, amén de una ignorancia cada vez mayor de la fe cristiana.

El Antiguo Testamento en la religiosidad de la Edad Media. Lo habíamos apuntado más arriba: las Escrituras veterotestamentarias marcaron de forma indeleble el pensamiento, la espiritualidad y la piedad cristiana medievales. De ello da buen testimonio toda la iconografía que ostentan los templos de la época, ubicados en una vasta área geográfica que comprende desde las islas Británicas hasta Italia, y desde las zonas más orientales de Alemania y las más meridionales de Escandinavia hasta la península Ibérica. Partiendo de las iglesias o capillas más humildes, hasta las catedrales más imponentes, y en una amplia variedad de estilos generales y locales, hallamos en muros, vidrieras, pórticos y capiteles, abundantes motivos típicos del Antiguo Testamento, los más frecuentes tomados de los primeros relatos del libro del Génesis (creación de Adán y Eva, la serpiente y el árbol de la ciencia del bien y del mal, Caín y Abel, el diluvio universal y el arca de Noé), o de las historias patriarcales y los libros llamados en ocasiones "históricos" (figuras de Abraham, Melquisedec, Moisés, Samuel y David, preferentemente). Todo ello, junto con la representación de algunas figuras proféticas especialmente vinculadas con el Nuevo Testamento (Isaías en particular, pero también Elías, Jeremías, Jonás o Daniel, entre otras), tenía como finalidad principal catequizar y orientar al pueblo sencillo y analfabeto a través de representaciones plásticas que lo condujeran a los misterios más profundos de la religión cristiana, como la encarnación, muerte y resurrección de Cristo[129], en la idea ya tradicional de que el Antiguo Testamento era una propedéutica para el Evangelio.

---

[129] *Cf.* PLAZAOLA ARTOLA S. J., J. *Historia del arte occidental (siglos VII-XVI).* Donostia-San Sebastián: publicaciones del EUTG (Estudios Universitarios y Técnicos

Por otro lado, la institución eclesiástica ya consolidada —y, en opinión de muchos, heredera y continuadora del antiguo Imperio romano, necesitada de cierto boato y de ceremonias que de algún modo estuvieran acordes con su nueva situación—, buscaba en las Escrituras Hebreas y en los antiguos ritos del pueblo de Israel los modelos adecuados[130]. De esta manera, entre los siglos VI y VIII se despliega todo un ceremonial que acompaña las festividades señaladas del calendario cristiano (empleo de aspersiones e incienso en abundancia) o las ocasiones solemnes, como las entronizaciones de reyes y dignatarios eclesiásticos, a los que se ungen cabeza y manos cumpliendo los preceptos de Éx. 28:41 y Nm. 3:3, llegándose al extremo de designar al obispo como "Aarón", a los sacerdotes o presbíteros como "hijos de Aarón", y a los diáconos como "levitas" en algunos textos[131]. Estos rituales, *mutatis mutandis*, siguen vivos en la liturgia romana y ortodoxa actuales, y en menor medida en algunas otras grandes denominaciones históricas protestantes, sobre todo en el anglicanismo y el luteranismo escandinavo.

El Antiguo Testamento y la teología medieval. Los grandes pensadores y eruditos medievales entendieron los libros veterotestamentarios, siguiendo la corriente que ya habíamos señalado antes, básicamente como *dicta probantia* o evidencias anticipatorias de las verdades del evangelio revelado en Cristo. Por ello sacrificaron su sentido y valor literales en muchas ocasiones, máxime en los primeros siglos de este período, y lo leyeron a modo de alegoría. No es que

de Guipúzcoa), s.d. Manual de clase de la asignatura Historia del Arte. Al tratarse de un manual para estudiantes, expresa con gran claridad y concisión los conceptos clave sobre esta época y sus peculiares circunstancias. Sirva esta mención como rendido homenaje a este querido y entrañable profesor de la Universidad de Deusto fallecido en 2005, cuyas clases de historia del arte occidental tuvimos el privilegio de seguir durante el curso 1977-1978 en Donostia, y que supo aunar sus responsabilidades religosas con sus numerosos cargos académicos dentro y fuera de nuestras fronteras, así como con sus abundantes y siempre bien ponderadas publicaciones sobre la estética y el arte en el cristianismo.

[130] Un buen estudio sobre el papel de la Iglesia en la génesis de la sociedad occidental durante el Medioevo lo hallamos en LE GOFF, J. *La civilización del Occidente Medieval*. Barcelona: Ed. Paidós, 1999, pp. 71-77.

[131] Tal es el *De ecclesiasticis officiis* de Isidoro de Sevilla, donde hallamos, además, excelentes exposiciones sobre el valor del Antiguo Testamento para los cristianos, así como acerca de la manera de interpretarlo-adaptarlo en la catequesis y la praxis de la Iglesia.

negaran de forma radical que tuviera un valor literal o histórico, sino que este se subordinaba con gran frecuencia al espiritual, que podía ser alegórico, tropológico o anagógico[132]. Ofrecemos a continuación un par de ejemplos típicos de la época:

El primero es el del relato del maná que leemos en Éx. 16. Interpretándolo literalmente, el maná fue el alimento milagroso dado por Dios para preservar la vida del pueblo de Israel en el desierto. Entendido alegóricamente, es una anticipación del sacramento de la Cena del Señor o Eucaristía[133]. Desde el punto de vista tropológico, es la presencia del Espíritu Santo, que acompaña día a día a los cristianos y les hace caminar correctamente en las sendas trazadas por el Señor. Y finalmente, la interpretación anagógica hace de él la representación de la unión perfecta del alma con Cristo, que es el alimento celestial por antonomasia para el espíritu humano.

El segundo se refiere a la Ciudad Santa de Jerusalén, que entendida literalmente indica la población real que fue en su momento capital del reino de Israel bajo David y Salomón, y más tarde del reino de Judá, lugar elegido por Dios para *poner allí su nombre* (Dt. 12:5). Interpretada de forma alegórica, Jerusalén hace referencia a la Iglesia, que es de alguna manera la capital y la patria de la cristiandad, y donde se revela plenamente la presencia de Dios en Cristo. Desde el punto de vista tropológico, representa el alma humana, es decir, allí donde Dios desea hacer su morada. Y entendida a la luz de la anagogía, solo puede referirse a la realidad última de la Nueva Jerusalén, es decir, la ciudad celestial donde morarán para siempre los redimidos.

Podemos entender con total facilidad que estas interpretaciones de la Escritura, sin negar que permitieran un gran desarrollo del dogma, estaban sujetas a una dosis enorme de subjetivismo a-histórico: lo que

---

[132] Sistema interpretativo que se basaba, como ya hemos indicado páginas atrás, en los métodos propios de la Escuela de Alejandría, y especialmente en Orígenes, pero que fue sistematizado de una vez por todas por San Agustín de Hipona: el sentido literal, que es el primero y aquel del que derivan los otros, indica aquello que se lee, que es lo que el autor del texto ha querido transmitir de entrada, y que constituye el campo de trabajo de la exégesis; el alegórico nos da una comprensión más profunda de las palabras literales a la luz del acontecimiento Cristo, y es de imposible acceso para quien carece de fe; el tropológico, derivado del alegórico, apunta a lo que el creyente debe hacer dirigido por el Espíritu Santo que Cristo le ha otorgado, no como el cumplimiento externo de una norma, sino como un principio de vida; y el anagógico nos desvela el sentido último de las cosas, señalando siempre a la eternidad.

[133] A esta interpretación apunta la enseñanza del propio Jesús recogida en Jn. 6:31ss.

contaba eran las ideas, no los hechos reales acaecidos. Tal es el tenor de muchos comentarios bíblicos de los seis primeros siglos del Medioevo.

El problema de la delimitación del canon veterotestamentario en la Iglesia medieval. Los cristianos medievales heredaron, no solo el pensamiento, sino también las preocupaciones escriturísticas de los Padres de la época anterior, de tal manera que su definición de lo que constituía el canon sagrado del Antiguo Testamento no varió demasiado en relación con la de los siglos precedentes. Así, hallamos opiniones no demasiado abundantes a favor de la inclusión de los apócrifos o deuterocanónicos en el canon, frente a otras que, basadas en las dudas de San Jerónimo, se muestran claramente hostiles a ellos. Y no faltan las que evidencian más bien indecisión; la realidad es que esos libros, y algunos otros más, siguieron siendo copiados y transmitidos juntamente con los treinta y nueve que ya nadie ponía en duda.

El concilio ecuménico de Florencia, en 1441, que tenía, entre otras finalidades, la de poner fin al Cisma de Oriente, en su *Decretum pro Jacobitis*[134] presenta una lista completa de los libros que la Iglesia reconocía como inspirados, apócrifos incluidos, aunque sin hacer constar el término *canónicos*. Estaba ya abonado el terreno para la declaración conciliar de Trento, en el siglo XVI, que presentaba un canon veterotestamentario definitivo de cuarenta y seis libros, el de las versiones católicas al uso en nuestros días.

Figuras relevantes de esta época. No resulta fácil presentar una selección de nombres destacados de un período histórico que abarca un milenio, máxime dado que prácticamente todos sus teólogos y pensadores en algún momento enseñaron, predicaron y/o escribieron acerca de los escritos del Antiguo Testamento. Ofrecemos tan solo algunos de entre los más conocidos o más mencionados en los manuales.

San Isidoro de Sevilla. Considerado por un gran número de investigadores como el último Padre de la Iglesia en Occidente, vive en la segunda mitad del siglo VI y la primera del VII, y es la figura de mayor peso en la historia de la Iglesia de la España visigoda. Conocido

---

[134] Los Jacobitas mencionados en este decreto constituyen una de las iglesias cristianas orientales.

especialmente por su magna obra, titulada en castellano *Etimologías*[135] —recopilación enciclopédica de lo que había sido el saber de la época antigua desde una óptica cristiana— nos ha dejado, entre otros, dos trabajos de gran importancia en relación con nuestro tema.

El primero recibe el nombre de *Allegoriae quaedam Sacrae Scripturae ex vetero et novo Testamento,* que como su mismo título indica, prosigue con la tradición alegórica de la antigua Escuela de Alejandría antes mencionada[136]. Presenta una serie de personajes destacados de la Biblia, 129 del Antiguo Testamento y 121 del Nuevo. En relación con los primeros, los enfoca como claras prefiguraciones de la obra del Mesías, cada uno de ellos portador de un profundo sentido místico. Por poner un ejemplo, Adán es la primera representación humana de Cristo que aparece en las Escrituras, dado que si por su causa todos nosotros hemos caído bajo el poder del mal y la condenación, sin embargo somos restaurados por la muerte de Jesús, considerado como *el Segundo Adán* (*cf.* 1Co. 15:45-49). La influencia de esta idea echó raíces a lo largo de toda la Edad Media, de tal manera que suele ser frecuente hallar la figura de Adán en las representaciones de la crucifixión.

El segundo se conoce como *Divi Isidori Hispalensis ad mysticorum expositiones sacramentorum seu quaestiones in Vetus Testamentum Praefatio,* es decir, conjunto de comentarios al Pentateuco, Josué, Jueces, 1 y 2 Samuel, 1 y 2 Reyes y Esdras[137], un gran éxito editorial en los primeros siglos del Medioevo, como evidencian los resúmenes, copias

---

[135] El original latino se suele titular simplemente *Etymologiae*, o también *Originum sive etymologiarum libri viginti.*

[136] La interpretación alegórica del Antiguo Testamento está siempre presente en la totalidad de la obra isidoriana. Así, v. gr., en su comentario al libro del Éxodo (*In Exodum*), considerado como el mejor de todos los que compuso acerca de los libros bíblicos, más concretamente en el capítulo XIV, titulado *De decem plagis,* afirma:

«Aquellas cosas que acontecieron a los egipcios corporalmente pueden sucedernos ahora a nosotros espiritualmente».

Así, el agua convertida en sangre se entiende como figura de los *erratica et lubrica philosophorum dogmata* ("las erráticas y peligrosas enseñanzas de los filósofos"). La plaga de las ranas se refiere a los *carmina poetarum* ("composiciones de los poetas"). La de los mosquitos representa la *subtilitas haeretica* ("la astucia de los herejes"). Y la de las moscas, por no multiplicar los ejemplos, la *forensis hominum eloquentia* ("la verborrea judicial"). *Cf.* LLUCH BAIXAULI, M. "La interpretación del decálogo en los siglos VII al IX. San Isidoro de Sevilla, Beda el Venerable y los escritores carolingios", in *Scripta Theologica 33.* Facultad de Teología de la Universidad de Navarra, 2001, pp. 75-76.

[137] De él forma parte el comentario al Éxodo mencionado en la nota anterior.

e incluso comentarios que de él se hicieron. Simplemente diremos que a lo largo de toda esta magna obra late la idea de que el Antiguo Testamento es Adán, es decir, el pecado y la muerte manifestados de múltiples maneras, mientras que el Nuevo es Cristo, o sea, la Gracia y la Vida Eterna.

Se ha acusado a Isidoro de Sevilla de no haber contribuido realmente en nada al conocimiento que se tenía de las Escrituras en la época patrística, y de haber sido un simple transmisor o recopilador de los conocimientos de otros. Sin negar que pueda haber una buena parte de verdad en tales afirmaciones, reconocemos, sin embargo, que su exposición de las ya clásicas tesis alegorizantes en la lectura del Antiguo Testamento alcanza una elegancia y un estilo muy difíciles de superar. De hecho, contribuyó a afianzarlas en el pensamiento cristiano occidental.

San Beda el Venerable. Monje benedictino británico, vive entre los siglos VII y VIII y está considerado como el padre de la historia inglesa. Sus obras más conocidas son *De temporum ratione,* trabajo cronológico de inigualable valor para las festividades religiosas y la datación de los eventos históricos, y su *Historia ecclesiastica gentis Anglorum,* una historia de Inglaterra desde la primera invasión de Julio César hasta el año 731, así como su edición de la *Vulgata,* que a partir de él se convirtió en "la Biblia" por antonomasia del Occidente europeo hasta la Reforma, y que en los países católicos ha perdurado prácticamente hasta la nueva edición publicada poco después del Concilio Vaticano II. Se ha señalado en sus trabajos la influencia innegable de San Isidoro de Sevilla.

La mayor parte de su producción literaria la compone lo que recibe el nombre genérico de *Expositiones Sacrae Scripturae,* en las que se engloban básicamente sus comentarios exegéticos a diferentes libros bíblicos, como el Pentateuco, 1 y 2 Reyes, Esdras, el Cantar de los Cantares y el apócrifo Tobías (o Tobit), en lo que concierne al Antiguo Testamento. En ocasiones, resume y extracta comentarios anteriores hechos por otros autores, especialmente los Padres griegos y latinos, pero muchas veces lo que presenta es cosecha propia. El principio que guía sus labores interpretativas se resume bien en una declaración que realiza en su obra retórica *De schematibus et tropis:*

«Las Sagradas Escrituras están sobre todos los demás libros, no solo por su autoridad divina o por su utilidad, pues son una guía hacia la vida eterna, sino también por su antigüedad y su forma literaria (en latín, *positione dicendi*)».

Este respeto por el estilo de los autores bíblicos le hará aplicar normas rudimentarias de crítica textual, que utilizará para limar asperezas y discrepancias en el Sagrado Texto. Y es que las Sagradas Escrituras constituyen la fuente constante de su reflexión. De ahí que sus trabajos sobre el texto bíblico le conduzcan a una lectura a dos niveles en la que, por un lado, se afana por ver lo que los pasajes dicen por sí mismos en un principio, pero por el otro encuentra en ellos a Cristo. En efecto, Cristo es la clave que le permite comprender los sagrados arcanos, de forma que todo el Antiguo Testamento ha de concordar con el Nuevo en lo que él llama *concordia sacramentorum*, es decir, unidad de propósito en las figuras e imágenes que aquel contiene. Así, por indicar un ejemplo, el tabernáculo del desierto alzado por Moisés y el templo de Jerusalén —tanto el de Salomón como el que se edificó después de la cautividad de Babilonia— son imágenes de la Iglesia, el nuevo templo edificado *sobre el fundamento de los profetas y apóstoles, siendo la principal piedra del ángulo Jesucristo mismo* (Ef. 2:20), del cual cada creyente es una *piedra viva* (1Pe. 2:5) unida a las otras en el amor del Espíritu. Y de la misma forma que a la construcción del antiguo templo hierosolimitano contribuyeron también los paganos, poniendo a disposición de Salomón materiales preciosos y la experiencia técnica de sus maestros de obras (1Re. 7; 2Cr. 2:13-14; 3:15-17; 4:1 – 5:1), a la edificación del nuevo templo que es la Iglesia contribuyen apóstoles y maestros, no solo judíos, griegos o romanos, sino también pueblos completamente nuevos: los celtas irlandeses y británicos, por un lado, y los anglos, sajones y jutos invasores de la Gran Bretaña, por el otro.

Prosigue, por lo tanto, San Beda en la línea marcada por la tradición de los Padres en lo que a la lectura veterotestamentaria se refiere, pero anticipa de alguna manera, muy tímidamente aún, ciertos progresos que veremos despuntar en Santo Tomás de Aquino y en los capítulos siguientes.

San Rabano Mauro. Magnentius Hrabanus Maurus, como se autodesigna en su obra *De laudibus Sanctae Crucis*, fue el monje benedictino alemán al que cupo el honor de ser considerado como *primus praeceptor Germaniae* o "primer instructor de Alemania", tanto por su interés en la cultura latina como en la evangelización e integración en

Occidente de los paganos de las fronteras orientales de su país. Vive a caballo entre los siglos VIII y IX, siendo contemporáneo y súbdito del Imperio de Carlomagno, y una de las figuras más destacadas del llamado *Renacimiento carolingio*. Se lo conoce también por ser el compositor del himno *Veni Creator Spiritus*, pieza clave de la liturgia occidental y admirable síntesis de la pneumatología cristiana.

Su interés por la liturgia como manifestación de adoración a Dios con todas las capacidades del espíritu humano, sin descontar el arte, y su honda preocupación pastoral y docente, colorean toda su lectura bíblica, en la que se nutre especialmente de los Padres antiguos, sobre todo de San Jerónimo, el obispo San Ambrosio de Milán, San Agustín de Hipona y el papa San Gregorio Magno, que fueron sus autores predilectos. Pretende, por encima de todo, que sus lectores, la mayoría de los cuales no podían tener acceso a grandes tratados o comentarios, adquieran un conocimiento básico de las verdades reflejadas en los textos sagrados. Así, por ejemplo, en su gran obra enciclopédica *De Universo libri XII,* concretamente en los primeros capítulos del libro V, diserta sobre la Biblia. En relación con el Antiguo Testamento, describe uno por uno los escritos que lo componen, en lo que se atiene al canon de su época, que incluía los apócrifos, indicando su nombre y su traducción al latín, su contenido fundamental y sus posibles autores.

Además de esto, escribió comentarios completos al Heptateuco[138], los libros de los Reyes y las Crónicas o *Paralipómenos,* Ester, Isaías, Jeremías, Ezequiel, Daniel, Proverbios y Eclesiastés, así como a los apócrifos Judit, Sabiduría y 1 y 2 Macabeos, todos ellos por encargo y con una dedicatoria al que los había pedido[139].

En relación con su manera de interpretar o entender las Escrituras, afirma en su obra *Allegoriae in Scripturam Sacram* que los textos encierran en sí los cuatro sentidos clásicos antes mencionados. Es interesante observar que en sus comentarios incidirá en uno u otro, según el deseo o las necesidades espirituales del destinatario: el emperador Lotario, por ejemplo, le encarga un comentario *secundum litterae pensum,* es decir, literal, del primer capítulo del Génesis; también un comentario *spirituali sensu,* es decir, espiritual, sobre los capítulos del profeta Jeremías que

---

[138] Es decir, el supuesto conjunto literario concebido como una unidad temática y compuesto por el Pentateuco, más los libros de Josué y Jueces, con el libro de Rut como apéndice.

[139] El único del que no se conserva la dedicatoria es el de los Proverbios, o *Expositio en Proverbie Salomonis.*

San Jerónimo no había tratado; y otro que incida en la *ethicam quam quaeremus*, es decir, tropológico o ético, sobre Ezequiel[140].

Sin embargo, en su trabajo sobre el Pentateuco —hecho a petición del obispo franco Freculfo de Lisieux— se encuentran todos los sentidos, ya que este le solicita en primer lugar una interpretación literal de los libros sagrados, pero también la espiritual.

En realidad, no han faltado detractores de la obra de San Rabano que lo acusan de no ser más que un simple transmisor de los conocimientos de la Era Patrística tal como los había recopilado San Isidoro de Sevilla en sus *Etimologías*, negándole originalidad y estigmatizando sus escritos como obras sin valor. Aunque no podemos negar que tales acusaciones se cimentan en hechos ciertos y fácilmente constatables, hemos de reconocerle a este escritor su gran capacidad pedagógica y la facilidad con que sabe adaptar cada comentario escriturístico a las necesidades de quien se los solicita, algo que no siempre se da en todos los autores. Contribuyó como pocos a la extensión del conocimiento de las Escrituras en una época tan turbulenta como la que le tocó vivir.

San Bernardo de Claraval. Se conoce con este nombre en nuestra lengua castellana al considerado por muchos como en realidad el último Padre de la Iglesia en Occidente, Bernard de Clairvaux. Figura relevante de la historia de la iglesia del siglo XII, se lo asocia con el auge de la orden cisterciense y la devoción a la Virgen María en el Occidente europeo, la predicación de la Segunda Cruzada —y los sinsabores que ello le ocasionó[141]—, la fundación de la orden de los Templarios, las disputas internas entre los pretendientes a la sede romana[142] y, de

---

[140] El comentario sobre este profeta más conocido en aquel momento eran las famosas *Homeliae in Hiezequielem* del papa San Gregorio Magno, conjunto de veintidós predicaciones compuestas para instruir al pueblo romano durante el sitio de la ciudad por los lombardos, y que hacía hincapié en el sentido anagógico.

[141] Dado que esta empresa no fue coronada con el éxito esperado —aunque había sido anunciado y prometido como oráculo divino cierto (*cf.* la célebre divisa que la acompañó, la declaración papal *Deu le volt*, "Dios lo quiere")— no faltaron quienes acusaron abiertamente a San Bernardo de ser un falso profeta, cargo que le proporcionó numerosos enemigos y contribuyó grandemente a amargarle la existencia hasta el fin de sus días. En relación con este asunto, se reprocha hoy a San Bernardo el haber justificado esta guerra al decir que quien mataba a un hereje o un infiel no cometía homicidio, sino *malicidio*.

[142] Se reconoce sin ambages que su influencia fue decisiva en la elección del papa Inocencio II, quien a su vez se lo recompensó favoreciendo ampliamente a la orden del Císter.

forma muy especial, la condena de Pedro Abelardo como hereje. San Bernardo fue, efectivamente, el último gran exponente de la teología monástica y agustiniana del Medioevo antes de la irrupción del aristotelismo en el pensamiento cristiano.

La devoción de San Bernardo por las Sagradas Escrituras le llevó a creer en su inspiración verbal, siguiendo a Orígenes y la Escuela de Alejandría, de los que se consideraba discípulo. De ahí que buscara en sus pasajes más enrevesados significados secretos y ocultos, pensando que si los textos venían expresados de una manera determinada y no de otra, ello obedecía a un designio divino que iba más allá de lo consignado por el escritor. Esta convicción le llevó a un profundo misticismo que sirvió de ejemplo y modelo para otros autores posteriores. Su biblicismo integral, además, le valió la admiración de los reformadores Martín Lutero y Juan Calvino: el primero no dudó en tildar a San Bernardo de *superior a todos los doctores de la Iglesia*, y el segundo afirmó que por su boca *hablaba la verdad misma*[143].

En relación con el Antiguo Testamento, sus libros preferidos y más citados en su numerosa producción homilética fueron el Salterio, Isaías y el Cantar de los Cantares; si bien se le ha acusado de limitarse a plagiar lo que otros habían dicho antes que él. Así, por ejemplo, en el concilio de Sens, Berenguer de Escocia le recriminó haber compuesto sus sermones sobre el Cantar de los Cantares copiando sin recato de Orígenes, San Ambrosio, Regio de Autun y San Beda el Venerable. De igual manera, sus diecisiete sermones sobre el Salmo 90 parecen calcados de otros procedentes de San Agustín de Hipona. No está de más señalar que tal práctica, de suyo muy extendida en la época, lejos de conllevar las connotaciones negativas que tiene en nuestros días el término *plagio*, viene a destacar el alto concepto que San Bernardo tenía de aquellos autores y su valoración de los tales como autoridades a las que era preciso emular e imitar incluso en el estilo y el vocabulario.

Un ejemplo de su empleo del Antiguo Testamento para actualizar y exponer doctrinas cristianas lo hallamos en su segundo sermón sobre la profecía de Is. 7:14-15, que transcribimos al completo y nos ofrece, al mismo tiempo, una muestra de la homilética bíblica medieval:

---

[143] MERTON, T. *San Bernardo, el último de los Padres*. Madrid: Ed. Patmos, 1956. P. 119, nota 2.

«Hemos escuchado a Isaías tratando de persuadir al rey Acaz para pedirle una señal, de parte del Señor, en lo hondo del abismo o en lo alto del cielo. Escuchamos también su respuesta insincera, bajo capa de piedad. Por este motivo se atrajo la reprobación de aquel que escruta el corazón y descubre las intenciones del hombre. Responde Acaz: No pido ninguna señal; no quiero tentar al Señor. Habíase engreído Acaz en la altura del trono real, y era astutamente hábil en su expresividad.

El Señor había inspirado a Isaías: "Marcha y di a ese zorro que pida una señal en lo hondo del abismo". Y es que el zorro tiene madriguera. Y, si baja al abismo, encontrará al que sorprende a los taimados en sus astucias. Dice el Señor: "Vete y di a ese pajarraco que pida una señal en lo alto del cielo". El pájaro tiene su nido. Pero, si sube al cielo, allí está el que se enfrenta a los soberbios y pisa con poder los cuellos de los orgullosos y de los altivos. No le interesa buscar una señal del poder sublime o de la incomprensible profundidad. Por eso, el mismo Señor promete una señal de bondad a la casa de David. Para que, al menos, la manifestación del amor atraiga a quienes ni el poder ni la sabiduría atemoriza.

Entendemos la expresión *en lo profundo del abismo* como la caridad personificada. En ningún otro fue tan total. Bajó incluso al abismo muriendo por sus amigos. Y en este sentido se manda a Acaz que se estremezca ante la majestad del que reina en lo alto, o que se abrace a la caridad del que baja al abismo. El que no piensa en la majestad con temor ni medita en la caridad con amor, se vuelve enojoso a los hombres y a Dios. Por eso, *el Señor mismo os dará la señal*; en ella va a hacer sensible la majestad y la caridad. *Ved que la Virgen concebirá y dará a luz un hijo, que se llamará Emmanuel, que significa Dios-con-nosotros.*

No escapes, Adán, que Dios-está-con-nosotros. Nada temas, hombre; no te espantes ni siquiera oyendo el nombre de Dios, Dios-está-con-nosotros. Con nosotros, en la semejanza de la carne; con nosotros, en la necesidad. Llegó como uno de nosotros, por nosotros, semejante en todo, capaz de sufrir.

Por fin, dice: *Comerá requesón y miel*. Que equivale a: Será niño y tomará alimentos de niño. *Hasta que aprenda a rechazar el mal y a escoger el bien*. Este bien y este mal que oyes hacen referencia al árbol prohibido, el árbol del delito. Comparte con nosotros mucho más que el primer Adán. Escoge el bien y rechaza el mal; no como aquel que amó la maldición, y recayó sobre él, y que no quiso la bendición, y se quedó lejos de él. En el texto mencionado: *Comerá requesón y miel*, podrás darte cuenta de la elección que hace este niño. Que su gracia nos acompañe para que eso que hace lo podamos experimentar dignamente de algún modo también nosotros y expresarlo de una manera accesible a todos.

Dos cosas pueden hacerse con la leche de oveja: requesón y queso. El requesón es mantecoso y jugoso; el queso, por el contrario, es seco y consistente. Supo escoger bien nuestro niño, pues al comer el requesón rehusó el queso. ¿Quién es aquella oveja extraviada que hacía el número cien y dice en el salmo: *Me extravié como oveja perdida*? Es la raza humana. La busca el pastor compasivo, y deja a las otras noventa y nueve en el monte. Dos cosas hallarás en esta oveja: una naturaleza dulce y una naturaleza buena; tan buena, sin duda, como el requesón. Y, junto a ella, la corrupción del pecado, como el queso. ¡Qué bien ha elegido nuestro pequeño! Se abrazó a nuestra naturaleza sin el más mínimo contagio de pecado, pues se lee de los pecadores: *Tienen el corazón espeso como grasa*. La levadura de la maldad y el cuajo de la perversidad han corrompido en estos corazones la pureza de la leche.

Hablando de la abeja, pensamos en la dulzura de la miel y en la punzada del aguijón. La abeja se alimenta de azucenas y habita en la patria florida de los ángeles. Por eso voló hacia la ciudad de Nazaret, que significa flor. Y se llegó hasta la perfumada flor de la virginidad perpetua. En ella se posó. Y se quedó adherida. El que enaltece la misericordia y el Juicio, a ejemplo del Profeta, no ignora la miel ni el aguijón de esta abeja. Sin embargo, al venir a nosotros trajo solo la miel y no el aguijón; es decir, la misericordia sin el juicio. Por eso, en aquella ocasión en que los discípulos intentaron persuadir al Señor a que hiciera llover fuego y arrasara la ciudad que se había negado a recibirle, se les replicó que el Hijo del Hombre no había venido a condenar al hombre, sino a salvarlo.

Nuestra abeja no tiene aguijón. Se ha desprendido de él cuando, entre tantos ultrajes, mostraba la misericordia y no el juicio. Pero no confiéis en la maldad, no abuséis de la confianza. Algún día, nuestra abeja volverá a tomar su aguijón y lo clavará con toda su fuerza en los tuétanos de los pecadores. Porque el Padre no juzga a nadie, pero ha delegado en el Hijo la potestad de juzgar. Por ahora, nuestro niño se mantiene de requesón y miel desde que unió en sí mismo el bien de la naturaleza humana con el de la divina misericordia, mostrándose hombre verdadero y sin pecado, Dios compasivo y encubridor del juicio.

Me parece que con esta expresión queda claro quién es esta vara que brota de la raíz de Jesé y quién es la flor sobre la cual reposa el Espíritu Santo. La Virgen Madre de Dios es la vara; su Hijo, la flor: Flor es el Hijo de la Virgen, flor blanca y sonrosada, elegido entre mil; flor que los ángeles desean contemplar; flor a cuyo perfume reviven los muertos; y, como él mismo testifica, es flor del campo, no de jardín. El campo florece sin intervención humana. Nadie lo siembra, nadie lo cava, nadie lo abona. De la misma manera floreció el seno de la Virgen. Las entrañas de María, sin mancha, íntegras y puras, como prados de eterno verdor, alumbraron esa flor, cuya hermosura no siente la corrupción, ni su gloria se marchita para siempre.

¡Oh Virgen, vara sublime!, en tu ápice enarbolas al Santo, hasta el que está sentado en el trono, hasta el Señor de majestad. Nada extraño, porque las

93

raíces de la humildad se hunden en lo profundo. ¡Oh planta auténticamente celeste, más preciosa que cualquier otra, superior a todas en santidad! ¡Árbol de vida, el único capaz de traer el fruto de salvación! Se han descubierto, serpiente astuta, tus artimañas; tus engaños están a la vista de todos. Dos cosas habías achacado al Creador, una doble infamia de mentira y de envidia. En ambos casos has tenido que reconocerte mentirosa, pues desde el comienzo muere aquel a quien dijiste: *No moriréis en absoluto*; la verdad del Señor dura por siempre. Y ahora contesta, si puedes: ¿qué fruto podría provocar la envidia en Dios, que ni siquiera negó al hombre esta vara elegida y su fruto sublime? El que no escatimó a su propio Hijo, ¿cómo es posible que con él no nos lo regale todo?

Ya habéis caído en la cuenta, si no me equivoco, de que la Virgen es el camino real que recorre el Salvador hasta nosotros. Sale de su seno, como el esposo de su alcoba. Ya conocemos el camino que, como recordáis, empezamos a buscar en el sermón anterior. Ahora tratemos, queridísimos, de seguir la misma ruta ascendente hasta llegar a aquel que por María descendió hasta nosotros. Lleguemos por la Virgen a la gracia de aquel que por la Virgen vino a nuestra miseria.

Llévanos a tu Hijo, dichosa y agraciada madre de la vida y madre de la salvación. Por ti nos acoja el que por ti se entregó a nosotros. Tu integridad excuse en tu presencia la culpa de nuestra corrupción. Y que tu humildad, tan agradable a Dios, obtenga el perdón de nuestra vanidad. Que tu incalculable caridad sepulte el número incontable de nuestros pecados y que tu fecundidad gloriosa nos otorgue la fecundidad de las buenas obras. Señora mediadora y abogada nuestra, reconcílianos con tu Hijo. Recomiéndanos y preséntanos a tu Hijo. Por la gracia que recibiste, por el privilegio que mereciste y la misericordia que alumbraste, consíguenos que aquel que por ti se dignó participar de nuestra debilidad y miseria, comparta con nosotros, por tu intercesión, su gloria y felicidad. Cristo Jesús, Señor nuestro, que es bendito sobre todas las cosas y por siempre».

Dígase lo que se quiera acerca de él, y pese a su desbordante mariología, es indudable que San Bernardo supo en su momento vehicular como nadie las verdades elementales de la Salvación en Cristo desde el púlpito a partir de los textos del Antiguo Pacto, lo que hace de su persona un auténtico siervo de Dios y un testigo del evangelio en medio de una época (¡y una iglesia!) especialmente turbulenta.

Santo Tomás de Aquino. No es posible hacer una revisión del pensamiento bíblico de la Edad Media, por breve y somera que sea, sin mencionar la figura de este Doctor de la Iglesia Católica, también conocido como *el Aquinate* y a quien se suele designar con el título de *doctor communis* o "doctor común", el mayor teólogo escolástico del siglo XIII y figura que culmina con éxito —siguiendo en ello los pasos de su maestro San Alberto Magno— la simbiosis entre la teología cristiana y la filosofía aristotélica recién descubierta, sentando así un maridaje que aún resulta hoy fructífero en ciertos sectores del pensamiento conservador católico romano.

Lo cierto es que para Santo Tomás de Aquino, pese a su aristotelismo y a ser conocido fundamentalmente —y con toda justicia— por sus dos magnas obras, la *Summa Theologiae*[144] y la *Summa contra Gentiles*, amén de sus comentarios a las obras de Aristóteles, la Sagrada Escritura constituye la base de todo su pensamiento y razonamiento teológico. Más aún, en tanto que profesor de teología, fue en realidad un comentarista de las Escrituras. De hecho, él mismo define la teología como *doctrinam quandam secundum revelationem divinam*, es decir, "enseñanza basada en la revelación divina[145]", que para él no podía ser otra que los escritos bíblicos.

No realizó demasiados comentarios sobre el Antiguo Testamento. De hecho, tan solo trabajó el Salterio (Sal. 1-51), el libro de Job, y los profetas Isaías y Jeremías con las Lamentaciones. A ello hay que añadir una exposición magistral sobre el Decálogo (*De decem praeceptis*), entendido como una formulación de la ley natural especialmente inspirada y concebida por Dios para Israel[146]. A guisa de ejemplo, y también como modelo del estilo de exposición bíblica que se hacía en la época, ofrecemos a continuación el texto íntegro de su comentario al Salmo 1:

«Este Salmo se distingue de todo el resto de la obra, pues no tiene título, sino que es más bien como el título de todo el Salterio.

David compuso los Salmos a la manera del que ora, es decir, no siguiendo un solo estilo, sino según los diversos sentimientos y movimientos del orante.

Por lo tanto, este primer Salmo expresa el sentimiento de un hombre que eleva sus ojos a la situación entera del mundo, y considera cómo algunos avanzan y otros caen.

---

[144] O también *Summa Theologica*, que es como se la conoce mayormente. Lejos de ser concebida como una obra para eruditos, el Aquinate la proyectó y la compuso como un manual para estudiantes.

[145] *Summa Theologica*, I, Quaestio 1ª, articulus 1us.

[146] Se reconocen hoy como espurios los comentarios a los libros del Génesis, Daniel y 1 y 2 Macabeos que se le atribuyeron en cierto momento, y que durante algún tiempo se hicieron circular bajo su nombre.

Cristo fue el primero de los bienaventurados, así como Adán lo fue de los malvados. Pero se ha de notar que todos concuerdan en una cosa y difieren en dos. Concuerdan en buscar la felicidad, pero difieren en la manera de dirigirse hacia ella, y al final, en que algunos la alcanzan y otros no.

Así pues, se divide este Salmo en dos partes. En la primera se describe el camino de todos hacia la felicidad. En la segunda se describe el final, allí donde dice: *Y será como el árbol, que está plantado junto a las corrientes*, etc.

Sobre lo primero hace dos cosas. En primer lugar, se refiere al camino de los malvados, y en segundo al de los buenos, allí donde dice: *Sino que en la ley del Señor está su voluntad*, etc.

Tres cosas se han de considerar en el camino de los malos. En primer lugar, su deliberación acerca del pecado, y esto en su pensamiento. En segundo, su consentimiento y ejecución. Y en tercero, el inducir a otros a algo semejante, que es lo peor.

Y por eso indica en primer lugar el consejo de los malvados, allí donde dice: *Bienaventurado el hombre*, etc. Y dice: que no anduvo, pues cuando el hombre delibera, está andando.

En segundo lugar indica el consentimiento y la ejecución, diciendo: *y en camino de pecadores*, es decir, en la operación: "El camino de los impíos es tenebroso, no saben dónde tropiezan" (Pr. 4). *No se paró*, es decir, consintiendo y actuando.

Y dice: *de impíos* porque la impiedad es un pecado contra Dios, y: *de pecadores*, contra el prójimo, y: *en cátedra*; y este tercero consiste en inducir a otros a pecar. Así pues, en cátedra como un maestro que enseña a otros a pecar; y por eso dice: *de pestilencia* porque la pestilencia es una enfermedad infecciosa. "Hombres pestilentes devastan la ciudad" (Pr. 29).

Así pues, quien no camina de esta manera no es feliz, sino todo lo contrario. Pues la felicidad del hombre está en Dios: *Feliz el pueblo cuyo Dios es el Señor*, etc, leemos en el Sal. 143.

Por lo tanto, el camino recto a la felicidad consiste en primer lugar en someternos a Dios, y esto de dos maneras.

Primero mediante la voluntad, obedeciendo sus mandatos; y por eso dice: *Sino que en la ley del Señor*; y esto corresponde de modo especial a Cristo: "He bajado del cielo, no para hacer mi voluntad, sino la voluntad de aquel que me ha enviado" (Jn. 8). Y conviene también de modo semejante a toda persona justa. Dice: *en la ley*, por medio del amor, no bajo la ley por temor: "La ley no ha sido puesta para el justo" (1 Ti. 1).

En segundo lugar, mediante el entendimiento, meditando constantemente; y por eso dice: *y en su ley medita día y noche*, es decir, continuamente, o bien a ciertas horas del día y de la noche, o bien tanto en las circunstancias prósperas como en las adversas.

Y será como el árbol etc. En esta parte se describe el final de la felicidad, e indica en primer lugar su diversidad; en segundo lugar añade su razón, allí donde dice: *Porque conoce el Señor*, etc.

Sobre lo primero hace dos cosas. En primer lugar, indica el final de los buenos, y en segundo lugar el de los malos, allí donde dice: *No así los impíos*, etc.

Acerca del final de los buenos se vale de una comparación; primero la indica, y luego la adapta, allí donde dice: *Y todo cuanto él hiciere*, etc.

Así pues, toma la comparación del árbol, del que se consideran tres cosas, a saber, el ser plantado, el dar fruto, y el conservarse.

Para ser plantado, es necesaria una tierra humedecida por las aguas, pues de otro modo se secaría, y por eso dice: *que está plantado junto a las corrientes de las aguas*, es decir, junto a las corrientes de la gracia: "el que cree en mí... de su seno correrán ríos de agua viva" (Jn. 7).

Y quien tenga sus raíces junto a esta agua fructificará haciendo buenas obras; esto es lo que sigue: *el cual dará su fruto*. "Pero el fruto del espíritu es caridad, alegría, paz, y paciencia, generosidad, bondad, fidelidad", etc. (Gá. 5).

En su tiempo, es decir, solo cuando es momento de obrar. "Mientras tenemos tiempo, obremos el bien a todos" (Gá. 6).

Y no se seca. Por el contrario, se conserva. Ciertos árboles se conservan en su substancia, pero no en sus hojas, al mismo tiempo que otros se conservan también en sus hojas. Así también los justos, por lo que dice: *Y su hoja no caerá*, es decir, no serán abandonados por Dios ni siquiera en las obras más pequeñas y exteriores. "Pero los justos germinarán como una hoja verde" (Pr. 11).

Luego, cuando dice: *Y todo*, adapta la comparación, pues los bienaventurados prosperarán en todo, cuando alcancen el fin deseado en cuanto desean, pues los justos llegarán a la felicidad. *Oh Señor, sálvame, oh Señor, dame la prosperidad*, etc., leemos en el Sal. 117.

Opuesto es el final de los malvados, que se describe allí donde dice: *No así*, etc. Y sobre esto hace dos cosas. En primer lugar compara, y en segundo lugar adapta lo comparado, allí donde dice: *No se levantará*. Pero démonos cuenta de que aquí repite *no así* y *no así* dos veces, para una mayor certeza. "Lo que viste por segunda vez, es juicio de firmeza" (Gn. 41).

O bien, *no así* obran en el camino, y por eso *no así* reciben al final. "Recibiste bienes en tu vida, y Lázaro asimismo males, pero ahora este es consolado, y tú atormentado" (Lc. 16).

Ahora, son propiamente comparados con el polvo, porque poseen tres características contrarias a lo que se ha dicho sobre el hombre justo. Primero, que el polvo no se adhiere a la tierra, sino que está en la superficie; el árbol plantado, en cambio, ha echado raíces. Asimismo, el árbol es compacto en sí mismo, y es además húmedo; pero el polvo está en sí mismo dividido, es seco y árido, por lo que se dice que los buenos están unidos por la caridad como un árbol: Estableced un día solamente con espesuras, hasta el cornijal del altar, como leemos en el Sal. 117; pero los malos están divididos: "Entre los soberbios siempre hay contiendas" (Pr. 13).

Asimismo, los buenos se adhieren radicalmente en las cosas espirituales y en los bienes divinos, mientras que los malos se sostienen en los bienes exteriores.

Asimismo, están sin el agua de la gracia: "Eres polvo" etc. (Gn. 3). Y por eso toda su malicia pasa.

"No perecerá ni un cabello de vuestra cabeza" (Lc. 21). Pero sobre estos malos se dice que serán *arrojados completamente de la faz*, esto es, de los bienes superficiales; el viento, es decir la tribulación, *los arroja de la faz de la tierra*.

"Vi que los que obran la iniquidad, y siembran dolores, y los siegan, han perecido ante el soplo de Dios, y han sido consumidos por el espíritu de su ira" (Job 4).

Luego, adapta la comparación allí donde dice: *no se levantarán*, pues son como el polvo. Pero por el contrario, "es necesario que todos nosotros seamos puestos al descubierto ante el tribunal de Cristo" (2Co. 5). Y asimismo, "Todos resucitaremos" (1Co. 15). Ante ello se puede decir que esto puede ser leído de dos maneras. En efecto, se dice que un hombre resucita propiamente en el juicio, cuando su causa es vista favorablemente por la sentencia del juez. Así pues, estos no resucitarán porque no habrá sentencia a su favor en el juicio, sino más bien en contra; por eso otra variante dice: *no podrán ponerse en pie*.

Pero los buenos sí, pues si bien han sido afligidos por el pecado del primer padre, tendrán una sentencia a su favor.

Ni los pecadores se congregarán *en el concilio de los justos*, pues los buenos se congregarán para la vida eterna, en la que no serán admitidos los malvados.

O bien dice que esto se entiende acerca de la reparación de la justicia, para la que harán reparación en su propio juicio. "Si nos juzgásemos a nosotros mismos, no seríamos juzgados" (1Co. 11).

Y sobre esto dice: *no se levantarán en el juicio*, es decir, propiamente, y añade Ef. 5: "Despierta tú que duermes, y levántate de entre los muertos, y te iluminará Cristo".

Ahora bien, ciertos hombres son reparados por el consejo de los buenos, pero tampoco de este modo se levantan del pecado los malvados.

O *los impíos*, es decir, los infieles, *no se levantarán en el juicio de discusión* y de examen, pues según Gregorio, algunos serán condenados sin ser juzgados, como por ejemplo los infieles. Otros no serán juzgados ni condenados, es decir, los Apóstoles y los hombres perfectos. Otros serán juzgados y condenados, es decir, los fieles malos.

Así pues, los fieles no se levantarán para ser examinados en el juicio de discusión. "Quien no cree, ya ha sido juzgado" (Jn. 3). Pero los pecadores no se levantarán en el juicio de los juicios, es decir, para ser juzgados y no condenados.

Luego se da la razón por la que estos no se levantarán en el juicio: *Porque conoce*, etc. Y habla con propiedad: pues cuando alguien sabe que algo está echado a perder, lo repara; pero cuando no lo sabe, no lo repara. Los justos se pierden con la muerte, pero sin embargo Dios los sigue conociendo. "Dios conoce al que le pertenece" (2 Ti. 2). Los conoce con un conocimiento de aprobación, y por eso son reparados. Pero puesto que no conoce el camino de los impíos con un conocimiento de aprobación, el tal perecerá. *Anduve errando como una oveja que perece: busca a tu siervo, pues no he olvidado tus mandamientos*, leemos en el Sal. 118. *Sea su camino tinieblas y resbaladero*, reza el Sal. 34».

Evidentemente, el estilo de Santo Tomás está ya lejos de la alegorización de los alejandrinos y del abuso de los cuatro sentidos que hemos visto en autores anteriores; constatamos en él una sana preocupación por el sentido exacto de los pasajes e incluso de los términos aislados, para lo cual acude de continuo al cotejo con otros versículos bíblicos. Se distancia de este modo de la corriente que había preponderado en el Medioevo y anticipa de esta manera los nuevos tiempos que se avecinaban en relación con el estudio de las Escrituras. Pero no por ello deja de seguir haciendo una lectura cristológica de los textos veterotestamentarios, en cuyas enseñanzas halla siempre una aplicación, al mismo tiempo espiritual y práctica, para el creyente cristiano fiel. No se desmarca, por tanto, ni un ápice de la línea trazada desde el primer momento por los apóstoles y los Padres de la Iglesia antigua, en lo cual se hace acreedor de nuestro más acendrado respeto y nuestra más profunda admiración.

A modo de conclusión. El Medioevo cristiano, tanto el de sus primeros siglos como el de los últimos, estuvo aún lejos de desarrollar una teología veterotestamentaria propiamente dicha. Pero no por ello descuidó u olvidó la primera parte de la Biblia, sino que hizo de ella una fuente constante de recursos para expresar su fe más profunda o sus sentimientos religiosos más desbordados. De alguna manera, se limitó, por un lado, a repetir lo que había heredado de los Padres de la

Iglesia antigua, pero por el otro, empezó a anticipar, aún de forma muy tímida, los grandes cambios en la lectura y comprensión de las Escrituras que iban a caracterizar los siglos subsiguientes. Y lo más importante de todo:

> *Los pensadores y teólogos medievales siguieron encontrando a Cristo en las escrituras del Antiguo Testamento, convencidos como estaban de que estas apuntaban directamente hacia él*

PREGUNTAS PARA REFLEXIONAR: ¿A qué llamamos *Medioevo* o *Edad Media*? ¿Qué connotaciones suele tener el adjetivo *medieval* en la lengua popular? ¿Por qué se suele afirmar con tanta rotundidez en los medios evangélicos que la Edad Media fue una etapa tenebrosa en relación con el evangelio? ¿Es realmente cierto? Expón con claridad tu opinión. ¿En qué diversas áreas se comprueba la innegable influencia que tuvo el Antiguo Testamento en la religiosidad medieval cristiana? ¿Qué queda de aquella influencia en el cristianismo actual? ¿Qué pensaban los cristianos medievales acerca de los libros apócrifos o deuterocanónicos del Antiguo Testamento? Expón de forma clara y breve en qué consisten los cuatro sentidos de la Sagrada Escritura tan caros a los cristianos de la Edad Media. ¿Por qué se ha afirmado en este capítulo que los pensadores medievales dependían totalmente de los Padres de la Iglesia para su comprensión y utilización del Antiguo Testamento? Se ha acusado a San Isidoro de Sevilla de no ser sino un mero recopilador de lo que dijeron los Padres de la Iglesia; ¿hasta qué punto podemos, o no, estar de acuerdo con ello? ¿En qué influyeron los comentarios de San Isidoro sobre el Antiguo Testamento en otras figuras posteriores de la teología medieval? ¿Cuál fue la aportación más destacada de San Beda el Venerable a la lectura e interpretación del Antiguo Testamento? ¿De qué manera enfoca los escritos veterotestamentarios San Rabano Mauro? ¿Hasta qué punto podemos estar de acuerdo con su método? ¿En qué se parece y en qué se diferencia la homilética de San Bernardo de Claraval de la nuestra? A la luz del sermón de San Bernardo que ofrecemos en este capítulo sobre Is. 7, ¿podemos estar de acuerdo con lo que los Reformadores pensaron sobre él, o pudiera más bien parecernos que exageraban? Expón tu opinión con total claridad. ¿Qué tratamiento da Santo Tomás de Aquino a las Escrituras? ¿Sobre qué libros del Antiguo Testamento realizó sus comentarios? ¿Qué otros libros veterotestamentarios se pensó que había comentado también, aunque luego se estima que no fue realmente así? Tras haber leído su exposición sobre el Salmo 1, ¿puedes estar de acuerdo con las conclusiones a que llega en su comentario? ¿En qué se parece, o en qué se diferencia, de otros comentarios que hayas leído sobre el mismo Salmo? ¿Qué tienen en común todos los autores contemplados en este capítulo en lo referente a su forma de entender el Antiguo Testamento? ¿Y en qué se diferencian?

3. LA REFORMA

Sería realmente una *rara avis* el historiador, secular o eclesiástico, que en nuestros días se atreviese a negar el valor o la importancia de la Reforma Protestante del siglo XVI en el ámbito, no ya exclusivamente religioso, sino cultural, de Europa y el mundo occidental. Ni siquiera en países como el nuestro, en los que la tradición católica ha tenido —e innegablemente tiene— un gran peso específico, ningún estudioso serio deja de reconocer la trascendencia que el movimiento reformador de la decimosexta centuria ha supuesto para el decurso histórico de nuestro mundo, países de cultura hispánica incluidos. El diálogo ecuménico entre las distintas confesiones cristianas, por otro lado, ha destacado reiteradas veces las figuras señeras de los reformadores, especialmente Martín Lutero, como auténticos cristianos no demasiado bien comprendidos en su momento por la Iglesia de Roma[147]. Y desde luego, la relevancia de la Reforma en relación con los estudios bíblicos es, no solo innegable, sino insuperable. De hecho, el protestantismo ac-

---

[147] No solo en el siglo XVI. Mientras escribimos estas páginas, está todavía reciente la desgraciada e inoportuna declaración del cardenal Koch, supuestamente presidente del Consejo Pontificio para la Unidad de los Cristianos, en la que decía claramente y sin tapujos acerca de las celebraciones del quinto centenario de la Reforma el 31 de octubre de 2017:

«No podemos celebrar un pecado. Los acontecimientos que dividen a la Iglesia no pueden ser llamados un día de fiesta».

Estas palabras fueron pronunciadas en junio de 2012 y evidencian, mal que les pese a muchos católicos, la vertiente fundamentalista y ultramontana que aflora de vez en cuando en el seno de la Iglesia de Roma. La respuesta no se hizo esperar. Dos días más tarde, la Comisionada del Consejo de la Iglesia Evangélica en Alemania para el jubileo del 2017, Margot Kässmann, replicó al cardenal con la declaración siguiente:

«La Reforma Protestante no es nuestro pecado, sino una reforma de la Iglesia urgente y necesaria desde el punto de vista bíblico, en la que abogamos por la libertad evangélica; no tenemos que confesarnos culpables de nada».

tual (y a partir de él y de su innegable influencia, también la exégesis católica) sigue trabajando e investigando las Escrituras tomando como base los postulados fundamentales sentados por aquellos grandes siervos de Dios del siglo XVI, que hoy por hoy se reconocen como una aportación por demás excelente[148].

Las causas de la Reforma. Son innumerables los estudios que se han publicado sobre esta cuestión. Desde quienes han pretendido señalar el movimiento reformado como una "radical desviación" del cristianismo occidental y un "craso error" orquestado por "herejes llenos de apetitos carnales" (sic), hasta los que lo entienden como una "restauración total de la verdad" tras una "época de tinieblas", hallamos trabajos de gran calidad y ponderado equilibrio que señalan toda una serie de condiciones previas, ya sean culturales, políticas, socioeconómicas, religiosas o teológicas, que se dieron en Europa Occidental —y especialmente en Alemania— que confluyeron providencialmente en un hombre muy especial, el monje agustino Martín Lutero. Dentro de los límites de nuestro trabajo nos reduciremos a indicar las dos que nos parecen más importantes:

En primer lugar, *la constatación de una profunda espiritualidad en la Baja Edad Media*, muy lejos de las discusiones filosóficas que habían hecho estallar el edificio escolástico construido, entre otros, por Santo Tomás de Aquino, reduciéndolo demasiadas veces a meros sofismas de escuela, y de las disputas intraeclesiásticas y los cismas, con sus papas y antipapas y sus correspondientes partidarios en tal o cual reino, entre tales o cuales monarcas y señores laicos o eclesiásticos, amén de las maldiciones, anatemas y excomuniones mutuas que tan enconados bandos no cesaban de prodigarse. Fueron muchos los cristianos sinceros que buscaron —lejos de toda aquella maraña político-filosófica mal entendida y peor aplicada, y huyendo de la ignorancia y la superstición imperantes en muchos medios clericales— la paz en la comunión sincera y directa con Cristo, sin intermediarios humanos ni institucionales, y en una lectura y meditación de las Escrituras que tenían muy poco que

---

Se ha de decir, en honor a la verdad, que el cardenal Koch, a quien hemos conocido personalmene y con quien hemos tenido la oportunidad de conversar, ha modificado su postura desde el advenimiento del papa Francisco a la Santa Sede.

[148] *Cf.* nuestro trabajo *El método en teología*, publicado por Editorial Mundo Bíblico de Las Palmas de Gran Canaria en 2011.

ver con las sutilezas interpretativas de los teólogos del momento, por lo que se orientaban hacia una piedad práctica[149].

En segundo lugar, *el movimiento humanista*, que aunque nacido en Italia, se había extendido ampliamente por Europa Occidental, y en todas partes buscaba la revaloración de los clásicos en tanto que tales, así como un regreso a las fuentes del conocimiento. *Ire ad fontes*, "el regreso a las fuentes", era la divisa de aquellos pensadores del momento, atrevidos revolucionarios que deseaban releer con nuevos ojos toda la producción que la Antigüedad grecolatina había legado y que, o bien había permanecido en los estantes de las instituciones religiosas sin ser bien comprendida ni debidamente valorada, o bien había sido interpretada en base a unos patrones de pensamiento y unos presupuestos que empezaban a verse como algo caduco y propio de una mentalidad retrógrada. Si a ello añadimos los nuevos materiales que habían llegado a Italia tras la caída de Constantinopla en manos de los turcos el 29 de mayo de 1453, copias manuscritas de autores griegos antiguos que ya habían sido olvidados en Occidente, y que abrieron nuevos horizontes de pensamiento a los eruditos; los innegables avances en el conocimiento de las lenguas latina y griega, ahora ya estudiadas a niveles más literarios y con métodos mucho más lingüísticos y científicos que durante los siglos de la Edad Media; el descubrimiento del Nuevo Mundo el 12 de ocubre de 1492, que alteró por completo la concepción geográfica de Occidente; el heliocentrismo copernicano, que desterró el geocentrismo ptolemaico vigente durante siglos, y la gran revolución que supuso la imprenta desde 1450, entre otros fenómenos del momento, podemos vislumbrar la mutación tan profunda que estaba experimentando la sociedad europea de la época.

Lo cierto es que Europa Occidental, sumida en la vorágine de los cambios, y a veces con dificultades de adaptación a la velocidad con que estos se producían, clamaba por una reforma integral de la Iglesia que la hiciera regresar a su prístina pureza, a sus fuentes originales, y estas no podían ser otras que las Sagradas Escrituras.

---

[149] Así se evidencia en la abundante producción literaria piadosa de aquella época que ha llegado hasta nosotros, desde tratados de extensión variable, el más importante de los cuales sería el famoso *De imitatione Christi* de Tomás de Kempis, hasta sermones compuestos para ser declamados en los púlpitos.

El principio reformado SOLA SCRIPTURA. Suele ser una afirmación bastante generalizada en los medios protestantes y evangélicos la declaración de que la Reforma devolvió la Biblia a los pueblos de la Europa Occidental, propiciando las traducciones en lenguas vernáculas y difundiéndola por medio de la imprenta y los esfuerzos de heroicos colportores, que aun a riesgo de sus propias vidas la llevaban consigo a todas partes. Y así fue en realidad. Aunque en el Medioevo habían existido, ciertamente, versiones en lenguas vulgares de las Escrituras —no se constata realmente en esa época ninguna "prohibición universal" expresa de su lectura[150]—, fueron muy escasas, no siempre completas, y se limitaron a ciertos círculos muy específicos[151]. Los mismos teólogos se acercaban al Texto Sagrado preferentemente en la versión latina de San Jerónimo, con lo que sus disertaciones o enseñanzas sobre la Palabra de Dios tenían escaso eco en el conjunto del pueblo cristiano.

Pero el movimiento reformado hizo algo más. Reubicó la Sagrada Escritura, en tanto que Palabra y Revelación divinas, como base exclusiva y único fundamento de la teología cristiana, como había sido en su

---

[150] Las interdicciones de leer la Biblia en lenguas vulgares que se emitieron en algunas regiones de nuestro continente europeo a lo largo de la Edad Media, fueron muy puntuales e iban más bien dirigidas contra algunas traducciones específicas difundidas por grupos marginales considerados heréticos, como los valdenses franco-lombardos (conocidos en la época como *los pobres de Lyón*) o los lolardos ingleses. Obedecían, por lo tanto, a situaciones muy concretas, muy bien delimitadas, y no abarcaban, por lo tanto, el conjunto del orbe cristiano.

[151] Por no salirnos de los límites de nuestro propio idioma, diremos que en el Medioevo se constatan ciertos trabajos de traducción de la Biblia al romance castellano o a otros peninsulares. Ejemplos de ello son Aimerich Malafaida, que se autointitulaba "Arcediano de Antioquía", y llegó a verter al castellano ciertos pasajes del Antiguo Testamento. Hernán Alemán, obispo de Astorga, que tradujo el Salterio desde el hebreo —no desde el latín— en la primera mitad del siglo XIII. De la segunda es la célebre Biblia Alfonsina, fruto de la renovación cultural promovida por el rey de Castilla Alfonso X el Sabio, pero que hoy se piensa que podría tratarse de una revisión y puesta al día de otras versiones de las Escrituras anteriores en el tiempo, si bien desconocidas para nosotros, aunque constatables por ciertos indicios, y que se denominan en general *prealfonsinas*. Que en el siglo XV circulaban versiones del Antiguo Testamento en lengua vulgar para uso de los judíos de Castilla, y que incluso se leían en conventos y monasterios, es algo fácil de comprobar. Y, por no extendernos, solo añadiremos que el rey Alfonso V el Magnánimo de Aragón encargó una traducción de la Biblia completa, por no mencionar otras versiones de las Escrituras, totales o parciales, que tuvieron también alguna circulación entre gentes eruditas. Lo mismo se podría decir de ciertas versiones bíblicas en lengua francesa y sus distintos dialectos; toscana, provenzal, catalana, galaico-portuguesa, e incluso en idiomas fuera del ámbito románico.

momento para los Padres de la Iglesia y para los apóstoles y el propio Jesús, obviando cualquier otra fuente con la que se pretendiera equipararla, y estableció dos puntos muy necesarios que supusieron una ruptura con el modelo medieval:

1. *El principio de la analogía de las Escrituras*, enunciado por el propio Lutero con la fórmula *Sacra Scriptura sui interpres*, es decir, "la Sagrada Escritura se interpreta a sí misma". A través de él se establecía que la propia Biblia marca las pautas de su comprensión, de tal manera que siempre su lectura y exposición ha de atenerse al hilo general que conduce a través de sus páginas. En este sentido, es altamente provechoso recordar que nunca la Reforma entendió el principio *SOLA SCRIPTURA* como un absoluto, suficiente por sí mismo, sino estrechamente vinculado a los otros cuatro *SOLOS* formulados por Lutero, es decir, *SOLA FIDES, SOLA GRATIA, SOLUS DEUS* (o *SOLI DEO GLORIA*, como dicen algunos manuales) y especialmente *SOLUS CHRISTUS*, de tal manera que la lectura protestante de la Biblia nunca se puede acercar a la Escritura para ver qué "nuevas revelaciones" o qué "nuevos mensajes" o "nuevas luces" tiene Dios para su pueblo, sino para confirmar la antigua verdad salvífica realizada en el propósito divino de una vez por todas, y que consiste en las buenas nuevas de salvación en Jesucristo. Asimismo, y como consecuencia lógica, se despoja de autoridad dogmática o doctrinal a cualquier persona o institución, por antigua o venerable que sea, que pretenda establecer creencias o prácticas cristianas por encima de la Palabra de Dios escrita.

2. *El principio de la lectura e interpretación literal de las Escrituras*, de clara influencia humanística[152], según el cual no se deben forzar los textos sagrados para acomodarlos a un pensamiento o una ideología previos que sus autores no tenían el más mínimo interés en transmitir. Entendiendo que los redactores de la Biblia se expresaban, como es habitual en la comunicación humana, a fin de ser claramente comprendidos, se postula una lectura objetiva que se atenga a lo que estos escritos evidentemente vehiculan. De esta manera, se pone fin a más de mil años de lectura e interpretación

---

[152] En el caso concreto de la Reforma, se señala que procede de Johannes Reuchlin, humanista y filólogo alemán, profesor de lenguas clásicas y de hebreo, que fue pariente y maestro de Philipp Melanchthon, conocido amigo y colaborador de Lutero.

alegórica de corte alejandrino y origeniano, considerada como manipuladora del texto y distorsionadora de la verdad revelada, por su peligroso subjetivismo. El Antiguo Testamento se entiende, por lo tanto, como acontecimiento, como historia salvífica de un pueblo muy concreto, Israel, en el que Dios muestra su Gracia, cuya plenitud llegará con el evangelio de Cristo. Ello incide en la importancia que adquiere para el protestantismo el conocimiento profundo de las lenguas griega y hebrea, así como del mundo antiguo en el que la Biblia vio la luz[153].

Ambos supusieron la liberación de la Biblia de la dogmática eclesiástica. Dos siglos más tarde, en pleno período de lo que los libros de historia llaman *la Ilustración*, los pensadores y filósofos retomarán esta idea para hacer de las Escrituras un libro cuyo estudio se ajuste a los patrones y métodos de trabajo aplicados a las obras literarias en general. Con lo que la Reforma será, en realidad, el fundamento y la matriz de esos trabajos críticos que han producido resultados tan fecundos en nuestros días, pese a la oposición que han suscitado en ciertos medios fundamentalistas radicales.

---

[153] Hallamos importantes declaraciones de los Reformadores en este sentido. Citamos a continuación, a guisa de ejemplo, unas palabras de Lutero tomadas de su opúsculo publicado en 1523 *A los magistrados de todas las ciudades alemanas, para que construyan y mantengan escuelas cristianas*. Sírvannos como botón de muestra las siguientes:

«Cuanto mayor sea nuestro amor al evangelio mayor tendrá que ser nuestro celo por las lenguas; que no en vano ha querido Dios que su Escritura se redactase solo en dos lenguas, en hebreo el viejo testamento y en griego el nuevo.
[...]
Quede bien claro que, sin las lenguas, no será posible la recta conservación del evangelio.
[...]
El predicador, apoyado en traducciones, dispone de numerosos textos y sentencias claras para comprender a Cristo, para enseñar, vivir santamente y transmitirlo a los demás, pero se encuentra sin formación adecuada para exponer la Escritura, para sumergirse en ella, para luchar contra los que la aducen erróneamente; es imposible que pueda lograr esto sin el conocimiento de las lenguas.
[...]
Mejor es que tratemos de la forma de conseguir personas dotadas y bien preparadas.
[...]
No se puede regatear celo ni dinero para contar con buenas bibliotecas o librerías».

Citado por Egido, T. (Ed.). *Lutero. Obras*. Salamanca: Ed. Sígueme, 1977, pp 222-230.

Figuras destacadas. La Reforma Protestante no se ciñó a Alemania y Suiza, los países donde despuntó. Los reinos escandinavos con sus posesiones ultramarinas, los países bálticos y Transilvania implantaron a lo largo del siglo XVI iglesias nacionales de corte luterano, mientras que Suiza, Holanda, Escocia y Hungría veían el nacimiento y el arraigo de congregaciones calvinistas que más tarde se extenderían también por Francia y Alemania absorbiendo en ocasiones comunidades luteranas previamente establecidas. El calvinismo coloreaba además la teología y el pensamiento de la particular reforma inglesa, sobre todo en su expresión más puritana[154], mientras que otros grupos surgidos al amparo de la Reforma, como los llamados *anabaptistas*, hacían estragos en Alemania y se implantaban en otras tierras. Por ello, son muchos en realidad los nombres de los reformadores europeos, en algunos casos considerados como glorias nacionales en sus países respectivos, mientras que en otros no dejan de ser simples figuras curiosas —por no decir enteramente desconocidas—, cuando no claramente tildados de herejes o heterodoxos, y de los que algunos parecieran avergonzarse.

Nos limitaremos, por lo tanto, en lo que se refiere a nuestro tema concreto, a las tres figuras señeras de la Reforma universal, que son Martín Lutero, Juan Calvino y Ulrico Zuinglio, con una breve y general mención a otros nombres menos conocidos, pero no por ello menos importantes.

Martín Lutero. El monje de Wittenberg, como ya hemos señalado antes, se preocupó de que el pueblo alemán contara con una buena traducción de las Escrituras en su propia lengua, incluyendo, naturalmente, los escritos del Antiguo Testamento, a los que concedía un gran valor testimonial como *historia sacra*. En su *Prefacio al Antiguo Testamento*, compuesto entre 1522 y 1532, reafirma el valor de esta parte de la Biblia para los cristianos siguiendo la línea de pensamiento que hemos encontrado a lo largo de los primeros siglos de la historia del cristianismo, aunque desmarcándose de las interpretaciones alegóricas:

> «Algunos tienen una opinión muy pobre sobre el Antiguo Testamento, como algo dado solamente al pueblo judío, ahora fuera de época y que contiene solo historias de otros tiempos: consideran que tienen suficiente con el Nuevo Testamento y pretenden buscar en el Antiguo Testamento

---

[154] Y las tristemente abortadas española, italiana y portuguesa, entre otras.

un sentido meramente espiritual, como lo han sostenido también Orígenes, Jerónimo y muchas otras personas eminentes. Pero Cristo dice en Jn. 5: "Buscad en la Escritura, pues ella misma da testimonio de mí". Y Pablo exhorta a Timoteo a que persista en la lectura de la Escritura, y destaca en Ro. 1 que el evangelio está prometido por Dios en la Escritura; el mismo Pablo dice en 1Co. 15 que según la Escritura, Cristo proviene de la estirpe de David, que murió y que resucitó de la muerte. Y Pedro nos remite más de una vez a la Escritura. Con ello nos enseñan a no despreciar la Escritura del Antiguo Testamento, sino a leerla con gran empeño, pues ellos mismos fundamentan y corroboran enérgicamente el Nuevo Testamento mediante el Antiguo Testamento, y se remiten a él. Así escribe también Lucas, en Hch. 17, que en Tesalónica escudriñaban diariamente la Escritura para saber si las cosas eran así como Pablo enseñaba[155]. En cuanto no hay que despreciar lo que sirve de fundamento y prueba para el Nuevo Testamento, así debe apreciarse el Antiguo Testamento. ¿Y qué otra cosa es el Nuevo Testamento sino una predicación y proclamación pública de Cristo, señalada por los textos del Antiguo Testamento y cumplidas por Cristo? He redactado este prefacio, conforme a la capacidad que Dios me ha dado, para que aquellos que no saben lo suficiente tengan una orientación y guía para leer con provecho. Ruego y advierto a todo buen cristiano que no se sienta chocado por la simplicidad del lenguaje y de las historias que se le presentan con frecuencia; por lo contrario, no debe dudar de que, por más simples que parezcan, son verdaderas palabras, obras, juicios e historias de la sublime majestad, poder y sabiduría de Dios. Pues esta es la Escritura que hace insensatos a todos los sabios e inteligentes, y que solo se abre a los pequeños y torpes, como dice Cristo en Mt. 11. Por lo tanto, deja de lado tu opinión y sentimiento, y considera esta Escritura como la cosa sagrada más excelente y noble, como la mina más rica que nunca puede ser suficientemente explorada, para que puedas encontrar la sabiduría divina que Dios presenta en forma tan sencilla y llana, para reprimir toda altanería. Aquí encontrarás tú los pañales y el pesebre donde yace Cristo, al cual también el ángel remite a los pastores. Son pañales comunes y sencillos, pero apreciable es el tesoro, Cristo, que está envuelto en ellos».

Pero declaraciones tan positivas y de signo tan piadoso como estas no obvian la clara distinción entre ambos pactos que el Reformador tenía *in mente*. Por eso leemos en su *Prefacio al Nuevo Testamento* de 1545:

---

[155] Como bien se percata, sin duda, el amable lector, Lutero comete en esta alusión el típico error de quien está habituado a citar la Biblia de memoria y, pese a conocerla bien, en alguna ocasión confunde datos o nombres. No se trata de los tesalonicenses, sino de los creyentes de Berea, según lo que leemos en Hch. 17:11.

«Así como el Antiguo Testamento es un libro donde se hallan la ley y los mandamientos de Dios, con la historia de quienes los observaron y quienes no, el Nuevo Testamento es un libro donde están escritos el evangelio y la promesa de Dios, con la historia de los que creen en ello y los que no[156]».

La misma idea hallamos en la publicación de las obras del Reformador (*Luthers Werke* en alemán), edición de Weimar (WA), 6.714, donde leemos:

«El antiguo testamento es un libro fundamentalmente legal, que enseña lo que hay que hacer y lo que hay que evitar. Para ello, acude a ejemplos y sucesos que comprueban cómo se han cumplido o transgredido estas leyes. Pero, junto a las leyes, se contienen también algunas promesas y pasajes relacionados con la gracia, para que los padres santos y los profetas se mantuviesen, como nosotros, en la fe en Cristo[157]».

Esta clara asimilación *Antiguo Testamento —historia sagrada— ley* frente al *Nuevo Testamento —evangelio— gracia* marcará para siempre el pensamiento luterano desde los días de la Reforma hasta hoy[158]. Una simple ojeada a la exégesis y la teología luterana clásica del siglo XX servirá para comprobarlo.

Juan Calvino. De sobra es conocido que a este destacado reformador originario de la Picardía francesa y especialmente vinculado a la ciudad de Ginebra, se lo considera como el más grande entre los pensadores protestantes hasta el día de hoy, y aquel que, después de San Agustín de Hipona, ha sido más estudiado y leído entre todos los teólogos occidentales[159]. Se le suele designar en ocasiones como *el teólogo*

---

[156] Citado por VON RAD, G. *Théologie de l'Ancien Testament*, vol. II. Genève: Labor et Fides, 1965, p. 349, n. 1. La traducción es nuestra.

[157] EGIDO, T. (ED.). *Op. cit.*, p. 442.

[158] Incluso los profetas, según Lutero, cuyo estilo literario veía como algo difícil de entender por sus irregularidades en la expresión, no hacían otra cosa que comentar la ley. Es célebre su declaración a este respecto:

Prophetia enim nihil aliud quam et (ut sic dixerim) praxis et applicatio legis fuit "Pues la profecía no es otra cosa que (por así decir) práctica y aplicación de la ley".

Citado por VON RAD, G. *Op. cit.* p. 6, n. 2.

[159] Ni siquiera teólogos de los siglos XIX y XX de la talla de un Schleiermacher, un Barth, un Bultmann, un Brunner, un Cullmann, un Tillich o cualquier otro nombre que

por antomasia del movimiento reformado, y sobre todo *el exegeta de la Reforma*, debido a la amplia variedad de comentarios bíblicos que nos ha dejado. Pese a la mala propaganda que se ha vertido cual ponzoña contra su persona y sus doctrinas, sigue siendo una de las figuras claves de la historia del pensamiento occidental y un referente indispensable para comprender el protestantismo, gracias a la meticulosa reivindicación que estudiosos de talla han hecho de su vida y su obra[160]. De la misma forma que Lutero atribuía una gran importancia a la historia sacra en su lectura de la Biblia, Calvino tendía más a centrarse en la exégesis de los textos sagrados. De hecho, su célebre *Institutio Christianae Religionis* o *Institución de la Religión Cristiana*[161], el primer compendio sistemático de la dogmática protestante, fue redactada con la sencilla intención de ayudar a los fieles cristianos —no solo a pastores o teólogos— a entender mejor la Palabra de Dios.

Un hecho fundamental despunta: Calvino aborda los escritos del Antiguo Testamento como no lo hizo en su época ningún otro reformador, Lutero incluido, de tal manera que su pensamiento está marcado en gran medida por los conceptos veterotestamentarios. Como todo el movimiento protestante del siglo XVI, el Reformador de Ginebra hace hincapié en la inigualable obra de Cristo, el valor salvífico de su muerte y resurrección, la redención del hombre por pura Gracia y la justificación del pecador exclusivamente por la fe, o sea, en el mensaje central del Nuevo Testamento, pero en todo ello apunta a la idea de una revelación del Dios Creador ya patente en el Antiguo:

«Y aunque cite muchos textos del Nuevo Testamento, de la Ley y de los Profetas, en los que se hace expresa y evidente mención de Cristo, sin embargo todos ellos no pretenden probar otra cosa sino que Dios, Creador del mundo, nos es manifestado en la Escritura, y qué es lo que debemos saber de Él para que no andemos dando vueltas perdidos buscando otro Dios desconocido[162]».

---

se pueda aducir, han alcanzado la importancia de Calvino en la historia de la teología cristiana de Occidente. Es un dato a tener muy en cuenta.

[160] Bernard Gagnebin, Wulfert De Greef, W. Fred Graham, Paul Helm, Ernst Hirzel, Carl A. Keller, Yves Krumenacker, Olivier Millet, Marc Vial y François Wendel, entre otros muchos.

[161] Fue Cipriano de Valera su traductor a nuestra lengua castellana ya en el siglo XVI.

[162] *Institución de la Religión Cristiana*, I, VI, 2.

Esta paridad y total interpenetración entre ambos Testamentos queda bien reflejada en su *Comentario a la Epístola a los Hebreos,* I, 1, donde leemos que su autor

> «nos presenta a un solo Dios, para que nadie piense que la ley se opone al evangelio, o que el autor de uno deje de ser el mismo autor del otro [...] Asentado lo anterior[163], se establece la conformidad entre la ley y el evangelio; porque Dios, siempre el mismo, su palabra es la misma, y su verdad inmutable, ha hablado a ambos por igual».

No refleja Calvino en su pensamiento, por lo tanto, la dicotomía luterana entre ambas partes de la Biblia que habíamos apuntado en su momento, ni tampoco entiende ni admite el rechazo visceral que en algunos círculos cristianos de su época —también entre las filas reformadas— se mostraba a los escritos veterotestamentarios. No tiene desperdicio, como muestra de su pensamiento sobre este asunto, el comentario que realiza a 2Ti. 3:16-17, que concluye con estas declaraciones:

> «Sabiendo que cuando Pablo habla de las Escrituras, se refiere solo al Antiguo Testamento, ¿cómo afirma él que este hace a un hombre enteramente perfecto? Porque, si es así, lo que después fue agregado por los apóstoles puede considerarse como superfluo. Yo respondo que, por lo que se relaciona a substancia, nada se ha añadido; porque los escritos de los apóstoles no contienen otra cosa que una sencilla y natural explicación de la Ley y los Profetas, juntamente con una manifestación de las cosas expresadas en ellos».

En su magnífico artículo, *Ricos antes de nacer. De la comprensión de Calvino sobre la creación,* además de en otras aportaciones, el profesor y teólogo reformado Lukas Vischer destaca el gran valor que concede Calvino al Antiguo Testamento, al mismo tiempo que lamenta la incomprensión que ha mostrado en líneas generales el mundo cristiano —protestantismo incluido— hacia su pensamiento escriturístico. Una corriente muy extendida de opinión ha tendido a señalar el valor puramente *legal* que el Reformador de Ginebra otorgaba a los

---

[163] Es decir, las palabras iniciales de la epístola:

Dios, habiendo hablado muchas veces y de muchas maneras en otro tiempo a los padres por los profetas, en estos postreros días nos ha hablado por el Hijo, a quien constituyó heredero de todo, y por quien asimismo hizo el universo. (He. 1:1-2)

primeros treinta y nueve libros de la Biblia, basándose en el hecho de que su prístina formación había sido esencialmente jurídica antes que teológica. Quienes así piensan suelen destacar la importancia que atribuía Calvino al reposo dominical para los cristianos, así como el hecho histórico de que organizara de forma muy meticulosa la vida reformada en la ciudad de Ginebra, con unas reglamentaciones muy precisas que tendían a contemplar todos los aspectos de la existencia cotidiana. Sin embargo, añade el profesor Vischer, el Reformador encuentra por encima de todo en el Antiguo Testamento una importantísima enseñanza sobre la creación que conlleva la valoración de la tierra, el suelo y la fertilidad. Efectivamente, a lo largo de sus comentarios a los libros veterotestamentarios —y no solo en el por demás magnífico que consagra al libro del Génesis— destaca la dirección divina sobre el mundo natural. Leemos, a modo de ejemplo, en su *Comentario sobre Jonás*[164] (1:4):

> «Podemos inferir que ninguna tormenta, ni cambios en la atmósfera que produzcan lluvia o tempestades marinas sucede al azar, sino que el cielo y la tierra están regularizados por un poder divino, y que nada sucede sin que sea previsto y decretado».

Todo ello reafirma a Calvino en una de sus enseñanzas más características: la impronta de Dios en el ser humano. En su comentario al versículo siguiente (Jon. 1:5), al hablar de cómo *los marineros* del navío donde viajaba el profeta rebelde *tuvieron miedo, y cada uno clamaba a su dios*, encontramos esta declaración:

> «Al mismo tiempo se puede apreciar cómo, en el peligro, los hombres se ven obligados a invocar a Dios. Es seguro que hay, por naturaleza, en el corazón de todo hombre una cierta impresión de Dios, de modo que cada uno, de buen o mal grado, está consciente de que existe un Ser Supremo».

El vínculo del hombre con la tierra —o por ceñirnos más a la Historia de la Salvación, del pueblo de Israel con la Tierra Prometida— característico del testimonio veterotestamentario, desapareció de la tradición cristiana, de forma que lo que el Antiguo Testamento relata en cuanto

---

[164] Publicado en castellano en San José, Costa Rica, por la Confraternidad Latinoamericana de Iglesias Reformadas (CLIR), 2007.

al suelo y la fertilidad se espiritualizó en la enseñanza temprana de los Padres de la Iglesia. Los mandamientos concretos del Antiguo Pacto referentes al trato del suelo y de los seres vivientes[165] se desvanecieron gradualmente o fueron leídos de forma puramente alegórica. Uno de los grandes méritos de Calvino es, sin duda alguna, haber transmitido aquel pensamiento veterotestamentario a la Iglesia cristiana de forma renovada, sin caer en una rejudaización forzada y antinatural o un literalismo sectario que sometiera el mensaje de Cristo a disposiciones de un mundo que ya no existe. La sujeción de Israel a las reglamentaciones de la ley de Moisés concernientes a la Tierra Prometida, entendida como manifestación de dependencia del ser humano en relación con el Creador, es uno de los pilares fundamentales de la teología y la praxis del Reformador de Ginebra.

En resumidas cuentas, para Calvino el Antiguo y el Nuevo Testamento nos hablan de un único e idéntico Dios, el Creador del mundo, que es al mismo tiempo nuestro Padre en la revelación suprema de Jesucristo, por lo que no se puede establecer una diferencia esencial o una contradición intrínseca entre las dos partes de la Biblia. Las profecías del Antiguo Testamento ya son realidad en el Nuevo. En el primero se vislumbra el evangelio; el segundo presenta la luz en su plenitud. En ningún momento niega Calvino que existan diferencias entre ambos Testamentos, o que en el Antiguo nos topemos con textos cuya redacción y comprensión resultan harto complicadas para los cristianos; al contrario. Por ello insiste, al igual que Lutero, en la necesidad de una buena formación en lenguas bíblicas y otros conocimientos auxiliares que nos permitan dilucidar lo que el Espíritu Santo ha querido transmitir a través de los autores sagrados. Pero hace más bien hincapié en las numerosas similitudes, en los puntos de contacto, en el hilo conductor que atraviesa ambos conjuntos escriturísticos dándoles cohesión y unidad, porque finalmente —entiende el Reformador de Ginebra— se trata de una misma y única alianza de Dios con los hombres manifestada en distintas épocas y por diversos medios. De esta manera, Calvino se acerca más que ningún otro reformador a lo que hoy consideramos como teología del Antiguo Testamento.

---

[165] V.gr., las leyes y disposiciones mosaicas referentes al cultivo y el barbecho, con los años sabáticos y jubilares que leemos en Lv. 23 y Nm. 28:16 – 29:40, u otras dispersas, como la que leemos en Dt. 20:19-20.

Ulrico Zuinglio[166]. Pese a que su nombre y su persona han quedado un tanto oscurecidos ante las figuras descollantes de Lutero y Calvino, de tal manera que en ocasiones se ha llegado incluso a olvidarlo por completo, son muchos los especialistas actuales que le atribuyen una importancia similar y se han puesto manos a la obra en la tarea de reivindicarlo. Ulrico Zuinglio es, indiscutiblemente, el gran reformador de la Suiza de lengua alemana, y más concretamente del cantón de Zurich. Aunque, al igual que el conjunto del movimiento reformado, centra su mensaje en la obra de Cristo y el Nuevo Testamento, resalta de forma especial la importancia del Antiguo. Si bien entiende que los escritos del Antiguo Pacto solo son comprensibles a la luz del evangelio, no por ello minusvalora las figuras de los profetas en tanto que heraldos autorizados de Dios que exponen con claridad la Palabra viva del Señor, y en los que ve una anticipación de lo que tenía que ser la Reforma en general y su propia misión personal en particular. No es porque sí que al fundar en 1525 su escuela de exégesis para los pastores reformados en la ciudad de Zurich, se basaran sus estudios en el Antiguo Testamento y le diera el nombre de *Prophetia*, que con el tiempo llegaría a ser la Academia Zuriquesa. Una descripción muy clara de lo que fueron sus sesiones diarias la hallamos en el libro de Oskar Farner, *Der Reformator Ulrich Zwingli*, publicado en 1949. En la página 66 leemos:

«Primero, ocupa el Maestro Zuinglio el atril y ruega suplicando la iluminación del Espíritu Santo. Se retira y sube otro, que abre la Biblia y tiene la sola encomienda de leer el texto correspondiente en latín, o sea, según la Vulgata. Leído el capítulo, el lector es sustituido por un tercero que lee el mismo capítulo en hebreo. A un cuarto lector le cabe leer el mismo capítulo en la traducción clásica griega del Antiguo Testamento, o sea, la llamada Septuaginta. Pero, al mismo tiempo, tiene que explicar el sentido del texto. Acabada esta explicación textual, otro teólogo dice en latín lo que todo lo leído ha de ser expuesto como Palabra de Dios en los sermones. Finalmente, otro teólogo, a veces el mismo Zuinglio, o si no, cualquier otro predicador, se encarga de explicar en alemán el texto bíblico tan a fondo tratado. Esta explicación se dirige especialmente a los asistentes no versados en latín, hebreo o griego».

---

[166] O también Zwinglio, como lo escriben muchos manuales, aunque tanto una forma como la otra son adaptaciones, mejor o peor castellanizadas, del nombre original Zuingli, también ortografiado Zwingli.

Este respeto sumo a la Palabra de Dios en su estudio y exposición no era sino una aplicación práctica de los postulados más puros de la Reforma, así como una clara evidencia de la vertiente fundamental catequética y docente que tomó el protestantismo desde el primer momento.

No hay dificultad alguna en reconocer que la visión eclesiástica de Zuinglio, como la de Calvino, es más veterotestamentaria y de sentido más comunitario, más sociológico, que la de Lutero, y con una fuerte tendencia a la teocracia. En su comprensión de los sacramentos ve el reformador de Zurich una prolongación de las instituciones básicas del Antiguo Testamento: la Cena del Señor da su cumplimiento definitivo a la pascua judía, y el bautismo sustituye plenamente a la circuncisión. Frente a los anabaptistas, que solo reconocían el bautismo de los creyentes[167], Zuinglio justifica el bautismo de infantes precisamente por el hecho de que la circuncisión de los varones se prescribía para el día octavo después del nacimiento (Gn. 17:10-13). Entiende, por lo tanto, este sacramento dentro de lo que más tarde se llamaría *Teología del Pacto*.

Otros reformadores. Como hemos apuntado antes, la Reforma no se ciñó en exclusiva a Alemania o Suiza. Al poco tiempo de la primera manifestación de Lutero empezaron a surgir en distintos puntos del continente europeo núcleos de cristianos que leían las Escrituras bajo una nueva óptica, así como una serie de figuras de talla, teólogos y hombres de letras cautivados por las buenas nuevas que descubrían en las Escrituras. Mencionamos rápidamente, y en gracia a la brevedad, una selección de cinco nombres importantes en relación con nuestro tema, procedentes de distintos ámbitos y lugares.

El primero es el de ***John Knox***, reformador de Escocia y amigo personal de Calvino, que introdujo en su país la fe reformada en la segunda mitad de un siglo XVI confuso y turbulento para aquel reino. Formado en Ginebra, entendía Knox la fe cristiana a la luz del Antiguo Testamento, y concebía su austero ministerio de predicación como algo similar al de los antiguos profetas hebreos, salpicado como estuvo siempre de citas y ejemplos de los libros del Antiguo Pacto: llegó

---

[167] No específicamente por inmersión. Los primeros anabaptistas rebautizaban adultos con el rito de la infusión. *Cf.* ANDERSON, J. *Historia de los Bautistas*, tomo II. Casa Bautista de Publicaciones, 1999, pp. 21-62.

a llamar *Jezabel* a la reina María de Inglaterra, apodada *La Sanguinaria*[168], y no le tembló el pulso al designar a los católicos romanos como idólatras, comparándolos con los hebreos apóstatas que sacrificaban sus hijos a Moloc. Recomendaba para el estudio bíblico de las asambleas de los creyentes, máxime cuando se trataba de grupos en los cuales no se disponía de un instructor o un ministro debidamente preparado —entendiéndose que bajo ningún concepto debían asistir a los cultos de la iglesia oficial, enemiga de la Reforma—, alternar la lectura de un libro del Antiguo y otro del Nuevo Testamento, a fin de comprender cómo el Espíritu Santo hablaba a su pueblo, y en qué medida la verdad contenida en las Escrituras era siempre la misma, aunque expresada de formas distintas, siguiendo en ello la línea calvinista más pura. Es por esta razón que parangonaba el estudio de los libros proféticos del Antiguo Testamento con el epistolario paulino, pues los consideraba complementarios en relación con sus contenidos respectivos. A nadie se le oculta que el estricto puritanismo británico —más tarde trasvasado a América del Norte— tiene su origen en las labores pastorales y evangelizadoras de John Knox, cuya fama muy pronto traspasó las fronteras escocesas y penetró en Inglaterra.

El segundo es **Thomas Cranmer**, arzobispo de Cantérbury durante el tortuoso reinado de Enrique VIII de Inglaterra, fue una de las figuras claves en la historia y el origen del llamado *cisma anglicano*, como a veces se designa la particular reforma inglesa en medios católicos romanos. Aunque se destaca principalmente en los manuales de historia su intervención muy directa en la escabrosa cuestión de los matrimonios del monarca, y la presentación de su figura queda reducida muchas veces a la de un simple cortesano intrigante vestido con ropaje eclesiástico, lo cierto es que Cranmer fue también, y por encima de todo, un teólogo de ideas claramente reformadas, notoriamente calvinistas, y quien contribuyó a hacer del anglicanismo una iglesia de liturgia enraizada en las tradiciones más antiguas, pero de indiscutible teología protestante[169]. En relación con el uso del Antiguo Testamento en la liturgia de la iglesia y en la piedad cristiana, su pensamiento viene

---

[168] *Bloody Mary* en la tradición historiográfica británica.

[169] Aún en el día de hoy, la Comunión Anglicana se define a sí misma como una "vía media" entre Roma y la Reforma, e incluso como una denominación, o mejor aún, una comunión de iglesias, que recoge y aúna "lo mejor de dos mundos", vale decir, las tradiciones más apostólicas y vernerables de la Iglesia antigua, junto con un pensamiento teológico netamente protestante.

bien reflejado, entre otros documentos, en los *Treinta y nueve artículos*[170], concretamente en el VII, donde leemos:

> «El Antiguo Testamento no es contrario al Nuevo, dado que tanto en el Antiguo como en el Nuevo Testamento Cristo ofrece la vida eterna a la humanidad, y él es el único mediador entre Dios y el hombre, siendo simultáneamente Dios y hombre. Por lo que no debe escucharse a aquellos que fingen que los antiguos Padres solo se preocuparon por las promesas transitorias. Aunque la ley dada por Dios a Moisés en lo concerniente a las ceremonias y ritos no vincula a los hombres cristianos, ni los preceptos civiles deberían recibirse obligatoriamente en ninguna mancomunidad, sin embargo, ningún cristiano está libre de desobedecer los mandamientos llamados morales».

Como vemos, sigue los pasos de la más pura tradición reformada o calvinista continental.

El tercero es **Johannes Honterus**[171], conocido como *El apóstol de Transilvania*[172], que inició en su ciudad natal, Kronstadt (hoy Braşov), una reforma de tipo luterano en 1542 entre los sajones, es decir, la población de lengua alemana que ocupaba el país, a la que él mismo pertenecía. No obstante, la iglesia que fundó, no tardando mucho, se adhirió a unos presupuestos calvinistas, como hicieron también la mayoría de las congregaciones húngaras de Transilvania y la propia Hungría. Su forma de entender la piedad cristiana, teniendo siempre muy claro el valor salvífico de la obra de Cristo y todos los énfasis doctrinales luteranos[173], estaba más fundamentada en la ley que en la Gracia, y tomaba el Antiguo Testamento como referente práctico para asuntos de la vida cotidiana, como eran la educación de los niños indisciplinados o la virginidad de las muchachas antes del matrimonio. No obstante, ni Honterus ni sus correligionarios cayeron nunca en el

---

[170] *The Thirty-Nine Articles of Religion* en inglés, una de las formulaciones doctrinales más importantes del anglicanismo hasta el día de hoy.

[171] Su nombre también aparece con las siguientes variantes, según los manuales: Ioannes Honterus, Johannes Honter y Johann Hynter. En algunos libros de historia publicados en castellano se lo llama Juan Hunter, Juan Honter o Juan Ontero.

[172] También se lo suele conocer como *el Lutero de Transilvania*.

[173] El propio Lutero, al parecer, se mostró encantado cuando alguien le llevó a Wittenberg una muestra de los catecismos y libros de orden eclesiástico que Honterus empleaba en su iglesia alemana de Kronstadt. Vio en ellos un reflejo de sus propias reformas.

fundamentalismo veterotestamentario que otros grupos religiosos contemporáneos habían adoptado como norma de vida.

El cuarto es el erudito conquense *Juan de Valdés*, cuya filiación a la Reforma Protestante no es evidente para todos los estudiosos, pero que está unánimemente considerado como un cristiano reformador —más bien erasmista— en el contexto de su época. Su especial interés por el Antiguo Testamento le viene, por un lado, de su innegable ascendencia judía por parte de su familia materna, pero también, por el otro, de la influencia que los judíos españoles habían tenido sobre la interpretación literal de los libros del Antiguo Pacto entre los religiosos de la península Ibérica, sin olvidar la revalorización que el protestantismo dio a las Escrituras Hebreas, máxime en su vertiente reformada o calvinista, con la que Juan de Valdés se identificaba más. De ahí su empeño en aprender hebreo, fruto de lo cual fue su traducción del Salterio en romance castellano, que no se imprimió hasta 1880. El grupo de estudio bíblico que de alguna manera dirigió en Nápoles, y al cual asistían representantes de la alta sociedad y la más rancia nobleza napolitana, tras su disolución y la fuga de sus adherentes, perseguidos por la Inquisición, pasó a engrosar las filas de la Iglesia reformada de Ginebra.

El quinto y último que mencionamos es *Giovanni Diodati*, ginebrino de origen italiano y teólogo calvinista de renombre, especialmente conocido por su traducción de la Biblia al italiano y su revisión de la versión francesa de Olivetan. Su amor por la Escritura, en especial por el Antiguo Testamento, del cual propugnaba una interpretación lo más literal posible, buscando en él la Palabra viva de Dios, le hizo aprender hebreo y convertirse en un verdadero erudito en este campo, de tal manera que acabó siendo él quien lo enseñaba en la Universidad de Ginebra por recomendación de Teodoro de Beza, el sucesor de Calvino.

La cuestión del canon del Antiguo Testamento en la Reforma. Uno de los asuntos que más se han debatido en el mundo cristiano occidental a raíz de la implantación de la Reforma en algunos territorios, ha sido el de los límites del canon veterotestamentario. Como hemos visto en capítulos anteriores, no siempre estuvieron de acuerdo los autores y pensadores antiguos en relación con este tema. En líneas generales, los grandes reformadores aceptaron como canónicos exclusivamente los treinta y nueve libros recibidos de Israel a través del Texto Masorético, prácticamente sin discusiones. En relación con los apócrifos o deuterocanónicos, ningún reformador les concedió valor canónico o los equiparó a los anteriores. De hecho, ninguna confesión protestante los ha admitido como Palabra normativa de Dios, continuando así una tradición muy antigua en el cristianismo.

Martín Lutero, no obstante, puesto que los encontró en las versiones de las Escrituras al uso (la Vulgata latina, sin ir más lejos), los tradujo al alemán y los publicó en su edición de la Biblia con la observación siguiente en el prólogo:

> «Son libros no iguales a las Sagradas Escrituras, pero útiles y buenos para leer».

Equiparados de esta forma con cualquier obra de literatura piadosa, es bastante corriente que las biblias editadas por luteranos los contengan como un apéndice entre ambos Testamentos.

La Iglesia Reformada o Calvinista se ocupó de la cuestión de los apócrifos del Antiguo Testamento en la llamada Confesión Belga, del año 1561. Leemos en el artículo 6:

> «A estos santos libros [los treinta y nueve canónicos del Antiguo Testamento] los distinguimos de los apócrifos, que son los siguientes:
> El tercero y cuarto libro de Esdras, el libro de Tobías, Judit, el libro de la Sabiduría, Eclesiástico, Baruc, lo que se ha añadido a la historia de Ester; la oración de los tres mancebos en el fuego, la historia de Susana, la de la imagen de Bel y del Dragón; la oración de Manasés, y los dos libros de los Macabeos. La Iglesia podrá leer estos libros, y también tomar de ellos enseñanzas en tanto en cuanto estén de conformidad con los libros Canónicos; pero carecen de poder y autoridad para apoyar en ellos algún artículo de la fe o de la religión Cristiana, pues podrían disminuir o contradecir la autoridad de los otros libros sagrados».

Pese a este tono tan conciliador, en principio similar al de Lutero, el sínodo de Dordrecht, Holanda, que tuvo lugar en 1618, condenó de forma taxativa el uso de los apócrifos y manifestó una oposición tan grande hacia ellos que se exigió su eliminación de las biblias impresas[174]. Aunque en aquel momento no prosperó tal propuesta, la campaña desatada contra los apócrifos por la tradición puritana inglesa, de

---

[174] La propia "Biblia del Oso" (BdO), la primera versión protestante española, realizada por Casiodoro de Reina, los incluía como parte integrante del texto del Antiguo Testamento, no como un apéndice o un añadido entre los dos Testamentos. La llamada "Biblia del Cántaro" (BdC), revisión de la "Biblia del Oso" realizada por Cipriano de

corte calvinista, logró que en el siglo XIX la Sociedad Bíblica Británica y Extranjera[175] los eliminara sin contemplaciones de sus ediciones de las Escrituras, y que de esa forma se perfilara un tipo clásico de "Biblia protestante" que hoy se ha generalizado a lo largo del mundo.

En el ámbito anglicano, sin embargo, el artículo VI de los 39 artículos antes mencionados, si bien reconoce como canónicos los mismos libros que el resto del mundo protestante, añade lo siguiente:

«Y los otros libros los lee la Iglesia como ejemplo de vida e instrucción de modales, y sin embargo los aplica sin establecer ninguna doctrina. Tales son los siguientes: El tercer libro de Esdras, el cuarto libro de Esdras, el libro de Tobías, el libro de Judit, el resto del libro de Ester, el libro de la Sabiduría, Jesús el hijo de Sirá, el profeta Baruc, el cántico de los tres jóvenes, la historia de Susana, Bel y el dragón, la plegaria de Manasés, el primer libro de los Macabeos y el segundo libro de los Macabeos».

Además, el llamado *Libro de oración común*[176] prescribe desde 1662 la lectura de ciertas secciones o pasajes de los apócrifos para las festividades señaladas, así como para la devoción diaria en ciertas semanas del año. De alguna manera, la Comunión anglicana ha sido más tolerante en el uso de los apócrifos que el resto del protestantismo.

Contrarreforma católica y Escolástica protestante: reacción y endurecimiento. El concilio de Trento, convocado en 1545 y concluido en 1563 tras veinticinco sesiones de trabajo y grandes lapsos intermedios, definió lo que ha sido el catolicismo romano hasta prácticamente el concilio Vaticano II (1962-1965), es decir, fue una reacción contra la Reforma Protestante a la que, mal que les pese a algunos historiadores católicos, se le da el nombre genérico de Contrarreforma. Además de definir con precisión las doctrinas católicas en oposición abierta a las tesis protestantes, en relación con el canon del Antiguo Testamento promulgó lo siguiente en su cuarta sesión, habida el 8 de abril de 1546 —lo citamos textualmente en latín del documento original, dada su trascendencia para los pueblos católicos:

Valera y que vio la luz en 1602, por el contrario, los coloca en una sección especial entre ambos Testamentos.

[175] *British and Foreign Bible Society* por su nombre original.

[176] *The Book of Common Prayer*, por su nombre original en inglés.

«Sacrorum vero Librorum indicem huic decreto adscribendum censuit, ne cui dubitatio suboriri possit, quinam sint, qui ab ipsa Synodo suscipiuntur. Sunt vero infrascripti: Testamenti Veteris: Quinque Moysi, id est, Genesis, Exodus, Leviticus, Numeri, Deuteronomium, Iosue, Iudicum, Ruth, Quatuor Regum, Duo Paralipomenon, Esdras primus et secundus, qui dicitur Nehemias; Tobias, Iudith, Esther, Iob, Psalterium Davidicum centum quinquaginta Psalmorum, Parabolae, Ecclesiastes, Canticum Canticorum, Sapientia, Ecclesiasticus, Isaias, Ieremias cum Baruch, Ezechiel, Daniel; Duodecim Prophetae minores, id est, Osea, Ioel, Amos, Abdias, Ionas, Michaeas, Nahum, Habacuc, Sophonias, Aggaeus, Zacharias, Malachias; Duo Machabaeorum, primus et secundus[177]».

La traducción al castellano de estas palabras es como sigue:

«Consideró además [esta solemne asamblea] que a este decreto [sobre las Escrituras canónicas] se había de añadir un índice de Libros Sagrados, a fin de que nadie pudiera tener duda alguna acerca de cuáles son los que este Concilio reconoce. Helos aquí: del Antiguo Testamento: los Cinco de Moisés, o sea, Génesis, Éxodo, Levítico, Números y Deuteronomio; Josué, Jueces, Rut, los Cuatro de los Reyes, los Dos de los Paralipómenos[178], primero y segundo de Esdras, el último de los cuales se llama también Nehemías[179]; Tobías, Judit, Ester[180], Job, los ciento cincuenta Salmos del Salterio de David, Proverbios[181], Eclesiastés, Cantar de los Cantares, Sabiduría, Eclesiástico[182], Isaías, Jeremías con Baruc[183], Ezequiel, Daniel[184]; los Doce Profetas menores, esto es, Oseas, Joel, Amós, Abdías, Jonás,

---

[177] Tomado del prefacio a la Vulgata publicada en Madrid por la B.A.C. y en 1985, ed. de Alberto Colunga y Lorenzo Turrado, p. xi.

[178] Desaparece la llamada *Oración de Manasés*, que en ciertas ediciones de la Vulgata se incluía como un apéndice a 2 Crónicas o 2 Parlipómenos.

[179] Se relegan definitivamente los apócrifos 3 y 4 de Esdras, este último conocido también como *Apocalipsis de Esdras*, y que formaban parte del texto de la Vulgata.

[180] Incluye los capítulos añadidos en lengua griega que aparecen en la *Septuaginta*.

[181] El texto latino, como hemos visto, lo llama *Parábolas*.

[182] Que en algunas ediciones modernas de la Biblia lleva el título de *Sabiduría de Jesús hijo de Sirac*, o simplemente *Ben Sirac*.

[183] Incluye también las Lamentaciones, que en nuestras ediciones actuales de la Biblia constituye un libro aparte, y la llamada *Epístola de Jeremías*, que en muchas ediciones modernas es el capítulo 6 de Baruc.

[184] Incluye la oración de Azarías y los tres jóvenes en el horno en el capítulo 3 y los dos apéndices de la historia de la casta Susana (capítulo 13) y la historia de Bel y el dragón (capítulo 14) que se añaden en la *Septuaginta*.

Miqueas, Nahúm, Habacuc, Sofonías, Hageo, Zacarías y Malaquías; y los Dos Libros de los Macabeos, primero y segundo[185]».

Tal ha sido la tónica general de las ediciones católicas de la Biblia hasta el día de hoy, así como de las versiones ecuménicas e interdenominacionales, posteriormente. Por otro lado, como es bien sabido, el concilio de Trento, debido al temor a la rápida difusión de las doctrinas reformadas a través de las ediciones de la Escritura en lenguas vernáculas, estigmatizó la lectura de la Biblia que no se hiciera directamente sobre la Vulgata, de tal manera que las propias ediciones católicas de los libros sacros en lenguas vulgares se vieron muy limitadas, y solo comenzaron tímidamente a aparecer a partir del siglo XVIII debido a la influencia de la Ilustración.

Por su lado, el protestantismo reaccionó frente a la Contrarreforma católica marcando sus posiciones y encastillándose en sus rasgos denominacionales distintivos, con lo que el prístino espíritu reformador dio paso a un severo dogmatismo, no solo ya frente al catolicismo romano, sino también frente al mundo ortodoxo oriental y, lo que resulta aún más lastimoso, entre las distintas confesiones en que estaba fragmentado.

El siglo XVII vio así el nacimiento de lo que se ha dado en llamar la *Escolástica protestante*. En Alemania, a partir del año 1600, desaparecida ya la primera generación de los reformadores, se hizo de los escritos confesionales luteranos una especie de tradición sagrada, coloreada del neoaristotelismo que impregnaba las universidades del país. Sin perder jamás de vista el principio *SOLA SCRIPTURA*, según el cual la revelación divina contenida en la Biblia es la única base posible de la fe cristiana, la nueva teología luterana, que se entendía a sí misma como una enseñanza sobre Dios y las cosas divinas, se decantó por una vertiente más científica y metafísica que le permitiera mostrarse como un conjunto bien sistematizado y objetivo. Pero no fue solo este un fenómeno luterano; todo el protestantismo se vio impregnado por estas nuevas corrientes. Destacan en ello nombres como el del luterano Johann Gerhard, autor de unos *Loci Theologiae* en nueve volúmenes, y los reformados Peter Ramus, neoplatónico y ciceroniano, de gran influencia en el pensamiento puritano inglés y de las colonias americanas, y Francis Turretin, cuya *Institutio* devino el fundamento de lo

---

[185] La traducción es nuestra, así como los añadidos entre corchetes.

que más tarde se llamaría "Teología de Princeton", la cual, de la mano de Charles Hodge, encarnaría el calvinismo histórico más conservador de los Estados Unidos desde el siglo XIX hasta hoy. Durante el siglo XVII los teólogos luteranos y calvinistas harán del Antiguo Testamento un simple arsenal de textos probatorios que, junto a los del Nuevo, servirán de fundamento para las doctrinas distintivas de cada denominación, cuando no de armas arrojadizas contra las opiniones divergentes. Si bien es cierto que ya no se volverá a las interpretaciones alegorizantes medievales, no por ello hemos de dejar de reconocer que el uso de los Escritos Sagrados en las facultades de teología de la Europa protestante de esta época representa, más que una paralización, un retroceso grande en relación con los avances de los Reformadores.

El pietismo y sus derivaciones. En la última parte del siglo XVII y en Alemania se vivió una reacción frente a la aridez y frialdad teológica de la ortodoxia y el dogmatismo escolasticista luteranos, a la que conocemos con el nombre de *pietismo*, del latín *pietas*, "piedad" o "devoción", y que está indisolublemente unida al nombre de Philipp Jakob Spener, autor de *Pia Desideria* en 1675. El postulado básico del pietismo consiste en la idea de que el conocimiento teológico es inseparable de la experiencia de la regeneración, lo que supuso en su momento una severa crítica a una teología marcada por la metafísica y el aristotelismo más teóricos. De esta forma, el movimiento de Spener hacía de la lectura de la Biblia, individual o en círculos de creyentes, la base de la espiritualidad cristiana, sin por ello desligarse del luteranismo oficial o de la asistencia regular a los cultos dominicales. En cierto sentido, el espíritu pietista, trasvasado a América a través del metodismo de los hermanos Wesley, se ha convertido en el fundamento del evangelicalismo actual. La lectura que aquel primer pietismo hizo del Antiguo Testamento, fuertemente marcada por su particular teología de la experiencia cristiana —y en estrecha dependencia del evangelio— ha tomado en sus derivaciones posteriores, especialmente americanas, un sesgo completamente diferente a partir del siglo XIX. Fuertemente influida por un antidarwinismo militante y el dispensacionalismo radical de John Nelson Darby y, sobre todo, de Cyrus Ingerson Scofield, ha convertido en demasiadas denominaciones o iglesias evangélicas libres los treinta y nueve libros del Antiguo Pacto en un manual de historia —sacra, profana y natural—, leído y predicado en base a un literalismo intransigente e inmisericorde, cuando no un "mapa profético" para el futuro político del mundo. De esta forma, y triste es reconocerlo, el evangelicalismo de origen norteamericano se ha alejado por completo de los principios básicos sentados por la Reforma en relación con los libros sagrados del Antiguo Testamento y su estudio.

A modo de conclusión. Como en muchos otros campos, la Reforma supuso un verdadero revulsivo en lo referente a la lectura, estudio, comprensión y aplicación del Antiguo Testamento. En su vertiente luterana se entendieron sus treinta y nueve libros como el polo opuesto del evangelio, mientras que en el calvinismo y las iglesias reformadas en general se vieron como un mensaje divino actualizado en el Nuevo y cuyos principios, siempre entendidos a la luz de Cristo, siguen hoy vigentes para los cristianos. Pero en líneas generales, el protestantismo, tanto luterano como calvinista y anglicano, comprendió que

> *El Antiguo Testamento, como palabra viva del Dios vivo, requería de una profunda investigación en lo referente a sus formas y contenidos, que no solo beneficiaría a la teología pura, sino también y sobre todo al pueblo cristiano*

PREGUNTAS PARA REFLEXIONAR: ¿Cuál ha sido en líneas generales la importancia de la Reforma en la historia del cristianismo y del pensamiento occidental? ¿Cuál ha sido la actitud general de la Iglesia Católica frente a la Reforma en siglos pretéritos? ¿Cuál es hoy? Menciona las tres grandes orientaciones teológicas y eclesiológicas de la Reforma del siglo XVI en Europa, indicando en qué zonas geográficas se estableció cada una preferentemente, y cuáles fueron sus énfasis teológicos respectivos. A partir de lo que sabes acerca de la historia de la Iglesia y del protestantismo en nuestro país, ¿qué orientación tomó la incipiente —y abortada— reforma española del siglo XVI: luterana, calvinista o anglicana? Explica bien las razones de tu respuesta. ¿En qué consiste el principio luterano *SOLA SCRIPTURA*? ¿Con qué otros principios debe parangonarse para ser bien comprendido y aplicado? ¿Qué entendió la Reforma por "principio de analogía" aplicado a la Biblia? ¿Qué valor le daba Lutero al Antiguo Testamento en el conjunto de las Sagradas Escrituras? ¿En qué sentido el pensamiento de Lutero sobre el Antiguo Testamento ha marcado la investigación teológica luterana posterior? Indica ejemplos que conozcas de teólogos luteranos de nuestra época. ¿Cómo entendía Calvino el Antiguo Testamento? ¿Con cuál de las dos posturas teológicas, luterana o calvinista, te sientes más identificado, o cuál es la que más ha influido en la forma de entender los escritos veterotestamentarios de tu propia denominación? Explícalo con detalle. ¿A qué institución dio Zuinglio el nombre de *Prophetia*? ¿Por qué le dio prioridad al estudio del Antiguo Testamento? ¿De qué postura, en relación con el Antiguo Testamento, estaba más cerca la opinión de Zuinglio: de la luterana o de la calvinista? Indica los nombres de otros reformadores "menores" y sus enseñanzas acerca del Antiguo Testamento; ¿con cuáles te puedes identificar más, y con cuáles menos? Señala el motivo. Además de los reformadores menores que indicamos en este capítulo, ¿cuántos otros conoces, nacionales o extranjeros, que pudieras mencionar en relación con nuestro tema? ¿A qué llamamos "Contrarreforma"? ¿Qué decisiones importantes tomó el Concilio de Trento sobre el Antiguo Testamento? ¿Qué es la *Escolástica protestante*? ¿Por qué motivo recibe el nombre de *Pietismo* el movimiento luterano de Philipp Jakob Spener? ¿Qué buscaban los pietistas en el Antiguo Testamento? ¿Qué piensan haber hallado en los escritos veterotestamentarios sus descendientes contemporáneos? ¿De qué manera enfoca el luteranismo la cuestión del canon veterotestamentario? ¿Y el calvinismo? ¿Y el anglicanismo? ¿Cuál de las tres posturas te parece más acertada, y por qué? ¿Cuáles son, en tu opinión, los motivos que impulsaron al Concilio de Trento a definir el canon veterotestamentario incluyendo los libros apócrifos? ¿A partir de qué momento se eliminan definitivamente los apócrifos de las ediciones protestantes de la Biblia? ¿En qué sentido hacen bien, o mal, las ediciones ecuménicas o interconfesionales de la Biblia en el día de hoy al incluir los apócrifos en una sección especial entre el Antiguo y el Nuevo Testamento?

4. EL MUNDO CONTEMPORÁNEO (I)[186]

De manera convencional, damos el nombre de *Edad Contemporánea*, o también *Período Contemporáneo*, a la época histórica comprendida entre la Revolución Francesa (14 de julio de 1789, fecha de la emblemática toma de la Bastilla) y el momento actual en que vivimos, sin que hasta hoy hayan triunfado otras divisiones cronológicas apuntadas por historiadores de la segunda mitad del siglo XX y comienzos del XXI[187]. Etapa de especial importancia para el desarrollo científico y tecnológico de la humanidad, supone además un momento crucial para nuestro tema de estudio, puesto que es el período en el que nacen la teología bíblica en general y la Teología del Antiguo Testamento en particular.

Aunque algunos autores han apuntado hacia el siglo XVII como la centuria que vio la génesis de estas disciplinas, lo cierto es que no comienzan su andadura como tales hasta una fecha bien determinada: el 30 de marzo de 1787, cuando Johann Philipp Gabler pronuncia en la universidad de Altdorf, en Alemania, el discurso que lleva por título *Oratio de justo discrimine Theologiae Biblicae et Theologiae Dogmaticae regundisque recte utriusque finibus,* cuyas líneas generales de pensamiento veremos enseguida.

Antecedentes inmediatos de la teología del Antiguo Testamento. Hemos constatado en el capítulo anterior cómo las iglesias surgidas

---

[186] Dada la amplitud del tema, y debido a la cantidad e importancia de la información recabada, lo dividimos en dos capítulos por pura comodidad metodológica. En este primero veremos los orígenes de la teología del Antiguo Testamento en tanto que disciplina académica, y su desarrollo desde finales del siglo XVIII y a lo largo de todo el siglo XIX; y en el segundo proseguiremos con sus logros en los siglos XX y XXI.

[187] En cierta historiografía española de épocas recientes, se solía señalar el 2 de mayo de 1808, vale decir, el inicio de la Guerra de la Independencia contra Napoleón, como el momento en que debuta la Edad Contemporánea para nuestro país.

de la Reforma del siglo XVI generaron en su seno, a lo largo de la centuria siguiente, todo un sistema dogmático al que damos el nombre de *Escolástica Protestante*, y que respondía a un momento y unas circunstancias muy específicas. Pero pronto surgieron voces discordantes. En 1660, el teólogo calvinista Johannes Coccejus, retomando el pensamiento de San Agustín, relacionó la teología con los hechos de Dios a lo largo de la historia de Israel en los diferentes pactos establecidos por el Señor con su pueblo, con lo que se desmarcaba de la corriente dogmática preponderante y apuntaba a una *Historia Salutis* o *Historia de la Salvación*, lo que más adelante se daría en llamar *Heilsgeschichte* en medios teológicos, y a lo que ya habíamos aludido en el capítulo introductorio. Y Christoph Zeller, en 1669, hablaba de la necesidad de una teología realmente bíblica, es decir, puramente escriturística, opuesta al escolasticismo dominante. Pero fue dentro de los ambientes pietistas, de los que ya habíamos hecho también mención, donde se gestó definitivamente la teología bíblica: Philipp Jakob Spener en 1675 se oponía frontalmente a la filosofía aristotélica y/o neoplatónica que impregnaba los estudios teológicos del momento, al mismo tiempo que hacía hincapié en la necesidad de proclamar de nuevo el inminente retorno de Cristo, mientras que Johann Bengel, a comienzos del siglo XVIII, destacaba la importancia del estudio bíblico frente al frío racionalismo teológico. Gabler tenía, pues, el camino allanado para su proclama de 1787.

La teología bíblica en el siglo XVIII. Como es bien conocido, el siglo XVIII aparece designado en muchos manuales como *le Siècle des Lumières* o *Siglo de las Luces*, cuando no *la Era de la Ilustración*. Centuria particularmente fecunda en el desarrollo de los métodos críticos en relación con los estudios literarios e históricos, hará nacer la teología veterotestamentaria como una ciencia histórica, una historia de la religión del antiguo pueblo de Israel enfocada desde un prisma racionalista. En su alocución de 1787, Gabler expone con claridad las líneas de trabajo que se han de seguir para elaborar una teología bíblica digna de este nombre:

i) Exégesis minuciosa del texto sagrado que nos permita obtener sus ideas claves.

ii) Clasificación y distribución de esas ideas en períodos históricos, siempre que ello sea posible.

iii) Eliminación de todo aquello que sea puramente temporal, circunstancial o accesorio.

iv) Establecimiento de cuanto es universal y perenne.

v) Sistematización del contenido de esos principios universales y permanentes en una auténtica teología.

De esta manera, la teología bíblica queda a medio camino entre la historia y la dogmática, una especie de *tertium quid* con una finalidad muy bien delimitada: exponer lo que los autores sagrados piensan *de las cosas divinas*[188]. El propio Gabler distingue entre lo que él llama *Teología bíblica verdadera* y *Teología bíblica pura*. La primera hace referencia a lo que los autores de las Sagradas Escrituras dicen conforme a las realidades de su tiempo. La segunda se refiere a las verdades eternas deducibles del texto sagrado. En relación con la primera, que es aquella en la que la investigación de la época hará más hincapié, destaca la importancia de los usos lingüísticos de la Biblia, el mundo conceptual que reflejan, el estilo de cada autor y el orden cronológico en que aparecen los textos.

Especialización de la teología del Antiguo Testamento: Georg Lorenz Bauer. Muy pronto, el ambiente crítico y racionalista de la segunda mitad del siglo XVIII impondrá una neta división de la teología bíblica en dos áreas o campos "naturales": teología del Antiguo y del Nuevo Testamento. Con el tiempo, nuevas subdivisiones se producirán a lo largo de los siglos XIX y XX, de manera que en algunos casos concretos llegará a darse la impresión de que la Biblia carece de unidad interna real, y que tan solo es una recopilación de tradiciones independientes impuesta por las circunstancias históricas del pueblo judío, en primer lugar, y de la Iglesia cristiana antigua, en segundo.

Centrándonos en nuestro tema, la primera obra que llevó como título *Teología del Antiguo Testamento* fue la *Theologie des Alten Testaments* del racionalista Georg Lorenz Bauer, profesor de filosofía y lenguas orientales en Altdorf y Heidelberg. Se publicó de forma anónima en 1796, siguiendo las pautas marcadas por Gabler. Le siguieron otros trabajos sobre el mundo del Antiguo Testamento, siempre en la misma línea de pensamiento. Desgraciadamente, la figura de Bauer ha

---

[188] Martin-Achard, R. *Permanence de l'Ancien Testament. Recherches d'exégèse et de théologie.* Genève: Cahiers de la Revue de Théologie et de Philosophie, 1984, p. 4.

pasado prácticamente desapercibida para buena parte de los estudiosos —de hecho, esta publicación ni siquiera se menciona en muchos manuales— y merece la pena sacarla de nuevo a la luz, pues encarna el espíritu de su época. Su lectura de los escritos del Antiguo Pacto y los conceptos religiosos que en ellos se contienen pretende hacerse desde el propio mundo veterotestamentario, con una inmersión total en su cultura y sus formas de vida, lo que implica un esfuerzo nada desdeñable para aquel momento.

La teología del Antiguo Testamento en el siglo XIX. Los trabajos de Gabler, Bauer y sus epígonos marcaron la pauta para que a lo largo de la centuria decimonónica —hasta 1920 en realidad— los estudios de teología veterotestamentaria se centraran principalmente en asuntos históricos y filológicos, adquiriendo de este modo la impronta que los ha distinguido en tanto que disciplina académica hasta el día de hoy. Se había producido un cambio sustancial: si la investigación teológica del siglo XVIII había estado marcada por el racionalismo, es decir, por las *ideas*, la del XIX lo estaría por las *teorías evolucionistas* aplicadas a los estudios históricos y las interpretaciones espiritualistas especialmente vinculadas al "descubrimiento" del profetismo bíblico. Se concibe de esta forma el Antiguo Testamento como el testigo privilegiado del proceso evolutivo de la religión de Israel en cuatro etapas o estadios: patriarcal, mosaica, profética y judaica, las tres primeras en clara progresión ascendente, mientras que la cuarta representaría un estancamiento e incluso una involución. El cristianismo sería la culminación natural del proceso, y por ende, la superación del judaísmo. En este enfoque influyeron grandemente las dos corrientes de pensamiento que mencionamos de forma somera a continuación.

El impacto del idealismo hegeliano. Georg Wilhelm Friedrich Hegel, especialmente conocido por su sistema filosófico fundamentado en la dialéctica, que tanto habría de influir en el pensamiento de los siglos XIX y XX, desarrolla también una reflexión teológica que llegaría a tener gran prédica a lo largo de la centuria decimonónica en Alemania. De profundas convicciones luteranas, y procedente de un ambiente familiar pietista que siempre ejerció gran influencia en su pensamiento, Hegel cursó en su juventud estudios teológicos. De hecho, entiende que toda filosofía tiene a Dios como objeto, y que el cristianismo es la manifestación suprema de la religión humana, de la cual solo la Reforma de Lutero ofrece la interpretación correcta. Su concepción de Dios más como proceso que como persona, y su idea de que la unión de lo infinito con lo finito se realiza plenamente en Jesús, relega a Israel y al contenido del Antiguo Testamento a un simple punto en la historia del desarrollo del cristianismo, y no precisamente demasiado positivo. De hecho, Hegel veía con poca simpatía el pensamiento veterotestamentario, al que consideraba servil y falto de libertad, en contraposición con el mensaje redentor de Cristo. En una carta de su juventud comentaba con evidente disgusto la historia de Abraham en relación con el sacrificio de Isaac narrado en Gn. 22, pues veía en ello una sumisión indigna de la persona humana como tal ante la disposición cruel de una divinidad primitiva.

En su libro *Las fuentes de la cultura*[189], pág. 62, el filólogo y teólogo Carlos Alberto Disandro afirma sobre el pensamiento veterotestamentario de Hegel:

«Hegel destaca, al hablar de los hebreos en el decurso significativo de la Historia, que hay en ellos una separación absoluta entre Dios y la Naturaleza, como consecuencia de la noción de creación, de Dios creador. Hegel puntualiza que esa separación y el sentido de ese vínculo determina en el hebreo el carácter de «siervo», de «servidumbre», que implica a su vez la noción del absoluto señorío divino y la dependencia absoluta del hombre. Y entonces —dice Hegel— los judíos no tienen por sí mismos conciencia de libertad. El sujeto no alcanza jamás conciencia de su autonomía. Por ello no encontramos entre los judíos la creencia en la inmortalidad del alma, pues el sujeto no existe ni en sí ni para sí».

La misma idea se halla en la forma en que enfoca este gran pensador alemán la legislación sabática de Moisés, uno de los pilares del judaísmo ortodoxo actual:

«Este descanso del trabajo, un día de no hacer nada después de seis días de penoso trabajo, tenía que ser algo muy bien recibido por [un pueblo de] esclavos; pero mantener a hombres libres, llenos de vitalidad, durante todo un día en la vaciedad de una unidad inactiva del espíritu, y convertir el tiempo que consagran a Dios en un tiempo vacío, reiterando con tanta frecuencia esa vaciedad, solamente se le pudo ocurrir al legislador de un pueblo para el cual lo supremo [es] la triste unidad carente de vida[190]».

---

[189] Publicado en 1965 por las Ediciones Hostería Volante, de Buenos Aires.

[190] Citado por De Zan, J. *La filosofía social y política de Hegel: trabajo y propiedad en la filosofía práctica.* Buenos Aires: Ed. Del Signo, 2009, p. 110. En relación con el

Y por no ofrecer sino unas pocas pinceladas hegelianas más acerca del mismo tema, añadiremos simplemente que en la reflexión titulada *Esbozos para el Espíritu del Judaísmo*[191], el filósofo afirma que la moral hebrea se caracteriza por una franca oposición a todas las cosas, dada su incapacidad de amarlas y comprenderlas, que procede del propio patriarca Abraham, pero encuentra su culminación en las distintas especificaciones y toda la casuística recogida en la legislación mosaica. Así se justifican en el Antiguo Testamento las masacres de pueblos enteros, como los siquemitas de la época de Jacob (Gn. 34), o el monstruoso genocidio de los cananeos tantas veces ordenado y nunca cumplido del todo[192].

Subjetivismo de Schleiermacher. Friedrich Daniel Ernst Schleiermacher es una de las figuras teológicas más importantes, no ya del siglo XIX, sino de toda la historia del protestantismo, hasta tal punto que no faltan en el día de hoy quienes consideran su nombre como digno de ser mencionado junto a los de Lutero, Calvino, Zuinglio, Melanchton y las figuras principales de la Reforma[193]. De confesión calvinista o reformada, destaca en su momento por sus ideas avanzadas en relación con la unión de las iglesias protestantes, y por su vinculación con el movimiento romántico, que tanta importancia tendría en la literatura, la cultura y la vida de la primera mitad de la centuria decimonónica en Europa y América.

Su concepción de la religión, y del cristianismo en particular, consiste en una reacción frente al escolasticismo protestante del siglo XVII, que aún coleaba en algunas facultades de teología alemanas de

---

reposo sabático judío obligatorio, y en contraste con la celebración cristiana del domingo, se encuentran ideas bastante similares en *De ecclesiasticis officiis*, de San Isidoro de Sevilla.

[191] Publicada en castellano en *Escritos de Juventud*. Ciudad de México: Fondo de Cultura Económica, 1978, pp. 221-237.

[192] *Cf.* Valcárcel, A. *Hegel y la ética: sobre la superación de la "mera moral"*. Barcelona: Editorial Anthropos, 1988, pp. 74-76.

[193] Es importante señalar que su magna obra *Der Christliche Glaube*, publicada en dos volúmenes entre 1830 y 1831, está unánimemente considerada como la mayor aportación del protestantismo, junto con la *Kirchliche Dogmatik* de Karl Barth, después de la *Institutio Christianae Religionis* de Calvino. No podemos por menos que congratularnos de su recentísima traducción al castellano y su publicación por Ediciones Sígueme en febrero de 2013 con el título *Compendio de la fe cristiana expuesta según los principios de la iglesia evangélica*. Como dicen, "nunca es tarde".

finales del XVIII y comienzos del XIX, y frente al racionalismo die-
ciochesco encarnado en la figura del filósofo prusiano Immanuel Kant.
Incide Schleiermacher en que la religión no tiene nada que ver con el
temor a la muerte o a Dios, sino que es la respuesta a una profunda
necesidad humana. No se la ha de relacionar con la metafísica ni tampoco con la moral, sino que se trata por encima de todo de una *intuición*, un muy especial *sentimiento de dependencia del Absoluto*. De ahí
su rechazo frontal del dogma, que no sería sino una crasa desviación
y una perversión total del hecho religioso en sí[194]. De ahí también el
extraordinario interés que muestra en la figura de Jesús y en la génesis
de los Evangelios, al mismo tiempo que su absoluta falta de comprensión del Antiguo Testamento.

Efectivamente, para Schleiermacher las relaciones del cristianismo
con la antigua dispensación hebrea son las mismas que puede guardar
con el paganismo, de modo que el Antiguo Testamento ha de ser colocado en el mismo plano que la filosofía griega. Y todo ello porque la
religión que aparece en los escritos veterotestamentarios es la propia
de un dios violento que no puede asimilarse al Dios cristiano. Schleiermacher ha de ser considerado, por lo tanto, un resucitador del antiguo
marcionismo, al menos en parte.

Figuras clásicas de la teología veterotestamentaria del siglo XIX.
Tras haber reseñado en los epígrafes precedentes los comienzos de esta
disciplina, ofrecemos a continuación una selección de nombres que ja-
lonaron su desarrollo a lo largo de la centuria decimonónica, sentando
unas bases que en ocasiones se prolongan hasta nuestros días. Aunque
en algunos casos concretos ciertos enfoques han quedado superados
por el avance de los conocimientos en este campo, nadie puede negar
que estos especialistas, todos ellos germánicos, se alzan como hitos o
puntos de referencia indispensables para comprender la situación en
que hoy se encuentra la teología del Antiguo Testamento.

Wilhelm Martin Leberecht de Wette. Su fama y su renombre pro-
vienen principalmente del hecho de haber sido considerado, ya en el
siglo XIX, como el iniciador de los estudios histórico-críticos sobre el

---

[194] Una buena crítica sobre los postulados de Schleiermacher desde el punto de vista
reformado y evangélico más conservador se encuentra en BERKHOF, L. *Introducción a la
teología sistemática.* Grand Rapids, Michigan: Libros Desafío, 2002, pp. 85-86.

Pentateuco, especialmente a partir de la publicación en 1806 y 1807 de su trabajo más conocido, su introducción al Antiguo Testamento titulada *Beiträge zur Einleitung in das Alte Testament*. En 1815 publica lo que los especialistas han destacado como la mejor exposición de su pensamiento teológico, *Über Religion und Theologie*. En este libro manifiesta el deseo de determinar la relación entre la religión del Antiguo Testamento a lo largo de su evolución, y la historia de la revelación divina en general, que concluye con el Nuevo Testamento y el cristianismo. De igual manera, intenta descubrir el *Mitte* o *Mittelpunkt* del pensamiento veterotestamentario, es decir, su *centro* o *núcleo temático fundamental*, llegando a la conclusión de que no puede ser otro que el propio Dios en tanto que "voluntad santa".

Johann Karl Wilhelm Vatke. También conocido sobre todo como una de las figuras claves en relación con la crítica histórica del Hexateuco, publica en 1835 lo que algunos consideran la primera teología del Antiguo Testamento propiamente dicha[195], *Die Religion des Alten Testaments nach den kanonischen Büchern entwickelt,* obra que suponía una auténtica revolución del pensamiento en relación con el enfoque dado a la primera parte de la Biblia. Fundamentada en la filosofía hegeliana, con su particular y bien conocida metodología dialéctica — tesis, antítesis, síntesis—, presentaba el pensamiento hebreo como una evolución desde unos niveles muy inferiores hasta el superior. De hecho, intentaba descubrir en las distintas etapas de la religión de Israel fases de la evolución de la conciencia, de la autorrealización del espíritu puro dentro de la historia. Una idea particularmente interesante que aportaba es la de la *synkatábasis*[196] o *condescendencia divina* operante en la evolución religiosa de Israel, que empujaba al pueblo hebreo indefectiblemente hacia el cristianismo.

Demasiado filosófico para calar en el gran público del momento, no obstante, este trabajo permaneció prácticamente desconocido para toda una generación, de manera que las ideas que reflejaba fueron divulgadas por otros autores posteriores, en especial Julius Wellhausen.

---

[195] *Cf.* supra lo dicho sobre el desconocimiento general acerca de la obra de Bauer, que había sido realmente la primera en el tiempo.

[196] Gr. συγκατάβασις.

Georg Heinrich August Ewald. Conocido fundamentalmente como orientalista y filólogo, especialista en lenguas semíticas[197], muy pronto despunta además como un gran estudioso y un teólogo de talla del Antiguo Testamento. En 1823 publica su *Die Komposition der Genesis kritisch untersucht,* donde aborda la cuestión del empleo de los nombres divinos יהוה *Yahweh* y אלהים *Elohim* sin acudir a ningún tipo de explicación documentaria. Aunque más tarde cambiaría de opinión en relación con este asunto, la publicación de este libro sería saludada como un gran evento por los críticos más conservadores, que harían de él todo un hito. Entre 1840 y 1841 sale a la luz su trabajo *Die Propheten des alten Bundes,* en el que llama la atención sobre esa importantísima parte de las Escrituras que constituyen los libros proféticos. Pero su mayor aportación la conformaría su *Geschichte des Volkes Israel,* aparecida entre 1843 y 1859, y donde desarrolla su pensamiento teológico dentro del marco de la historia del pueblo hebreo.

Creyendo firmemente que Dios educa a la raza humana y que confiere una misión a las distintas naciones de la antigüedad, entiende claramente que el papel del antiguo Israel en la historia universal es mostrar cómo la verdadera religión puede enraizarse en nuestra especie. Aunque admite que también otros pueblos desarrollaron en su momento una elevada conciencia religiosa, es a Israel, no obstante, a quien corresponde el honor de haber sido la única nación en la cual Dios se manifestara plenamente, comenzando con los acontecimientos narrados en el libro del Éxodo y culminando en la persona y la obra de Jesús.

Concibe, pues, la historia del pueblo elegido en tres grandes etapas o ciclos, marcados todos ellos por una gran personalidad dirigente y en la que el propio pueblo de Dios recibe un nombre diferente, como vemos a continuación:

---

[197] De ello dan testimonio sus trabajos *De metris carminum arabicorum libri duo* (1825), en el que estudia la poesía arábiga; *Kritische Grammatik der hebräischen Sprache* (1827), excelente descripción del idioma del Antiguo Testamento; *Über einige ältere Sanskritmetra,* en el que analiza la poesía de la India escrita en sánscrito (1827); *Grammatica critica linguae arabicae* (dos volúmenes, 1831-1833), que, como su título indica, analiza las estructuras de la lengua árabe de un modo que no se había hecho hasta el momento; y *Hebräische Sprachlehre für Anfänger* (1842), un interesante método de estudio del hebreo para principiantes, entre otros. Se ha de reconocer que sus estudios sobre la lengua hebrea suponen un antes y un después en el ámbito de la filología bíblica.

1ª) Moisés – Hebreos
2ª) David – Israelitas
3ª) Esdras – Judíos

Los acontecimientos anteriores al Éxodo, que hallamos narrados en el libro del Génesis, constituyen un capítulo introductorio de la historia de Israel, o una historia primitiva del pueblo hebreo, si se prefiere. Asimismo, los sucesos acaecidos en la Era apostólica y postapostólica forman lo que llamaríamos un apéndice.

Toda esta concepción histórica la fundamenta Ewald en un examen crítico de los textos veterotestamentarios, teniendo en cuenta no solo su contenido, sino también la cronología de su composición, tal como era comprendida en la primera mitad del siglo XIX, con lo que alguna de sus afirmaciones resulta ya superada por el estadio actual de las ciencias bíblicas. No obstante, su obra sigue siendo considerada en el día de hoy como un trabajo de alta calidad y del que aún se pueden extraer datos e informaciones de interés para los estudios veterotestamentarios. No son pocos los que consideran a su autor como uno de los genios perennes de la historia del pensamiento cristiano y un punto de referencia obligado en los estudios sobre teología del Antiguo Testamento.

Julius Wellhausen. Es, sin duda alguna, la figura más destacada de todo el siglo en relación con la Teología del Antiguo Testamento y con la historia de Israel, materias que para él están directamente relacionadas: concibe, en efecto, la teología veterotestamentaria como la constatación histórica de la evolución de la espiritualidad de Israel, del modo que ya se ha indicado páginas atrás. Procedente de una familia pastoral luterana, ya en su juventud Wellhausen se había sentido muy atraído por los libros veterotestamentarios, de forma concreta por 1 y 2 Reyes, muy especialmente por la figura de Elías, el profeta por antonomasia, lo que incidió en su formación posterior. De hecho, su interés por los estudios teológicos procedía del tratamiento científico de las Escrituras, en auge a lo largo de toda la centuria decimonónica, y que a la larga le crearía problemas con la facultad de teología y las autoridades de la Iglesia Evangélica Alemana, no demasiado receptivas por aquel entonces en relación con los enfoques críticos de la Biblia.

En 1863 leyó con gran interés la más arriba mencionada *Geschichte des Volkes Israel* de Ewald, que le abrió el horizonte de la historia bíblica considerada como un todo, y que en aquel momento era una disciplina inaccesible para quienes no siguieran cursos especializados de lenguas semíticas (hebreo, arameo y árabe). Unos pocos años más tarde, en 1867, conoció a Albrecht Ritschl, uno de los teólogos más influyentes del momento, quien lo puso en contacto con el pensamiento de De Wette, Vatke, y sobre todo las tesis del crítico Karl Heinrich Graf sobre la composición de los libros veterotestamentarios, especialmente del Pentateuco, que consideraba anterior a los profetas[198]. Los postulados de Graf le llamaron poderosamente la atención y se consagró con ahínco a su estudio, que desembocaría en su trabajo más importante y por el cual ha pasado a la historia de la teología y los estudios veterotestamentarios.

Publicado por primera vez en 1878 como *Geschichte Israels,* es más conocido por el título de su edición de 1882, *Prolegomena zur Geschichte Israels.* Consagrado específicamente a estudiar los orígenes del Pentateuco, recoge los puntos de vista de todos aquellos que habían estudiado hasta aquel momento la cuestión de las fuentes de la *Torah* en sus presuntos documentos literarios constitutivos —*Yahvista* (J)[199]; *Elohísta* (E); *Sacerdotal* (P)[200]; y *Deuteronomista* (D)— y propone para ellos la siguiente cronología:

- *Yahvista*, originario de la corte de Salomón, hacia el 950 a. C.
- *Elohísta*, procedente del reino del Norte (Israel), hacia el 800 a. C., muy cercano a la predicación de los profetas.
- *Deuteronomista*, vinculado a las reformas del rey Josías de Judá, hacia el siglo VII a. C., aunque tal vez procedente de los círculos piadosos contemporáneos de la caída y desaparición del reino septentrional de Israel.
- *Sacerdotal*, de la época del exilio babilónico, hacia el 550 a. C.

Esta es la configuración clásica de la ya antes mencionada *hipótesis documentaria o teoría documental*, que con toda razón aparece mencionada en muchos manuales como *hipótesis de Graf-Wellhausen*, e incluso simplemente como *hipótesis de Wellhausen*.

---

[198] Su trabajo más importante, que vio la luz en 1866, es *Die geschichtlichen Bücher des Alten Testaments*, en el que estudia, como su título indica, los libros históricos del Antiguo Testamento

[199] Del alemán *Jahwist.*

[200] Del alemán *Priesterschrift* o "Escrito sacerdotal".

Sus aportaciones básicas son las siguientes[201]:

El *Yahvista* se encuentra repartido por los cuatro primeros libros del Pentateuco y refleja unos tonos épicos que, en ocasiones, lo han puesto en parangón con la homérica *Ilíada* para algunos especialistas. Narra las relaciones de Dios —a quien designa preferentemente con el *Tetra-grámmaton* יהוה *YHWH*— con el hombre desde la Creación y la caída (Gn. 2:4b-25, el llamado *Segundo Relato de la Creación*; Gn. 3, el conocido *Relato de la Caída*), hasta la entrada de Israel en Canaán (Éx. 5-6; Nm. 22-24), incidiendo siempre en el ascendiente de Judá (Gn. 49:8-12)[202] y en la extensión del territorio que Israel debe alcanzar (Gn. 15:18; 27:40). La imagen divina que ofrece presenta rasgos de patente primitivismo (frecuentes antropomorfismos y antropopatismos), que no por ello empañan su trascendencia; el relato abunda, por otro lado, en narraciones biográficas de los personajes principales (los patriarcas, Moisés) muy bien redactadas, en un estilo de incuestionable elegancia.

El *Elohísta* viene a complementar al *Yahvista* en relación con las historias patriarcales (Gn. 15 y 24, por ejemplo), los acontecimientos del éxodo (Éx. 1-3; 7-11) y la peregrinación por el desierto (Nm. 12-14). Designa a Dios de forma preferente con el nombre de אלהים *Elohim* y ofrece de él una imagen mucho más espiritualizada que J, más trascendente: se revela por medio de sueños, comunicaciones auditivas o mensajeros celestiales, con lo que evita crudos antropomorfismos. Al ser originario del reino del Norte, incide en los relatos patriarcales que tienen como telón de fondo los santuarios de Bet-el y Siquem, así como en la figura de José (Gn. 39-50), antepasado de las tribus de Efraín y Manasés[203]. Aunque en líneas generales es un documento menos elaborado que J desde el punto de vista literario, la alta moralidad de su mensaje lo coloca a la altura del contenido de la predicación de los grandes profetas de Israel. Uno de sus textos más logrados en este sentido es el

---

[201] Una por demás excelente y exhaustiva descripción de esta *Teoría* o *Hipótesis Documentaria* en nuestro idioma nos la proporciona el trabajo de SERRANO, B. *Introducción crítica al estudio del Pentateuco*. Ed. Signo, 2015. En esta obra, B. Serrano reivindica los postulados de Wellhausen como válidos para los estudios bíblicos contemporáneos.

[202] De ahí que algunos entiendan que la designación *Documento J* es más correcta si se interpreta como *Documento Judaíta*, dado que se habría gestado en la corte de Jerusalén, vale decir, en territorio adscrito a la tribu de Judá.

[203] Por eso, algunos interpretan más bien el nombre *Documento E* como *Documento Efrainita*, dado que Efraín llegaría a convertirse en cierto momento en la designación general del Israel septentrional (*cf.* el libro de Oseas).

relato del sacrificio de Isaac (Gn. 22:1-14), en el que se apunta ya a un tipo de religiosidad más interna y desvinculada del sacrificio cruento primitivo, todo lo cual evidencia una profunda reflexión teológica y un grado elevado de madurez de pensamiento.

El *Deuteronomista* abarca en líneas generales el libro del Deuteronomio, o más exactamente lo que los investigadores germanos han dado en llamar el *Ur-Deuteronomium* o "Deuteronomio primitivo", su núcleo original[204], y hace hincapié en el pacto de Dios con Israel y las consecuencias que ello conlleva para con el pueblo (centralización del culto, eliminación absoluta de formas idolátricas, obediencia estricta a los mandamientos divinos, proyección social de la religión), así como toda una filosofía de la historia, según la cual los juicios divinos se ciernen sobre los impíos, mientras que se reserva la bendición de Dios para los fieles. Sus disposiciones legales reflejan las reformas de Josías como reacción frente a las abominaciones de su abuelo, el impío rey Manasés.

La consideración del llamado *Documento Sacerdotal* (P), que hallamos básicamente en el libro del Levítico y algunos materiales específicos de Génesis (Gn. 1:1 – 2:4a, el *Primer Relato de la Creación*), Éxodo (Éx. 25-31 y 35-40) y Números (Nm. 1)[205], como el último de los elementos constitutivos de la ley, con sus descripciones detalladas de ritos e instituciones teocráticas, tiene una gran importancia para la comprensión del pensamiento de Israel: este escrito no sería originario de la estancia del pueblo hebreo al pie del Sinaí, ni de la peregrinación por el desierto; no habría existido en la época de la conquista, ni tampoco durante el período de los jueces, la monarquía davídica o el reino dividido, lo que significa que ni los profetas ni las grandes figuras de la historia sacra lo habrían conocido. Siguiendo los parámetros de la filosofía hegeliana a que hacíamos referencia párrafos atrás, la predicación y la espiritualidad de los profetas habría sido, por lo tanto, la *tesis*; las instituciones de la ley plasmadas en el Documento Sacerdotal, la *antítesis*; y la *síntesis* final la hallaríamos en el cristianismo.

---

[204] Capítulos 12-26, aunque ya desde el primer momento se consideró que los capítulos iniciales constituían algo así como sus introducciones históricas, al menos en su mayor parte, y que habían sido redactadas o compuestas juntamente con él o con muy poca diferencia cronológica.

[205] Wellhausen incluía el relato de la muerte de Moisés (Dt. 34:1-12) en este documento P.

Ello implica que los israelitas del Antiguo Testamento no habrían conocido ni practicado nada parecido a lo que hoy conocemos como *judaísmo*, sino la clase de religión descrita en los documentos Yahvista (J) y Elohísta (E), cuyos rasgos serían de tipo eminentemente tribal y no demasiado lejanos del politeísmo. El Deuteronomista se haría eco de un impulso centralizador del culto bajo el control de un sacerdocio dominante, el hierosolimitano, amparado bajo el poder real. Solo después del exilio, cuando ya no existe el estado judío como tal, ni sucesor de David alguno ocupa puestos de responsabilidad, el sumo sacerdocio de Jerusalén asume la autoridad y se gesta el judaísmo que conoció Jesús y que, *mutatis mutandis*, permanece hasta nuestros días.

Es en esta misma época postexílica cuando, como fruto de una seria reflexión sobre el pasado nacional, se recopilan los textos designados como "históricos" y se gesta lo que se ha dado en llamar el Hexateuco, vale decir, el Pentateuco más el libro de Josué, concebido como una gran unidad literaria que traza la historia de los israelitas desde su prehistoria (la Era patriarcal, tiempo de las promesas) hasta la conquista de Canaán (el cumplimiento definitivo).

Prosigue Wellhausen con una detallada descripción de lo que debió ser el culto y la adoración de los israelitas a lo largo de su historia, basándose siempre en la estratificación documentaria del Pentateuco. Los documentos Yahvista (J) y Elohísta (E) sancionan un sistema cúltico en el que se halla una gran profusión de altares: en cualquier lugar es posible ofrecer sacrificios, como se constata desde el libro del Génesis hasta prácticamente el final del período monárquico. El Deuteronomio da testimonio del momento específico en la historia del reino de Judá en que se exige un culto centralizado en Jerusalén. El documento Sacerdotal (P) da por supuesto ese culto centralizado. Se puede decir que las descripciones cúlticas del Yahvista (J) y el Elohísta (E) hallan su polo opuesto en el Sacerdotal (P), siendo el Deuteronomista (D) el nexo de unión entre ambas posiciones. El documento Sacerdotal (P) pretende hacer pasar sus disposiciones por ritos y elementos de gran antigüedad, de manera que aquello que el Deuteronomio presenta como una innovación, el código Sacerdotal lo ofrece como una costumbre antiquísima que se retrotrae a los tiempos de Noé. Wellhausen comenta el ejemplo del tabernáculo del desierto, que considera una ficción sacerdotal, jamás mencionada en las fuentes más antiguas, para justificar su insistencia en un culto centralizado en un santuario único, el de Jerusalén.

En relación con las tradiciones de Israel, hallamos también un desarrollo progresivo desde la era épica y profética descrita en el Yahvista (J) y el Elohísta (E) hasta el sistema dominado por la ley del documento Sacerdotal (P), constituyendo el Deuteronomio el puente natural entre ambos. Lee Wellhausen en los libros de las Crónicas un pasado remodelado a partir de la ley, vale decir, el código Sacerdotal, en el que las transgresiones que se producen de vez en cuando son excepciones que vienen a confirmar la regla. Y las prácticas antiguas tan diferentes a la *Torah* que encontramos en los libros de los Jueces, Samuel o Reyes, no se discuten: simplemente se condenan. Estos libros históricos no se elaboran a partir del Documento Sacerdotal (P), inexistente en el momento, sino del Deuteronomio, lo que propiciará que algunos autores los designen con el nombre de *Historiografía Deuteronomística* (HD), de la manera que ya habíamos señalado anteriormente.

Como conclusión de su obra capital, resume Wellhausen los temas tratados y los presenta siguiendo el esquema que ofrecemos a continuación:

- El antiguo Israel no conoció una ley escrita. La *Torah* se inició como una tradición oral en boca de sacerdotes y profetas.
- El Deuteronomio fue la primera ley escrita, que ganó en importancia solo durante el exilio babilónico, cuando había cesado la tradición profética.
- Ezequiel —profeta y sacerdote—, juntamente con sus sucesores, fue el responsable de la codificación y la sistematización del culto, de la misma forma que fue el escriba y sacerdote Esdras quien introdujo el código Sacerdotal (P) que compone el libro del Levítico.
- La puesta a punto de una ley escrita marca el fin de la historia del antiguo Israel para iniciar la del judaísmo.

Emil Friedrich Kautzsch. Más conocido como experto en lenguas semíticas, especialmente hebreo y arameo[206], que como teólogo propiamente dicho, es, sin embargo, una figura importante del pensamiento

---

[206] De ello dan testimonio sus trabajos principales, *Grammatik des Biblisch-Aramäischen*, que ve la luz en 1884; la octava edición de *Abriss der Hebräischen Laut- und Formenlehre*, de Hermann Scholz, publicada en 1899; y de las ediciones 22ª a 28ª de la *Hebräische Grammatik* de Gesenius, la última de las cuales salió en 1909. Muy interesado además en las cuestiones arqueológicas, fue uno de los fundadores en 1877 de la

teológico veterotestamentario de finales del siglo XIX, como evidencia, entre otros trabajos de traducción, comentario y edición de textos bíblicos, el hecho de que fuera a partir de 1888 uno de los editores de la prestigiosa revista *Theologische Studien und Kritiken.*

Su obra cumbre en relación con nuestra disciplina es *Biblische Theologie des Alten Testaments,* publicada póstumamente en 1911, y que, llevando a su máxima expresión las ideas de Wellhausen y otros teólogos decimonónicos de la misma línea de pensamiento, ofrece prácticamente una historia de las distintas etapas de la espiritualidad israelita. Los treinta y nueve libros del canon hebreo no son sino un testimonio del desarrollo del pensamiento de un pueblo, Israel, a través de distintas etapas y vicisitudes, cuyo punto culminante se halla en Jesús de Nazaret.

Bernhard Lauardus Duhm. El interés por —o como prefieren decir algunos manuales, "el descubrimiento de"— las figuras y el pensamiento de los profetas que manifestó el siglo XIX, y del que hemos visto ciertos retazos en algunos de los autores mencionados a lo largo de este capítulo, aparece indisolublemente vinculado al teólogo germano-suizo Bernhard Duhm, profesor de la Universidad de Basilea desde 1888 hasta su trágico deceso en un accidente automovilístico, que tuvo lugar en 1928. Fue considerado en su momento uno de los mejores especialistas en Antiguo Testamento de toda Europa, y tuvo el privilegio de ser alumno de Ritschl, Ewald, y sobre todo de Wellhausen, con quien le unió una profunda amistad de por vida.

En 1875 publicó *Die Theologie der Propheten als Grundlage für die innere Entwicklungsgeschichte der israelitischen Religion,* donde llamó la atención sobre el fenómeno del profetismo hebreo. Pero su trabajo más importante en este sentido es *Israels Profeten,* publicado en 1916 y que en 1922 conoció una segunda y exitosa edición. Entiende Duhm que el profetismo es el polo opuesto a la *Torah,* una especie de reacción o reforma antilegalista, que propugna una religión más interior, más cercana a lo que después sería el cristianismo.

Y dentro de la literatura profética del Antiguo Testamento, realizó estudios especializados sobre los libros de dos de sus más ilustres representantes, Jeremías e Isaías. En relación con el primero, salió a la

---

Deutscher Palästina Verein o *Sociedad Alemana para la exploración de Palestina,* país que visitó personalmente.

luz en 1901 su *Das Buch Jeremia erklärt,* y en relación con el segundo, *Das Buch Jesaia übersetzt und erklärt.* Aunque la primera edición de este último fue anterior a la del comentario a Jeremías, en 1892, llegó a alcanzar una quinta en 1968, rebasando con mucho el éxito de aquel. Su análisis de la estructura literaria y del pensamiento de los núcleos constitutivos del libro de Isaías, especialmente los que realizó sobre el Deutero-Isaías (Isaías 40-55) o *Libro de la Consolación de Israel*[207] y el Trito-Isaías (Isaías 56-66), lo han convertido en un clásico de la teología veterotestamentaria. Sus dos grandes aportaciones han sido las siguientes:

En primer lugar, la identificación dentro del Deutero-Isaías de un elemento ajeno con autonomía propia, los llamados *Cánticos del Siervo de Yahweh* o עבד יהוה *ébed YHWH* como un tema específico referido a un individuo muy concreto no identificado. Son cuatro: Is. 42:1-4; 49:1-6; 50:4-9; y el más importante y conocido de todos, 52:13 – 53:12[208]. El autor habría sido, según Duhm, un discípulo directo de ese *Siervo de Yahweh* y, sin duda, un poeta leproso (?).

En segundo lugar, la identificación del Trito-Isaías como una composición independiente del Deutero-Isaías, que habría visto la luz en la Jerusalén de la restauración y sería también obra de un(os) profeta(s) anónimo(s)[209]. Es preciso señalar que si la hipótesis del Deutero-Isaías se afianzó en la investigación veterotestamentaria del siglo XIX, habría que esperar hasta bien entrado el siglo XX para que el consenso general de los estudiosos aceptara la existencia del Trito-Isaías como un hecho[210].

---

[207] Se le suele dar este nombre en círculos exegéticos —o mejor en latín, *Liber Consolationis*— debido a las palabras iniciales de Is. 40:1: *Consolad, consolad a mi pueblo* (BTX). RVR60 se suele desmarcar de las traducciones habituales al verter estas palabras como un imperativo reflexivo: *consolaos, consolaos, pueblo mío.*

[208] Algunos eruditos posteriores han propuesto que Is. 61:1-3 sea considerado el quinto cántico del Siervo de Yahweh, pero no hay un acuerdo general sobre ello, entre otras cosas porque estos versículos no contienen la palabra עבד *ébed,* "siervo".

[209] Son bastantes los estudiosos de nuestros días que hacen del Trito-Isaías una obra de la misma pluma que el Deutero-Isaías, pero más tardía, como respuesta a circunstancias diferentes. El Deutero-Isaías se compondría estando su autor en Babilonia, en los últimos años de la cautividad, mientras que el Trito-Isaías se escribiría cuando el mismo profeta se hallaría en la Jerusalén de la restauración.

[210] Ver CROATTO, J. S. *Imaginar el Futuro: Estructura retórica y querigma del Tercer Isaías (Isaías 56-66).* Buenos Aires: Lumen, 2001.

Reacción conservadora de mediados del siglo XIX. El revulsivo que supuso la aparición de la teología del Antiguo Testamento como disciplina histórica de la mano de los avances críticos sobre las Escrituras, no tardó en generar una reacción que en ocasiones se mostró realmente agresiva. Ya desde finales del siglo XVIII, los púlpitos protestantes más conservadores, principalmente los de lengua alemana, habían lanzado sus anatemas contra aquella nueva forma de enfocar los textos bíblicos, y a no tardar mucho hallarían eco en los de otros idiomas (francés, holandés, lenguas escandinavas, y, sobre todo, inglés). Pero una reacción más académica o más erudita de corte conservador no se produjo hasta bien entrada la centuria decimonónica. Destacamos a continuación los nombres más importantes.

Ernst Wilhelm Theodor Herrmann Hengstenberg. Teólogo protestante alemán de amplia formación, sobre todo filológica y filosófica, desde muy joven se opuso abiertamente al racionalismo que impregnaba la Iglesia Luterana germánica, y sobre todo a la francmasonería, a la que consideraba causante directa de la pérdida de la fe cristiana entre el pueblo, los eruditos y la propia institución eclesiástica. Debido a su activa militancia en las filas de quienes propugnaban un retorno a un cristianismo que diera amplia cabida a lo sobrenatural, es considerado como una de las influencias más importantes en el desarrollo de la teología evangélica contemporánea. En 1827 fue nombrado director del periódico *Evangelische Kirchenzeitung,* órgano de la facción más conservadora del protestantismo alemán, amén de una publicación por demás controvertida en la época. El ataque que lanzó desde sus páginas al hebraísta y erudito Gesenius en 1830 exigiendo la intervención de las autoridades públicas contra la destrucción de la fe tradicional, creó un abismo entre muchos intelectuales y el movimiento evangélico, que se iría agrandando a lo largo del siglo y llegaría hasta nuestra época, tras consumarse casi plenamente en la segunda mitad del siglo XX.

En sus trabajos, Hengstenberg caminó siempre por una línea de exposición tradicional de los escritos veterotestamentarios, rechazando vivamente cualquier aportación de la crítica o idea nueva que él considerase tildada de racionalismo, lo que le proporcionó un gran ascendiente entre las filas más conservadoras de su país y de otros, especialmente el Imperio británico y los Estados Unidos. Los más destacados son los siguientes: *Christologie des Alten Testaments,* publicada en 1829, pero que conoció una segunda edición en 1854, además de dos ediciones en inglés, en 1835 y 1854, respectivamente; *Beiträge zur Einleitung in das Alte Testament,* publicada en 1831 y que fue también traducida al inglés en dos ediciones, en 1847 y 1848, dada la claridad de su exposición y su insistencia en las tesis más tradicionales sobre los libros del Antiguo Pacto; *Die Bücher Moses und Aegypten,* que ve la luz en 1841 y se traduce al inglés en 1843; y entre sus publicaciones póstumas, *Geschichte des Reiches Gottes unter dem Alten Bunde,* que apareció en 1869, el año de su deceso, y *Das Buch Hiob erläutert,* en 1870.

Hengstenberg profesó a lo largo de toda su vida un luteranismo extremo que le hacía desconfiar de las facciones de su iglesia (altas jerarquías y facultades de teología) abiertas a los avances de la crítica bíblica. Se opuso, por otro lado, a la unión de la Iglesia Luterana con la Iglesia Reformada Alemana, y condenó a la Alianza Evangélica por su sectarismo y anticatolicismo visceral, en los que encontraba rasgos racionalistas y liberales que ponían en peligro la fe de la Reforma. Hengstenberg entendía el luteranismo como un puente natural entre Roma y las iglesias surgidas de la Reforma, de manera muy similar a lo que hoy llamamos la *High Church* o *Iglesia Alta* en el seno del anglicanismo, por el que profesaba una abierta simpatía. Es lógico que su figura y su pensamiento influyeran de forma sensible entre los eruditos de las filas más conservadoras del protestantismo europeo y americano.

Con semejantes planteamientos, se entiende perfectamente que no hubiera lugar en su concepción de los estudios bíblicos para una teología veterotestamentaria propiamente dicha, dado que tal disciplina se mostraba a todas luces como una superación de los postulados más tradicionales, lo que para Hengstenberg implicaba una clara negación de los principios fundamentales de la fe.

Gustav Friedrich von Oehler. Destacado lingüista y orientalista luterano, alternó sus investigaciones académicas con el ejercicio del ministerio pastoral y la docencia universitaria, especialmente sobre el Antiguo Pacto, en Tubinga, Breslau y mayormente en Berlín. Sus clases sobre los libros de Job, los Salmos, Isaías, los Profetas menores y las profecías mesiánicas —además de las que impartió de forma especial sobre la teología del Antiguo Testamento— atraían a mucho público, de manera que las aulas estaban siempre repletas de gente que acudía a escucharle.

De ideología conservadora y estrictamente confesional luterana —se manifestó abiertamente en contra de la unión entre las Iglesias

Luterana y Reformada, al igual que Hengstenberg—, no fue, sin embargo, un autor excesivamente prolífico. Debido a su extremo perfeccionismo, que le hacía estar siempre insatisfecho con lo que enseñaba, son muy pocos los trabajos que nos han llegado de él, la mayoría en forma de artículos publicados en revistas. Las dos únicas obras importantes que llegaron a ver la luz en relación con nuestro tema son sus *Prolegomena zur Theologie des Alten Testaments,* publicada en 1845, y sobre todo su *Theologie des Alten Testaments,* en dos volúmenes, editada de forma póstuma por su hijo en 1873 y 1874, y que fue considerada en su momento como una de las mejores aportaciones a esta disciplina. Es en ella donde hallamos los resultados definitivos de su pensamiento.

Parte de una idea fundamental: era preciso rehabilitar el Antiguo Testamento ante el gran público alemán, que había quedado, en su opinión, altamente dañado por las enseñanzas adversas de Schleiermacher y por los estudios críticos. De ahí que su metodología fuera estrictamente filológica, es decir, lo más apegada posible al Sagrado Texto, a fin de que fuera este quien hablara y expresara sus contenidos de forma clara y patente para todos. Ve en los treinta y nueve libros veterotestamentarios un claro registro de la revelación divina en el que se evidencia el plan redentor de Dios, un propósito salvífico que se manifiesta de forma progresiva, poco a poco, y cuya culminación será la plenitud del Nuevo Testamento en la figura y la obra de Jesucristo, todo ello dentro de los parámetros más estrictamente conservadores.

Sin embargo, su honestidad metodológica y sus métodos filológicos le hicieron reconocer la evidencia de varias manos distintas en la composición definitiva del Pentateuco, así como dos autores para el libro de Isaías. De ahí que en los medios estrictamente conservadores y fundamentalistas de nuestros días su nombre no sea demasiado recordado, y se tienda a dejar su obra en el olvido. No obstante, sirvió en su momento de inspiración para más de un teólogo contemporáneo y contribuyó, mejor que peor, a limar ciertas asperezas en los ambientes conservadores más moderados en relación con los estudios de teología veterotestamentaria y los avances de la crítica bíblica.

Franz Julius Delitzsch. Teólogo y hebraísta luterano, amigo personal de Oehler, algunos de cuyos trabajos contribuyó a publicar póstumamente[211], está considerado como uno de los exegetas más renombrados

---

[211] El más importante, *Lehrbuch der Symbolik,* que vio la luz en 1874.

de todo el siglo XIX. Su celebridad le viene básicamente de sus comentarios bíblicos y su profundo conocimiento de la lengua del Antiguo Testamento, así como de la literatura, la religión y la exégesis rabínica, campos no demasiado cultivados hasta entonces en el mundo cristiano[212]. Algunos sectores evangélicos conservadores han hecho de él una especie de campeón de la fe más tradicional porque se mantuvo siempre firme en sostener la autoridad e inspiración divina del conjunto de los treinta y nueve libros de las Escrituras veterotestamentarias en una época en la que algunos parecían ponerlas en duda, como evidencia el hecho de que se hayan traducido y reeditado de continuo algunas de sus obras más destacadas. Su *System der biblischen Psychologie,* por ejemplo, publicado en 1861, ha conocido una traducción inglesa (*A System of Biblical Psychology*) cuya segunda edición vio la luz en 1966. Su *Neuer Kommentar über die Genesis,* publicado en 1887, ha alcanzado una última edición en 1999. La gran serie de comentarios que cubría la totalidad del Antiguo Pacto, publicada en conjunto bajo el título de *Biblischer Kommentar über das Alte Testament,* realizada en colaboración con su amigo Friedrich Keil[213], y en la que corrieron especialmente a su cargo los libros de Job, Salmos, Proverbios, Eclesiastés, Cantar de los Cantares e Isaías, vio la luz en 1861, pero todavía sigue editándose en la actualidad[214].

---

[212] Es ampliamente conocido el hecho de que siempre defendió a los judíos y se mostró favorable a sus costumbres y su cultura en medio de la ola creciente de antisemitismo que comenzaba a extenderse por la Alemania de finales del siglo XIX y cristalizaría tristemente en el nazismo del XX. De hecho, llegó incluso a traducir el Nuevo Testamento al hebreo en 1877, y en 1880 fundó el *Institutum Judaicum* de Leipzig con vistas a la evangelización de los judíos.

[213] En realidad, fue Delitzsch su redactor definitivo, corrigiendo y mejorando los trabajos de Keil.

[214] Puesto que se halla en las bibliotecas de muchos centros teológicos y de muchos pastores y profesores de seminario de nuestros días, amén de un buen número de creyentes interesados en el estudio permanente de la Palabra de Dios, es importante recordar su distribución temática en diez volúmenes de la manera siguiente (citamos según la versión inglesa que tenemos delante):

I: Pentateuco
II: Josué, Jueces, Rut, 1 y 2 Samuel
III: 1 y 2 Reyes, 1 y 2 Crónicas
IV: Esdras, Nehemías, Ester, Job
V: Salmos
VI: Proverbios, Eclesiastés, Cantar de los Cantares
VII: Isaías

Es interesante destacar, en relación con este último dato, que Delitzsch no siempre ha satisfecho del todo a los círculos conservadores más radicales. En lo referente al libro del Eclesiastés, por ejemplo, sostuvo —frente a la tesis tradicional— que Salomón no podría haber sido su autor porque el texto contiene tantos evidentísimos arameísmos y tan numerosos préstamos persas[215] que solo habría podido ver la luz durante el período de la dominación persa o, como muy tarde, ptolemaica. Y en relación con el libro de Isaías, si bien durante las tres primeras ediciones de su comentario se mantuvo firme en sostener la unidad del escrito, atribuyéndolo todo él al profeta homónimo del siglo VIII a. C., en la cuarta y última edición[216], que vio la luz en 1889, se desdijo de ello y aceptó la existencia de dos autores diferentes, es decir, el propio profeta Isaías (capítulos 1-39) y el anónimo Deutero-Isaías (capítulos 40-66), como una realidad innegable a partir del propio texto sagrado. Las ediciones actuales que se han publicado de este comentario, sobre todo en lengua inglesa (y la actual edición castellana), no han querido tener en cuenta este dato, al que algunos dan el nombre de *retractación de Delitzsch*, y se han contentado con plasmar la tercera original alemana.

VIII: Jeremías y Lamentaciones
IX: Ezequiel, Daniel
X: Los doce profetas menores

En nuestra lengua castellana existe una excelente edición publicada por CLIE a partir del año 2008 con el título *Comentario al texto Hebreo del Antiguo Testamento* y que se ha convertido en referente obligado para cuantos desean profundizar en los estudios veterotestamentarios desde un punto de vista conservador razonable.

[215] En el volumen VI, pp. 637ss. de su comentario (siempre en la edición inglesa) ofrece una interesante lista de términos y formas gramaticales hebreas tardías que corroboran su punto de vista. Digna de mención es, también, acerca del asunto de la autoria del Eclesiastés, la opinión vertida por Keil, según la cual:

«Salomón no hubiera podido quejarse de un estado de cosas tan lamentable en el que reinaban la opresión, la injusticia en los tribunales, el favoritismo que elevaba a puestos de responsabilidad a gentes ineptas, sin escribir una sátira sobre sí mismo».

Citado por GRAU, J. *Eclesiastés. Un comentario para el hombre de hoy*. Barcelona: Ediciones Evangélicas Europeas, 1993, p. 14. En este magnífico trabajo, el profesor Grau se desmarca también de la hipótesis más tradicional sobre la autoría salomónica del escrito en un interesante análisis de fácil lectura que no podemos dejar de recomendar. Sirva esta simple mención como homenaje a su persona y su obra, pues falleció mientras recopilábamos materiales e iniciábamos la redacción de este libro, en enero de 2014.

[216] Vol. I, 36-41, y II, 120-133.

Ni que decir tiene que Delitzsch no aceptó en ningún momento una teología del Antiguo Testamento como disciplina científica ni como estudio de la religión de Israel desde un prisma evolutivo, lo que le parecía un atentado contra los postulados tradicionales de lectura bíblica. Dando por sentado que los hechos divinos eran innegables tal como el texto veterotestamentario los transmite, postulaba una reflexión sobre ellos considerándolos hechos históricos incontrovertibles.

Johann Friedrich Karl Keil. En algunos manuales aparece su nombre ortografiado simplemente como Carl Friedrich Keil. Discípulo de Hengstenberg y profesor de teología y lenguas orientales, militó en las filas más conservadoras del luteranismo alemán decimonónico, y es sobre todo conocido por su colaboración con Delitzsch en el comentario al Antiguo Testamento mencionado más arriba, en el que corrieron a su cargo el Pentateuco, los libros históricos (de Josué a Ester) y los profetas, excepto Isaías[217]. Se conserva la siguiente definición de su persona que hiciera Delitzsch, harto significativa:

> «Era un erudito que procedía de forma lenta, pero segura. No era una persona fantasiosa, sino todo lo razonable y clara que podía ser. No era ingenioso, sino sustancioso en doctrina y encanto, debido a sus extraordinarias e inabordables teorías».

Además de los comentarios a los libros veterotestamentarios ya señalados, se distinguió también por publicaciones que versaban sobre asuntos relacionados con las Escrituras Hebreas, como *Apologia mosaiceae traditionis de mundi hominumque originibus exponentis: Commentatio prima,* que ve la luz en 1839. Del mismo año es *Der Tempel Salomo's. Eine archäologische Untersuchung.* O su *Lehrbuch der historisch-kritischen Einleitung in die kanonischen Schriften des Alten Testaments,* publicado en 1853, entre otros del mismo tenor.

---

[217] Aunque suele resultar incómodo para algunos sectores ultraconservadores, en 1875 añadió un suplemento en el que comentaba los libros de los Macabeos con el título *Commentar über die Bücher der Makkabäer,* que no se suele publicar en las ediciones actuales, como es lógico, dada la repulsa que generan en los ambientes evangélicos los escritos apócrifos o deuterocanónicos. Por supuesto, abordaba estas obras desde el punto de vista más tradicional, vale decir, sin considerarlas inspiradas por Dios. Su comentario se presentaba como una aportación desde el punto de vista histórico y filológico, sin mayores implicaciones teológicas.

En todos sus trabajos late una idea fundamental: la defensa de la doctrina tradicional de la inspiración de la Biblia frente a los avances de la crítica. Como hemos apuntado antes en relación con Delitzsch, tampoco para Keil tiene cabida una teología veterotestamentaria desde un punto de vista científico, pues la consideraba una exposición desprovista de verdadero fundamento escriturario y diametralmente opuesta a las enseñanzas del Sagrado Texto.

Heinrich Hermann Schultz. Teólogo y profesor luterano, cuya importancia para nuestro campo estriba en el hecho de que fue considerado ya en su momento un "liberal moderado", es decir, el feliz descubridor de la *via media* entre la posición conservadora de Delitzsch y la más crítica en relación con el Antiguo Testamento. Su trabajo más destacado en este sentido es su obra en dos volúmenes *Alttestamentliche Theologie. Die Offenbarungsreligion auf ihrer vorchristlichen Entwicklungsstufe,* publicada en 1869. Fue tan grande su impacto en el mundo anglosajón que ya en 1895 salía a la luz una segunda edición en inglés con el título *Old Testament Theology,* cuyas consecuencias en el pensamiento protestante norteamericano siguen siendo evidentes hoy en día, máxime entre quienes, profesando siempre una teología conservadora, se alejan del fundamentalismo y procuran elaborar un estudio serio de los treinta y nueve libros del Antiguo Pacto. Esta obra vino de alguna manera a neutralizar la publicación de la correspondiente de Oehler que habíamos mencionado antes, y a la que de hecho eliminó del escenario teológico, relegando a su autor prácticamente al olvido.

Las dos primeras décadas del siglo XX. Al comenzar el siglo XX, la Teología del Antiguo Testamento había agotado todas sus fuerzas. Nacida, como la teología bíblica en general, en medio del racionalismo propio del *Siglo de las Luces*, de suyo tan dominado por los prejuicios filosóficos occidentales, y desarrollada a lo largo de la centuria decimonónica como una disciplina estrictamente histórica e impregnada de hegelianismo y evolucionismo, desde 1900 y hasta inmediatamente después de la Primera Guerra Mundial se encontraba abocada a la extinción. Sus sostenedores, ceñidos casi exclusivamente al ambiente cultural protestante germánico, solo eran capaces de indicar la evolución del pensamiento del antiguo Israel en sus distintas etapas, o como mucho señalar los diferentes documentos constitutivos que supuestamente componían los treinta y nueve libros canónicos del Antiguo

Pacto. Estas circunstancias obligarían a un replanteamiento total de la cuestión que solo sería realidad a partir de la década de 1920.

A modo de conclusión. Sin pretender negar o contradecir, ni mucho menos, lo que acabamos de afirmar en el epígrafe anterior, queremos no obstante señalar algo que es importante a tener en cuenta para comprender lo que hemos visto en este capítulo:

> *La teología del Antiguo Testamento, obra directa de eclesiásticos y eruditos de profesión de fe protestante y un claro compromiso con sus iglesias respectivas en su mayoría, se desarrolla a lo largo del siglo XIX como una disciplina con una clara vocación de acercamiento al texto sagrado a fin de comprender la forma de pensar de los antiguos hebreos acerca de su dios*

PREGUNTAS PARA REFLEXIONAR: ¿En qué siglo ve la luz la Teología del Antiguo Testamento propiamente dicha? Menciona algunos de sus antecedentes del siglo XVII, señalando sus aportaciones. ¿Qué condiciones especiales se dieron en el *Siglo de las Luces* que propiciaron el nacimiento de la teología bíblica en general y la veterotestamentaria en particular? Indica los puntos destacados de la exposición de Gabler y coméntalos uno por uno. ¿Cuál fue en realidad la primera *Teología del Antiguo Testamento* que salió a la luz con este título? ¿Por qué resulta prácticamente desconocida en muchos manuales de nuestros días? Explica de forma clara en qué consiste la base de la filosofía hegeliana. ¿En qué medida contribuyó Hegel al desarrollo de la Teología del Antiguo Testamento? ¿Qué opinión le merecía a Hegel el Antiguo Testamento? Expón de manera muy resumida el pensamiento subjetivista de Schleiermacher en relación con la religión. ¿Qué pensaba Schleiermacher del Antiguo Testamento? ¿En qué se parecen y en qué se diferencian el idealismo hegeliano y el subjetivismo schleiermacheriano en relación con el Antiguo Testamento? Indica cuál fue la aportación de Ewald a la Teología del Antiguo Testamento. ¿Qué importancia ha tenido —o tiene— la llamada *Hipótesis documentaria, Hipótesis documental, Hipótesis de Graf-Wellhausen* o, simplemente, *Hipótesis de Wellhausen* en los estudios veterotestamentarios occidentales? Expón de forma clara en qué consiste. Wellhausen incide en la existencia de composiciones literarias previas a la elaboración definitiva del

Pentateuco; ¿qué opinión te merece esta hipótesis de trabajo? ¿Qué puede tener de cierto en el fondo, y qué de fantástico? De los cuatro documentos o fuentes señalados por Wellhausen para la composición del Pentateuco, ¿a cuál parece darle mayor importancia? ¿Cuál es la razón? En ciertos medios evangélicos ultraconservadores se ha indicado con frecuencia la teoría de Graf-Wellhausen como una evidencia de impiedad o falta de fe en la inspiración de la Biblia; ¿hasta qué punto una afirmación semejante puede ser cierta, o hasta qué punto no? Expón claramente tu opinión con un razonamiento adecuado. ¿En qué sentido se afirma que Duhm fue el "descubridor" del profetismo veterotestamentario? ¿En qué consisten los llamados *Cánticos del Siervo de Yahweh*? Léelos con atención en tu Biblia antes de responder. Uno de los grandes caballos de batalla de los grupos fundamentalistas y ultraconservadores del mundo evangélico contemporáneo ha sido el ataque frontal a la propuesta de Duhm de tres núcleos literarios en el libro de Isaías, atribuibles a manos y épocas distintas; ¿cuáles son? Al igual que con la Hipótesis Documentaria del Pentateuco, se ha hecho en ciertos medios fundamentalistas un dogma de fe de la cuestión de un solo autor para el libro de Isaías; expón con claridad tu opinión sobre el asunto y documéntala de forma conveniente. ¿Cuándo se inicia la reacción conservadora contra los estudios críticos y la Teología del Antiguo Testamento? Resume el pensamiento de Hengstenberg sobre la cuestión e indica, siempre según tu opinión, en qué se equivocaba y en qué acertaba. ¿Por qué en ciertos círculos conservadores se ha hecho de la figura de Delitzsch un campeón frente a los postulados críticos? ¿Fue siempre Delitzsch tan "conservador" como se pretende en ciertos ambientes? Resume el pensamiento de las Teologías del Antiguo Testamento de Oehler y Schultz, indicando sus parecidos y sus diferencias con la corriente crítica general de la época. ¿En qué sentido se puede considerar que la teología del Antiguo Testamento, en tanto que disciplina académica, estaba literalmente agotada a comienzos del siglo XX?

5. EL MUNDO CONTEMPORÁNEO (2)

Llegados a este capítulo, el último de esta primera parte de nuestro trabajo, nos encontramos con una gran profusión de nombres de autores y de títulos de obras que han marcado para siempre el desarrollo de la teología del Antiguo Testamento a lo largo del siglo XX hasta nuestros días, algunos de ellos convertidos hoy en verdaderos clásicos, cuyo conocimiento se hace indispensable para cualquiera que desee instrucción acerca de esta materia.

Como indicábamos al final del capítulo anterior, los comienzos de la vigésima centuria no se presentaban demasiado favorables al desarrollo de nuestra disciplina en Alemania, y por ende, en el resto del mundo protestante. Dado que se había presentado hasta el momento como una historia del pensamiento religioso y de la espiritualidad de Israel, la teología veterotestamentaria iba a chocar frontalmente con una crítica histórica objetiva y científica bien desarrollada en sus métodos y sus resultados, que por un lado se empeñaba en negar lo sobrenatural y, por el otro, mostraba una cada vez mayor animadversión a todo lo que tuviera relación con el judaísmo, en el que se veía una degeneración flagrante de la antigua religión hebrea. Este menosprecio evidente hacia todo lo judío, unido al antisemitismo visceral que se iba a robustecer en el sentimiento popular germánico a partir de la derrota del II Reich en la Primera Guerra Mundial, pronto se extendería a otros países europeos, especialmente Francia e Italia. Todos estos factores, en mayor o menor medida, incidieron en que la teología del Antiguo Testamento en tanto que especialidad académica fuera excluida del campo de los estudios bíblicos e incluso se la viera con cierta desconfianza en algunos círculos.

No obstante, la aparición y consolidación de dos importantes corrientes de pensamiento, filosófica la primera, teológica la segunda, en la primera mitad de la centuria, iba a dar un nuevo empuje a nuestra disciplina. Helas aquí.

El existencialismo. Definido básicamente como una rebelión, en primer lugar contra el racionalismo —por su más que patente falta de compromiso con las personas, y por el hecho de que pasaba por alto las necesidades reales del ser humano—, y en segundo lugar contra el romanticismo —por su autoengaño y su optimismo insensato frente a los horrores de la existencia—, se desarrolla principalmente a lo largo del siglo XIX de la mano de pensadores como el filósofo y teólogo luterano danés Søren Kierkegaard y el novelista ruso Fiódor Dostoyevski, pero se consolida en el XX, unido a nombres como Martin Heidegger, Albert Camus, Franz Kafka, Rainer Maria Rilke y, sobre todo, Jean-Paul Sartre, por no mencionar sino los más renombrados. En líneas generales, se habla de un existencialismo ateo, representado por Sartre; un existencialismo agnóstico, cuyo máximo exponente sería Heidegger; y un existencialismo cristiano, fundamentado en Kierkegaard.

El primero mencionado, que es el más reciente en el tiempo y, por lo general, el más conocido, y del cual hallamos una exposición clásica en la obra sartriana *L'être et le néant. Essai d'ontologie phénoménologique,* publicación que ve la luz en 1943[218], se define básicamente como un humanismo pesimista en el que se niega por principio la existencia de Dios y se afirma que el hombre tiene un compromiso con el prójimo y debe luchar por la libertad de todos, sin lo cual su existencia carecería por completo de sentido.

El segundo, cuyo monumento clave es el libro *Sein und Zeit,* de Martin Heidegger, que ve la luz en 1927[219], hace hincapié en el *Dasein,* el "estar ahí", es decir,

> «el ser humano en cuanto es el único ente que se pregunta por el sentido del ser[220]»

rechazando cualquier especulación abstracta y universal, y centrándose de forma específica en el hombre "que está ahí" abocado a la muerte.

---

[218] La primera edición en nuestra lengua castellana, con el título *El Ser y la Nada,* tuvo lugar en la década de los 50 bajo los auspicios de la Editorial Iberoamericana de Buenos Aires, y vio la luz en tres volúmenes. Más tarde, han sido otras casas editoras (Losada, Altaya) las que han seguido publicando en nuestro idioma esta magna obra de la filosofía contemporánea, cuya lectura no es precisamente fácil, pero sí harto interesante.

[219] El Fondo de Cultura Económica lo publicó en 1951 en castellano con el título *El Ser y el Tiempo.*

[220] Definición tomada de FERRATER MORA, J. *Diccionario de Filosofía abreviado.* Barcelona: Edhasa, 1976, s.v. Existencia.

Es esta realidad de la muerte la que define el sentido último y verdadero de la vida en general, y de la existencia humana en particular. No deja de ser también una filosofía pesimista. De hecho, se ha señalado con creces la innegable influencia de Heidegger en el pensamiento de Sartre y de todo el existencialismo contemporáneo.

El último, que es el primero en el tiempo, y cuyos exponentes fundacionales —y clásicos— son los trabajos de Kierkegaard *Enten-Eller*, publicado en 1843[221], y sobre todo *Begrebet Angest*, de 1844[222], incide básicamente en el individuo, en la persona confrontada a sus propias elecciones, y en última instancia, a la decisión en relación con la absoluta trascendencia de Dios. Se trata de una filosofía de decisión y eminentemente subjetivista.

Todo este entramado del pensamiento iba a tener su incidencia en la teología cristiana.

Como todo el mundo sabe, el existencialismo, especialmente en la versión de Heidegger, ha tenido un gran impacto en el pensamiento de autores protestantes del siglo XX, como Karl Barth, Rudolf Bultmann, o Paul Tillich, por no citar sino los ejemplos más conocidos. La filosofía existencialista plantea las preguntas importantes que el ser humano debe formularse en relación con la vida y el miedo o la angustia ante la muerte, lo absurdo de la existencia, la intencionalidad de nuestras acciones y decisiones, o la trascendencia del individuo humano,[223] pero solo la teología les puede dar la verdadera respuesta. Más aún: la hermenéutica bíblica, e incluso la predicación-proclamación de la Palabra, se han de hacer eco del momento existencial al invitar a los hombres a responder al llamado de Dios y vivir así una vida auténtica. Este planteamiento tendrá una incidencia enorme a partir de los años 20 en la nueva teología del Antiguo Testamento.

La neoortodoxia o revolución barthiana. Grandemente influido por la filosofía existencialista del momento —como se ha indicado— el

---

[221] Editorial Trotta lo publicó en nuestro idioma el año 2006 con el título *O lo uno o lo otro. Un fragmento de vida.*

[222] Alianza Editorial lo publicó en castellano el año 2013 con el título *El concepto de la angustia.*

[223] De ahí que se haya rastreado, y con gran acierto, el pensamiento existencialista en la literatura antigua, más concretamente en obras como el poema sumerio *Enuma Elish*, la *Ilíada* y la *Odisea*, o en la propia Biblia, especialmente en el libro de Job y en los profetas del Antiguo Testamento.

pensamiento del teólogo reformado suizo Karl Barth, más conocido en los medios académicos como *neoortodoxia,* salta a la palestra en 1919 con la publicación de su obra *Der Römerbrief,*[224] en el que deshace los postulados de la ya trasnochada teología liberal decimonónica, con su optimismo irrealista concomitante, y plantea un regreso a la Reforma —el "redescubrimiento" de la figura de Martín Lutero— y a la Palabra de Dios.

El problema que pone sobre el tapete la revolución barthiana es la forma de conocer a Dios. Dado el abismo ontológico que separa al hombre —la criatura— de Dios —el Creador—, es imposible para el ser humano llegar a un conocimiento real del Todopoderoso, a no ser que él mismo quiera revelarse. Y esta revelación divina por antonomasia es la persona de Jesucristo. De ahí que los teólogos neoortodoxos se hayan centrado específicamente en el Nuevo Testamento. Pero el hecho de que se entienda que esa revelación también ha tenido lugar en el tiempo anterior a la llegada de Jesús, en unos hechos salvíficos o Historia de la Salvación contenida en la Biblia (*Heilsgeschichte*), ha permitido una apertura a los estudios veterotestamentarios. Es en este sentido como podemos comprender la idea barthiana de que

«El Dios de la Biblia no está en "alguna parte", sino que solo se da en, con y bajo el texto mismo[225]».

La neoortodoxia, no obstante, no ha significado un retorno a posturas fundamentalistas o precríticas en relación con los libros bíblicos. Aun reconociendo que Dios ha escogido revelarse al hombre por medio de las Sagradas Escrituras, no por ello niega el valor de los estudios críticos y sus aportaciones al campo del conocimiento teólogico, cuyas conclusiones ha asimilado sin mayores problemas.

---

[224] La B.A.C. lo ha publicado en castellano en 1998 con el título *Carta a los Romanos,* y es uno de los libros que no debieran jamás faltar de la biblioteca, no ya de un interesado en asuntos teológicos, sino de un creyente protestante con una cultura religiosa media. Su redacción no está pensada exclusivamente para teólogos o exegetas, sino para todo el pueblo de Dios. De ahí que su lectura resulte altamente enriquecedora desde el punto de vista de la reflexión espiritual, y hasta devocional, de lo cual han dado patente testimonio muchos creyentes contemporáneos nuestros.

[225] BRUEGGEMANN, W. *Teología del Antiguo Testamento. Un juicio a Yahvé. Testimonio. Disputa. Defensa.* Salamanca: Ed. Sígueme, 2007, p. 33.

Indicios de recuperación de la teología del Antiguo Testamento. Los años 20. Los nuevos aires que soplan sobre la Alemania de después de la primera Guerra Mundial —la llamada *República de Weimar*—, que en el ámbito teológico vienen marcados por la aparición de la neoortodoxia y la disolución del pensamiento liberal decimonónico, van a propiciar una tímida recuperación de la teología veterotestamentaria como disciplina académica. Aunque en ciertos manuales se tiende a olvidar, o incluso a menospreciar esta etapa, tiene, no obstante, una gran trascendencia, ya que sentará las bases para el período siguiente. Señalamos a continuación tres nombres importantes.

Carl Steuernagel. Profesor de Antiguo Testamento, se da a conocer en un principio por su obra *Das Deuteronomium,* publicada por primera vez en 1900[226], que trabaja el quinto libro del Pentateuco dentro del ámbito de la hipótesis documentaria de Graf-Wellhausen, y en la que realiza un importante estudio, entre otros, sobre la estructura literaria del *Cántico de Moisés* (capítulo 32), con aportaciones que aún son de valor en el día de hoy.

Pero en relación con nuestra materia hay que destacar, por encima de todo, su artículo *Alttestamentliche Theologie und Alttestamentliche Religions-geschichte,* publicado en un suplemento de la prestigiosa revista de estudios veterotestamentarios conocida como ZAW (por sus siglas en alemán: *Zeitschrift für die alttestamentliche Wissenschaft*), correspondiente a 1925, pp. 266-273, en el que reivindica con gran fuerza argumental la necesidad de una teología del Antiguo Testamento en tanto que disciplina académica, entendida como una visión global de la religión de Israel y sus doctrinas distintivas dentro del marco de la historia de las religiones comparadas. Este llamado no cayó en saco roto. Más aún, aquel artículo tuvo un impacto cuyo efecto iba a prolongarse durante las décadas siguientes. De hecho, sirvió de inspiración y *leit-motiv* a más de uno de los grandes nombres de la teología veterotestamentaria del siglo XX, como vamos a comprobar de inmediato.

Otto Eissfeldt[227]. Profesor de Antiguo Testamento en Berlín y en la Martin-Luther-Universität de Halle-Wittenberg, formado en la escue-

---

[226] Alcanza una segunda edición en 1923, considerada por los estudiosos como la más importante y la que, de hecho, consagró a su autor como teólogo de talla.

[227] En algunos manuales su apellido aparece grafiado *Eißfeldt.*

la de Wellhausen y en la *Religionsgeschichtliche Schule* o *Escuela de la Historia de las Religiones* de finales del siglo XIX y comienzos del XX, y especialista además en lenguas del Cercano Oriente Antiguo[228], respondió con prontitud al desafío de Steuernagel. En un artículo publicado en 1926 en la misma revista ZAW, destaca la importancia de la fe en la elaboración de una teología bíblica, e incluso señala la necesidad de una exégesis *pneumática*, esto es, espiritual, dictada por la fe, en lo cual se hace evidente la influencia de la teología dialéctica de Karl Barth, que estaba en plena ebullición en aquel momento. Eruditos como los dominicos franceses Roland de Vaux y Ceslas Spicq pronto saludaron aquellas declaraciones como el despuntar de una teología bíblica unida, en la que no se diferenciara el Antiguo del Nuevo Testamento, y en la que colaboraran pensadores y eruditos cristianos en general, tanto católicos como protestantes.

Todo ello le lleva a lo que se considera hoy su mayor aportación al campo de los estudios veterotestamentarios, su magna obra, aparecida en 1934[229] con el título *Einleitung in das Alte Testament unter Einschluss der Apokryphen und Pseudepigraphen*[230]. Aparece distribuida en cinco partes, de la manera siguiente:

1ª) Estudio de los géneros literarios. Según más de un especialista contemporáneo, esta parte en concreto es la que mantiene el valor permanente de esta obra incluso en nuestros días, debido a la claridad conceptual y a la clara exposición de cada uno de los géneros literarios que se encuentran en el Antiguo Testamento, con sus rasgos definitorios, características más destacadas y gran profusión de ejemplos.

2ª) Prehistoria literaria de los libros veterotestamentarios. Partiendo de los estudios críticos realizados a lo largo del siglo XIX y en su

---

[228] En este sentido es conocido por haber editado en 1963 el prestigioso diccionario *Wörterbuch der ugaritischen Sprache* de Joseph Aistleitner, así como por numerosos trabajos sobre la religión de los fenicios, publicados en revistas especializadas.

[229] Verá una segunda edición aumentada y retocada en 1956, y una tercera en 1964, en la que Eissfeldt vierte sus nuevas aportaciones. La última, que vio la luz en 1976, fue póstuma y se limitó a repetir, sin variaciones, la de 1964.

[230] En el año 2000 Ediciones Cristiandad publicó el primer tomo con el título *Introducción al Antiguo Testamento* en una edición preparada por José Luis Sicre, y que fue saludada en su momento como una gran aportación a la cultura teológica en nuestro idioma, aunque llegara con cierto retraso. Inexplicablemente, el segundo tomo previsto (¡y traducido!) nunca ha visto la luz.

época, analiza Eissfeldt las unidades primitivas que se detectan en los libros del Antiguo Testamento —algunas de ellas presumiblemente independientes en sus orígenes, como relatos aislados o tradiciones particulares de determinados grupos o clanes— y su posterior ensamblamiento y ubicación en los escritos bíblicos tal como hoy los conocemos. Es interesante su investigación sobre los posibles contextos originales de esos núcleos temáticos o narraciones, y sobre la mutación que sufren al ser insertados por los redactores en un contexto nuevo y definitivo.

3ª) Análisis de los libros del Antiguo Testamento uno por uno. Se atiene al canon judío (y protestante) de treinta y nueve libros, trabajándolo en los tres bloques señalados por la tradición judía: Pentateuco, Profetas y Escritos. En relación con el primero, sigue de cerca la hipótesis documentaria de Graf-Wellhausen, pero propone ciertos cambios dentro del conjunto cuatripartito JEDP[231]: por un lado, considera que el llamado *documento Yahvista (J)* puede subdivirse en dos documentos constitutivos, desgnados como J^1 y J^2 respectivamente, y por otro apunta a la existencia de un documento nuevo, un quinto componente redaccional del conjunto de la *Torah* al que da el nombre de *Laienhaftschrift* (escrito laico) o *Laienhaftquelle* (fuente laica), designado con la sigla L, que sería más antiguo que J^1 y reflejaría una sociedad en la que aún no se conocía la institución sacerdotal[232], lo que justificaría su designación. Los textos que Eissfeldt le atribuye se encuentran únicamente en los libros del Génesis, Éxodo y Números, ejemplos de lo

---

[231] Es decir, *Yahvista (J), Elohísta (E), Deuteronomista (D)* y *Sacerdotal (P)*, como ya habíamos indicado en el capítulo anterior.

[232] Ha habido estudiosos que se han hecho eco de esta misma teoría, pero dando a este supuesto quinto documento (de igual extensión o localización parecida que en la propuesta de Eissfeldt) —o tal vez habría que decir mejor en nuestos días, en estas primeras décadas del siglo XXI, "conjunto de tradiciones orales"— otros nombres: *Documento S* (por ser supuestamente originario de las tribus israelitas del sur), *Fuente K* (es decir, *kenita*, lo que en ciertas versiones de la Biblia se llama *quenita* o *ceneo*, el clan del que era originario algún que otro miembro de la familia política de Moisés, según Jue. 1:16 y 4:11, atribuyendo así a esta presunta fuente un origen no directamente israelita), y también *Fuente N* (o sea, *nómada*, de un momento en que las tribus de Israel aún no estarían asentadas definitivamente en Palestina). De todas formas, estas propuestas no han llegado a calar realmente en el ámbito de los estudios veterotestamentarios, y en muchos manuales de los que las mencionan por nombre no aparecen sino prácticamente como meras anécdotas o episodios curiosos de la historia de la investigación, propuestas muy puntuales de autores muy concretos, pero sin revestir la menor trascendencia.

cual serían, entre otros pasajes, los llamados *Segundo Relato de la Creación* (Gn. 2:4b-25), *Relato de la Caída* (Gn. 3), la relación de la maldad de los hombres antes del Diluvio (Gn. 6:1-4), la *Historia de la torre de Babel* (Gn. 11:1-9), la promesa del nacimiento de Isaac (Gn. 18), el *Relato de la destrucción de Sodoma y Gomorra* (Gn. 19), la *Historia de Dina* (Gn. 34), la *Historia de Judá y Tamar* (Gn. 38), las narraciones sobre la aflicción de Israel en Egipto y el nacimiento de Moisés (Éx. 1 y 2), el relato del cruce del mar Rojo (Éx. 14), el llamado *Relato del Maná* (Éx. 16), ciertas promesas divinas en relación con la posesión de Canaán (Éx. 34:10-13), la historia de la murmuración contra Moisés y el castigo de María (Nm. 12), la *Historia de los doce espías* (Nm. 13-14) y el establecimiento de las tribus orientales en Transjordania (Nm. 32). Es importante llamar la atención al hecho de que la constatación (o la posible existencia) de esta presunta fuente o documento L no ha tenido demasiada aceptación en el campo de los estudios bíblicos, entre otras cosas porque ni su delimitación ni su atribución están demasiado claras[233]. En lo que concierne a la redacción de los libros que los judíos llaman *Profetas Anteriores* (Josué, Jueces, 1 y 2 Samuel, 1 y 2 Reyes)[234], Eisffeldt detecta en ellos una continuidad de las fuentes clásicas señaladas por Graf-Wellhausen para el Pentateuco, especialmente en Josué y Jueces. Anticipa así las teorías de algunos estudiosos de nuestros días, como David Noel Freedman o Erik Aurelius, entre otros, que entienden el conjunto Génesis—2 Reyes como una gran unidad literaria e histórica del antiguo Israel que se inicia con la creación del mundo y concluye con la toma y destrucción de Jerusalén y el templo de Salomón por Nabucodonosor, y la situación del pueblo de Dios en el exilio babilónico, a la que dan el nombre de *Enneateuco*[235].

---

[233] Una muestra de ello la encontramos en la versión crítica CI, p. CII, donde se ofrece una tabla de las fuentes del Pentateuco según las teorías clásicas de la crítica alemana, y que, sorprendentemente, incluye también este presunto documento L. En honor a la verdad, tampoco está siempre demasiado clara la delimitación de los documentos JEDP, según los distintos autores que los estudian. Un ejemplo lo encontramos en esta misma tabla de la CI, en la que un mismo texto puede aparecer atribuido a distintas fuentes, como se comprueba con una simple ojeada.

[234] *Libros históricos*, tradicionalmente, o también *Historiografía Deuteronomística* (HD), según los trabajos críticos.

[235] También escrito *Eneateuco*, con grafía simplificada. Literalmente significa "nueve recipientes", en alusión a los "nueve rollos" o "nueve libros" que habría que guardar

4ª) Cuestiones sobre el canon del Antiguo Testamento. La divide en tres apartados. En el primero, estudia la situación de los libros apócrifos o deuterocanónicos. El segundo se consagra a la literatura pseudoepigráfica. Y el tercero ofrece una visión de conjunto sobre los manuscritos hallados en Qumram. En realidad, no profundiza en ninguno de ellos, tan solo ofrece una panorámica general que resulta muy útil desde un enfoque puramente pedagógico y divulgativo.

5ª) El texto del Antiguo Testamento. Trata sobre asuntos propios de la transmisión textual del canon hebreo, sin incidir demasiado en ninguno de ellos, pero ofreciendo una visión de conjunto que puede resultar muy asequible para quien desee iniciarse en estos temas.

Albrecht Alt. Aunque no escribió propiamente hablando una teología del Antiguo Testamento, este pastor y profesor luterano, erudito que desde 1908 formó parte del *Deutsches Evangelisches Institut für Altertumswissenschaft des Heiligen Landes* (más conocido por su abreviatura DEI)[236], alternó su trabajo entre Jerusalén y las universidades de Greifswald, Basilea (Suiza), Halle y Leipzig, considerándose siempre más un historiador que un teólogo, e intentando ubicar el pensamiento religioso de Israel en su entorno cultural[237], al igual que hicieran otros investigadores del momento. Sus obras principales, *Der Gott der Väter: Ein Beitrag zur Vorgeschichte der israelitischen Religion,* publicada en 1929, y *Die Ursprünge des israelitischen Rechts,* de 1934, iban a marcar para siempre a uno de sus más destacados discípulos en el campo de la teología y los estudios veterotestamentarios, Martin Noth, que veremos en el epígrafe siguiente[238].

---

en ellos y que serían: los cinco del Pentateuco, más Josué (o los seis del Hexateuco), más Jueces (o los siete del Heptateuco), Samuel (1 y 2) y Reyes (1 y 2). El libro de Rut no entra en este conjunto, pues se agrupa con la tercera sección judía del Antiguo Testamento, los Escritos.

[236] *Instituto protestante alemán de arqueología de Tierra Santa.* Las siglas DEI corresponden al nombre abreviado *Instituto protestante alemán.*

[237] Albrecht Alt siempre se consideró en este sentido discípulo del erudito americano William Foxwell Albright, fundador de la disciplina conocida como Arqueología Bíblica y director de la *American School for Oriental Research* (ASOR) o "Escuela americana para la investigación oriental", cuyos frutos siguen aún siendo tema de estudio y discusión en los medios académicos.

[238] Es importante señalar que Albrecht Alt siguió trabajando y publicando ensayos referentes a la historia del antiguo Israel y su religión prácticamente hasta su muerte,

La "Época Dorada" de la Teología del Antiguo Testamento. De los años 30 a los años 60. Permítasenos iniciar este epígrafe con la harto interesante afirmación lapidaria de Walter Brueggemann[239] cuando dice con no poca medida de sabiduría:

> «Es muy importante que el estudiante de teología del Antiguo Testamento descubra que en cada período de la disciplina, las cuestiones, los métodos y las posibilidades que tiene el estudio surgen del clima socio-intelectual en el que se debe realizar la tarea».

Si estas palabras tienen aplicación a cualquiera de las épocas que hemos visto en los capítulos anteriores, con más razón se pueden aplicar a la que abordamos en este, y en este apartado concreto, ya que va a ser entre 1930 y 1970, *grosso modo*, cuando nuestra disciplina llegará a su grado máximo de desarrollo, haciendo frente a un nazismo radicalmente antijudío en Alemania y a una feroz descristianización de la sociedad europea y occidental durante la posguerra y la década de los 60. De ahí que más de un teólogo de este momento haya sido también un testigo de la fe a riesgo de su propia vida o su libertad[240]. Lo que está claro es que en los teólogos veterotestamentarios hallamos por encima de todo, como ya se había indicado en el capítulo introductorio, creyentes y ministros de la Palabra comprometidos con la fe de la Iglesia, en igual o mayor medida que simples investigadores o profesores universitarios. He aquí los más destacados[241].

---

acaecida en 1956. Uno de sus títulos más destacados en este sentido fue el póstumo *Kleine Schriften zur Geschichte des Volkes Israel*, que vio la luz en 1959 en dos volúmenes.

[239] *Op. cit.*, p. 26.

[240] Imposible no mencionar de forma muy especial a Dietrich Bonhoeffer, auténtico mártir del nazismo, cuya figura no solo ha inspirado a eruditos y estudiosos creyentes en el campo de la teología, sino que se ha convertido incluso en un referente ideológico del siglo XX, amén de un filón literario y cinematográfico no siempre bien explotado. Pero hubo otros teólogos también, menos conocidos del gran público, que pagaron muy cara su osadía de hacer frente al todopoderoso partido Nacional Socialista alemán y al *Füher*, como Hans Ansmussen, Hans Ehrenberg, Eugen Gersternmeier o Max Lackmann. El propio Karl Barth, que, por su condición de ciudadano extranjero residente en Alemania a la sazón, no pudo ser agredido, torturado ni muerto por el régimen, vivió, no obstante, una expulsión del país y la privación de su puesto docente.

[241] Únicamente reseñamos los más renombrados entre los europeos continentales, esencialmente alemanes y protestantes, con algún que otro aporte francés u holandés, e incluso católico romano. En el mundo protestante anglosajón, por su parte, hubo también algunas aportaciones importantes a la teología veterotestamentaria, si bien no tan

Ernst Franz Max Sellin. Teólogo luterano y gran especialista en lenguas orientales y arqueología, desde finales del siglo XIX había dirigido su atención hacia la historia de la religión de Israel dentro del marco de la Escuela de las Religiones Comparadas, como evidencian sus primeras publicaciones, *Beiträge zur israelitischen und jüdischen Religionsgeschichte,* de 1896, y *Studien zur Entstehungsgeschichte der jüdischen Gemeinde,* publicado en 1901. Su interés por la arqueología le hace componer una serie de trabajos relacionados con los hallazgos efectuados en Palestina y su entorno geográfico, convirtiéndolo en el pionero de la introducción de esta disciplina en el ámbito de los estudios bíblicos, sin por ello descuidar los trabajos puramente teológicos, como evidencian la publicación en 1907 de *Das Rätsel des deutero-jesajanischen Buches, Die israelitisch-jüdische Heilandserwartung,* de 1909, o *Einleitung in das Alte Testament,* de 1910[242].

No obstante, se lo suele recordar más por su intento de incorporar a los estudios veterotestamentarios las teorías psicoanalíticas de Sigmund Freud, en boga durante los años 20. En 1922 publica una obra que tendrá grandes repercusiones, no solo teológicas o exegéticas, sino incluso sociales en su época: *Mose und seine Bedeutung für die israelitisch-jüdische Religionsgeschichte.* Siguiendo las directrices del protestantismo liberal decimonónico —del cual fue uno de los últimos representantes— destaca en ella la idea de que la predicación moral resumida en el Decálogo (Éx. 20:1-17 y Dt. 5:6-21) constituye la esencia misma de la revelación bíblica. Reconoce asimismo a Moisés, cuya existencia histórica no ponía en duda, y a quien atribuía la redacción del Decálogo, como el verdadero fundador de la religión de Israel. Pero al mismo tiempo, a partir de sus estudios sobre los libros de los profetas, especialmente Oseas, Amós, Isaías, Jeremías y el Deutero-Isaías, deduce que Moisés tuvo que ser víctima de un asesinato colectivo (¿o tal vez ritual?) por parte del antiguo Israel, pueblo ingrato y desobediente que prefería tributar culto a los ídolos paganos. Aquella muerte del gran legislador pesaría como una losa en el subconsciente

---

conocidas, como las del bautista inglés Harold Henry Rowley, autor de *The Unity of the Bible,* publicada en 1953, que incide en la idea de que el Antiguo Testamento es, sobre todo, promesa, frente al Nuevo, que es esencialmente cumplimiento; o la del conservador norteamericano Edgard Young, de gran influencia en su país.

[242] Esta última obra, magnífica en su género, conoció doce ediciones, la última de las cuales vio la luz en 1979.

cultural hebreo[243]. Se señala el capítulo 53 de Isaías, o más concretamente, Is. 52:13 – 53:12, el más extenso de los ya antes mencionados *Cánticos del Siervo de Yahweh*, como el texto del cual procede la
idea del profeta-mártir, y que serviría de base para esta más que curiosa
concepción de la muerte de Moisés[244]. Transformado de esta manera en
una doctrina secreta, esotérica, reservada exclusivamente a iniciados,
el mosaísmo se habría ido transmitiendo a lo largo de las generaciones
hasta despuntar con fuerza en el siglo VIII a. C. con los profetas Oseas,
Isaías, Miqueas y Amós, y concretizarse en los demás representantes
de la corriente profética israelita, todos ellos enemigos acérrimos de
la idolatría. De estos mismos círculos secretos procedería, andando el
tiempo, el cristianismo, cuyo profeta fundador, Jesús de Nazaret, también sería asesinado, identificándose así como el *Siervo de Yahweh* por
antonomasia, y convirtiéndose en el cumplimiento de toda la profecía.

Se ha señalado el impacto que causó la publicación de este trabajo en Sigmund Freud. En 1939 salió a la luz, efectivamente, una de las
obras más emblemáticas del padre del psicoanálisis, con el título *Der
Mann Moses und die monotheistische Religion: Drei Abhandlungen,* y
en la que presenta al legislador hebreo como un egipcio imbuido del
monoteísmo del singular faraón Akenatón[245], que lo transmite a Israel,
a la sazón nación esclava en el país del Nilo, y que, tras liberarla e ins-
truirla en la nueva religión, perece a manos de ella. Es más que evidente que Freud conocía de primera mano el libro de Sellin y sus ideas.

En 1924 ve la luz la obra de Sellin *Geschichte des israelitische-
jüdischen Volkes,* donde expone de forma sistemática las doctrinas que
recoge el Antiguo Testamento y fueron aceptadas en su momento por
Jesús y los apóstoles. Distingue entre una religión popular y una religión de las clases altas, así como entre el culto nacional y el profetismo moralista, universalista y escatológico fundamentado en la idea de
la santidad de Dios.

---

[243] Ve en el extraño relato de Dt. 34 sobre la muerte de Moisés y su sepultura desconocida, así como en todas las leyendas judías posteriores sobre el mismo asunto
(como el libro apócrifo *La asunción de Moisés*), una confirmación del hecho de que la
conciencia de Israel siempre se vio afectada por aquel crimen.

[244] Al conocer la propuesta de Sellin, Karl Barth apuntó que ya el gran poeta alemán
Goethe había dicho algo similar en su época, si bien no señaló en qué obra concreta.

[245] Para una mayor información sobre este curioso reinado y este período, *cf.* entre
otras publicaciones hoy ya clásicas sobre este tema, JACQ, C. *Nefertiti y Akenatón*. Barcelona: Ediciones Martínez Roca, S. A., 1997, y FREE, R. E., MARKOWITZ, Y. J. y D'AURIA,
S. H. *Pharaos of the Sun: Akhenaten – Nefertiti – Tutankhamen*. Bulfinch Press, 1999.

Todos estos trabajos hallan su culminación en su *Theologie des Alten Testaments,* publicada en 1933 en dos volúmenes: el primero, consagrado a la historia de la religión del antiguo Israel, y el segundo, dedicado exclusivamente a lo que el Antiguo Testamento enseña sobre Dios, el hombre, el juicio y la salvación[246]. En relación con este segundo volumen —en el que en cierto sentido viene a sistematizar todo cuanto había investigado y publicado anteriormente sobre estas cuestiones—, es importante destacar que Sellin entiende la idea de la santidad de Dios como eje central o pensamiento clave de los treinta y nueve libros canónicos de las Escrituras Hebreas. Destaca de esta forma el concepto de que el Antiguo Testamento presenta un núcleo temático capital, *Mitte* o *Mittelpunkt* en alemán, como ya se había apuntado en capítulos anteriores, cuya aprehensión y correcta comprensión permiten la exposición unitaria y dinámica del contenido esencial de todo el conjunto[247]. Y esa noción de santidad se hace patente en la elección y liberación de Egipto. De ahí que considere las palabras de Dios a Moisés recogidas en Éx. 6:2-8[248] como el corazón del Pentateuco, además

---

[246] Esta división de la teología veterotestamentaria en dos secciones claramente diferenciadas, historia e ideas, es propia también de otros autores, como Heinrich Hermann Schultz, Christian Friedrich August Dillmann u Otto Procksch, todos ellos especialistas en Antiguo Testamento del siglo XIX y/o principios del XX.

[247] La idea de que la santidad de Dios es el *Mitte* del Antiguo Testamento la comparte Johann Hänel. Pero otros teólogos, algunos de los cuales se cuentan entre nuestros contemporáneos de finales del siglo XX y principios del XXI, señalan otros centros posibles: Ludwig Köhler, v.gr., propone la presencia de Yahweh, entendida como señorío o dominio divino sobre el mundo; Gerhard Klein, el Reino de Dios; Hans Wildberger, la doctrina de la elección; Walther Zimmerli, el propio Yahweh; Siegfried Herrmann, el libro del Deuteronomio; Hans Schmidt, el primer mandamiento del Decálogo; John Lawrence McKenzie, la realeza de Yahweh; Georg Fohrer, por su lado, entiende un doble *Mitte*: soberanía de Dios y comunión con él; y en esta misma línea Friedrich Smend sugiere el binomio Yahweh Dios de Israel e Israel pueblo de Yahweh. Es más que obvio que no ha existido jamás un consenso entre los eruditos sobre este aspecto, ni siquiera acerca de la necesidad real de establecer o determinar un punto central alrededor del cual gire todo el pensamiento veterotestamentario, como veremos enseguida en algún autor de gran importancia, añadiendo que en el día de hoy, como saben bien los estudiantes de teología, la cuestión dista mucho de estar resuelta, dado que reviste siempre, quiérase reconocer o no, una gran dosis de subjetivismo.

[248] Este texto, sobre algunas de cuyas trascendentales implicaciones trataremos en un capítulo posterior, reza así:

Habló todavía Dios a Moisés, y le dijo: Yo soy JEHOVÁ. Y aparecí a Abraham, a Isaac y a Jacob como Dios Omnipotente, mas en mi nombre JEHOVÁ no me di a conocer a ellos. También establecí mi pacto con ellos, de darles la tierra de Canaán, la tierra

de uno de los textos capitales de toda la Biblia, idea que otros exegetas y teólogos han seguido sosteniendo prácticamente hasta nuestros días.

Martin Noth. Aunque nunca llegó a componer una teología del Antiguo Testamento propiamente dicha, el nombre de este profesor vinculado a la universidad de Bonn después de la segunda Guerra Mundial, reviste una gran importancia en los estudios veterotestamentarios contemporáneos por sus aportaciones al terreno de la historia, lo que ha servido de base para los trabajos teológicos de otros autores. En este sentido, se lo puede parangonar con gigantes de la erudición sobre el Antiguo Testamento del siglo XX de la talla de Albrecht Alt (de quien fue discípulo), Rudolf Kittel, George Ernest Wright, Johannes Pedersen, Sigmund Olaf Plytt Mowinckel, William Foxwell Albright y Roland de Vaux, por no mencionar sino a los más renombrados.

Cuatro han sido, entre otros trabajos y publicaciones de envergadura, sus aportaciones más importantes a los estudios veterotestamentarios: *Das System der 12 Stämme Israels,* que ve la luz en 1930 y fue un verdadero hito en su momento; en esta obra proponía el nacimiento de Israel como resultado de una *anfictionía* tribal similar a la de los helenos[249], y realizada en torno a un santuario común, el de Siquem, como narra el capítulo 24 del libro de Josué.

La segunda, y según muchos especialistas la más revolucionaria, viene presentada en su obra *Überlieferungsgeschichtliche Studien,* concretamente el volumen cuyo título es *Die sammelnden und bearbeiten den Geschichtswerke im alten Testament,* de 1943, concretamente las primeras ciento diez páginas, traducidas más tarde al inglés en los suplementos de 1981 del JSOT (*The Journal for the Study of the Old Testament*) con el título *The Deuteronomistic History;* sostiene la existencia de una historiografía o tradición deuteronomística, en alemán

---

en que fueron forasteros, y en la cual habitaron. Asimismo yo he oído el gemido de los hijos de Israel, a quienes hacen servir los egipcios, y me he acordado de mi pacto. Por tanto, dirás a los hijos de Israel: Yo soy Jehová; y yo os sacaré de debajo de las tareas pesadas de Egipto, y os libraré de su servidumbre, y os redimiré con brazo extendido, y con juicios grandes; y os tomaré por mi pueblo y seré vuestro Dios; y vosotros sabréis que yo soy Jehová vuestro Dios, que os sacó de debajo de las tareas pesadas de Egipto. Y os meteré en la tierra por la cual alcé mi mano jurando que la daría a Abraham, a Isaac y a Jacob; y yo os la daré por heredad. Yo Jehová.

[249] *Cf.* el magnífico estudio de LEFÈVRE, F. *L'amphictionie Philéo-Delfique: histoire et institutions.* Paris: BEFAR 298, 1998.

Deuteronomistischen Geschichtswerk, trabajo de un autor anónimo para nosotros, el *Deuteronomista*, que habría compuesto una magna obra en el espíritu del Deuteronomio hacia finales del siglo VII a. C. y que, como ya lo habíamos indicado anteriormente, abarcaría nuestros libros actuales de Josué, Jueces, Samuel y Reyes.

La tercera se contiene en su *Überlieferungsgeschichte des Pentateuch*, publicada en 1948, donde complementa la hipótesis documentaria clásica de Graf-Wellhausen al proponer una composición de los llamados tradicionalmente *libros de Moisés* a base de distintas tradiciones independientes generadas en torno a cinco temas históricos concretos básicos:

1. Promesas a los patriarcas
2. Salida de Egipto
3. Revelación en el Sinaí
4. El camino del desierto
5. Entrada en tierra cultivable.

La que mencionamos en cuarto y último lugar se encuentra en las páginas del libro que lleva por título *Die Welt des Alten Testaments. Einführung in die Grenzgebiete der alttestamentlichen Wissenschaft*, y ve la luz en 1940. Traducido y publicado al castellano por Ediciones Cristiandad en 1976 con el título *El mundo del Antiguo Testamento. Introducción a las ciencias auxiliares de la Biblia*, se considera su obra más importante, y se ha convertido en la introducción al mundo del Antiguo Testamento por antonomasia, al ofrecer las aportaciones de las ciencias auxiliares de la Escritura de forma sistematizada y clara. En sus páginas se hallan datos geográficos, históricos, arqueológicos, lingüísticos, etnológicos y de crítica textual, aunque, a decir del propio autor:

> «Un libro como el presente no puede ser nunca actual, debido al rápido avance del trabajo científico en los numerosos campos del saber que han de tomarse en consideración[250]».

No obstante esta acertada apreciación, y pese al tiempo transcurrido desde su publicación, sigue siendo de gran utilidad a los estudiosos y especialistas del tema en nuestros días, vale decir, un clásico en su género.

---

[250] Pág. 19 de la edición española.

Walther Eichrodt. No son pocos los manuales consagrados a la teología del Antiguo Testamento que consideran a este erudito alemán, profesor de la Universidad de Basilea hasta su jubilación en 1960, como el primer autor de importancia tras la revolución barthiana de 1919, y quien realmente inició la edad de oro de la teología veterotestamentaria, obviando a otros también destacados. Lo cierto es que ya en una fecha tan temprana como 1916 había llamado la atención del mundo teológico y exegético, tanto protestante como católico, al declarar en su libro *Die Quellen der Genesis* que el primer escrito de la Biblia había sido añadido al Antiguo Testamento como un prólogo una vez se hubo completado la redacción del libro del Éxodo. Y en 1920 había publicado su *Die Hoffnung des ewigen Friedens im alten Israel,* donde abordaba con un profundo análisis el asunto de la escatología hebrea.

Vive con verdadero interés las discusiones que se venían planteando en Alemania durante las dos primeras décadas del siglo XX acerca de las condiciones en que se encontraba la teología del Antiguo Testamento en tanto que disciplina académica, y se lanza de lleno a la palestra dialéctica con su conferencia *Hat die Alttestamentliche Theologie noch selbständige Bedeutung innerhalb der Alttestamentlichen Wissenschaft?,* recogida en la revista ZAW de 1929, pp. 83-91, en la que plantea lo que, a su entender, constituye el fundamento de una auténtica teología de las Escrituras Hebreas: partiendo del análisis fenomenológico de la vida religiosa de la comunidad israelita tal como se muestra a lo largo de su historia, se debe llegar a alcanzar el trasfondo de su pensamiento motor y exponerlo de forma sistemática y con absoluta claridad. Ello supone un cuidadoso y metodológico análisis de los escritos veterotestamentarios tal como nos han sido transmitidos, con todas las herramientas de que el estudioso pueda hacer acopio, y sin menospreciar ni minusvalorar ninguna de ellas, ya que todas le pueden resultar de enorme utilidad.

Estos planteamientos le condujeron a la elaboración de su *opus magnum, Theologie des Alten Testaments,* que ve la luz en tres volúmenes entre 1933 y 1939[251], y cuyo propósito y método se definen, según sus propias palabras, así:

---

[251] La última edición en alemán ve la luz en 1974. Al año siguiente, Ediciones Cristiandad la publica en castellano en dos volúmenes con el consabido título *Teología del Antiguo Testamento.*

«Descubrir el hilo conductor que atraviesa toda su evolución, pone de manifiesto la estructura de una religión en comparación con sus diferentes contenidos».

Y sobre todo:

«Lo que a nosotros nos interesa es una exposición de las ideas y de la fe veterotestamentaria que tenga siempre presente que la religión del AT, con toda su indiscutible singularidad, *solo* puede ser entendida en su esencia a partir del cumplimiento que encuentra en Cristo».

De ahí, por un lado, la importancia que concede a los métodos críticos de lectura y estudio de los textos veterotestamentarios, y por el otro, su idea capital de que el Antiguo Testamento constituye el prólogo del evangelio.

El primer volumen tiene por título *Dios y pueblo*[252], y en él sigue muy de cerca la evolución histórica del pueblo de Israel[253]. El mundo de la fe veterotestamentaria solo puede comprenderse e interpretarse en lo referente a su unidad estructural y su significado más profundo teniendo en cuenta los sistemas religiosos circundantes del Creciente Fértil egipcio-cananeo-mesopotámico, en primer lugar, así como el propio Nuevo Testamento. Pero Eichrodt se desmarca del procedimiento historicista que hasta el momento habían seguido los estudios veterotestamentarios desde el siglo XIX, emitiendo una dura crítica contra él, ya que estaba más bien orientado hacia la indagación de los orígenes o las fuentes de los escritos bíblicos; busca más bien establecer las categorías de pensamiento más importantes que se detectan en los treinta y nueve libros de las Escrituras Hebreas, distinguiéndolas cuidadosamente de las secundarias, y señalándolas como fundamentos de la religión israelita. De ahí que, pese a lo dicho, no dude en echar mano de los métodos históricos, aunque no para establecer la génesis de los textos, sino para sintetizar de forma sistemática y ordenada la fe de Israel según los patrones dialécticos que marcan los propios escri-

---

[252] Lo mencionamos a partir de la edición en lengua castellana.

[253] Se ha señalado en ocasiones la innegable influencia que han tenido sobre Eichrodt los trabajos de Otto Procksch, autor también de una *Theologie des Alten Testaments*. El acierto de la *Teología* de Eichrodt, no obstante, consiste en replantear las ideas de Procksch haciendo hincapié en la trascendencia de la revelación divina para Israel, y distribuyéndolas en un orden distinto al que aquel había propuesto.

tos sagrados, muy ajenos a cualquier esquema dogmático posterior. He aquí por qué se plantea Eichrodt la necesidad imperiosa de hallar un tema central, un *Mitte* o *Mittelpunkt*, que permita comprender todo el Antiguo Testamento.

Encuentra ese *Mittelpunkt* en el concepto de *Pacto* o *Alianza*[254], en alemán *Bund*, que desarrolla y articula de forma magistral en este primer volumen. En los dos que siguen (*Dios y mundo* y *Dios y hombre*, respectivamente), si bien se halla también presente, especialmente en el primero de ellos, tiende a irse diluyendo su exposición y aplicación en aras de otros temas complementarios. Tiene Eichrodt buen cuidado de no ceñirse exclusivamente a los textos o pasajes en que aparece de forma explícita el término hebreo ברית *berith*[255], que en nuestras ediciones bíblicas al uso se suele traducir por lo general como "alianza" o "pacto" —aunque en algunos textos muy concretos puede ser vertido de otras maneras[256]—, sino que encuentra esta idea maestra a lo largo de los treinta y nueve escritos veterotestamentarios como clave y centro unificador del conjunto. La noción de *pacto* viene así a compendiar lo que Israel comprende de sí mismo en lo relativo a su peculiar vinculación con Dios: Yahweh es por definición el Dios que pacta, un Dios estrechamente conectado con el mundo, con la especie humana como tal, y de forma específica con el pueblo de Israel, de manera que toda la enseñanza veterotestamentaria acerca de la creación tiende indefectiblemente a la concreción de un Pacto con mayúscula entre la Divinidad y la humanidad; es imposible para Israel concebir a su Dios sin que este salga al encuentro de su pueblo para establecer una Alianza muy especial, la formalización de la cual requiere ciertos instrumentos, y además repercute de forma especial en la vida de cada individuo que compone la nación hebrea. No se trata, por tanto, de un simple concepto abstracto o filosófico al más puro estilo platónico o

---

[254] Lo destacamos con mayúsculas dada su capital trascendencia en el pensamiento de Eichrodt.

[255] Solo o en combinación con el verbo כרת *karath* en el modismo כרת ברית *karath berith*, que significa "establecer un pacto", lit. "cortar un pacto", posible alusión a los sacrificios con que venían ratificadas las alianzas en el Medio Oriente Antiguo y que, entre otras ceremonias, incluían el hecho de abrir en canal, o sea, "cortar", un animal. *Cf.* Gn. 15:9-10.

[256] Sobre las dificultades de traducción de este vocablo hebreo y sus posibles significados, se consultará con provecho el ya clásico GIRDLESTONE, R. B. *Sinónimos del Antiguo Testamento. Su ilación con la doctrina cristiana*. Terrassa (Barcelona): CLIE, 1986, pp. 221-222.

aristotélico, sino de un elemento vivo y vital en la conciencia del antiguo pueblo hebreo[257] y que hallará su culminación en el Nuevo Testamento, que no es otra cosa que el Nuevo Pacto, la Alianza definitiva del Señor con la humanidad a través de Cristo, único sujeto omnicomprensivo de la revelación.

Ello incide en que Eichrodt plantee una vía histórica de acceso al pensamiento veterotestamentario que permita unir ambos Testamentos, y que se podría resumir con la fórmula hebrea יהוה מלך *Adonay malakh*, una buena traducción de lo cual sería "Yahweh (es decir, el Dios del Pacto) reina soberano"[258]. Más aún: el reinado de Dios irrumpe en el devenir histórico de la humanidad. La fe de Israel es, por lo tanto, una fe histórica.

Siguiendo la misma línea, publica en 1944 otro de sus grandes trabajos, *Das Menschenverständnis des Alten Testaments,* en el que incide en la suprema trascendencia de Dios en relación con el mundo. En sus propias palabras:

«El creador, del que habla el Antiguo Testamento, no es el constructor del mundo, el demiurgo, que forma el mundo con la materia primera preexistente, como se describe en los mitos de la creación del antiguo Oriente, ni es tampoco el principio cósmico que a la razón se le presenta como indispensable para explicar el mundo. Por el contrario, se presenta como el que está por encima y más allá del mundo, en su condición de trascendente, poseedor de la propia vida, completamente independiente de la existencia del mundo; y que lleva el mundo a la existencia en virtud de una libre decisión de su voluntad[259]».

Theodorus Christiaan Vriezen. Pastor reformado holandés, teólogo y semitista, fue profesor de religión en La Haya desde 1929 hasta

---

[257] Esta propia vitalidad del concepto de *pacto* o *alianza* explicará las distintas formas de ברית *berith* que muestra el Antiguo Testamento a lo largo de sus diferentes escritos. Se acusó en su momento a Eichrodt de no haber comprendido bien el concepto de *alianza* y de haber querido reducirlo a un modelo único, pero en realidad, al leer con atención sus trabajos, observamos que, efectivamente, tuvo en cuenta toda esta diversidad, si bien incidió en aquello que era común a todos los pactos veterotestamentarios, es decir, en su quintaesencia.

[258] Esta fórmula se encuentra en textos como 1Cr. 16:31; Sal. 93:1; 96:10; 97:1; 99:1, donde RVR60 lee *Jehová reina*. Algunos proponen que se traduzca como "Yahweh es rey", "Yahweh ha sido entronizado y reina", o conceptos equivalentes.

[259] Pág. 20. Citado por GONZÁLEZ-RUIZ, J. M. "El ateísmo en la Biblia", in *El ateísmo contemporáneo, vol. IV*. Madrid: Ediciones Cristiandad, 1973, p. 29.

1941, llegando incluso a impartir clases de lengua asiria y babilonia en la Universidad de Utrecht en 1940. A partir de 1941 se dedicó a la enseñanza de la teología veterotestamentaria en las universidades de Utrecht y Groningen.

Es especialmente conocido por su principal publicación, *Hoofdlijnen der theologie van het Oude Testament,* que ve la luz en 1949. Alcanza una tercera edición en holandés, publicada en 1966, considerada como la mejor, y de la que se traduce al inglés en 1970 con el título *An Outline of Old Testament Theology,* que ha sido la edición más conocida en el mundo de la teología contemporánea. Siguiendo la metodología de Eissfeldt y Eichrodt, declara en su página 7 de la edición original holandesa cuál fue el propósito por el que compuso este trabajo:

> «He escrito este libro en primer lugar para mis estudiantes... [por] su necesidad de una introducción a la teología del Antiguo Testamento; a partir de ahí, he intentado acomodarme al deseo de quienes pronto han de predicar sobre el Antiguo Testamento, pero apenas han tenido la oportunidad de sumergirse en la profundidad de la teología veterotestamentaria en particular».

Destaca de esta manera su doble finalidad, pastoral y docente al mismo tiempo. La idea fundamental que desarrolla es que la Biblia Hebrea prepara el camino de Jesucristo y que el Nuevo Testamento provee los medios para un trabajo exegético adecuado de los escritos veterotestamentarios. El Antiguo Testamento, cuya voz nunca debe ser dejada de escuchar por la Iglesia, es la Palabra de Dios hasta la llegada de Cristo. No obstante,

> «El Antiguo Testamento es en realidad un antiguo libro oriental y debiera ser leído como tal[260]».

Ello implica la necesidad de un trabajo exegético cuidadoso, bien dirigido desde el punto de vista metodológico, aunque no literalista, y que aúne los avances de las ciencias y disciplinas pertinentes con una profunda percepción espiritual en la que Cristo sea el centro indiscutible, *conditio sine qua non* de su correcta realización. En ningún momento los cristianos deben considerarse, por lo tanto, los dueños del Antiguo Testamento, sino más bien los oidores atentos de las enseñanzas de las

---

[260] Página 18.

antiguas disposiciones divinas para con Israel, vale decir, sus herederos naturales. En este sentido señala Vriezen de forma lapidaria:

«La ley solo pudo tener una función preparatoria a la luz de la revelación de Cristo[261]».

El valor autoritativo de la ley para con los cristianos, entendida por tal el conjunto del Pentateuco, se evidencia en doctrinas fundamentales como el pecado y la gracia, o el particular mensaje del Siervo de Yahweh del Deutero-Isaías, que refleja

«el espíritu de profecía que emana del Espíritu de Dios, el Padre de Jesucristo […] este es el secreto del Antiguo Testamento[262]».

En conclusión: la figura señera de Jesús de Nazaret enlaza ambos Testamentos. De ahí que, pese a la innegable espiritualidad del Talmud —que Vriezen entiende como una continuación natural de las Escrituras Hebreas—, los judíos no sean capaces de comprender las riquezas de la revelación del Reino de Dios, algo que solo la fe en Cristo hace accesible. De ahí también que los cristianos puedan abordar las distintas leyes y el conjunto de las disposiciones veterotestamentarias discerniendo en ellas lo que es esencial y perenne y distinguiéndolo de lo puramente ritual o cúltico.

Entiende, por tanto, Vriezen la teología del Antiguo Testamento como un componente esencial de la teología cristiana, y la sitúa entre la dogmática y la teología histórica. Dado que la Biblia Hebrea muestra un ostensible carácter de revelación, se debe distinguir entre lo que es la teología veterotestamentaria en estado puro, es decir, espiritual y de innegable orientación cristiana, y la historia de Israel propiamente dicha, que constituye otra clase de disciplina o especialización académica:

«La teología del Antiguo Testamento es una forma de erudición que difiere de la religión histórica de Israel tanto en lo referente a su objeto como en lo que concierne a su metodología… porque su objetivo no es la religión de Israel, sino el Antiguo Testamento… [y] porque se trata de un estudio del mensaje del Antiguo Testamento en sí mismo y en relación con el del

---

[261] Página 94.
[262] Página 101.

Nuevo... Su tarea es definir los rasgos generales del mensaje del Antiguo Testamento, razón por la cual puede dejar de lado muchas cosas que resultan de mayor importancia para el estudio de la religión de Israel[263]».

Esta realidad incide incluso en la concepción del canon veterotestamentario. Vriezen declara que

«desde el punto de vista cristiano, también el canon debe someterse al juicio de la predicación de Jesucristo[264]».

A la luz de los escritos veterotestamentarios, la concepción que tiene Israel de la Divinidad es muy sencilla. El Dios de los hebreos es entendido desde el primer momento como el único Santo, por lo que Vriezen no acepta los supuestos "resabios de politeísmo original" señalados por algunos autores en el plural de Gn. 1:26 ("*hagamos* al hombre a *nuestra* imagen, conforme a *nuestra* semejanza")[265]. Y lo más importante de todo: Yahweh es un Dios que entra en comunión con el hombre y con el mundo. El culto, con todo su ritual y todas sus ceremonias tan bien especificadas en los libros de la ley, controla que esta comunión funcione de forma adecuada, y la respuesta que Israel le da es la piedad y los patrones éticos que hallamos en la Biblia Hebrea.

Por ultimo, en relación con el ministerio de los profetas, destaca Vriezen el hecho de que son hombres de su tiempo, concernidos por los eventos que les toca vivir, y que enfocan siempre desde la perspective de la fe y la comunión divina, cuya manifestación máxima es la presencia del Reino de Dios en la persona de Jesús.

«Los profetas no se muestran como místicos particularmente vinculados con Dios, sino que contemplan cómo obra él a través de las circunstancias contemporáneas. La enseñanza profética no destaca el hecho de que estos especiales siervos de Dios hayan recibido una particular capacidad de comprensión en referencia a los acontecimientos de aquellos días (como si de simples analistas políticos se tratara), sino su experiencia de la realidad

---

[263] Páginas 148-149.
[264] Página 149.
[265] En relación con el texto de Is. 6:8 (*¿a quién enviaré, y quién irá por* nosotros?*), Vriezen entiende que el pronombre de primera persona del plural correspondiente se refiere a Dios juntamente con los serafines de la visión.

divina en cuanto acontecía; así, por ejemplo, es voluntad de Dios la invasión asiria, que él emplea como una simple vara en sus manos. No se trata de una visión mística, sino de una comprensión fruto de la fe, que contempla la realidad como el cumplimiento de la voluntad divina... De esta forma, todo cuanto los profetas ven que tiene lugar tiene sentido; más aún, está lleno de sentido. Incluso la ruina de Israel y Judá tiene sentido: se trata de un juicio de Dios. De esta manera, el decurso de la historia no se presenta como una serie de sucesos incomprensiblemente trágicos representados sobre un fondo de fuerzas oscuras e inalcanzables, sino como la huella de Dios en sus juicios, que prepara así el terreno para su Reino[266]».

Edmond Jacob. Pastor luterano alsaciano[267] procedente de una familia acomodada de origen alemán, más tarde profesor de Antiguo Testamento en la Facultad de Teología Protestante de Estrasburgo, había recibido su formación teológica en aquella misma institución; asimismo, realizó en su juventud estudios semíticos en París que coadyuvaron a su interés principal por los escritos veterotestamentarios. Nacido en 1909, sufrió en su propia carne el desgarramiento interno de muchos alsacianos, por ser originario de una región cuya historia se ha mostrado casi siempre particularmente turbulenta, al ser disputada entre Francia y Alemania. Tuvo el honor de ser el primer estudiante protestante en la institución católica conocida como *École Biblique et Archéologique Française de Jérusalem,* que en castellano solemos llamar *Escuela Bíblica de Jerusalén.*

Entre sus numerosos trabajos destacan *L'Ancien Testament,* sobre los orígenes de la Biblia, publicado entre 1930 y 1931, y *Bible, culture et foi,* que ve la luz en 1998, el año de su deceso. En líneas generales, se muestra contrario a la idea de que el Antiguo Testamento pueda ser utilizado como documento histórico de primera mano; piensa que solo a través de las ciencias históricas actuales se puede llegar a saber si los acontecimientos en él narrados tuvieron lugar realmente. Estos métodos, no obstante, no podrían ser aplicados a los primeros once capítulos del Génesis, donde se encuentran mitos que expresan "verdades suprahistóricas" o hechos históricos elevados al plano superior de la Historia Salvífica.

---

[266] Página 57 de la edición inglesa. La traducción es nuestra.
[267] Ejerció su ministerio principalmente en comunidades alsacianas de París.

Pero la obra por la que es más conocido, y con toda justicia, lleva por título *Théologie de l'Ancien Testament*[268], y fue publicada en 1955. Ya de entrada, el propio autor define así la disciplina:

> «La teología del Antiguo Testamento puede ser definida como la exposición sistemática de las nociones religiosas específicas que se hallan en el conjunto del Antiguo Testamento y que constituyen su unidad profunda».

Se trata, por lo tanto, de una ciencia descriptiva, no de una historia de Israel, ni siquiera de su religión. De ahí que ni las instituciones cultuales, la piedad o la ética se deban incluir en su campo de estudio. La teología del Antiguo Testamento, en la que Jacob ve una progresión y una continuidad, únicamente deberá tratar acerca del ser de Dios, su presencia constante en medio de su pueblo —bien expresada en el Tetragrámmaton יהוה *YHWH*, que conlleva al mismo tiempo las nociones de *duración* y de *actualidad*— y su acción en lo referente al hombre y al mundo, en lo que se cimenta la unidad de los treinta y nueve libros canónicos de las Escrituras Hebreas. De esta forma, los temas fundamentales serán la relación entre creación y antropología, por un lado, y lo referente al pecado, la redención y la escatología, es decir, el fin de los tiempos, por el otro[269]. Y es que para Edmond Jacob, la revelación de Dios solo es posible en actos concretos, siempre con vistas a un acontecimiento trascendental. En sus propias palabras:

> «Una teología del Antiguo Testamento que no esté fundamentada en ciertos versículos aislados, sino en el conjunto del Antiguo Testamento, no puede ser sino una cristología, porque es en Cristo donde se ha reunido y llevado a la perfección lo que en la antigua alianza se ha manifestado.
> [...]
> Una afirmación así no significa en absoluto que no debamos considerar el Antiguo Testamento más que a la luz de su cumplimiento.
> [...]
> Fuera del principio de unidad de los dos Testamentos *y a fortiori* de la unidad interna del Antiguo Testamento mismo, no es posible hablar de una teología del Antiguo Testamento».

---

[268] En nuestra lengua castellana salió a la luz en 1969 una excelente traducción publicada por Editorial Marova, de Madrid, con el título *Teología del Antiguo Testamento*.

[269] Dentro de este contexto ubica Edmond Jacob la figura de Satanás como un *antidiós*, cuyo nombre y actuación en tanto que entidad personal contraria a Dios y al hombre no cristalizan sino hasta 1Cr. 21:1ss.

No nos debe extrañar, por lo tanto, que el autor se muestre un tanto reacio al sintagma *teología del Antiguo Testamento*, y casi prefiera sustituirlo por *fenomenología del Antiguo Testamento*. Para él, la teología *stricto sensu* no es otra cosa que la dogmática, a la cual el teólogo bíblico provee la materia prima, o si se prefiere, los materiales de base. En sus propias palabras:

> «Si [la dogmática] desea permanecer cristiana siempre, tendrá que hacer nuevas evaluaciones de sus declaraciones comparándolas con la información bíblica esencial, la elucidación de la cual es precisamente tarea de la teología bíblica, ella misma basada en una exégesis bien fundada[270]».

Si emplea, no obstante, la expresión *teología del Antiguo Testamento*, incluso como título de su trabajo, lo hace entendiendo el concepto de *teología* en su sentido más amplio.

Paul van Imschoot. Sacerdote y teólogo católico romano, profesor de exégesis en el seminario de Gante, Bélgica, formó parte de la renovación de la teología y la exégesis acaecida en su iglesia a partir de la encíclica del papa Pío XII *Divino Afflante Spiritu*, que en 1943 anuló las disposiciones contrarias a los estudios bíblicos impuestas en 1907 por el papa Pío X, y contribuyó al rápido desarrollo de estas disciplinas en los años 50 y 60 entre las filas romanas.

Su obra capital, considerada por muchos aún hoy como la mayor aportación católica a la teología veterotestamentaria del siglo XX, es la *Théologie de l'Ancien Testament,* de la que vieron la luz dos volúmenes entre 1954 y 1956 en Tournai, Bélgica, poco antes de su muerte[271]. Entiende la teología veterotestamentaria como una exposición doctrinal enfocada hacia la continuidad de los dos Testamentos y una superación de lo que llama

> «las lagunas y las imperfecciones de la Ley Antigua[272]».

Toma una postura en cierto modo conservadora ante los avances de la crítica bíblica, si bien tiene una actitud más abierta que la de otros eruditos católicos del momento. Concede, de hecho, un gran valor

---

[270] Pág. 31 de la edición en inglés *Theology of the Old Testament.*

[271] En nuestra lengua castellana se publicó en 1969 por Ediciones Fax con el consabido título *Teología del Antiguo Testamento.*

[272] Vol. I, pág. 2, de la edición inglesa.

histórico a las tradiciones sobre el primitivo Israel. Siguiendo en su presentación la división tripartita clásica —teología, antropología, soteriología[273]—, plantea su trabajo en tres volúmenes (de los que solo dos llegan a ver la luz), debido a lo cual más de uno ha señalado la influencia del pensamiento de Santo Tomás de Aquino.

El primero está consagrado al estudio de Dios y su relación con el mundo en general y con Israel en particular. La primera parte la dedica a Dios en sí mismo, vale decir, su existencia, sus nombres, así como lo referente a sus atributos metafísicos y morales, sin excluir la cuestión de los sentimientos divinos. La segunda estudia la cuestión de Dios en relación con su creación, y procede desde lo general —el mundo— hasta lo particular —el pueblo de Israel—, en una muy consciente toma de posición contraria a la teología protestante de Eichrodt, que procedía a la inversa, de lo particular —la elección— a lo universal —el origen del mundo.

El segundo lo dedica al hombre, su naturaleza y su destino, sus deberes para con Dios y para con su prójimo, así como su caída y la noción de pecado. Desarrolla los conceptos de ética y culto. En relación con el pecado, hace una breve presentación del asunto, ya que su intención original era consagrarle un tercer volumen, en el que hubiera tratado acerca de la escatología veterotestamentaria general, con temas destacados como el juicio y la salvación, pero, como hemos apuntado más arriba, nunca llegó a plasmarse por escrito.

Aunque no han faltado detractores que le han acusado de haber editado en realidad una recopilación de monografías sobre temas doctrinales del Antiguo Testamento más que una teología propiamente dicha, es innegable el valor de su trabajo, máxime si tenemos en cuenta el momento y las circunstancias particulares por las que su iglesia atravesaba.

Gerhard von Rad. Cualquier cosa que se pretenda decir acerca de esta figura capital de la teología del Antiguo Testamento resultará siempre banal, por muy elogiosa que quiera ser, y no llegará a abarcar en toda su extensión la trascendencia real de sus aportaciones. Indiscutiblemente, hoy por hoy, Gerhard von Rad se ha convertido en un clásico imprescindible de los estudios veterotestamentarios en general

---

[273] Como habían hecho en su momento Sellin, Köhler y otros teólogos.

y de nuestra disciplina en particular, amén de uno de los autores fundamentales de la exégesis y la teología bíblica del siglo XX, cuyo conocimiento y lectura son indispensables para cualquiera que desee profundizar en las aportaciones más destacadas del pensamiento protestante de la última centuria, o simplemente informarse acerca de él; no es porque sí que, además de sus trabajos eruditos o académicos propiamente hablando, sus sermones más destacados hayan sido también publicados[274] y se hayan convertido en fuente de inspiración para muchos teólogos y predicadores actuales.

Nacido en 1901 en el seno de una familia de clase burguesa acomodada originaria del reino de Baviera, recibió una formación muy completa. Con grandes dotes como lingüista, desde muy temprano se interesó por el estudio de las lenguas clásicas —el griego y el latín— y la arqueología, al mismo tiempo que despuntaba en él una clara vocación teológica. De ahí que orientara sus intereses intelectuales, por un lado como pastor luterano, y por el otro como erudito especialista en el Antiguo Testamento, debido a lo cual alternó a lo largo de su vida las funciones pastorales y docentes en diversas parroquias y universidades de Alemania, según los momentos[275]. Siempre entendió su ministerio pastoral como un compromiso real con la sociedad a la que servía en tanto que heraldo de la Palabra de Dios. Por ello, dada su abierta oposición al nazismo, contra el cual pronunció varias conferencias públicas, y sus más que conocidas simpatías por las clases trabajadoras, no se vio libre de sospechas[276] e incluso detenciones policiales, que aprovechó estoicamente para seguir leyendo, investigando y escribiendo desde la prisión. La segunda Guerra Mundial interrumpió sus actividades académicas y le obligó a prestar servicio militar en las filas del III Reich, lo que le llevó, como a tantos otros

---

[274] En castellano, y con el título *Sermones*, Ediciones Sígueme de Salamanca publicó una selección en 1975.

[275] Se inició en la docencia teológica en 1929 y trabajó en las universidades de Erlangen, Leipzig, Jena y Göttingen (Gotinga) hasta la segunda Guerra Mundial.

[276] Se le llegó a acusar abiertamente de ser un pastor comunista y un propagador de la ideología soviética (más concretamente, estalinista) entre los trabajadores alemanes, especialmente entre los de algunas cuencas mineras en las que ejercía el sagrado ministerio. Algo parecido se había dicho también en su momento acerca de las labores ministeriales de Karl Barth en su Suiza natal, donde se le acusó abiertamente de ser un "pastor rojo".

conciudadanos suyos, a un campamento de prisioneros una vez concluida la contienda[277], si bien muy pronto pudo retomar la docencia, enseñando en la Universidad Ruprecht Karl de Heidelberg hasta su jubilación en 1970 (en realidad, no dejó de pronunciar conferencias e impartir cursillos hasta su deceso en 1971). Su figura ha sido grandemente valorada incluso fuera de su país, por lo que en su momento recibió doctorados *honoris causa* en universidades extranjeras como la de Lund, en Suecia, o la del País de Gales, en el Reino Unido, siendo además un conferenciante muy apreciado, aunque no exento de controversias académicas, de forma que sus visitas a las diferentes instituciones teológicas solían generar cierta expectación, especialmente en los Estados Unidos, en una de cuyas instituciones académicas más conspicuas, el *Princeton Theological Seminary* o *Seminario Teológico de Prínceton*, fue profesor visitante.

Su interés por el Antiguo Testamento en un momento en que el liberalismo protestante alemán liderado por Von Harnack lo menospreciaba, hace de él una de las figuras destacadas en la labor de su reivindicación dentro del ámbito cristiano, junto con Alt, Eissfeldt, Eichrodt, Procksch y otros. Así se le ha reconocido, incluso en medios conservadores. Ciertas disertaciones académicas que pronunció y ciertos artículos tempranos que publicó, evidencian la atracción que ejercía sobre él la cuestión del Hexateuco, revalorizando las tesis de Wellhausen, lo que se plasma en su publicación *Das formgeschichtliche Problem des Hexateuchs,* que sale de las prensas en 1938. Se ha señalado concretamente la influencia de Otto Procksch en su apreciación de la importancia del Deuteronomio como exponente de las tradiciones del reino septentrional de Israel, así como del valor de los libros de Crónicas. También algunos indican a Albrecht Alt como su fuente para la idea de que es necesaria una aproximación histórica para la correcta comprensión del Antiguo Testamento. Sin negar que así sea, lo cierto es que el tratamiento que da a los temas y los libros de las Escrituras Hebreas lleva el sello propio de su originalidad, como evidencian dos de sus trabajos más conocidos, *Das erste Buch Moses: Genesis,* publicado en 1949, y traducido a las principales lenguas de cultura en

---

[277] Las condiciones adversas que vivió en esta situación, según se dice, marcarían para siempre su pensamiento e incidirían en sus enfoques teológicos posteriores. No ha sido el único filósofo o teólogo cristiano a quien le haya sucedido algo semejante en el siglo XX.

sucesivas ediciones[278]; y *Das fünfte Buch Moses: Deuteronomium,* que ve la luz en 1964.

Pero indiscutiblemente, su *opus magnum* es la monumental *Theologie des Alten Testaments,* que aparece en dos volúmenes. El primero lleva como título *Die Theologie der geschichtlichen Überlieferung Israels,* y se publica en 1957, alcanzando una última edición en alemán en 1992. El segundo se titula *Die Theologie der prophetischen Überlieferung Israels,* cuya primera edición alemana es de 1967, alcanzando una última en 1987[279]. Se ha señalado en algunos medios que su trabajo *Weisheit in Israel,* publicado en 1970[280], en el que analiza con gran precisión los temas fundamentales que presenta la literatura sapiencial del Antiguo Testamento, puede muy bien considerarse como el tercer volumen de la *Theologie*[281], aunque nunca se ha editado como tal. Lo cierto es que la publicación de esta obra cumbre de la ciencia teológica y exegética de la centuria pasada ha marcado una cesura, un antes y un después en la historia de la teología veterotestamentaria, de manera que son ya bastantes los autores que dividen a esta en dos épocas claramente diferenciadas: antes y después de Von Rad.

Al presentar el contenido del pensamiento de Von Rad tal como viene reflejado en su *Theologie,* hemos de tener en cuenta básicamente el primer volumen, considerado por todos como el más importante, y en el que el autor parte de un hecho fundamental: que es la Palabra viva de Yahweh dirigida a Israel a través de los hechos portentosos de Dios, los eventos a los que se suele dar el nombre técnico de *gesta Dei.* Esas gestas divinas constituyen el objeto de la teología bíblica en general y de la teología veterotestamentaria en particular. Yahweh se expresa, *habla,* por medio de sus grandes obras, únicamente accesibles al entendimiento de Israel por medio de la fe, y plasmadas en lo que se designa

---

[278] En castellano lo ha publicado Ediciones Sígueme con el título *El libro del Génesis.* La edición que tenemos delante es la segunda, de 1982.

[279] Ni que decir tiene que esta *Teología del Antiguo Testamento* ha sido la obra de Von Rad más traducida y editada, y aquella por la que más se le conoce en los medios teológicos de todo el mundo. En castellano ha sido también Ediciones Sígueme quien la ha publicado completa; la sexta edición ha visto la luz en 1990. El volumen I tiene el título *Las tradiciones históricas de Israel* y el II, *Las tradiciones proféticas de Israel.*

[280] En castellano tenemos una excelente versión publicada por Ediciones Cristiandad en 1982 con el título *Sabiduría en Israel,* y la indicación de que estudia los siguientes libros bíblicos: Proverbios, Job, Eclesiastés, y los dos apócrifos Eclesiástico y Sabiduría.

[281] Al parecer, así lo llegó a expresar el propio Von Rad en algún momento.

como *credos, confesiones* o *profesiones de fe*, sin duda fórmulas breves en sus comienzos, pero más tarde desarrolladas hasta constituir sumarios de mayor o menor longitud, que presentan la acción de Dios en la historia, con un contexto bien enmarcado y un evidente carácter testimonial. Estudia Von Rad estas confesiones siguiendo un método diacrónico, es decir, ubicándolas en los diferentes momentos históricos en que vieron la luz; las delimita en el texto sagrado a partir de los resultados de la crítica histórica y literaria, que considera perfectamente válidos; por último, las explica claramente según su *ratio* interna dentro del conjunto de todo el Antiguo Testamento. De esta manera, ve en ellas una clara intención kerigmática, de forma que configuran la *Heilsgeschichte* o *Historia de la Salvación*. Estas confesiones son las siguientes:

- *Dt. 26:5-9:* descenso del clan arameo originario a Egipto, esclavitud, liberación milagrosa por la intervención del Dios de los Padres, y posesión de Canaán. Dado que es de todas ellas la más conocida del gran público o la más citada, incluso en medios conservadores —además de la más esquemática en el sentir de muchos estudiosos— bien merece la pena transcribirla tal cual la leemos en RVR60:

  > *Un arameo a punto de perecer[282] fue mi padre, el cual descendió a Egipto y habitó allí con pocos hombres, y allí creció y llegó a ser una nación grande, fuerte y numerosa; y los egipcios nos maltrataron y nos afligieron, y pusieron sobre nosotros dura servidumbre. Y clamamos a Jehová el Dios de nuestros padres; y Jehová oyó nuestra voz, y vio nuestra aflicción, nuestro trabajo y nuestra opresión; y Jehová nos sacó de Egipto con mano fuerte, con brazo extendido, con grande espanto, y con señales y con milagros; y nos trajo a este lugar, y nos dio esta tierra, tierra que fluye leche y miel.*

Es importante destacar en este texto un rasgo fundamental que también se encuentra en las demás confesiones de fe israelitas: el paso de un estilo impersonal, narrativo, puramente histórico, siempre en tercera persona en lo referente a los sujetos y los

---

[282] Otra traducción posible: *un arameo errante* (NC, NVI).

objetos, a una implicación total del pueblo expresada en la traducción por los pronombres objeto de primera persona del plural *nos*[283]. De esta manera, los israelitas hacen suya la historia de sus ancestros, la reviven de alguna forma y la actualizan en sí mismos. Hemos de tener en cuenta que esta confesión viene enmarcada en la redacción actual del Deuteronomio en un contexto eminentemente cúltico, la presentación de una ofrenda. El hecho de recitar esta fórmula en un momento determinado dentro de la ejecución del rito, conlleva una expresión de agradecimiento por los grandes hechos salvíficos de Dios sobre su pueblo, así como una proclama de su soberanía en la historia de los hombres.

- *Jos. 24:2-13:* vocación del gran ancestro Abraham, al que Dios llama de un entorno idólatra; descenso de Israel a Egipto; liberación milagrosa; estancia en el desierto y posesión de Canaán[284]. Esta confesión se enmarca, dentro de la redacción actual del libro de Josué, en el contexto del discurso de despedida del gran caudillo hebreo, dato que no debe ser minusvalorado a la hora de leerla y comprenderla como un llamado al reconocimiento de la guía divina de Israel, así como una asimilación de la historia nacional orientada al cumplimiento de unas promesas, además de un poderoso llamado contra la idolatría circundante en la Tierra Prometida.

- *Salmo 105*[285]*:* con el estilo propio de una alabanza cúltica, refiere la alianza divina con los patriarcas y la protección que ellos

---

[283] En el texto original, esta implicación se expresa por los sufijos pronominales correspondientes de primera persona del plural añadidos a las formas verbales conjugadas, conforme a las características propias de la lengua hebrea.

[284] En este caso concreto se prodigan los nombres propios, geográficos y personales, frente a la simplicidad e incluso la adustez de la primera confesión: Taré, Abraham, Nacor, Canaán, Isaac, Jacob, Esaú, el monte de Seir, Egipto, Moisés, Aarón, el mar Rojo, Balac hijo de Zipor, Balaam hijo de Beor, el Jordán y Jericó. Llama la atención de exegetas y especialistas en general la ausencia del monte Sinaí, tan importante en otras tradiciones. Se designan por su nombre los siguientes pueblos: egipcios, amorreos, moabitas, ferezeos, cananeos, heteos, gergeseos, heveos y jebuseos. Todo ello incide en que tengamos en este texto un documento de inigualable valor a la hora de establecer las tradiciones históricas de Israel, de las que evidencia un estado muy desarrollado y una reflexión harto elaborada.

[285] Los primeros quince versículos aparecen en la composición que 1Cr. 16:8ss atribuye a David *por mano de Asaf y de sus hermanos* y la inserta en el contexto del relato marco que refiere el traslado del arca del pacto hasta Jerusalén. En relación con la difícil

tuvieron, además de la entrada de Israel en Egipto en época de penuria[286], sus tribulaciones allí, y la gran liberación realizada por medio de Moisés y Aarón[287], así como la protección divina en el desierto y la posesión de Canaán. Todo el salmo rebosa de providencialismo, en el sentido de que el Dios de Israel dirige el conjunto de los acontecimientos para bien de sus hijos, incluso aquello que se pudiera considerar como particularmente negativo, lo que evidencia, a todas luces, una gran madurez teológica y un conocimiento existencial de la Historia de la Salvación.

- *Salmo 135*: también en un evidente estilo poético, menciona la liberación de Egipto y la destrucción de los cananeos como obra providencial de Dios a favor de su pueblo Israel, todo ello inserto dentro de un contexto de alabanza al Señor por sus obras poderosas, y de ferviente repulsa contra la idolatría.

Afirma Von Rad que estas confesiones de fe tienen su marco natural en las instituciones cultuales y las celebraciones religiosas de Israel, en las que debían ser leídas —o tal vez sea más exacto decir *cantadas*, e incluso, siendo más exactos aún, *recitadas*— en tanto que medio idóneo de testimonio e instrucción permanente del pueblo.

De ello se infiere que la fe de Israel es una fe histórica, vale decir, cimentada sobre hechos acaecidos en el espacio y en el tiempo, jamás una mera construcción abstracta o filosófica. Frente a quienes, como Eichrodt y tantos otros antes mencionados, buscan reducir la fe milenaria de Israel a un *Mittelpunkt* concreto que la explique o la articule en su conjunto, señala Von Rad que esos intentos hacen violencia a los

---

cuestión del marco histórico del Salterio, *cf.* NOGUEZ, A. "El contexto histórico-cultural de los Salmos. Una introducción religiosa socio-cultural de los salmos", in *Revista de interpretación bíblica latinoamericana (RIBLA)*, órgano del Consejo Latinoamericano de Iglesias (CLAI), n° 45. 2003, pp. 23-35.

[286] Este es uno de los poquísimos textos bíblicos que, aparte de los capítulos finales del libro del Génesis, hacen referencia a la figura de José hijo de Jacob y su papel providencial y previsor en la administración egipcia (vv. 16-22), con todas las consecuencias que ello tuvo en la supervivencia de los patriarcas hebreos en el país del Nilo.

[287] Los vv. 27-36 contienen una magnífica referencia de elevado tono épico a las plagas con que Dios castigó la soberbia de Egipto. Sorprendentemente, no se hace mención alguna del paso del mar Rojo, hecho considerado capital en la redacción actual del Éxodo (cap. 14 y 15) y en otros textos del mismo Salterio (*cf.* Sal. 66:6; 77:19; 106:9; 114:3; 136:13).

textos del Antiguo Testamento tal como nos han llegado. La historia religiosa de Israel se articula en torno a unos acontecimientos especialmente relevantes, tres concretamente, que se han de considerar como hitos, eventos clave, pero que resultan inaccesibles a la crítica histórica contemporánea, y que, además, aparecen presentados en el conjunto de las Escrituras Hebreas a partir de un esquema previo de pensamiento. Son los siguientes:

1) La vocación de los patriarcas
2) La liberación de Israel de la opresión egipcia
3) La conquista de Canaán

A través de ellos, o mejor dicho, a través de las tradiciones históricas conservadas en torno a ellos y su ubicación en los relatos veterotestamentarios —más concretamente, en las tres colecciones literarias básicas que constituyen el Hexateuco, el Deuteronomista y el Cronista[288]—, el pueblo hebreo adquiere conciencia de ser el pueblo de Dios, es decir, el objeto de una especialísima elección divina realizada por pura Gracia. Ello condiciona de forma absoluta su imagen de Dios en relación con el mundo y con el ser humano, y de forma muy especial, la comprensión que Israel desarrolla de su propia historia en tanto que nación elegida, lo cual deviene una historia teológica en la que las tradiciones se superponen a la pura reflexión y a cualquier intento de sistematización cronológica o científica al modo occidental. Insiste mucho Von Rad en que la teología del Antiguo Testamento es precisamente una teología de *tradiciones*, como evidencian los títulos que hemos indicado más arriba, o sea, lo que Israel *dice* acerca de Yahweh y de sus obras portentosas, un estudio literario en realidad. De ahí que la labor del teólogo bíblico o veterotestamentario consista en integrarse plenamente en esa línea de pensamiento, evitando reconstruir contextos o nexos "lógicos" al estilo occidental allí donde Israel no lo hizo, y repitiendo sus narraciones y testimonios tal como hicieron los propios hagiógrafos, lo que se designa con el nombre técnico de *Nacherzählung*, es decir, "reproducción" o "narración" de unos hechos concretos cuyo único

---

[288] Lo que tradicionalmente designamos como *Libros históricos* en la tradición cristiana, pues el Hexateuco, como queda dicho, abarca los cinco libros del Pentateuco más Josué; el Deuteronomista incluye, en tal caso, Jueces, Samuel y Reyes; y el Cronista, los dos libros de las Crónicas más Esdras y Nehemías.

protagonista es Dios[289]. Prima, pues, el hecho sobre el discurso orgáni-co, los ἔργα *erga* sobre el λόγος *logos*. Nunca tuvo *in mente* el antiguo Israel nada parecido a una exposición estructurada y sistemática, o una síntesis elaborada de sus doctrinas o su pensamiento, ni le preocupó demasiado el que los contenidos de sus tradiciones no siempre concor-dasen entre sí. El teólogo veterotestamentario se ve impelido, por tan-to, a realizar una clara labor histórico-descriptiva, exclusivamente, que tiene mucho de comentario literario de textos.

A ello hay que añadir que, según Von Rad, el conjunto del Anti-guo Testamento, tal como nos ha llegado, contiene algo más: la res-puesta de Israel a la revelación divina, es decir, la expresión de la situación en que se vieron ubicados los antiguos hebreos en tanto que pueblo de Dios. Ahí deben incluirse el conjunto del Salterio, la variada literatura sapiencial y los distintos códigos legislativos con-tenidos actualmente en el Hexateuco, que no deben entenderse como tradiciones históricas propiamente dichas, sino más bien como una producción literaria y teológica posterior, consecuencia de una muy profunda reflexión realizada por los maestros sagrados de la nación acerca de los *gesta Dei*.

Señala además Von Rad que, a diferencia del Nuevo Testamento, el Antiguo no puede tener un centro, un *Mitte* o *Mittelpunkt* específi-co, dado que la manifestación plena de Dios realizada en Jesucristo —que es la verdadera finalidad a la que apunta el conjunto de la historia de Israel— se halla fuera de sus páginas y de su ámbito cronológico e histórico, es decir, aparece como algo externo a él. De esta manera, la teología veterotestamentaria se nos muestra como algo esencialmente transitorio, nunca definitivo ni completo en sí mismo, fundamentado en el testimonio histórico del pueblo hebreo.

Otra de las aportaciones capitales de la *Theologie* de Von Rad es la idea de que el antiguo Israel revisó y actualizó de continuo su fe yahvista, de manera que cada generación se veía confrontada a las

---

[289] Se ha señalado, sin duda con razón, que la investigación de Von Rad previa a la publicación del primer volumen de su *Theologie*, y llevada a cabo durante largos años, se inscribe en una corriente de pensamiento cuyos mentores principales fueron los ya mencionados Albrecht Alt y Martin Noth, y que se plasmó en el mundo anglosajón con la divisa *biblical theology as recital*, es decir, "la teología bíblica como relato" de los hechos portentosos de Dios. Una obra clásica de esta línea es *God who acts*, del erudito y arqueólogo norteamericano George Ernest Wright, publicada en 1952, y que de algu-na manera anticipa la magistral exposición de Von Rad.

tradiciones sobre los hechos divinos y debía asimilarlos como suyos, tal como se evidencia en las mismas profesiones de fe antes mencionadas. Dicho de otra manera: la fe yahvista así concebida no se presentaba como una construcción monolítica e inalterable, sino como un organismo vivo, en permanente movimiento. La salvación que Dios había ofrecido en un principio a los antecesores de Israel, era ofrecida de nuevo a sus descendientes en una realización siempre presente en clave de *promesa-cumplimiento*. Así, las promesas hechas a Abraham y los patriarcas, plenamente cumplidas en el libro de Josué[290] —lo que justificaría el concepto de Hexateuco como un conjunto literario y teológico compacto y completo en sí mismo[291]— no se limitaban a ser un hecho puramente histórico, sino existencial. De ahí la tensión palpable en el conjunto veterotestamentario entre los materiales históricos y los sapienciales que reflexionaban sobre ellos. De ahí también que la his-

---

[290] El texto fundamental sobre el que se asienta esta afirmación es concretamente Jos. 21:43-45, en el que leemos lo siguiente:

De esta manera dio Jehová a Israel toda la tierra que había jurado dar a sus padres, y la poseyeron y habitaron en ella. Y Jehová les dio reposo alrededor, conforme a todo lo que había jurado a sus padres; y ninguno de todos sus enemigos pudo hacerles frente, porque Jehová entregó en sus manos a todos sus enemigos. No faltó palabra de todas las buenas promesas que Jehová había hecho a la casa de Israel: todo se cumplió.

No debe, pues, sorprendernos que, como se suele apuntar en los comentarios serios a este libro, este pasaje, sin duda un sumario o resumen teológico de su contenido previo, esté considerado como una de sus claves interpretativas, dado que lo que el autor sagrado intenta destacar por encima de todo es la idea de que Dios es fiel y cumple lo que promete. La aparente tensión entre lo indicado en estas palabras y la realidad de una conquista inconclusa en la época de Josué —pasarían siglos antes de que los hebreos fueran realmente los dueños de *toda* la tierra de Canaán, como queda dicho— no supone para el hagiógrafo ningún quebradero de cabeza insoluble: el Dios que ha dirigido a Israel hasta este punto concreto de su historia, cumplirá plenamente cuanto ha prometido y no dejará jamás a su pueblo abandonado a su suerte. De esta manera, puede muy bien dar por hecho la realización completa de las bendiciones acordadas a los antiguos patriarcas.

[291] Un texto que también se alega como evidencia de la realidad del Hexateuco como conjunto literario completo es Jos. 24:26a:

Y escribió Josué estas palabras en el libro de la ley de Dios.

El libro de Josué —parecería señalar esta declaración— viene a completar, por tanto, el Pentateuco mosaico tradicional ("el libro de la ley") y darle su sello definitivo, haciendo un solo cuerpo con él.

toria de las tradiciones tenga un nexo natural con la escatología como reflexión sobre las últimas cosas, en función de lo que Dios ha hecho en el pasado; en ello se encuadra el ministerio de los profetas. De este modo, para Von Rad las tradiciones proféticas, frente a lo que otros autores habían afirmado, no aparecen como una negación o un rechazo de la historia de Israel, sino como una *actualización permanente* de los contenidos básicos del Hexateuco.

He aquí, pues, la razón por la cual consagra Von Rad el segundo volumen de su *Theologie* al estudio de las tradiciones proféticas en Israel, y lo hace desarrollando los siguientes apartados:

1. Profetas que ejercieron sus ministerios respectivos en la misma época: Amós y Oseas en el reino de Israel e Isaías y Miqueas en el reino de Judá.
2. Figuras proféticas descollantes por su peculiar individualidad, bien reflejada en sus mensajes y teologías respectivos: Jeremías, Ezequiel y el Deutero-Isaías.
3. Época babilónica.
4. Período persa.
5. Daniel y el género apocalíptico.

Todo ello precedido por un interesante prefacio en el que, entre otros asuntos de interés sobre el fenómeno profético en general y su mensaje, centra su atención en las figuras señeras de Elías y Eliseo, a los que considera representantes de la profecía preclásica, es decir, aquella que no deja constancia escrita de su labor. Entiende Von Rad que el profetismo es un fenómeno tardío en Israel, si lo comparamos con la institución sacerdotal, y surge en el siglo IX a. C., para enlazar más tarde de forma directa con el Nuevo Testamento. Ante las trágicas realidades de infidelidad y apostasía nacional que tienen delante de sus ojos, los profetas niegan la eficacia salvífica de las antiguas intervenciones divinas para sus contemporáneos (aunque las entienden indefectiblemente como la historia sagrada de las doce tribus hebreas y el punto de referencia hacia el cual se ha de llamar la atención del pueblo), por lo que proclaman —siempre dentro del mismo espíritu yahvista que impregna las tradiciones sacras de Israel— una nueva y definitiva manifestación de Dios en la historia, cuya culminación será la Nueva Alianza, es decir, una dimensión distinta de la actuación divina. Opina Von Rad que los profetas habrían reflexionado «mucho más seriamente que sus contemporáneos sobre el camino histórico que Yahvé había seguido con Israel[292]»,

pero no se quedaron ahí. No se limitaron a repetir lo que ya se conocía o a incidir en lo que desde hacía siglos el pueblo escuchaba de sus maestros y dirigentes religiosos, sino que mostraron

«una preocupación hasta entonces no conocida, por estar a la escucha de los grandes movimientos históricos y mutaciones del momento presente. La totalidad de su predicación está caracterizada por una movilidad increíble para prepararse a los nuevos fenómenos históricos; por una flexibilidad para reajustar continuamente su predicación[293]».

Esta nueva aportación, o si lo preferimos, la particular originalidad de la predicación profética frente a la de los anteriores expositores del yahvismo, es la escatología, en la que se aúnan dos importantes conceptos del pensamiento religioso hebreo: la tradición *histórica* y, sobre todo, la tradición sobre la *elección*, vale decir,

«una imagen histórica en la que Israel aparece como llamado por Yahvé, y así legitimado en su base[294]».

Es importante señalar que no todos los profetas apuntan a unas mismas tradiciones en lo que concierne a la elección: Oseas, por ejemplo, se centra en las referentes al éxodo (Os. 11:1), que luego retomarán Jeremías (Jer. 11:7; 23:7; 31:32), Ezequiel (Ez. 20) y especialmente el Deutero-Isaías (Is. 43:1-3,19; 44:25,27; 45:14[295]); el Proto-Isaías, por su parte, fundamenta su predicación en las tradiciones sobre la elección concernientes a la ciudad de Sion y a la casa de David (*cf.* el llamado *Libro de Emanuel*, Is. 7-12).

Por otro lado, destaca Von Rad en la parte introductoria de este segundo volumen, y dentro del contexto escatológico de la predicación profética, un elemento nuevo en relación con las antiguas tradiciones

---

[292] Pág. 148 de la edición en castellano.

[293] *Ibíd.*

[294] *Íd.*, pág. 153.

[295] El Deutero-Isaías, si bien no se refiere de forma directa a las tradiciones sobre el éxodo, rezuma todo él un colorido y unas expresiones que recuerdan aquella experiencia histórica y pretenden reflejar la situación de Israel en Babilonia como la vivencia de un nuevo y definitivo éxodo que supere en esplendor al primero.

de Israel, que es el anuncio del gran evento al que los siervos de Dios dan el nombre de יוֹם־יהוה *Yom YHWH* o *Yom Adonay*, el *Día de Jehová* de la versión tradicional castellana RVR60[296], descrito en líneas generales como un acontecimiento terrible en el que, además de los grandes cataclismos terrestres y cosmológicos que ponen fin a este mundo, destaca el elemento de juicio de los enemigos de Israel y la reivindicación del pueblo justo, como leemos en los textos que lo mencionan *expressis verbis*[297], de los cuales se considera Am. 5:18-20 como el paradigmático, y que citamos literalmente, dada su importancia[298]:

¡Ay de los que desean el día de Jehová! ¿Para qué queréis este día de Jehová? Será de tinieblas, y no de luz; como el que huye de delante del león, y se encuentra con el oso; o como si entrare en casa y apoyare su mano en la pared, y le muerde una culebra. ¿No será el día de Jehová tinieblas y no luz; oscuridad, que no tiene resplandor?

Aunque, en opinión de Von Rad, el conjunto de ideas que complementan la noción del יום יהוה *Yom YHWH* tomadas en sí mismas, no se puede considerar realmente escatológico, sino que se fundamenta muy bien en las antiguas tradiciones de Israel[299], con todo, el hecho de que los profetas hicieran hincapié en una intervención bélica de Dios al final de los tiempos y le atribuyeran un carácter universal, hace que se presente bajo una nueva luz[300].

---

[296] La BJ lo vierte como *el día de Yahveh*; BTI, como *el día del Señor*; BTX, como *el día de YHVH*; DHH como *el Día del Señor*; NC lee *el día de Yavé*; NTV, *el día del Señor*; y la edición crítica CI, *el día de Yahveh*.

[297] Is. 2:12; 13:6,9; 22:5; 34:8; Jer. 46:10; Ez. 7:19; 13:5; 30:3; Jl. 1:15; 2:1,11,31; 3:14; Am. 5:18-20; Abd. 15; Sof. 1:7,8,14-18; Zac. 14:1. Señala Von Rad que estas menciones del יום־יהוה *Yom YHWH*, al aparecer en nuestras versiones bíblicas actuales enmarcadas dentro de unos contextos muy concretos, han de ser leídas con sumo cuidado, teniendo en cuenta las unidades de sentido o composiciones de que ahora forman parte, sin por ello dejar de intentar dilucidar cuál pudo ser su prístino significado con la ayuda de los métodos auxiliares de estudio textual.

[298] Si bien el propio Von Rad indica que este texto en concreto aporta muy pocos detalles sobre el tema, en realidad.

[299] *Cf.* los juicios de Dios sobre Egipto por medio de todas las plagas y señales sobrenaturales recopiladas en los materiales del Hexateuco.

[300] En relación con el texto de Am. 5:18-20, e incidiendo en la opinión de Von Rad, indica el profesor Samuel Amsler contra quienes hacen de este profeta el πρῶτος εὑρετής *protos heuretés* del concepto *Yom YHWH*:

Con todo ello, consigue Von Rad presentarnos la profecía clásica israelita, lejos de cualquier parecido con fenómenos puramente carismáticos o exaltados al estilo de muchos profetas de cultos cananeos y del Creciente Fértil en general[301], como una verdadera teología, en el sentido de que conlleva reflexión sobre las tradiciones preliminares y sabe aplicarlas al momento en que viven los profetas.

Este segundo volumen de la *Theologie* de Von Rad concluye, y con él toda la obra en su conjunto, con una reflexión profunda sobre los puentes entre el Antiguo y el Nuevo Testamento, o mejor aún, la continuidad de ambos Testamentos. De ahí la exhortación del autor a una lectura permanente de los escritos de la Biblia Hebrea por parte de la Iglesia cristiana: cada generación de creyentes ha de enfrentarse a su mensaje salvífico, asimilándolo y actualizándolo. Ello únicamente significa que los escritos del Antiguo Pacto no solo no han perdido contemporaneidad, sino que, si bien por un lado han de entenderse dentro de sus propios contextos históricos —lo que el autor llama la *ratio* interna veterotestamentaria—, hallan, por el otro, su plena realización en el mensaje redentor de Cristo. En este sentido, Gerhard von Rad se adhiere al clamor de quienes ya en sus días propugnaban una *teología bíblica*, no solo del Antiguo o del Nuevo Testamento como compartimentos estancos, y cuyo eje e hilo conductor no sería otro que Cristo.

Entendemos que la mejor manera de concluir esta somera descripción de la *Teología* de Von Rad es dando la palabra a un gran erudito veterotestamentario español, el finado y estimado profesor Luis Alonso Schökel, quien prologara en su día la edición en castellano de esta magna obra. Dice literalmente:

«Ni la expresión יהוה יום ni la realidad que designa son creaciones del profeta Amós. La metáfora luz-tinieblas pertenece probablemente también al lenguaje de la esperanza popular (*cf.* Jl. 2:1ss; Sof. 1:15; Sal. 112:4; etc.).
[…]
Amós se apropia, por lo tanto, de un asunto corriente de su época para interpretarlo en un sentido distinto».

(Traducido directamente del *Commentaire de l'Ancien Testament*, de la casa Labor et Fides, vol XIa, Genève, 1982, p. 212)

[301] De esta clase de profetas cananeos serían los por demás extraños grupos mencionados en 1Sa. 10:10-11 y similares, en los que las manifestaciones carismáticas eran moneda corriente, pero de los que no tenemos constancia alguna de un mensaje o una comunicación divina concreta, como haremos constatar con más detalle en un capítulo posterior. Ciertas tradiciones hacen del juez-profeta Samuel su fundador y organizador, algo que suele ser bastante bien aceptado en ciertos círculos de estudiosos contemporáneos.

«Este libro es un clásico. Nació maduro y se impuso rápidamente al interés y a la aprobación del público. Tiene algo de descubrimiento y algo de reposo; invita a repetidas lecturas, a la reflexión sosegada y sobre todo a volver al texto bíblico para descubrir en él nuevas riquezas
[...]
El trabajo de Gerhard von Rad no es solo investigación, sino que tiene mucho de auténtica meditación: la fe contemplativa del autor es el clima en que madura su inteligencia del Antiguo Testamento».

Pese a todo cuanto hemos dicho en las páginas precedentes, nadie mejor que el propio Von Rad para conocer a fondo los pros y los contras, las ventajas y los inconvenientes, así como las limitaciones, de su trabajo. En declaraciones emitidas en su día y en diferentes medios, habló sin ambages de la dificultad de los distintos enfoques que se le podían dar a la teología veterotestamentaria en tanto que disciplina académica, así como de su total convencimiento de que la magna obra que él había compuesto no era completa en todos los sentidos. Saliendo al paso de sus numerosos detractores del momento —entre los cuales se hallaban figuras tan descollantes como el erudito católico Roland de Vaux— animaba a efectuar lecturas críticas sobre su *Theologie*. Lejos de tratarse de una cuestión de simple "modestia académica" o de "saber estar" ante algunos medios, lo que solicitó Von Rad fue un estudio serio de su publicación. Y lo cierto es que, como indicábamos páginas atrás, hoy por hoy sigue siendo un clásico de clásicos, un trabajo de gran valor para los estudios sobre el pensamiento veterotestamentario que bien merece ser objeto de atención y meditación, se compartan o no sus postulados y propuestas.

El período postmoderno. Abarca, teóricamente, el último cuarto del siglo XX y se prolonga, en opinión de muchos, hasta nuestros días. Supone un replanteamiento radical de los fundamentos de la cultura occidental, cuyos valores tradicionales se consideran caducos o anquilosados, sin que realmente se haya podido encontrar aún nada capaz de sustituirlos en ninguno de los ámbitos de la existencia. Ni siquiera los postulados del histórico Mayo del 68 francés, inspirados, entre otros, en el marxismo y el existencialismo sartriano, aparecen hoy en día a los ojos de las generaciones actuales como algo de valor perenne. La así llamada "cultura postmoderna" es, por lo tanto, la constatación de un mundo en profunda crisis, de una sociedad a-cultural en realidad

—hay quien la considera más bien anti- e incluso contracultural— que no encuentra su salida por ninguna parte y se halla en grave peligro de extinción, sin que de momento nadie parezca acertar con el remedio adecuado para evitarlo.

Tal situación se hace patente también en el terreno de los estudios veterotestamentarios en general, y en los referentes a la teología del Antiguo Testamento en particular. Se suele señalar, en líneas generales, como ya habíamos indicado en su momento, que la época dorada de la teología del Antiguo Testamento llegaba, *grosso modo*, hasta 1970, año en que no faltan quienes marcan el deceso de esta disciplina, como de la teología bíblica en su conjunto, y proclaman el retorno a una crítica histórica ahora llevada a cabo con métodos puramente sociológicos, replanteándose muchos postulados hasta entonces considerados inamovibles. Un ejemplo lo tenemos en la tantas veces mencionada *Hipótesis Documentaria*, altamente cuestionada a partir de los años 80, y claramente negada por muchos teólogos y exegetas contemporáneos, tanto americanos como europeos, y no precisamente de tendencias fundamentalistas o conservadoras, prefiriendo en su lugar hablar de tradiciones orales que más tarde se pondrían por escrito, aunque no en forma de documentos literarios cerrados como pretendía la teoría de Graf-Wellhausen, o incluso dando a todos los documentos un origen distinto del enseñado por la teoría clásica, es decir, puramente sacerdotal[302]. Esta situación durará, más o menos, hasta 1990. Como indicara en su día el teólogo austríaco ultraconservador Gerhard Franz Hasel en un artículo publicado en un número de la prestigiosa revista ZAW del año 1981, se nota al principio de este período una proliferación frenética de teologías veterotestamentarias que se limitan a repetir lo que ya se había trabajado en las tres últimas décadas anteriores, perdiendo de vista que el biblista debe ser primeramente un teólogo, y que la teología del Antiguo Testamento ha de ser por encima de todo *teología*. Ello da pie a que los detractores de esta disciplina se cuestionen la necesidad de su existencia como tal. En el día de hoy, en que redactamos estas páginas, dista mucho de estar resuelto el asunto, aunque, gracias a Dios, se mantiene la teología veterotestamentaria como

---

[302] Se indica, y no sin buenas razones, el hecho de que, en las sociedades antiguas, eran los estamentos sacerdotales quienes sabían leer y escribir, y quienes, por ende, cultivaban el idioma y lo desarrollaban, creando así la literatura, siempre sacra en sus orígenes.

un campo de estudio activo y fructífero, amén de una disciplina de gran importancia en los planes de estudios de las más importante facultades y seminarios. Pese a sus múltiples orientaciones y tendencias, a veces contrapuestas, sin que se pueda discernir con claridad un patrón rector, la teología del Antiguo Testamento prosigue su andadura en estas primeras décadas del siglo XXI, prolongando la situación en que la hallábamos en la última década del siglo XX.

Encontramos cuatro importantes autores —en algún caso claros antecedentes de la crisis de este último período histórico en relación con nuestro estudio— que proporcionaron aportaciones e ideas de valor y que contribuyeron a nuevos rumbos en la teología veterotestamentaria. Los mencionamos a continuación.

James Barr FBA[303]. Ministro ordenado de la Iglesia Presbiteriana de Escocia y profesor en universidades del Reino Unido y de los Estados Unidos, es sobre todo conocido por sus actividades eruditas y académicas, que mantuvo hasta su deceso en 2006, y sus trabajos sobre semántica bíblica y el Antiguo Testamento, de los cuales señalamos tres fundamentales:

The Semantics of Biblical Language, publicado en 1961 y basado en los trabajos del conocido lingüista ginebrino Ferdinand de Saussure, padre del estructuralismo. Supuso, al decir de muchos, un antes y un después en los estudios bíblicos. Algunos autores contemporáneos no han dudado en tildarlo de "impacto de sacudida"[304], dado que planteó un grave cuestionamiento de la tendencia de muchos eruditos a fundamentar sus trabajos y sus conclusiones teológicas sobre asuntos de pura etimología de términos o raíces hebreas.

Comparative Philology and the text of the Old Testament, considerado como la continuación de aquel, se publica en 1968, y critica el método de quienes resuelven cuestiones teológicas apelando al significado que algunas palabras hebreas difíciles de comprender podrían

---

[303] *Fellow of the British Academy*, es decir, "miembro de la Academia Británica."

[304] Cfr Piñero, A. "Griego bíblico neotestamentario. Panorama actual", in *CFC* (Cuadernos de Filología Clásica), n° 11. 1976, p. 180, donde leemos literalmente:

«A pesar de las críticas suscitadas, no nos cabe duda que J. Barr ha prestado con su libro un excelente servicio. Su trabajo ha luchado eficazmente contra la hermenéutica atomizada de la "palabra" en pro de una interpretación contextual. Barr ha causado un impacto de sacudida. A partir de él, los exegetas son más prudentes».

tener comparándolas con términos emparentados de otras lenguas de la misma familia, como el árabe, el acadio y, sobre todo, el ugarítico.

Estos dos trabajos, amén de otras publicaciones sobre los mismos temas, cuestionaron gravemente la validez de ciertos artículos publicados hasta la fecha en ciertos diccionarios teológicos de renombre[305], así como las conclusiones de muchas teologías veterotestamentarias que habían visto la luz hasta entonces. En relación con la obra de Von Rad, considera Barr que su tratamiento de la historia de Israel es demasiado existencialista, muy cercano a la línea seguida por Rudolf Bultmann en lo referente al Nuevo Testamento, acusación que ya se le había lanzado antes por parte de alguno de sus detractores.

En 1977 ve la luz la tercera publicación más destacada de James Barr, *Fundamentalism*, en la que lanza un ataque frontal contra el evangelicalismo y echa por tierra la doctrina de la inerrancia bíblica absoluta en cualquier área o campo del conocimiento humano, que venía siendo sostenida con gran insistencia por eruditos evangélicos como Bernard Ramm o James Innell Packer, entre otros. Hace, por tanto, un llamado a un estudio serio y crítico de la historia narrada en las Escrituras, que no ha de ser incompatible con la fe cristiana genuina.

James Muilenburg. Profesor de lengua hebrea y exégesis y literatura del Antiguo Testamento en diversas instituciones norteamericanas, presidente también de la *Society of Biblical Literature*[306], pronuncia en 1968 una conferencia titulada *Form Criticism and Beyond*, que, publicada al año siguiente en el volumen 88 de la ya mencionada prestigiosa revista *Journal of Biblical Literature (JBL)*, sentó las bases para una revisión de la erudición escrituraria que ha durado hasta prácticamente nuestros días.

Entiende Muilenburg que la Biblia, cuya dimensión artística y retórica no se ha de obviar jamás, ha de ser entendida según sus propias categorías, no a partir de filosofías previas, sean estas el (neo) platonismo antiguo o las forjadas en el siglo XIX. El contenido y la forma externa de los relatos sagrados están tan inextricablemene unidos entre sí que componen un todo inseparable, algo que el lector y el estudioso

---

[305] Entre ellos el archiconocido y prestigioso *Theologisches Wörterbuch zum Neuen Testament*, fundado y coeditado (en parte) por Gerhard Kittel, y que vio la luz en cinco volúmenes entre 1933 y 1979.

[306] "Sociedad de Literatura Bíblica", que suele ser mencionada y conocida, incluso en publicaciones realizadas en nuestro idioma (y otros), por sus siglas inglesas SBL.

actual han de tener siempre en cuenta en tanto que síntesis creativa de su narrador. Aun reconociendo siempre el alto nivel de subjetividad que ello implica, propugna Muilenburg una lectura de la Biblia que parta en todo momento de unos mínimos de sensibilidad artística, sin lo cual es imposible degustar plenamente sus contenidos, especialmente los poéticos del Salterio y los cantos dispersos a lo largo de todos los libros del canon.

Brevard Springs Childs. Erudito veterotestamentario americano recientemente fallecido (2007) y profesor de la Universidad de Yale hasta 1999, está considerado como una de las figuras más reputadas en el campo de los estudios sobre el Antiguo Testamento de finales del siglo XX. Notablemente influido, entre otros, por el pensamiento de Karl Barth y la neoortodoxia, es pionero de lo que se ha dado en llamar *criticismo canónico*, una forma de enfocar la Biblia que considera el canon como un producto finalizado y completo en sí mismo, como reflejan sus comentarios a distintos libros del Antiguo Testamento, especialmente el Éxodo e Isaías.

El pensamiento de Childs se condensa, fundamentalmente, en sus cuatro obras más destacadas: *Biblical Theology in Crisis*, de 1970, considerada por muchos como la más importante y una especie de "pistoletazo de salida" de esta nueva etapa, y que responde a una serie de cuestionamientos que ya venían planteándose desde comienzos de la década de los 60 y habían visto la luz en artículos y conferencias; las tres siguientes, *Introduction to the Old Testament as Scripture*, de 1979; *Old Testament Theology in a Canonical Context*, de 1985; y *Biblical Theology of the Old and New Testaments: Theological Reflection on the Christian Bible*, de 1992, no han sido sino la continuación natural de aquellos postulados expresados en 1970.

Entiende Childs que, tras la publicación de los trabajos de los grandes eruditos señalados en la etapa anterior, y ya incluso entonces, la teología bíblica entra en una profunda crisis que requiere un cambio de método. De ahí su "no" rotundo a la crítica histórica y su propuesta de una lectura canónica del Antiguo Testamento, es decir, una lectura de fe. Le preocupa a Childs la cuestión del núcleo o *Mitte* del Antiguo Testamento, que ya habíamos indicado en alguno de los autores vistos[307], y aunque

---

[307] No es el único de nuestros contemporáneos a quien este asunto sigue llamando poderosamente la atención, como se evidencia hasta la saciedad en las aulas de muchas

no señala como tal un término concreto o un asunto en particular, indica que este ha de ser forzosamente una postura de fe del antiguo Israel en relación con los hechos portentosos de Dios. Pero, al comprender que solo se puede llegar a deducir ese núcleo desde el canon veterotestamentario mismo, y todo el proceso de tradición e interpretación sobre él que presenta el Nuevo Testamento, deduce que la teología veterotestamentaria nunca puede ser una empresa de iniciativa judía, sino cristiana. Los escritos de la Biblia Hebrea carecen de sentido sin el Nuevo Testamento, al que indefectiblemente señalan, y que les da su significado último y definitivo. Para Childs, por lo tanto, el diálogo intrabíblico solo puede darse cuando se enjuicia el Antiguo Testamento desde el Nuevo, nunca lo contrario.

Georg Fohrer. Teólogo y erudito alemán consagrado a los estudios veterotestamentarios, recibió su formación en teología protestante en las universidades de Marburgo y Bonn. En 1949 inició su docencia teológica, que impartió en las universidades de Marburgo, Viena (Austria) y Nuremberg, hasta su jubilación en 1979. Tras su retiro de la docencia, se convirtió al judaísmo y se instaló en Jerusalén, donde falleció en 2002. Se lo conoce especialmente por sus trabajos sobre historia de Israel y los libros proféticos, así como por su colaboración en un diccionario de las lenguas hebrea y aramea del Antiguo Testamento, que vio la luz en 1970.

Pero su mayor aportación a los estudios teológicos veterotestamentarios se condensa en su *Einleitung in das Alte Testament*, publicada en 1979, que es una puesta al día de ciertos trabajos que en su momento editara Ernst Sellin, y en la que propone las actitudes existenciales propias del israelita antiguo como base para una estructura de la teología veterotestamentaria. El reinado de Dios y la comunión con Dios son el marco en que debiera desarrollarse la unidad teológica de los treinta y nueve libros del canon hebreo.

---

facultades de teología actuales. Por no indicar sino dos ejemplos muy conocidos en el mundo protestante anglosajón, el pastor y teólogo mennonita canadiense Elmer Martens, en su *Old Testament Theology*, de 1997, señala Éx. 5:22 – 6:8 como centro de la Biblia Hebrea, por entender que es en este texto donde se indica con total claridad el propósito de Dios. Por su parte, el ministro y erudito episcopaliano británico afincado en Estados Unidos John Goldingay, autor también de una *Old Testament Theology*, publicada entre 2003 y 2009 en tres volúmenes, circunscribe este centro en torno a tres puntos principales: Dios, su pueblo (Israel), y la relación entre creación y redención.

La teología del Antiguo Testamento en el período postmoderno.
Pese a todo lo dicho en los párrafos precedentes acerca de la constatación de una grave crisis en la teología bíblica y veterotestamentaria, este último período de nuestra época contemporánea también conoce autores y obras de gran calidad que han marcado pautas y señalado direcciones interesantes para nuestra disciplina, en ocasiones redundando ciertamente en lo que los grandes clásicos habían dicho, pero a veces con aportaciones y enfoques nuevos. Vamos a indicar a continuación únicamente los más destacados en gracia a la brevedad.

Maximiliano García Cordero OP[308]. Exegeta historiador, teólogo y lingüista católico y español recientemente fallecido (2012), formado en teología en la Universidad de Salamanca, y en lenguas clásicas en la Complutense de Madrid, fue también discípulo de Roland de Vaux en la *Escuela Bíblica de Jerusalén*, convirtiéndose en la mayor autoridad en lenguas bíblicas y orientales de todo el mundo de habla castellana de los años 50 y 60: impartió a lo largo de su vida numerosos cursos y cursillos de lenguas tan exóticas como el copto, jeroglífico egipcio, acadio, fenicio, arameo y ugarítico. Ejerció el ministerio docente en la Universidad Pontificia de Salamanca y la Facultad de Teología de San Esteban desde 1950 hasta su jubilación en 1991, impartiendo clases de exégesis bíblica, especialmente del Antiguo Testamento, lingüística oriental, historia y arqueología, durante los primeros veinte años. Marginado el período restante por no encajar demasiado bien con las ideas de renovación postconciliares y sus epígonos del momento, así como por su más que evidente y nunca disimulada ideología franquista, quedó relegado a asignaturas secundarias o a cursos de especialización, siendo sustituido en teología y exégesis por otros profesores más acordes con las nuevas tendencias. No obstante, su aportación al mundo del conocimiento exegético de la Biblia sigue siendo hoy fundamental para todos los que deseen adentrarse en este terreno, buen ejemplo de lo cual es, además de otras publicaciones especializadas, su gran clásico *La Biblia y el legado del antiguo Oriente. El entorno cultural de la historia de la salvación*, publicado por la B.A.C. en 1977.

En relación con nuestra disciplina, es autor de una *Teología de la Biblia* en tres volúmenes, el primero de los cuales, publicado en 1970

---

[308] *Ordo Praedicatorum*, "Orden de los predicadores", es decir, religioso dominico.

por la misma casa editora, está consagrado íntegramente al Antiguo Testamento y es la primera teología veterotestamentaria compuesta por un autor de lengua española de la que tengamos noticia[309], y la única hasta hace muy poco tiempo[310]. De ella diremos que sigue un método al cual podríamos calificar de *dogmático-didáctico*, es decir, conforme a los patrones de un manual de dogmática cualquiera: Dios, sus manifestaciones, los espíritus angélicos[311], antropología, la esperanza mesiánica, el reino de Dios, escatología, ética (deberes para con Dios y para con el prójimo) y un apartado reservado a la caída y la rehabilitación del hombre, en el que habla del valor de los rituales expiatorios descritos en los libros del Pentateuco. Esta exposición evidencia el interés eminentemente pedagógico del autor, que pretende introducir a sus lectores —vale decir, sus estudiantes— en una disciplina no fácil y en la que reconoce las aportaciones de autores de talla, tanto en el campo protestante como en el católico[312]. De alguna manera, García Cordero construye su teología del Antiguo Testamento en torno a las tres conocidas virtudes teologales de los manuales de teología católica —fe, esperanza y caridad—, con un apéndice sobre el pecado y la penitencia. Dado que este esquema no se ajusta a los patrones bíblicos como tales, sino que responde a un *a priori* teológico, plantea problemas metodológicos que el propio autor reconoce:

---

[309] Hasta la fecha habían sido redactados en nuestro idioma, tanto en España como en América, únicamente reseñas o artículos en revistas especializadas que trataran del tema, pero nada más.

[310] Mientras redactábamos este trabajo, recibíamos la información de que Pablo R. Andiñach había publicado el mes de noviembre de 2014, bajo los auspicios de Editorial Verbo Divino, un libro titulado *El Dios que está. Teología del Antiguo Testamento*.

[311] Entre ellos, en epígrafe aparte, los enemigos del reino de Dios, es decir, los demonios.

[312] Menciona en su prólogo (página xiv) los nombres de autores que han buscado sistematizar las enseñanzas del Antiguo Testamento. En el campo protestante señala a Davidson, Eichrodt, Procksh, König, Köhler, Vriezen y Jacob, algunos de los cuales hemos reseñado páginas atrás. En el campo católico menciona a Heinisch, Ceuppens y al para nosotros conocido Van Imschoot. Para más de un lector de este trabajo de García Cordero ha resultado sorprendente que no mencionara a Von Rad, siendo que su *Teología* era ya harto conocida en el mundo académico de aquel entonces. Pero lo incluye en la bibliografía de la página siguiente en la lista de manuales de teología del Antiguo Testamento compuestos por "acatólicos" (sic), aunque mencionado como Rad, G. von, lo que indica que para la situación de la teología católica española del momento aún no era demasiado renombrado.

«Al emprender esta obra somos conscientes de la dificultad de organizar una *síntesis doctrinal* de las enseñanzas bíblicas que incidentalmente se insertan en la historia del pueblo hebreo, ya que los genios religiosos del Antiguo Testamento no presentan esquemas conceptuales claros, sino que, llevados de su rica imaginación y dentro de una problemática *existencial*, conforme al ambiente *vital* de cada época, hacen afirmaciones muchas veces radicales y paradójicas en las que no es fácil deslindar lo que es declaración de una idea neta y lo que es mero juego imaginativo oriental, la simple alusión o la condescendencia con ideas ambientales no totalmente aceptadas por los mismos.

[...]

Por otra parte, las afirmaciones de cada libro hay que estudiarlas en su contexto histórico-literario de cada época en que fue redactado[313]».

Ello hace que se conciba la teología de la Biblia como una teología positiva fundamentada en los resultados de la exégesis histórico-crítica, y que tiene en cuenta el proceso evolutivo ideológico ascendente de la Historia de la Salvación, al mismo tiempo que la unidad doctrinal y teológica de toda la Sagrada Escritura en general, y del Antiguo Testamento en particular[314]. Ello es así porque la fe de Israel es una fe histórica, que se manifiesta en función de la historia. De esta forma, los materiales que en mano de los hagiógrafos devienen andando el tiempo Palabra de Dios, reciben una interpretación acorde con los eventos históricos que forman parte de las tradiciones sacras hebreas. Leemos a tal efecto en la página 384:

«Si se exceptúan los libros del Eclesiastés y de Job, el pensamiento religioso se manifiesta en Israel en función de la historia, quedando fragmentos mitológicos, de importación mesopotámica. Las leyes, aunque tengan origen preisraelita a base de determinados *tabús* ancestrales, se

---

[313] Páginas xiii y xiv del prólogo.

[314] En su momento, y dada la situación particular del catolicismo español de la época, que se adaptaba mal a las innovaciones en el ámbito de los estudios bíblicos, no gustaron en ciertos sectores las afirmaciones de esta obra, que daban por sentado la existencia de un Deutero-Isaías de autor anónimo para nosotros, una redacción del libro del Deuteronomio posterior a los profetas de los siglos VIII-VII a. C., o que escritos como los apócrifos de Tobías (o Tobit) y Judit —deuterocanónicos en la nomenclatura católica— no contuvieran relatos auténticamente históricos, sino que debieran encuadrarse en el género literario de la novela, por ejemplo. De ahí que, sin recato alguno, se tachara a su autor de "liberal", "modernista", "racionalista", o "introductor de puntos de vista protestantes en la teología católica".

las *historifica* relacionándolas con un hecho del desierto y poniéndolas en boca de Yahwé, legislador directo de la comunidad israelita... Con la literatura apocalíptica vuelve a resucitar el mito; la creación y la angeología son temas que toman actualidad».

Esta constatación de una doble historia en el Antiguo Testamento, la que se lee de inmediato en nuestras ediciones bíblicas como producto definitivo de una reflexión y un trabajo redaccional consecuente, y la que debió acontecer en la realidad humana, solo accesible por medios críticos, evidencia la gran madurez teológica de los hagiógrafos de Israel, amén de sus increíbles habilidades literarias, capaces de transferir a épocas tan recónditas como la de los antiguos patriarcas un monoteísmo bien desarrollado que no despunta realmente hasta el siglo VIII a. C. con los grandes genios religiosos que fueron los profetas. Trasfondos atávicos primitivos con resabios a veces mágicos, o mitos de origen netamente pagano, como las historias referentes al jardín del Edén, el árbol de la vida o el diluvio universal, reciben una nueva interpretación que en todo momento evidencia tanto la inspiración divina como la destreza de los recopiladores y redactores definitivos de aquellas tradiciones antiquísimas.

«Aunque muchos mitos de la religión de Israel han sido tomados del ambiente nomádico y cananeo, sin embargo, al ser incorporados al sistema de expresión religiosa monoteísta, se les dará un nuevo sentido[315]».

De esta forma, la historia del antiguo Israel, cuidadosamente idealizada, se convierte en una épica nacional en la que las intervenciones y prodigios divinos marcan la pauta y explican el alto valor que los hagiógrafos conceden a la Alianza de Dios con su pueblo, concretada y plasmada en las instituciones más sagradas de los hebreos.

Walther Theodor Zimmerli. Pastor y erudito suizo, procedente de una familia cristiana y reformada con hondas raíces pietistas, y que había dado buenos servidores al evangelio en distintas áreas, está considerado como uno de los grandes especialistas en el Antiguo Testamento del siglo XX, mayormente por sus trabajos sobre los

---

[315] Página 612.

profetas[316], en especial Ezequiel, por el que sentía una profunda admiración, bien evidenciada en su comentario publicado en dos volúmenes con el título *Ezechiel* en 1969[317]. Formado en Zurich, Berlín y Gottinga, dio sus primeros pasos como docente en esta última ciudad alemana. Su oposición al nazismo le impulsó a abandonar Alemania, regresar a Suiza y ejercer el pastorado como capellán militar y la docencia en la Universidad de Zurich, así como a colaborar con la Cruz Roja durante la segunda Guerra Mundial. Terminado el conflicto, pasó a enseñar Antiguo Testamento en Alemania, en la universidad de Gottinga, hasta su jubilación. Impartió clases también en la universidad de Montpellier, Francia.

De toda su extensa producción literaria, únicamente destacamos en relación con nuestro tema su *Grundriss der alttestamentlichen Theologie*, publicado en 1972[318]. En él se propone presentar de forma equilibrada las distintas teologías que aparecen en los diferentes libros y grandes conjuntos literarios que componen las Escrituras Hebreas tal como nos han sido entregadas —la ley, los profetas, la literatura sapiencial—, siempre desde el punto de vista de la revelación de Dios. Dado que el pueblo de Israel vive en sus propias carnes la tensión de una adaptación permanente a nuevas situaciones que surgen ante él, no siempre fáciles ni pacíficas, que condicionan y marcan su evolución de pueblo nómada en sus orígenes hasta llegar a una monarquía centralizada y, tras la deportación a Babilonia y el retorno del exilio, una especie de estado eclesiástico dentro del marco de los grandes imperios extranjeros que lo dominan,

---

[316] *Cf.* su libro *Das Gesetz und die Profeten*, de 1965, traducido al castellano y editado por Ediciones Sígueme en 1980 con el título *La Ley y los Profetas* y el subtítulo *Para la comprensión del Antiguo Testamento*. Desde las páginas introductorias enlaza el Antiguo Testamento con el Nuevo; el mismo título de este libro, como él mismo explica, supone todo un programa de lectura y comprensión del Antiguo Testamento, ya que presenta la manera en que los escritos neotestamentarios se refieren a los venerables textos sagrados de Israel (Mt. 5:17; 7:12; 22:40; Lc. 24:44).

[317] Realizó una labor ingente de crítica literaria al más alto nivel, reconstruyendo el texto hebreo del libro de Ezequiel, de tal manera que aún hoy se reconoce que este trabajo, si bien puede considerarse hipotético en algunos casos, tiene la virtud de devolvernos los oráculos del profeta tal como debieron ver la luz en su primera redacción. Asimismo, llevó a término toda una investigación de crítica histórica que le permitió fijar con mayor exactitud las fechas referentes a la vida y el ministerio de aquel gran sacerdote y siervo de Yahweh deportado a Babilonia.

[318] Ediciones Cristiandad lo editó en castellano en 1980 con el título *Manual de teología del Antiguo Testamento*.

«la fe veterotestamentaria no vive en una interioridad separada del mundo y de la historia ni guarda allí su *arcanum*, sino que está en constante relación con el mundo, en contacto con los acontecimientos, y tiene que enfrentarse con todo lo que le sale al encuentro en el plano de la historia[319]».

Para Zimmerli, el fundamento y *Mitte* del Antiguo Testamento no es otro que el nombre de Dios, el Sagrado Tetragrámmaton יהוה *YHWH*, lo que no deja de tener su importancia, incluso para el pensamiento y la fe de la Iglesia cristiana confrontada a la realidad de la manifestación divina al antiguo Israel. Dios mismo revela su nombre a Moisés al mismo tiempo que su intención de liberar al pueblo hebreo de la esclavitud egipcia. Solo a partir de ese momento se puede hablar realmente del Dios Yahweh en la historia, si bien las antiguas tradiciones contenidas en el documento J llaman así al Señor desde el comienzo de su relato, donde narran los orígenes del mundo. De ahí que la fe de Israel se conciba como una fe histórica vinculada a la palabra y la actuación divinas, y cuyo antecedente es la fe de los patriarcas, según la cual el que más tarde será adorado en Israel como Yahweh se muestra como un Dios fiel que emite promesas cuyo cumplimiento hallará su lugar en el futuro. A partir de ahí se desarrollarán más tarde en Israel el ministerio de los profetas y unos nuevos enfoques sobre Dios, como sus facetas de creador y rey; la primera se hallaba ya entre los cananeos, como evidencia la perícopa de Melquisedec en Gn. 14:18-20, y verá un amplio desarrollo posterior, del cual son testigos el Deutero-Isaías, los textos sacerdotales (como el *Primer relato de la Creación* de Gn. 1:1 – 2:4a) y la literatura sapiencial, mientras que la segunda se vincula al desarrollo de la monarquía hebrea, especialmente con la figura de David.

Tras dedicar varios capítulos a las bendiciones y mandamientos especialmente vinculados al Nombre Divino, expone Zimmerli lo que exige a Israel la revelación del Tetragrámmaton, es decir, una obediencia y una fidelidad absolutas, a cuya altura, históricamente hablando, nunca estuvo. Y concluye esta teología con un estudio particular sobre el mensaje de los profetas y la literatura apocalíptica, así como una visión esperanzada del contenido del Antiguo Testamento, abierto a la revelación definitiva del Nuevo. En este sentido, se puede afirmar sin temor a equivocarnos que este trabajo cumple perfectamente lo que se

---

[319] Página 12 de la edición en lengua castellana.

enuncia en las primeras páginas, donde el autor expresa cuáles han de ser los objetivos y fundamentos de su estudio:

«Una "teología del Antiguo Testamento" tiene por objeto exponer, en su trabazón interna, lo que el AT dice sobre Dios».

Walter Kaiser Jr. Erudito evangélico norteamericano, gran especialista en estudios sobre el Antiguo Testamento, se ha dedicado de por vida a la enseñanza de la teología veterotestamentaria, así como a la arqueología bíblica, en varias instituciones académicas de su país. Su abundante producción literaria, toda ella centrada en la interpretación de los libros del canon hebreo, es bien conocida en el mundo evangélico anglosajón. Aun militando en un conservadurismo muy tradicional en lo referente a la inspiración o la inerrancia de las Escrituras —si bien nunca se lo podría acusar de fundamentalismo—, Kaiser ha sabido en todo momento estar a la altura de las corrientes teológicas más avanzadas.

Su obra más importante en relación con nuestro estudio vio la luz en 1978 con el título *Toward Old Testament Theology*, traducido como *Hacia una teología del Antiguo Testamento* en la edición en lengua castellana publicada por Editorial Vida en el año 2000. Ya desde la introducción, y a lo largo de la primera parte, muestra su interés por ofrecer una solución a los problemas que plantea la cuestión metodológica y de definición de la disciplina en la década de los 70. Le preocupa el poder delimitar con claridad cómo se ha de entender la tarea de una teología del Antiguo Testamento digna de este nombre, es decir, cuál es su verdadera naturaleza en tanto que disciplina académica, qué método ha de seguir en su desarrollo, hasta dónde ha de llegar y qué la motiva realmente. Leemos a tal efecto en la página 9 de la edición en castellano:

«Nuestro argumento es que la teología del Antiguo Testamento funciona mejor como una sierva de la teología exegética en vez de su papel tradicional de suplir información para una teología sistemática. El intérprete necesita alguna forma de conseguir fácilmente la teología que se relaciona con el texto que está investigando».

Distingue así entre lo que sería la metodología de trabajo de una teología veterotestamentaria o bíblica en general, una teología sistemática y una historia de la religión del pueblo de Israel. Pero en ningún sentido se muestra rupturista con quienes lo habían precedido. Reconoce así el acierto de Von Rad al emplear en su estudio un método diacrónico y hacer hincapié en la secuencia cronológica del Antiguo Testamento y su mensaje. De igual modo, afirma que no fue desacertado el método de Eichrodt al destacar algunos conceptos normativos a través de la historia de Israel.

En relación con el campo de estudio de nuestra disciplina, tiene buen cuidado Kaiser de circunscribirlo a los escritos canónicos judíos, siempre teniendo como punto de partida el hecho de su inspiración. Afirma, pues, en las páginas 29 y 30 de la misma edición:

«... el alcance de nuestro estudio se limita estrictamente a los libros canónicos de la colección judía. Agregar a nuestra consideración los libros apócrifos, materiales del Qumram, textos de Nag Hammadi y los escritos rabínicos, debilitaría seriamente el propósito establecido para discutir la totalidad de la teología bíblica en una corriente de revelación donde los escritores a propósito aportaron bajo un mandato divino el registro existente de la revelación divina».

En la segunda parte, aplica su solución en forma clara y metódica al discutir de manera cronológica los períodos del Antiguo Testamento, desde el prepatriarcal, donde se encuentran los prolegómenos a la promesa de Dios, hasta el postexílico, donde se constata el triunfo de esa promesa. Finalmente, una sección especial examina los puntos de contacto o los puentes entre las teologías del Antiguo y del Nuevo Testamento.

Claus Westermann. Pastor y erudito luterano alemán nacido en una familia de misioneros que había dado parte de su vida en África, llegó a ser profesor de Antiguo Testamento en la universidad de Heidelberg desde 1958 hasta 1978, donde fue colega, entre otros, de Von Rad. Miembro en su momento de la *Bekennende Kirche* o *Iglesia confesante*, contraria al régimen nazi, vivió en su propia carne persecución y detenciones por parte de la Gestapo, así como las realidades de la segunda Guerra Mundial en el frente oriental (en territorio soviético). Al igual que otros destacados pastores y teólogos, conoció también las privaciones de los campos de prisioneros entre 1945 y 1946, todo lo cual imprimió cierto carácter a su ministerio posterior, tanto pastoral como docente. Falleció recientemente (2000) tras cosechar abundantes distinciones de medios académicos de Alemania y otros países, y hoy está considerado como uno de los teólogos veterotestamentarios más destacados del siglo XX. Desde los años de su formación en las aulas de la facultad de teología sintió un profundo interés por el Salterio y por el libro del Génesis, que cristalizaría años más tarde en sendos comentarios de gran valor exegético sobre estos escritos, amén de otra variada producción académica sobre términos concretos del vocabulario hebreo, los profetas, comentarios a libros sapienciales y cuestiones referentes a la historia israelita.

Se ha señalado que su aportación a la teología del Antiguo Testamento se halla, entre otros, en los ensayos *Eine Bemerkung zur Reform des theologischen Studiums*, publicado en las páginas 403-414 del número 41 de 1952 del *Monatsschrift für Pastoraltheologie*; el conocido como *Zu zwei Theologien des Alten Testaments (Georg Fohrer, Walther Zimmerli)*, publicado en las páginas 96-112 del número 34 de 1974 de la revista *Evangelische Theologie*; y el que algunos consideran el más destacado de todos, *Das Alte Testament und die Theologie*, en las páginas 49-66 de la obra de Georg Picht *Theologie – was ist das?*, publicada en 1977.

Pero, como reconocen la mayoría de los estudiosos, se encuentra principalmente en los dos manuales que mencionamos a continuación.

El primero lleva por título *Theologie des Alten Testaments in Grundzügen (Grundrisse zum Alten Testament)*, de 1978, donde plantea desde las primeras páginas el problema del *Mittelpunkt* de los treinta y nueve libros canónicos de las Escrituras Hebreas:

«El Nuevo Testamento tiene claramente su centro en la pasión, muerte y resurrección de Cristo, hacia lo que enfocan los Evangelios y que las Epístolas toman como punto de partida. El Antiguo Testamento, en cambio, no presenta una estructura similar, por lo que no es posible transferir la cuestión de un núcleo teológico del Nuevo al Antiguo Testamento[320]».

El segundo es un compendio de seis conferencias pronunciadas por Westermann en 1977 —*What does the Old Testament say about God?; The saving God and history; The blessing God and creation; God's judgement and God's mercy*[321]; *The response; The Old Testament and*

---

[320] Página 9 de la edición inglesa.
[321] En alguna edición se ha sustituido el vocablo *mercy*, "misericordia", por *compassion*, "compasión".

Jesus Christ—, que vieron la luz en una edición en inglés en 1979 en formato de libro y con el título genérico *What does the Old Testament say about God?*[322] Indica de entrada la necesidad de que la teología del Antiguo Testamento contemple en su conjunto todo lo que las Escrituras Hebreas dicen sobre Dios, sin obviar ninguno de los enfoques o de las imágenes que puedan presentar. Ello lleva a Westermann a plantear su reflexión veterotestamentaria como un enfoque puramente dialéctico: bendición – liberación[323]. Dios efectúa la bendición en y a través de la creación, pero salva dentro de la historia. De ahí que, aunque al comienzo del libro[324] retome las ideas antes indicadas de la dificultad de un centro o núcleo real del Antiguo Testamento, para él si hay un Mittelpunkt del canon hebreo, y no es otro que el conocido texto de Dt. 6:4, el Shemá:

Oye, Israel: Jehová nuestro Dios, Jehová uno es.

La idea de la unidad de Dios posibilita la estructura básica constante sobre la que se alza el edificio veterotestamentario, y que no es otra que la división tripartita en que nos ha sido transmitido.

«El AT ha llegado a nosotros en el formato de una triple estructura, en la que precisamente nació: Torah, Profetas y Escritos; o bien libros históricos, proféticos y didácticos (cuyo núcleo lo constituyen los salmos). Según este esquema tradicional, la Biblia del AT consiste (además de los estratos narrativos) en palabra de Dios, que tiene lugar en los acontecimientos, y respuesta de la humanidad a la interpelación de Dios. Las narraciones de los libros históricos (de Génesis a Crónicas) contienen textos en los que entra en acción la palabra de Dios y textos que testifican la respuesta de la alabanza o la lamentación. Pero la estructura del AT en sus tres partes indica que la narración veterotestamentaria está determinada por la palabra de Dios que tiene lugar en ella y por la respuesta de las personas para quienes Dios actúa y con las que entra en contacto.

---

[322] Ediciones Ega, de Bilbao, lo publicó en castellano en 1993 con el título *Dios en el Antiguo Testamento. Esbozo de una teología bíblica.*

[323] Otros teólogos que han seguido el mismo método dialéctico son, por no citar sino unos pocos más conocidos, Samuel Terrien, que enfatiza lo estético frente a lo ético; Paul Hanson, que pone el acento en lo cósmico frente a lo teleológico; y Rainer Albertz, para quien el enfoque se centra en la contraposición entre *Grosskult* y *Kleinkult*, es decir, "grande" y "pequeño culto".

[324] Páginas 11 y 12 en la versión española.

En consecuencia, el propio canon del AT pone de manifiesto la estructura de lo que tiene lugar en el AT en sus elementos decisivos. De este modo, hemos dado con un punto de partida objetivo para elaborar una teología del AT, independiente de cualesquiera precomprensiones sobre cuál es el elemento más importante del AT e independiente, al mismo tiempo, de cualquier otra decisión teológica previa. Si ahora nos preguntamos por lo que dice de Dios el AT, habremos de buscar el camino hacia la respuesta en esa triple estructura[325]».

Horst Dietrich Preuss. Párroco de la Iglesia Luterana Territorial de Hannóver y profesor de Antiguo Testamento en varios centros universitarios de Alemania, se ha distinguido por sus investigaciones sobre diversas facetas de la literatura y el mundo veterotestamentarios, como el Deutero-Isaías, el Deuteronomio o la escatología, entre otras, en los que ha estado trabajando prácticamente hasta su deceso en 1993.

En relación con nuestro tema, su obra principal lleva el título *Theologie des Alten Testaments*, publicada en dos volúmenes entre los años 1991 y 1992[326]. En líneas generales, trata lo que dice sobre Dios el conjunto literario del Antiguo Testamento entendido como un todo coherente. Aunque indica la necesidad de compararlo con el Nuevo, entiende que los treinta y nueve escritos canónicos de Israel han de considerarse en sí y por sí mismos, sin depender para su interpretación de fuentes ajenas. En su opinión, "teología del Antiguo Testamento" no significa "teología bíblica" ni tampoco "teología cristiana normativa", aunque debe preparar el camino para el desarrollo de una teología bíblica. Efectúa Preuss una aproximación al pensamiento veterotestamentario más sistemática que histórica, aunque combina ambas de forma sincrónica y diacrónica cuando es necesario. Sin temor a ser tildado de conservador, toma partido a favor de una datación antigua de los documentos constitutivos de los libros bíblicos, como el Documento Yahvista (J), por ejemplo, cuya redacción ubica en el siglo X a. C. Al abordar el asunto del *Mitte* del Antiguo Testamento, Preuss destaca que solo puede ser aquello que se considera típico de la fe en Yahweh, es decir, los actos divinos fundamentales, ya que los escritos veterotestamentarios únicamente dan testimonio de ellos, no del ser o la esencia

---

[325] Páginas 12 y 13.

[326] La edición española, con el título *Teología del Antiguo Testamento*, fue publicada en 1999 por la editorial Desclée de Brouwer de Bilbao.

de Yahweh en tanto que divinidad. Una buena definición de este *Mittelpunkt* recogida en las páginas introductorias es,

> «la acción de Yahvé que opera en la historia de Israel para llevarlo a la comunión con su universo».

Dios actúa de tal manera que incide en su pueblo y también en el resto de las naciones humanas. Tiene buen cuidado Preuss, no obstante, de dejar bien claro que

> «el centro del Antiguo Testamento... no es todo el Antiguo Testamento».

Lo que hace es marcar y delimitar bien cada texto en relación con esas gestas divinas. De ahí que destaque los escritos que desarrollan una teología propia dentro del conjunto veterotestamentario, como el Deuteronomio, el Deutero-Isaías o el Documento Sacerdotal (P), así como asuntos también importantes que tienen cierto desarrollo en el pensamiento de Israel, vale decir, los que se tratan en la literatura sapiencial o el tema de la creación. Y dado que se halla a cierta distancia temporal de los grandes clásicos Alt, Noth o Von Rad, se permite disentir de ellos en relación con asuntos como el Dios de los padres, la anfictionía israelita o la cuestión de la antigüedad de los credos de Israel.

Centrándonos más en esta *Theologie*, tal como viene presentada en sus distintas ediciones, el primer volumen lleva el título de *JHWHs erwählendes und verpflichtendes Handeln*, traducido en la versión española como *Yahvé elige y obliga*. Se inicia con una presentación del vocabulario sobre los términos que reflejan la gran obra divina que es la elección: Dios elige un pueblo y elige ayudarle en un marco histórico concreto. De ahí que el Antiguo Testamento nos narre el camino de Israel con Yahweh. Pasa a detallar la experiencia de la liberación de Egipto y el peculiar encuentro de Israel con su Dios en el Sinaí, asuntos en los que tiene su génesis la creencia en la elección, tal como la comprenderán los grandes hagiógrafos del pueblo hebreo. Admite, no obstante, que en el origen de esta fe de los israelitas, en la época de los acontecimientos del éxodo y del Sinaí un conjunto muy pequeño de personas, se pueda detectar la influencia de algunos de sus vecinos. De esta forma, Preuss concede validez a la ya antes mencionada *hipótesis kenita*, si bien no deja de reconocer el indiscutible papel histórico de la figura de Moisés y su influencia decisiva en el nacimiento de la religión israelita. Concluye este primer volumen con un estudio sobre Yahweh, el Dios que se revela a través de la elección en la historia — más que por la creación—, y los objetos especialmente asociados con él en el culto, como el arca de la alianza, el tabernáculo del desierto, los querubines del propiciatorio, y luego los serafines del capítulo sexto de Isaías o los ángeles en general. A ello contrapone aquellos seres o entidades que el Antiguo Testamento presenta como lejos de Dios: Satanás, los diferentes tipos de demonios y el Seol o mundo de los muertos.

El segundo volumen se titula en alemán *Israels Weg mit JHWH*, que la versión española traduce como *El camino de Israel con Yahvé*. Prosigue Preuss su análisis comprehensivo de la teología del Antiguo Testamento y estudia ahora los objetos de una particular elección divina dentro del marco de la elección general de Israel: los patriarcas, los reyes, la ciudad de Jerusalén con el templo, los sacerdotes y los profetas. Su interés se centra en la respuesta que da el pueblo hebreo al hecho de la elección y al pacto que lo acompaña. En este sentido, incluye también la discusión acerca de cómo el antiguo Israel entiende esa elección y cómo esa comprensión cristaliza en las condiciones sociales, políticas y éticas que desarrolla.

Otros teólogos, otras corrientes. El último cuarto del siglo XX y las dos primeras décadas del XXI han visto otras aproximaciones diferentes a los estudios veterotestamentarios y que han cristalizado también en sendas teologías un tanto peculiares. Algunos manuales las tildan de "teologías marginales" por no seguir exactamente las líneas más o menos "ortodoxas" de la disciplina. Vamos a mencionar muy de pasada unos cuantos nombres característicos, que aunque no son demasiado conocidos del gran público, vienen a representar muy bien estas tendencias.

Norman Gottwald. Profesor norteamericano de Antiguo Testamento, publica en 1979 una obra considerada por muchos como revolucionaria en su momento y que hoy se ve como un clásico en ciertos sectores. Nos referimos a *The Tribes of Yahweh. A Sociology of the Religion of Liberated Israel, 1250-1050 BCE*, trabajo realizado bajo un análisis puramente marxista de la conquista de Canaán, entendida como una sublevación general de campesinos contra sus amos. El libro, que cuestiona la historicidad de los relatos del éxodo y la ocupación de la Tierra Prometida[327], pretende estructurar toda una explicación exclusivamente materialista de los orígenes de Israel y su religión, e incluso de su teología. Tuvo en su momento cierto impacto entre las élites intelectuales e incluso en el terreno cristiano, y muy especialmente en países de América Latina, donde llegó a inspirar estudios bíblicos realizados por comunidades de base compuestas mayormente por gentes depauperadas y no demasiado letradas.

Phyllis Trible. Aunque podría haber sido conocida por sus trabajos académicos acerca de los métodos críticos aplicados al Antiguo Testamento y sus consecuencias en el terreno de la teología, todos ellos de alta calidad, se ha forjado un cierto renombre por su militancia activa en el feminismo y sus publicaciones sobre el tema en lo referente al mundo de la Biblia. La más importante de ellas, que ve la luz en 1984, lleva por título *Texts of Terror: Literary-Feminist Readings of Biblical Narratives*, donde condena abiertamente el patriarcalismo cruel de los antiguos hebreos y el "repugnante silencio de Dios" (sic) al interpretar las trágicas historias de cuatro mujeres israelitas recogidas en el Antiguo Testamento: Agar, Tamar, la concubina sin nombre violada y muerta por los habitantes de Gabaa de Benjamín, y la hija de Jefté[328]. Su interpretación sienta las bases para una teología veterotestamentaria con un enfoque completamente distinto al tradicional. Asimismo, ha realizado trabajos en la misma línea sobre otras figuras femeninas de la

---

[327] Incide en el hecho de que no hay constatación histórica real de ninguno de los acontecimientos narrados en los libros del Éxodo, Números, Deuteronomio o Josué.

[328] Aunque Agar y Tamar no pueden considerarse israelitas *stricto sensu* (la primera es egipcia según Gn. 16:3, y la segunda, cananea, según lo que se colige de Gn. 38), se las hace pasar por tales dada su vinculación directa con los orígenes de Israel y su particular protagonismo en ciertos capítulos de la Historia de la Salvación. En relación con la concubina innominada de Jue. 19, el versículo 1 indica con toda claridad su origen israelita: era de Belén de Judá, y allí se refugia, en la casa de su padre, tras abandonar a su compañero el levita. En lo referente a la también innominada hija de Jefté, Phyllis Trible no cede un ápice —en lo que le concedemos toda la razón— a las lecturas edulcoradas que se han extendido por ciertos círculos cristianos contemporáneos, según las cuales —y contra todo lo que se conoce y constata acerca de la religión hebrea del Antiguo Testamento— simplemente habría sido "recluida de por vida" para el servicio sagrado debido al voto imprudente pronunciado por su padre. Acepta como válido lo que el propio texto de Jue. 11 sugiere, es decir, que la joven fue bárbaramente sacrificada en cumplimiento de la palabra del impetuoso juez de Israel. Se convirtió así en una víctima inocente más de una cultura esencialmente machista y profundamente sanguinaria.

Biblia como Miriam, Jezabel, Ester o Rut, todo lo cual hace de ella un paladín destacado de lo que hoy se llama *teología feminista*.

George Pixley. Erudito católico norteamericano, ha pasado buena parte de su vida en Latinoamérica, donde se ha impregnado del movimiento conocido como *Teología de la Liberación*. Su trabajo principal, publicado en 1987, lleva por título *On Exodus: A Liberation Perspective*, y consiste en un comentario al segundo libro del Antiguo Testamento a partir de un análisis sociológico marxista y una lectura eminentemente revolucionaria, de lo que deduce un método teológico de muy clara tendencia política aplicable, según él, a toda la Sagrada Escritura.

Itumeleng Mosala. Teólogo y ministro metodista sudafricano que se autodefine como *teólogo negro, creyente, socialista y materialista*, es el autor de una obra fundamental, *Biblical Hermeneutics And Black Theology in South Africa*, que ve la luz en 1989 y dispara el pistoletazo de salida para lo que se ha dado en llamar *Black Theology* o *Teología Negra*, entendida en ocasiones como una rama de la *Teología de la Liberación*. En las páginas consagradas al estudio del libro de Miqueas acusa de racismo a las lecturas tradicionales del Antiguo Testamento y se decanta por una interpretación a favor de todos los marginados sociales como mensaje central del canon hebreo.

Jon Levenson. Profesor norteamericano de estudios judíos en la Universidad de Harvard y especialista en Antiguo Testamento, constituye un caso especial, ya que se trata de un judío que trabaja la teología veterotestamentaria aplicando las reglas de Maimónides, si bien no es esta una disciplina demasiado apreciada en el entorno israelita. Entre su numerosa producción literaria destacamos la recopilación de seis ensayos que vio la luz en 1993 con el título *The Old Testament, the Hebrew Bible, and Historical Criticism: Jews and Christians in Biblical Studies*, donde sienta un principio fundamental de su trabajo: excluye de entrada las interpretaciones cristianas del canon judío. De esta forma, niega el alcance universal del Antiguo Testamento.

Rolf Rendtorff. Teólogo luterano alemán profesor en la Universidad de Heidelberg y discípulo y sucesor de Von Rad, es conocido por sus estudios sobre el Pentateuco, especialmente *Das überlieferungsgeschichtliche Problem des Pentateuch*, publicado en 1977, que han modificado los puntos de vista sobre la hipótesis documentaria clásica, algo de lo cual ya hemos apuntado antes. Lo más destacado en relación con sus métodos de trabajo en teología veterotestamentaria es, además, el hecho de colaborar directamente con los judíos, tomando de ellos cuantas aportaciones considera pertinentes. Así se evidencia en sus diversos comentarios a libros del Antiguo Testamento y en lo que algunos consideran su máxima aportación, *Das Alte Testament. Eine Einführung*, que ve la luz en 1995. No hay que olvidar que Rolf Rendtorff es una de las figuras más destacadas de la cooperación alemano-israelí para la paz en el Oriente Medio, así como para asuntos académicos: ha llegado a impartir clases y pronunciar conferencias en la Universidad Hebrea de Jerusalén.

A modo de conclusión. Pese al título de este epígrafe, en realidad este tema queda inconcluso por necesidad. Son innumerables los manuales y artículos sobre teología del Antiguo Testamento que se están publicando, reeditando o incluso componiendo mientras escribimos estas páginas, por no mencionar que, gracias a internet, ahora tienen un alcance que hasta hace muy poco hubiera sido insospechado. Lo cierto es que el siglo XX desde su tercera década, y estas dos primeras del XXI, han constituido una época privilegiada para nuestra disciplina, de modo que incluso en los centros teológicos más conservadores ha hallado su lugar, y con honores. Los grandes hitos y las grandes figuras que ha gestado la última centuria han marcado —quiérase reconocer o no— unos senderos, múltiples y variados en muchos casos, que siguen siendo hoy el camino a seguir para la elaboración de este tema. Superadas ciertas posturas que en otro tiempo parecían dogmas inamovibles, y cuestionados ciertos métodos de trabajo exegético en aras de un mejor conocimiento del mundo antiguo —la celebérrima hipótesis de Graf-Wellhausen, v. gr., que hoy cede el paso a una comprensión mayor y más ajustada de la transmisión y elaboración de las antiguas tradiciones de Israel por parte de sacerdotes y levitas— la teología veterotestamentaria se abre camino incluso en terrenos donde otrora parecía materia reservada o claramente estigmatizada. Solo nos resta dar gracias a Dios por ello, al Dios revelado en el Antiguo Testamento bajo el inefable Tetragrámmaton יהוה *YHWH*, y beneficiarnos de ese conocimiento, a fin de proseguir en la misma tarea con idéntico empeño y con la clara finalidad de darle gloria por siempre.

> *Nadie ha sido llamado a decir la última palabra sobre la teología del Antiguo Testamento, pero sí somos invitados a proseguir en su construcción a partir de la múltiple herencia que hoy recibimos*

PREGUNTAS PARA REFLEXIONAR: ¿Qué razones hacían complicada a comienzos del siglo XX la situación de los estudios veterotestamentarios en Europa, y especialmente en Alemania? ¿En qué consiste la filosofía existencialista? Indica algunos de sus exponentes más conocidos. ¿A qué se llama en historia de la teología *Revolución barthiana*? Expón de forma clara y concisa las aportaciones de Otto Eissfeldt y Albrecht Alt a la teología del Antiguo Testamento. ¿Por qué se consideran los años transcurridos entre 1930 y 1970 la época dorada de la teología veterotestamentaria? De todos los autores vistos en este momento tan importante de nuestra disciplina, escoge dos de ellos —excepto Gerhard von Rad— y expón de forma amplia el contenido de sus trabajos y aportaciones; inmediatamente después, indica tu opinión personal sobre ello, los puntos en los que puedes estar de acuerdo y aquellos en los que no, señalando bien los argumentos que te llevan a tales conclusiones. ¿Por qué razón se considera de forma unánime la *Teología del Antiguo Testamento* de Gerhard von Rad un clásico de clásicos del pensamiento teológico protestante del siglo XX? Expón de forma clara y concisa el contenido de esta magna obra de la teología del Antiguo Testamento tal como viene en las ediciones al uso en sus dos tomos, señalando sus aportaciones principales a la disciplina. ¿Cuáles son los aspectos del pensamiento de Von Rad con los que te puedes sentir más identificado, y cuáles aquellos con los que no? Expón con claridad tu respuesta y plantea con lógica tus argumentos. ¿Cómo entienden los autores de la época dorada de la teología veterotestamentaria la cuestión del *Mittelpunkt* del Canon Hebreo? ¿Por qué se considera que la teología del Antiguo Testamento entra en crisis a partir de 1970? ¿En qué contribuyeron James Barr y Brevard Childs a esta crisis teológica tan destacada? ¿Qué importancia tiene para la teología del Antiguo Testamento la obra de Maximiliano García Cordero? ¿A qué se ha dado en llamar "teólogos o teologías marginales" en relación con el Antiguo Testamento, y por qué? Expón de ellos los dos que te parezcan más interesantes, indicando en todo momento el porqué de tu elección. A la luz de todo cuanto hemos ido viendo a lo largo de estos temas de historia de la teología veterotestamentaria, ¿se puede elaborar una teología del Antiguo Testamento desde un punto de vista estrictamente conservador? Argumenta tu respuesta.

SEGUNDA PARTE:

EL NÚCLEO DEL PENSAMIENTO VETEROTESTAMENTARIO

INDICACIÓN DE METODOLOGÍA

Antes de adentrarnos en el núcleo del pensamiento veterotestamentario y de proponer nuestra propia manera de enfocar la teología del Antiguo Testamento, vamos a indicar el método que seguiremos, así como las razones que nos han llevado hasta él.

Vaya por delante que no pretendemos con ello, ni mucho menos, enmendar la plana a ninguno de los grandes autores que hemos mencionado en los capítulos previos, pues de todos ellos debemos considerarnos, expresándonos con absoluta honestidad, deudores, incluso de aquellos con cuyas conclusiones o con cuyos postulados no podamos siempre estar de acuerdo; cada uno nos ha mostrado un enfoque particular, una manera distinta de construir esta disciplina y, jamás nos atreveríamos a negarlo, cada nombre de los que hemos estudiado nos ha inspirado para emularlos dentro de nuestras posibilidades.

Adentrándonos ya en el tema que nos ocupa, señalaremos que el concepto de *Antiguo Testamento* con que englobamos de forma tradicional en el mundo cristiano los treinta y nueve escritos hebreos canónicos que componen la primera parte de nuestras biblias, no responde a un capricho de la Iglesia ni de los teólogos, biblistas y estudiosos de siglos pretéritos. Como leemos en el Nuevo Testamento, Jesús alude de continuo a los escritos sagrados judíos, designándolos, por lo general, como *las Escrituras* (Mc. 12:24; Jn. 5:39) o *la ley y los profetas* (Mt. 5:17; 22:40); Lc. 22:44, texto sobre el que volveremos más adelante, pone en boca de Jesús los conceptos *la ley de Moisés, los profetas y los salmos*. Y el curioso *logion* de Mt. 11:13, también recogido por Lc. 16:16, nos indica que *todos los profetas y la ley profetizaron hasta Juan*, poniendo así al Antiguo Testamento un límite cronológico que rebasa con creces las supuestas fechas de composición de sus libros canónicos, e incluso la mayoría de los apócrifos (o deuterocanónicos) y hasta de los libros pseudoepigráficos.

Por raro que pudiera parecernos, el propio nombre literal de *Antiguo Testamento* constituye una designación totalmente bíblica, si bien no precisamente veterotestamentaria; la hallamos en el Nuevo Testamento, y más concretamente, en el *corpus paulinum*. Leemos, en efecto, en 2 Co. 3:14:

> *Pero se embotaron sus inteligencias. En efecto, hasta el día de hoy perdura ese mismo velo en la lectura del Antiguo Testamento. El velo no se ha levantado, pues solo en Cristo desaparece.* (BJ)[329]

Se refiere el Apóstol de los Gentiles a la condición de los judíos tal como él la contemplaba en la primera mitad del siglo I de nuestra era, es decir, un pueblo incapaz de comprender el significado real de las Escrituras por culpa de su obecación frente a los designios de Dios para con ellos, algo que, dígase lo que se quiera, no ha cambiado demasiado en el día de hoy[330]. Por eso representa de forma figurada la situación del Israel de su tiempo como si los judíos llevaran un velo puesto que les impidiese una visión nítida de las cosas de Dios, o sea, del cumplimiento del propósito divino en la persona y la obra de Jesús el Mesías. De ahí la trascendencia de la expresión que traducimos como *Antiguo Testamento* o *Antiguo Pacto*, en el texto griego de la epístola παλαιά διαθήκη *palaiá diatheke*[331]. Veamos tres razones:

1. Implica que los judíos contemporáneos de los apóstoles disponían ya de unos escritos sacros, también reconocidos como tales por los primeros cristianos, lo cual no carece de importancia.
2. Tan solo a la luz del evento Cristo, el realizador y consumador del pacto definitivo o Nuevo Testamento, en griego καινή διαθήκη *kainé diatheke*, es posible la correcta lectura y comprensión de aquellos escritos sagrados comunes a judíos y cristianos.

---

[329] Una traducción similar se encuentra en las conocidas versiones católicas CI o NC. Por el contrario, las biblias protestantes RVR60, BTX, DHH y NTV prefieren la expresión equivalente *antiguo pacto*.

[330] El versículo 15 menciona expresamente a Moisés, es decir, los escritos del Pentateuco, aquello que todos los judíos del momento, independientemente del grupo, facción o secta a que pertenecieran, consideraban indiscutiblemente Escritura Sagrada.

[331] Para ser exactos, el texto griego menciona este nombre en caso genitivo con artículo: τῆς παλαιᾶς διαθήκης *tes palaiâs diathekes*, es decir, "del Antiguo Testamento", ya que en la estructura oracional del versículo complementa al sustantivo "lectura", en griego ἀναγνώσει *anagnosei*.

3. Como consecuencia lógica, ese conjunto escriturario común se entiende como algo que ya ha llegado a su cumplimiento, ha concluido como tal, pero sigue siendo de utilidad para los cristianos, dado que en él se hallan, por un lado, el testimonio de fe de una comunidad que vivió unos tiempos y unas circunstancias muy especiales, y por el otro, unas líneas de pensamiento que, debidamente enfocadas, enriquecen el conocimiento del propósito divino entre los seguidores de Jesús.

No es difícil, por tanto, suponer que los temas básicos y realmente trascendentales del Antiguo Testamento, aquellos en los que se condensa el núcleo de su mensaje y pensamiento, vale decir, su *teología*, puedan deducirse del Nuevo; más aún, que *deban* en realidad ser extraídos de los escritos neotestamentarios, ya que, como se indicó en su momento, estos últimos constituyen ciertamente *la primera teología del Antiguo Testamento escrita*. La cuestión es: ¿de qué libro o libros, exactamente?

Puesto que todo el Nuevo Testamento —mal que les pese a los marcionitas antiguos y modernos— se halla impregnado de alusiones, citas (directas o indirectas, a veces paráfrasis) y, digámoslo por su nombre, del *espíritu* del Antiguo, no resulta demasiado fácil hallar textos o pasajes en los cuales se pueda compendiar o resumir el contenido *teológico* de los treinta y nueve libros canónicos hebreos. Tras una atenta lectura de todo el canon neotestamentario, comenzando por Mt. 1 y concluyendo con Ap. 22, hemos hallado en la Epístola de Pablo a los Romanos —considerada por muchos como el escrito del Nuevo Testamento mejor elaborado desde el punto de vista teológico— dos declaraciones capitales que nos han inspirado y orientado en relación con las líneas maestras de este nuestro trabajo.

La primera se encuentra en Ro. 3:1-2 y se enmarca en el razonamiento paulino (y cristiano) acerca del juicio divino sobre la especie humana, tanto judíos como gentiles, y la relación que existe entre los hombres y la ley de Dios:

¿Qué ventaja tiene, pues, el judío [comparado con el gentil]*? ¿O de qué aprovecha la circuncisión? Mucho, en todas maneras. Primero, ciertamente, que les ha sido confiada la palabra de Dios*[332].

---

[332] Los corchetes son nuestros.

Afirmación que no tiene desperdicio. Como indicábamos en el capítulo introductorio, Dios nunca ha abrogado su alianza con Israel ni ha rechazado definitivamente a sus descendientes en tanto que pueblo suyo; no hay constancia escrituraria de una anulación semejante de aquel antiguo pacto[333]. Como mucho, la inspiración divina nos señala algo que el mismo apóstol designa como *un misterio: que ha acontecido a Israel endurecimiento en parte, hasta que haya entrado la plenitud de los gentiles* (Ro. 11:25), para concluir en el versículo siguiente con la declaración capital: *Y luego todo Israel será salvo.* Las promesas que leemos en los profetas veterotestamentarios apuntan a una reconciliación entre el Señor y la prístina simiente de Abraham (*cf.* Nm. 23:7-10; Os. 11:8-11), o, lo que es lo mismo, con su descendencia espiritual judía[334], algo que únicamente es posible por medio de Cristo. Y ello incide en que la Palabra escrita de Dios constituya el especial patrimonio espiritual de Israel. De ahí que, a la hora de delimitar los escritos que componen el Antiguo Testamento, hayamos tenido en cuenta los criterios que señala el judaísmo ortodoxo, más que otras tradiciones u otras opiniones que se hayan podido emitir al respecto, judías o cristianas, por bien cimentadas que parezcan. Queda abierta, no obstante, la cuestión de si es realmente ese judaísmo ortodoxo y rabínico originario de Palestina, de clara directriz farisaica y anticristiana, quien ha de marcar la pauta (así lo entiende el mundo protestante y evangélico en general, con las excepciones señaladas en el capítulo tercero de la primera parte), o si, por el contrario, tal función correspondería más bien al judaísmo alejandrino de finales del período intertestamentario y comienzos de la Era Cristiana, mucho más abierto en sus planteamientos (así los católicos romanos, los ortodoxos y otros cristianos orientales).

La segunda la encontramos en Ro. 9:3-5, donde, introduciendo esa parte tan destacada de la epístola que trata de forma específica sobre la elección de Israel que es Ro. 9-11, y mostrando al mismo tiempo sus más profundos sentimientos por su pueblo, Pablo afirma:

---

[333] Recordemos las declaraciones tajantes del Apóstol de los Gentiles, cuando a la pregunta ¿Ha desechado Dios a su pueblo? responde con un enfático μὴ γένοιτο *mé génoito*, vale decir, *En ninguna manera* (Ro. 11:1), o cuando en el versículo siguiente declara: *No ha desechado Dios a su pueblo, al cual desde antes conoció.*

[334] Habida cuenta de que los judíos que hoy viven en el mundo, tanto en el Estado de Israel como fuera de sus fronteras, no constituyen el antiguo Israel bíblico ni conforman una raza o etnia especial que se distinga de las demás. El antiguo pueblo de Israel, en cuyo seno vio la luz el Antiguo Testamento, hace más de dos milenios y medio que dejó de existir como tal en la historia.

Porque desearía yo mismo ser anatema del Mesías[335] por mis herma-
nos, los que son mis parientes según la carne; quienes son israelitas,
de los cuales son la adopción[336] y la gloria, los pactos[337] y la promul-
gación de la ley, las ordenanzas[338] y las promesas; de quienes son los
patriarcas, y de los cuales, según la carne, vino el Mesías[339], el cual
es Dios sobre todas las cosas, bendito por los siglos. Amén. (BTX)

Como vemos, la traducción de la BTX, ateniéndose en este caso con
gran escrupulosidad a los mejores manuscritos griegos, nos presenta los
puntos o temas fundamentales sobre los que se cimenta el Antiguo Testamento, vale decir, su *teología*, en forma de cuatro binomios temáticos
cuyos componentes guardan una estrecha relación dialéctica entre sí y
con el conjunto, de manera que cada par constituye un todo armonioso
y bien equilibrado en sus contenidos, lo cual incide de forma directa en
la armonía y el equilibrio del pensamiento veterotestamentario:

      1°) Adopción (filial) – gloria
      2°) Pactos – ley
      3°) Ordenanzas – promesas
      4°) Patriarcas – el Mesías, que es Dios[340]

Tal disposición de los centros de interés del pensamiento veterotestamentario fue señalada en su momento por el propio Von Rad[341], y es
la que pretendemos seguir en las páginas que acompañan, entendiendo

---

[335] *Anatema, separado de Cristo* (RVR60).

[336] BJ lo traduce, y muy bien por cierto, como *adopción filial.*

[337] El Textus Receptus (TR), y con él RVR60, lee *el pacto* en singular.

[338] Griego ἡ λατρεία *he latreía*, que RVR60 traduce muy literalmente como *el culto.* El término griego engloba en su semántica todos los rituales sagrados descritos en la adoración a Yahweh en el Antiguo Testamento.

[339] Griego ὁ Χριστός *ho Khristós*. RVR60 traduce como *Cristo* adecuándose mejor al uso cristiano. BTX, en este caso concreto, sigue una línea de traducción que ha en-contrado seguidores fervientes desde hace algunos años, como se ha plasmado en otras ediciones de la Biblia, entre ellas BTI y CI, y en otras lenguas de nuestro entorno, como la *Bíblia Catalana Traducció Interconfessional* o la *Elizen Arteko Biblia* en euskara.

[340] En relación con los problemas que supone esta lectura en el texto de Ro. 9:5, *cf.* los distintos comentarios especializados sobre la epístola.

[341] Vol. II de su *Teología del Antiguo Testamento* en su versión francesa, pág. 301. Indica, no obstante, este autor que la serie podría resultar incompleta. En cualquier caso, y como hemos tenido ocasión de presentarlo páginas atrás, el planteamiento de la teología veterotestamentaria seguido por Von Rad es completamente distinto.

que en estos binomios conceptuales, que atraviesan los siglos en que el pueblo de Israel vive su relación con el Dios que sale a su encuento con el nombre de Yahweh, se encuentra el mensaje fundamental de los treinta y nueve libros canónicos de Israel, es decir, su teología en estado puro, la manera en que el antiguo pueblo elegido comprendió a su Dios.

He aquí, pues, nuestra propuesta personal de una teología del Antiguo Testamento desde un enfoque, entendemos, puramente protestante reformado y conservador, o si se prefiere, evangélico, en el más puro sentido del término, aunque jamás fundamentalista, intransigente, o cerrado a las aportaciones de las ciencias bíblicas de la actualidad, y ni mucho menos anticatólico ni anti-nadie. Si hay un terreno de las ciencias bíblicas en el que se hace más patente y más notorio el escándalo de las barreras denominacionales del cristianismo, es precisamente este de la teología bíblica, ya sea vétero o neotestamentaria. No pretendemos realizar un estudio exhaustivo de la formulación histórica, es decir, en el tiempo, de estos binomios conceptuales; de hecho, nos decantamos más bien por una teología conceptual más que puramente histórica o diacrónica, sin por ello negar que en ocasiones nos hemos visto impelidos a hacer alguna que otra incursión en este terreno, como en otros. No faltará, por tanto, algún que otro lector bien versado en el tema que podrá tildarnos sin ambages de ecléctico y de poco original, y tendrá toda la razón. Nos resulta a estas alturas harto complicado pensar en una teología de la Escritura que únicamente se decante por una línea concreta de trabajo, por un único método, haciendo caso omiso de todos los otros, que han evidenciado con creces ser sobremanera fructíferos.

Y desde luego, y lo más importante de todo, quede patente constancia de que este trabajo, pensado en principio para los estudiantes de nuestro seminario CEIBI (Centro de Investigaciones Bíblicas), y también para cuantos deseen instrucción y disfrute de los grandes temas del Antiguo Testamento, solo pretende ser el pequeño y agradecido testimonio de fe de un gentil occidental en el Dios de Israel, a quien sea por siempre toda gloria.

1. PREÁMBULO: EL DIOS DE ISRAEL

Antes de comenzar a estudiar los binomios temáticos señalados, hemos de plantear una reflexión acerca de la figura de Dios en el Antiguo Testamento, a guisa de lo que, consideramos, ha de ser un prolegómeno necesario[342]. Nunca se ha de olvidar que, de la manera que indicábamos en el capítulo introductorio, la *teología* se define precisamente como el *estudio acerca de Dios*. Entendemos que los asuntos señalados en esos cuatro binomios conceptuales mencionados por el apóstol Pablo reflejan siempre la obra divina y la plasman de forma definitiva en los escritos sagrados, vale decir, constituyen lo que el Antiguo Testamento *dice* acerca de Dios, pues como se ha indicado en su momento, algún que otro teólogo cristiano contemporáneo ha apuntado con gran sabiduría al hecho de que el Dios de Israel se halla en realidad en el discurso sagrado, y no tanto en nociones puramente metafísicas[343]. De ahí que no hayan faltado quienes han pretendido elaborar lo que se ha dado en llamar una *gramática del Antiguo Testamento*, en la que Dios es siempre el sujeto de la acción, sea esta considerada activa o pasiva[344], y el mundo con sus habitantes, de entre los cuales destaca Israel de forma muy

---

[342] Tal suele ser, efectivamente, la forma en que comienzan muchas *teologías del Antiguo Testamento* publicadas hasta la fecha. En cierto sentido, con este capítulo lo que hacemos es atenernos a una tradición académica de un par de siglos, pero bien fundamentada.

[343] Tampoco en el mundo físico, la naturaleza, pese a lo que se empeñan en afirmar muchos pensadores cristianos, ni en el hombre como especie. Ni siquiera en el propio pueblo hebreo como tal. De esta forma, se salvaguarda un concepto de inigualable importancia por sus repercusiones en la historia de las religiones: el Dios de Israel, frente a los dioses de las naciones, es fundamental y esencialmente un Dios *trascendente*.

[344] En este segundo caso habríamos de decir, por expresarnos con mayor precisión, que Dios sería el llamado tradicionalmente *complemento o sujeto agente*.

especial, su particular objeto directo[345]. Como ya habíamos hecho notar en el capítulo introductorio, no encontramos en los escritos veterotestamentarios —ni tampoco en los del Nuevo Testamento— nada parecido a un "tratado sobre Dios" al estilo de nuestros manuales de teología dogmática o sistemática. Lo que Israel llegó a conocer acerca de su Dios fue aquello que vio plasmarse en los hechos salvíficos que el Señor realizara, y a partir de ello elaboró su teología.

La singularidad del Antiguo Testamento. Frente a toda la producción literaria del entorno cultural en que vivieron las tribus hebreas, es decir, del Creciente Fértil egipcio, mesopotámico y, sobre todo, cananeo, especialmente marcada por el más crudo politeísmo, el Antiguo Testamento —tal como nos ha sido transmitido y se interpreta tradicionalmente— se distingue desde su primer versículo por la creencia en un Dios único, rasgo principal y distintivo del pueblo de Israel, y que viene muy bien sintetizado en el *Shemá* de Dt. 6:4-5, aún hoy profesión de fe judía por excelencia, y que indicamos a continuación tal cual suena en su idioma original:

[346]שְׁמַע יִשְׂרָאֵל יְהוָה אֱלֹהֵינוּ יְהוָה אֶחָד

וְאָהַבְתָּ אֵת יְהוָה אֱלֹהֶיךָ בְּכָל־לְבָבְךָ וּבְכָל־נַפְשְׁךָ וּבְכָל־מְאֹדֶךָ

Shemá Yisrael, Adonay Elohenu, Adonay ejad
Weahabtá eth Adonay Elohekha bekhol lebabekha
ubekhol naphshekha ubekhol meodekha

Oye, Israel: Jehová nuestro Dios, Jehová uno es[347].

---

[345] Los partidarios de esta concepción gramatical de la teología veterotestamentaria gustan de señalar el gran número de verbos hebreos que en los textos sagrados aparecen conjugados en la raíz causativa o HIPHIL, según lo cual Dios sería siempre la causa principal de todas las acciones, tanto las que efectuaría de forma directa como las llevadas a cabo a través de otros agentes secundarios, sin descontar a los seres humanos.

[346] Respetamos la grafía de la Biblia Hebraica Stuttgartensia (BHS), que en este pasaje concreto distingue así un versículo tan importante para la fe y la práctica judías, por el hecho de que las consonantes destacadas *ayin* (ע) y *dáleth* (ד) forman la palabra hebrea עד *ed*, que significa "testigo", y también "testimonio". La recitación del *Shemá* deviene, por lo tanto, el testimonio o el testigo más importante de la fe de Israel.

[347] La traducción del v. 4 en RVR60 destaca por su literalidad y lo bien ajustada que está al texto original hebreo. BTI, por el contrario, hace otra lectura, otra interpretación de estos versículos, que no deja de tener su importancia, como se verá más adelante:

Y amarás a Jehová tu Dios de todo tu corazón, y de toda tu alma, y con todas tus fuerzas.

Tal es el texto que en su día el propio Jesús considerará como *el primer mandamiento de todos,* como leemos en Mr. 12:29-30 y par., y que se ha convertido en el punto principal de la moral cristiana universal.

Este rasgo distintivo del Antiguo Testamento y de la religión de Israel, por lo tanto, puede muy bien remontarse a la época de Moisés, por lo cual aparece como algo íntimamente entretejido con el propio nacimiento de la nación hebrea en cuanto tal, y con el devenir de su historia. Así lo ha entendido la finisecular tradición judía, si bien, como veremos más adelante, la investigación sobre los treinta y nueve libros del Antiguo Pacto nos evidencia otras realidades paralelas a esta corriente de pensamiento, y que reflejan estadios interesantes de la evolución de la mentalidad israelita.

Presentación de Dios en el Antiguo Testamento. Tal como las hemos recibido, las tradiciones reflejadas en el Antiguo Testamento nunca nos muestran a Dios en sí mismo, en su esencia más íntima. La declaración lapidaria de Gn. 1:1:

בראשית ברא אלהים את השמים ואת הארץ

Bereshith bará Elohim eth hashshamáyim weeth haárets

En el principio creó Dios los cielos y la tierra

con que se inicia la Biblia entera en su edición definitiva, es cualquier cosa menos una explicación de Dios, de su ser o de su origen, y otro

---

Escucha, Israel: el Señor —y únicamente el Señor— es nuestro Dios.

BTI interpreta el texto en la idea de que solo Yahweh —*el Señor,* en su traducción— es el Dios de Israel, mientras que RVR60 y otras versiones más literalistas leen en este pasaje una declaración de monoteísmo absoluto: solo Yahweh es Dios. Tenemos ante nuestros ojos una interesante traducción judía a nuestra lengua castellana, ya anteriormente aludida, KATZ, M. Y A. (ED.). *El Tanaj comentado,* vol. I. México: Editorial Jerusalem, 2004, que vierte así este versículo:

El Eterno, nuestro Dios, el Eterno es único.

Se acerca mucho más a la lectura tradicional de nuestras biblias al uso.

tanto se puede decir de los demás textos o pasajes en los que se lo menciona expresamente. Se da por sentada su presencia[348] como algo que no puede ponerse en duda, pero eso es todo. En este sentido, los escritos veterotestamentarios —y bíblicos en su conjunto— están, no solo muy lejos de constituir una *teología* en el sentido clásico cristiano y académico del término, sino que contrastan además de forma radical con otros escritos religiosos de la antigüedad, las *teologías* de otros pueblos[349], los más conocidos de los cuales, en líneas generales, comienzan por narrar los orígenes de todo cuanto existe, dioses incluidos; es decir, empiezan por ser *teogonías* antes que *cosmogonías*[350]. Para decirlo de

---

[348] Preferimos este término a *existencia*, ya que, la noción de "existencia de Dios" *stricto sensu* no se plantea jamás en todo el Antiguo Testamento; se trata de un concepto posterior, de la filosofía griega, que luego pasará al pensamiento cristiano. La negación de la realidad divina se atribuye sin pestañear en el Antiguo Testamento a una simple condición de *necedad*, expresada en hebreo por la raíz נבל *nabal*, concepto que implica la idea de "insensatez" al mismo tiempo que la de "vileza" (*cf.* 1Sa. 25:25; Sal. 14:1; 53:1). En el lenguaje de la Biblia, por lo tanto, Dios no *existe*: Dios sencillamente *es*. De esta misma manera viene a expresarse también el polémico pastor protestante holandés Klaas Hendrikse, autor de *Geloven in een God die niet bestaat*, obra que ve la luz en 2007, y de *God bestaat niet en Jezus is zijn zoon*, publicado en 2011, libros a los que hemos accedido en ediciones francesas: *Croire en un Dieu qui n'existe pas* y *Dieu n'existe pas et Jésus est son fils*, respectivamente.

[349] No todos los estudiosos aprueban la atribución del concepto de "teología" a los sistemas religiosos del paganismo. Nos parece, no obstante, que cualquier presentación razonada y estructurada acerca de la divinidad (se conciba esta de forma estrictamente monoteísta o politeísta) bien merece el nombre de teología, al menos en su sentido etimológico más puro. Y nos consta, además, que los documentos antiguos en los que se recogen las mitologías paganas, esencialmente poemas y cánticos, pese a su contenido fabuloso, obedecen a un pensamiento bien ensamblado, fruto de una larga tradición de recopilación de datos y reflexión *a posteriori*, es decir, son teologías de pleno derecho. Así lo reconoce Platón en su libro segundo de *La República*, cap. 18, donde constatamos este término por vez primera.

[350] Es decir, narran el origen de las diferentes divinidades de su panteón como preámbulo obligatorio al surgimiento de nuestro mundo y del hombre. Los ejemplos más renombrados y más manidos entre el gran público occidental son dos. El primero es el famoso poema babilónico (súmero-akadio por su origen, en realidad) *Enuma elish*, así llamado por sus dos palabras iniciales, que significan "Cuando en lo alto", compuesto originalmente en lengua acadia y que debió ver la luz hacia los siglos XVIII o XVII a. C. Sus primeros nueve versos rezan:

> «Cuando en lo alto no era nombrado el cielo,
> Ni abajo la tierra era llamada por su nombre,
> Apsu, el primordial, su progenitor,
> Y Mummu Tiamat, alumbradora de todo,
> Sus aguas en una mezclaban.

forma clara y concisa, el Dios revelado en los capítulos y versículos del Antiguo Testamento nunca se autodefine ni se presenta como tal en sí mismo, sino que lo hace siempre en función del otro, es decir, del hombre, de su *imagen y semejanza* (Gn. 1:26-27), y, más concretamente, en función de Israel, que es su pueblo, su heredad, su *especial tesoro sobre todos los pueblos* (Éx. 19:4-6). De esta manera, podemos entender que el Dios de Israel se halla en las antípodas de las deducciones —aunque tal vez fuera más exacto decir *elucubraciones*— de filósofos, teólogos o pensadores en general que han disertado acerca de lo divino[351].

No se hacinaban los pastizales, ni habían aparecido los carrizales
Cuando ninguno de los dioses había surgido,
Ni se nombraban nombres, ni se destinaban destinos
[hasta que] dentro de ellas fueron formados dioses».

(Traducción adaptada a partir de la de Astey L. V. *El Poema de la Creación Enuma Elish.* Publicaciones de la Universidad Autónoma Metropolitana de México, 1989, p. 5) El segundo lo constituye la *Teogonía* del poeta griego Hesíodo, compuesta hacia finales del siglo VIII a. C., según opinión de algunos autores. *Cf.* Easterling P. E. y Knox B. M. W. (eds). *Historia de la Literatura Clásica (Cambridge University),* vol. I, *Literatura Griega.* Madrid: Editorial Gredos, 1990, p. 110. En este poema leemos:

«Antes que todas las cosas fue Caos; y después Gea la de amplio seno, asiento siempre sólido de todos los Inmortales que habitan las cumbres del nevado Olimpo y el Tártaro sombrío enclavado en las profundidades de la tierra espaciosa; y después Eros, el más hermoso entre los Dioses Inmortales, que rompe las fuerzas, y que de todos los Dioses y de todos los hombres domeña la inteligencia y la sabiduría en sus pechos. Y de Caos nacieron Erebo y la negra Nix, Eter y Hemero nacieron, porque los concibió ella tras de unirse de amor a Erebo. Y primero parió Gea a su igual en grandeza, al Urano estrellado, con el fin de que la cubriese por entero y fuese una morada segura para los Dioses dichosos. Y después parió a los Oreos enormes, frescos retiros de las divinas ninfas que habitan las montañas abundantes en valles pequeños; y después, el mar estéril que bate furioso, Ponto; pero a este lo engendró sin unirse a nadie en las suavidades del amor. Y después, concubina de Urano, parió a Océano el de remolinos profundos, y a Coyo, y a Críos, y a Hiperión, y a Yapeto, y a Tea, y a Rea, y a Temis, y a Mnemosina, y a Feba coronada de oro, y a la amable Tetis. Y el último a quien parió fue el sagaz Cronos, el más terrible de sus hijos, que cobró odio a su padre vigoroso».

(Tomado de la edición digitalizada de librodot.com)

[351] Compárese, por no mencionar sino un ejemplo clásico, el Dios de Israel revelado en el Antiguo Testamento con la descripción de la divinidad que hallamos en la *Metafísica* de Aristóteles, XII,7:

«…es un ser que mueve sin ser movido, ser eterno, esencia pura y actualidad pura. El ser inmóvil mueve con objeto del amor, y lo que él mueve imprime el movimiento a todo lo demás [...] este ser no es susceptible de ningún cambio [...] El

Ello hace que la imagen de Dios transmitida por los escritos vete-rotestamentarios aparezca esencialmente vinculada al pueblo hebreo. La expresión verbal con que Moisés y Aarón se presentan ante Faraón en Egipto revindicando el derecho a la libertad de Israel es: *Jehová el Dios de Israel dice así* (Éx. 5:1), y añaden: *el Dios de los hebreos nos ha encontrado* (v. 3). Pero de ninguna forma hemos de entender en el conjunto del Antiguo Testamento esta ligazón entre Dios e Israel, o Dios y el país de Canaán, que con el tiempo sería la אֶרֶץ יִשְׂרָאֵל *érets Yis-rael*, "tierra de Israel", como una relación atávica al estilo de los dio-ses del paganismo[352]. Dios no está "atado" a las tribus de Israel —ni a lo que con el tiempo sería la Tierra Prometida— por lazos "naturales" imposibles de romper, sino que sale al encuentro de los hebreos escla-vizados en Egipto por pura misericordia y con un evidente propósito salvífico. Su ligazón con los hebreos es producto de su sola y exclu-siva voluntad, es decir, de su Gracia. De ahí que aunque en principio se pueda pensar que el monte Sinaí es la morada divina por antono-masia, debido a que fue allí donde Dios llamó a Moisés, y a la impre-sión que debió causar en el subconsciente colectivo del pueblo hebreo la teofanía descrita en Éx. 19:18 o 24:16[353], la realidad es que él se desplaza con su pueblo; peregrina con las doce tribus por el desierto;

---

que imprime este movimiento es el motor inmóvil. El motor inmóvil es, pues, un ser necesario; y en tanto que necesario, es el bien, y por consiguiente un principio. [...]
Solo por poco tiempo podemos gozar de la felicidad perfecta. Él la posee eterna-mente, lo cual es imposible para nosotros. El goce para él es su acción misma. [...]
Si Dios goza eternamente de esta felicidad, que nosotros solo conocemos por ins-tantes, es digno de nuestra admiración, y más digno aún si su felicidad es mayor [...] Y así decimos que Dios es un animal eterno, perfecto».
(citas tomadas de la edición de Espasa-Calpe)

Definiciones parecidas ofrece el mismo filósofo en el libro VIII de la *Física*.

[352] *Cf.* las advocaciones de muchos dioses antiguos siempre vinculados a un lugar concreto: en Egipto hallamos al dios Amón de Tebas o al Ra de Heliópolis; los griegos hablaban de un Zeus Olímpico y señalaban el macizo del Olimpo como su sede, mien-tras que la diosa Atenea habitaba la ciudad de Atenas, su Acrópolis más concretamente, lo que no impedía otras advocaciones distintas de estas u otras divinidades de su pan-teón, como el Zeus de Dodona, el Zeus Liceo, o la Atenea de Lindos; en la Mesopota-mia bíblica el dios Marduk señoreaba en Babilonia, mientras que Asur tenía su campo de acción en el territorio asirio. *Et ainsi de suite.*

[353] *Cf.* los textos que se refieren de forma explícita al monte Horeb (el Sinaí) como *monte de Dios*: Éx. 3:1; 4:27; 18:5; 24:13; 1Re. 19:8.

se establece con David y Salomón en Sion-Jerusalén; desde el propio Sinaí envía más tarde a Elías profeta para que ejerza su ministerio en el reino septentrional de Israel; y durante la cautividad babilónica se traslada hacia el lugar donde residen los exiliados para estar con ellos, como leemos literalmente en el libro de Ezequiel, se da a entender en el libro de Daniel y se sobreentiende en el de Ester. Es decir, no tiene un lugar concreto de este mundo donde establecerse porque mora allí donde se encuentran los suyos. El hecho de que los hagiógrafos más tardíos, sabios y profetas de Israel, le atribuyan como habitación permanente el ámbito de los cielos[354], indica un profundo desarrollo teológico, una madurez de pensamiento que permite entrever, por un lado, el dominio universal de Dios, y por otro, su desvinculación total de localizaciones específicas en esta tierra.

Digamos sin ambages un rasgo fundamental que se convierte en uno de los hilos conductores del pensamiento veterotestamentario: si Dios ha escogido a Israel, no es por los méritos que esta nación pueda presentar, sino por un arcano inabordable que llamamos *elección* y que enlaza con las tradiciones patriarcales:

> *Y por cuanto él amó a tus padres, escogió a su descendencia después de ellos, y te sacó de Egipto con su presencia y con gran poder.* (Dt. 4:37)

De ahí que la experiencia que tiene Israel de Dios solo pueda explicarse a partir de los eventos del éxodo, que marcarán para siempre su pensamiento teológico. De esta forma, Dios será básicamente el salvador misericordioso y el juez por antonomasia de su pueblo[355],

---

[354] Cf. 1Re. 8:39; Job 22:12; Sal. 2:4; 14:2; Dn. 2:28.

[355] Es interesante destacar que, en opinión del gran Reformador Juan Calvino, los dos textos capitales sobre Dios que presenta el Antiguo Testamento son precisamente aquellos donde más hincapié se hace en su misericordia y su justicia para con Israel. El primero es Éx. 34:6-7, donde leemos:

> *Y pasando Jehová por delante de él* [de Moisés], *proclamó: ¡Jehová! ¡Jehová! fuerte, misericordioso y piadoso; tardo para la ira, y grande en misericordia y verdad; que guarda misericordia a millares, que perdona la iniquidad, la rebelión y el pecado, y que de ningún modo tendrá por inocente al malvado; que visita la iniquidad de los padres sobre los hijos y sobre los hijos de los hijos, hasta la tercera y cuarta generación.*

El segundo se encuentra en Jer. 9:24:

idea que irá madurando a medida que transcurra la historia hebrea, y llegará a su culminación en la persona y la obra de Cristo en el Nuevo Testamento.

La fe en Dios, una fe histórica. Todo lo dicho nos hace comprender que Israel entendió desde el principio a su Dios como una entidad estrictamente personal y totalmente dinámica que actuaba en la historia nacional hebrea, jamás como una mera fuerza ciega o un poder anónimo. Si partimos de las narraciones y tradiciones conservadas de la era patriarcal, en el orden actual en que se nos muestran los libros del Antiguo Testamento, la reflexión de los hagiógrafos nos presenta a un Dios que opera y se revela en virtud de una promesa y por medio de unos hechos muy concretos, realmente extraordinarios, lo que se ha dado en llamar *gestas portentosas divinas,* o dicho en latín, *magnalia Dei*[356]. De ahí que la fe de Israel sea una fe distinta a la de los pueblos vecinos, una *fe histórica*, y que, por tanto, la historia de Israel contenida en los textos sagrados constituya una *Historia de la Salvación* que camina hacia un futuro de total plenitud. Afirma un conocido autor:

«La esencia de esta fe es la convicción firme de que Dios ha salvado a los antepasados de la esclavitud en Egipto, los ha guiado por el desierto y los ha establecido en la tierra de Canaán. Solo existen como pueblo por la intervención de Dios. Además, Dios ha entrado en pacto con ellos sobre el monte Sinaí, y su pacto determina la totalidad de su porvenir histórico. Para las religiones vecinas, Dios se hace presente en el ciclo eterno de la naturaleza y en ciertos lugares cúlticos. Para Israel, en cambio, el escenario de su actividad es precisamente la *historia*. El enfoque es lo que Dios ha hecho, está haciendo y aún hará según su propia intención declarada (*cf.* Stanley 1980:57-59). Recurriendo al título de un conocido libro de G. E. Wright (1952), Dios es «el Dios que *actúa*». Probablemente sería más preciso describir la Biblia en términos de los Hechos de Dios en vez de la Palabra de Dios (Wright 1952:13)[357]».

Mas alábese en esto el que se hubiere de alabar; en entenderme y conocerme, que yo soy Jehová, que hago misericordia, juicio y justicia en la tierra; porque estas cosas quiero, dice Jehová.

[356] Traducción de la Vulgata de la expresión griega τὰ μεγαλεῖα τοῦ θεοῦ *ta megaleîa tu theû,* que se lee en Hch. 2:11. RVR60 la traduce como *las maravillas de Dios.*

[357] BOSCH, J. D. *Misión en transformación. Cambios de paradigma en la teología de la misión.* Grand Rapids, Michigan: Libros Desafío, 2005, p. 34.

Andando el tiempo, y por medio de largos procesos, en ocasiones dolorosos, como indicaremos más adelante en este mismo capítulo, Israel desarrollará la idea de que su Dios, que en Egipto se reveló como Salvador y Libertador, en Canaán llegará a ser el Señor indiscutible de la naturaleza y sus ciclos; a partir de las invasiones asirias del siglo VIII a. C., será el Señor de la historia; y finalmente, concluyendo el proceso (tal vez durante el exilio babilónico, o un poco antes), el Dios del cielo y de la tierra, vale decir, el Creador de todo cuanto existe.

Lo realmente importante de toda esta reflexión es que Dios nunca alcanza en los escritos del Antiguo Testamento la plenitud de imagen que nos presenta el Nuevo con la persona de Jesucristo, algo que los lectores y estudiosos cristianos de la Biblia nunca debieran obviar ni perder de vista. De ahí que nos podamos preguntar:

¿Qué hay del Dios Padre en los escritos veterotestamentarios? Por extraño que nos pudiera parecer a los lectores actuales de la Biblia, la idea de la paternidad divina, tan cara al mundo cristiano y uno de sus dogmas más trascendentales desde los mismos comienzos de la historia de la Iglesia —de hecho, una de sus aportaciones más importantes al elenco religioso general de la humanidad—, no forma parte de la revelación de Dios consignada en el Antiguo Testamento. Tan solo los cinco versículos que citamos *in extenso* a continuación parecen aludir a un concepto semejante[358]:

Pero tú eres nuestro padre, si bien Abraham nos ignora, e Israel no nos conoce; tú, oh Jehová, eres nuestro padre; nuestro Redentor perpetuo es tu nombre. (Is. 63:16)

Ahora pues, Jehová, tú eres nuestro padre; nosotros barro, y tú el que nos formaste; así que obra de tus manos somos todos nosotros. (Is. 64:8)

A lo menos desde ahora, ¿no me llamarás a mí, Padre mío, guiador de mi juventud? (Jer. 3:4)

---

[358] No tenemos en cuenta Is. 9:6 (*... y se llamará su nombre Admirable, Consejero, Dios fuerte, Padre eterno, Príncipe de paz*) porque se refiere, no exactamente al Dios de Israel entendido como tal, sino al Mesías, o sea, a alguien muy especial que había de venir. Este texto será mencionado en un capítulo posterior, dadas sus implicaciones.

Yo preguntaba: ¿Cómo os pondré por hijos, y os daré la tierra deseable, la rica heredad de las naciones? Y dije: Me llamaréis: Padre mío, y no os apartaréis de en pos de mí. (Jer. 3:19)

Irán con lloro, mas con misericordia los haré volver, y los haré andar junto a arroyos de aguas, por camino derecho en el cual no tropezarán; porque soy a Israel por padre, y Efraín es mi primogénito. (Jer. 31:9)

Algunos argumentan que tal idea se halla implícita, además, en los conocidos textos de Éx. 4:22-23[359] y Os. 11:1[360]. En realidad, aunque los textos citados emplean el término hebreo אב *ab*, cuya traducción más sencilla es precisamente "padre", no se da a entender con ello una relación de amor (¡ni mucho menos generacional!), sino más bien de señorío y vasallaje, muy conforme con lo que este vocablo semítico implicaba en las culturas del Medio Oriente Antiguo, es decir, la jefatura de una autoridad tribal. El *jeque* o *awum*[361] del clan era considerado *padre* del conjunto del pueblo en tanto que caudillo militar y juez supremo de todos sus integrantes, muchos de los cuales no eran precisamente hijos biológicos suyos[362]. Hasta el Nuevo Testamento no

---

[359] *Y dirás a Faraón: Jehová ha dicho así: Israel es mi hijo, mi primogénito. Ya te he dicho que dejes ir a mi hijo, para que me sirva, mas no has querido dejarlo ir; he aquí yo voy a matar a tu hijo, tu primogénito.*

[360] *Cuando Israel era muchacho, yo lo amé, y de Egipto llamé a mi hijo.*

[361] Designación acadia de los jefes tribales, ampliamente extendida por el Creciente Fértil, como recoge la documentación histórica.

[362] En relación con el apelativo de *padre* aplicado a Yahweh, Dios de Israel, *cf.* el nombre del dios supremo del panteón olímpico griego (y, presumiblemente, indoeuropeo) Ζεύς Πατήρ *Zeús Pater*, que en latín es *Iuppiter*, castellanizado Júpiter, y en sánscrito *Dyaús Pitá*. Tanto el griego πατήρ *pater*, como el componente latino *–piter* (*cf.* el término latino común *pater*) y el sánscrito *pitá*, hacen referencia a esta paternidad divina entendida como una manifestación de señorío sobre todos los seres vivientes. De hecho, es frecuente la mención de esta divinidad en la épica clásica grecolatina como *padre de los dioses y de los hombres*. En la homérica *Ilíada*, por ejemplo, hallamos en el canto I, verso 503, cómo la diosa marina Tetis, madre del héroe Aquiles, apostrofa a Zeus con el vocativo Ζεῦ πάτερ *Zeû páter*, "Padre Zeus", aunque el propio texto nos dice que era hija de otra divinidad. Y en el mismo canto, versos 533 y 534 leemos: θεοὶ δ'ἅμα πάντες ἀνέσταν ἐξ ἑδέων σφοῦ πατρὸς ἐναντίον *theoí d'ama pantes anestan ex hedeon sphû patrós enantíon*, es decir, "todos los dioses a una se alzaron de los asientos delante de su padre", cuando Zeus hace su entrada en su palacio olímpico. Y por no prodigar los ejemplos, en el canto segundo de la Eneida, obra inmortal del vate romano Virgilio, verso 648, se llama a Júpiter *divum pater atque hominum rex*, o sea, "padre de los dioses y rey de los hombres". Como bien sabe el lector, máxime si es

encontramos en realidad la noción de paternidad divina en su plenitud. Una de las grandes novedades del mensaje de Jesús es precisamente mostrar a Dios como Padre universal de la humanidad, no solo en cuanto a señorío se refiere, sino también, y sobre todo, a cercanía.

¿Dios Padre o "Dios Madre"? La teología feminista, especialmente en base a textos como Is. 66:12-13[363] y otros del mismo tenor, ha contestado desde las décadas finales del siglo XX el concepto tradicional de la paternidad divina, atribuyéndolo a una deformación cultural propia de sociedades presuntamente primitivas de tipo patriarcal, y postulando en su lugar la imagen de un Dios más bien maternal, de rasgos esencialmente femeninos. Ni que decir tiene que tales planteamientos no tenían cabida en el mundo del Antiguo Testamento (ni tampoco en el del Nuevo). Las enseñanzas de Jesús acerca de Dios como Padre de todos los seres humanos se hallan en las antípodas de los presupuestos patriarcales de las sociedades semíticas antiguas, así como de los postulados feministas radicales hodiernos. Como una buena solución a este asunto, nos limitamos a reproducir, debido a su equilibrio en este tema, la pregunta n° 11 del *The Study Catechism: Confirmation Version*, de la Iglesia Presbiteriana de los Estados Unidos (PCUSA, por sus siglas en inglés[364]), edición de 1998, con su correspondiente respuesta, donde leemos así:

> **«11. Cuando el Credo habla de "Dios Padre", ¿significa que Dios es masculino?**
> No. Tan solo criaturas dotadas de cuerpo son susceptibles de una diferencia de género masculino o femenino. Pero Dios no es corporal, sino de naturaleza espiritual. La Sagrada Escritura revela a Dios como un Dios vivo más allá de cualquier tipo de distinción sexual. Las Escrituras

---

aficionado a los clásicos, Zęus-Júpiter no era el padre biológico de todas las divinidades del panteón ni de todos los seres humanos, pero sí en el sentido de autoridad suprema.

[363] La importancia teológica de este pasaje salta a la vista, sin necesidad de caer en excesos interpretativos ideológicos de tipo feminista:

Porque así dice Jehová: He aquí que yo extiendo sobre ella paz como un río, y la gloria de las naciones como torrente que se desborda; y mamaréis, y en los brazos seréis traídos, y sobre las rodillas seréis mimados. Como aquel a quien consuela su madre, así os consolaré yo a vosotros, y en Jerusalén tomaréis consuelo.

[364] Presbyterian Church of the United States of America.

emplean diversas imágenes para ilustrar la obra de Dios, tanto femeninas como masculinas[365]».

El Nombre de Dios en el Antiguo Testamento. Es de todos bien sabido la importancia que reviste la categoría gramatical que llamamos *el nombre* (en hebreo שֵׁם *shem*) en las culturas semíticas antiguas, dado que no se limita a ser una emisión fónica para señalar objetos o individuos, sino que refleja la identidad, el ser auténtico de las cosas o las personas[366]. No es porque sí que en Job 30:8 el protagonista humano del libro tilde de *hijos de viles, y hombres sin nombre* a los estamentos menos favorecidos de su sociedad, a los que define como *más bajos que la misma tierra*: no tener nombre implicaba prácticamente no ser nada. De ahí que el nombre de las distintas divinidades de los panteones del Medio Oriente Antiguo fuera algo más que un sonido casual o una mera etiqueta decorativa: expresaba la esencia, la personalidad, las características distintivas de los dioses, e incluso la clave de su poder, algo cuyo conocimiento resultaba muy necesario en el paganismo del Creciente Fértil. Era de capital importancia para los estamentos sacerdotales de los distintos reinos e imperios de aquella parte del mundo, no solo conocer los nombres divinos en sus variantes más populares y más divulgadas, sino aquellas designaciones secretas únicamente reveladas a las élites sacras o a unos cuantos privilegiados de entre ellas, y que las conservaban y transmitían como el más estricto de los misterios por las implicaciones mágicas y de poder político incluso que podían conllevar[367].

El antiguo Israel no se abstrajo de esta forma de pensar y concebir la realidad divina. Los hagiógrafos que redactaron el Antiguo Testamento nos han dejado constancia de cómo, en un momento dado, el propio Moisés —instruido *en toda la sabiduría de los egipcios*, según

---

[365] La traducción del original inglés es nuestra.

[366] *Cf.* en este sentido las connotaciones de los versículos del capítulo 1 del Génesis, cuando se afirma que Dios *llamó* a los objetos o seres creados de una determinada manera. Asimismo, una declaración tan importante como la de Gn. 2:20:

Y puso Adán nombre a toda bestia y ave de los cielos y a todo ganado del campo.

[367] *Cf.* la historia narrada en la célebre novela *Sinuhé el egipcio*, del autor finlandés Mika Waltari, en cuyos capítulos iniciales se describe todo lo referente a la vida de escribas y sacerdotes del antiguo Egipto de la Dinastía XVIII, en los siglos XV-XIV a. C., a través de los ojos de su protagonista, el médico Sinuhé.

Hch. 7:22[368]— intentó manipular al Dios que se le revelaba en la zarza ardiente preguntándole con toda claridad, y rozando peligrosamente la irreverencia, cuál era su nombre (Éx. 3:13)[369]. La costumbre judía posterior de no pronunciar por respeto el Nombre Divino, y a la que nos referiremos en breve, no es sino un resabio de aquella mentalidad antigua, hoy mantenido por pura tradición cultural revestida de mandato religioso (Éx. 20:7; Dt. 5:11). Lo cierto es que, en el Antiguo Testamento, el Nombre de Dios aparece estrechamente vinculado con la historia y el devenir de Israel: solo las doce tribus descendientes de Jacob reciben su revelación y el encargo de preservarlo de toda mácula.

Y la pregunta viene de por sí: ¿cuál es en realidad ese nombre? O también: ¿tiene Dios realmente un nombre? La respuesta la hallamos en un texto fundamental, Éx. 6:2-3, donde leemos así:

Luego habló ʼĔlohim a Moisés y le dijo: «Yo soy Yahveh. Me aparecí a Abraham, a Isaac y a Jacob como ʼĔl-Šadday, pero por mi nombre de Yahveh no me di a conocer a ellos[370]».

La importancia de estos versículos es fácil de calibrar con una simple lectura, ya que no solo presentan los teónimos o designaciones fundamentales del Dios de Israel en lengua hebrea (*El, Elohim, El-Shadday, Yahweh*), sino que relacionan al Dios del Sinaí con el de los patriarcas o ancestros del pueblo hebreo. Vamos a ver a continuación, aunque sea de forma somera, cada uno de estos nombres en su forma original y con su significado preciso.

El. Escrito en el alefato cuadrado de nuestras biblias hebreas impresas אל, se corresponde con el ideograma sumerio AN y representa el nombre genérico de la divinidad en las lenguas semíticas, antiguas o modernas, vale decir, la designación predicable, en estos idiomas[371], de

---

[368] Para mayor información sobre las tradiciones judías acerca de la vida de Moisés como príncipe egipcio, *cf. Antigüedades de los judíos* de Flavio Josefo, II, 10. Tomo I de la edición de CLIE. También NEHER, A. ET R. *Op. cit*, pp. 108-111.

[369] *Cf.* a este respecto TELLERÍA LARRAÑAGA, J. M. Y GELABERT I SANTANÉ, R. M. *Lecciones sobre el Éxodo.* Las Palmas de Gran Canaria: EMB, 2011, p. 55.

[370] Lo citamos conforme a la versión crítica CI, ya que menciona las designaciones divinas sin traducirlas, simplemente transcribiéndolas desde los vocablos hebreos originales.

[371] La única excepción la constituye el etíope, idioma en que recibe el nombre de *Igzi'abihier* o "Señor del universo", de clara inspiración judeo-cristiana.

todos los seres englobados en la categoría de entidades divinas: *cf.* acadio *Ilu*, árabe *Illaha*. Su traducción inicial más exacta sería, por lo tanto, *un dios, la divinidad, la deidad*, o similares. En el texto de Éx. 6:2-3 no aparece como tal, pero sí en el compuesto *El-Shadday*. Es interesante comprobar cómo, en el panteón ugarítico[372], el dios El es la deidad suprema y padre de otras divinidades como *Baal*, dios de la vegetación y de la fertilidad, *Moth*, dios de la muerte, o *Yam*, dios de las aguas marinas, fenómeno que se da también en otras culturas semíticas; asimismo, El es el padre de toda la humanidad. La mitología de Ugarit, no obstante, presenta al dios El como una divinidad muy anciana que pasa la mayor parte del tiempo durmiendo. Se ha señalado que la etimología del nombre El apunta a la idea de *fuerza* o *poder*, expresada por la raíz semítica primitiva **wl*, y que está emparentado con vocablos que aluden a la encina en lenguas semíticas antiguas (hebreo אלון *allón*). No son pocos los estudiosos que suponen en el nombre El algo así como el testimonio de un estadio de monoteísmo primitivo pansemítico, más tarde desarticulado con la evolución de la cultura y desgajado en múltiples deidades resultantes de un proceso de personificación de los distintos atributos divinos. Edmond Jacob, no obstante, piensa más bien en un politeísmo primitivo que, andando el tiempo, derivaría en monoteísmo a medida que se desarrollaba el pensamiento lógico.

Sea como fuere, el teónimo El se emplea para designar a Dios en 204 versículos del Antiguo Testamento[373], especialmente en los libros de Job, Salmos e Isaías, aunque también se halla bien representado en otros escritos veterotestamentarios. En muchas ocasiones, aparece en nombres compuestos, como el ya apuntado *El-Shadday*, al que dedicaremos muy pronto nuestra atención; אל־אלהי־ישראל *El-Elohé-Yisrael* "Dios el Dios de Israel" (Gn. 33:20); antropónimos como דניאל *Daniel* "Dios juzga" o "Dios es juez"[374]; o incluso topónimos como בית־אל *Beth-El* "casa de Dios" (Gn. 28:19). Su forma plural אלים *Elim* designa en principio

---

[372] Es decir, de la ciudad de Ugarit, actual Rash-Shamra, en la costa siria, que desarrolló una civilización cuyo *floruit* tuvo lugar entre los siglos XV y XII a. C., aproximadamente. La lengua de Ugarit o *ugarítico* estaba muy cerca del hebreo de la Biblia.

[373] Se refiere a otros dioses en dieciocho versículos.

[374] Los especialistas en lenguas semíticas no parecen mostrarse muy de acuerdo con las traducciones más populares de este y otros nombres bíblicos, que ven en la vocal *i* medial el sufijo pronominal hebreo de primera persona del singular (Dani-el, "Dios es *mi* juez"). Prefieren, más bien, ver en ese fonema vocálico una terminación antigua, ya se interprete como nominal, ya como verbal.

dioses falsos, como en Éx. 15:11; Sal. 29:1; 89:6; Dn. 11:36. No obstante, su empleo no se circunscribe en exclusiva a este uso; se trata de un término muy particular que plantea bastantes problemas de interpretación a los traductores, como se puede comprobar cotejando las distintas ediciones bíblicas al uso. Lo único realmente cierto es que viene a representar la idea de fuerza, poder o dominio en general, ya se aplique a las divinidades o a los gobernantes de este mundo[375].

Elohim. Escrito con grafía cuadrada אלהים, es el nombre más común para expresar la idea de Dios en el Antiguo Testamento[376]. De hecho, aparece 2.570 veces en el texto sagrado, aunque no siempre referido al Dios de Israel: designa también a los dioses de las naciones[377] o a los ídolos que los representan[378], espíritus de difuntos[379] e incluso jueces en el desempeño de sus tareas[380]. Aunque su forma gramatical es la propia de un nombre plural masculino (terminación ים *-im*), cuando alude directamente a Dios concuerda con formas adjetivas y pronominales únicamente en singular, y cada vez que se presenta en el sagrado texto al Dios de Israel con este nombre en función de sujeto de la oración, el verbo que con él concierta aparece en singular. Los expertos

---

[375] A guisa de ejemplo, en Sal. 29:1 BTX traduce como *seres celestiales* (con una nota explicativa que indica una clara referencia a los ángeles) la expresión hebrea בני אלים *bené Elim*, "hijos de los dioses". La BTI lo vierte como *hijos de Dios*, aclarando en una nota a pie de página que se trata de seres divinos con resonancias mitológicas que conforman la corte de Dios. La versión crítica CI lo lee como *hijos de 'Élohim*. RVR60, sin embargo, traduce *hijos de los poderosos* en general, sin especificar si se trata de seres celestiales o terrenales. Algo similar encontramos en Sal. 89:6 y otros textos del mismo tenor.

[376] Un estudio clásico sobre este tema se encuentra en QUELL, G. "El et Elohim dans l'Ancien Testament", in KLEINKNECHT *ET ALTERI. Dieu* (Dictionnaire Biblique Gerhard Kittel). Genève: Labor et Fides, pp. 34-56. S. d.

[377] *Cf.* Éx. 12:2; Nm. 33:4; Dt. 6:14; 13:7-8; Jos. 24:15; Jue. 6:10; 2Re. 19:17-18. De ahí que algunas versiones traduzcan las palabras de la serpiente del Edén en Gn. 3:5 *y seréis como Dios* (אלהים *Elohim*) de esta manera: *y seréis como dioses* (BJ o la Reina-Valera antigua). BTX traduce mucho más literalmente *y seréis semejantes a 'Elohim*, si bien el hecho de usar la mayúscula y la nota que coloca a pie de página evidencian con total claridad que lo interpreta como el Dios de Israel.

[378] Gn. 31:30; 35:4.

[379] El texto clásico es 1Sa. 28:13, que relata el momento cuando, a una pregunta del rey Saúl, la pitonisa de Endor le responde: *He visto dioses* [אלהים *elohim*] *que suben de la tierra.*

[380] *Cf.* Éx. 22:28: *No maldecirás a los jueces* [אלהים *elohim*]. RVR60 coloca en este versículo una nota con la traducción alternativa *a Dios.*

afirman que el nombre Elohim, aunque carece de equivalente conocido en las lenguas emparentadas con el hebreo, viene a indicar la idea básica de lo divino, al igual que hemos visto hace el nombre El. No obstante, y pese a las apariencias, estos dos teónimos no comparten el mismo origen —según algunos especialistas— si bien no son pocos los que sostienen precisamente lo contrario, tanto en el campo judío como el cristiano. Quienes se oponen a que Elohim pueda ser considerado como una derivación o un plural intensivo de El, tienden a señalarlo como forma plural del nombre *Eloah*, אלה, escrito también אלוה, forma especialmente arcaica para designar a Dios que tampoco cuenta con un equivalente señalado en otros idiomas semíticos, y que en la Biblia solo se constata 57 veces en los escritos del Antiguo Testamento, 41 de las cuales se encuentran en el libro de Job, es decir, en poesía. La etimología del nombre Elohim sería, según se daría a entender en ciertos círculos de especialistas, una supuesta raíz verbal *alah*, que vendría a indicar la idea de "pavor", lo que explicaría muy bien la insólita expresión *el temor de Isaac* referido a Dios que leemos en Gn. 31:42 y 53[381]. El problema es que esa raíz verbal no existe en lengua hebrea y esta explicación solo se puede cimentar acudiendo al árabe, lo que la debilita. Sea como fuere, en Dt. 32:15-18 aparecen mencionados todos estos nombres divinos, que el texto sagrado considera equivalentes en cuanto a su significado:

Pero engordó Jesurún, y tiró coces (engordaste, te cubriste de grasa); entonces abandonó al Dios[382] que lo hizo, y menospreció la Roca de su salvación. Le despertaron a celos con los dioses ajenos; lo provocaron a ira con abominaciones. Sacrificaron a los demonios, y no a Dios[383]; a dioses[384], a nuevos dioses venidos de cerca, que no habían temido vuestros padres. De la Roca que te creó te olvidaste; te has olvidado de Dios[385] tu creador.

Es importante señalar que desde ciertos sectores críticos, como habíamos indicado en su momento, se ha intentado explicar la forma plural *Elohim* como un vestigio lingüístico del supuesto primitivo estadio

---

[381] Tal es, entre otros, la propuesta de Franz Delitzsch.

[382] אלוה *Eloah* en "scriptio plena".

[383] אלה *Eloah* en "scriptio defectiva".

[384] אלהים *elohim*, aplicado en este caso a divinidades paganas.

[385] אל *El*.

politeísta de la religión de Israel, que coincidiría con lo que se suele pensar acerca del origen de todas las religiones humanas[386]. Por otro lado, el hecho de que, como hemos apuntado antes, concuerde con formas gramaticales en singular, permite pensar a algunos especialistas que se trata sobre todo de una figura de dicción, un recurso del idioma catalogado, según los autores, como *plural de intensidad* o *de abstracción*[387], *plural de exhortación*[388], *plural cuantitativo*[389] y sobre todo *plural mayestático*, cuya finalidad es mostrar a Dios como alguien especialmente poderoso[390]. En este sentido lo ha comprendido la finisecular tradición judía, según la cual este nombre designa al "Dueño del conjunto de las fuerzas"[391].

En las partes arameas del Antiguo Testamento se encuentran las formas equivalentes y de idéntico origen אֱלָהּ *Elah*[392] (con morfema determinativo אֱלָהָא *Elahá*[393]), el superlativo אֱלָהּ אֱלָהִין *Elah Elahin* "Dios de dioses"[394], y la expresión de origen persa אֱלָהּ שְׁמַיָּא *Elah Shemayyá* o

---

[386] Quienas han querido ver en los Textos Sagrados vestigios de este supuesto politeísmo hebreo primitivo, gustan de señalar, además de la forma plural del nombre *Elohim*, la creación del hombre en el día sexto del *Hexamerón*, donde las expresiones *Hagamos al hombre a nuestra imagen, conforme a nuestra semejanza... a imagen de Dios lo creó, varón y hembra los creó* (Gn. 1:26-27), evidentemente plurales, vendrían a evidenciar, dicen, un estadio tal en los orígenes de Israel, en el que habría un supuesto panteón de *Elohim* masculinos y femeninos.

[387] Así Walther Eichrodt.

[388] El rabino y erudito judío Umberto Cassuto, entre otros.

[389] Así George A. F. Knight.

[390] No deja de ser digno de mención el hecho de que en las tabletas de El-Amarna el término semítico plural *ilani*, que algunos estudiosos han querido emparentar con Elohim, y también referido a las divinidades, se emplea con los demás elementos concordantes de su oración respectiva en singular más de cuarenta veces. Ello indica que se trataba de un rasgo estilístico propio de aquellas lenguas semíticas antiguas entre las cuales se encontraba el hebreo de la Biblia. Por otro lado, en los textos tardíos del Antiguo Testamento se nota una clara tendencia a expresar la idea de Dios, el Dios de Israel, en plural. *Cf.* el comentario a Ec. 12:1 de Keil & Delitzsch, vol. 6 de la edición inglesa, pp. 787-788, donde la expresión *acuérdate de tu Creador* emplea la forma claramente plural בּוֹרְאֶיךָ *boreekha*, que literalmente, conforme a la puntuación masorética, habría de ser traducida como "tus Creadores", y que el comentarista entiende como un plural mayestático.

[391] DE VOLOZHYN, H. *L'Âme de la vie.* Lagrasse: Éd. Verdier, 1986.

[392] Esd. 7:12.

[393] Dn. 5:18.

[394] Dn. 2:47.

"Dios del cielo"[395]. En cuanto a su explicación, baste lo dicho para las formas hebreas correspondientes.

Shadday o El-Shadday. Escrito con el alefato cuadrado שַׁדַּי o אֵל שַׁדַּי, respectivamente, según se lo tome como una designación simple o un compuesto del teónimo El. Conforme al texto antes citado de Éx. 6:2-3, el nombre *El-Shadday* reviste una importancia capital, no solo para la teología del Antiguo Testamento, sino también en relación con la historia de la religión de Israel, ya que es aquel con el que Dios se había revelado a los patriarcas, los antecesores de las doce tribus hebreas, y con el cual era adorado en los tiempos anteriores al descenso de Jacob a Egipto[396]. La versión RVR60 lo traduce en este pasaje concreto como *Dios Omnipotente* siguiendo la tradición de la Vulgata latina[397], y por lo general, las versiones bíblicas al uso se decantan por esta traducción[398] o por limitarse a transcribirlo directamente del hebreo con grafía más o menos simplificada[399]. Se constata un total de 48 veces en el Antiguo Testamento, desde el Génesis hasta los Salmos[400],

---

[395] Esd. 5:11. En Neh. 1:4 hallamos la forma hebrea equivalente אֱלֹהֵי הַשָּׁמַיִם *Elohé hashshamáyim*, "Dios de los cielos", propia de la época de sumisión de Judá al Imperio aqueménida.

[396] *Cf.* Gn. 17:1, el primer texto en que aparece como tal:

> *Era Abram de noventa y nueve años cuando YHVH se le apareció a Abram, y le dijo: Yo soy 'El-Shadday, anda delante de mí, y sé perfecto.* (BTX)

[397] *Ego Dominus qui apparui Abraham, Isaac et Iacob in Deo omnipotente.* Añadimos como rasgo curioso que los traductores de la LXX no lo entendieron de la misma manera en este versículo concreto (Éx. 6:3), ya que su versión reza: Ἐγὼ κύριος· καὶ ὤφθην πρὸς Αβρααμ καὶ Ισαακ καὶ Ιακωβ, θεὸς ὢν αὐτῶν *Egó kyrios; kaí ophthen pros Abraam kaí Isaak kaí Iakob, theós on autón,* literalmente, "Yo [soy] el Señor, y me aparecí a Abraham y a Isaac y a Jacob, siendo el Dios de ellos". A todas luces, los traductores alejandrinos no comprendieron esta expresión como un nombre divino. Sin embargo, en otros textos y pasajes donde se menciona, el nombre de *El-Shadday* o *Dios Omnipotente* aparece traducido en esta primera versión griega como παντοκράτωρ *pantokrátor*, es decir, *Todopoderoso*.

[398] DHH y NVI lo vierten por *Dios Todopoderoso*.

[399] Así BJ, NC y BTX.

[400] Sal. 91:1, conocido como "el Salmo de Lutero" o *Lutheri Psalmus*, donde dice así:

> *El que habita al abrigo del Altísimo*
> *morará bajo la sombra del Omnipotente.*

La forma de este nombre que aquí aparece es en el TM la simple שַׁדַּי *Shadday*.

incluso en boca de paganos[401]. Su etimología plantea ciertos problemas a los investigadores. Únicamente vamos a prestar atención a las cinco hipótesis más extendidas, que son las mejor elaboradas y las más lógicas desde el punto de vista lingüístico y de la historia de las religiones comparadas.

La primera postula para este nombre un origen arameo, debido a su terminación *–ay*. En este sentido, se relacionaría con el hecho de que los ancestros de Israel parecieran haber sido originarios de Siria (recuérdese el ya citado texto de Dt. 26:5b: *Un arameo a punto de perecer fue mi padre*). No es, con todo, una hipótesis que cuente con grandes valedores entre los especialistas.

La segunda le da un significado geográfico, o toponímico, más exactamente. Se ha constatado la existencia de una ciudad amorrea de nombre *Shaddai* ubicada a orillas del Éufrates en el norte de la actual Siria[402], que habría florecido durante los llamados Período del Bronce Medio y Período del Bronce Tardío o Reciente, vale decir, entre la primera mitad del segundo milenio y la del primer milenio a. C., *grosso modo*, que englobaría la época supuesta de los patriarcas. El-Shadday no sería, por tanto, sino una designación de la divinidad adorada en aquella localidad, literalmente *el dios de Shaddai*, y asimilada como propia por el clan de Taré, padre de Abraham, en su viaje desde Ur de los Caldeos hasta Harán.

La tercera lo hace derivar de la raíz verbal שדד *shadad*, "destruir", "devastar", e incluso "saquear". El-Shadday supondría, en tal caso, una concepción muy primitiva de la divinidad como *aquel que destruye a sus enemigos*, vale decir, un dios protector de sus adoradores y vengador de sus adversarios[403]. Compartiría, por tanto, los rasgos de muchas deidades de los panteones del Creciente Fértil con las que podría ser fácilmente identificado o asimilado.

---

[401] *Cf.* Nm. 24:16, en uno de los oráculos del profeta Balaam, donde se encuentra también la forma simple שדי *Shadday* en la expresión que RVR60 traduce como *la visión del Omnipotente*.

[402] En el emplazamiento que hoy recibe el nombre de Tell eth-Thadyen, la antigua *Tuttul* de los textos de Mari. *Cf.* MENDENHALL, G. E. *Ancient Israel's Faith and History. An Introduction to the Bible in Context*. Louisville, Kentucky: Westminster John Knox Press, 2001.

[403] No parece que se deba entender como "el dios que destruye o castiga a sus propios adoradores" si no cumplen exactamente con sus prescripciones, como también se había llegado a proponer.

La cuarta relaciona el nombre Shadday con el sustantivo hebreo שד *shad*, "pecho femenino", "mama", con lo que designaría una divinidad, a todas luces femenina, de la exuberancia y la fertilidad, y por ende generosa y misericordiosa para con sus adoradores, como una buena madre que siempre provee de forma abundante para sus hijos y nunca pide nada a cambio. Quienes así lo interpretan entienden la declaración de Dios a Abraham en Gn. 17:1 (*yo soy El-Shadday*)[404] como *yo soy el Dios de la misericordia*, sin que falten quienes ven en ello un rasgo de idolatría primitiva más tarde asimilada al yahvismo israelita y cuyo significado original no habría sido otro que *yo soy la divinidad de los dos pechos*, o sea, *la diosa generosa*[405].

En último lugar hallamos la explicación quizás más divulgada en los medios protestantes y evangélicos, especialmente los conservadores, forjada en su día por William Foxwell Albright, según la cual el nombre Shadday se explicaría a partir del término acadio *shadu*, "montaña", con lo que expresaría en un principio la idea de una divinidad que habita en las alturas, representadas en el mundo natural por los montes. Señala Albright a favor de esta hipótesis el hecho de que en las religiones primitivas es muy frecuente identificar a los dioses con montañas muy concretas, entendidas como accesos a los cielos[406], y en las que, se suponía, tenían su morada, por lo que devenían lugares especialmente consagrados; tal es el caso del archiconocido Olimpo griego ya antes mencionado, el monte Nisir de Mesopotamia, el Safón de la mitología cananea[407], el hierosolimitano monte de Sion[408], o incluso

---

[404] BTX. RVR60 lo vierte como *Yo soy el Dios Todopoderoso*.

[405] *Cf.* GIRDLESTONE, R. B. *Op. cit.*, p. 149.

[406] *Cf.* en este sentido las conocidas palabras del Sal. 121:1-2:

> *Alzaré mis ojos a los montes;*
> *¿De dónde vendrá mi socorro?*
> *Mi socorro viene de Jehová,*
> *Que hizo los cielos y la tierra.*

[407] En castellano se puede transcribir también como Zafón, ubicado en Siria y sede por demás importante del culto a Baal. Se trataba de una montaña de forma cónica ubicada junto al Mediterráneo. Algunos autores identifican esta montaña con el *monte del testimonio* de Is. 14:13, de localización septentrional (*a los lados del norte*).

[408] Desde el reinado de David, el monte de Sion, cuya localización exacta sigue siendo motivo de estudio, es la morada de Yahweh por antonomasia, como se refleja en gran cantidad de salmos (2:6; 9:11; 48:3; 76:2; 132:13, entre otros) y en el por demás magnífico oráculo de Is. 2:2-5. En relación con este último, algunos comentaristas

el monte Sinaí[409]. A esta mentalidad primitiva respondería el hecho de la construcción de los grandes *zigguraths* mespotámicos, torres escalonadas en cuya cúspide se instalaban templos, es decir, "las casas de los dioses", dado que la llanura aluvial del Tigris y el Éufrates carece de montañas propiamente dichas. Apunta también esta hipótesis como dato a su favor el hecho de que en varias lenguas del mundo, incluso de pueblos hoy cristianos, el nombre de Dios refleje en su etimología resabios de un pasado pagano en el que se atribuía a la divinidad una vinculación especial con lugares elevados[410]. En este sentido, se ha pretendido que el significado del nombre *El-Shadday* esté en relación con la divinidad adorada por Melquisedec, rey de Salem, y referida en Gn. 14:18-20 con el nombre אֵל־עֶלְיוֹן *El-Elyón*, que RVR60 vierte como *el Dios Altísimo*, y de quien se especifica que es *creador de los cielos y de la tierra* (v. 19). Lo cierto es que, dada la inaccesibilidad del cielo y los tabúes relacionados con las montañas sagradas, cuyo acceso solía estar

---

detectan una gran influencia de los mitos cananeos referentes al monte Safón en la expresión del versículo 2:

> *Acontecerá en lo postrero de los tiempos, que será confirmado el monte de la casa de Jehová como cabeza de los montes, y será exaltado sobre los collados, y correrán a él todas las naciones.*

De esta manera, se desarrolla en la corte hierosolimitana toda una teología de Sion que, aludiendo incluso al sacerdocio de Melquisedec (Sal. 110:4), llegará hasta el Nuevo Testamento (He. 5-7).

[409] El nombre del Sinaí se explicaría en referencia a la divinidad lunar mesopotámica Sin, en sumerio Nannar, uno de cuyos santuarios habría sido en algún momento remoto. Tal concepción, se afirma, estaría en la base de la consideración de aquel lugar por parte de Moisés como una *tierra santa* (Éx. 3:5), y también del hecho de que en las tradiciones israelitas posteriores se lo identifica como un espacio particularmente consagrado a Dios (*cf.* la ya antes mencionada designación de Horeb como *monte de Dios* en 1Re. 19:8; también Sal. 68:8,17). Ni que decir tiene que esta peculiar interpretación del topónimo no cuenta con el consenso de todos los investigadores actuales, dado que la ubicación geográfica del Sinaí parece estar completamente alejada de la influencia mesopotámica, sumeria en particular, y dentro, más bien, del área de dominio egipcio. De hecho, los restos hallados en la península del Sinaí, incluso los de un templo de reciente descubrimiento, son totalmente egipcios.

[410] El ejemplo que tenemos más a mano y sin salir de nuestras fronteras nacionales es la designación de Dios en euskara: *Jainkoa*, que recoge la versión interconfesional *Elizen arteko Biblia* publicada por las Sociedades Bíblicas Unidas y el obispado católico vasco en 1994. Este nombre se entiende como una contracción de *Jaungoikoa*, forma más culta, empleada por la versión del Nuevo Testamento *Itun Berria* publicada por el episcopado vasco en 1980, y que significa literalmente "el Señor (*Jaun*) del lugar alto (*goikoa*)".

restringido a una élite sacerdotal muy concreta[411], el título *Altísimo* bajo la forma *Elyón* suele atribuirse a prácticamente todas las divinidades del mundo semítico antiguo[412].

Ni que decir tiene que, al igual que otros temas construidos sobre etimologías o significados de palabras, se trata de una cuestión todavía no resuelta, pero sí en permanente estudio[413].

Yahweh o Jehová. También ortografiado *Yahveh*[414] en nuestra lengua castellana, o las formas simplificadas *Yahvé* o *Yavé*[415]; para la forma *Jehová*, *cf.* infra. Esta designación constituye, en la apreciación tradicional, el Nombre Divino por antonomasia revelado por Dios a Moisés en el conocido pasaje de la zarza que ardía sin consumirse (Éx. 3:1 – 4:17), vale decir, el más importante de todos los teónimos del Antiguo Testamento. De hecho, aparece un total de 6.700 veces a lo largo de todos los textos sagrados —los únicos libros en los que no se

---

[411] Para la restricción del acceso al Sinaí cuando Dios se manifiesta a Israel, *cf.* las indicaciones contenidas en Éx. 19:12-13. Se ha señalado este hecho como una evidencia más de la total inculturación del antiguo pueblo de Dios en el Medio Oriente de su época.

[412] *Cf.* cómo en Gn. 11:5 se especifica que Dios *descendió* de lo alto para contemplar la obra de quienes se afanaban en la construcción de la torre de Babel. Tradicionalmente se ha entendido —aunque no se dice explícitamente en el texto sagrado— que la edificación de aquella torre, sin duda un *ziggurath* al más puro estilo sumerio, implicaba un asalto a la morada celestial. Así el comentario judío a la *Torah* ya mencionado de KATZ, M. Quedan, por tanto, fuera de lugar las explicaciones posteriores prodigadas en el mundo cristiano, según las cuales los descendientes de Noé habrían querido disponer de un refugio seguro para el caso de sufrir otro diluvio. Una cosa es cierta; pese a la etimología popular del nombre Babel presentada por Gn. 11:9, que lo relaciona con la raíz verbal hebrea בלל *balal*, "confundir", esta designación no es sino la adaptación fonética mejor o peor lograda del acadio *bab-ilim* o "puerta de los dioses", traducción a su vez de una nomenclatura original sumeria, *Ka-dingir*.

[413] En relación con esta mentalidad oriental mesopotámica acerca de las divinidades, resulta altamente significativo lo que leemos en 1Re. 20:23ss concerniente a una de las guerras siro-efrainitas. Los sirios derrotados por Israel declaran que los dioses hebreos (sic) *son dioses de los montes*, con lo cual pretenden explicar su fracaso bélico. El v. 28 narra lo siguiente:

Vino entonces el varón de Dios al rey de Israel, y le habló diciendo: Así dijo Jehová: Por cuanto los sirios han dicho: Jehová es Dios de los montes, y no Dios de los valles, yo entregaré toda esta gran multitud en tu mano, para que conozcáis que yo soy Jehová.

[414] BJ, CI.
[415] EP, NC.

menciona son el de Ester, el Eclesiastés y el Cantar de los Cantares, obras reputadas como tardías por la investigación crítica— y designa en muchos manuales contemporáneos nuestros a la antigua religión de Israel (el *yahvismo*)[416], si bien resulta desconocido en la realidad histórica hebrea hasta los acontecimientos narrados en el libro del Éxodo, según hemos leído en su capítulo 6, versículos 2-3 antes citados. En nuestras biblias hebreas impresas de la actualidad aparece escrito, o bien exclusivamente con las cuatro consonantes יהוה *YHWH*[417] a las que se da, como ya habíamos apuntado anteriormente, el nombre de *Sagrado Tetragrámmaton*, o bien con los puntos vocálicos masoréticos יְהֹוָה[418] que tantos problemas han causado para su lectura correcta. En unas épocas en las que se ignoraba por completo la cuestión del קרי *qeré* y el כתיב *kethib* en la lectura de los textos hebreos[419], se pretendió transcribirlo tal como aparecía en los textos judíos anotados por los masoretas —no como debió haberse vocalizado en realidad[420]—, con lo que surgió en un momento tan tardío como el siglo XIII, a finales de nuestra Edad Media, la lectura *IEHOUAH*, auténtico monstruo gráfico,

---

[416] La asimilación del Dios Yahweh a Israel (o a Judá) por parte de los extranjeros se hace evidente en declaraciones como la de la reina de Sabá recogida en 1Re. 10:9 e incluso en el tono desafiante y blasfemo con que el Rabsaces, enviado del Gran Rey de Asiria, apostrofa a los hierosolimitanos asediados en 2Re. 18:28-35.

[417] Curiosamente, el comentario de Habacuc hallado en Qumram (1QpHab), aunque ya aparece escrito con el alefato cuadrado arameo, de reciente introducción en la época, muestra el teónimo Yahweh con el antiguo alefato cananeo, al que también damos el nombre de *alefato fenicio*, así: ꓱ Y ꓱ ꓶ. Sin duda alguna, su autor pensaba que el Nombre Sagrado no se podía alterar de ninguna de las maneras, y debía permanecer escrito como en la época más antigua, ajeno a cualquier innovación o reforma ortográfica.

[418] Así BHS y su antecesora, la Biblia Hebraica de Kittel (BHK), que trabajan sobre los manuscritos llamados de Ben-Asher. Sin embargo, en el *textus receptus* de la Biblia hebrea, que reproduce la edición de Ben-Chayyim, realizada entre 1524-1525, el Tetragrámmaton se vocaliza יְהֹוָה.

[419] Términos arameos que significan "leído" y "escrito", respectivamente, con que los gramáticos y masoretas judíos medievales indicaban vocablos especiales de las Sagradas Escrituras sometidos a un tabú que impedía su vocalización exacta a fin de no ser leídos tal como debieran sonar en realidad. Lo que se hacía era colocarles las vocales de la palabra que se pretendía leer en su lugar, y así han quedado en los textos impresos que empleamos hoy.

[420] En su *Initiation à l'hébreu biblique*, publicada por Desclée de Brouwer en 1964, p. 97, el sacerdote dominico y erudito francés Paul Auvray, conocido por su intervención en la traducción de la BJ en su versión original (*Bible de Jérusalem*), propone una vocalización יַהְוֶה* *Yahweh* como la más correcta atendiendo a lo que en su momento se consideraba debió ser la pronunciación original.

castellanizado más tarde como *Jehovah* o *Jehová*, forma esta última de gran extensión en el entorno protestante y evangélico hispanohablante gracias a la Biblia Reina-Valera[421], y popularizado además en todo el mundo debido a las labores proselitistas de la secta conocida como *Testigos de Jehová*.

En relación con la pronunciación original del nombre divino, se discute cuál hubiera sido esta con total exactitud. Desde la Antigüedad Cristiana algunos Padres de la Iglesia[422], así como eruditos medievales[423], han propuesto las formas transcritas al griego Ἰαβέ[424], Ἰαουέ o Ἰαουαί[425], que en nuestro alfabeto latino se escribirían como *Iavé* o *Iaué*. De ahí que en algunas versiones bíblicas actuales ya señaladas aparezca como tal, escrito de forma más o menos adaptada a nuestra ortografía castellana. Más recientemente, algunos estudiosos han propuesto otras posibles —y, según ellos, más exactas— pronunciaciones acordes con el desarrollo de los conocimientos en el campo de la filología hebrea antigua[426]: *Yehó, Yoh, Yah, Yahú* y sobre todo *Yahó*, que es la que parece contar hoy en día con un mayor consenso entre los eruditos[427].

---

[421] No así en otras tradiciones protestantes. La llamada *Biblia del Rey Jaime* o *Versión autorizada* en lengua inglesa (*King James Version* o *Authorized Version* en su idioma original), en cambio, únicamente lo emplea bajo la forma *Jehovah* en Éx. 6:3; Sal. 83:18 e Is. 26:4, además de en los topónimos de Gn. 22:14; Éx. 17:15 y Jue. 6:24. Otras versiones en lengua inglesa han seguido más o menos la misma tendencia, si bien en las más recientes se ha eliminado por completo, sustituido por *the Lord*, "el Señor". Algo similar ocurre en las versiones bíblicas de otras lenguas europeas.

[422] San Clemente de Alejandría, San Epifanio de Salamina, Teodoreto de Ciro, San Jerónimo.

[423] Focio, patriarca de Constantinopla, entre otros de menor importancia.

[424] La propia de los samaritanos.

[425] Sin olvidar que hubo también otras lecturas en la cristiandad antigua de habla griega: Ἰαό *Iaó* (Orígenes, Diodoro de Sicilia, la secta de los valentinianos), Ἰαοού *Iaoú* (San Clemente de Alejandría), Ἰαόθ *Iaoth* (San Ireneo), Ἰευό *Ieuó* (Porfirio), Ἰαό *Iahó* (Pseudo-Jerónimo), Ἰεἰέ *Iehié* (Jacobo de Edesa), algunas de ellas cercanas a las propuestas más modernas antes señaladas, además de la curiosísima πιπι *pipi* con la que algunos eruditos intentaban remedar lo más posible con el alfabeto griego las letras cuadradas del Tetragrámmaton יהוה.

[426] Estos especialistas han fijado su atención en la onomástica israelita que presenta el Antiguo Testamento, así como en otros documentos. Sobre todo, han trabajado los teóforos, de donde, según dicen, se puede deducir con mayor exactitud la pronunciación real del Nombre Sacrosanto.

[427] A pesar de ello, hasta donde tenemos noticia, ninguna versión de la Biblia las ha adoptado como tales. Las que se siguen editando en la actualidad con el Tetragrámmaton

La génesis del problema se encuentra, como se ha reconocido de forma universal, en la constatación de la retirada progresiva del empleo del Tetragrámmaton en el judaísmo, práctica que, como indicábamos anteriormente, hunde sus raíces en el contexto cultural del Cercano Oriente Antiguo, pero que la religión judía ha tendido a justificar desde época muy temprana con un prurito de exceso de reverencia ante la santidad que este Nombre Sacro reflejaba[428], lo cual se nos antoja no exento de superstición[429]. Ya los libros tardíos del Antiguo Testamento evidencian el retroceso del Nombre Sacrosanto, que aparece sustituido por otras designaciones; así, como habíamos señalado anteriormente, Esd. 1:2 o Neh. 1:4 designan a Dios como *Dios de los cielos*, a la manera persa. El hecho de que la LXX lo vierta en la mayoría de los casos por ὁ Κύριος *ho Kyrios*, es decir, "El Señor", presupone una lectura litúrgica hebrea אֲדֹנָי *Adonay*, "el Señor"[430], cuando menos en las comunidades judías de Alejandría de Egipto; lo más probable es que se tratara de un fenómeno panjudaico del que la traducción de los LXX no sería sino una evidencia patente. Lo cierto es que esta sustitución, u otras que estuvieran vigentes en ciertos momentos[431], implicaron la desaparición

---

adaptado a la fonética de las lenguas modernas, continúan leyendo Yavé, Yahvé, Yahveh o Yahweh.

[428] No son pocos los maestros judíos que aluden a la prohibición del tercer precepto del Decálogo en Éx. 20:7 como la razón de base para esta situación. El texto reza literalmente:

No tomarás el nombre de Jehová tu Dios en vano; porque no dará por inocente Jehová al que tomare su nombre en vano.

[429] *Cf.* el tabú supersticioso que aflora en *Antigüedades de los Judíos*, de Flavio Josefo, II,XII,4, cuando se lee lo referente al episodio de la zarza ardiente en el Sinaí y la revelación del Nombre de Dios a Moisés:

«Dios entonces le dijo su santo nombre, que nunca había sido comunicado a ningún hombre; por lo tanto no sería leal por mi parte que dijera nada más al respecto».

En este sentido se comprende también la actitud de la secta de Qumram, cuyo *Manual de disciplina* prescribe la expulsión definitiva de la comunidad de todo aquel que osara pronunciar el Nombre Divino.

[430] Para ser exactos, "mis Señores", pues se trata de una forma gramaticalmente plural y con sufijo posesivo de primera persona del singular, al menos según la vocalización masorética.

[431] El Evangelio según Mateo, escrito —conforme a una tradición cristiana muy antigua— para los judíos, pone con cierta frecuencia en labios de Jesús la expresión ἡ βασιλεία τῶν οὐρανῶν *he basileía ton uranôn*, "el reino de los cielos", en vez de

del Tetragrámmaton como nombre real de Dios en el vocabulario religioso del judaísmo, según parece, a partir del año 300 a. C., aproximadamente. En la época de Jesús ya no se utilizaba de hecho en el culto sinagogal, ni mucho menos en la piedad personal de los israelitas del momento. Según se dice, tan solo lo pronunciaba una vez al año el sumo sacerdote al oficiar la liturgia del יום הכיפורים *Yom hakkippurim* o Día de las Expiaciones en el templo de Jerusalén[432]. Dado que el cristianismo naciente adoptó como propia la fórmula de la Septuaginta, que a través de la traducción correspondiente de la Vulgata, *Dominus*, se ha convertido en designación reverente de Dios en las iglesias de todos los tiempos y lugares[433], el judaísmo ha ido alternando la lectura ritual del Tetragrámmaton *Adonay* con otra más reciente, השם, *hashshem*[434],

la correspondiente ἡ βασιλεία τοῦ θεοῦ *he basileía tu theû*, "el reino de Dios", que leemos en los otros Evangelios. Ello ha hecho suponer que en la primera mitad del siglo I de nuestra era la palabra hebrea השמים *hashshamáyim*, o su equivalente aramea שמיא *shemayyá*, "los cielos", fuera una de las maneras con que los judíos piadosos, especialmente los adherentes a la secta de los fariseos, evitaban nombrar directamente a Dios. Desde luego, y así se constata en el apócrifo 1 Mac. 3:18,50; 4:10, se mencionaba a Dios de esta manera en los primeros siglos antes de nuestra era, costumbre que pudo muy bien haberse prolongado entre los judíos piadosos hasta la época de Jesús e incluso un poco más tarde, por lo menos hasta el momento en que el Evangelio según Mateo vio la luz.

[432] Así lo recoge la *Mishnah* en el tratado *Yomá* 6, 2, donde se lee:

«Los sacerdotes y el pueblo estaban en el atrio cuando oían el Nombre que pronunciaba claramente el sumo sacerdote, se arrodillaban, se postraban con el rostro en tierra y decían: "Bendito el Nombre de la gloria de su Reino por siempre jamás"».

[433] Puesto que las ediciones cristianas de la Biblia habían ido adoptando, aunque no en todos los casos, el Nombre Divino desde la Reforma, este había comenzado a sonar con toda su fuerza, especialmente en las lecturas litúrgicas de las Escrituras y con la forma *Jehovah* (o *Jehová*), sobre todo entre los protestantes; entre los católicos romanos tal situación tuvo lugar mucho más recientemente, y por lo general con la forma *Yahveh* o sus distintas variantes gráficas. Pero de manera harto curiosa, el 11 de septiembre de 2008 el entonces Prefecto de la Congregación para el Culto Divino y la Disciplina de los Sacramentos, cardenal Francis Arinze, en nombre del a la sazón papa Benedicto XVI (Joseph Ratzinger), y siguiendo sus directrices, expidió una circular a las conferencias episcopales del orbe católico pidiendo se retirara de las liturgias el nombre de *Yahveh* y fuera sustituido por *el Señor* conforme a la más genuina tradición cristiana (es decir, la de la Vulgata y la Septuaginta).

[434] Transcrito en ocasiones como *Hashem* o *ha-Shem*, según los autores.

es decir, "el Nombre"[435], hasta nuestros días[436]. Tal es el origen de la creencia en la inefabilidad y el misterio inherente al Nombre de Dios como expresión de su esencia pura, ampliamente extendida en los ámbitos judío y cristiano prácticamente desde la Edad Media[437].

La etimología del nombre sagrado Yahweh, tal como se suele señalar habitualmente, se explica, o bien como un nombre sustantivo con prefijo *yodh* (*y*), con lo que sería una forma derivada de un antiguo **Yahwí*, o bien, que es la manera más tradicional de comprenderlo, como una forma verbal conjugada, la tercera persona del singular masculino más concretamente, del estado imperfecto de la raíz hebrea היה

---

[435] De ahí que los exegetas hayan señalado en ocasiones la perícopa de Lv. 24:10-23 (el castigo de un blasfemo) como un añadido posterior a su contexto actual —se trata de una narración inserta en un marco puramente ritual—, dado que en los vv. 11a y 16b se lee la expresión *el Nombre* referida al Dios de Israel, un elemento tardío. No obstante, en el estado en que se encuentra este relato en nuestras versiones actuales de la Biblia, vemos que la expresión *el Nombre* alterna con el uso pleno del Tetragrámmaton (vv. 11-13, 16a, 22-23).

[436] En el libro de COHN-SHERBOK, D. *Breve enciclopedia del judaísmo*. Madrid: Istmo, 2003, la entrada *Yahweh* tiene la siguiente definición:

«Nombre sagrado de Dios que nunca se pronuncia».

La entrada *Adonay*, con la especificación de que en hebreo significa "mi Señor", nos dice:

«Nombre de Dios. Cuando el Tetragrámaton (*yhwh*) aparece en la Escritura, en voz alta se lee ya sea como Adonay o como ha-Shem (el Nombre)».

Por otro lado, en ediciones de las Escrituras publicadas por judíos en lenguas contemporáneas, la tendencia es traducir el Tetragrámmaton por *el Eterno* o simplemente nombrarlo por la expresión hebrea *ha-Shem* sin traducirla. Así la *Torah* comentada por Katz que antes citábamos.

[437] Sírvannos como ejemplo dos citas. La primera, del rabino Abrabanel, en su obra *Critici Sacri*, I 2, publicada en Ámsterdam en 1698:

«Is qui de se dixit *Sum* qui est *Ens absconditum*, cuius quidditas comprehendi nequit».
("El que dijo de sí mismo *Yo soy* quien es *el Ser escondido*,
cuya esencia no puede ser comprendida")

La segunda es de Hugo de San Caro, concretamente de sus *Opera*, publicadas en Colonia en 1621, p. 77:

«Nomen eius dicitur *ineffabile*, non quia non debeat dici, sed quia virtus eius non potest exprimi, vel quia ab eis *non potest intelligi*».

("Se dice que su Nombre es *inefable*, no porque no deba pronunciarse, sino porque no se puede expresar su virtud, o porque *no se lo puede entender*")

hayah —o tal vez mejor, su forma arcaica הוה *hawah*— normalmente entendida como "ser", "estar" o "existir", pero no como un simple verbo copulativo, cuya realidad no se constata en hebreo, sino en su significado más intensivo: "estar presente", "ser para algo", e incluso "actuar". En este sentido parece entenderse en el propio texto de Éx. 3:14, que, dada su importancia, transcribimos a continuación tal como se lee en las ediciones de la Biblia Hebrea al uso:

ויאמר אלהים אל־משה אהיה אשר אהיה ויאמר כה תאמר לבני ישראל אהיה שלחני אליכם

> *Wayyomer Elohim el Mosheh eheyeh asher eheyeh wayyomer*
> *koh thomar libené Yisrael*
> *Eheyeh shelajani alekhem*

> *Y respondió Dios a Moisés: Yo SOY EL QUE SOY. Y dijo: Así dirás a los*
> *hijos de Israel:*
> *Yo SOY me envió a vosotros.*

El versículo siguiente afirma a continuación que el Dios que envía a Moisés a los hijos de Israel se autodesigna como יהוה *YHWH*, forma de la cual declara:

> *Este es mi nombre para siempre; este es mi memorial por todos*
> *los siglos.*

No han sido pocos los lingüistas y estudiosos en general que señalan tal explicación como no demasiado científica, por entender, por un lado, que el Tetragrámmaton no es una primera persona (*Yo soy*), sino una tercera (*Él es*), con lo que el texto del Éxodo resultaría confuso, tal vez como resultado de una transmisión (y/o redacción) defectuosa; así, el asiriólogo y semitista Paul Haupt propone como redacción original de la fórmula de Éx. 3:14 יהוה אשר יהוה *yihweh asher yihweh* o quizás *yahweh asher yahweh*, algo asi como "él es el que es". Y por el otro, en la idea de que puede tratarse del nombre de una divinidad de origen no israelita, vale decir, un dios del desierto o del macizo rocoso del Sinaí, probablemente adorado por los madianitas entre los que Moisés pasó buena parte de su vida, y cuyo sacerdote sería el propio Jetro, suegro del legislador hebreo (Éx. 3:1); o tal vez por los quenitas o algún que otro pueblo de origen presumiblemente semítico, sobre los cuales, en realidad, es muy escasa la información que poseemos, y muchas veces, semi-legendaria[438]. En este sentido, aseguran, habría que buscar la explicación de su significado original, no dentro de los límites de la lengua hebrea, sino del idioma de los madianitas e incluso del árabe actual, que estaría emparentado con aquel. Se trata en realidad de una hipótesis que tiene más de lingüístico que de histórico o teológico propiamente hablando, y que no cuenta con un consenso demasiado amplio en la actualidad, si bien tuvo sus valedores en décadas no muy lejanas[439].

La traducción-interpretación de יהוה *YHWH* en tiempo presente es algo habitual en las versiones bíblicas al uso. Así la encontramos ya en la Vulgata, que no obstante se permite una corrección en el texto de Éx. 3:14: aunque las palabras de Dios a Moisés las vierte como *EGO SUM QUI SUM* ("Yo soy el que soy"), no dice después *Yo SOY [EGO SUM] me envió a vosotros*, sino *QUI EST*, o sea, "El que es", en tercera persona. Sin duda, esta traducción viene grandemente influida por la LXX, donde leemos en el mismo versículo Εγώ εἰμι ὁ ὤν *Egó eimi ho on* ("Yo soy el que es", literalmente) y O ὤν *Ho on* ("El que es"), respectivamente. Se trata de un claro intento de corrección de la aparente anomalía del texto hebreo conservado por las tradiciones judías. No obstante, se ha señalado que la traducción-interpretación de la LXX, con su correspondiente versión latina y luego a las otras lenguas occidentales, tiene unos resabios filosóficos helenísticos (Dios entendido como "el que existe por sí mismo", "aquel cuya esencia es la existencia", y similares) ajenos al sentido original semítico. Se inscribe, sin embargo, dentro de la más pura mentalidad de un pueblo antiguo de origen semita, como eran los hebreos del Antiguo Testamento, la asimilación lingüística del Tetragrámmaton con la idea de "vivir", expresada por la raíz verbal חיה *jayah*, cuyo parentesco fónico y morfológico con היה *hayah* es evidente. De ahí que el Dios de Israel sea designado también como

---

[438] De los madianitas, v.gr., el Corán afirma que eran paganos e idólatras, si bien Dios les había enviado en épocas muy remotas un profeta, de nombre Suayb, al que no quisieron escuchar. Sobre la pretendida "conversión" de Jetro al yahvismo predicado por Moisés, *cf.* los comentarios a Éx. 18.

[439] Esta idea, no obstante, es rechazada por quienes ven en el nombre de Yahweh un ejemplo evidente de nomenclatura hebrea arcaica, que ni son en realidad poco numerosos, ni tampoco escasamente conocidos. Dentro de esta línea de pensamiento se inscribe el gran clásico y aún ampliamente utilizado EWALD, H. *Ausführliches Lehrbuch der Hebräischen Sprache*. Ed. de 1863, p. 664.

el Dios Viviente, constatación de lo cual hallamos en numerosos pasajes veterotestamentarios (Dt. 5:26; Jos. 3:10; 1Sa. 17:26; 2Re. 19:16; Is. 37:17; Jer. 23:36; Os. 1:10; Dn. 6:20).

No han faltado en el ámbito cristiano quienes han señalado que el Tetragrámmaton podría entenderse, no como una forma de la raíz verbal simple (lo que las gramáticas hebreas designan con el nombre de QAL), sino causativa (lo que las gramáticas hebreas designan con el nombre de HIPHIL). Dadas las complejidades y la irregularidad extrema de la raíz היה *hayah*, podría suponerse algo semejante sin ninguna distorsión flagrante de la pura teoría gramatical[440]. En este sentido, Dios sería "aquel que trae a la existencia", o, como afirman William Foxwell Albright y Frank Moore Cross, "el que hace ser todo lo que llega a ser" (יהוה אשר יהוה *yahweh asher yihweh*, según Albright), vale decir, "el creador"[441], o también "aquel que causa la llegada", "el que llega en la tormenta"[442], "aquel que cumple sus promesas"[443] o incluso "el Dios providente"[444]. Estas interpretaciones, si bien han hallado cierto eco en algunos especialistas actuales, parecen un tanto forzadas en el contexto del libro del Éxodo, donde el Dios que se revela a Moisés destaca fundamentalmente por su acción salvífica, es decir, sin referencia forzosa alguna a la idea de creación. Yahweh, por lo tanto, no significa en este marco ni "el que es o existe por sí mismo", ni tampoco "el que hace ser o genera la vida", que son a todas luces reflexiones posteriores en el espacio y en el tiempo, y que evidencian un pensamiento teológico y filosófico mucho más desarrollado[445].

---

[440] Las gramáticas hebreas al uso muestran que las formas del estado imperfecto de los verbos catalogados como עי *Ayin Yod*, es decir, aquellos que tienen una letra *yod* (י) como segunda o medial de la raíz trilítera básica, coinciden siempre en la conjugación simple (QAL) y causativa (HIPHIL).

[441] Así SCHRADER, E. *Die Keilinschriften und das Alte Testament*. 1883, p. 25.

[442] Para este significado, *cf.* FREEDMAN, D. N. y O'CONNOR, P. "lewi/lᵉwijim", in *Theologisches Wörterbuch zum Alten Testament III*. Stuttgart: Kohlhammer, 1982, pp. 533-554.

[443] *Cf.* el nombre divino en árabe antiguo, *Yagut*, "el que ayuda".

[444] Así el *Psalterium Hieronymi*, 153.

[445] Una por demás excelente, a la vez que resumida, exposición del significado y origen del Tetragrámmaton la hallamos en la tantas veces citada *Teología* de Von Rad, más concretamente en su primer volumen, p. 21. La tomamos directamente de la edición francesa que tenemos ante nuestros ojos, publicada por la editorial Labor et Fides, de Ginebra, en 1971.

En definitiva, podemos decir que, de forma evidentemente deliberada, la extraordinaria revelación del *Tetragrámmaton* en Éx. 3, tal como
nos ha sido transmitida por la tradición de Israel, comporta una clara
evasiva[446]: Dios no se acomoda al deseo humano de saberlo todo acerca de lo divino, y por lo tanto no se define; más aún, se diría que quiere
salvaguardar celosamente su trascendencia incluso en la manifestación de su Nombre Sagrado, pues desde el primer momento queda así
envuelto en una atmósfera permanente de misterio[447]. De ahí que la presencia divina a lo largo de los escritos veterotestamentarios constituya
para el hombre en general, y para el israelita en particular, una fuente
de temor: el Dios revelado en la zarza ardiente resulta inaprehensible
e inalcanzable[448]. De todas maneras, existe un cierto grado de común
acuerdo entre los estudiosos y especialistas de este asunto, y es que
todo el arcano que entrañan esas cuatro consonantes, hoy para nosotros
impronunciables, puede muy bien expresarse definiendo al Dios revelado a Moisés básicamente como "aquel que se presenta para liberar",
vale decir, "para salvar". Por enunciarlo de forma lapidaria, Yahweh
es realmente Dios o se muestra como tal cuando sale al encuentro del
pueblo hebreo para pactar con él por pura misericordia y arrancarlo de
la esclavitud[449]. De este modo, el nombre de Yahweh viene a plasmar
en sus cuatro consonantes la plenitu de la Gracia divina en los escritos veterotestamentarios.

Resulta interesante llamar ahora brevemente la atención a ciertas
formas con que el Antiguo Testamento designa a Dios valiéndose del
Tetragrámmaton y complementándolo con algún otro elemento. La primera de ellas es

Yahweh Sebaoth, el clásico ***Jehová de los ejércitos*** de la versión
RVR60, que en hebreo se escribe יהוה צבאות *YHWH Tsebaoth*. Aparece
un total de 217 veces, pero no se encuentra en el Pentateuco, ni tampoco en los libros sapienciales. Su primera mención se halla en 1Sa. 1:3,

---

[446] No ha dejado de llamar la atención de los estudiosos el hecho de que el Antiguo
Testamento, de suyo tan amigo de las etimologías (populares), no ofrezca jamás el más
mínimo esbozo de explicación etimológica de ninguno de los nombres divinos.

[447] *Cf.* una vez más nuestro libro *Lecciones sobre el Éxodo*, p. 55.

[448] *Cf.* las experiencias de Elías en Horeb (1R 19:11-13) o de Isaías en el templo de
Jerusalén (Is 6:1-5), por no citar sino dos ejemplos clásicos.

[449] Sobre la idea de que el Tetragrámmaton aparece en el Antiguo Testamento en
contextos en que Dios se concibe especialmente como aquel que pacta con Israel, *cf.*
TELLERÍA LARRAÑAGA, J. M. Y GELABERT I SANTANÉ, R. M. *Lecciones sobre el Génesis.*
Las Palmas de Gran Canaria: EMB, 2010, p. 29.

y es uno de los nombres divinos más habituales en el período histórico de la monarquía Israelita (1Re. 18:15; 2Re. 3:14), muy especialmente de la época de David (1Sa. 17:26,45), con algunos ejemplos además, y nada desdeñables, en profetas pre- y postexílicos (Is. 6:3; 14:27; 34:4; Jer. 11:17; 33:22; Am. 9:5; Mi. 4:4; Hab. 2:13; Hag. 1:14; Zac. 3:10; Mal. 4:1) y en el libro de los Salmos (24:10; 46:7; 84:12). En los libros de Samuel se emplea en exclusiva en relación con el *arca de la alianza* o *arca del pacto*, en hebreo ארן הברית *arón habberith*. Se considera una designación divina propia del santuario de Silo, y habría sido acuñada hacia el siglo XI a. C. Entendiéndose el término צבאות *Tsebaoth* como el plural de צבא *tsabá*, "ejército", se explica esta designación del Dios de Israel como un atributo bélico en sus orígenes: Yahweh sería el Dios de las huestes armadas hebreas, y más concretamente, de las tribus unidas y dirigidas por David. Pero en la pluma de los profetas, tanto los que viven antes como después del exilio, adquiere un nuevo significado: al entenderse los astros celestes como el especial ejército divino[450], Yahweh Sebaoth se convierte en el nombre del Dios del Universo, el Dios que ejerce su dominio incluso sobre las potencias celestiales[451], de donde el Dios Creador. Algunos lingüistas, no obstante, postulan una traducción diferente: en vez de considerar el Tetragrámmaton como lo que la gramática hebrea designa tradicionalmente "nombre en estado constructo", lo ven como un "nombre en estado absoluto", ya que, dada su peculiaridad de Nombre Divino por antonomasia, no puede depender de ni ser regido por nadie, afirman, ni siquiera en el orden sintáctico, con lo que el segundo componente se transformaría de esta

---

[450] Los astros, siempre divinizados en las culturas antiguas, serían para la mentalidad hebrea los antiguos dioses del panteón cananeo, los cuales, sometidos al poder de Yahweh, conformarían sus huestes. Más tarde, a medida que se desarrollaba el pensamiento teológico, esos ejércitos celestes estarían formados por ángeles. Así leemos en el Sal. 148:1:

> *Alabad a Jehová desde los cielos;*
> *Alabadle en las alturas.*
> *Alabadle, vosotros todos sus ángeles;*
> *Alabadle, vosotros todos sus ejércitos.*

Cf. el evidente paralelismo sinonímico *cielos-alturas* y *ángeles-ejércitos*.

[451] Ya en una composición tan antigua como el Canto de Débora hallamos un primer atisbo de esta idea al leerse en Jue. 5:20:

> *Desde los cielos pelearon las estrellas;*
> *Desde sus órbitas pelearon contra Sísara.*

manera en una especie de aposición o explicación del primero. En tal caso, no podría hablarse de *Yahweh DE los ejércitos*, sino de *Yahweh (o sea) los ejércitos*, vale decir, *el Dios que controla los ejércitos* o simplemente *el poder, la fuerza*. Se trataría, pues, de una forma primitiva de destacar la omnipotencia divina[452]. No deja de ser, no obstante, una hipótesis más teológica o filosófica que lingüística propiamente dicha, y que no cuenta con el respaldo de todos los especialistas.

La segunda es *el Ángel de Yahweh* o יהוה מלאך *Maleakh YHWH*, lo que RVR60 llama *el Ángel de Jehová*, literalmente "el mensajero" o "el heraldo autorizado de Yahweh". Aunque su aparición en la historia bíblica, tal como nos ha sido transmitida, se constata desde la era patriarcal (Gn. 16, la historia de Agar), y tiene un papel destacado en la revelación del Tetragrámmaton (Éx. 3:2, donde se indica que quien se aparece a Moisés en la zarza ardiente es el Ángel de Yahweh precisamente[453]), a partir de los trágicos acontecimientos narrados en Éx. 32, el episodio de la idolatría de Israel al pie del Sinaí (el tristemente célebre relato del *becerro de oro*), viene a designar una especie de mediador de la acción salutaria divina. Puesto que la absoluta santidad de Dios destruiría al ser humano en su pequeñez, y más concretamente al pueblo de Israel, de por sí rebelde e ingrato, la presencia del Ángel viene a resguardar de alguna manera a los hebreos del peligro, al mismo tiempo que salvaguarda la trascendencia divina. Nos lo recuerda bien el conocido Sal. 34:7:

---

[452] La versión DHH se adhiere a esta interpretación y suele traducirlo, por lo general, como *el Señor Todopoderoso*.

[453] En algún momento, el judaísmo posterior se hizo eco de esta tradición y la consagró como "versión histórica oficial" de los eventos acaecidos en los orígenes de Israel. De esta manera, leemos en Hch. 7 (el discurso de Esteban) afirmaciones como las siguientes acerca del ciclo de Moisés, que tanto han llamado la atención de más de un lector actual de las Escrituras:

Pasados cuarenta años, un ángel se le apareció en el desierto del monte Sinaí, en la llama de fuego de una zarza. (v. 30)
A este Moisés, a quien habían rechazado, diciendo: ¿Quién te ha puesto por gobernante y juez?, a este lo envió Dios como gobernante y libertador por mano del ángel que se le apareció en la zarza. (v. 35)
Este es aquel Moisés que estuvo en la congregación en el desierto con el ángel que le hablaba en el monte Sinaí, y con nuestros padres, y que recibió palabras de vida que darnos. (v. 38)

Una idea similar recoge el apóstol Pablo en Gá. 3:19.

*El Ángel de Jehová acampa
alrededor de los que le temen,
Y los defiende.*

La figura del Ángel de Yahweh, que no se distingue siempre bien del mismo Dios en los textos sagrados[454], viene a reflejar una vez más la voluntad salvífica del Señor para con su pueblo. No nos debe, pues, extrañar que desde la más lejana antigüedad, los Padres de la Iglesia lo hayan identificado con el Verbo antes de su encarnación[455], y que hoy se haya convertido en uno de los argumentos capitales para quienes buscan prefiguraciones de la doctrina de la Trinidad en el Antiguo Testamento[456].

La tercera es **Yahweh Elohim**, el **Jehová Dios** de RVR60 o el *Yahvé Dios* o *Señor Dios* de tantas otras versiones bíblicas al uso[457]. En el TM aparece escrito יהוה אלהים *YHWH Elohim* y es de uso restringido. Se constata 20 veces en Gn. 2-3, los llamados *Segundo relato de la creación* y *Relato de la caída*, respectivamente, y 39 en los libros de Crónicas. En el resto del Antiguo Testamento aparece de forma esporádica, de modo que algunos especialistas tienden a considerarlo una denominación más bien tardía. Indica el señorío absoluto de Dios sobre Israel y sobre la historia, al mismo tiempo que su gran misericordia, dado que combina el Tetragrámmaton con la designación más común para indicar a Dios en tanto que ostentador de poder. Así lo ha mantenido siempre la tradición judía, que desde Filón y el Talmud hasta la Cábala han entendido que Yahweh significa misericordia y bondad, mientras que Elohim representa juicio, rigor y poder.

---

[454] *Cf.* el capítulo 6 de Jueces, donde se narra la historia del llamado de Gedeón, o también el 13, donde se refiere el nacimiento de Sansón. La última vez que se lo menciona en el Antiguo Testamento es en Zac. 12:8, donde se entiende como un trasunto o designación del mismo Dios.

[455] El más importante de todos, Tertuliano en su tratado *De carne Christi*.

[456] *Cf.* BERKHOF, L. *Teología Sistemática*. Grand Rapids, Michigan: T.E.L.L., 1981, p. 100; GARRET, J. L. *Teología Sistemática*, Tomo I. El Paso (Texas): Casa Bautista de Publicaciones, 2003, pp. 279-282; GRUDEM, W. *Teología Sistemática*. Miami, Florida: Editorial Vida, 2007, p. 237; LACUEVA, F. *Un Dios en tres Personas*. Tomo II del Curso de Formación Teológica Evangélica. Terrassa (Barcelona): CLIE, 1983, pp. 140-142; LADARIA, L. F. *El Dios vivo y verdadero. El misterio de la Trinidad*. Salamanca: Secretariado Trinitario, 1998, pp. 43-113.

[457] BTX lo vierte como *YHVH 'Elohim*, y CI como *Yahveh 'Ĕlohim*, respectivamente, ajustándose lo más posible a la designación original.

La cuarta y última que consideramos es *el Espíritu de Yahweh*, en hebreo רוח יהוה *rúaj YHWH*, *el Espíritu de Jehová* en RVR60, que representa por encima de todo una fuerza carismática procedente de Dios, en principio neutra desde el punto de vista moral, y que *baja, desciende* o *se instala* sobre ciertas personas para infundir en ellas una fortaleza o una potencia especial que librará al pueblo de Israel de la opresión de sus enemigos. Los casos más típicos se hallan en Jue. 3:10; 6:34; 11:29; 13:25; 14:6,19; 15:4, aunque se encuentra también en otros escritos[458]. Incluso se nombra el Espíritu de Yahweh como algo capaz de transformar la personalidad de quien se muestra lleno de él, como es el extraño caso de Saúl mencionado en 1Sa. 10:6. Algunos de los profetas de los siglos previos a la caída del estado hebreo lo mencionan también como una fuerza especial que los impulsa a proclamar la justicia y la sabiduría de Dios (Is. 11:2; Mi. 3:8). Sus últimas menciones proceden de la época de la cautividad y la restauración, más concretamente de los libros de Ezequiel y el Deutero- y Trito-Isaías, donde se lo señala como un poder especial que ha de operar en la vida del pueblo de Dios o en una persona ungida muy destacada[459]. Tanto el Espíritu de Yahweh como su homólogo, el רוח אלהים *rúaj Elohim*, *el Espíritu de Dios* en RVR60, que se muestra activo desde Gn. 1:2[460], vienen a evidenciar el poder divino como tal por medio del que Yahweh opera en este mundo, aunque en ocasiones presentan rasgos personales que servirán de base en el cristianismo, muchos siglos más tarde, para la doctrina del Espíritu Santo como Tercera Persona de la Santísima Trinidad, y sus dones o carismas correspondientes[461].

---

[458] *Cf.* 1Sa. 16:13, donde se refiere el ungimiento de David, o 2Cr. 20:14, que nos cuenta cómo el Espíritu de Yahweh descendió sobre un levita en unas circunstancias particulares, por no mencionar sino dos ejemplos claves.

[459] Recuérdese el conocido texto de Is. 61:1 (*El Espíritu de Jehová el Señor está sobre mí, porque me ungió Jehová*) que mucho después leería Jesús en la sinagoga de Nazaret al comienzo de su ministerio terrenal (Lc. 4:16ss).

[460] No entramos en controversias sobre cuál sería la traducción más exacta de la expresión רוח אלהים *rúaj Elohim* en este versículo, que algunos vierten como *un viento de Dios*, o mejor aún, *un viento huracanado*. Entendemos que la alusión al Espíritu Divino en este versículo es innegable en el momento en que Gn. 1 ve su redacción definitiva, aun reconociendo que los materiales míticos de que el hagiógrafo se valiera hacían alusión a los elementos caóticos primigenios, entre ellos, cómo no, el viento desatado e incontrolable.

[461] La enseñanza tradicional sobre *los Siete Dones del Espíritu Santo* se basa en el conocido pasaje de Is. 11:1-2, que dice así:

Los nombres más destacados de Dios en la tradición judía. A título de curiosidad, más cultural que teológica— propiamente hablando— y para poner un punto final a la cuestión de los nombres divinos, ofrecemos a continuación, aunque sin comentarlas, pues hablan por sí solas, unas palabras del Talmud (*Midrash Rabbá* sobre Éx. 3), donde leemos literalmente:

«Rabí Abba ben Mamel dijo: El Santo, bendito sea, dijo a Moisés: ¿Quieres conocer mi Nombre? Me llamo según mis actos. A veces me llamo *El Shadday, Sebaoth, Elohim, YHWH.* Cuando juzgo a las criaturas, me llamo *Elohim.* Cuando combato a los malvados, me llamo *Sebaoth.* Cuando retengo las faltas de los hombres me llamo *El Shadday.* Y cuando soy misericordioso para con los mundos, me llamo *YHWH.* Este nombre es el atributo (מדה *middah*) de la misericordia, según se ha dicho: *YHWH, YHWH, Dios (El: "fuerza"), misericordioso y piadoso* (Éx. 34:6)».

¿Un solo Dios o varios? Plantear esta pregunta después de todo cuanto hemos tratado en este capítulo hasta aquí, podría parecer un craso contrasentido. Pero, como señalábamos en los párrafos iniciales, si bien es cierto que el Antiguo Testamento, tal como nos ha llegado y ha sido comprendido por la finisecular tradición judeocristiana, es un canto al monoteísmo más absoluto en medio de un entorno destacadamente pagano y politeísta, también lo es que en sus textos se conservan retazos de tradiciones antiquísimas en los que afloran datos acerca de ciertas etapas de la historia religiosa de Israel especialmente marcadas por situaciones un tanto diferentes, y que incluso una simple lectura superficial puede evidenciar[462]. Según Von Rad[463], el monoteísmo hebreo está relacionado con la educación religiosa que recibirán las doce tribus a partir de lo enunciado en el conocido texto de Éx. 20:2-3, y su paralelo de Dt. 5:6-7, vale decir, el primer mandamiento del Decálogo:

Saldrá una vara del tronco de Isaí, y un vástago retoñará de sus raíces. Y reposará sobre él el Espíritu de Jehová; espíritu de sabiduría y de inteligencia, espíritu de consejo y de poder, espíritu de conocimiento y de temor de Jehová.

El séptimo don, que es el de la piedad, aparece en la Vulgata en el v. 2 juntamente con el de conocimiento (*scientiae et pietatis*), quedando el temor de Dios en el inicio del v. 3.

[462] Esto sin tener en cuenta la clara conciencia de Israel de ser los descendientes de clanes primitivos a todas luces politeístas en sus orígenes. *Cf.* Jos. 24:14-15.

[463] *Op. cit.*, p. 186 de la edición francesa.

Yo soy Jehová tu Dios, que te saqué de la tierra de Egipto, de casa de servidumbre. No tendrás dioses ajenos delante de mí[464].

Pero, apunta el teólogo y exegeta alemán, ya su misma formulación, sin duda muy arcaica, presupone un marco politeísta, o cuando menos, monólatra o henoteísta. Definiendo con exactitud estos conceptos, diremos que el monoteísmo[465], como bien sabe el amable lector, indica la creencia en un solo y único dios, sin lugar alguno para otras deidades; el cristianismo, el judaísmo y el islam, v. gr., son religiones estrictamente monoteístas. El politeísmo[466], en cambio, se refiere a la creencia en varios dioses; por lo general, las religiones paganas suelen ser politeístas. El henoteísmo[467] apunta, por el contrario, a la creencia en que tan solo uno en exclusiva es el dios protector o tutelar de un pueblo o tribu, el único al que ese pueblo o tribu ha de adorar y ofrecer un culto, pero sin menoscabo de que otros pueblos u otras tribus tengan sus propios dioses a los que adorar; por ello, en algunos manuales se define el henoteísmo más bien como *monolatría*, o sea, el culto exclusivo a un único dios, aunque se acepte que puedan existir también otras deidades[468]; esta peculiar manera de concebir la religión fue algo característico de ciertos pueblos o clanes tribales antiguos que se sentían especialmente vinculados con una divinidad en particular por razones míticas, pero sin poner objeciones a que otras naciones hiciesen lo propio con sus deidades respectivas; en el hinduismo actual, algunas escuelas teológicas, aunque en teoría debieran englobarse dentro del politeísmo propio de esa religión, de hecho son henoteístas en su fe y en su praxis.

---

[464] BTX lee este último versículo: *No tendrás otros dioses delante de mí.*

[465] Del gr. μόνος *monos*, "solo", "único", y θεός *theós*, "dios", "divinidad".

[466] Del gr. πολύς *polýs*, "mucho", y θεός *theós*.

[467] Del gr. εἷς *heîs*, genitivo ἑνός *henós*, "uno", y θεός *theós*. El nombre que le dio su primer introductor, el alemán Max Müller, en sus estudios sobre el vedismo hindú, publicados en el siglo XIX, fue, no obstante, catenoteísmo, del gr. κατά *katá*, "a la vez", εἷς *heîs*, genitivo ἑνός *henós*, y θεός *theós*, mucho más exacto, pero pronto fue sustituido por la forma simplificada.

[468] *Cf.* BORGEAUD, P. "Dieu(x) et divinités", dans BORGEAUD, P. (DIR.) ET HERVIEU-LEGER, D. (DIR.). *Dictionnaire des faits religieux*. Paris:Presses Universitaires de France, avec le concours du Centre National du Livre, 2010, p. 257-259. Y también, YUSA, M. "Henotheism", in ELIADE, M. (DIR.), *The Encyclopedia of Religion*, vol. 6. New York:MacMillan, 1987, p. 266-267.

En relación con la religión del antiguo Israel, son varios los textos veterotestamentarios que vienen a reflejar un estadio más bien popular de las creencias hebreas hasta, por lo menos, el fin de la monarquía judaíta, y en los que se da por sentada la existencia de otros dioses distintos de Yahweh, pero circunscritos a otros ámbitos diferentes del hebreo: Jue. 11:24[469]; Rt. 1:15-16; 2:12[470]; 1Sa. 26:19[471]; 2Sa. 20:1; 1Re. 12:16 (y su paralelo en 2Cr. 10:16)[472]; y 2Re. 17:24-28[473], por no citar sino unos pocos ejemplos muy evidentes. Hasta tal punto se entendía en tiempos del Antiguo Testamento que los diferentes dioses

---

[469] La vinculación del dios Quemos con Moab es tan grande que en ocasiones esta nación recibe el nombre de *pueblo de Quemos* (Nm. 21:29; Jer. 48:46).

[470] La por demás encantadora historia narrada en el libro de Rut incide en el hecho de que la moabita, al trasladarse con su suegra Noemí a la tierra de Canaán, había dejado el territorio de sus dioses ancestrales para hallar refugio bajo las alas de Yahweh, el Dios de Israel. Es decir, que había abandonado un patronazgo divino para encontrar otro que, sin duda alguna, era mucho mejor a ojos del hagiógrafo.

[471] El texto, que viene a describir una especialmente adversa circunstancia por la que atravesaba David, pone en boca del hijo de Isaí una idea muy acorde con las religiones de tipo henoteísta: al ser expulsado de la tierra de Israel, considerada como *la heredad de Jehová*, se vería obligado a recurrir en busca de auxilio a las divinidades tutelares o protectoras de los pueblos entre los que hallara cobijo. Ello indica a todas luces que en su mente no había obstáculo alguno para pensar en la existencia de diversas deidades como un hecho constatado. Sin embargo, el problema moral que ello le plantea evidencia una desarrollada conciencia monolátrica y una vinculación muy especial del futuro rey con Yahweh, que anticipa lo que más tarde sería el monoteísmo puro.

[472] RVR60 lee en 2Sa. 20:1; 1Re. 12:16; y 2Cr. 10:16 las expresiones revolucionarias antidavídicas ¡*cada uno a sus tiendas!* o ¡*Israel, a tus tiendas!* Sin embargo, la BTX, más acorde con el texto hebreo original, presenta las lecturas ¡*cada uno a sus dioses!* e ¡*Israel, a tus dioses!* dando a entender con toda claridad que en tiempos de la monarquía unida de Israel no todo el mundo adoraba realmente a Yahweh, o al menos no de la manera en que tenemos tendencia a imaginar en los ambientes cristianos actuales. Esta aparente discrepancia de traducción se explica como una enmienda de los ספרים *sopherim* o escribas hecha al texto sagrado en aras de una lectura más solemne o más reverente. Lo que el texto original leía como לאלהיו *leelohayu* o לאלהיך *leelohekha* ("a sus dioses" y "a tus dioses", respectivamente), los masoretas, tal como aparece en el texto editado de la BHS, leyeron como לאהליו *leohelayu* y לאהליך *leohalekha* ("a sus tiendas" y "a tus tiendas", respectivamente). Una simple trasposición de las letras *lámed* ל y *he* ה fue más que suficiente para que aquellos concienzudos escribas no sintieran escrúpulo alguno al leer cómo el sagrado texto evidenciaba un estadio religioso primitivo de Israel muy diferente del que ofrecía el judaísmo que ellos profesaban.

[473] Interesante la mención de *el Dios de aquella tierra* o *el Dios del país* puesta en boca de los asirios para referirse a Yahweh, cuyo culto desconocían los recién llegados procedentes de otras regiones del imperio para repoblar el país en que habían vivido los israelitas, a la sazón deportados.

ejercían su autoridad sobre pueblos muy determinados en exclusiva, y que tenían sus propios territorios o sus propias adscripciones, que el exleproso Naamán, recién convertido a la fe yahwista, expresa la para nosotros insólita petición al profeta Eliseo:

> *Te ruego, pues, ¿de esta tierra no se dará a tu siervo la carga de un par de mulas? Porque de aquí en adelante tu siervo no sacrificará holocausto ni ofrecerá sacrificio a otros dioses, sino a Jehová.* (2Re. 5:17)

El sentido pleno de un pasaje como este solo nos es accesible si lo ubicamos dentro de una mentalidad de tipo henoteísta. Naamán entiende que su culto al Dios de Israel, a quien es plenamente consciente de deber su curación, solo será efectivo si se realiza en "tierra" literal de Israel, entendida como "tierra" de Dios.

Ya Wellhausen, en su momento, y haciéndose eco de las ideas que corrían por Alemania en el siglo XIX, había señalado como postulado de trabajo que la primitiva relación de Yahweh con Israel habría sido similar a la del dios Quemos con Moab, es decir, atávica: Yahweh sería un dios vinculado en exclusiva a un clan o un conjunto de tribus muy específicas, sin tener nada que ver con otros pueblos; y más tarde se vincularía con el país de Canaán, nunca con otras tierras[474]. Aunque el desarrollo del monoteísmo y la mejor percepción de Dios que hallamos en los textos más profundos del Antiguo Testamento no apoyen estas tesis del gran pensador germánico, lo cierto es que no cabe esperar del Israel recién salido de la esclavitud egipcia, ni tampoco del Israel que, en un proceso más bien lento y arduo, toma posesión de la tierra de Canaán en plena guerra contra enemigos en ocasiones poderosos, e inmerso en un mundo hostil donde la principal preocupación es la más pura y elemental supervivencia, una reflexión profunda sobre la Divinidad o una teología desarrollada en el sentido en que nosotros damos a este vocablo[475]. A lo más que alcanza el pensamiento de algunos hagiógrafos y compositores inspirados de aquel a todas luces primitivo pueblo de Israel, es a lo que hallamos en textos como Sal. 82:1;

---

[474] Un ejemplo claro sería el texto de 2Re. 17:26-28, ya antes mencionado, donde Yahweh es designado literalmente como *el Dios del país*, con referencia exclusiva a la tierra de Israel.

[475] *Cf.* en este sentido la crudeza con que se describen los hechos narrados, v.gr., en Jueces, e incluso la imagen que este escrito proyecta sobre el Dios de Israel.

95:3; 97:7,9, y la importantísima declaración de Salomón contenida en 2Cr. 2:5b, y que algunos especialistas no dudan en considerar como una proclama teológica de primera magnitud:

Porque el Dios nuestro es grande sobre todos los dioses.

Estas palabras del gran rey de Israel aún destacan más cuando comprobamos que se trata de algo dicho directamente al monarca pagano Hiram de Tiro en el contexto de una transacción comercial, la adquisición de hombres y materiales para la edificación del templo de Jerusalén. No se limitan a ser una simple confesión de fe hebrea, sino que tienen todo el sabor de un testimonio personal abierto, al que Hiram, como buen comerciante, responderá con gran cortesía en los vv. 11 y 12. En todos estos textos se exalta la indiscutible grandeza de Yahweh en medio de otros seres divinos o אלהים *elohim*, antiguas divinidades del panteón cananeo, sin duda alguna, ahora reducidas al estado de meros cortesanos o auxiliares suyos. En este sentido conviene resaltar el curioso texto de 1Re. 22:19-22 y su paralelo de 2Cr. 18:18-21 acerca de la visión del peculiar profeta Micaías sobre la derrota y muerte del impío rey israelita Acab en Ramot de Galaad; en las imágenes descritas por el vidente, la corte divina aparece mencionada como השמים כל־צבא *khol tsebá hashshamáyim*, "todo el ejército de los cielos", expresión que tanto nos recuerda al nombre de *Yahweh Tsebaoth*, antes mencionado. Aunque las lecturas estrictamente monoteístas posteriores del Antiguo Testamento, tanto judías como cristianas, hayan querido explicar todos estos pasajes y otros del mismo tenor como meras figuras o recursos literarios del elenco cultural común del Creciente Fértil, lo cierto es que reflejan —nos guste reconocerlo o no— un estadio religioso henoteísta o monólatra del yahvismo popular más primitivo, si bien sus rasgos patentes de exclusivismo, e incluso de intransigencia en lo referente a la adoración a otros dioses, no dejan de resultar algo sorprendente en el marco de la historia de las religiones comparadas[476], al mismo tiempo que una constatación palpable de cómo el monoteísmo

---

[476] No deja de resultar llamativo que en la visión de Micaías sea Yahweh quien tiene la última palabra y que el espíritu (en hebreo רוח *rúaj*) que se presenta ante él para convertirse en *espíritu de mentira* en la boca de los falsos profetas, únicamente pueda proponer algo, siempre solicitando el beneplácito del Dios de Israel (1Re. 22:21-23; 2Cr. 18:20-22).

fue poco a poco abriéndose camino en la mentalidad y la piedad hebreas más populares[477].

Por otro lado, es más que evidente el impacto que sufrió la religiosidad original de las tribus procedentes de Egipto en contacto con las
realidades cúlticas de los cananeos, caracterizadas por su dimensión
orgiástica en relación con los ciclos naturales. En la inevitable confrontación entre el adusto Yahweh del Sinaí y la multitud de divinidades cananeas de la naturaleza, la más destacada de las cuales es, según
el propio Antiguo Testamento, Baal, es decir, *el Señor* o *el Amo*[478], con

---

[477] Del difícil proceso de confrontación entre Yahweh y los dioses cananeos, con la
victoria del primero y la relegación de los segundos al estado de meros comparsas divinos, nos da testimonio, según Von Rad, la situación descrita en Lv. 11 y su paralelo en
Dt. 14:3-21, vale decir, las prescripciones alimentarias de la ley de Moisés, que tantas
discusiones han generado en ocasiones entre los exegetas. Leemos literalmente en la
pág. 184 del vol. 1 de su *Theologie* en la versión francesa:

«¡Qué sucesión de luchas cúlticas se esconde tras los dos catálogos de animales
impuros (Lv. 11:2ss; Dt. 14:4ss)! Esos animales debieron ser, ciertamente, víctimas escogidas para algunos cultos y tuvieron cierta relación sagrada con potencias
divinas. Por esta razón fueron descalificadas y excluidas de lo sagrado en el culto
a Yahweh».

Y en una nota a pie de página (n° 3) añade:

«No sabemos casi nada del significado cúltico que tuvieron esos animales. Se encuentran algunos detalles en NOTH, M. *Die Gesetze im Pentateuch*. Pág. 95s. La
prohibición mencionada dos veces en contextos diferentes de *cocer el cabrito en
la leche de su madre* (Éx. 23:19; Dt. 14:21), reprime un acto mágico en relación
con la leche, con toda probabilidad muy extendido en la religión agraria palestina».

Es la mejor explicación que hemos hallado para estos textos, que de otra manera parecerían disposiciones totalmente arbitrarias y carentes de sentido (salvo que se les atribu-
yera el significado puramente alegórico que pretendían los antiguos, como leíamos en
el capítulo primero de la primera parte de este libro). Algunos autores apuntan a que los
mismos redactores del Levítico probablemente desconocían muchos detalles que había
detrás de estas interdicciones, y que únicamente las consignaron porque formaban parte
de una antiquísima tradición sagrada. Las palabras de Von Rad vienen avaladas por el
hecho de que, efectivamente, hoy se sabe a ciencia cierta cómo alguno de estos animales catalogados como *inmundos* o *impuros* formaba parte de ciertos cultos muy concretos, como el del babilonio Tammuz, en el que se sacrificaba un cerdo, por ejemplo.

[478] La primera ocasión en que Israel se vio confrontado a la realidad del culto a Baal,
y que conllevó un desenlace trágico, la recoge Nm. 25 y nos narra la idolatría desenfre-
nada y desafiante de muchos hebreos convidados por las hijas de Madián a participar
en el culto de Baal-peor.

su consorte Asera o Astarté[479], Israel desarrolló un cierto grado de sincretismo, al menos a niveles muy populares, que debió generar cierta confusión y que más tarde sería tildado sin ambages de idolatría por los genios religiosos posteriores. Siendo que el término בעל *baal* podía ser aplicado también a Yahweh —¿no era acaso el Dios revelado a Moisés *el Señor* y *el Dueño* de Israel?—, podemos imaginar el desconcierto que crearía en más de un hebreo sencillo la constatación de que cierta deidad del panteón cananeo recibía el nombre de בעל ברית *Baal Berith*, es decir, "el Señor de la Alianza" (Jue. 9:4)[480], por lo que no se entendería demasiado bien por qué no se podría, o mejor, por qué no se debería participar en su culto. Solo más tarde Baal, conceptuado como un dios opuesto a Yahweh, será objeto de burla por parte de los yahvistas más estrictos (*cf.* 1Re. 18:27; para el desprecio de los fieles de Israel hacia Baal, *cf.* también 2Re. 10:27[481]), de manera que hasta el propio vocablo será desterrado como tal de la lengua, según se propone en

---

[479] En ocasiones, el texto veterotestamentario la nombra con la forma *Astoret*, que algunos interpretan como la forma plural Astarot, en referencia, según los estudiosos, a sus numerosos santuarios o "bosques" consagrados, que en realidad serían arboledas plantadas *ad hoc*. Pero difícilmente se oculta para los lingüistas el hecho de que la vocalización /o-e/ recubre el término hebreo בשׁת *bosheth*, "vergüenza", "deshonra", aplicado por los escribas judíos posteriores a los nombres de divinidades paganas.

[480] En 2Sa. 5:20 aparece claramente la designación de Baal aplicada a Yahweh por David al dar nombre al emplazamiento de una batalla en que venció a los filisteos, *Baal-perazim*, que significa "el Señor de las brechas" (que la nota a pie de página correspondiente de la versión RVR60 traduce como "el Señor que quebranta"). Ello evidencia que, al menos hasta el siglo X a. C., tal designación no se sentía como incompatible con la creencia en el Dios de Israel en los círculos yahvistas. Queda en el aire, no obstante, por qué este nombre no fue objeto de una corrección o una actualización en este pasaje concreto por parte de escribas posteriores, como sucede con otros.

[481] La conocida historia del juez Gedeón, alias Jerobaal, narrada en el libro de los Jueces, se hace eco también de este menosprecio hebreo para con la divinidad de Baal. El cap. 6:31 nos relata las palabras de su padre Joás ante quienes pretendían matar al joven Gedeón por haber destruido el altar de Baal de su propia casa:

Y Joás respondió a todos los que estaban junto a él: ¿Contenderéis vosotros por Baal? ¿Defenderéis su causa? Cualquiera que contienda por él, que muera esta mañana. Si es un dios, contienda por sí mismo con el que derribó su altar.

Y añade el 32:

Aquel día Gedeón fue llamado Jerobaal, esto es: Contienda Baal contra él, por cuanto derribó su altar.

La ironía que plantean estas declaraciones, máxime teniendo en cuenta que el ídolo de Baal estaba en las propiedades de la familia de Gedeón, nos ilustra muy bien acerca del

Os. 2:16-17, convertido ya en un objeto de execración. Únicamente así se comprenden ciertos ejemplos de la onomástica hebrea de aquellas épocas pretéritas vinculadas a la figura de David, en los que aparece como segundo elemento de la composición el término ya mencionado בשׁת *bosheth*, "vergüenza" (*cf.* Is-boset, Mefi-boset), que es, sin duda, una lectura posterior de los escribas judíos en lugar del nombre original Baal, entendido a la sazón como algo idolátrico y perverso[482].

Y no hay que perder de vista la realidad que nos presenta cierta documentación extrabíblica, como algunas inscripciones de los siglos VIII y VII a. C., en plena época de la monarquía israelita dividida, y en las que leemos las siguientes afirmaciones, altamente sorprendentes:

«...os he bendecido por el Yahweh de Samaria y su Asera».

«Urías el rico ha escrito: que sea bendito Urías por Yahweh de sus enemigos, por su Asera, pues lo ha salvado para mi guardia y para su Asera[483]».

Es evidente que, en la concepción más popular de la época, Yahweh, totalmente asimilado ya al antiguo Baal cananeo, tenía una esposa divina o diosa consorte, de lo cual puede ser una clara alusión el culto a *la Reina del Cielo* que con más que evidente disgusto menciona Jer. 7:18, culto ampliamente arraigado entre la población femenina hierosolimitana de la época de la destrucción del reino de Judá por los babilonios (Jer. 44:17-19). Todo ello nos hace comprender que la descripción de la religiosidad hebrea que nos muestran (¡y repudian abiertamente!) los libros de los Reyes, no es un producto de la fantasía, ni una ficción

---

sincretismo cúltico israelita de aquellos años, amén de la evidente falta de consistencia de aquella adoración espuria de dioses paganos.

[482] El mandato de Éx. 23:13b, que la investigación actual adscribe al llamado *Código de la Alianza*, prescribe con total claridad:

Y nombre de otros dioses no mentaréis, ni se oirá de vuestra boca.

Es completamente lógico, por lo tanto, pensar que el nombre de Is-boset, "hombre de vergüenza", es decir, "execrable", debió haber sido originalmente Is-baal, "hombre del Señor" u "hombre de Baal (entendido como apelativo de Yahweh)", algo así como "piadoso". Mefi-boset, "destructor de la vergüenza", parece haberse llamado en realidad Meribaal, "El Señor es el que defiende" o "Baal (es decir, Yahweh) es el que defiende".

[483] Inscripciones de Kuntillet Ajrud, al norte del Sinaí (siglo VIII a. C.) y Khirbet El-Qom, cerca de Laquis (siglo VII a. C.), respectivamente. Mencionadas por Römer, T. *et alteri*. *Op. cit.*, p. 74.

literaria, sino la constatación de una realidad palpable de sincretismo e idolatría a la que intentará poner fin la reforma de Josías narrada en 2Re. 22-23, además de otros intentos fallidos, como el de Asa, referido en 2Cr. 15, o el de Ezequías, mencionado en 2Re. 18:22, y constantemente fustigada por los profetas desde Elías: no hay más que recordar el episodio, narrado con tintes épicos, de 1Re. 18:20-40.

El paso a un monoteísmo puro y absoluto en su concepción frente al politeísmo circundante —la creencia en una Divinidad única, y además espiritual en su esencia, personal en su manifestación a Israel, y moral en su actuación para con los hombres—, como ya había apuntado el propio Wellhausen y señalan Von Rad, García Cordero y otros autores contemporáneos, vendrá de la mano de los grandes profetas, genios religiosos de talla inigualable, a partir del siglo VIII a. C.[484], pero no como resultado de una simple mirada crítica al entorno idólatra y su consiguiente reflexión, sino a partir de unas experiencias históricas que les hacen comprender la soberanía indiscutible de Yahweh sobre todas las cosas. El primitivo henoteísmo y aquel sincretismo tan enraizado en la religiosidad popular iban a dar paso de esta manera a una concepción más elevada de la realidad divina.

Amós será el primero en declarar el señorío universal de Yahweh, Dios de Israel, sobre el mundo, las naciones y el decurso de la historia. El texto clave es Am. 4:12-13:

---

[484] Existe, además, una corriente de pensamiento que señala a la casta levítica, y muy especialmente a los sacerdotes sadoquitas del templo de Jerusalén, como ¿fundadores? o ¿conservadores y garantes? del monoteísmo hebreo, retrotrayendo su fe en un único y exclusivo Dios Celoso (Éx. 20:5) hasta el mismo Moisés (que era también de familia levítica, según el libro del Éxodo). Sin negar que ello fuera así en líneas generales, aparecen no obstante en el Antiguo Testamento retazos de evidente sincretismo idolátrico vinculados a los levitas o al sacerdocio hierosolimitano, como en Jue. 17-18 y en 2Re. 16:10-16. Las líneas de convergencia de ambas corrientes monoteístas, la profética y la levítico-sacerdotal, cristalizarían en las figuras señeras de Jeremías y Ezequiel —algunos creen que ya el profeta Isaías en el siglo VIII a. C. debiera incluirse en esta lista—, contemporáneos y testigos presenciales de la toma de Jerusalén por los babilonios, ambos procedentes de familias sacerdotales y al mismo tiempo profetas de Dios. Y desde luego, no hay que olvidar a los campeones del monoteísmo que son los para nosotros anónimos Deutero- y Trito-Isaías. Quienes hacen del profeta Isaías una figura clave de esta confluencia profético-sacerdotal, inciden en la idea de que también él debió ser sacerdote, basándose en las palabras con las que describe su visión inicial en el templo de Jerusalén (Is. 6:1), imposibles de ser explicadas a menos que se refieran claramente a un sacerdote en activo.

Por tanto, de esta manera te haré a ti, oh Israel; y porque te he de hacer esto, prepárate para venir al encuentro de tu Dios, oh Israel. Porque he aquí, el que forma los montes, y crea el viento, y anuncia al hombre su pensamiento; el que hace de las tinieblas mañana, y pasa sobre las alturas de la tierra; Jehová Dios de los ejércitos es su nombre.

Dios no solo se ocupa en exclusiva de su pueblo Israel, sino de todos los hombres. Estamos en los comienzos de lo que algunos especialistas llaman *monoteísmo moral*. Yahweh no acepta los sacrificios rituales prescritos en la ley si no van acompañados de una actitud interior[485]. He aquí el germen de la espiritualidad que más tarde se materializará en dos sistemas religiosos muy concretos: el judaísmo y el cristianismo, ambos originados en el antiguo Israel.

Este nuevo enfoque sobre Dios se irá perfilando y puliendo a medida que Israel, y sobre todo el reino de Judá, notoriamente más fiel al yahvismo que su hermano septentrional[486], se vean confrontados con las potencias políticas y militares de la época, y muy especialmente con Asiria[487]. Las consecuencias teológicas de estos episodios históricos son de un alcance insospechado, ya que, a partir de ese momento, el Dios de Israel se revela de forma patente como aquel cuyo poder se

---

[485] En 1Sa. 15:22-23a, hallamos una idea similar retrotraída a los tiempos de Samuel.

[486] *Cf.* las historias referentes a la rebelión religiosa de Jeroboam por motivos puramente políticos (1Re. 12:1 – 14:20) y al reinado del impío rey Acab (1Re. 16:1 – 22:40), inserta esta última en el llamado *Ciclo de Elías*. Son, no obstante, varios los autores que ponen hoy en duda la desvinculación religiosa de Jeroboam con el yahvismo tradicional, e inciden en que sus manifestaciones cúlticas, claramente condenadas como idolátricas por la edición definitiva del texto sagrado (de clara influencia judaíta o meridional), se enraizaban, sin embargo, en las más antiguas tradiciones de Israel (Jue. 17), por lo que no serían sino una proclama de pura y simple independencia en relación con la centralización cúltico-política hierosolimitana orquestada por David y Salomón.

[487] No hay que olvidar que entre 824 y 671 a. C. el Imperio asirio se halla en plena expansión, de manera que domina prácticamente todo el Creciente Fértil, Egipto incluido, y extiende su poder sobre el sureste de la península de Anatolia y los desiertos de la Arabia septentrional. Asiria es la gran potencia que destruye el reino de Israel y deporta su población, como leemos en 2Re. 17, y quien pone en grandes aprietos a Judá en la época del rey Ezequías y el profeta Isaías (2Re. 18-19; 2Cr. 32; Is 36-37). Para una ojeada, al mismo tiempo rápida y bien documentada, sobre la situación política del Oriente Medio en tiempos de la monarquía hebrea, recomendamos el ya gran clásico de la divulgación historiográfica PETIT, P. *Historia de la Antigüedad.* Barcelona: Ed. Labor S. A., 1988, que sabe aunar la precisión en los datos con una nada fácil de conseguir capacidad de exposición pedagógica.

extiende también a las naciones paganas, es decir, que no está ya más circunscrito a un ámbito geográfico o humano concretos[488]. Más aún, Yahweh emplea esos imperios idólatras como herramientas de juicio contra su propio pueblo rebelde e ingrato, para luego pedirles cuentas por sus desmanes. En este sentido, son capitales las declaraciones que leemos en Is. 10:5-19, texto de especial importancia y que citamos íntegramente a continuación:

Oh Asiria, vara y báculo de mi furor, en su mano he puesto mi ira. Le mandaré contra una nación pérfida, y sobre el pueblo de mi ira[489] le enviaré, para que quite despojos, y arrebate presa, y lo ponga para ser hollado como lodo de las calles. Aunque él no lo pensará así, ni su corazón lo imaginará de esta manera, sino que su pensamiento será desarraigar y cortar naciones no pocas. Porque él dice: Mis príncipes, ¿no son todos reyes? ¿No es Calno como Carquemis, Hamat como Arfad, y Samaria como Damasco? Como halló mi mano los reinos de los ídolos, siendo sus imágenes más que las de Jerusalén y de Samaria; como hice a Samaria y a sus ídolos, ¿no haré también así a Jerusalén y a sus ídolos? Pero acontecerá que después que el Señor haya acabado toda su obra en el monte de Sion y en Jerusalén, castigará el fruto de la soberbia de corazón del rey de Asiria, y la gloria de la altivez de sus ojos. Porque dijo: Con el poder de mi mano lo he hecho, y con mi sabiduría, porque he sido prudente; quité los territorios de los pueblos, y saqueé sus tesoros, y derribé como valientes a los que estaban sentados; y halló mi mano como nido las riquezas de los pueblos; y como se recogen los huevos abandonados, así me apoderé yo de toda la tierra; y no hubo quien moviese ala, ni abriese boca y graznase. ¿Se gloriará el hacha contra el que con ella corta? ¿Se ensoberbecerá la sierra contra el que la mueve? ¡Como si el báculo levantase al que lo levanta; como si levantase la vara al que no es

---

[488] Aunque Israel ya había sido testigo del poder de Yahweh sobre una gran potencia extranjera y sus dioses en la historia de su propio origen, en tanto que pueblo liberado de la esclavitud egipcia, la mentalidad hebrea que encontramos en las épocas de la conquista de Canaán, el asentamiento y la formación del estado nacional, tendía evidentemente a una localización y limitación excesivas de su Dios a un ámbito muy concreto, como ya se ha señalado. *Cf.*, sin embargo, las declaraciones del *Cántico de Débora* (Jue. 5:4-5,20).

[489] Israel, la nación rebelde e ingrata.

leño! Por esto el Señor, Jehová de los ejércitos, enviará debilidad sobre sus robustos, y debajo de su gloria encenderá una hoguera como ardor de fuego. Y la luz de Israel será por fuego, y su Santo por llama, que abrase y consuma en un día sus cardos y sus espinos. La gloria de su bosque y de su campo fértil consumirá totalmente, alma y cuerpo, y vendrá a ser como abanderado en derrota. Y los árboles que queden en su bosque serán en número que un niño los pueda contar.

En el estilo poético típico en que se suele expresar la profecía clásica —y en el que es un rasgo común que se confundan con frecuencia las distintas voces que toman la palabra en la emisión de los oráculos[490]— se escucha la sentencia del Dios de justicia con su veredicto inapelable. Quien tiene en su mano el destino de todos los pueblos ha hablado: las naciones han de obedecer sus designios, *conditio sine qua non* para su supervivencia como tales. Pero esta imagen del Dios de Israel como Señor absoluto de los pueblos y de la historia aún alcanza una cima más alta cuando leemos en Is. 19:22-25:

Y herirá Jehová a Egipto; herirá y sanará, y se convertirán a Jehová, y les será clemente y los sanará. En aquel tiempo habrá una calzada de Egipto a Asiria, y asirios entrarán en Egipto, y egipcios en Asiria; y los egipcios servirán con los asirios a Jehová. En aquel tiempo Israel será tercero con Egipto y con Asiria para bendición en medio de la tierra; porque Jehová de los ejércitos los bendecirá diciendo: Bendito el pueblo mío Egipto, y el asirio obra de mis manos, e Israel mi heredad.

Oráculos como este anticipan, evidentemente, la atmósfera del Nuevo Testamento, en el que la salvación es ofrecida a todos los pueblos (Ap. 21:24; *cf.* en el Antiguo Mi. 4:1-4). Vale decir, el monoteísmo se

---

[490] Tanto en el libro de Isaías como en otros del mismo tenor que leemos en el Antiguo Testamento, suele ser bastante corriente el no saber delimitar siempre con exactitud cuándo escuchamos la voz de Dios o la del profeta. No son pocos los eruditos, antiguos y modernos, que han señalado tal rasgo de estilo como una total identificación del profeta o heraldo de Dios con la palabra dicha por su Señor, característica muy propia de las culturas antiguas, en las que los embajadores debían repetir punto por punto y de forma literal los mensajes enviados por sus señores, es decir, en primera persona, como si fueran estos mismos quienes hablaran por sus labios.

va puliendo, se va perfeccionando a medida que los profetas de Israel descubren en Dios los rasgos que se harán plenamente evidentes en la posterior enseñanza de Jesús. Ello nos lleva a la época postexílica, cuando, como señalan algunos autores de renombre (el mismo Von Rad y sus epígonos, por ejemplo), el monoteísmo alcanzará su cima y se convertirá, como ya hemos indicado antes, en la piedra angular de la incipiente religiosidad judía.

Se dice que tal es la realidad del Deutero-Isaías, considerado por muchos autores como el exponente principal del monoteísmo más absoluto. Declaraciones como la archiconocida de Is. 45:5a (*Yo soy Jehová, y ninguno más hay; no hay Dios fuera de mí*)[491] y las de 40:12-28; 43:10; 45:18; 46:1, así como la ya abierta diatriba contra los ídolos de 41:21-29 o 44:9-20, vienen a evidenciar una percepción de la Divinidad muy diferente de la que se encuentra en los llamados *libros históricos* y de la que consta la arqueología en la Palestina del siglo V a. C.[492] Si a ello añadimos que la literatura sapiencial, cuando ya no existe más la profecía en Israel, da al monoteísmo un cariz más humano que lo que hallamos en los escritos anteriores al exilio, como evidencian, por ejemplo, el libro de Job[493], el Eclesiastés, el libro de Rut, o incluso el libro de Jonás[494], tenemos ya todos los ingredientes de lo

---

[491] Palabras tanto más sorprendentes cuanto que van dirigidas, según el versículo 1, no a Israel, sino a Ciro, el monarca persa al que Dios declara haber ungido con la misión de dominar el mundo *por amor de mi siervo Jacob, y de Israel mi escogido* (v. 4a).

[492] En efecto, tanto en En-Gadi como en la propia Jerusalén se han hallado evidencias de prácticas mágicas y culto a los muertos en conexión con la idolatría más abyecta, lo que hace suponer que no todos los judíos "se habían curado para siempre" de este problema debido a la cautividad babilónica, como en ocasiones se suele afirmar en los medios más conservadores. Algo similar viene a mostrarnos Is. 57, si es válida la atribución del Trito-Isaías a las condiciones propias de la Jerusalén de la restauración. Lo cierto es que las reformas que leemos en los libros de Esdras y Nehemías, así como la manifestación de la profecía por última vez en el Antiguo Testamento con Hageo, Zacarías y Malaquías, incidieron en que el judaísmo oficial estrictamente monoteísta ganara terreno y acabara desterrando de la religión todos aquellos elementos adventicios e indeseables.

[493] Cuyo protagonista no solo no es hebreo, sino que incluso, como han apuntado algunos exegetas desde siempre, formaría parte de la descendencia de Esaú, es decir, de un pueblo casi maldito y abiertamente hostil a Israel a lo largo de su historia. *Cf.* el libro de Abdías.

[494] Aunque en nuestras biblias actuales forma parte de los llamados "Profetas menores" o "Los doce profetas", el tono general de este extraordinario escrito se inscribe dentro de las manifestaciones de la sabiduría de Israel, como evidencia la amplitud y el hilo conductor de su mensaje. Su estilo literario, por otro lado, desde su primera

que cristalizará siglos más tarde en el cristianismo, la religión monoteísta más importante y de principios más elevados de la historia de
la humanidad.

Los compañeros de Dios: los seres celestiales. Las tradiciones sacras
de Israel jamás concibieron a Dios como una entidad solitaria en medio
de una dimensión trascendente ajena al mundo creado. Por el contrario,
encontramos en los libros del Antiguo Testamento alusiones a otros seres que están a su lado, aunque nunca en paridad con él. Nos referimos a
cuatro categorías que mencionamos brevemente a continuación:

Los dioses de las naciones. *Cf.* supra lo dicho sobre el sobrenombre
Sebaoth aplicado a Yahweh, y también sobre el henoteísmo de los primeros israelitas, o por lo menos de ciertos sectores populares de entre
ellos, amén de su concepción de las otras divinidades como corte celestial subordinada a Dios[495]. No es necesario insistir más sobre ello.

Querubines. En hebreo כרובים *kerubim*, término emparentado con
el acadio *kuribu* y el asirio-babilonio *karabu*. En las culturas mesopotámicas viene a significar una serie de espíritus, los *shedu*, servidores
de los dioses principales; sus representaciones más conocidas son los
famosos genios alados con cabeza humana y cuerpo de toro esculpidos
en las puertas de murallas, templos y palacios, a los que se atribuía una
función apotropaica[496].

Los querubines se mencionan 56 veces en el Antiguo Testamento,
desde Gn. 3:24, donde se dice que guardan *el camino del árbol de la
vida*, hasta Ez. 41:25, donde se presentan como motivo ornamental del
nuevo templo del Israel restaurado. En la mayoría de los casos hacen
referencia a un particular objeto cúltico colocado sobre el arca del pacto, del que no se nos da información alguna en lo referente a su forma,

---

palabra (ויהי *wayehí*, literalmente "y fue") pretende ser el de las grandes obras históricas
del Antiguo Testamento (así comienzan, por ejemplo, los libros de Josué, Jueces, 1 y 2
Samuel), aspectos sobre los que incidiremos en un capítulo posterior. De la profecía real
de Jonás para con el reino de Israel, que no es en absoluto semejante a lo que hallamos
en el libro que lleva su nombre, nos da un escueto testimonio 2Re. 14:25.

[495] Recuérdense, entre otros, textos como Éx. 18:11; 2Cr. 2:5; Sal. 82:1; 95:3; 97:7.

[496] Del gr. ἀποτρόπαιος *apotrópaios*, "que aleja la desgracia". Se supone que pro-
tegían el edificio o la ciudad en que se encontraban de la presencia, influencia o ataque
de demonios y espíritus malignos.

excepto que estaba provisto de alas y rostros (Éx. 37:9; 1Re. 6:27), amén de ciertas figuras que adornaban el tabernáculo del desierto y el templo de Salomón (Éx. 26:31; 1Re. 6:29,32). Pero en algunos pasajes, en cambio, se hace clara alusión a ciertas entidades celestes que acompañan a Dios y constituyen algo semejante a su medio de transporte, una particular cabalgadura celestial (2Sa. 22:11; Sal. 18:10). Ez. 1 los designa con el término חַיּוֹת *jayyoth*, es decir, *seres vivientes* (v. 5), y los describe minuciosamente como sigue:

> *Había en ellos semejanza de hombre. Cada uno tenía cuatro caras y cuatro alas. Y los pies de ellos eran derechos, y la planta de sus pies como planta de pie de becerro; y centelleaban a manera de bronce muy bruñido. Debajo de sus alas, a sus cuatro lados, tenían manos de hombre; y sus caras y sus alas por los cuatro lados. Con las alas se juntaban el uno al otro. No se volvían cuando andaban, sino que cada uno caminaba derecho hacia adelante. Y el aspecto de sus caras era cara de hombre, y cara de león al lado derecho de los cuatro, y cara de buey a la izquierda de los cuatro; asimismo había en los cuatro cara de águila. Así eran sus caras. Y tenían sus alas extendidas por encima, cada uno dos, las cuales se juntaban; y las otras dos cubrían sus cuerpos. Y cada uno caminaba derecho hacia adelante; hacia donde el espíritu[497] les movía que anduviesen, andaban; y cuando andaban, no se volvían. Cuanto a la semejanza de los seres vivientes, su aspecto era como de carbones de fuego encendidos que andaba entre los seres vivientes; y el fuego resplandecía, y del fuego salían relámpagos. Y los seres vivientes corrían y volvían a semejanza de relámpagos. (vv. 5b-14)*

Sin hacer concesiones a la fantasía desbordada de algunos de nuestros contemporáneos, lo cierto es que estas imágenes tienen cierta correspondencia con lo que el arte mesopotámico nos presenta acerca de los *shedu* antes mencionados, como se ha señalado en varias ocasiones en diferentes publicaciones consagradas a la historia del arte antiguo. La

---

[497] BTI traduce muy literalmente *viento*, entendiéndolo en su sentido más primordial, que sería sin duda el más adecuado dentro del contexto mítico mesopotámico en el que se mencionaban los *karabu*. Aplaudimos, no obstante, la excelente traducción de la versión crítica CI que vierte aquí el término hebreo רוּחַ *rúaj* por *Espíritu* con mayúscula, es decir, refiriéndolo al Espíritu de Dios, lo que entendemos es la mejor interpretación del pasaje en su contexto actual.

consideración de los querubines como criaturas especialmente vinculadas a la presencia de Dios, de cuyo ser, no obstante, se diferencian muy bien —la trascendencia divina es algo que el profeta desea salvaguardar a toda costa[498]— explica la expresión הכרבים ישב *yosheb hakkerubim* referida a Dios, que RVR60 traduce como *el que mora entre los querubines* y que hallamos en textos como 1Sa. 4:4; 2Sa. 6:2; 2Re. 19:15, o también el curioso versículo de Nm. 7:89, donde leemos literalmente que

> *cuando entraba Moisés en el tabernáculo de reunión, para hablar con Dios, oía la voz que le hablaba de encima del propiciatorio que estaba sobre el arca del testimonio, de entre los dos querubines, y hablaba con él.*

Todo ello nos lleva a entender estos seres como una evidencia palpable para el antiguo Israel de la majestad divina. Los querubines vienen a recalcar la inaccesibilidad y la santidad absoluta de Dios, el abismo que lo separa de las criaturas de este mundo, y de ninguna manera se presentan en las Escrituras como lo que llamamos *ángeles*. Solo la angelología judía posterior, y después la cristiana, los considerarán como tales. Esta última ofrecerá de ellos una imagen completamente distinta, muy similar a la de los amorcillos romanos, es decir, como niños pequeños provistos de alas[499].

Serafines. En hebreo שׂרפים *seraphim*, de la raíz verbal שׂרף *saraph*, "arder", aparecen únicamente mencionados como tales en Is. 6:2,6,

---

[498] Los vv. 26-28 de Ez. 1 señalan con gran acierto que la *semejanza de la gloria de Jehová* es algo diferente de los seres hasta ahí descritos y, rasgo este sumamente importante, dicha semejanza de la gloria divina aparece siempre *por encima* de ellos. No podemos obviar, por otra parte, el hecho por demás significativo de que la imagen divina (como sucede prácticamente siempre en el Antiguo Testamento) sea *una semejanza que parecía de hombre* (v. 26). *Cf.* el *Anciano de días* de Dn. 7:9.

[499] En la angelología cristiana más tradicional, de la cual el exponente clásico es el *De Caelesti Hyerarchia*, del Pseudo Dionisio Areopagita (siglos IV y V), los querubines, juntamente con los serafines y los tronos, forman la primera gran jerarquía angélica, es decir, aquella que por sus peculiares funciones, se encuentra más especialmente vinculada con el Creador. La segunda la integran las dominaciones, virtudes y potestades. La tercera y última la componen los principados, arcángeles y ángeles propiamente dichos. Ni que decir tiene que esta tercera se considera la más directamente vinculada con los seres humanos.

donde se los describe como una especial clase de seres celestiales antropomorfos con tres pares de alas: *con dos cubrían sus rostros, con dos cubrían sus pies*[500], *y con dos volaban* (Is. 6:2). Rodean el solio divino y entonan el *trisagion* en el v. 3[501]. A partir de este pasaje, la teología cristiana posterior ha hecho de ellos el más sublime de los coros angélicos, cuya misión es loar a Dios permanentemente y arder en su amor. Del hecho de que cubran sus rostros se ha deducido que se trata de los seres creados más bellos del universo, cuya contemplación solo a Dios puede estar reservada[502]. Pero lo cierto es que este mismo vocablo se emplea en Nm. 21:6-8; Dt. 8:15 y de nuevo en Is. 14:29 y 30:6 referido a serpientes *ardientes*, vale decir, ofidios cuya mordedura produce una inflamación mortal, lo que ha sugerido que los serafines fueran en su origen divinidades serpentiformes[503], más tarde asimiladas al yahvismo dentro del conjunto de las deidades cananeas ahora degradadas y convertidas en la corte de Dios. Sea como fuere, su presencia en la visión de Isaías contribuye a acrecentar la grandeza de Yahweh frente a la pequeñez del hombre.

Ángeles. La existencia de ángeles, es decir, entidades espirituales ajenas a nuestro mundo, pero en plena comunicación con él, tal como los encontramos en el judaísmo anterior a nuestra era, en el Nuevo Testamento y en la posterior teología cristiana, no es algo de lo que los escritos veterotestamentarios nos ofrezcan testimonio abundante. Sin tener en cuenta al *Ángel de Yahweh*, del que ya hemos dicho algo páginas atrás, la presencia de los מלאכים *maleakhim* o "mensajeros" divinos es más bien escasa y sujeta a controversia cuando se los menciona en escritos o tradiciones preexílicas[504]. Los libros de Daniel y Zacarías,

---

[500] Siguiendo cierta corriente interpretativa, BTI considera esta expresión como eufemística y la traduce por *genitales*.

[501] Gr. τρισάγιον *trisagion*, lit. "tres veces santo", del griego τρίς *tris*, "tres veces", y ἅγιον *hagion*, "santo". Se refiere, evidentemente, a la expresión *Santo, santo, santo, Jehová de los ejércitos*.

[502] Otros interpretan este hecho de manera contraria: se cubren el rostro porque ni siquiera a ellos, que ocupan tan alta posición en el orden de los seres creados, es dado contemplar la majestad divina en todo su esplendor.

[503] Recuérdese que las serpientes aladas son un elemento bastante común del arte mesopotámico, tal como ha evidenciado la arqueología.

[504] *Cf.*, por ejemplo, los peculiares personajes que destruyen Sodoma y Gomorra en Gn. 19. Aunque en la mayoría de las versiones bíblicas al uso se los llama directamente *ángeles* (v. 1), BTI los designa como *mensajeros*, al igual que hace la edición francesa

buenos representantes del género apocalíptico, son los que más protagonismo darán a estas criaturas, concebidas como servidores y auxiliares de Dios que contribuyen a la realización de sus designios eternos. En el libro de Daniel hallamos incluso la única mención que hace el Antiguo Testamento canónico a dos entidades angélicas con nombre propio: Gabriel (Dn. 8:16; 9:21) y Miguel (Dn. 10:13,21; 12:1), aludidas más tarde en el Nuevo[505], y que en la angelología cristiana posterior alcanzarán gran renombre[506]. Se piensa, por lo general, que la angelología despunta en los escritos bíblicos postexílicos debido a la influencia que ejercieron sobre los israelitas deportados la religión babilónica y, sobre todo, el zoroastrismo persa, sistemas en los que los espíritus menores subordinados a los dioses eran algo común. Sin negar que aquel ambiente cultural y otros posteriores tuvieran una gran incidencia en el pensamiento judío del momento y en la elaboración de ciertos conceptos teológicos[507], creemos no obstante que la importancia dada a los ángeles —su "descubrimiento", como gustan de decir algunos exegetas— obedece también a un desarrollo interno propio de la religión de Israel a partir del exilio babilónico, paralelo a la implantación definitiva del monoteísmo más absoluto: como ya habíamos señalado en un epígrafe anterior, las entidades sobrenaturales otrora consideradas dioses (mayores o menores), ahora se veían como espíritus subordinados

---

conocida como *La Nouvelle Bible Segond*, revisión de la clásica versión protestante en lengua gala.

[505] Gabriel —escrito en grafía hebrea גבריאל y con el significado de "Dios es fuerte", mejor que "Dios es mi fortaleza"— anunciará al piadoso sacerdote Zacarías el nacimiento de Juan el Bautista (Lc. 1:11-20) y a la Virgen María el del propio Señor Jesús (Lc. 1:26-38), mientras que Miguel —en hebreo מיכאל *Mikhael*, por lo general interpretado como un interrogante: "¿quién como Dios?"— aparece en Jud. 9 contendiendo con el diablo por la posesión del cuerpo de Moisés (clara alusión al libro apócrifo *La Asunción de Moisés*), y en Ap. 12:7ss. como el capitán de los ejércitos angélicos y vencedor del dragón diabólico.

[506] Ambos serán designados como *arcángeles* (aunque este título, ἀρχάγγελος *arkhángelos*, "arcángel", vale decir, "jefe de los ángeles" o "ángel principal", el Nuevo Testamento solo se lo reconoce a Miguel en Jud. 9), e incluso venerados en algunos lugares como patronos.

[507] En la actualidad, son muchos los maestros judíos que, siguiendo las interpretaciones racionalistas de Maimónides, y a pesar de las tradiciones contrarias recogidas en el Talmud, niegan de hecho la existencia de los ángeles como entidades reales, y la entienden como personificaciones literarias de fuerzas naturales o de las distintas formas que presenta el poder divino. Tales asertos son compartidos también por muchos pensadores cristianos contemporáneos.

al Todopoderoso, algunos de ellos como simples mensajeros suyos ante los hombres[508].

La dimensión oscura de Dios: la muerte y el mal. Suele suponer para muchos creyentes protestantes y evangélicos de nuestros días una gran sorpresa —cuando no una brutal decepción— el comprobar que la Biblia en general, y el Antiguo Testamento en particular, no solo no ofrecen una explicación real de la existencia del mal y de la muerte en el mundo, sino que incluso hacen del propio Dios su origen. La razón es muy simple: la revelación repudia por completo el dualismo. Vale decir, al contrario de los sistemas filosófico-religiosos orientales designados con los nombres de zoroastrismo, gnosticismo o maniqueísmo, no reconoce la existencia de dos dioses o dos principios absolutos enfrentados, uno bueno y otro malo. El mal no es una entidad independiente, con esencia propia, sino un mero accidente que no puede sostenerse ni permanecer en o por sí mismo; por el contrario, su propia existencia depende del bien, se cimenta en él y se nutre de él, pues el bien es, por emplear una expresión aristotélica, su causa material. Dicho de manera lapidaria: el bien es absoluto; el mal, relativo[509]. De ahí que en el llamado *Relato de la caída* (Gn. 3), tantas veces empleado en estudios bíblicos para "explicar" el origen del mal en este nuestro planeta Tierra, únicamente hallemos una hermosa historia —una verdadera obra maestra literaria en realidad— en la que, envuelto en un ropaje mítico, se nos narra algo tan sencillo como la desobediencia innata del hombre a un precepto muy simple del Creador, y en el que el vehículo de la tentación no es sino la serpiente, que, al decir del texto sagrado, *era astuta, más que todos los animales del campo que Jehová Dios había hecho* (Gn. 3:1); o sea, que se trataba de una mera criatura, un ser

---

[508] El Nuevo Testamento aún dará un paso más en relación con los seres angélicos al declararlos *espíritus ministradores, enviados para servicio a favor de los que serán herederos de la salvación* (He. 1:14).

[509] San Agustín de Hipona (*Contra Juliano* I,9) afirma con total claridad:

Non fuit omnino unde oriri possit malum, nisi ex bono

"No ha habido en modo alguno de donde pueda surgir el mal,
a no ser del propio bien"

Este mismo Padre y Doctor de la Iglesia afirma que, puesto que el mal no es una realidad en sí, sino una deficiencia o falta de bien, no podemos hablar en puridad de una *causa efficiens, sed defficiens mali*, "causa eficiente, sino deficiente del mal".

creado[510]. Y no deja de resultar altamente llamativo, además, que en el *Segundo relato de la Creación* (Gn. 2:4b-25), más concretamente en el v. 15, se indique con total claridad cómo Dios coloca al hombre en el huerto del Edén *para que lo labrara y lo guardase*[511], clara evidencia de un peligro oculto o, cuando menos, latente. La doctrina de la *bondad de la creación*, fundamentada en Gn. 1:1 – 2:4a, donde encontramos de continuo el adjetivo בוט *tob*, "bueno", como conclusión de los trabajos divinos, no es por tanto incompatible (¡bíblicamente hablando!) con la idea de que el mal es inherente a nuestro mundo, dado que en la mentalidad de los hagiógrafos hebreos solo Dios puede ser realmente santo y perfecto, jamás las criaturas. Por ello encontramos sorprendentes afirmaciones en las Escrituras del Antiguo Testamento que condensan muy bien todo cuanto hemos expuesto; una de ellas es Is. 45:7, que coloca en boca de Dios las siguientes palabras, en las que se describe a sí mismo:

> *Que formo la luz y creo las tinieblas, que hago la paz y creo la adversidad. Yo Jehová soy el que hago todo esto.*

Otra también muy conocida es la que leemos en Lm. 3:37-38:

> *¿Quién será aquel que diga que sucedió algo que el Señor no mandó? ¿De la boca del Altísimo no sale lo malo y lo bueno?*[512]

La tercera y última que mencionamos, por no cansar al amable lector, es la sentencia de Pr. 16:4:

> *Todas las cosas ha hecho Jehová*
> *para sí mismo,*
> *Y aun al impío para el día malo.*

---

[510] Es interesante hacer notar que cuando Ap. 12:9 identifica a esta *serpiente antigua* con el diablo y Satanás, viene a reconocer de forma implícita esta misma idea.

[511] *Para que se ocupara de él y lo custodiara*, traduce NTV con una notable propiedad.

[512] *Cf.* finalmente en el mismo sentido, por no prodigar los ejemplos, las palabras del patriarca Job cuando, caído en desgracia, dice a su esposa:

¿Recibiremos de Dios el bien y el mal no lo recibiremos? (Job 2:10)

En relación con el fenómeno de la muerte, no se puede negar, desde el punto de vista puramente natural, que se trata de una realidad inherente a la creación como tal[513]. Solo Dios es el viviente por antonomasia (Gn. 16:14; Jos. 3:10; Dn. 6:20), aquel cuyo ser es en sí mismo incompatible con la idea de la muerte[514]. Las tradiciones sacras de Israel únicamente lamentan el fin de la vida humana como una limitación impuesta por la desobediencia de Adán a Dios[515]. La sentencia divina *polvo eres, y al polvo volverás* (Gn. 3:19) se ha convertido por ello en una frase lapidaria y muy descriptiva de la condición del hombre en este mundo[516]. La realidad de la muerte es algo a lo que nadie escapa[517], por lo que el mundo de los muertos o שְׁאוֹל *sheol* (el *Seol* de RVR60) aparece siempre como repleto (*cf.* Sal. 9:17; 49:14; Pr. 9:18; Is. 14:9; Ez. 31:16), por no decir insaciable (Pr. 27:20a; 30:15-16). La muerte y sus terrores, no obstante, no escapan al poder de Dios ni están fuera de su control. Así lo afirma el cántico de Ana recogido en 1Sa. 2:6:

---

[513] Sin pretender adentrarnos en el terreno de las arduas discusiones apologéticas, que en este nuestro trabajo estarían completamente fuera de lugar, señalamos que el registro paleontológico, cuyo testimonio es hoy por hoy innegable e incontrovertible, constata la existencia de la muerte en el mundo animal y vegetal desde mucho antes de que existieran los seres humanos sobre la faz de la tierra. Por otro lado, el llamado *Primer relato de la Creación* tantas veces mencionado (Gn. 1:1 – 2:4a) no contiene en ninguno de sus versículos la más mínima alusión a la inmortalidad inherente de ningún ser creado, incluida la prístina pareja humana. Lo que muestra es un mundo en el que todos los seres que lo habitan viven en paz los unos para con los otros, cosa que incide en la ausencia de muertes violentas: hasta las bestias se alimentan de vegetales (*cf.* el cuadro idílico que leemos en Is. 11:6-9 sobre una tierra restaurada en la que no existe la violencia).

[514] Recuérdese la afirmación de 1 Ti. 6:16, que define a Dios como *el único que tiene inmortalidad*.

[515] No el judaísmo actual, desde luego, para el que la caída original de Adán no conlleva en sí consecuencias permanentes alguna en la especie humana, sino que se considera como un asunto puramente individual y puntual.

[516] Para la discusión en el mundo cristiano sobre si la muerte física del ser humano es consecuencia de la caída, o un rasgo puramente natural compartido con el resto de las criaturas, *cf.* la interesante aportación de MOLTMANN, J. *La venida de Dios. Escatología cristiana*. Salamanca: Ediciones Sígueme, 2004, pp. 115-135.

[517] De las únicas excepciones constatadas en el registro sacro, que son Enoc (Gn. 5:24) y Elías (2Re. 2:11), no hallamos en todo el Antiguo Testamento explicación alguna. Las tradiciones sagradas de Israel se limitan a dejar constancia de tales hechos como especiales manifestaciones divinas, pero no dicen más. Será la literatura apócrifa posterior la que con mayor interés se prodigará en detalles sobre estos sucesos, alcanzando niveles de exageración que rayarán en lo absurdo.

Jehová mata, y él da vida;
Él hace descender al seol, y hace
subir.

Y Job 26:6a confirma esta declaración al añadir que *el Seol está des-cubierto delante de él* (*cf.* también Pr. 15:11). El Antiguo Testamento concibe ese inframundo como un lugar situado por debajo del suelo que pisamos[518], en el que todos los seres humanos, fieles e impíos, se encuentran[519], y aunque en un principio ostenta tonos más bien tétricos y deprimentes[520], muy pronto despunta la esperanza de que los justos fallecidos recibirán un destino distinto:

Aunque ande en valle de sombra
de muerte[521],
No temeré mal alguno, porque tú
estarás conmigo;
Tu vara y tu cayado me infundirán
aliento. (Sal. 23:4)

---

[518] A guisa de ejemplo, Nm. 16:31-33 describe en los siguientes términos el fin de la rebelión de Coré:

Y aconteció que cuando cesó él de hablar todas estas palabras, se abrió la tierra que estaba debajo de ellos. Abrió la tierra su boca, y los tragó a ellos, a sus casas, a todos los hombres de Coré, y a todos sus bienes. Y ellos, con todo lo que tenían, descendieron vivos al Seol, y los cubrió la tierra, y perecieron de en medio de la congregación.

[519] La declaración del Samuel ya difunto en 1Sa. 28:15 evidencia muy a las claras que el Antiguo Testamento ni ignora ni desconoce la realidad de la vida de ultratumba. La creencia en una existencia *post-mortem*, con todos sus ribetes de esperanza y supe-ración de la realidad de nuestra condición limitada, es precisamente un rasgo propio de nuestra especie, algo que nos hace realmente humanos.

[520] *Cf.* la trágica declaración de Sal. 6:5:

Porque en la muerte no hay
memoria de ti;
En el Seol, ¿quién te alabará?

[521] Para la discusión sobre los posibles significados del término hebreo צלמות *tsal-maweth*, que RVR60 traduce como *sombra de muerte*, véanse, además de los dicciona-rios pertinentes, los diferentes comentarios a este salmo.

Porque este Dios es Dios nuestro
eternamente y para siempre;
Él nos guiará aun más allá de la
muerte. (Sal. 48:14)[522]

En un capítulo posterior daremos cuenta de esta esperanza, que irá tomando forma a medida que se vayan desarrollando en el seno del pueblo de Israel nuevas tendencias teológicas y escatológicas.

Los demonios en el Antiguo Testamento. No es en absoluto abundante la información que nos brindan los escritos veterotestamentarios sobre seres demoníacos. Sin duda alguna que los israelitas, al menos los de las clases más populares, debían creer en la existencia de espíritus malignos responsables de los daños sufridos en las cosechas y los ganados, o incluso causantes de las enfermedades y las desgracias que aquejaban a la vida humana, así como en demonios que habitaban los lugares desiertos o las ruinas, y que se manifestaban en los fenómenos naturales desatados imposibles de controlar por el hombre (tempestades, vientos huracanados, tormentas); tal era el pensamiento general de los pueblos del Creciente Fértil, así como de la mayoría de las culturas humanas antiguas[523]. Lo que ocurre es que el yahvismo muy pronto arrinconó a todos esos seres haciéndolos depender en exclusiva de la potestad de Dios, al que debían estar sujetos. De esta manera, el espíritu maligno que atormentaba al rey Saúl recibe el nombre de רוח־רעה מאת יהוה *rúaj raah meeth YHWH*, que RVR60 vierte como *un espíritu malo de parte de Jehová* (1Sa. 16:14)[524]; y el curiosísimo personaje que se presenta ante Dios en los cielos para sugerir cómo acabar con la vida del impío rey Acab en Ramot de Galaad, es designado simplemente como רוח שקר *rúaj sheqer*, que RVR60 traduce como *espíritu*

---

[522] No todas las versiones actuales de la Biblia traducen así este texto. La interpretación de RVR60, no obstante, ni es contraria a la gramática hebrea ni introduce conceptos o significados ajenos al conjunto del Antiguo Testamento. Por ello, la consideramos enteramente válida. NTV, por el contrario, hace las siguiente lectura:

Pues así es Dios.
Él es nuestro Dios por siempre y para siempre,
Y nos guiará hasta el día de nuestra muerte.

[523] El registro arqueológico palestino deja entrever que tales supersticiones no eran en absoluto ajenas a los hebreos.

[524] NBE traduce con gran propiedad *un mal espíritu enviado por el Señor.*

de mentira, y del que se afirma que es el mismo Dios quien lo envía (1Re. 22:23).

Con todo, las tradiciones recopiladas en el Antiguo Testamento nos dejan en alguna ocasión breves retazos de alusiones a seres demoníacos, tal como explican los especialistas. No siempre se hacen evidentes en las versiones bíblicas al uso, ya que no todos los traductores los entienden de una misma forma. Los mencionamos a continuación.

Los Seirim. Escrito en grafía hebrea שעירים. Indican algunos etimologistas conzienzudos que tal vocablo viene a significar algo así como "peludos", y que hace referencia en primer lugar a los machos cabríos, para después indicar seres diabólicos parecidos a estos animales[525], al modo de los sátiros de la mitología clásica grecolatina[526]. Se los menciona en Is. 13:21[527] y 34:14[528]. Pero el texto más importante en que se los cita se encuentra en Lv. 17:7, donde leemos:

> *Y nunca más sacrificarán sus sacrificios a los demonios, tras de los cuales han fornicado; tendrán esto por estatuto perpetuo por sus edades.*

BTX ofrece idéntica traducción con la siguiente nota a pie de página:

«Heb. *se'irim*. Algunos lo traducen por *sátiros*, figura relacionada con la lascivia de la mitología grecorromana».

Otras versiones actuales de la Biblia, como BTI o CI, apuntan a la misma dirección en su forma de traducir o comentar este versículo, es decir, a la idea de que, en un momento determinado, Israel, al igual que

---

[525] *Cf.* el artículo "Macho cabrío" in VOLTAIRE. *Diccionario filosófico*. Madrid: Akal Ediciones, 1985. Lo tomamos de la edición de 2007, dirigida por Luis Martínez Drake.

[526] Otros apuntan, por el contrario, a la raíz verbal שער *saar*, que significa "temblar" e incluso "ser agitado por la tormenta", como el origen real de este vocablo.

[527] RVR60 traduce *cabras salvajes*. Igualmente hace BTX, pero añade en una nota a pie de página otra traducción posible:

«*Sátiros*, demonios personificados mitad hombre y mitad macho cabrío».

[528] En el TM aparece en singular: שעיר *saír*. RVR60 lo vierte como *la cabra salvaje*. BTX lo traduce como *los sátiros*, con la anotación a pie de página:

«O *chivo salvaje*. Prob. algún tipo de demonio masculino».

sus vecinos, llegó a ofrecer un culto específico a ciertos seres demoníacos, aunque no en el sentido de lo que hoy llamaríamos *satanismo*, sino más bien como protección contra fuerzas malignas, o simplemente con vistas a obtener una mayor fertilidad en sus animales domésticos.

Azazel. Escrito con grafía hebrea עֲזָאזֵל. Ni el origen de este término ni su etimología están demasiado claros en nuestros días; tras siglos de discusión y especulación, los especialistas continúan proponiendo varios significados posibles que tienen la virtud de no convencer nunca a una gran mayoría: desde "Dios es fuerte" (o "la fortaleza de Dios"[529]) hasta "la cabra que se aleja", "el fuerte caído" y similares, que obedecen más a la fantasía de los intérpretes a la hora de delimitar las raíces originales del término, que a un criterio lingüístico y metodológico serio. Lo que sí parecería seguro (?) es que se trata de un nombre propio[530] únicamente mencionado en Lv. 16 en relación con la gran celebración del Día de la Expiación. Conforme al ritual descrito en este capítulo, se presentan dos machos cabríos ante el sumo sacerdote de Israel, que en primer lugar efectuaría la expiación por sí mismo y por su casa:

> *Y echará suertes Aarón sobre los dos machos cabríos; una suerte por Jehová, y otra suerte por Azazel. Y hará traer Aarón el macho cabrío sobre el cual cayere la suerte por Jehová, y lo ofrecerá en expiación. Mas el macho cabrío sobre el cual cayere la suerte por Azazel, lo presentará vivo delante de Jehová para hacer la reconciliación sobre él, para enviarlo a[531] Azazel al desierto.*
> *[...]*

---

[529] ¿Referencia a una supuesta victoria de Yahweh sobre un demonio del desierto narrada por el folclore madianita?

[530] Algunos intérpretes judíos, no admitiendo en absoluto la existencia de demonios (*cf.* supra lo dicho sobre la opinión del sabio Maimónides acerca de los ángeles), han propuesto que este nombre ha de entenderse como un topónimo, la designación de un sitio particular ubicado, o bien en el desierto del Sinaí, pero cuya localización resulta imposible (¿el actual Jebel Muntar?), o bien cerca de Jerusalén (una especie de peñasco), por lo que se ha rechazado esta explicación tradicional. Por otro lado, la LXX no lo ha considerado como nombre propio, según se evidencia por su traducción: ὁ ἀποπομπαῖος *ho apopompaîos*, es decir, "el que lleva afuera [el mal, se entiende]". La Vulgata, por su parte, se limita a verterlo como *caper emissarius*, "chivo emisario".

[531] BTX traduce *como Azazel*.

Cuando hubiere acabado de expiar el santuario y el tabernáculo de reunión y el altar, hará traer el macho cabrío vivo; y pondrá Aarón sus dos manos sobre la cabeza del macho cabrío vivo, y confesará sobre él todas las iniquidades de los hijos de Israel, todas sus rebeliones y todos sus pecados, poniéndolos así sobre la cabeza del macho cabrío, y lo enviará al desierto por mano de un hombre destinado para esto[532]. Y aquel macho cabrío llevará sobre sí todas las iniquidades de ellos a tierra inhabitada; y dejará ir el macho cabrío por el desierto[533].

[...]

El que hubiere llevado el macho cabrío a[534] Azazel, lavará sus vestidos, lavará también con agua su cuerpo, y después entrará en el campamento. (vv. 8-10,20-22,26)

Como han señalado algunos especialistas, Azazel sería en su origen, sin lugar a dudas, la adaptación israelita del dios Azizo, divinidad que protegía las caravanas de los árabes en el desierto, ahora transformado en un demonio particularmente poderoso[535] que habitaría en los desiertos y al que habría que aplacar con sacrificios (¿de machos cabríos?), de lo cual el ritual hebreo habría guardado algún recuerdo más o menos nebuloso. Lo cierto es que la versión siríaca del Levítico, así como el Targum y la literatura apócrifa y midráshica, lo mencionan como un ser especialmente fuerte, un ángel caído enemigo de Dios. Ahora bien, Lv. 16 presenta un estadio de reflexión teológica muy elaborado, en el cual el posible primitivo culto a aquel peculiar demonio queda totalmente desbancado por la importancia de la ceremonia yahvista, de la cual no constituye ya sino un mero apéndice cuasi-folclórico.

Lilith. Escrito con grafía hebrea לילית, es lo que los especialistas llaman un ἄπαξ λεγόμενον *hápax legómenon* o vocablo constatado una

---

[532] Señalan algunas tradiciones judías que esta persona, puesta así en contacto con la impureza absoluta, debía morir en el año, por lo que se escogía para tal función alguien cuya vida fuera a durar poco, bien por enfermedad, bien por estar pendiente de sentencia capital.

[533] Ciertas tradiciones rabínicas apuntan más bien al hecho de que, más que dejarlo ir, se lo conducía a un despeñadero por el que se lo arrojaba, a fin de que nunca regresara al campamento de Israel cargado con tan grave peso de iniquidad.

[534] BTX traduce *como Azazel.*

[535] La tradición judeocristiana posterior acabará identificándolo claramente con Satanás. *Cf.* el apócrifo 1 Henoc 8:1; 10:4.

sola vez. En efecto, en la Biblia tan solo lo encontramos en el texto ya antes mencionado de Is. 34:14, cuya segunda parte reza:

Para que allí venga a descansar Lilit, y halle para sí el lugar de su reposo. (BTX)

Así lo traduce también BJ. NC, siguiendo a la Vulgata, lo vierte como *lamia*, un espectro femenino. Pero otras versiones, como RVR60, haciendo abstracción de tales interpretaciones, nos ofrece la lectura *lechuza*, cual si de una ave nocturna se tratara[536]. Quienes quieren ver en Lilith un demonio, femenino además, lo relacionan con los nombres acadios *Lilitu* y *Ardat Lili*, que hacen referencia a un ser maligno de la mitología mesopotámica provisto de alas y extremidades propias de aves, peculiar espectro nocturno que habita las ruinas y los lugares desiertos. Se supone que los judíos deportados a Babilonia habrían asimilado la idea de este peculiar demonio y lo habrían incorporado a sus creencias. Algunos comentarios rabínicos del Génesis hacen de Lilith la primera esposa de Adán, anterior por tanto a la creación de Eva, y un problema para el primer ancestro de la raza humana: ansiosa insaciable de esperma masculino, Lilith no obstante se resistía a mantener relaciones con su esposo porque no deseaba copular con él en posición de sumisión (debajo del varón), con lo que acabó abandonándolo y buscando la compañía de los demonios, de cuyo concurso sexual logró una abundante descendencia diabólica (los לילים *lilim*), llegando a ser ella misma un demonio[537].

Lo cierto es que el texto de Is. 34:14 no ofrece en sí demasiados datos que permitan dilucidar si su autor pensaba en el término לילית *lilith* como el nombre propio de una diablesa o como una designación común de una simple ave nocturna.

¿Y Satanás? Este término, para nosotros un claro nombre propio, deriva del arameo שטנא *sataná*, directamente relacionado con el

---

[536] No faltan los hebraístas que señalan el parentesco entre el nombre לילית *lilith* y los vocablos ליל *láyil* y לילה *laylah*, "la noche".

[537] Alguna tradición judía añade que Lilith, juntamente con Naama, la hermana de Tubal-caín (Gn. 4:22), ¡que habría sido también esposa de Adán después de que este abandonara a Eva!, fueron las dos rameras (demonios en realidad) que se presentaron ante Salomón para probarle en 1Re. 3:16-28. Es más que evidente el trasfondo de cuento popular que encierra este tipo de tradiciones.

término hebreo שָׂטָן *satán*, que significa literalmente "adversario", y también "acusador". Su empleo más abundante en los textos veterotestamentarios es como vocablo común que designa las hostilidades entre seres humanos. Son más raros los textos en los que se señala de esta manera al propio Dios en tanto que adversario del hombre (Nm. 22:22). En este sentido, se comprende que muchas veces aparezca provisto de artículo, es decir, הַשָּׂטָן *hassatán*. La idea de un ser sobrenatural específico cuyo nombre sea Satán o Satanás es algo que hallaremos con toda claridad en la literatura intertestamentaria, apócrifa y pseudoepigráfica, y en el Nuevo Testamento. No obstante, en tres pasajes del Antiguo Testamento canónico, todos ellos tardíos, postexílicos, encontramos las raíces de esta creencia, en lo que algunos especialistas no han dejado de indicar cierta influencia de origen persa. Asimismo, constatamos que se produce del primero al último una cierta evolución del pensamiento israelita en relación con este asunto.

El primero lo constituyen los capítulos 1 y 2 del libro de Job, piezas maestras de la literatura sapiencial hebrea, artísticamente elaboradas, con gran esmero, y que sirven de prólogo para el conjunto de esta obra. El texto de 1:7 introduce a un curioso personaje del drama con las palabras:

Un día vinieron a presentarse delante de Jehová los hijos de Dios, entre los cuales vino también Satanás [lit. הַשָּׂטָן *hassatán*, es decir, *el adversario*, nombre común provisto de artículo, aunque RVR60 lo traduzca como nombre propio].

Los versículos subsiguientes, a lo largo de ambos capítulos, nos muestran un poco más quién es este "enemigo" o "adversario" y cuál su función específica. En primer lugar, forma parte de los *hijos de Dios* o בְּנֵי אֱלֹהִים *bené Elohim*, vale decir, los seres celestiales; no es, por lo tanto, alguien ajeno a la corte divina, a la que accede con total naturalidad. En segundo lugar, se muestra como adversario decidido del patriarca Job, o sea, va a cuestionar su presunta integridad y, con el permiso divino, lo va a poner a prueba. No se trata, por lo tanto, de un espíritu rebelde, tentador ni adversario de Dios y del hombre, sino más bien de un fiscal de la corte divina, alguien que vela por el orden establecido y sopesa las acciones y la vida de los hombres en tanto que agente del Todopoderoso.

El segundo es 1Cr. 21:1, texto de gran valor que reza así:

Pero Satanás [lit. שָׂטָן *satán*, sin artículo, como si de un nombre propio se tratara] *se levantó contra Israel, e incitó a David a que hiciese censo de Israel.*

En él hallamos ya una clara personificación de una entidad adversa a Israel por medio de la que se intenta explicar algo que a los hagiógrafos de la escuela de Esdras debía crear un problema, tal como se presentaba en las tradiciones más antiguas. El texto paralelo de 2Sa. 24:1 declaraba que era el propio Yahweh quien, en su ira, había incitado al rey David a levantar aquel censo. Ahora, semejante acción pecaminosa se atribuye directamente a otro ser, un agente maligno. Este versículo representa, por lo tanto, un gran paso en el pensamiento de Israel en relación con la idea de desvincular a Dios de toda clase de maldad, tanto que, en opinión de algún autor contemporáneo, en él asistimos, ni más ni menos, al nacimiento de Satanás como personalidad individual y agente del mal[538].

El tercero y último lo hallamos en Zac. 3:1-2, donde el profeta nos relata una conocida visión con las palabras siguientes:

Me mostró el sumo sacerdote Josué, el cual estaba delante del ángel de Jehová, y Satanás estaba a su mano derecha para acusarle. Y dijo Jehová a Satanás: Jehová te reprenda, oh Satanás; Jehová que ha escogido a Jerusalén te reprenda. ¿No es este un tizón arrebatado del incendio?

En estos versículos, el nombre *Satanás* traduce la forma הַשָּׂטָן *hassatán*, provista de artículo, cual si de un sustantivo común se tratara (*el adversario*), ciertamente, pero el tono y la descripción evidencian ya una fuerte personalidad individual contraria a los propósitos redentores divinos para con Israel. En este caso, ya nos encontramos claramente con el gran adversario de Dios y de su pueblo, acusador de los creyentes por naturaleza y esencia, que veremos en los escritos neotestamentarios.

Ciertas tradiciones posteriores, especialmente en la Iglesia cristiana de los primeros siglos, han vinculado claramente a la figura de Satanás algunos pasajes veterotestamentarios. Acerca de la asimilación entre

---

[538] CERBELAUD, D. *Le diable*. Paris: Éd. de l'Atelier, 1997, p. 20.

la serpiente del Edén y el diablo, *cf.* supra. Los Padres de la Iglesia aplicaron a Satanás y su prístina caída los textos de Is. 14:12-15 y Ez. 28:11-19. El primero de ellos reza así:

> *¡Cómo caíste del cielo, oh Lucero, hijo de la mañana! Cortado fuis-*
> *te por tierra, tú que debilitabas a las naciones. Tú que decías en tu*
> *corazón: Subiré al cielo; en lo alto, junto a las estrellas de Dios,*
> *levantaré mi trono, y en el monte del testimonio me sentaré, a los*
> *lados del norte; sobre las alturas de las nubes subiré, y seré seme-*
> *jante al Altísimo. Mas tú derribado eres hasta el Seol, a los lados*
> *del abismo.*

El término traducido por RVR60 y BTX[539] como *Lucero* (con mayús-cula, entendido como nombre propio) es הילל *helel*, "astro matutino". En esta interpretación influye sin duda la Vulgata, que lo traduce como *Lucifer*, término latino referido al planeta Venus, "la estrella de la ma-ñana", pero considerado en la tradición cristiana como uno de los nom-bres del demonio[540]. En realidad, el texto forma parte de un cántico contra el rey de Babilonia, personaje soberbio y despótico hasta lo sumo, y está impregnado de la rica imaginería mítica cananea.

En el segundo pasaje leemos:

> *Vino a mí palabra de Jehová diciendo: Hijo de hombre, levanta*
> *endechas sobre el rey de Tiro, y dile: Así ha dicho Jehová el Señor:*
> *Tú eras el sello de la perfección, lleno de sabiduría, y acabado de*
> *hermosura. En Edén, en el huerto de Dios estuviste; de toda piedra*
> *preciosa era tu vestidura; de cornerina, topacio, jaspe, crisólito,*
> *berilo y ónice; de zafiro, carbunclo, esmeralda y oro; los primo-*
> *res de tus tamboriles y flautas estuvieron preparados para ti en el*
> *día de tu creación. Tú, querubín grande, protector, yo te puse en el*
> *santo monte de Dios, allí estuviste; en medio de las piedras de fue-*
> *go te paseabas. Perfecto eras en todos tus caminos desde el día que*
> *fuiste creado, hasta que se halló en ti maldad. A causa de la multi-*
> *tud de tus contrataciones fuiste lleno de iniquidad, y pecaste; por lo*

---

[539] Otras versiones protestantes, como DHH o NVI, en cambio, lo colocan con minúscula.

[540] De ahí deriva la variante popular *Luzbel*, que es otra manera de designar al de-monio en nuestro idioma.

que yo te eché del monte de Dios, y te arrojé de entre las piedras del
fuego, oh querubín protector. Se enalteció tu corazón a causa de tu
hermosura, corrompiste tu sabiduría a causa de tu esplendor; yo te
arrojaré por tierra; delante de los reyes te pondré para que miren
en ti. Con la multitud de tus maldades y con la iniquidad de tus
contrataciones profanaste tu santuario; yo, pues, saqué fuego de
en medio de ti, el cual te consumió, y te puse en ceniza sobre la tie-
rra a los ojos de todos los que te miran. Todos los que te conocieron
de entre los pueblos se maravillarán sobre ti; espanto serás, y para
siempre dejarás de ser.

El contexto de este poema es muy evidente: un cántico sobre el sobe-rano más poderoso de Fenicia, el rey de Tiro, adversario de Israel a la sazón. La expresión traducida como *querubín protector* (vv. 14 y 16) es en hebreo כרוב הסכך *kerub hassokhekh* y ha contribuido, sin duda, al concepto cristiano tradicional de Satanás como un antiguo ángel (o un querubín, hablando con más propiedad) de gran belleza y perfec-ción, ensoberbecido por su propia hermosura. El texto contiene desta-cados rasgos literarios de gran belleza (el Edén, las piedras de fuego, el monte de Dios) y, en opinión de algunos especialistas alemanes de décadas pretéritas, está cimentado sobre el mito del Hombre Primor-dial o *Urmensch*[541].

Ni que decir tiene que ni este pasaje ni el de Isaías contienen en su origen noción alguna referente a la figura de Satanás como tal, por lo que no han de ser empleados para un estudio crítico acerca de este per-sonaje. No dejan de ser sino un simple recurso homilético, pero eso sí, con una larga tradición en el cristianismo.

Finalmente, aparecen también en ciertas tradiciones judías posterio-res y en escritos cristianos de los primeros siglos, los monstruos míti-cos **Behemot** (Job 40:15-24) y **Leviatán** (Job 41; Sal. 74:14; 104:26; Is. 27:1), así como la figura misteriosa de **Rahab** (Sal. 87:4; 89:10; Is. 51:9), dentro del conjunto de los demonios[542].

---

[541] Para una opinión contraria, véase el *Comentario Bíblico San Jerónimo* sobre este pasaje.

[542] Un buen trabajo divulgativo sobre este tema lo hallamos en MAGGI, A. *Jesús y Belcebú. Satán y demonios en el Evangelio de Marcos*. Bilbao: Desclée de Brouwer, 2000. La primera parte, consagrada al tema de los demonios en el Antiguo Testamento, ofrece interesantes aportaciones en este sentido.

Lo débil de Dios: ¿un Dios que se arrepiente de lo que ha hecho?

Hemos tomado deliberadamente la expresión "lo débil de Dios" del conocido texto de 1 Co. 1:25, palabras en las que el apóstol Pablo hace un juego retórico, con la finalidad de presentar de forma muy somera uno de los puntos que más se han debatido a lo largo de la historia de la interpretación bíblica, como evidencian los diferentes comentarios publicados hasta el día de hoy: el arrepentimiento de Dios. Textos como Gn. 6:6-7; Éx. 32:14; 1Sa. 15:11,35; Jon. 3:10; 4:2, entre otros, declaran sin ambages que Dios se arrepiente de algunas de sus obras y hasta de algunas de sus intenciones, como serían la creación del hombre sobre la tierra, la instalación de Saúl como rey de Israel, o su propósito de castigar a Israel o destruir la ciudad de Nínive. De esta manera, se daría a entender que Yahweh puede cometer errores en su forma de actuar, yerros que redundan en fracasos rotundos en lo referente al orden del mundo o a la historia de Israel, o que puede llegar a equivocarse al trazar sus planes. Algo similar hallamos en las visiones relatadas por Am. 7:1-6. Pero el texto más sorprendente, en este sentido, lo encontramos en Jer. 42:10; tras la toma y destrucción de Jerusalén por los caldeos, el resto que queda en tierra de Judá se dirige a Jeremías para saber qué hacer conforme a la voluntad de Dios, y el profeta responde en el nombre de Yahweh poniendo en boca del Todopoderoso las siguientes palabras:

> *Si os quedareis quietos en esta tierra, os edificaré, y no os destruiré; os plantaré, y no os arrancaré; porque estoy arrepentido del mal que os he hecho.*

Estas declaraciones parecen contradecir, no solo la literalidad de pasajes tan conocidos como Nm. 23:19 o 1Sa. 15:29, según los cuales Dios *no es hombre para que se arrepienta*, sino todo el contexto del Antiguo Testamento, conforme al cual el Dios de Israel se muestra como fiel, veraz y, por encima de todo, Señor indiscutible de los acontecimientos, a quien nada se escapa de las manos, sin quedar jamás cabos sueltos.

En ciertos círculos ultraconservadores se ha pretendido "aclarar" o desembrollar el más que evidente problema, acudiendo a toda prisa a los diccionarios hebreos para ver si la raíz verbal נחם *najam*, que normalmente se traduce en estos pasajes como "arrepentirse"[543], puede

---

[543] En su raíz NIPHAL, es decir, simple pasiva o reflexiva, tiene este significado fundamental.

tener otros sentidos. Más de uno se habrá sentido aliviado al comprobar que este verbo también puede significar "lamentarse", e incluso, entre otros conceptos, "consolarse" y "tener piedad". De poco sirve, no obstante, este recurso frenético al diccionario o al glosario en busca de un sentido que "case mejor" con lo que se espera encontrar o lo que conviene a una postura predeterminada; la realidad es que los mejores traductores vierten, por lo general, estos pasajes mencionados como una neta declaración de arrepentimiento por parte de Dios, vale decir, como la asunción de un error cometido por su parte. Y hemos hallado ciertos intentos, un poco a la desesperada, de justificar lo que, para un lector actual de las Escrituras, constituye una sorpresa o una desagradable contradicción con lo afirmado por los dos versículos citados más arriba. Desde el ya anteriormente mencionado *Tanaj comentado* patrocinado por Katz, donde leemos en el comentario a Gn. 6:6:

> «6.6. Se arrepintió: Quiere decir que Hashem les cambió la buena suerte que tenían para vivir, para recibir un gran castigo.
> N. del T.: Como ya se dijo, es una forma metafórica»,

hasta el *Comentario bíblico San Jerónimo*, donde nos topamos con lo siguiente acerca de 1Sa. 15:29:

> «**29.** En los vv. 11 y 35 se dice que Dios se arrepiente de haber hecho rey a Saúl. Por eso se previene aquí al lector para que no se forme una imagen excesivamente antropomórfica de Dios. Puede que sea una corrección introducida posteriormente para obviar ese peligro[544]»,

nos encontramos con declaraciones que ofrecen más la impresión de una apología forzada y un tanto embarazosa que de un estudio realmente serio del asunto. La lectura literal de estos pasajes señalados, entre sí tan opuestos, no casa demasiado bien con nuestros patrones de pensamiento occidental. Se acercan mucho más a la solución Delitzsch cuando afirma en su comentario a Jer. 42:10:

> «"Porque estoy arrepentido del mal que os he hecho" es una expresión antropopática para indicar la cancelación de una sentencia penal[545]»,

---

[544] Vol. 1, p. 469.

[545] Vol. 8 del ya anteriormente citado *Commentary on the Old Testament*, p. 347. La traducción es nuestra. Delitzsch añade una nota que invita a leer Jl. 2:14. Lo citamos *in extenso* a continuación con el v. 13:

y Köhler cuando, en la p. 6 de su *Theologie des Alten Testaments*, publicada en 1935, dice lo siguiente acerca del sentido que tienen los numerosos antropomorfismos con que se presenta a Dios en el Antiguo Testamento:

«Está lejos de pretender rebajar a Dios a un nivel semejante al del hombre. La forma humana no supone humanificación. De modo que estas descripciones jamás actuaron en este sentido, salvo en polémicas torcidas. Más bien, lo que pretenden es hacer que Dios sea accesible al hombre... Presentan a Dios como ser personal. Protegen contra el error de considerarlo una idea abstracta, inerte e imparticipada, o un principio... rígido. Dios es personal, henchido de voluntad, en estado de activo diálogo, presto a comunicarse, abierto al obstáculo del pecado humano, a la súplica de los humanos ruegos, y al llanto por la culpa humana. En una palabra: Dios es un Dios vivo[546]».

La realidad es que la expresión propia de la lengua hebrea del Antiguo Testamento, de suyo vitalista y radicalmente existencial, exige crudas comparaciones —un tanto excesivas para nuestra comedida mente occidental— a fin de expresar las realidades divinas. De esta manera, Yahweh hace patente su horror ante la desobediencia humana, colectiva o individual, "arrepintiéndose" hasta de haber creado a nuestra especie (Gn. 6:6-7; *cf.* el contraste radical con el v. 8); manifiesta su elección de Jacob-Israel, una elección fundamentada en el amor, "aborreciendo" a Esaú (Mal. 1:2-3); protesta contra la rebeldía de Israel en el desierto "queriendo destruir" con gran vehemencia a su propio pueblo (Nm. 14:11-12), al que rápidamente perdonará (Nm. 14:20), por otro lado, ante las apasionadas súplicas de Moisés; etc. No hallamos en los textos del Antiguo Testamento una manifestación de la psicología de Dios, sino más bien de Israel, de sus hagiógrafos, que solo pueden expresar la grandeza de Yahweh, su amor incondicional por su pueblo y su compasión por él, a través de imágenes y figuras de dicción brutalmente contrastantes, hasta contradictorias según nuestros patrones

---

Rasgad vuestro corazón, y no vuestros vestidos, y convertíos a Jehová vuestro Dios; porque misericordioso es y clemente, tardo para la ira y grande en misericordia, y que se duele del castigo. ¿Quién sabe si volverá y se arrepentirá y dejará bendición tras de él, esto es, ofrenda y libación para Jehová vuestro Dios?

[546] Citado por VON RAD, G. *El libro del Génesis*. Salamanca: Ediciones Sígueme, 1982, p. 142.

lógicos de pensamiento. Cuanto más se afirma en los textos sacros el dolor de Dios, su arrepentimiento, hasta su odio, tanto mayores son las afirmaciones de su eterna grandeza, su misericordia y su providencia rectora de todo cuanto acontece para el bien de Israel.

A modo de conclusión. El monoteísmo, que constituye la máxima aportación de Israel a la historia del género humano, y que se hace evidente desde las primeras palabras del libro del Génesis, tal como nos ha sido transmitido el Antiguo Testamento, representa el punto culminante de un largo proceso en el que los hebreos asimilan la idea del Dios que sale a su encuentro en los comienzos de su historia para salvarlos y hacer de ellos su pueblo. De ser concebido por los primeros hagiógrafos como una divinidad tribal o nacional en exclusiva, sin mayores planteamientos de índole filosófica o teológica, Yahweh deviene de la mano de los grandes profetas (y sin duda, de los levitas y sacerdotes, en un proceso que tiene sus raíces más profundas en el mismo Moisés) el Dios del universo, el Señor absoluto del mundo, de la humanidad y de la historia. De esta manera, la revelación va preparando el terreno para el paso definitivo, que será la proclamación de la paternidad divina sobre todos los seres humanos, algo que escapa a los límites veterotestamentarios y que solo será una realidad en el mensaje de Jesús.

> *Los hagiógrafos y profetas de Israel no efectúan una reflexión teológica sobre el ser de Dios, sino que se ciñen a sus hechos salvíficos, dejando constancia de sus obras portentosas a favor de su pueblo*

PREGUNTAS PARA REFLEXIONAR: ¿En qué sentido se puede afirmar que el monoteísmo es la principal aportación del pueblo de Israel a la historia de la humanidad? ¿En qué se diferencian monoteísmo, politeísmo y henoteísmo? ¿Qué tienen en común los conceptos "henoteísmo" y "monolatría"? ¿En qué momento se constata el mayor desarrollo del monoteísmo puro en la historia del antiguo Israel? ¿Por qué se considera a los profetas de Israel como los impulsores del monoteísmo? ¿Qué opinión te merece más credibilidad: la de que fueron los profetas los impulsores del monoteísmo, o la que atribuye tal cometido a los sacerdotes y levitas? Argumenta bien tu respuesta. ¿Cuántos profetas de Israel se puede adivinar que fueran al mismo tiempo sacerdotes o de familia levítica? ¿A qué llamamos en nuestra lengua castellana "sincretismo"? ¿Qué evidencias de sincretismo ofrecería la religión del antiguo Israel, tanto a la luz del Antiguo Testamento como de otras aportaciones documentarias? ¿En qué debía consistir el culto a la Reina del Cielo mencionado por Jeremías? ¿Por qué razón no encontramos en las Escrituras Hebreas una reflexión realmente teológica acerca del ser de Dios? ¿En qué sentido podemos afirmar que la idea de la paternidad divina es una enseñanza propia de Jesús y no del Antiguo Testamento? ¿Cuál es, de todos los nombres o designaciones de Dios en el Antiguo Testamento, el más importante? ¿Qué representa el teónimo *El* en las lenguas semíticas? ¿Qué significados posibles se atribuyen al teónimo *El-Shadday*? Explica el nombre *Elohim* desde el punto de vista lingüístico y señala las derivaciones teológicas posibles que de ello se han podido deducir en los ámbitos judío y cristiano. ¿Qué problemas plantea la lectura del Sagrado Tetragrámmaton en lengua hebrea? Expón de forma concisa el significado del Tetragrámmaton a la luz de la filología hebrea. ¿Cuál sería, en tu opinión, la mejor manera de traducir el Tetragrámmaton en las ediciones modernas de la Biblia? Indica con claridad las razones en que sustentas tu punto de vista. ¿Qué entendemos en los escritos veterotestamentarios por el Ángel de Yahweh? ¿En qué se parecen y en qué se diferencian el Espíritu de Yahweh y el Espíritu de Dios veterotestamentarios del Espíritu Santo que hallamos en el Nuevo Testamento? ¿Qué nos enseña el Antiguo Testamento acerca de los ángeles? ¿Y de los demonios? ¿Qué significado tiene en la redacción del Antiguo Testamento el hecho de que Dios se arrepienta de ciertos hechos o proyectos?

2. ADOPCIÓN Y GLORIA

Con este capítulo, nos introducimos de lleno en los temas propios de la teología del Antiguo Testamento, o mejor dicho, de *nuestra* aportación particular a la teología del Antiguo Testamento, como habíamos indicado anteriormente. A lo largo de un prolongado proceso histórico, los hagiógrafos de Israel van a conformar una imagen determinada de su Dios, bien recogida en los binomios dialécticos magistralmente señalados por el Apóstol de los Gentiles, que se plasmará en esas tradiciones sagradas cuya redacción definitiva cristalizará en los textos veterotestamentarios tal como hoy los leemos. Y lo primero que destacamos es que, para los antiguos hebreos, el Dios Yahweh es, en primer lugar, aquel que declara a Israel su hijo, es decir, lo adopta como propio, por lo cual muestra en él su gloria.

Relación entre los conceptos de "adopción" y "gloria" en el marco de una teología veterotestamentaria. La palabra *adopción*, que en muchos manuales viene sustituida por el término *filiación* —aunque no se puedan considerar vocablos sinónimos *stricto sensu*—, intenta representar, mejor que peor, uno de los arcanos más profundos y más incomprensibles de Dios en relación con el antiguo Israel. Curiosamente, el vocablo griego empleado por el apóstol Pablo en Ro. 9:4 y que traducimos por "adopción", υἱοθεσία *huiothesía*, carece de étimo equivalente en la lengua hebrea del Antiguo Testamento[547], si bien la idea

---

[547] De hecho, la LXX no contiene ni una sola vez el vocablo υἱοθεσία *huiothesía*, pues no hay en los documentos hebreos subyacentes palabra que pueda traducirse así. *The New Testament in Hebrew and Spanish*, publicado en Londres por la así llamada *The Society for distributing the Holy Scriptures to the Jews*, vierte este concepto como משפט הבנים *mishpat habbanim*, literalmente "juicio de los hijos", vale decir, "sentencia judicial en relación con [la adopción de] los hijos". A todas luces, esta traducción representa el esfuerzo de verter en una lengua determinada términos que reflejan conceptos inexistentes procedentes de otra. Los vocablos אימוץ *emuts* y פיליציה *philitsíah*, que algunos diccionarios de hebreo moderno vierten como "adopción" y "filiación",

básica que vehicula recorre e impregna sus treinta y nueve libros canónicos. Esa particular actuación de Dios a favor de los antiguos hebreos, su adopción, evidenciada de múltiples formas a lo largo de las grandes gestas realizadas en la historia de las doce tribus, y puestas por escrito en los sagrados libros, representa asimismo la mayor manifestación de la divinidad entre los hombres del Creciente Fértil que vivieron en los siglos y milenios previos al nacimiento de Jesucristo. Dicho de otra forma, en sus intervenciones en la génesis y el devenir histórico de Israel, y como consecuencias concomitantes de su adopción, Dios se crea una reputación, una fama entre los hombres (Éx. 18:1; 1Sa. 4:7-8; Sal. 126:1-3)[548]; expresándonos en lenguaje bíblico, podemos afirmar que *muestra su gloria* de forma permanente. Así, los conceptos de *adopción* y *gloria* se entremezclan y colorean las Escrituras Hebreas con unos tonos épicos y unos cuadros de lo más extraordinario, que forman ya parte del elenco cultural y religioso de la humanidad.

Adopción humana y adopción divina. Alfonso de Palencia, lingüista y lexicógrafo de la reina Isabel de Castilla, autor del conocido *Universal vocabulario en latín y en romance*, publicado en 1490, tiene en este su inmortal léxico la siguiente definición:

«*Adoptare* es recebir por fijo».

Desde entonces hasta hoy, se reconoce que nuestro concepto occidental de *adopción*, tal como se plasma en los diccionarios al uso de las lenguas de nuestro entorno, y se contempla en los códigos legales vigentes de nuestros países, vale decir, la incorporación de una persona en el seno de una familia en calidad de hijo o hija —sin serlo realmente desde el punto de vista biológico—, procede directamente del Derecho Romano, donde recibe el nombre latino de *adoptio*, término técnico del lenguaje judicial derivado del verbo *optare*, "escoger",

---

respectivamente —*cf.* por ejemplo, KLEIN, E. *A Comprehensive Etymological Dictionary of the Hebrew Language for Readers in English*. Jerusalem: Carta. The University of Haifa, 1987; y COHN, M. M. *Nouveau Dictionnaire Hébreu-Français*. París: Larousse, 1983—, son, a todas luces, construcciones posteriores que no tienen nada que ver con el hebreo de la Biblia, por lo que reflejan un mundo conceptual diferente.

[548] Cabe señalarse, a la luz de estos textos, la estrecha interrelación entre la adopción de Israel como pueblo de Dios y su liberación de la esclavitud egipcia narrada en el Éxodo.

"elegir"[549], y que implicaba algo parecido a una adquisición realizada en presencia de testigos, y en la que se ponían de relieve los derechos y deberes de adoptantes y adoptados[550]. Sin duda, el apóstol Pablo se refiere a ello en tanto que ciudadano romano; el vocablo υἱοθεσία *huiothesía*, que tan solo se constata en el Nuevo Testamento cinco veces, y todas ellas en epístolas paulinas (Ro. 8:15,23; 9:4; Gá. 4:5; Ef. 1:5), se considera en opinión de algunos exegetas como un étimo propio del vocabulario teológico paulino, o por lo menos del elenco teológico de las comunidades cristianas de origen paulino[551]. La práctica romana de la *adoptio* era desconocida entre los israelitas del Antiguo Testamento, o al menos no consta como tal en las Escrituras ni en ningún documento o testimonio hallado hasta la fecha. Lo máximo que los relatos veterotestamentarios nos permiten colegir es que los hebreos únicamente prohijaban hijos de esclavos de la casa o consanguíneos muy directos, es decir, personas del propio entorno familiar, ejemplos de lo cual hallamos en Gn. 30:3-8, donde Raquel recibe como propia a la descendencia de su esclava Bilha[552]; 48:5, donde Jacob reconoce como hijos suyos a Efraín y Manasés, hijos de su hijo José (*como Rubén y Simeón, serán míos*, son las palabras del patriarca); 50:23, donde el mismo José hace lo propio con los nietos de su hijo Manasés; Rt. 4:16-17, donde Noemí prohíja a Obed, hijo de Rut y Booz y abuelo del rey David; o Est. 2:7, donde Mardoqueo apadrina a Hadasa, hija de su tío, la futura reina de Persia[553]. 1Cr. 2:34-35, por su parte, nos

---

[549] Explicación tomada de ERNOUT, A. ET MEILLET, A. *Dictionnaire étymologique de la Langue Latine. Histoire des mots*. Paris: Éditions Klincksieck, 1984, v.s.v. *optio-onis*.

[550] Las *adoptiones* romanas podían efectuarse no solo con niños y jóvenes, sino con hombres adultos, padres de familia incluso, que pasaban de esta forma a engrosar los grandes clanes patricios o senatoriales y que, lógicamente, comportaban un aumento en la influencia social y política del adoptante al acrecentar el número de votos que este podía tener seguros para acceder a ciertos cargos públicos. En nuestros días, por el contrario, la adopción se entiende más bien como el hecho de prohijar a un menor. *Cf.* sobre este asunto el excelente libro divulgativo de PÉREZ GALDÓS, S. *La adopción. Un tema de nuestro tiempo*. Madrid: Editorial Biblioteca Nueva, S.L., 2006.

[551] A pesar de tales afirmaciones, lo cierto es que no se trata de un término acuñado por el Apóstol o por su escuela. En el griego secular se constata su uso en ciertas inscripciones de Delfos y de Creta datadas en el siglo II a. C.

[552] Otro tanto había hecho Sara, mujer de Abraham, con Ismael, nacido de su esclava Agar según Gn. 16.

[553] La expresión hebrea del versículo que nuestras ediciones bíblicas al uso vierten como *Mardoqueo la adoptó como hija suya*, es לקחה מרדכי לו לבת *leqajah Mordekhay lo lebath*, es decir, "la tomó Mardoqueo para sí en calidad de hija".

presenta el caso particular de un judaíta carente de hijos varones, que casa a su hija con un esclavo y recibe como hijo propio al niño nacido de aquella unión, de manera que se cuenta en la línea sucesoria de sus descendientes. De esta manera, como se ha indicado en algunas ocasiones, se evitaba que gentes completamente ajenas a la idiosincrasia de Israel llegaran a adquirir carta de naturaleza en medio del pueblo escogido. Sin embargo, la adopción de extraños al clan familiar parecería haber sido algo más común entre otros pueblos del Creciente Fértil, como medio para que aquellos cuyas esposas fueran estériles pudieran hacerse con una descendencia que garantizara la continuidad del nombre familiar, e incluso el trabajo en las propiedades o el cuidado de los ancianos de la casa[554]. Es en este sentido como podemos entender que Éx. 2:10 nos diga que Moisés fue prohijado por la hija de Faraón[555], y que en 1Re. 11:20 leamos acerca de Genubat, hijo de Hadad el edomita y adversario de Israel, adoptado por la reina Tahpenes[556]. En los archivos de Nuzi, por su parte, se conservan actas de adopciones de niños de diversas procedencias llevadas a cabo por distintos señores locales. En todos estos pueblos del Medio Oriente Antiguo, hebreos incluidos, la práctica legal común para indicar una adopción o el hecho de prohijar un niño consistía en colocar al recién nacido sobre las rodillas de la persona que lo adoptaba, fuera hombre o mujer, como se constata también en los textos veterotestamentarios mencionados más arriba.

Israel concibió desde el primer momento su relación con Dios como si de una adopción se tratara. Es decir, Dios declaraba formalmente a los israelitas como sus hijos, los adoptaba y los hacía suyos en

---

[554] Tal podría haber sido el caso del damasceno Eliezer, criado de Abraham, según se nos permite colegir de Gn. 15:2-4. Las narraciones patriarcales, como es de todos bien sabido, nos presentan claras evidencias de un tipo de sociedad propio de la primera mitad del II milenio a. C. y una cultura ajena a lo que más tarde sería el Israel histórico.

[555] En sus *Antigüedades de los Judíos* II,IX,7, el historiador Flavio Josefo se hace eco de una tradición según la cual la hija de Faraón, a la que da el nombre de Termutis, no tenía hijos propios (se sugiere, aunque sin decirlo *expressis verbis*, que era estéril):

«Advirtiendo Termutis lo notable que era el niño, lo adoptó como hijo porque ella no los tenía. Un día se lo llevó a su padre y le dijo que pensaba hacer de él el sucesor del rey, si Dios quería que no tuviese un hijo propio».

[556] *Destetó*, traduce literalmente RVR60. *Amamantó*, leemos en BTX. BJ lo vierte como *crió*, indicando que lo hace según la LXX. En cualquier caso, son formas que apuntan al hecho indiscutible de la adopción de Genubat entre los hijos de la reina de Egipto.

presencia de todas las naciones de la tierra. Algunos ejemplos clásicos de este hecho los hallamos, v.gr., en Éx. 4:22-23:

Y dirás a Faraón: Jehová ha dicho así: Israel es mi hijo, mi primogénito. Ya te he dicho que dejes ir a mi hijo, para que me sirva, mas no has querido dejarlo ir; he aquí yo voy a matar a tu hijo, tu primogénito[557].

Y también en el archiconocido texto de Os. 11:1:

Cuando Israel era muchacho, yo lo amé, y de Egipto llamé a mi hijo.

Por su parte, un texto tardío como es Is. 66:12, al hablar de la futura prosperidad de Sion, describe una vez más la relación entre Dios y su pueblo como la de una madre con sus hijos:

Porque así dice Jehová: He aquí que yo extiendo sobre ella paz como un río, y la gloria de las naciones como torrente que se desborda; y mamaréis, y en los brazos seréis traídos, y sobre las rodillas seréis mimados.

Dado que, como queda dicho, entre los antiguos hebreos no existía la adopción de extraños, sino solo de consanguíneos o personas directamente vinculadas a los clanes tribales, no es difícil imaginar que Israel entendiera su adopción por parte de Dios como el resultado de un acontecimiento previo que lo relacionaba de forma especial con él. Otros pueblos antiguos, de la manera que ya habíamos apuntado en el capítulo anterior, se sentían especialmente vinculados con sus divinidades ancestrales por lazos atávicos particulares que en ocasiones implicaban conexiones de auténtico parentesco o consanguinidad: los dioses podían engendrar una descendencia humana, como en la para nosotros más conocida y accesible mitología clásica grecolatina[558]. Los hagió-

---

[557] Solo en este contexto bíblico en el que Dios tiene en tan alta estima a su hijo Israel, su primogénito, se puede vislumbrar el porqué de la justificación de la muerte de los primogénitos egipcios, conforme a la mentalidad del hagiógrafo.

[558] Las familias reales, especialmente. Así, v. gr., los monarcas eran considerados "hijos" de tal o cual deidad. *Cf.* SANMARTÍN, J. Y SERRANO, J. M. *Historia antigua del Próximo Oriente. Mesopotamia y Egipto.* Madrid: Ediciones Akal, 2006, pp. 63-66.

grafos de Israel, sin embargo, nunca consideraron la relación del pueblo hebreo con su Dios en este sentido. Los descendientes de Jacob reciben de Yahweh el apelativo de *descendencia de Abraham, mi amigo* (Is. 41:8), jamás *hijos de Dios* o אלהים בני *bené Elohim*, al estilo de los seres celestiales que mencionábamos en el capítulo anterior. Pero existe una ligazón, un vínculo indisoluble entre Israel y su Dios; de ahí que toda la historia narrada en el Antiguo Testamento tenga en cuenta un pacto realizado por Dios en épocas muy antiguas con unos hombres particulares: Abraham, Isaac y Jacob (Éx. 2:24-25), a los que había llamado con un propósito específico. Es decir, que al reflexionar sobre sí mismo y sobre el devenir de su historia, Israel comprendió que sus conexiones particulares con Yahweh eran algo más que lo que otros pueblos referían acerca de sus filiaciones con sus divinidades respectivas; los pensadores israelitas señalaron a un concepto de importancia capital al que damos el nombre de *elección*. De esta manera, la adopción por parte de Dios del pueblo descendiente de Jacob solo puede entenderse a la luz de uno de los mayores misterios contenidos en el Antiguo Testamento y en el conjunto de la Biblia. Dicho de otra manera, se inscribe de lleno en lo que llamamos Teología de la Gracia.

El misterio de la elección. Una vez más, nos hallamos ante la enorme dificultad de intentar delimitar con palabras puramente humanas algo que escapa por completo a nuestro entendimiento. La doctrina de la elección constituye, en opinión de muchos teólogos, uno de los pilares del Antiguo Testamento y de todo el conjunto de las Sagradas Escrituras[559], pero supone al mismo tiempo uno de los mayores desafíos con que se enfrenta el creyente. En relación con los escritos veterotestamentarios implica, vista desde nuestra óptica humana, o sea, "desde abajo", una irrupción de Dios en el decurso de la historia de los hombres para escoger en períodos sucesivos a una serie de individuos muy concretos —tres particularmente: Abraham, Moisés y David[560]— y un

---

[559] Así lo entendió la Reforma Protestante del siglo XVI, como podemos colegir de los escritos de los propios reformadores en general, y se expresa de forma muy especial en la *Institutio Christianae Religionis* de Calvino (II,vi,2; viii,14,21; xxi,1 y ss.; III,xiv,5,21; xvi,15).

[560] Por supuesto que en las Escrituras Hebreas se habla de otros casos muy concretos de elección de individuos por parte de Dios: Noé, Jacob, el conjunto de la tribu de Leví, Josué, Gedeón, Sansón, Samuel, Saúl, Salomón y los profetas en general, entre otros. Pero los tres nombres indicados de Abraham, Moisés y David tienen unas

pueblo estrechamente vinculado a ellos, Israel, cuya historia traza con mano certera. El *locus classicus* de la doctrina de la elección lo constituye el conocido texto de Dt. 7:6-8, donde leemos literalmente:

Porque tú eres pueblo santo para Jehová tu Dios; Jehová tu Dios te ha escogido para serle un pueblo especial, mas que todos los pueblos que están sobre la tierra. No por ser vosotros más que todos los pueblos os ha querido Jehová y os ha escogido, pues vosotros erais el más insignificante de todos los pueblos; sino por cuanto Jehová os amó, y quiso guardar el juramento que juró a vuestros padres, os ha sacado Jehová con mano poderosa, y os ha rescatado de servidumbre, de la mano de Faraón rey de Egipto.

Las razones que da este pasaje por las que Dios escoge a Israel quedan más allá de cualquier lógica humana: un cariño fuera de toda medida comprensible expresado por la raíz verbal hebrea חשק *jashaq*, que significa "amar ardientemente", "amar de forma apasionada"[561], y que en otros textos veterotestamentarios se emplea para describir el deseo que un hombre siente por una mujer (Gn. 34:8; Dt. 21:11); y una particular alianza con sus antepasados de la era patriarcal. Es decir, una total iniciativa divina, jamás del pueblo hebreo ni de ninguna de sus figuras descollantes: Dios da siempre el primer paso para tener un encuentro con los hombres, como se evidencia ya en el llamado *Relato de la Caída* (Gn. 3:9) y en la historia patriarcal (Gn. 12:1). Nunca es al revés. El interés de Dios en acercarse al hombre en general, y al pueblo de Israel en particular, se halla muy lejos de cualquier noción de

---

connotaciones muy especiales que los hacen destacar por encima de todo el resto: el primero es el padre de la nación hebrea, amén de otras (madianitas, edomitas, árabes en general), y de todos los creyentes, a la luz del Nuevo Testamento; el segundo se presenta como el libertador y gran legislador de Israel; y el tercero es, ni más ni menos, que el rey de cuya dinastía procederá el Mesías. Marcan, por lo tanto, unos hitos históricos que engloban y determinan la elección del resto. Algunos teólogos, como Edmond Jacob, no obstante, al hablar de esta elección divina básica de individuos, se ciñen en exclusiva a Abraham y Moisés, por considerar que el pacto de Dios con David viene condicionado por y enmarcado en todo lo anterior. No le falta razón, ciertamente, pero tampoco es un craso error destacar la elección davídica dentro del conjunto de Israel como un hito especial de repercusiones eternas. Así lo entendieron los hagiógrafos que redactaron las tradiciones referentes a la dinastía davídica, al menos.

[561] MARCHAND ENNERY GRAND RABBIN. *Dictionnaire Hébreu-Français*. Paris: Librairie Colbo, Collection Judaïca-Poche, 1981, v.s.v.

"deber", "deuda", "pago", "remuneración", "recompensa" o "liquidación de cuentas" por parte de Yahweh, y está en las antípodas de la más mínima idea de "méritos" o "derechos adquiridos" que las tribus hebreas pudieran alegar en su favor[562]. De ahí que la respuesta del antiguo Israel a esta peculiar filiación-elección venga representada por la confesión de fe o credo capítulos atrás citado *in extenso* que leemos en Dt. 26:5b-10a.

Si a ello añadimos la declaración de Éx. 19:5-6a:

Ahora, pues, si diereis oído a mi voz, y guardareis mi pacto, vosotros seréis mi especial tesoro sobre todos los pueblos; porque mía es toda la tierra. Y vosotros me seréis un reino de sacerdotes, y gente santa,

comprenderemos de inmediato que la filiación-elección de Israel, lejos de evidenciar discriminación o favoritismo por parte de Dios en lo referente a los demás pueblos, lo que hace es poner de manifiesto un propósito salvífico universal[563]. La designación de Israel como pueblo del

---

[562] En relación con la total incapacidad, no ya hebrea, sino humana en su conjunto, para ser justos delante de Dios, *cf.* las conocidas palabras del Sal. 53:2-3, donde leemos:

Dios desde los cielos miró sobre
los hijos de los hombres,
Para ver si había algún entendido
Que buscara a Dios.
Cada uno se había vuelto atrás;
todos se habían corrompido;
No hay quien haga lo bueno, no
hay ni aun uno.

Sobre estas declaraciones elaborará el apóstol Pablo en Ro. 3:10-12 su doctrina de la corrupción universal del género humano, que es uno de los pilares de la Teología de la Gracia y la base de otra doctrina capital: la necesidad imperiosa de una expiación, de una redención.

[563] En relación con este asunto, se ha suscitado en ocasiones una cuestión importante no exenta de dura polémica por sus implicaciones: el delimitar con exactitud quién era en realidad el pueblo de Israel o quiénes lo componían. Dicho de otra manera, si todos los que se amparaban bajo el nombre de Israel eran en verdad hebreos de pura cepa. Hallamos en la obra ya clásica titulada *Comentario Bíblico San Jerónimo*, en su vol. I y la página 267, la siguiente nota referente a *la gente extranjera* mezclada con los israelitas (Nm. 11:4):

«Los hebreos que abandonaron Egipto no formaban un cuerpo homogéneo. El AT conserva una fuerte tradición sobre el origen mixto de Israel. Aquí se alude a grupos

Señor tiene una finalidad intercesora que implica bendición para el resto de las naciones y familias de la tierra, como habíamos apuntado ya desde el capítulo introductorio de este trabajo[564]. Yahweh irrumpe en la historia humana como un Dios eminentemente redentor, y los acontecimientos del éxodo de Egipto, con las manifestaciones de poder sobre la tierra del Nilo, el paso milagroso del mar Rojo, la alianza del Sinaí, la estancia del pueblo hebreo en el desierto, e incluso la conquista de Canaán, adquieren tonos épicos de salvación que apuntan al señorío indiscutible del Dios de Moisés, a quien todo está sometido, y conllevan al mismo tiempo la reconciliación del género humano con su Hacedor[565]. La gran desgracia del antiguo pueblo de Israel —y del judaísmo que le sucedió tras la deportación babilónica— fue no haber sabido estar a la altura de tan elevada misión, o peor aún, no haber querido aceptarla ni reconocerla como tal[566]. De hecho, el judaísmo más ortodoxo y recalci-

que se asociaron al movimiento mosaico sin aportar a él la tradición patriarcal normativa que aportaron otros clanes. Por ser una religión misionera (sic), el yahvismo estaba dispuesto a asimilar elementos extranjeros, pero sin tolerar la conservación de prácticas paganas».

Desde este punto de vista, la filiación-elección divina no se habría ceñido exactamente a las doce tribus procedentes de Jacob, étnicamente hablando, sino a todos aquellos que se unirían a ellas de otras procedencias a lo largo de los tiempos. Resulta sobremanera interesante el análisis sobre la múltiple y variopinta composición étnica y el origen de Israel que leemos en BRIGHT, J. *La historia de Israel*. Bilbao: Desclée de Brouwer, 1970, pp. 160-172, dado que la documentación sobre la que se basa es el propio texto bíblico.

[564] Que así lo entendió en algún momento el propio Moisés se comprende cuando leemos las palabras de invitación que dirige al madianita Hobab, su cuñado, para que acompañe a Israel por el desierto y se beneficie de las bendiciones reservadas a los hebreos (Nm. 10:29-32). No han faltado teólogos y exegetas que han visto en estas palabras la primera manifestación patente de evangelismo realizada por Israel en la Historia de la Salvación.

[565] No nos tiene que extrañar, por tanto, que muchos teólogos y pensadores cristianos de todas las épocas, y muy especialmente a partir de la Reforma, hayan considerado la doctrina de la elección, siempre en relación con los conceptos de *pacto* o *alianza* que veremos en un capítulo posterior, como el misterio más importante contenido en las Sagradas Escrituras, y centro indiscutible de una teología bíblica y veterotestamentaria.

[566] La situación que hallamos en el regreso de los cautivos (o una parte de ellos) a Judea y Jerusalén, tal como nos la refieren los libros de Esdras y Nehemías, es realmente trágica; se llega a la atrocidad de disolver matrimonios por decreto y romper familias por el prurito de mantener una identidad judía que tiene tanto de político, social, cultural y étnico como de puramente religioso, si no más. La respuesta inconformista con estas disposiciones inhumanas y contrarias al verdadero espíritu de la ley mosaica, por muy envueltas en tonos piadosos que pudieran parecer (*cf.* el ruego constante de Nehemías a Dios de que recuerde cuanto ha realizado en su servicio y en total fidelidad a sus

trante de nuestros días, que es heredero directo de aquellas corrientes de pensamiento más exclusivistas, constituye una ideología hermética que cree a pies juntillas haber sido elegidos los judíos por su fidelidad a Dios y su estricta obediencia a la antigua ley, algo que ningún otro pueblo en la tierra habría hecho[567]; en una palabra, por sus propios méritos.

Si la adopción-elección de Israel por parte de Dios constituye de por sí todo un arcano misterioso en las Escrituras, no lo es menos que el pueblo de Israel llegase a aceptar esta idea de que Dios lo adoptaba como pueblo propio, como hijo, incluso en medio de situaciones por demás adversas. Dado que en la antigüedad el concepto de "conversión" a una nueva religión era algo impensable[568], resulta extraordinario que los hebreos esclavizados en Egipto, y por lo tanto sometidos a los dioses egipcios conforme a la mentalidad general de su mundo, aceptaran la idea de que el Dios de sus padres Abraham, Isaac y Jacob

---

mandatos:Neh. 5:19; 13:31), la hallamos, como ya habíamos indicado anteriormente, en las redacciones-ediciones de las tradiciones referentes a Rut la moabita, antepasada del rey David, o el delicioso relato del libro de Jonás, que por su especial mensaje de misericordia extendida a los paganos nos hace penetrar de lleno en la atmósfera del Nuevo Testamento.

[567] Ciertas tradiciones talmúdicas relatan cómo Dios había ofrecido en tiempos antiguos su ley, la sagrada *Torah*, a las naciones gentiles, pero no la habían aceptado. Solo Israel la quiso recibir.

[568] Las religiones antiguas fueron religiones de equilibrio, como evidencia el magnífico estudio de VAN DER LEEUW, G. *La Religion dans son essence et ses manifestations. Phénoménologie de la religion.* Paris: Payot, 1948, hoy considerado un clásico del tema. No conllevaban una implicación total de la persona, sino tan solo unas manifestaciones cúlticas externas vinculadas con divinidades locales. El propio concepto de *religión* tal como lo entendemos hoy no habría cabido en las mentes de aquellos pueblos de épocas pretéritas. De ahí que careciera de sentido el hecho de adorar a una deidad determinada en el "territorio" de otra. Únicamente las naciones nómadas hacían viajar con ellas a sus dioses tribales particulares, en la idea de que el "territorio" de esas divinidades no era un espacio concreto de tierra, sino el conjunto humano que las veneraba, pero aun así solían participar de los ritos propios de cada lugar en que se establecían temporalmente (sin duda por el temor atávico de "ofender" a las divinidades autóctonas y anfitrionas, algo que siempre podría generarles desgracias). De ahí el asombro de Jeremías al comprobar cómo, contra toda lógica, Israel había dejado a su Dios para adorar a otras divinidades e instalarlas ¡en una tierra que era propiedad de Yahweh por derecho de conquista!:

Porque pasad a las costas de Quitim y mirad; y enviad a Cedar, y considerad cuidadosamente, y ved si se ha hecho cosa semejante a esta. ¿Acaso alguna nación ha cambiado sus dioses, aunque ellos no son dioses? Sin embargo, mi pueblo ha trocado su gloria por lo que no aprovecha. (Jer. 2:10-11)

—¡cuyo culto conservarían celosamente, según las tradiciones judías y cristianas más piadosas![569]— podía ser asimilado a aquel "nuevo" Yahweh del desierto proclamado por Moisés, y que mostraba tanto interés en ellos y deseaba liberarlos y conducirlos al país donde habían vivido sus ancestros. Aunque no son pocos los autores, más y menos recientes, que señalan en todo ello una labor magistral de educación e instrucción religiosa de las doce tribus hebreas realizada por el propio Moisés en persona, lo cierto es que no se forma a todo un pueblo en un breve espacio de tiempo y se cambia por completo su manera de pensar, haciéndolo ir contra la corriente marcada por el mundo circundante. Sin rechazar ni minusvalorar la figura o la importancia de Moisés en este asunto, e incluso la de Aarón y los levitas, que, sin duda, colaboraron con él desde el primer momento[570], entendemos como algo patente e indudable una influencia externa y no precisamente de este mundo; no se puede negar la labor llevada a cabo por el Espíritu Santo en las mentes y los corazones de las tribus hebreas, incluso en la tierra de su esclavitud, y, sobre todo, a lo largo de un proceso de adaptación de, por lo menos, un par de generaciones como mínimo, la que vivió el éxodo y la siguiente[571].

Lo que resulta innegable es que el Antiguo Testamento en su conjunto presenta la adopción-elección divina del pueblo hebreo residente en Egipto como una realidad imposible de discutir, y que ha de hacerse efectiva en cada generación de Israel.

Prehistoria de la elección de Israel en la narración veterotestamentaria. Tal como lo leemos hoy, el Antiguo Testamento, y más

---

[569] *Cf.* infra, no obstante, el cuadro más realista sobre la estancia de Israel en Egipto presentado por el profeta Ezequiel.

[570] Las tradiciones referentes al éxodo colocan siempre junto a Moisés la figura de Aarón. Ya desde el episodio de la zarza se lo menciona por nombre y se lo asocia en la tarea de la liberación de Israel (Éx. 4:14-16; 5:1; 7:1-2; etc.).

[571] En efecto, las tradiciones recogidas en el Pentateuco sobre la reacción del pueblo de Israel para con Yahweh, nos dejan ver con claridad un total espíritu de rebelión y de completa queja, cuyos inicios tienen lugar ya al comienzo de la misión de Moisés (Éx. 5:20-21), se hacen patentes en los momentos de la liberación de la tiranía egipcia (Éx. 14:11-12) y la marcha por el desierto (Éx. 16:2-3; 17:3; Nm. 11:1), y alcanzan su clímax en la vergonzosa adoración del becerro de oro en el Sinaí (Éx. 32) y la rebelión abierta del pueblo contra Moisés y Aarón (y contra el propio Dios) al llegar a la tierra de Canaán y rehusar adentrarse en ella (Nm. 13-14), para poner el broche en el degradante episodio de Baal-peor (Nm. 25).

concretamente el libro del Génesis, anticipa la elección de Israel en la historia a partir de dos episodios que, en un caso de manera directa, y en el otro indirecta, muestran intervenciones de Dios. La primera se halla en Gn. 9:25-26, texto que forma parte de la conocida *Profecía de Noé*, donde leemos:

> *Y dijo:*
> *Maldito sea Canaán;*
> *Siervo de siervos será a sus*
> *hermanos.*
> *Dijo más:*
> *Bendito por Jehová mi Dios sea*
> *Sem,*
> *Y sea Canaán su siervo.*

La sumisión de Canaán, hijo de Cam, por parte de Sem, anticipa en el relato sagrado la conquista de la tierra prometida por un pueblo de la estirpe de Sem, que no es otro que Israel. Lo que para Canaán y su estirpe es una maldición, redunda en bendición para Sem y su descendencia, que se entiende como elegida por Dios. La segunda se halla recogida en el pasaje capital con que dará comienzo la Historia de la Salvación propiamente dicha, Gn. 12:1-3, donde leemos:

> *Pero Jehová había dicho a Abram: Vete de tu tierra y de tu parentela, y de la casa de tu padre, a la tierra que te mostraré. Y haré de ti una nación grande, y te bendeciré, y engrandeceré tu nombre, y serás bendición. Bendeciré a los que te bendijeren, y a los que te maldijeren maldeciré; y serán benditas en ti todas las familias de la tierra.*

Versículos que dan paso a los capítulos consagrados a la Era Patriarcal y cuyo alcance, no solo en relación con la elección de Israel, sino con el propósito salvífico universal de Dios, veremos en el último capítulo de esta segunda parte.

Las responsabilidades de Israel en el marco de la adopción-elección divina. Se nos muestra como algo a todas luces incuestionable el hecho de que la elección conlleva una responsabilidad sentida como tal por las grandes figuras religiosas del Antiguo Testamento. Es decir, que Dios señale a Israel como su pueblo implica forzosamente una respuesta por parte humana. Tal es la tónica general que hallamos a lo largo de todas las Escrituras Hebreas, de lo cual ofrecemos a continuación unos ejemplos claves.

En los libros de los profetas se hace hincapié en la elección de Israel operada en los acontecimientos del éxodo, cuando las doce tribus devienen una comunidad teocrática en el Sinaí tras la liberación de Egipto. Así lo leemos, por ejemplo, en Ez. 20:5-6; Os. 12:9; Am. 2:10-11 y Mi. 6:4, entre otros pasajes claves. Un texto especialmente revelador es Os. 13:4-5:

> *Mas yo soy Jehová tu Dios desde la tierra de Egipto; no conocerás, pues, otro dios fuera de mí, ni otro salvador sino a mí. Yo te conocí en el desierto, en tierra seca.*

La repetición deliberada de la raíz verbal *conocer* (en hebreo ידע *yadá*) no solo es un rasgo estilístico propio del consumado poeta que es Oseas, sino que implica una relación especialmente vinculante entre Dios y su pueblo. Hace de la elección algo más que una simple manifestación de autoridad o señorío por parte de Yahweh (como sería el caso con otras divinidades del Creciente Fértil), para adentrarse en el terreno de los sentimientos personales más profundos, incluso más íntimos. De ahí que el libro de Oseas en su conjunto incida en la idea de la fidelidad absoluta de Dios para con Israel, por lo que apela al corazón de su pueblo a fin de que asimismo sea fiel a la alianza, que no es otra cosa que un pacto de amor ejemplificado en la figura de un desgraciado vínculo matrimonial (Os. 2:20)[572], en el que un sufrido y paciente esposo desea el regreso de su turbulenta amada. Miqueas, por su lado, ve a Dios como alguien esencialmente justo y que exige, en consecuencia, justicia de su pueblo, como indica lo que muchos consideran el versículo más importante de su libro, Mi. 6:8:

> *Oh hombre, él te ha declarado lo que es bueno, y qué pide Jehová de ti: solamente hacer justicia, y amar misericordia, y humillarte ante tu Dios.*

---

[572] No tiene, por lo tanto, nada de extraño que Oseas haya sido designado en algunos círculos exegéticos como *el profeta evangélico* por antonomasia: ningún otro nos introduce de lleno en la atmósfera de los Evangelios con tanta fuerza declarativa. De hecho, hallamos en el Nuevo Testamento citas de unos cuantos textos capitales directamente extraídos de su libro, que hoy forman parte del elenco cristiano más popular.

E Isaías hace particular hincapié en la *santidad* del Dios de Israel, entendida como su *otredad*, su radical distancia del mundo creado, lo que hace de él alguien, por un lado, terrible, pero por el otro, enormemente atrayente, casi seductor. En su visión inicial en el templo de Jerusalén escucha a los serafines cantar:

Santo, santo, santo, Jehová de los ejércitos; toda la tierra está llena de su gloria. (Is. 6:3)

No ha de extrañarnos que la expresión aplicada a Dios קְדוֹשׁ יִשְׂרָאֵל *qedosh Yisrael*, que RVR60 traduce como *el Santo de Israel*, sea un rasgo particular del estilo de este profeta (Is. 1:4; 5:19,24; 10:20; 30:11,12,15; 37:23)[573]. Su conclusión es simple: si Dios es Santo, su pueblo ha de serlo también.

El libro del Deuteronomio, por su parte, aúna dos tradiciones sobre la elección: la referente a los patriarcas y la propia del pueblo de Israel en Egipto. Así lo leemos en uno de sus textos más destacados, Dt. 4:37:

Y por cuanto él amó a tus padres, escogió a su descendencia después de ellos, y te sacó de Egipto con su presencia y con su gran poder.

Por ello, y en la misma línea que hemos señalado en Isaías, insiste en un retorno a la santidad como condición propia del pueblo de Dios (*cf.* Dt. 7:6-8, antes mencionado; 14:2,21; 23:14; 26:19; 28:9). Finalmente, la elección no es un talismán que protege de todo sinsabor, ni un seguro a todo riesgo, sino una puesta a punto de una responsabilidad solo posible mediante la Gracia de Dios.

En los últimos años del exilio en Babilonia, el Deutero-Isaías incide también en una doble elección, la de los patriarcas en un primer momento y la de Israel más tarde, aunque ya no se refiere tanto al éxodo de Egipto como al nuevo éxodo de los hebreos esparcidos por las naciones del Oriente, que habrán de subir de nuevo a la tierra de Palestina para ocuparla (Is. 40:2,8-9). Importantísima aportación del Deutero-Isaías es también la estrecha vinculación entre los conceptos de

---

[573] Podríamos decir, sin temor a equivocarnos, que es un rasgo característico, e incluso uno de los hilos conductores, del pensamiento de toda la escuela isaiana, ya que también se encuentra bien representado en los conjuntos literarios del Deutero- y el Trito-Isaías (Is. 41:14,20; 43:14; 45:11; 48:17; 49:7; 54:5; 55:5; 60:9,14).

elección y *creación*. Como habíamos señalado en el capítulo anterior, es más o menos a partir de los acontecimientos del exilio en Babilonia (o tal vez un poco antes) cuando los pensadores y teólogos judaítas llegarán a sintetizar las ideas sobre los orígenes que diversas tradiciones hebreas antiguas habían conservado de manera un tanto esparcida, y les darán la forma definitiva que tienen en el Antiguo Testamento, tal como lo leemos hoy, en tanto que fruto de una reflexión mucho más desarrollada sobre este tema. Así, v.gr., una declaración como Is. 45:12, según la cual el Dios de Israel es el Creador de todo cuanto existe, solo se puede entender en virtud de la elección de las tribus hebreas en la historia. El Dios de Jacob es al mismo tiempo su Hacedor (Is. 44:1-2). Si bien no puede haber elección si primero no hay creación en el tiempo, conforme a nuestra lógica occidental, en la mente israelita, por el contrario, la creación solo se concibe en tanto que orientada hacia un propósito anterior muy concreto de adopción de un pueblo elegido por parte del Creador[574]. El texto capital en el que se condensan los conceptos creación-elección-redención en una magnífica muestra, no solo literaria o estética, sino de gran madurez teológica, se halla en los siete primeros versículos de Is. 43, donde leemos:

> *Ahora, así dice Jehová, Creador tuyo, oh Jacob, y Formador tuyo, oh Israel: No temas, porque yo te redimí; te puse nombre, mío eres tú. Cuando pases por las aguas, yo estaré contigo; y si por los ríos, no te anegarán. Cuando pases por el fuego, no te quemarás, ni la llama arderá en ti. Porque yo Jehová, Dios tuyo, el Santo de Israel, soy tu Salvador; a Egipto he dado por tu rescate, a Etiopía y a Seba por ti. Porque a mis ojos fuiste de gran estima, fuiste honorable, y yo te amé; daré, pues, hombres por ti, y naciones por tu vida. No temas, porque yo estoy contigo; del oriente traeré tu generación, y del occidente te recogeré. Diré al norte: Da acá; y al sur: No detengas; trae de lejos mis hijos, y mis hijas de los confines de la tierra,*

---

[574] La literatura intertestamentaria será la que llegará a expresar con más claridad este planteamiento: se ha dado la creación porque primero, en la eternidad, hubo una elección. La literatura apocalíptica, incluso la que hallamos en el Antiguo Testamento en los libros más tardíos, ya deja traslucir este tipo de mentalidad, que luego impregnará incluso el Nuevo Testamento. *Cf.* Ro. 8:29-30 y el libro del Apocalipsis, por no mencionar sino unos ejemplos bien conocidos de todos.

todos los llamados de mi nombre; para gloria mía los he creado, los formé y los hice.

Resulta más que evidente que los tonos de este singular pasaje resumen de forma magistral el propósito de la Historia de la Salvación tal como la entiende el profeta, al mismo tiempo que abre de par en par las puertas de un futuro escatológico de inigualable colorido y esperanza.

Y finalmente, el testimonio veterotestamentario del judaísmo postexílico nos ofrece la culminación de este proceso con el desarrollo de lo que se ha dado en llamar *providencialismo*, si bien el concepto de *providencia* como tal no se encuentra en los escritos sagrados canónicos[575]. La máxima exposición de esta idea se halla, según algunos expertos, en el particular libro de Ester, más concretamente en lo que se considera su texto capital, Est. 4:14[576]:

Porque si callas absolutamente en este tiempo, respiro y liberación vendrá de alguna otra parte para los judíos; mas tú y la casa de tu padre pereceréis. ¿Y quién sabe si para esta hora has llegado al reino?

En este curioso escrito, en el que el nombre de Dios no aparece mencionado ni una sola vez, rezuma la idea de que hay una mano invisible que todo lo dirige para el bien y la protección de los judíos (ya no Israel, que en aquellos momentos concretos había dejado de existir como conjunto nacional). Aunque no se cita como tal el concepto de *pueblo elegido* ni se hace alusión alguna a los eventos capitales de la Historia de la Salvación, el autor vehicula de forma magistral la idea de que los

---

[575] Sí lo encontramos, en cambio, en la literatura pseudoepigráfica, como en 3 Mac. 4:21 (LXX). Según nos indican los expertos, se trata de una acuñación propia del pensamiento griego bajo los términos de πρόνοια *prónoia* y πρόγνωσις *prógnosis*. Aunque algunos constatan su origen ya en la filosofía de Platón (libro X de *Las leyes*), es sobre todo el estoicismo posterior quien la sistematiza (*Himno a Zeus* de Cleanto; *De Providentia* de Séneca), de donde pasa al pensamiento cristiano, como se evidencia en el libro VIII de *De Civitate Dei* de San Agustín o las *Exposiciones de la fe ortodoxa* 2,29 de San Juan Damasceno. De hecho, es uno de los conceptos más importantes en la Teología de la Gracia, como se puede ver en la *Institutio Christianae Religionis* de Calvino y en cualquier teología sistemática protestante conservadora de orientación reformada al uso.

[576] *Cf.* SCROGGIE, W. G. Y DEMARAY. *Manual bíblico homilético*. Terrassa (Barcelona): CLIE, 1984, pp. 111-113.

judíos son una nación especialmente protegida en medio de un mundo abiertamente hostil y que, por ello, han de actuar con valentía frente a las pruebas.

¿Implica la doctrina de la elección-adopción de Israel un enfoque moralista de los textos veterotestamentarios? No creemos plantear con esta pregunta una cuestión absurda o un sinsentido. Son demasiadas las publicaciones que recorren el mundo evangélico actual y que reducen la religión revelada a una simple teoría moral, a una especie de filosofía ética de la existencia, ya sea situacional, ya de principios permanentes, referida muy especialmente al comportamiento externo del creyente, sobre todo el sexual, definido buena parte de las veces como *testimonio*. Desde esta particular perspectiva, solo pareciera justificarse la adopción-elección de Israel en el Antiguo Testamento (y de la Iglesia cristiana en el Nuevo) en tanto que pueblo "santo", vale decir, entendido como un dechado de virtudes y un ejemplo a imitar para los demás. Es en este sentido como se ha querido comprender en ocasiones la declaración divina que hace de Israel *luz de las naciones* (Is. 49:6). Sin duda que las diferentes áreas del comportamiento humano, sexualidad incluida, han de ser reglamentadas por una serie de disposiciones o normas sociales de convivencia; así ha sido siempre en todas las épocas, razas y culturas, y sin duda lo era también en el seno del pueblo hebreo y en el momento en que las tradiciones que subyacen a los escritos bíblicos salían a la luz (*cf.* las variadas regulaciones sobre todos los ámbitos de la vida de la época que presentan las distintas legislaciones recogidas en el Pentateuco); pero los hagiógrafos que redactaron las Sagradas Escrituras tenían otro punto de vista, un enfoque diferente y mucho más elevado. Nos parece un magistral planteamiento del asunto, al que nos adherimos firmemente, el presentado por el profesor Maarten H. Woudstra en la introducción a su comentario sobre el libro de Josué, cuando dice[577]:

«Hacer hincapié en un estudio [de las Escrituras] sobre los "personajes bíblicos" tiene realmente su mérito, pero existe el peligro de pasar por alto que el propósito de la historiografía bíblica no es centrarse en los agentes

---

[577] WOUDSTRA, M. H. *The Book of Joshua.* Grand Rapids, Michigan: William B. Eerdmans Publishing Company, 1981, pp. 3-4. La traducción es nuestra. Una excelente edición en castellano de esta obra, con el título *El libro de Josué*, ha visto la luz en 2014 de la mano de Editorial Mundo Bíblico (EMB).

humanos del drama de la redención, o explotar sus buenas o malas acciones en tanto que ejemplos morales o disuasorios. La manera en que debe ser enfocada la historia sagrada se ilustra muy bien en el propio libro de Josué. El capítulo 24 nos presenta una visión retrospectiva de los hechos de Dios con su pueblo en el pasado (vv. 2-13). Se trata de una referencia profética introducida por la fórmula habitual: *Así dice el Señor*[578]. A lo largo de este resumen histórico se coloca el énfasis sobre lo que ha hecho Dios, el Señor de la alianza. Y es este énfasis, no un ejemplo moral concreto, lo que motiva la respuesta del pueblo, que desea ser fiel a su Señor y demostrar su voluntad de servirle únicamente a él (vv. 16-18).

[...]

Se tienden a sopesar demasiado las "historias de la Biblia" desde un punto de vista antropocéntrico. Con excesiva frecuencia se acude a los relatos bíblicos en busca de ejemplos morales que deben ser imitados o evitados, según los casos. De esta manera, se diluye el contenido de la historia de la Biblia en un número mayor o menor de ejemplos de conducta humana, moral o inmoral. Se tiende así a ignorar el contexto histórico en que los autores han emplazado los distintos eventos. Al trazarse líneas tan estrechas entre aquel "entonces" y nuestro "ahora", se corre el gran peligro de pasar muy por encima la singularidad de los acontecimientos bíblicos en tanto que ejemplos de la autorrevelación que Dios lleva a cabo. Los numerosos matices de sentido que los autores inspirados se esforzaron en dar a sus escritos caen en saco roto, ya que todo gira en torno a una supuesta "lección" que hemos de aprender. Los hechos narrados en la Biblia pierden de esta guisa su contexto de Historia de la Redención para convertirse en paradigmas intemporales de comportamiento moral.

Tal no es el propósito de las Escrituras. La Biblia nos muestra hechos que evidencian cómo la historia se encamina hacia un objetivo, tiene un movimiento dinámico [...]

Este tan habitual "método de interpretación de la historia bíblica", repleto de lecciones morales sacadas de contexto, tiende inevitablemente a extender el moralismo».

Una advertencia a la que los lectores y estudiosos de la Biblia, amén de maestros, instructores, pastores, sacerdotes y predicadores en general, haríamos muy bien en prestar atención.

Términos principales que expresan el concepto de la elección-adopción de Israel en el Antiguo Testamento. Resulta harto interesante, además de altamente instructivo, el comprobar de qué manera los

---

[578] *Así dice Jehová Dios de Israel*, leemos en RVR60.

autores sagrados han vehiculado la doctrina de la elección-adopción de Israel en los escritos veterotestamentarios, de qué vocablos concretos se han servido para ello. Aunque páginas atrás hemos señalado ya un par de ejemplos, he aquí en este epígrafe una mirada global sobre las raíces verbales hebreas más significativas:

אהב *ahab*. Su significado básico es "amar" en todos los sentidos de la palabra. Referido al amor divino por seres humanos concretos o por Israel como conjunto, viene a reflejar la idea de que la elección-adopción solo se lleva a término por un particular afecto de Dios para con su pueblo, imposible de comprender o explicar. *Cf.* los textos ya citados de Dt. 4:37 y 7:8, amén del conocido de Mal. 1:2:

Yo os he amado, dice Jehová; y dijisteis: ¿En qué nos amaste? ¿No era Esaú hermano de Jacob? dice Jehová. Y amé a Jacob[579].

Véanse también 2Sa. 12:24; 1Re. 10:9; Neh. 13:26; Is. 43:4; Jer. 31:3.

בחר *bajar*. Significa fundamentalmente "escoger", "elegir". No son pocos los especialistas que señalan esta raíz como la más importante para expresar el concepto de elección en los escritos veterotestamentarios. Se construye en ocasiones con la preposición instrumental-locativa ב *be*, como en Dt. 18:5, uno de los textos referidos a la elección de los levitas, donde leemos:

Porque le ha escogido Jehová tu Dios de entre todas tus tribus, para que esté para administrar en el nombre de Jehová, él y sus hijos para siempre.

Otros pasajes construidos de la misma manera son 1Cr. 28:4; Neh. 9:7; Is. 44:1-2; Ez. 20:5; Zac. 1:17, textos todos ellos que destacan el hecho de que personas concretas, tribus, lugares o el pueblo en su totalidad son los beneficiarios de un inexplicable decreto divino. Cuando se construye con el complemento precedido de la preposición destinativa ל *le*, se hace hincapié en la finalidad de la elección, como en 1Sa. 2:28 o Sal. 135:4-5.

---

[579] *Cf.* el uso que hace el apóstol Pablo de este texto para cimentar su explicación de la elección de Israel en Ro. 9, contraponiéndola al rechazo de Esaú, vale decir, de los edomitas. Para profundizar en el inmenso valor teológico de este pasaje, *cf.* los diversos comentarios, antiguos y modernos, a la Epístola a los Romanos, muy especialmente los de Lutero, Calvino, Barth, Leenhardt o Barrett, entre otros.

הבדיל *hibdil* (HIPHIL de la raíz בדל *badal*). El significado fundamental de בדל *badal* es "dividir", pero en HIPHIL se traduce como "separar". Presenta la elección divina como un acto por medio del cual Dios "corta" o "separa", vale decir, "pone aparte" a su pueblo o a personas concretas, tomándolas de un todo o un conjunto previo, y destacándolas como algo muy especial para él. Así leemos en Lv. 20:24b:

Yo Jehová vuestro Dios, que os he apartado de los pueblos.

La misma idea se refleja en Dt. 10:8.

הקדיש *hiqdish* (HIPHIL de la raíz קדש *qadash*). El verbo קדש *qadash* es realmente uno de los términos más importantes del vocabulario bíblico, y que normalmente traducimos como "ser santo", aunque debiéramos más bien verterlo como "ser consagrado", es decir, "ser puesto aparte", haciendo hincapié en el significado que tenía para los pueblos del Medio Oriente Antiguo la idea de la santidad. Su correspondiente raíz HIPHIL puede muy bien expresar la idea activa de "poner aparte" o "consagrar" en el sentido de "dedicar algo o a alguien a un servicio divino". Dios actúa de esta forma con aquello que considera más sagrado de entre el pueblo de Israel, ya sean personas u objetos. Leemos en Nm. 8:17:

Porque mío es todo primogénito de entre los hijos de Israel, así de hombres como de animales; desde el día que yo herí a todo primogénito en la tierra de Egipto, los santifiqué para mí.

Nótese el especial hincapié con que el texto pone en boca de Dios el hecho de apartar a aquel conjunto humano que Yahweh quiere para sí. *Cf.* también 2Cr. 7:16; Jer. 1:5[580].

חשק *hashaq*. Su significado primero es "sentirse estrechamente vinculado con alguien", de donde "amar o desear apasionadamente", como ya habíamos indicado con anterioridad en este mismo capítulo. Tal es la descripción de la elección divina de Israel en el texto ya antes

---

[580] Jer. 1:5 es, como bien sabe el lector, uno de los versículos capitales de la Teología de la Gracia en la sensibilidad de los cristianos reformados. Dios le habla al joven Jeremías y le dice:

Antes que te formase en el vientre te conocí, y antes que nacieses te santifiqué, te di por profeta a las naciones.

mencionado de Dt. 7:7, y también en Dt. 10:15, versículo que por su importancia citamos a continuación:

Solamente de tus padres se agradó Jehová para amarlos, y esco-gió su descendencia después de ellos, a vosotros, de entre todos los pueblos, como en este día.

ידע *yadá*. Término ya visto páginas atrás, se trata de uno de los voca-blos del Antiguo Testamento cuyo conocimiento y empleo han sido más divulgados por la predicación y la enseñanza cristiana. Su significado fundamental, según se dice, es "conocer" o "reconocer", pero implican-do siempre una relación muy profunda entre el sujeto (re)conocedor y lo (re)conocido, especialmente cuando se trata este último de una per-sona también. En este sentido, nunca se refiere a un (re)conocimiento superficial[581]. De esta forma, se destaca que la elección-adopción divina implica unos vínculos muy grandes entre Dios y aquellos que son elegi-dos. En este sentido se comprenden las palabras divinas que leemos en Os. 5:3a y citamos literalmente por su carga declarativa:

Yo conozco a Efraín, e Israel no me es desconocido.

Asimismo, la sentencia de Éx. 2:25:

Y miró Dios a los hijos de Israel, y los reconoció Dios.

Cuando se emplea en la raíz causativa HIPHIL (הודיע *hodiá*), este ver-bo tiene en ocasiones el sentido de "dar a conocer" las grandes gestas de Dios a favor de Israel (¡o sus juicios sobre su pueblo!) como testi-monio entre las demás naciones (Sal. 105:1; Is. 12:4; Os. 5:9), con lo que de alguna manera se anticipa la elección universal de un nuevo Is-rael que se hará patente solo en el Nuevo Testamento.

קנה *qanah*. Significa "adquirir", "comprar", e incluso "rescatar". Cuando lo encontramos en contextos en que implica la elección divina, hace hincapié en el hecho de que Dios toma posesión de su pueblo o de un individuo determinado como adquisición propia y de gran valor

---

[581] Para el empleo del verbo ידע *yadá*, "conocer", con el sentido de relaciones ínti-mas entre hombres y mujeres, o incluso personas del mismo sexo, *cf.*, entre otros, los pasajes clásicos de Gn. 4:1; 19:5; 24:16; Nm. 31:17; Jue. 19:22,25; 1Sa. 1:19; 1Re. 1:4.

para él. En este sentido es uno de los textos fundamentales Sal. 74:2, donde leemos:

*Acuérdate de tu congregación, la
que adquiriste desde tiempos
antiguos,
La que redimiste para hacerla
la tribu de tu herencia;
Este monte de Sion, donde has
habitado.*

Cf. además Dt. 32:6; Sal. 139:13[582]; Is. 11:11. Éx. 15:16 es también un versículo capital en opinión de muchos:

*Caiga sobre ellos temblor y
espanto;
A la grandeza de tu brazo
enmudezcan como una piedra;
Hasta que haya pasado tu
pueblo, oh Jehová,
Hasta que haya pasado este
pueblo que tú rescataste.*

---

[582] En Dt. 32:6 y Sal. 139:13, hallamos unas traducciones que parecen distorsionar el sentido indicado. RVR60 vierte estos dos textos de la manera siguiente:

*¿Así pagáis a Jehová,
Pueblo loco e ignorante?
¿No es él tu padre que te creó?
Él te hizo y te estableció.*

El segundo:

*Porque tú formaste mis entrañas;
Tú me hiciste en el vientre de mi
madre.*

Señalan algunos lingüistas que en estos casos se da la confusión con otra raíz verbal homónima, también escrita y pronunciada קָנָה *qanah*, pero cuyo significado es "crear", "producir", "formar". *Cf.* AUVRAY, P. *Op. cit.* P. 189. De todas maneras, hay que señalar, en aras de la honestidad metodológica, que no todos los lingüistas son amigos de estos dobletes fónicos en lenguas antiguas como el hebreo bíblico, dado que pueden muy bien obedecer a simples conveniencias de los especialistas, no a hechos reales siempre accesibles a la investigación actual; de ahí que se puedan prestar a innumerables fantasías interpretativas nada deseables.

La conciencia de haber sido un pueblo adquirido por Dios, inspiró a los grandes hagiógrafos, salmistas y profetas de Israel pasajes de alto valor teológico, en los cuales descansa la seguridad de que Yahweh nunca daría la espalda a sus hijos, ni siquiera en los peores momentos de la historia nacional (Lv. 25:42-45; Dt. 30:1-6; 2Cr. 36:22-23; Sal. 46:1-3; Is. 1:9,18). Solo así se explica la plena convicción de que, ni siquiera una catástrofe de la magnitud de la destrucción de Samaria y su consecuente deportación de las tribus del norte, o de la destrucción de Jerusalén y el templo, con el exilio babilónico, darán al traste con las promesas divinas.

Vivo yo, dice Jehová el Señor, que con mano fuerte y brazo extendido, y enojo derramado, he de reinar sobre vosotros; y os sacaré de entre los pueblos, y os reuniré de las tierras en que estáis esparcidos, con mano fuerte y brazo extendido, y enojo derramado; y os traeré al desierto de los pueblos, y allí litigaré con vosotros cara a cara. Como litigué con vuestros padres en el desierto de la tierra de Egipto, así litigaré con vosotros, dice Jehová el Señor. Os haré pasar bajo la vara, y os haré entrar en los vínculos del pacto. (Ez 20:33-37)

קרא *qará*. Este verbo tiene en la lengua del Antiguo Testamento el significado básico de "llamar". En contextos de elección implica una apelación directa de Dios a personas muy determinadas para llevar a término una misión o un cometido concretos. Is. 49:1-3 refleja así el llamado de Dios a Israel[583]:

Oídme, costas, y escuchad, pueblos lejanos. Jehová me llamó desde el vientre, desde las entrañas de mi madre tuvo mi nombre en memoria. Y puso mi boca como espada aguda, me cubrió con la sombra de su mano; y me puso por saeta bruñida, me guardó en su aljaba; y me dijo: Mi siervo eres, oh Israel, porque en ti me gloriaré.

Otros textos en los que también aparece este verbo con un sentido de elección son Éx. 31:2; Is. 43:1; 45:3; 55:5.

רחם *rajam*. El significado básico de esta raíz tiene que ver con la expresión fundamental de sentimientos de ternura. De ahí que en la

---

[583] O al Siervo de Yahweh, según algunas ediciones de la Biblia.

mayoría de las lenguas semíticas conlleve los significados de "amar", "ser tierno", y de ella se deriven nombres como "vientre materno", que denotan la idea de la cuna de todos los sentimientos humanos originales, siempre vinculados a la imagen de la madre. En el idioma del Antiguo Testamento significa sencillamente "amar" en la raíz simple o QAL, pero al referirse a la acción de Dios suele aparecer en la raíz intensiva o PIEL con el significado de "tener compasión", es decir, amar tanto que las faltas no se perciben como ofensas imperdonables. De esta manera, se hace hincapié en la exclusiva misericordia divina como razón de la elección-adopción de Israel, con lo que una vez más queda completamente fuera de lugar la idea de mérito o derecho alguno al favor de Dios por parte de los descendientes de Jacob. En este sentido, constituye un texto fundamental 2Re. 13:23, donde leemos:

Mas Jehová tuvo misericordia de ellos, y se compadeció de ellos y los miró, a causa de su pacto con Abraham, Isaac y Jacob; y no quiso destruirlos ni echarlos de delante de su presencia hasta hoy.

Enorme es el valor de este versículo, máxime si tenemos en cuenta su contexto general —es decir, la realidad de un reino del Norte (Israel) completamente alejado del Dios de sus padres, ingrato e impío— y el momento en que vio la luz el conjunto de los libros de los Reyes como un todo, sin duda en un tiempo histórico en que el estado efrainita ya no existía. Otro texto también importante en este sentido es Is. 14:1, que dice:

Porque Jehová tendrá piedad de Jacob, y todavía escogerá a Israel, y lo hará reposar en su tierra; y a ellos se unirán extranjeros, y se juntarán a la familia de Jacob.

Otros pasajes en los que late la misma idea son Is. 54:10; Jer. 31:20; 33:25-26; Zac. 10:6.

Figuras de la elección-adopción en los escritos veterotestamentarios. Asimismo, encontramos en el Sagrado Texto, especialmente en los escritos llamados *deuteronomistas* y en el Deutero-Isaías (los que más desarrollan la teología de la elección, precisamente), además de en los libros proféticos en general, una serie de figuras literarias de

317

elevado color poético —en ocasiones incluso transgresor— que ilustran muy bien la doctrina de la elección-adopción y que obedecen a una clara voluntad pedagógica por parte de los profetas y hagiógrafos de Israel. Todas ellas evidencian una muy profunda reflexión sobre hechos acaecidos en la Historia de la Salvación. Las mencionamos a continuación en orden alfabético castellano:

Alfarero. Término que en hebreo se expresa por la forma יֹצֵר *yotser*, participio activo simple del verbo יָצַר *yatsar* "formar", "modelar"[584], y tiene amplias connotaciones en relación con la obra divina para con Israel. Ya en Gn. 2:7 se nos indica con esta misma raíz verbal la creación del hombre a partir del polvo[585] de la tierra, figura por demás extraordinaria que colorea multitud de mitos sobre el origen de nuestra especie en infinidad de culturas, desde las del Creciente Fértil mesopotámico hasta las de la China milenaria o la quiché precolombina guatemalteca[586], y que viene a prefigurar, en el orden en que se nos presenta el Antiguo Testamento, la formación y elección del pueblo de Israel como obra muy especial procedente de las manos de Dios. De ahí que el Señor le pueda decir a Jeremías en un texto por demás conocido:

> *He aquí que como el barro en la mano del alfarero, así sois vosotros en mi mano, oh casa de Israel.* (Jer. 18:6b)

Idea que aparece también en Is. 29:16. Se ha señalado en ocasiones que la figura de la alfarería o del alfarero en relación con Israel suele tener un sentido negativo: se enmarca en contextos de juicio para resaltar la pequeñez, la debilidad innata del pueblo. Sin duda que así es, pero al mismo tiempo viene a reflejar también que, al igual que la arcilla, el pueblo elegido, con toda su carga de desobediencia e impiedad, se

---

[584] En este caso, los masoretas vocalizan así el participio: יֹצֵר *yotser*. Puede aparecer también en *scriptio plena*: יוֹצֵר *yotser*, aunque no es tan frecuente.

[585] RVR60, junto con BEP, BJ y NVI, traduce literalmente el término hebreo עָפָר *aphar* como "polvo", pero otras versiones de la Biblia presentan otras traducciones: BH, "lodo"; NBE y NC, "arcilla"; etc.

[586] Hace años, leíamos en la propaganda de un horno de cerámica árabe que aún funciona en la localidad de Agost, provincia de Alicante, regentado por el conocido profesor y antropólogo Emili Boix, el siguiente proverbio iraquí:

> *La arcilla le dijo al alfarero: trátame bien, pues recuerda que antes fuiste como yo.*

halla en las mejores manos, siempre dispuestas a moldearlo y hornearlo para darle una forma cada vez más adecuada[587].

Esposa. El concepto de "esposa" se suele expresar en la lengua del Antiguo Testamento por el término אִשָּׁה *ishshah*, es decir, "mujer", frente a אִישׁ *ish*, "hombre", "varón", que también puede significar "esposo" o "marido", según los contextos. Dado que en las sociedades patriarcales antiguas la búsqueda y elección de esposa estaba considerada como una tarea de gran trascendencia —nunca se ha de olvidar que la esposa era valorada como una muy especial propiedad del varón—, esta imagen se prestaba a una profunda interpretación de la historia de Israel como el relato de unas nupcias, es decir, de la elección y adquisición por parte de Dios de un pueblo con el que entraba en una muy íntima relación de amor. De ahí que la ruptura de la alianza por parte del pueblo supusiera una gravísima afrenta a Yahweh, en todo punto comparable al acto del adulterio. Tal es la explicación de que en la literatura veterotestamentaria, especialmente en los libros de los profetas, se nos presente tantas veces la infidelidad de Israel como una manifestación de fornicación. Dos son los profetas en los que esta figura matrimonial llega a sus tonos más elevados, incluso osados, nos atreveríamos a decir, en relación con la elección del pueblo hebreo por parte de Dios. El primero es el efrainita Oseas, probablemente contemporáneo de la destrucción del reino de Norte. Su texto capital dice lo siguiente:

Pero he aquí que yo la[588] atraeré y la llevaré al desierto, y hablaré a su corazón. Y le daré sus viñas desde allí, y el valle de Acor por puerta de esperanza; y allí cantará como en los tiempos de su juventud, y como en el día de su subida de la tierra de Egipto. En aquel tiempo, dice Jehová, me llamarás Ishi[589], y nunca más me llamarás Baali[590]. (Os. 2:14-16)

---

[587] En Ro. 9:21, y haciendo hincapié en la misma figura referida a la trágica historia de Israel, dice el apóstol Pablo:

¿O no tiene potestad el alfarero sobre el barro, para hacer de la misma masa un vaso para honra y otro para deshonra?

[588] Israel aparece en este oráculo como la esposa de Yahweh. De ahí los pronombres femeninos.

[589] אִישִׁי. Literalmente, *esposo mío.*

[590] בַּעְלִי. Literalmente, *señor mío.* Sin duda que se refiere al hecho de que en la lengua popular (al menos en los dialectos de las tribus septentrionales) esta era la manera

Vincula así Oseas la figura del matrimonio con la elección de Israel en sus orígenes históricos en tierra de Egipto. Al escoger a las tribus de Jacob, Yahweh se desposa con ellas en los acontecimientos del éxodo (la estancia en el desierto, de manera particular), que aparecen en esta tradición completamente idealizados[591].

El segundo es el judaíta Ezequiel, sacerdote y contemporáneo de la destrucción de Jerusalén por los babilonios, que vive en su propia carne la catástrofe del exilio. En los oráculos en que emplea con todo lujo de detalles la figura del matrimonio, tiende a identificar la elección de Israel con la de las ciudades de Jerusalén y Samaria, es decir, las capitales de los reinos hebreos judaíta y efrainita, respectivamente[592]. Se trata de declaraciones harto explícitas puestas en boca de Dios:

Y di[593]: Así ha dicho Jehová el Señor sobre Jerusalén: Tu origen, tu nacimiento, es de la tierra de Canaán; tu padre fue amorreo, y tu madre hetea. Y en cuanto a tu nacimiento, el día que naciste no fue cortado tu ombligo, ni fuiste lavada con aguas para limpiarte, ni salada con sal, ni fuiste envuelta con fajas. No hubo ojo que se compadeciese de ti para hacerte algo de esto, teniendo de ti misericordia; sino que fuiste arrojada sobre la faz del campo, con menosprecio de tu vida, en el día que naciste. Y yo pasé junto a ti, y te vi sucia en tus sangres, y cuando estabas en tus sangres te dije: ¡Vive! Sí, te dije cuando estabas en tus sangres: ¡Vive! Te hice multiplicar como la hierba del campo; y creciste y te hiciste grande, y llegaste a ser muy hermosa; tus pechos se habían formado, y tu pelo había crecido; pero estabas desnuda y descubierta. Y pasé yo otra vez

---

en que una mujer se dirigía a su marido, pero se trataba de un vocablo que entrañaba el riesgo de ser confundido con el nombre de Baal, la divinidad pagana por antonomasia y adversaria del yahvismo en el reino de Israel.

[591] La idea de que Israel nace como tal en el desierto es una de las tradiciones mejor conservadas en el Antiguo Testamento. De hecho, el propio Pentateuco le da su respaldo al consagrar a la peregrinación del pueblo desde el paso del mar Rojo hasta la llegada a Canaán la mayor parte de sus capítulos y versículos: desde Éxodo 15 hasta Números 36. Y aún el Deuteronomio consagra sus capítulos iniciales a recordar la travesía por las estepas solitarias del Sinaí y de Cades.

[592] Una idea similar, aunque presentada de manera mucho más resumida, la hallamos en el oráculo de Jer. 3:6-11. Se considera tradicionalmente que ambos profetas, los dos de familia sacerdotal, fueron contemporáneos, lo que incidiría en la similitud de los temas que trataron y la sensibilidad que mostraron en sus planteamientos.

[593] Dios apostrofa al profeta y pone en su boca el oráculo que ha de impartir al pueblo.

junto a ti, y te miré, y he aquí que tu tiempo era tiempo de amores; y extendí mi manto sobre ti, y cubrí tu desnudez; y te di juramento y entré en pacto contigo, dice Jehová el Señor, y fuiste mía. Te lavé con agua, y lavé tus sangres de encima de ti, y te ungí con aceite; y te vestí de bordado, te calcé de tejón, te ceñí de lino y te cubrí de seda. Te atavié con adornos, y puse brazaletes en tus brazos y collar tu cuello. Puse joyas en tu nariz, y zarcillos en tus orejas, y una hermosa diadema en tu cabeza. Así fuiste adornada de oro y de plata, y tu vestido era de lino fino, seda y bordado; comiste flor de harina de trigo, miel y aceite; y fuiste hermoseada en extremo, prosperaste hasta llegar a reinar. Y salió tu renombre entre las naciones a causa de tu hermosura; porque era perfecta, a causa de mi hermosura que yo puse sobre ti, dice Jehová el Señor. (Ez. 16:3-14)

Vino a mí palabra de Jehová, diciendo: Hijo de hombre, hubo dos mujeres, hijas de una madre, las cuales fornicaron en Egipto; en su juventud fornicaron. Allí fueron apretados sus pechos, allí fueron estrujados sus pechos virginales. Y se llamaban, la mayor, Ahola[594], y su hermana, Aholiba[595]; las cuales llegaron a ser mías, y dieron a luz hijos e hijas. Y se llamaron: Samaria, Ahola; y Jerusalem, Aholiba. (Ez. 23:1-4)

La exuberancia y las imágenes tan atrevidas para nuestra sensibilidad occidental y cristiana que muestran estos pasajes, vienen a incidir, con todo su crudo realismo, en la idea de que Israel es la esposa de Dios, no porque mereciera serlo, sino por un acto de pura misericordia. Estos oráculos no se contentan con hablar de la pequeñez del pueblo representado en sus ciudades capitales, sino que hacen hincapié en todo cuanto tenía de repugnante o despreciable en sus orígenes. Dicho de otra forma, Yahweh se rebajó a redimir y ensalzar aquello que nadie nunca hubiera querido. De ahí que la idolatría-fornicación de la(s) esposa(s) de Dios aparezca dibujada con los trazos de un adulterio de lo más hediondo, producto de una depravación a todas luces enfermiza, y coloreado con los tonos de una traición en toda regla.

---

[594] אהלה. Literalmente, *tabernáculo de ella.*

[595] אהליבה. Literalmente, *mi tabernáculo [está] en ella.* La diferencia de matiz en el significado de estos dos nombres destaca el contraste entre Samaria y Jerusalén: aquella ostenta un claro carácter cismático; esta, por el contrario, es a todas luces la capital elegida por Yahweh.

La elección de Israel presentada como un matrimonio de Dios con su pueblo se halla también en el Deutero-Isaías, entendida como garantía de una restauración futura. Leemos en Is. 54:5-6:

Porque tu marido es tu Hacedor; Jehová de los ejércitos es su nombre; y tu Redentor, el Santo de Israel; Dios de toda la tierra será llamado. Porque como a mujer abandonada y triste de espíritu, te llamó Jehová, y como a la esposa de la juventud que es repudiada, dijo el Dios tuyo.

Una idea similar se halla en Jer. 2:2 y 3:20. Como sabemos, el Nuevo Testamento aplicará la misma imagen a la relación entre Cristo y la Iglesia.

Hijo. Aunque ya se había indicado en el capítulo anterior que la idea de la paternidad divina, tal como la entendemos los cristianos, no es una enseñanza propia del Antiguo Testamento, son no obstante varios los textos importantes que presentan a Israel como pueblo adoptado por Dios, es decir, declarado hijo suyo. Además de los versículos clásicos ya antes mencionados de Éx. 4:22 y Os. 11:1, encontramos otros como Jer. 3:19 o Ez. 21:10 en los que aparece la misma idea. El término hebreo que traducimos por "hijo" es בּן *ben*, y aplicado al pueblo de Israel en relación con Yahweh siempre implica elección o alianza, jamás origen natural, y se refiere a los acontecimientos propios del éxodo. En Jer. 31:9, la filiación de Israel, que en este texto recibe el nombre de Efraín y es calificado por Dios como *mi primogénito* (hebreo בכרי *bekhorí*), tiene un fuerte sabor escatológico, que encontramos ya desde el versículo 8:

He aquí yo los hago volver de la tierra del norte, y los reuniré de los fines de la tierra, y entre ellos ciegos y cojos, la mujer que está encinta y la que dio a luz juntamente; en gran compañía volverán acá. Irán con lloro, mas con misericordia los haré volver, y los haré andar junto a arroyos de aguas, por camino derecho en el cual no tropezarán; porque soy a Israel por padre, y Efraín es mi primogénito.

Algo similar hallamos en Is. 63:8. Todo ello incide en que los israelitas, considerados por Dios como sus hijos mediante el pacto sagrado

(Dt. 14:1), están llamados a una estrecha obediencia a los mandatos divinos.

Pastor y rebaño. Dado que en sus orígenes Israel había sido un pueblo de pastores de ovejas (Gn. 46:31-34; Éx. 10:25-26; *cf.* Os. 12:12), la figura del pastor (en hebreo רעה *roeh*[596]) muy pronto fue tomada como una imagen por demás adecuada del cuidado de Dios por su pueblo elegido, el cual pasaba a convertirse de este modo en su rebaño (hebreo צאן *tson*[597]). Gn. 49:24 ya designa a Dios como *Pastor de Israel*, y el Sal. 80 se inicia con la siguiente invocación:

> *Oh Pastor de Israel, escucha;*
> *Tú que pastoreas como ovejas*
> *a José,*
> *Que estás entre querubines,*
> *resplandece.*

De ahí que muy pronto se forjaran entre los hagiógrafos y los profetas de Israel clichés teológico-lingüísticos según los cuales Dios es el Pastor por antonomasia de su pueblo, cuyo cuidado sobre este se describe en buena medida con la raíz verbal רעה *raah*, "pastorear" o "apacentar" (Sal. 28:9; Is. 40:11; 58:11; 63:14; Jer. 31:10). El texto más conocido que vehicula esta imagen es, sin duda alguna, el que leemos en el célebre Sal. 23 —el "Salmo del Pastor" en la tradición cristiana—, cuyos cuatro primeros versículos cantan al Dios-pastor desde la perspectiva del pueblo-oveja:

> *Jehová es mi pastor; nada me*
> *faltará.*
> *En lugares de delicados pastos me*
> *hará descansar;*
> *Junto a aguas de reposo me*
> *pastoreará.*

---

[596] Su vocalización masorética es רֹעֶה *roeh*, distinguiéndose así de la raíz.

[597] El término צאן *tson* se refiere, efectivamente, a lo que nosotros designamos como un rebaño, pero con la precisión de que se trata de ganado menor (ovino o caprino), el más apto para figurar esta hermosa imagen de Dios con su pueblo. Para expresar la idea de un rebaño de ganado mayor, es decir bovino, la lengua hebrea antigua dispone del término בקר *baqar*.

Confortará mi alma;
Me guiará por sendas de justicia
por amor de su nombre.
Aunque ande en valle de sombra
de muerte,
No temeré mal alguno, porque tú
estarás conmigo;
Tu vara y tu cayado me infundirán
aliento.

Dentro del mismo Salterio hallamos composiciones de gran valor en las que la figura de Dios como pastor de Israel se retrotrae a los tiempos históricos del éxodo y del desierto (Sal. 136:16), vinculándose de forma directa con el hecho de la elección-adopción divina de las tribus de Jacob. Y Sal. 67:4 alcanza una proyección más universal cuando declara que Dios pastoreará finalmente *las naciones en la tierra.* Con todo este bagaje se comprende que las situaciones históricas en las cuales el pueblo de Israel se halla desprovisto de una dirección correcta se definan con la figura de *ovejas que no tienen pastor* (Nm. 27:17; 1Re. 22:17 y su par. de 2Cr. 18:16; Zac. 10:2). De ahí también la diatriba constante de Dios con los llamados *pastores de Israel* que desvían a su pueblo, a su rebaño, y lo hacen caminar por sendas erráticas, como leemos en algunos oráculos proféticos (Is. 56:11; Jer. 2:8; Zac. 10:3).

Finalmente, y no queremos olvidar esta idea, la imagen de Dios como pastor de Israel implica algo que normalmente se suele pasar por alto. En las culturas ganaderas transhumantes orientales, los pastores viajan de continuo al frente de sus rebaños en busca de nuevos pastos, y muy difícilmente pueden permanecer siempre en el mismo lugar. El Dios que escoge y prohíja a Israel se muestra desde un principio como un pastor que guía de continuo a su pueblo a los pastos y las aguas necesarios para su sustento, con lo que no es un Dios estático, forzosamente vinculado a un lugar o un santuario concreto, desde donde espera la llegada de sus adoradores. La gran tragedia de la destrucción de Jerusalén y la deportación a Babilonia volverá a incidir en este detalle que, al parecer, los contemporáneos de Jeremías, Habacuc o Ezequiel habían olvidado. Dios pastoreará de nuevo a su pueblo también desde el cautiverio, volverá a elegir a Israel y se pondrá otra vez al frente para reconducir a sus ovejas a los buenos pastos.

No nos ha de extrañar que Jesús se apropiara siglos más tarde de esta misma figura al afirmar de forma lapidaria y definitiva: *Yo soy el buen pastor* (Jn. 10:11).

Pueblo de Dios. La expresión hebrea es עם האלהים *am haelohim* (Jue. 20:2) o sin artículo עם אלהים *am Elohim* (2Sa. 14:13), que suele alternar con la equivalente *pueblo de Yahweh* o עם יהוה *am Adonay* (Nm. 11:29; Dt. 27:9) y viene a indicar que Israel es posesión exclusiva de Dios, nunca de otras divinidades, algo que resultaría intolerable para el *Dios Celoso* (Éx. 20:5). La idea de que Israel es pueblo del Señor es inseparable del concepto de su elección-adopción (Is. 43:20), la cual se opera con un propósito: Dios quiere hacer de Israel algo diferente, algo único, una nación aparte. Así leemos en el conocido texto de Dt. 7:6, y también en 14:2:

Porque eres pueblo santo a Jehová tu Dios, y Jehová te ha escogido para que le seas un pueblo único de entre todos los pueblos que están sobre la tierra.

La finalidad de Israel es canalizar la bendición de Dios sobre toda la humanidad, vale decir, ser establecido como intermediario o pueblo sacerdotal, algo que, como ya hemos señalado anteriormente, no llegó a cumplir en su momento histórico por su infidelidad al llamado divino. En estrecha relación con esta imagen se encuentra la de Israel como

Tesoro de Dios. El término que traducimos como "tesoro" es el hebreo סגלה *segullah*, y lo encontramos referido al pueblo de Dios en dos textos, el clásico y ya citado de Éx. 19:5, referido a la llegada de Israel al Sinaí, y Mal. 3:17. En este último, y dentro de un contexto de restauración del templo de Jerusalén y sus servicios, se lee de aquellos judíos que se muestran fieles a Dios:

Y serán para mí especial tesoro, ha dicho Jehová de los ejércitos, en el día en que yo actúe; y los perdonaré, como el hombre que perdona a su hijo que le sirve.

La vinculación de este concepto con la elección divina de Israel es evidente: para Dios su pueblo escogido es algo de extremado valor. Todas estas figuras únicamente inciden en la misericordia divina para con la descendencia de Abraham, es decir, en su Gracia.

Viña. Esta última imagen es, sin lugar a dudas, una de las más familiares para los lectores de la Biblia, tanto que ha llegado incluso a calar en el lenguaje popular en varios idiomas de Occidente. El término hebreo כרם *kérem*, que traducimos por "viña", refleja uno de los elementos de mayor relieve de la Palestina rural de la época veterotestamentaria. Como en todas las culturas mediterráneas, el cultivo de la vid revistió en tiempos antiguos una importancia decisiva para los pueblos cananeos, y más tarde para Israel, de manera que llegó a convertirse en un símbolo natural de prosperidad, como lo evidencian las expresiones *sentarse (cada uno) debajo de su vid* (Mi. 4:4) o *convidar (a alguien) debajo de su vid* (Zac. 3:10). La conocida *Fábula de Jotam* de Jue. 9:8-15 incluye la vid dentro de las plantas nobles, es decir, aquellas que producen fruto, pues se afirma que su mosto *alegra a Dios y a los hombres* (v. 13). De ahí que, dentro de la línea de pensamiento según la cual Israel es propiedad y especial tesoro de Dios, pronto se desarrollara la imagen de la viña para representar al pueblo hebreo (*cf.* Os. 10:1a: *Israel es una frondosa viña, que da abundante fruto para sí mismo*) en tanto que particular pertenencia divina y objeto de su elección. *Cf.* Sal. 80:14; Jer. 12:10. Pero de entre todos los pasajes en que se menciona de forma explícita la figura de la vid o de la viña, el texto que mejor ilustra este concepto —se ha convertido de hecho en un *locus classicus* de la literatura veterotestamentaria, como se reconoce universalmente— lo constituye la precisamente llamada *Parábola de la viña* de Is. 5:1-7, y que citamos *in extenso* a continuación, dadas sus implicaciones[598]:

Ahora cantaré por mi amado el cantar de mi amado a su viña. Tenía mi amado una viña en una ladera fértil. La había cercado y despedregado y plantado de vides escogidas; había edificado en medio

---

[598] Se trata, en opinión de algunos estudiosos, de un cántico especialmente compuesto por el profeta, probablemente al inicio de su ministerio, para ser ejecutado ante un gran público, tal vez con ocasión de una celebración relacionada con la vendimia (¿quizás la fiesta referida en Jue. 21:19-21?). *Cf.* LACAN M.-F. "Viña", in LÉON-DUFOUR, X. (ed.). *Vocabulario de Teología Bíblica (VTB)*. Barcelona: Ed. Herder, 2001, pp. 948-950; MESLIN, M. "Le symbolisme de la vigne dans l'ancien Israël et l'ancien Judaïsme", in COURTOIS, M. ET MILNER, M. *L'imaginaire du vin*. Marseille: Éditions Jeanne Laffitte, 1989.

de ella una torre, y hecho también en ella un lagar; y esperaba que diese uvas, y dio uvas silvestres. Ahora, pues, vecinos de Jerusalén y varones de Judá, juzgad ahora entre mí y mi viña. ¿Qué más se podía hacer a mi viña, que yo no haya hecho en ella? ¿Cómo, esperando yo que diese uvas, ha dado uvas silvestres? Os mostraré, pues, ahora lo que haré yo a mi viña: Le quitaré su vallado, y será consumida; aportillaré su cerca, y será hollada. Haré que quede desierta; no será podada ni cavada, y crecerán el cardo y los espinos; y aun a las nubes mandaré que no derramen lluvia sobre ella. Ciertamente la viña de Jehová de los ejércitos es la casa de Israel, y los hombres de Judá planta deliciosa suya. Esperaba juicio, y he aquí vileza; justicia, y he aquí clamor.

Independientemente de su valor exclusivamente literario y poético—que lo tiene y en gran medida— este texto es capital para resumir la desgraciada historia de Israel, tal como la enfoca el profeta, haciendo hincapié en una elección deliberada por parte del *amado*, el dueño de la viña, que solo puede entenderse a la luz de una manifestación de la más pura Gracia. Las expresiones iniciales enfatizan el hecho de que Dios considera de gran valor tanto a su pueblo como a la tierra en la que lo introduce: resulta de todo punto imposible pensar en una vid sin un terreno en que esté plantada. Lo que RVR60 traduce como *una ladera fértil* (v. 1) el texto original lo expresa como קֶרֶן בֶּן־שָׁמֶן *qeren ben shamén*, es decir, "un rincón de montaña ricamente nutrido", literalmente "un cuerno hijo de grosura", y se refiere a Canaán, proverbialmente considerada como la *tierra que mana leche y miel*[599] en el lenguaje del Antiguo Testamento. Las labores descritas en el versículo 2 (*la había cercado y despedregado y plantado*), juntamente con el término שֹׂרֵק *soreq*, que hace referencia a una clase especialmente delicada de vid,

---

[599] Éx. 3:8,17; Nm. 14:8; Jos. 5:6; Jer. 32:22; Ez. 20:15; etc. En relación con la elección de la tierra de Canaán en tanto que lugar privilegiado por Dios, *cf.* la impresionante declaración de Dt. 11:11-12:

La tierra a la cual pasáis para tomarla es tierra de montes y de vegas, que bebe las alguas de la lluvia del cielo; tierra de la cual Jehová tu Dios cuida; siempre están sobre ella los ojos de Jehová tu Dios, desde el principio del año hasta el fin.

Una descripción de la proverbial fertilidad de la tierra de Canaán se encuentra en Dt. 8:7-10, texto que se ha convertido en un *locus classicus* para este tema.

cuyo vino era altamente apreciado en el Medio Oriente Antiguo[600], se refieren a la cuidadosa selección y especial esmero de Dios en la elección, liberación, dirección y conformación de Israel. Además, los detalles de la *torre* (en hebreo מגדל *migdal*) y el *lagar* (יקב *yeqeb*) inciden en la misma idea, dando al conjunto unos tonos difícilmente superables[601]. Aunque el profeta no niega la realidad de la infidelidad de Israel y la justa sentencia divina, el conjunto de la parábola rezuma esperanza: Dios no desecha su viña, ni tampoco la vende o la entrega a otro posible dueño. Lamenta profundamente la ingratitud de su pueblo, pero sigue siendo su pueblo. Es así como leemos en ella una proclama sin ambages del amor y del cuidado de Dios por una estirpe esencialmente desagradecida, pero cuya deslealtad jamás anula el propósito restaurador de Yahweh.

No nos ha de extrañar en absoluto que el propio Jesús, siglos más tarde, hiciera de la viña el marco de algunas de sus parábolas más conocidas (Mt. 20:1-16; Mc. 12:1-12; Lc. 13:6-9) y que identificara consigo mismo la imagen de la vid (Jn. 15:1-8).

Una filiación especial dentro del conjunto veterotestamentario. La historia sacra de Israel, tal como la hemos recibido en el registro del Antiguo Testamento, presenta un crucial punto de inflexión, así reconocido por todos los especialistas, que es la instauración de la monarquía davídica, acaecida hacia el año 1000 a. C., lo cual no dejará de tener sus consecuencias teológicas. Son varias, y no siempre concordantes, las tradiciones sagradas que hacen referencia a este evento, tal como nos las refieren, básicamente, los libros de Samuel. Pero lo que

---

[600] Del sibaritismo y la sensualidad que implica el empleo de este término da testimonio el topónimo *valle de Sorec* de Jue. 16:4, lugar donde habitaba la pérfida y untuosa Dalila, conocido personaje del ciclo de Sansón.

[601] Todos estos elementos formaban parte del cuidado de la vid en la Palestina de los tiempos veterotestamentarios, y vienen a describir lo que debía ser en la época de Isaías un viñedo de gran calidad y propiedad de gente muy rica; únicamente personas de abundantes recursos podían edificar una torre en la que residiera el vigilante del terreno con su familia, pues en la mayoría de los casos estos últimos se veían reducidos a una mísera tienda de piel de cabra; por otro lado, la existencia de un lagar propio en un viñedo implicaba una situación de particular privilegio, dado que lo más habitual solía ser algún tipo de lagar comunitario al que llevaban el producto de sus vides respectivas los dueños de las viñas con sus jornaleros. Los amigos de la alegorización han pretendido identificar *la torre* y *el lagar* de este pasaje con el templo y la ciudad de Jerusalén, o viceversa, así como hacen con todos y cada uno de los detalles que aparecen en el texto.

aquí nos interesa destacar es el hecho de que la dinastía davídica se convierte en beneficiaria de algo inusitado hasta el momento en el devenir de los hijos de Jacob: Dios, que había hecho del conjunto del pueblo de Israel su hijo, su primogénito (Éx. 4:22), adoptará ahora de manera especial al hijo de David nacido de sus entrañas a fin de hacer estable su trono para siempre. Esta singular filiación de la בית דוד *beth Dawid* o *casa de David* por parte de Yahweh supone, por tanto, una elección que se distingue de la efectuada con el conjunto del pueblo y que obedece a un propósito particular. Las palabras con que se manifiesta en el sagrado texto podemos leerlas con claridad en 2Sa. 7:14a y 1Cr. 17:13a:

> *Yo le seré a él padre, y él me será a mí hijo*[602].

Sorprende sobremanera que esta declaración halle su cumplimiento en la monarquía salomónica[603], es decir, en la persona de alguien que viene a nacer de un matrimonio originado en un triple crimen: abuso de autoridad, adulterio y asesinato (2Sa. 11:1 – 12:25). No cabe duda de que nos hallamos ante unos relatos hábilmente trabajados por unos hagiógrafos que fueron, además de excelentes literatos, teólogos de talla[604], y que supieron leer entre líneas en los avatares más turbulentos y más fuera de razón de su historia nacional cómo la mano de Yahweh iba encauzando los acontecimientos hacia un objetivo concreto. Lo cierto es que los llamados *Salmos reales* o *Salmos de entronización*, composiciones cortesanas judaítas, refrendan esta teología que hace de la dinastía davídica una elegida de Yahweh. Y, de entre ellos, el Salmo 2 incide en la idea de la adopción divina del rey:

---

[602] Las ligeras variantes que presentan RVR60 y otras versiones bíblicas entre los dos textos de Samuel y Crónicas obedecen al estilo de los traductores. En ambos casos, el TM hebreo es idéntico en su forma.

[603] *Cf.* las palabras del pretendiente legítimo, Adonías, hermano mayor de Salomón, recogidas en 1Re. 2:15:

> *Él dijo: Tú sabes que el reino era mío, y que todo Israel había puesto en mí su rostro para que yo reinara; mas el reino fue traspasado, y vino a ser de mi hermano, porque por Jehová era suyo.*

[604] La historia de David recopilada en 1Cr. no hace alusión alguna a este episodio tenebroso de la vida del monarca. Presenta, por el contrario, una versión idealizada de la figura del betlemita que obedece a las circunstancias particulares en que se movió el Cronista.

Yo publicaré el decreto;
Jehová me ha dicho:
Mi hijo eres tú;
Yo te engendré hoy.

Honrad al Hijo, para que no se
enoje, y perezcáis en el camino;
Pues se inflama de pronto su
ira. (vv. 7,12)

La tradición judeocristiana, que atribuye este poema al propio rey David, afirma haber sido la entronización de Salomón su *Sitz im Leben* o medio vital. Se esté de acuerdo o no con esta atribución, lo cierto es que el cántico hace alusión a una ceremonia real en la que el nuevo monarca aparece claramente designado como *hijo de Dios.*

No son pocos los exegetas que han vinculado, tanto el oráculo de 2Sa. 7 como las palabras del Sal. 2, con la idea extendida entre las naciones del Medio Oriente Antiguo, según la cual los monarcas eran siempre hijos de la divinidad. Los casos más conocidos para nosotros los constituyen los faraones egipcios y los reyes de las grandes potencias mesopotámicas. En este sentido, Israel se habría adaptado al elenco cultural común de su tiempo al haber establecido la monarquía como sistema político. No cabe duda de que la influencia del medio cultural tuvo que pesar grandemente en la concepción cortesana israelita, tanto efrainita como judaíta, pero es necesario llamar la atención a un par de puntos clave:

En primer lugar, la monarquía israelita original, cuya cabeza fue el benjaminita Saúl, estuvo muy lejos de todos estos refinamientos cortesanos orientales. Si bien el deseo de Israel era ser como los demás pueblos y tener un rey (1Sa. 8:19-20), los capítulos que consagra el libro 1 Samuel al reinado de Saúl en cuanto tal (9-15)[605] recogen tradiciones que lo presentan más bien como una especie de caudillaje militar de todas las tribus hebreas frente al enemigo común, los filisteos a la sazón. Ni tan solo se menciona la existencia de una corte digna de este nombre; la impresión que se proyecta es la de un campamento o cuartel militar en servicio de guardia permanente, pero de ubicación

---

[605] A partir del c. 16 comienza la historia de David, aunque entretejida con la de Saúl en el resto del libro.

móvil. La muerte de Saúl a manos de los filisteos en la batalla del monte de Gilboa (1Sa. 31) pone el punto final a un reinado que recuerda en todo momento las condiciones de vida y de dirección del pueblo que se vivían en la época de los Jueces.

En segundo lugar, la concepción de una filiación divina del monarca, que, como nos indican las tradiciones de los textos sagrados, debuta con David (no para él, sino como promesa para su descendencia), se presenta en todo momento con los mismos parámetros que la elección-adopción de Israel; vale decir, el rey no será hijo o descendiente natural de Yahweh conforme a una línea sucesoria de orígenes míticos —así se creía en Egipto, donde el faraón era siempre descendiente y encarnación del dios Horus, y en los estados de Mesopotamia, en los que la vinculación de cada soberano con una de las divinidades tutelares era constante—, sino como una expresión de la misericordia y la Gracia de Dios para con él. Ello tuvo ciertas repercursiones en los monarcas hebreos, que, al contrario de sus compadres de las naciones circundantes, no se presentan en el Antiguo Testamento como sumos sacerdotes de su pueblo, ni limitan sus funciones a lo meramente religioso[606].

La gloria de Dios. Como indicábamos al comienzo de este capítulo, los conceptos de *elección-adopción (filial)* y *gloria* en relación con la obra de Dios aparecen muy bien interrelacionados en el conjunto del pensamiento veterotestamentario en tanto que binomio conceptual dialéctico. El término hebreo que traducimos por *gloria* no es otro que el sustantivo כבוד *kabod*, cuyo significado básico es "peso" o "abundancia", según nos dicen los diccionarios[607], de donde se sigue que en algunos pasajes de composición o redacción tardía llegue a concretizarse más, significando incluso "riqueza" (Gn. 31:1; Sal. 49:16-17; Is. 66:11-12 [DHH, BTI]; Nah. 2:9), y derivando después a las nociones más abstractas de "honor", "dignidad" (Nm. 24:11), y de ahí "fama" o "renombre" (2Cr. 26:18; Pr. 21:21), si bien las versiones clásicas de la Biblia, como RVR60, tienden a verterlo invariablemente por "gloria", dejando al intérprete de la Escritura la ardua tarea de dar con el significado más exacto, de acuerdo con los contextos en que aparece[608]. Los

---

[606] *Cf.*, no obstante, el capítulo consagrado a las ordenanzas y las promesas.

[607] Gustan señalar los etimologistas la raíz verbal כבד *kabed*, "ser pesado", como origen del vocablo. *Cf.* AUVRAY, P. *Op. cit.* P. 191.

[608] La comparación del término כבוד *kabod* con sus equivalentes de lenguas emparentadas puede en algún caso ser de utilidad al exegeta e intérprete de la Biblia. La mis-

LXX lo traducen sistemáticamente por el vocablo griego δόξα *doxa*, que en la lengua clásica significa "opinión"[609], pero que más adelante adquiere otros sentidos derivados, como el de "brillo" o "resplandor" a partir de la idea de "apariencia externa" o "reputación" que hallamos en ciertos autores más tardíos[610]. El acierto de esta primera traducción del vocablo hebreo lo pondera en su justa medida Gerhard Kittel al afirmar:

> «Cuando por vez primera un traductor del AT tuvo la idea de verter *kabod* por *doxa*, hizo una aportación de excepcional alcance al contenido del término griego, cuyo valor experimentó de ese modo un cambio radical. El término [heleno], que connotaba en la lengua clásica la idea de pensar y de opinar, actos totalmente subjetivos y, por tanto, todas las oscilaciones del pensamiento y de la opinión, pasa a expresar ahora la objetividad absoluta, la realidad de Dios[611]».

La Vulgata latina, por su parte, lo vierte generalmente por *gloria*, que en la lengua de Cicerón quiere decir "renombre" o "fama", propiamente hablando. Estas traducciones, que sin duda alguna están muy bien realizadas y responden a las necesidades del momento en que vieron la luz, no obstante, se corresponden más bien con los significados derivados del término original, no con el primero, y suponen una asimilación total del concepto de gloria de Dios en tanto que algo abstracto o espiritual por parte de quienes las realizaron.

En un principio, el sustantivo כבוד *kabod* presenta un significado, diríamos, palpable, casi material, y sobre todo "activo": la *gloria*, ya

---

ma palabra significa "hígado" en la lengua de Ugarit (¿el órgano pesado por antonomasia? Recuérdese la importancia que revestía entre los orientales para la adivinación del futuro), y, según indican algunos autores, podría tener este mismo sentido en algún que otro pasaje del Antiguo Testamento, como Is. 10:16, donde el oráculo sagrado habla de la efímera gloria de Asiria: la alusión a la hoguera encendida *debajo de su gloria* podría muy bien ser una imagen tomada de las fiebres o calenturas del vientre de un hombre, que se sitúan anatómicamente hablando debajo del hígado y lo van consumiendo lentamente. Como propuesta es ingeniosa, pero se ha de tomar *cum grano salis*.

[609] Así PLATÓN, *Político* 260 b; *República* 435 d.

[610] Así ISÓCRATES, *Panegírico* 4, 51; POLIBIO, *Historias* 15, 22, 3.

[611] KITTEL, G. E FRIEDRICH, G. "Doxa" in *Grande Lessico del Nuovo Testamento*, vol. II. Brescia: Paideia, 1966, pp. 1377-1378. La traducción y el corchete añadido son nuestros.

sea referida a Dios o a una persona humana determinada, apunta a algo muy propio, algo inherente a aquel de quien se está hablando, con lo que muestra la importancia que tiene en sí mismo, sin tomarse en cuenta lo que otros puedan decir o pensar de él. Es en este sentido como las grandes teofanías de los comienzos de la historia de Israel evidencian la gloria, es decir, el "peso" o la "abundancia" de Yahweh, que se hace bien patente en sus manifestaciones físicas (Éx. 16:10), tanto que el propio Moisés puede pedir a Dios: *Te ruego que me muestres tu gloria* (Éx. 33:18). Asimismo, la extraordinaria descripción de una tempestad desatada que nos brinda el Salmo 29, dibuja con trazos inigualables la manifestación física de la gloria divina: la exhortación a tributar a Yahweh *la gloria y el poder* (v. 1) o *la gloria debida a su nombre* (v. 2) se va perfilando a lo largo del cántico al presentarnos al Dios cuya voz se escucha en el trueno (vv. 3-4) y el huracán que desgaja *los cedros del Líbano* (v. 5), ese Dios cuyo poder se evidencia en el fuego celeste (el rayo) *que hace temblar el desierto de Cades* (v. 8). *Jehová preside en el diluvio*, es decir, en la lluvia torrencial, nos canta el v. 10. La conclusión se anticipa en el v. 9 cuando el salmista declara que *en su templo todo proclama su gloria*. El conjunto del Antiguo Testamento identifica la manifestación de la gloria divina en fenómenos del mundo natural, perfectamente accesibles a los sentidos del hombre, y que impresionan o sobrecogen al ser humano por su imponente majestuosidad. *Cf.* en este sentido el archiconocido Salmo 19 cuando afirma en su versículo inicial:

Los cielos cuentan la gloria de
Dios,
Y el firmamento anuncia la obra
de sus manos[612].

Podemos estar, por lo tanto, plenamente de acuerdo con la afirmación del jesuita Donatien Mollat cuando dice:

---

[612] La lectura atenta de los seis primeros versículos nos presenta la materialización de la gloria divina en fenómenos que hoy consideramos perfectamente naturales, como la división entre el día y la noche o el recorrido del sol por el firmamento y su calor inherente, pero que para los antiguos tenían unas connotaciones divinas muy destacadas, como evidencian las mitologías de prácticamente todos los pueblos.

«La expresión "gloria de Dios" designa a Dios mismo en cuanto que se revela en su majestad, en su poder, el esplendor de su santidad, el dinamismo de su ser[613]».

Uno de los textos clásicos del Antiguo Testamento para comprender esta idea es Éx. 24:16-17, donde leemos:

Y la gloria de Jehová reposó sobre el monte Sinaí, y la nube lo cubrió por seis días; y al séptimo día llamó a Moisés de en medio de la nube. Y la apariencia de la gloria de Jehová era como un fuego abrasador en la cumbre del monte, a los ojos de los hijos de Israel.

Como hemos comprobado en relación con el Salmo 29, la nube y el fuego son elementos habitualmente presentes en las teofanías y manifestaciones divinas, así como el resplandor (*cf.* Is. 4:5; 11:10), el ruido de trompetas (*cf.* Éx. 19:16,19, la *bocina* de RVR60), los truenos y relámpagos, el humo (*cf.* Éx. 19:16,18) o el viento huracanado (*cf.* 1Re. 19:11). De ahí que, en la visión inicial que diera comienzo a su ministerio, el tembloroso profeta Isaías escuchase de boca de los serafines el *trisagion* tantas veces ya mencionado (Is. 6:3):

Santo, santo, santo, Jehová de los ejércitos;
Toda la tierra está llena de su gloria.

Este temor a la realidad de la gloria divina responde a la condición de criatura pequeña y débil —caída, en definitiva— que es el hombre. No se puede contemplar a Dios y vivir (Éx. 33:20). De ahí la reacción instintiva de Moisés de cubrir su rostro ante la zarza ardiente (Éx. 3:6b) o la de los sacerdotes de Israel en la inauguración del templo de Salomón:

Y cuando los sacerdotes salieron del santuario, la nube llenó la casa de Jehová. Y los sacerdotes no pudieron permanecer para

---

[613] Mollat, D., S. J. "Gloria" in León-Dufour, X., S. J. *Vocabulario de teología bíblica.* Barcelona: Herder, 1973, p. 357.

ministrar por causa de la nube; porque la gloria de Jehová había llenado la casa de Jehová. (1Re. 8:10-11)[614]

Las manifestaciones perceptibles de la gloria de Dios generan una desazón en el corazón humano, incluso aunque se hagan patentes de forma indirecta. Un ejemplo típico de lo cual es el que leemos en Éx. 34:29-30:

> *Y aconteció que descendiendo Moisés del monte Sinaí con las dos tablas del testimonio en su mano, al descender del monte, no sabía Moisés que la piel de su rostro resplandecía, después que hubo hablado con Dios. Y Aarón y todos los hijos de Israel miraron a Moisés, y he aquí la piel de su rostro era resplandeciente; y tuvieron miedo de acercarse a él.*

El apóstol Pablo comentará este pasaje en 2 Co. 3:7ss y mencionará expresamente la *gloria* (gr. δόξα *doxa*) del rostro de Moisés.

La realidad de la presencia (o gloria) divina es algo, por tanto, que colma o satura la misma existencia del mundo: *mi gloria llena toda la tierra*, afirma el propio Yahweh en Nm. 14:21. Y cuando no se hace evidente por medio de fenómenos físicos accesibles a los sentidos humanos, se manifiesta a través de las grandes gestas salvíficas efectuadas por Dios a favor de su pueblo, como reza el para nosotros hoy controvertido pasaje de Éx. 14:17-18:

> *Y he aquí, yo endureceré el corazón de los egipcios para que los sigan; y yo me glorificaré en Faraón y en todo su ejército, en sus carros y en su caballería; y sabrán los egipcios que yo soy Jehová, cuando me glorifique en Faraón, en sus carros y en su gente de a caballo.*

Palabras que hallan su eco en Sal. 97:5, donde se canta que *todos los pueblos vieron su gloria*. Por decirlo en una frase lapidaria: la gloria de Dios únicamente se hace manifiesta en el Antiguo Testamento en

---

[614] *Cf.* lo acaecido en la erección del tabernáculo del desierto, según Éx. 40:34-35:

Entonces una nube cubrió el tabernáculo de reunión, y la gloria del Jehová llenó el tabernáculo. Y no podía Moisés entrar en el tabernáculo de reunión, porque la nube estaba sobre él, y la gloria de Jehová lo llenaba.

relación con los seres humanos, o sea, en función de ellos, y ciñéndonos un poco más al propio Texto Sagrado, en función de Israel. El hecho de que Dios intervenga de forma patente en el decurso de la historia humana con la finalidad de salvar a su pueblo, y también hacer que este devenga luz para todas las naciones, redunda en que los salmistas puedan decir del Señor de Israel que *gloria y hermosura es su obra* (Sal. 111:3a) o que *su poder será exaltado en gloria* (Sal. 112:9b). *Cf.* además Sal. 113:4; 115:1; 138:5; 145:5,12; 148:13; 149:5. De esta forma, el concepto de *gloria* va alcanzando un significado más abstracto, más espiritual, y sobre todo "pasivo", o sea, que señala, no ya a lo que Dios *es* en sí mismo, sino a aquello que el hombre —y el pueblo de Israel, de una manera muy particular— *dice* de él y de sus obras poderosas, como hemos indicado páginas atrás. De esta forma, el israelita fiel es exhortado a *dar gloria a Dios* por su poder y su justicia. El Salterio, como hemos comprobado, rebosa de invitaciones a la alabanza de Yahweh y a proclamar su gloria, pero hallamos este tipo de amonestaciones incluso en libros históricos, como en Jos. 7:19[615]. La razón es muy simple: Israel tiene plena conciencia de que Dios evidencia su gloria en la historia nacional hebrea.

La irrupción de la gloria de Dios en la historia de Israel. El pueblo hebreo gestado y formado en Egipto, como ya hemos indicado antes, concibió a su Dios, por encima de todo, como Salvador[616]. Nunca como una mera fuerza de la naturaleza o un poder desatado más o menos ciego que se abatiera sobre sus opresores, sino como alguien

---

[615] Este texto del libro de Josué en concreto es aún más digno de atención en cuanto que quien es invitado en él a dar gloria al Dios de Israel es ni más ni menos que el transgresor Acán, figura tristemente célebre del Antiguo Testamento: codicioso, ladrón del anatema y causante de la derrota de Israel en Hai, según el registro sagrado. Josué le conmina a dar gloria a Dios en el momento en que se iba a decretar contra él y su familia la pena máxima de la época, muerte por lapidación.

[616] Decimos aposta "por encima de todo". Es materialmente imposible que los israelitas fueran absolutamente impermeables al pensamiento religioso de sus vecinos egipcios y que no compartieran con ellos ciertas ideas generales acerca de la divinidad que, con toda lógica, podrían también ser extensibles a Yahweh. Para una visión de conjunto sobre los dioses de Egipto y sus atribuciones, se leerán con provecho SHAFER, B. E. *Religion in Ancient Egypt: Gods, Myths and Personal Practice*. Ithaca: Cornell University Press, 1991; y WILKINSON, R. H. *The Complete Gods and Goddesses of Ancient Egypt*. New York: Thames & Hudson, 2003.

estrictamente personal[617] que venía a su encuentro (desde el desierto) para rescatarlo de la esclavitud y llevarlo consigo a efectuar una alianza en el Sinaí e introducirlo en la Tierra Prometida (Éx. 3:1 – 4:17; 5:3). Ahora bien, el pensamiento de las tradiciones originales conservadas y puestas definitivamente por escrito en los libros de Éxodo, Levítico y Números que hoy tenemos en nuestras biblias, está muy lejos de concebir a Dios como "un ser espiritual", es decir, entendido en tanto que de esencia o naturaleza diametralmente opuesta a la materia, algo para lo cual será necesario llegar al incipiente judaísmo del exilio y postexilio en Babilonia[618], a la literatura apócrifa y sobre todo al Nuevo Testamento, cuando la revelación divina alcanza su plenitud[619]. Pero ya en los escritos canónicos veterotestamentarios hay ciertos atisbos que nos permiten comprobar cómo Israel caminaba de forma inexorable hacia esa concepción trascendente de la naturaleza de su Dios, un ejemplo clásico de lo cual es el *silbo apacible y delicado* del Sinaí ante el cual el profeta Elías cubre reverentemente su rostro (1Re. 19:12-13)[620]. Lo cierto es que desde los acontecimientos del éxodo, Israel entiende que su Dios es superior a otros dioses —¡incluso a los del todopoderoso Egipto!— y que no admite competencia en la adoración

---

[617] Como habíamos señalado en su momento, están ya más que superadas las propuestas de quienes, en otro tiempo, pretendían que el Dios de Israel había sido en sus comienzos una simple fuerza natural deificada. Las tradiciones religiosas más arcaicas contenidas en los escritos del Antiguo Testamento no dejan el más mínimo resquicio para suponer un estadio semejante en el pensamiento hebreo, ni siquiera en el más primitivo al que podemos remontarnos.

[618] Recuérdese la diatriba del Deutero-Isaías contra la idolatría en Is. 44:9-20.

[619] Piénsese en la rotunda declaración de Jesús *Dios es Espíritu* recogida en Jn. 4:24.

[620] Con todo, aún en los libros de los profetas se hallan vislumbres o imágenes de Dios que están muy lejos de esa espiritualización. *Cf.* el texto ya citado de Is. 6:1ss., donde el profeta contempla la gloria de Yahweh con el detalle tan sumamente material de que *sus faldas llenaban el templo* (v. 1b); Am. 7:7 ve al Señor *sobre un muro hecho a plomo, y en su mano una plomada de albañil*; y en la visión de Dn. 7:9 encontramos *un Anciano de días, cuyo vestido era blanco como la nieve, y el pelo de su cabeza como lana limpia*. Por no mencionar los a veces crudos antropomorfismos del Salterio, que tanto han llamado la atención de los comentaristas de la Escritura durante siglos, y no siempre de la manera más favorable. Nuestra lectura posterior del Antiguo Testamento a la luz del Nuevo y, sobre todo, a partir del desarrollo de la crítica bíblica y la literatura comparada, nos harán comprender todas estas descripciones como "figuras estilísticas" o "imágenes antropomórficas", e incluso "antropopáticas", ciertamente de gran valor literario, pero no podemos obviar el hecho de que en un principio no lo debieron ser tanto como pensamos; pretendían, por el contrario, describir con realismo a Dios, pero respondían más bien a una cierta concepción de la Divinidad que hoy ya no es la nuestra.

de su pueblo, celoso como se muestra de su Nombre (Éx. 20:5; 34:14; Dt. 5:9). Dirige los elementos con absoluta autoridad, con lo que ejerce su señorío indiscutible sobre las demás deidades[621], y puede destruir a los más poderosos de este mundo si así lo decide, pues no son nada en comparación con él. Aquí se halla en germen, como han apuntado algunos estudiosos, lo que luego se plasmará como la doctrina de la creación, si bien no es lo más importante para aquel primer Israel liberado. Esta tensión dialéctica entre la imagen de un Dios inaccesible, quizás mejor *terrible*, que se muestra —¿o más bien se oculta?— en medio del fuego y nubes resplandecientes, y despliega un poder que escapa a toda imaginación, y la del Dios familiar de Abraham, Isaac y Jacob que se acerca a Israel para salvarlo, se resuelve en la idea de la gloria divina que desciende, que irrumpe desde lo alto para actuar en la historia de los hombres, y más concretamente, en la historia de Israel, con un claro propósito salvífico. Las manifestaciones o teofanías divinas que descienden de lo alto, relatadas en las tradiciones que contienen los libros de Éxodo (24:16-17; 40:34-35) y Números (9:15-16), alcanzan su máxima manifestación en el desde siempre considerado extraño y controvertido libro de Ezequiel, en el cual hemos de fijar someramente nuestra atención al tratar este tema.

De las diecinueve veces que este profeta menciona el término hebreo כבוד *kabod*, "gloria", dieciocho se refieren directamente a Dios, dato que no es nada desdeñable. Lo hacen en la siguiente proporción: כבוד־יהוה *kebod YHWH*, "gloria de Yahweh" —leído por lo general *kebod Adonay*, "gloria del Señor"—, diez veces (Ez. 1:28; 3:12,23; 10:4,18; 11:23; 43:4,5; 44:4); כבוד אלהי ישראל *kebod Elohé Yisrael*, "gloria del Dios de Israel", cinco veces (Ez. 8:4; 9:3; 10:19; 11:22; 43:2); כככבוד *kakkabod*, "según la gloria", una vez (Ez. 3:23); כבודי *kebodí*, "mi gloria" —es el propio Dios quien habla—, una vez (Ez. 39:21); y מכבודו *mikkebodó*, "de su gloria" —dicho de Dios—, otra (Ez. 43:2). A ello podríamos añadir las dos ocasiones (Ez. 28:22; 39:13) en que aparece el verbo כבד *kabad* en su raíz NIPHAL[622] con el sentido de "glorificarse", y siempre referido al Dios de Israel. Nada de particular tiene, por lo tanto, que Ezequiel haya sido tildado, en más de

---

[621] Téngase en cuenta la propensión innata de los antiguos a divinizar los elementos y las fuerzas de la naturaleza que escapaban a su control, o de las que dependían estrechamente. *Cf.* TELLERÍA, J. M. Y GELABERT, R. M. *Lecciones sobre el Éxodo*. Las Palmas de Gran Canaria: Ed. Mundo Bíblico, pp. 95-104.

[622] Es decir, acción simple pasiva o reflexiva.

una ocasión, de *el profeta de la gloria de Dios*[623]; es de hecho la mejor designación que se podría haber hallado para mencionarlo. En su magnífico artículo "Ezéchiel, témoin de l'honneur de YHWH", publicado en el número especial de la *Revue de Théologie et de Philosophie* de la Facultad de Teología de la Universidad de Ginebra que apareció en 1984 con el título de *Permanence de l'Ancien Testament. Recherches d'exégèse et de théologie*, el profesor Robert Martin-Achard afirma lo siguiente en relación con el concepto de *gloria de Dios*[624]:

«La primera [de las tres nociones básicas que contiene el libro de Ezequiel][625] es la de *kebod YHWH*, algunos de cuyos elementos son probablemente de origen cananeo, y de la que hallamos un temprano testimonio en el culto hierosolimitano (como en Is. 6); adquiere una gran importancia en la tradición sacerdotal. La "gloria de YHWH" tiene un papel nada despreciable en el mensaje de Ezequiel si pensamos, ya de entrada, que casi todas las veces que emplea la palabra *kabod* en su libro se refiere al Dios de Israel. Incluso si algunas de esas menciones no pasan de ser puramente redaccionales, su presencia atestigua el alcance de este concepto a ojos de quienes han querido conservar con total fidelidad el pensamiento de su maestro[626]. Pero la *kebod YHWH* aparece sobre todo en los momentos cruciales de la actividad de Ezequiel; fundamenta su ministerio (Ez. 1-3), se encuentra estrechamente ligada al anuncio del fin de Jerusalén (Ez. 8-11) y consagra el restablecimiento del culto a YHWH al regreso del exilio (Ez. 43ss). Podemos decir sin temor a exegerar que sostiene el conjunto de la predicación del profeta.

YHWH se manifiesta a Ezequiel para hacer de él su testigo entre sus compatriotas (Ez. 1-3). La página compleja y majestuosa, probablemente retocada por los redactores, que abre el libro del profeta (Ez. 1) presenta ciertas

---

[623] *Cf.* la opinión vertida, además, por el ya clásico HARFORD, J. B. *Studies in the Book of Ezekiel.* Cambridge University Press, 1935, cuando afirma:

«Ningún otro libro nos da una visión tan sublime de la majestad de Dios».
(La traducción es nuestra)

[624] Traducimos literalmente de las pp. 325-327 sin tener en cuenta las notas originales a pie de página, que carecen de interés para nuestro propósito.

[625] Corchete añadido por nosotros.

[626] Con estas palabras, Martin-Achard se hace eco del pensamiento de Zimmerli y de tantos otros exegetas que postulan una redacción final de los oráculos de Ezequiel hecha por sus discípulos directos, su escuela, en la que se vería cierta tendencia a multiplicar las menciones a la idea de la gloria divina, a fin de subrayar algo que debió ser una de las enseñanzas básicas del profeta. Es bastante plausible, aunque no deja de ser una hipótesis.

analogías con otros relatos de vocación (1Re. 22; Is. 6). Ofrece la particularidad de situar la intervención del Dios de Israel fuera de Tierra Santa; aunque se encuentra en Mesopotamia, Ezequiel es llamado a dar cuenta de la Palabra de su Dios. La visión del profeta subraya la libertad y la movilidad de YHWH, que se reúne con la *golah*[627] allí donde esta se encuentra. El Dios de Israel no está ligado a Jerusalén, donde Isaías contemplara su gloria, sino que se desplaza hasta el lugar donde se encuentra su pueblo cautivo[628]. El texto bíblico tiende a mostrar además la grandeza desbordada de YHWH; ante su poder cósmico la criatura no puede hacer otra cosa que prosternarse antes de ser llamada y recibir una misión (Ez. 2ss). Solo se menciona la gloria divina al final de esta extraordinaria descripción, si bien de manera discreta: aparece envuelta en una luz demasiado brillante para que el profeta pueda vislumbrar algo más que una imagen (Ez. 1:28)[629]. La finalidad de Ez. 1 no es otra que legitimar la actividad profética de Ezequiel, lo que explica su comportamiento antes y después del 587. Encontramos de nuevo la *kebod YHWH* en los capítulos 8-11, que enumeran las faltas de que los hierosolimitanos son culpables y que motivan su castigo. De este episodio, que ha experimentado diversos añadidos, retenemos el anuncio de la partida de la gloria de YHWH fuera del estado judaíta (así Ez. 9:3; 10:18ss; 11:22ss). Como en éxtasis, Ezequiel asiste a lo que a sus ojos se revela como el punto culminante de la condena de Jerusalén: YHWH abandona su ciudad, que a partir de ese momento no es otra cosa que un lugar cualquiera dejado en manos del enemigo. El alejamiento de la *kabod* del Dios de Israel permite que esta se encuentre fuera del alcance de la mano de las tropas paganas cuando penetren en Sion[630].

En la segunda mitad de su actividad, Ezequiel se preocupa de la reorganización de la comunidad hierosolimitana y busca asegurar la pureza del culto. Ve cómo la gloria divina regresa del Este para instalarse en un santuario digno de ella. La *kabod* llena la casa de YHWH y confirma así la voluntad del Dios de Israel de instalarse definitivamente entre los suyos (Ez. 43:1-7.

---

[627] Hebreo גולה *golah*, "cautividad", entendido como un singular colectivo: el conjunto de los cautivos.

[628] *Cf.* como curiosidad cultural la afirmación de Esquilo en su tragedia *Los siete contra Tebas*, en cuyos versos 218-219 leemos:

«Los dioses abandonan la ciudad conquistada».

[629] De ahí la clara vinculación gloria-luz, frecuente en el libro de Ezequiel, y a partir de él en toda la literatura posterior de corte apocalíptico, donde la luz deviene una hipóstasis de la gloria divina.

[630] Imposible no pensar en las palabras del Señor Jesús referidas a Jerusalén: *He aquí, vuestra casa os es dejada desierta*, que leemos en Lc. 13:35 y que hallarían su cumplimiento literal histórico el año 70 de nuestra era.

Cf. también 37:26ss; 48:35). Se cierra así el ciclo de declaraciones del profeta sobre "la gloria de YHWH" que acompaña de alguna manera a Israel en los caminos del exilio y del regreso».

Realmente, tan solo en Ez. 1 se intenta dar una descripción completa de la irrupción de la gloria divina en nuestro mundo desde lo alto, algo que no se encuentra en ningún otro lugar del Antiguo Testamento. Ni siquiera las primeras teofanías del Sinaí en los orígenes de Israel obedecen a este propósito, ya que en ellas Yahweh se muestra siempre en lo alto de un monte (Éx. 19:16-20), lejos de su pueblo; y algo similar podemos decir de su manifestación en el tabernáculo de reunión (Éx. 40:34-38) o en el templo de Jerusalén (1Re. 8:10-11; 2Cr. 5:14), donde se halla oculto a los ojos de los hombres, encerrado en la parte más recóndita de su santuario. Tan solo en Ez. 1 el Dios de Israel elimina la distancia que lo separa de su criatura humana y desciende en todo su esplendor (con su מרכבה *merkabah* o "carro" y sus querubines) hasta tocar tierra en el lugar de la cautividad judaíta[631], lo cual resulta de todo punto extraordinario, dado que es un país pagano, y por ende, ritualmente impuro; en ello vemos, sin duda alguna, una deliciosa y al mismo tiempo solemne anticipación del gran descenso divino que más tarde cantarán el apóstol Pablo en Fil. 2:6-8 y el conjunto del Nuevo Testamento: el Dios revelado en las páginas del Antiguo Testamento y del conjunto de la Biblia, ni desdeña ni rehúye el contacto material con el mundo y con el hombre. El planteamiento del tema, tal como lo hallamos en este profeta, nos conduce de forma directa al concepto de

La gloria de Dios enfocada como acontecimiento escatológico. Son los profetas de Israel, especialmente los contemporáneos del exilio en Babilonia y los que vivirán la restauración posterior, quienes más van a incidir en este asunto. Vamos a señalar dos puntos importantes:

Por un lado, el Deutero-Isaías destaca la condición del pueblo de Dios cautivo en Babilonia como algo pasajero y llamado a un cambio drástico que evidenciará la mano todopoderosa de Yahweh. Al igual que los capítulos finales del libro de Ezequiel (40-48) describen

---

[631] Aunque algunos han señalado Éx. 24:9-11 como una manifestación también de la gloria divina y una ruptura de limitaciones en la relación Yahweh-Israel efectuada por el mismo Dios, la realidad es que no es Dios quien desciende, sino Moisés y sus acompañantes quienes ascienden hasta Yahweh. Se trata, a todas luces, del relato de una tradición diferente que obedece a una intencionalidad distinta.

la restauración de Israel en la tierra de Palestina y el nuevo templo en el que Dios morará[632], Is. 48:11ss se refiere al gran evento que el Señor protagonizará, el nuevo éxodo, que será mucho más glorioso que la antigua liberación de Egipto. Los versículos 20-21, más concretamente, rezan:

> *Salid de Babilonia, huid de entre los caldeos; dad nuevas de esto con voz de alegría, publicadlo, llevadlo hasta lo postrero de la tierra; decid: Redimió Jehová a Jacob su siervo. No tuvieron sed cuando los llevó por los desiertos; les hizo brotar agua de la piedra; abrió la peña, y corrieron las aguas[633].*

El oráculo profético apunta a un regreso masivo de judaítas a su tierra patria, en el que las manifestaciones divinas serán patentes para el conjunto de los pueblos[634]. Con todo, la realidad histórica que nos muestran los libros de Esdras y Nehemías, amén de otra documentación bíblica y extrabíblica referente al mismo asunto[635], es que la

---

[632] No deja de revestir una gran importancia el hecho de que esta magna sección del libro de Ezequiel se inicie con una datación exacta del cautiverio de Israel:

> *En el año veinticinco de nuestro cautiverio, al principio del año, a los diez días del mes, a los catorce años después que la ciudad fue conquistada, en aquel mismo día vino sobre mí la mano de Jehová, y me llevó allá. En visiones de Dios me llevó a la tierra de Israel, y me puso sobre un monte muy alto, sobre el cual había un edificio parecido a una gran ciudad, hacia la parte sur. (Ez. 40:1-2)*

[633] En este mismo sentido se había expresado ya Jer. 16:14-15, que, dada su importancia, citamos literalmente:

> *No obstante, he aquí vienen días, dice Jehová, en que no se dirá más: Vive Jehová, que hizo subir a los hijos de Israel de tierra de Egipto; sino: Vive Jehová, que hizo subir a los hijos de Israel de la tierra del norte, y de todas las tierras adonde los había arrojado; y los volveré a su tierra, la cual di a sus padres.*

Salta a la vista la sin par trascendencia de esta declaración, dado que parece haber sido hecha antes de la destrucción de Jerusalén y del exilio, con lo que la idea del nuevo éxodo sería anterior a la cautividad babilónica y se enfocaría, en primer lugar, hacia los israelitas del Norte deportados a partir de la toma y destrucción de Samaria a finales del siglo VIII a. C.

[634] Como han apuntado con gran tino muchos exegetas, tal es el tono general que rezuma el Deutero-Isaías en su conjunto.

[635] *Cf.* el propio libro de Ester, en el que, como ya habíamos señalado anteriormente, se da cumplida cuenta de una realidad distinta: se constata la existencia de una amplia comunidad judía que reside dispersa en el Imperio aqueménida (sin mencionarse ni una

restauración no revistió aquellos colores de grandeza y manifestación desatada de poder divino, sino que tuvo lugar de un modo mucho más discreto. Ni tampoco Jerusalén ni el templo alcanzaron las dimensiones descritas en Ez. 40-48. Esd. 3:12 refleja muy bien la realidad de lo acontecido:

> *Y muchos de los sacerdotes, de los levitas y de los jefes de las casas paternas, ancianos que habían visto la casa primera, viendo echar los cimientos de esta casa, lloraban en alta voz, mientras muchos otros daban grandes gritos de alegría.*

Hageo, uno de los profetas que colaboraron más activamente en la restauración de Judea (Esd. 5:1), se hace eco de esta misma situación de duelo y llanto al regresar los judíos a su tierra ancestral y comenzar a reconstruir el antiguo templo (Hag. 2:3), pero al mismo tiempo abre la puerta a una nueva realidad, a lo que, entendemos, es el verdadero propósito divino para Jerusalén y su santuario. Sus palabras resuenan impactantes en el contexto de su época:

> *Porque así dice Jehová de los ejércitos: De aquí a poco yo haré temblar los cielos y la tierra, el mar y la tierra seca; y haré temblar a todas las naciones, y vendrá el Deseado de todas las naciones; y llenaré de gloria esta casa[636], ha dicho Jehová de los ejércitos. Mía es la plata, y mío es el oro. La gloria postrera de esta casa será mayor que la primera, ha dicho Jehová de los ejércitos; y daré paz[637] en este lugar, dice Jehová de los ejércitos. (Hag. 2:6-9)[638]*

Solo entendiendo la profecía a la luz de su pleno cumplimiento neotestamentario, es decir, en la persona y la obra de Jesucristo, alcanzamos a comprender —o mejor, a *vislumbrar*— cómo Dios ha mostrado realmente a las naciones su gloria en la restauración de los judíos tras la caída de Babilonia.

---

sola vez la tierra de Judea, sometida a la sazón al dominio persa), y que no muestra la más mínima intención de regresar de nuevo a su lugar de origen.

[636] El segundo templo, cuyos inicios habían provocado el llanto general del pueblo.

[637] שלום *shalom* en hebreo, es decir, salvación y felicidad.

[638] *Cf.* lo dicho en el capítulo 1 de la primera parte acerca de la traducción de este versículo en la Vulgata.

Por otro lado, de las alabanzas y las exhortaciones del Salterio a dar gloria a Dios, rey indiscutible del mundo, llegamos a la afirmación solemne enunciada por el profeta Habacuc, que dice:

Porque la tierra será llena del conocimiento de la gloria de Jehová, como las aguas cubren el mar. (Hab. 2:14[639])

Es decir, se vislumbra un momento culminante en la Historia de la Salvación en el que todos los pueblos serán conscientes de la realidad del Dios que juzga y señorea sobre ellos, y de las consecuencias que de ahí se deducen (*cf.* Is. 40:5). No nos ha de extrañar, pues, que, en textos como Ez. 39:21 o Is. 66:18b, sea el propio Dios quien declare sin ambages esta nueva condición de la humanidad en una especie de canto de esperanza universal que anticipa a todas luces el mensaje salvífico definitivo del Nuevo Testamento. Los citamos en el mismo orden en que los hemos mencionado:

Y pondré mi gloria entre las naciones, y todas las naciones verán mi juicio que habré hecho, y mi mano que sobre ellas puse. (Ez. 39:21)

Tiempo vendrá para juntar a todas las naciones y lenguas; y vendrán y verán mi gloria. (Is. 66:18b)

De todos estos conceptos escatológicos, no obstante, daremos cuenta más amplia en un capítulo posterior.

La gloria como sinónimo de la bienaventuranza eterna de los fieles. Los escritos del Antiguo Testamento, como vemos, expresan la idea de la gloria divina como una realidad que se impone en este mundo y que se hace patente en la Historia de la Salvación vivida por Israel, extendiéndose hasta los tiempos futuros. Pero tan solo un texto, y cuya interpretación no está igual de clara para todos, parecería sugerir

---

[639] *Cf.* también en este mismo sentido Sal. 72:19:

> *Bendito su nombre glorioso para*
> *siempre,*
> *Y toda la tierra sea llena de su*
> *gloria.*
> *Amén y amén.*

que el término כבוד *kabod* pudiera aplicarse también al lugar (o estado) donde Dios ha de recibir a los fieles[640]. Sal. 73:24 afirma, en efecto:

> *Me has guiado según tu consejo,*
> *Y después me recibirás en gloria.*

Aunque las mejores versiones de la Biblia en nuestro idioma admiten que esta traducción es válida, aquellas que acostumbran acompañar el sagrado texto de notas o pequeños comentarios críticos (entre ellas BTI o CI), sugieren otras posibilidades igual de aceptables conforme a las reglas de la gramática hebrea. Algunas versiones en lenguaje más popular, como DHH o la paráfrasis de NTV, entienden esta declaración como una recepción del fiel por parte de Dios *con honores* o su guía *a un destino glorioso*, respectivamente.

La traducción más tradicional (la que leemos en BTX, NC o RVR60, entre otras), aun presentando un caso único en todo el Antiguo Testamento, no puede ser desechada o ignorada como si careciera de importancia. Los textos que hablan del destino *post-mortem* de los seres humanos no son demasiado frecuentes en las Escrituras y, de alguna manera, el más allá que se abre entre la muerte y la resurrección permanece siempre borroso. Un versículo como este deja entrever un poco de luz en medio de la oscuridad y ofrece una pincelada de colores vivos sobre un fondo frío.

La gloria de Dios en el hombre. Al hablar del concepto de *gloria de Dios* en el Antiguo Testamento, hemos comprobado de forma muy directa que esta se menciona principalmente en función de Israel, que la contempla y la asume como tal —¡aunque la tema!—, si bien se alude a ella también en función del conjunto del género humano, especialmente en los escritos más tardíos[641]. Por lo que ya de entrada, cabría

---

[640] Tal es, efectivamente, uno de los significados fundamentales del término "gloria" en nuestra lengua. Así el *Diccionario de la Real Academia Española*, 22ª edición (2001) tiene entre sus definiciones la siguiente (n° 11):

«f. *Rel*. En la doctrina cristiana, estado de los bienaventurados en el cielo, definido por la contemplación de Dios».

[641] No es porque sí que algunos han señalado cómo Dios y el hombre conforman un binomio inseparable en el pensamiento veterotestamentario y de la Biblia en general, de manera que el último no se puede explicar sin el primero, y el primero, a su vez, resulta inconcebible sin el último.

preguntarse si el hombre como tal puede igualmente ser glorioso, es decir, si hay algo de gloria en él o, expresándolo tal vez mejor, para él. La respuesta es afirmativa. Sal. 8:5-6 declara de forma lapidaria refiriéndose al ser humano:

> *Le has hecho poco menor que los*
> *ángeles,*
> *Y lo coronaste de gloria y de honra.*
> *Le hiciste señorear sobre las obras*
> *de tus manos;*
> *Todo lo pusiste debajo de sus pies.*

Es decir, que la gloria humana no es sino un reflejo de la gloria divina. El hombre solo puede obtener su gloria, al igual que obtiene la existencia y todos los bienes, del propio Dios (Sal. 62:7), algo que los piadosos de Israel saben bien, máxime cuando comparan su situación con la de los impíos. Por eso, Yahweh le dice a Salomón al comienzo de su reinado:

> *Sabiduría y ciencia te son dadas; y también te daré riquezas, bienes*
> *y gloria, como nunca tuvieron los reyes que han sido antes de ti, ni*
> *tendrán los que vengan después de ti.* (2Cr. 1:12)

Esta realidad no obsta para que en ocasiones Dios prive al hombre de gloria, como les sucede al patriarca Job (Job 19:9) o al extraño personaje de Balaam (Nm. 24:11) en circunstancias muy particulares[642]. De ahí que, en contraste con la gloria divina, la humana sea más bien algo pasajero, efímero, que Is. 40:6 compara de forma audaz con la fragilidad de las flores:

> *Voz que decía: Da voces. Y yo respondí: ¿Qué tengo que decir a voces?*
> *Que toda carne*[643] *es hierba, y toda su gloria como flor del campo.*

---

[642] Incluso al conjunto de Israel, como en 1Sa. 4:21.

[643] De todos es sabido que la expresión hebrea כל־בשׂר *kol basar*, normalmente vertida en su forma más literal como "toda carne" por RVR60, BJ y BTX, hace referencia en principio al conjunto de la humanidad. Así, BEP traduce "todo mortal" y DHH mucho más explícitamente "todo hombre". No tenemos aquí en cuenta, lógicamente, las ocasiones en que apunta al conjunto de los seres vivos tal como los entendían los autores

Cf. también Sal. 39:5; 102:11; 103:15. El hecho de que el hombre reciba su gloria del propio Dios desde los orígenes, desde su creación, hace que esta se presente en el pensamiento veterotestamentario estrechamente relacionada con el concepto de *imago Dei* o *imagen de Dios*, una de las enseñanzas más hermosas y de mayor alcance de los escritos del Antiguo Testamento. Su texto capital es, como bien sabe el amable lector, el archiconocido pasaje de Gn. 1:26-27:

> *Entonces dijo Dios: Hagamos al hombre a nuestra imagen, conforme a nuestra semejanza; y señoree en los peces del mar, en las aves de los cielos, en las bestias, en toda la tierra, y en todo animal que se arrastra sobre la tierra. Y creó Dios al hombre a su imagen, a imagen de Dios lo creó; varón y hembra los creó.*

Llamamos la atención al hecho de que la repetición insistente de esa creación del hombre a la imagen de Dios en estos versículos (tres veces aparece en el texto original la raíz verbal ברא *bará*, "crear") responde a un evidente propósito didáctico, solo accesible para nosotros en la medida en que podemos ubicar estas palabras en su contexto, no únicamente literario o teológico, sino también (y sobre todo) cultural. Si bien, por un lado, no se ha puesto en duda en medios judíos y cristianos la realidad de una imagen divina en el ser humano[644], se ha generado, por el otro, una discusión sobre el sentido real de los términos *imagen* y *semejanza*, en hebreo צלם *tsélem* y דמות *demuth*, respectivamente, que ha derivado en ocasiones hasta extremos absurdos de bizantinismo, especialmente en medios cristianos, como el planteamiento de si Dios tiene realmente una forma corporal, cuestión que ya suscitaron en el siglo IV de nuestra Era los llamados *Audianos* o *Antropomorfitas*. Retomando un estudio que publicamos hace un tiempo, decimos que

---

bíblicos, es decir, hombres y animales (Gn. 6:12). De todas maneras, no siempre resulta fácil dilucidar el sentido exacto de estas palabras en ciertos contextos.

[644] En el ámbito judío, si bien jamás se ha puesto en duda la realidad de lo que el texto genesíaco vehicula, filósofos como Maimónides (s. XII) han enseñado que si Dios no tiene cuerpo material, el concepto de *imago Dei* en el hombre nunca puede entenderse literalmente. Entre los cristianos, la diatriba se ha centrado específicamente en si esa imagen se mantenía intacta a pesar de la caída de Adán, o, de haber sido dañada por la realidad del pecado, hasta qué punto habría quedado deteriorada en el estadio actual de la especie humana, asunto que veremos con más detalle en el siguiente epígrafe.

«[los vocablos *imagen* y *semejanza*] son prácticamente sinónimos en hebreo y vienen a significar una representación de algo, es decir, *una reproducción artística*[645]. Con lo cual, los versículos 26 y 27 de Génesis 1 nos vienen a decir que el Hombre es una réplica de Dios en el mundo[646]».

Se ha llamado en ocasiones la atención sobre el hecho de que la noción de *imagen* que leemos en estos versículos no debe nunca ser entendida a la luz de nuestros patrones culturales europeos. El mundo occidental, máxime a partir de la gran revolución del pensamiento y de las técnicas artísticas que supuso el Renacimiento italiano de los siglos XV (*quattrocento*) y XVI (*cinquecento*), ha entendido el concepto de *imagen* casi como sinónimo de *retrato,* o por lo menos como plasmación exacta de la realidad, ejecutada con mayor o menor maestría, hasta derivar a la fotografía, que desde los primeros daguerrotipos del siglo XIX hasta hoy se ha esforzado en plasmar el mundo tal cual es[647]. En la época en que se generaron las tradiciones que hoy componen el Antiguo Testamento, las imágenes estaban muy lejos de representar la realidad tal como hoy se entiende, y eran diametralmente opuestas a nuestro concepto actual de *retrato*. La pintura y la escultura de Egipto y Mesopotamia —los referentes culturales más importantes de los pueblos palestinos en general y de Israel en particular— presentan figuras humanas, especialmente regias, en las que los rasgos estrictamente personales ceden su lugar a todo un simbolismo y una convencionalidad bien regulados por las costumbres[648]. Aunque una estatua concreta pretenda representar a un rey o un faraón determinados, esta información solo es accesible por medio de las inscripciones correspondientes que indican su nombre. De no ser así, podría tratarse de cualquier otro. De hecho, la historia registra casos en los que algunos monarcas

---

[645] Idea que también propone Eichrodt.

[646] TELLERÍA, J. M. Y GELABERT, R. M. *Lecciones sobre el Génesis.* Las Palmas de Gran Canaria: EMB, 2010, p. 21.

[647] *Cf.* a este efecto el incomparable estudio de GUBERN, R. *La mirada opulenta. Exploración de la iconosfera contemporánea.* Barcelona: Gustavo Gili, 1987, hoy considerado ya como un gran clásico del tema. También VILCHES, L. *La lectura de la imagen. Prensa, cine, televisión.* Barcelona: Paidós, 1984.

[648] La única excepción la constituye en Egipto el llamado *Período de Amarna*, al que ya habíamos hecho alguna mención, y sobre el cual, entre otros, se han publicado los siguientes estudios, harto ilustrativos sobre aquellos tiempos y el mundo contemporáneo del Antiguo Testamento: CYRIL, A. *Akhenatón.* Madrid: Edaf, 1989; y REEVES, N. *Akhenatón. El falso profeta de Egipto.* Madrid: Ed. Oberon, 2002.

—entre ellos, el faraón Ramsés II, el faraón del éxodo, según algunos— hicieran borrar los nombres de otros soberanos que aparecían en ciertas esculturas reales para luego ordenar se escribieran los suyos en su lugar. Ello no hubiera sido posible si las imágenes hubieran representado realmente individuos particulares con sus rasgos personales específicos. Figuraban más bien una función, un concepto abstracto muy particular de poder. En este sentido es como se debe entender que el hombre sea *imagen y semejanza* de Dios, una réplica de la Divinidad. No refleja ni "copia" los rasgos reales de Dios, no es un retrato fotográfico de Yahweh, sino alguien que en sí mismo representa al Creador, alguien en quien los otros seres creados contemplan a Dios, de alguna manera[649]. De ahí que durante siglos se haya hecho hincapié, tanto en el campo judío como en el cristiano, en que esa imagen y esa semejanza se refieren al innegable componente espiritual del ser humano, su alma o espíritu, pese a las críticas o las protestas inmisericordes de los materialistas. Como afirma San Agustín de Hipona:

«Tenemos que encontrar en el alma del hombre la imagen del Creador que está inmortalmente plantada en su inmortalidad[650]».

Asimismo, se ha apuntado al hecho de que tanto el varón como la mujer contienen y proyectan en igual medida esa *imago Dei*, vale decir, no solo el varón en exclusiva, pues el Hombre genérico —en hebreo אדם *adam*, "Adán"[651]— implica ambos sexos, de lo cual dan testimonio las lenguas antiguas[652]. De esta manera —tal como se ha indicado desde siempre en ciertos medios muy conservadores— la imagen divina

---

[649] Sin olvidar a los demás seres humanos. El hecho de reconocer en el otro la imagen de Dios está en la base de principios como el respeto a la vida y la integridad completa de la persona humana en tanto que tal, así como el mandamiento básico del amor al prójimo, con todas sus consecuencias.

[650] *De Trinitate* ("La Trinidad") 14,4.

[651] Lo escribimos con mayúscula porque en nuestro idioma, como en los de nuestro entorno, este término se entiende como un nombre propio referido al primer hombre que pisó la tierra.

[652] En hebreo, como queda dicho, el Hombre en tanto que *género humano* o *familia humana* es אדם *adam*, frente a איש *ish*, "el varón", e אשה *ishshah*, "la mujer" (o *la hembra*, como dicen las versiones bíblicas antiguas). El griego clásico, a su vez, hace la misma distinción: frente al genérico ἄνθρωπος *ánthropos*, que en algunos autores antiguos puede llevar artículo masculino o femenino, según deseen indicar que se habla de varones o hembras, el varón recibe el nombre específico de ἀνήρ *aner*, y la mujer el de γυνή *gyné*. Y en latín, frente al genérico *homo*, el varón es *vir* y la mujer *mulier*.

anticiparía la pluralidad personal en Dios, la doctrina que luego el cristianismo definiría como Trinidad. Por otro lado, el propio texto sagrado, y sin negar o contradecir lo anterior, apunta en el versículo siguiente (v. 28) a otra proyección de la imagen divina cuando dice:

Y los bendijo Dios, y les dijo: Fructificad y multiplicaos; llenad la tierra, y sojuzgadla, y señoread en los peces del mar, en las aves de los cielos, y en todas las bestias que se mueven sobre la tierra.

No se trata en este caso de una imagen de esencia, sino de función, consistente en el dominio sobre todo lo creado. En este sentido, la gloria del hombre es un don divino que se debe plasmar y ejercitar en la relación que nuestra especie ha de mantener con el resto de la creación.

Esta cuestión aparece hoy en día como de rabiosa actualidad, dada la situación de explotación inmisericorde que sufre nuestro planeta a manos de tantas multinacionales y organizaciones lucrativas, por un lado, y la proliferación de movimientos ecologistas que propugnan un "retorno a la naturaleza", entendida esta como una entidad viva (y para algunos realmente personal), que disimula mal un culto similar al que tributaban los antiguos a la *Magna Mater*[653], por el otro[654]. El hecho de haberse acusado al mundo occidental (¡y con razón!) de avaricia y rapacidad en relación con los bienes y recursos terrestres, ha suscitado la cuestión de que ello no es sino una consecuencia lógica y directa de la doctrina enseñada en la Biblia sobre el hombre como cúspide de la creación.

«Críticos modernos de la tradición judeo-cristiana indican que en el mandato bíblico de la creación "sed fecundos y multiplicaos, y llenad la tierra y sometedla" (Gn. 1:28) subyacen los fundamentos intelectuales de la

---

[653] Denominación genérica ("la Gran Madre") otorgada a todas las deidades femeninas del paganismo que encarnan la naturaleza en tanto que madre nutricia de todos los seres vivientes. Se constatan desde la misma Prehistoria (cf. las imágenes talladas que muestran cuerpos femeninos de colosales proporciones en sus senos, vientres, sexo y piernas, como la famosa *Venus de Willendorf*), pero la más célebre es, sin duda alguna, la diosa Cibeles de Frigia, en cuyo honor los sacerdotes de su culto llegaban a la auto-emasculación.

[654] No nos referimos a grupos de activistas como *Greenpeace*, que trabajan con ahínco para proteger el medio ambiente (aunque sus métodos puedan ser discutibles), sino a otros que rozan incluso el sectarismo religioso y que se vinculan abiertamente con cultos de tipo oriental, o hasta con prácticas animistas y primitivas, en las que ven una condición más natural para el ser humano que los sistemas religiosos institucionalizados.

actual crisis ecológica: multiplicación ilimitada, superpoblación de la tierra y opresión de la naturaleza[655]».

Quienes defienden a capa y espada un ecologismo militante, se hacen eco de cierta filosofía evolucionista —conocida como *Filosofía de la Vida*— que reduce al ser humano a un mero eslabón más de una amplia cadena biológica que, tal vez, dicen, aún no se ha completado; vienen así a negar toda trascendencia, toda gloria particular a nuestra especie, al mismo tiempo que condenan sin paliativos la explotación del mundo natural y sus recursos. Es cierto que el Antiguo Testamento constata desde Gn. 1 la supremacía de nuestra especie sobre todo lo creado, de manera que incluso Dios pide cuentas a los animales que derraman sangre humana (Gn. 9:5), pero nada de ello autoriza a Adán y su descendencia a una depredación continua y descontrolada de los recursos terrestres que conlleve la destrucción del mundo, situación que por desgracia viene constatando la prensa diaria desde hace unas décadas. Sorprende, en este sentido, el esmero exquisito con que los oráculos sagrados prescriben a los israelitas cuidar, no solo de sus terrenos productivos o sus animales domésticos (Lv. 19:19; 25:4; Dt. 25:4), sino del entorno en general, con sus seres vivos, tanto en aras de un respeto a una tierra concebida como inalienable *propiedad divina* (Lv. 25:23), como en relación con las necesidades de los indigentes (Lv. 19:9-10). Leemos en Dt. 20:19-20:

Cuando sities a alguna ciudad, peleando contra ella muchos días para tomarla, no destruirás sus árboles metiendo hacha en ellos, porque de ellos podrás comer; y no los talarás, porque el árbol del campo no es hombre para venir contra ti en el sitio. Mas el árbol que sepas que no lleva fruto, podrás destruirlo y talarlo, para construir baluarte contra la ciudad que te hace la guerra, hasta sojuzgarla.

Asimismo, nos llama la atención el mandato de Dt. 22:6-7:

Cuando encuentres por el camino algún nido de ave en cualquier árbol, o sobre la tierra, con pollos o huevos, y la madre echada

---

[655] MOLTMANN, J. *Dios en la creación. Doctrina ecológica de la creación.* Salamanca: Ediciones Sígueme, 1987, p. 42.

sobre los pollos o sobre los huevos, no tomarás la madre con los hijos. Dejarás ir a la madre, y tomarás los pollos para ti, para que te vaya bien, y prolongues tus días[656].

Más de un estudioso de las Escrituras ha comentado lo trágico que resulta el hecho de que no solo carece el Antiguo Testamento de testimonios que ratifiquen tales observancias entre el pueblo de Israel[657], sino que más bien describe con todo detalle una situación permanente de rapacidad desmedida y sobreexplotación de la tierra y sus habitantes por mano de los poderosos, como denunciarían en su momento los profetas (Is. 5:8; Am. 4:1), consecuencia de lo cual sería el empobrecimiento paulatino del suelo y el endeudamiento creciente de la población. El propósito divino reflejado en los *Relatos de la Creación* de Gn. 1-2 y el Sal. 104[658] no conlleva la idea de una tiranía sobre el mundo por parte del hombre, sino más bien de una manifestación de la gloria de Dios a través de su representante, su imagen plasmada entre los seres vivos terrestres. Las labores del Adán recién creado, tal como se narran en Gn. 2:15, no se parecen realmente a las de un señor o un déspota oriental poseedor de tierras, ni mucho menos a las de un empresario occidental de nuestros días, sino que reflejan más exactamente las del *fellah* o

---

[656] Dentro de esta misma línea de pensamiento se comprende la del todo punto civilizada y humanitaria declaración de Pr. 12:10:

> *El justo cuida de la vida de su*
> *bestia;*
> *Mas el corazón de los impíos es*
> *cruel.*

[657] La pretensión de algunos exegetas de que Neh. 5:1-13 sea el cumplimiento de las disposiciones levíticas acerca del reposo de la tierra y la remisión de deudas el año jubilar, no cuenta con el consenso de todos los eruditos. Por otro lado, la alusión al año jubilar que leemos en Ez. 46:17 no implica que tal disposición hubiera tenido cumplimiento en la historia de Israel; por el contrario, se la designa como algo que tendrá que ocurrir en un futuro escatológico. Pese a ello, algunos maestros judíos se han empeñado en que la práctica del jubileo y del año sabático, con todo lo que ello implica de reposo para la tierra, habrían sido comunes antes del exilio y que habrían dejado de cumplirse en el período de la restauración. Únicamente pueden alegar a su favor tradiciones extrabíblicas, algunas de ellas un tanto discutibles, pero nunca el propio Texto Sagrado.

[658] Es un cántico en honor del Dios Creador y Conservador del mundo y de las criaturas que viven en él, un himno que rebosa optimismo y agradecimiento. Algunos exegetas han señalado su parecido con el himno a Atón compuesto en Egipto por el faraón Akenatón durante el siglo XIV a. C.

campesino arrendatario, nunca propietario del terreno, una figura típica de países como Egipto o Siria que ya era habitual en la época en que se compusieron estos relatos y poemas. Los hagiógrafos, en la elaboración del cuadro de los orígenes de la humanidad, no tienen en cuenta al hombre rudo de la estepa, cazador montaraz, muy similar a lo que debían haber sido las sociedades paleolíticas (*cf.* el más que sugerente contraste entre las figuras de Esaú y Jacob en Gn. 25:27). El mundo primigenio concebido por los maestros de Israel[659] no podría haber sido sino un mundo de paz, donde no habría existido la depredación sanguinaria, cazadores ni presas. Adán, por tanto, aparece en los relatos de los orígenes como alguien específicamente diseñado para conservar y enriquecer la creación, jamás para esquilmarla o sobreexplotarla hasta el exterminio de sus recursos. La gloria de Dios en el hombre se manifiesta, por lo tanto, en la prolongación de la vida y la belleza del mundo creado con todos sus seres vivientes, nunca en lo contrario. Tal es, en el pensamiento de los hagiógrafos y maestros de Israel, el dominio del planeta Tierra que el Creador ha encomendado a nuestra especie.

¿Y qué hay de la imagen-gloria de Dios en el hombre caído? No se trata de una pregunta sin sentido, como bien ha evidenciado la historia de la teología dogmática. En medio de tantas opiniones —a veces divergentes— de los teólogos acerca de este punto, podemos afirmar que la condición caída del hombre puede en verdad deformar, rebajar e incluso mancillar la imagen divina, lo que llega a resultar bastante evidente en algunos casos concretos, pero nunca destruirla o aniquilarla por completo, pese a lo que algunos han enseñado en ocasiónes[660].

---

[659] Para entender la relación entre el concepto de creación y la sabiduría de Israel, *cf.* ZIMMERLI, W. "The Place and Limit of the Wisdom and the Framework of the Old Testament Theology", in SJT (*Scottish Journal of Theology*) (1964), pp. 146ss.

[660] El *Catecismo Mayor* de Lutero, artículo 114, establece:

«El Hombre perdió la imagen de Dios cuando cayó en el pecado».

Afirmaciones como esta han propiciado que algunos detractores de su pensamiento hablen abiertamente de lo que consideran el *pesimismo luterano*. *Cf.* GÓMEZ-HERAS, J. M. G. *Teología Protestante. Sistema e historia.* Madrid: B.A.C., 1972, que en las pp. 14-15 afirma:

«Frente a la visión optimista del mundo y del hombre típica del Renacimiento, el creyente evangélico [i.e. protestante] concibe al mundo como realidad en estado de perdición y al hombre como criatura corrompida por el pecado. La naturaleza y la historia son un enigma y un caos insoluble para el hombre solo. El pecado localiza

Se constata en las escrituras veterotestamentarias una clara conciencia, por parte de sus autores, de una prístina creación esencialmente buena del hombre[661], si bien malograda por este mismo:

He aquí, solamente esto he hallado: que Dios hizo al hombre recto, pero ellos buscaron muchas perversiones. (Ec. 7:29)

Los hagiógrafos-maestros que pusieron por escrito las tradiciones que hallamos en los primeros capítulos del libro del Génesis, exaltan siempre la dignidad y el valor de la persona humana como tal a los ojos del Creador, aun escribiendo desde el punto de vista de hombres caídos, y sin negar ni obviar realidades crudas que, transmitidas de padres a hijos desde la noche de los tiempos, hoy constituyen un patrimonio cultural del conjunto de nuestra especie[662]. Gn. 5:1-3, tras repetir el hecho de que Dios había creado al hombre *a su semejanza, conforme a su imagen*, heb. בדמותו כצלמו *bidemuthó ketsalmó*, luego dice que el propio Adán transmitiría esa condición a su hijo Set. *Cf.* también Gn. 9:6. No es difícil, por tanto, deducir que el hombre, hecho para representar al Creador en este mundo, se convierte por ello en un transmisor de esa función inherente a nuestra gran familia humana. Cada *imagen* y *semejanza* de Dios que existe sobre la tierra está, por tanto, llamada a generar otras idénticas que perpetúen esa condición privilegiada que tiene

---

al hombre en una situación de ruptura, de interna escisión consigo mismo al oponerlo a Dios. La contradicción interna es el constitutivo esencial del hombre que posibilita a este para decidirse contra sí mismo al decidirse contra Dios. El hombre aspira a autorrealizarse en contradicción con la propia realidad, y en sus esfuerzos se descubre como incapaz para salir de la situación desintegradora y de alienación en que se encuentra. Este *pesimismo antropológico* parece provenir de la crisis religiosa que Lutero vive en la intimidad de su conciencia».

El corchete explicativo es nuestro.

[661] En referencia al día sexto del *Hexamerón*, cuando aparece el Hombre sobre la tierra, leemos la declaración lapidaria que lo resume:

Y vio Dios todo lo que había hecho, y he aquí que era bueno en gran manera. (Gn. 1:31a)

Las palabras traducidas como *bueno en gran manera* se corresponden con la expresión hebrea טוב מאד *tob meod*, "muy bueno".

[662] Entran en esta línea de cuenta las historias del primer homicidio (Gn. 4:3ss), de la institución de la poligamia (Gn. 4:19) y la venganza institucionalizada (Gn. 4:23-24), o el relato de la corrupción generalizada del género humano (Gn. 6:1-7) que dio ocasión al diluvio, entre otras.

nuestra especie. Sin caer en la antigua tentación de pretender *ser como Dios* (Gn. 3:5), el hombre ha sido realmente diseñado para mostrarse como un pequeño "creador de creadores". Por otro lado, el llamado *Relato de la Caída* (Gn. 3) transmite el diálogo de Dios con el hombre infiel (Adán) desde una óptica de redención-restauración que no deja resquicio alguno para suponer ningún tipo de pérdida de su prístina dignidad inherente en tanto que ser humano. Una idea similar hallamos en Gn. 4 cuando Dios se dirige a Caín, el primer homicida, y le coloca una señal protectora para que nadie atente contra su vida (v. 15). Es en este sentido que el gran Reformador Juan Calvino puede afirmar en uno de sus textos más conocidos:

> «También se puede obtener una prueba firme y segura respecto a esto, del texto en que se dice que el hombre ha sido creado a imagen de Dios (Gn. 1:26-27). Pues, si bien en el aspecto mismo externo del hombre resplandece la gloria de Dios, no hay duda, sin embargo, de que el lugar propio de la imagen está en el alma[663]».

No son de recibo, pues, las especulaciones de quienes en tiempos antiguos, e incluso en otros más recientes, han querido cuestionar si ciertos grupos o razas humanas lo son realmente, o "si tienen alma", "si pueden ser considerados como imagen y semejanza de Dios", e incluso "si se les puede aplicar la redención obtenida por Cristo". Si bien los hagiógrafos y pensadores de Israel son conscientes de que la כבוד *kabod* divina se refleja de una manera muy especial en el pueblo elegido, al que acompaña desde su origen, y cuyo desarrollo histórico dirige velando siempre por él, pese a sus infidelidades[664], nada de ello obsta para que perciban también esa presencia gloriosa divina, la imagen de Dios, en el conjunto del género humano, cuyos caminos traza el mismo Yahweh con mano maestra teniendo siempre en cuenta a Israel. No es porque sí que hallamos pasajes como Sal. 87:6 donde se nos dice que

---

[663] *Institutio Christianae Religionis*, I, xv, 3. Esta declaración del gran Reformador de Ginebra subraya el hecho de que en todo ser humano, sea cual fuere su condición, existe esa chispa divina, ese reflejo de la gloria de Dios que constituye su imagen y que resulta imborrable.

[664] En este sentido, no carece de importancia la declaración de Jer. 2:11:

> *¿Acaso alguna nación ha cambiado sus dioses, aunque ellos no son dioses? Sin embargo, mi pueblo ha trocado su gloria por lo que no aprovecha.*

Con lo que Dios es la única gloria real de Israel.

Dios inscribe a los diferentes pueblos, es decir, los tiene en cuenta; o como Dt. 32:8, donde se afirma sin ambages:

> *Cuando el Altísimo hizo heredar*
> *a las naciones,*
> *Cuando hizo dividir a los hijos*
> *de los hombres,*
> *Estableció los límites de los*
> *pueblos*
> *Según el número de los hijos de*
> *Israel*[665].

Solo así se entiende que el Antiguo Testamento apunte en ciertos textos hacia un humanitarismo más allá de los estrechos límites de Israel, y que ha llegado a sorprender a muchos lectores y estudiosos actuales de las Escrituras (Éx. 22:21; 23:9; Lv. 19:9-10,33-34; 23:22; Dt. 10:19; 24:17; 1Re. 8:41; Sal. 146:9; Jer. 22:3). El hecho de que Dios prodigue su gloria tanto a Israel como a los otros pueblos anticipa la salvación de Cristo en el Nuevo Testamento, que abarcará la totalidad de la gran familia humana, bendecida como especial creación divina y portadora de su imagen gloriosa.

A modo de conclusión. Dios es para Israel, en primer lugar, aquel que, por un misterio inaccesible al pensamiento humano, ha elegido y adoptado para sí un pueblo, la descendencia de Jacob, en la obra de cuya liberación muestra su gloria ante las demás naciones. Pero este planteamiento se irá ampliando a medida que los maestros y hagiógrafos del pueblo escogido contemplen al resto de los hombres también como manifestaciones de esa gloria divina, que retrotraerán a la creación de nuestra especie. Asimismo, andando el tiempo entenderán que el propósito original de Dios es la elección y la adopción definitiva de todos los hijos de Adán. Tales conceptos subrayan la gran responsabilidad del israelita fiel para con su Dios y para con su prójimo, hebreo o gentil, así como una visión universal de misericordia y Gracia.

---

[665] Una variante de este texto reza: *de los hijos de Dios*, con mirada más universalista.

> *Cuando Israel adquiere conciencia de ser el pueblo elegido*
> *por Dios es cuando se halla en mejores condiciones para entender*
> *qué significa la gloria divina y de qué modo hacerla extensible al*
> *resto de los seres humanos*

PREGUNTAS PARA REFLEXIONAR: La idea de que el Dios creador de todos los hombres "adopte" de entre ellos un pueblo determinado, suena a radical contrasentido, que más de un contemporáneo nuestro tacharía de "injusticia" o de "favoritismo"; ¿cómo podemos entenderla a la luz del Antiguo Testamento? ¿En qué consiste la adopción en términos legislativos actuales? ¿Funcionaba de la misma manera en el mundo antiguo? ¿En qué se diferenciaban el concepto de adopción estipulado en el Derecho Romano y la forma de adoptar que tenían los hebreos antiguos? ¿En qué se fundamenta la adopción de Israel por parte de Dios? ¿Cómo ha entendido tradicionalmente el judaísmo la elección divina de Israel? ¿Por qué razón es un peligro una lectura del Antiguo Testamento desde un enfoque exclusivamente moralista? ¿En qué sentido se relacionan los conceptos de "adopción" y "elección"? Comenta tres raíces verbales hebreas que indiquen el concepto de "elección", señalando sus diferencias de matiz. Escoge tres figuras literarias que emplee el Antiguo Testamento para ilustrar la doctrina de la elección y coméntalas lo más ampliamente posible. ¿Cómo se relacionan los conceptos de "adopción", "elección" y "gloria" en el Antiguo Testamento? Explica con detalle el significado del concepto "gloria" en el Antiguo Testamento a raíz del término hebreo כבוד *kabod* y sus traducciones griega y latina; intenta luego contrastarlo con las acepciones que este vocablo puede tener en nuestro idioma actual. ¿Cómo se manifiesta la gloria de Dios en el libro del Éxodo? ¿Y en el libro de Ezequiel? ¿Por qué algunos estudiosos han dado a Ezequiel el sobrenombre de *el profeta de la gloria de Dios*? Explica la relación entre el concepto de *gloria* y la escatología del Antiguo Testamento. ¿Es el hombre un ser glorioso a la luz del Antiguo Testamento? ¿A qué llaman algunos teólogos *Imago Dei*? Comenta con tus propias palabras el significado de Gn. 1:26-27, contrastando las posibles explicaciones que se han dado a lo largo de la historia de los términos *imagen* y *semejanza*. Dado que el hombre es una especie caída, ¿se puede seguir afirmando que en él se manifiesta la imagen de Dios? Desarrolla bien tu respuesta.

3. LOS PACTOS Y LA LEY

Entramos de lleno en el segundo binomio temático clave del pensamiento veterotestamentario, en el que se destaca de forma especial la manera en que el Dios revelado a Moisés con el nombre de Yahweh plasma, o si lo preferimos, *materializa*, el gran misterio de la gloriosa adopción-elección de su pueblo. De alguna manera, el concepto general de *pacto*, o *alianza*, como prefieren traducir algunas versiones[666], realiza en la historia el propósito eterno de Dios para con Israel. Y ese pacto, a su vez, verá su concretización más palpable en el concepto de *ley*, que tanta importancia alcanzará en el desarrollo de la teología bíblica y en la praxis judeocristiana posterior.

Definición del concepto de "pacto" o "alianza" en nuestro idioma. Damos la palabra al conocido *Diccionario ideológico de la lengua española*, de Julio Casares, donde encontramos la información siguiente acerca de estos términos, que esta obra clásica de nuestra lexicología entiende como sinónimos:

«Concierto o convenio entre dos o más personas o entidades».

Los términos *concierto* o *convenio* empleados en esta definición, significan "acuerdo" y sugieren por su origen latino (prefijo *co-*, del latín *cum*, "con", "en compañía de") cierta igualdad, o al menos cierta equiparación, entre las partes contractantes. Sucede algo muy similar en buena parte de las lenguas del mundo.

---

[666] BTX, DHH, NTV, NVI y RVR60, entre otras, utilizan el término *pacto*. Por su parte, BEP, BH, BJ, BTI, CI, NBE y NC se decantan más bien por la traducción *alianza*. Como podemos comprobar, las versiones protestantes y evangélicas de la Biblia tienden, por lo general, a emplear el vocablo *pacto*, mientras que las católicas romanas prefieren *alianza*.

El pacto en el vocabulario del Antiguo Testamento. La noción que traducimos como *pacto* o *alianza* en nuestras versiones habituales de la Biblia, viene referida 285 veces en los textos veterotestamentarios por medio de la palabra hebrea ברית *berith*, cuyo origen, según indican algunos especialistas, sería el verbo ברה *barah*, "comer", en la idea de que el establecimiento de las alianzas antiguas implicaba siempre una comida o banquete ritual[667]. De ahí que la expresión *hacer* o *establecer un pacto* tenga en lengua hebrea la forma consagrada כרת ברית *karath berith*, literalmente "cortar un pacto", cliché lingüístico que conlleva una clara alusión al hecho de abrir en canal los animales que habían de servir para aquella especial celebración, y también al ritual consistente en caminar entre las dos partes como señal de ratificación y aceptación de lo pactado (Gn. 15:9-10; Jer. 34:18-19). Algunos amigos de las etimologías semíticas señalan, no obstante, otra explicación para el término ברית *berith*, remontándose al verbo acadio *baru*, "atar", del que se deriva el sustantivo *birtu*, el nombre acadio del "lazo", e incluso la preposición *berit*, que significa en este idioma mesopotámico "entre". En este sentido, el pacto se entendería como un vínculo irrompible entre dos partes contractantes antes enemistadas, cuya consecuencia directa es lo que en hebreo se llama שלום *shalom*, habitualmente traducido en nuestro idioma por "paz", y que describe la relación que ese pacto garantiza. De ahí que algunos relacionen este vocablo שלום *shalom* con *salimum*, término del dialecto de Mari que significa "reconciliación".

Sea como fuere, el concepto de *pacto* o *alianza* es muy antiguo, un reflejo de un mundo arcaico de pastores nómadas, con lo que se presenta como realmente anterior al pensamiento y la predicación de los hagiógrafos y profetas de Israel; y en lo que respecta a los escritos sagrados del Antiguo Testamento, frente a la definición castellana antes indicada, viene a significar un convenio entre desiguales. Vale decir, adquiere un sentido puramente teológico en tanto que manifestación patente de la Gracia y la misericordia de Dios para con el conjunto de

---

[667] Un ejemplo que ilustra bien esta idea es la historia narrada en Gn. 26, perteneciente al ciclo de Isaac, y cuyo colofón se encuentra en los vv. 28-31:

Y ellos respondieron: Hemos visto que Jehová está contigo; y dijimos: Haya ahora juramento entre nosotros, entre tú y nosotros, y haremos pacto contigo, que no nos hagas mal, como nosotros no te hemos tocado, y como solamente te hemos hecho bien, y te enviamos en paz; tú eres ahora bendito de Jehová. Entonces él les hizo banquete, y comieron y bebieron. Y se levantaron de madrugada, y juraron el uno al otro; e Isaac los despidió, y ellos se despidieron de él en paz.

su pueblo, para con individuos particulares muy señalados, e incluso para con el conjunto del género humano[668]. Así se evidencia en la traducción griega de los LXX. De las 285 veces antes reseñadas en que aparece el término hebreo בְּרִית *berith* en los Escritos Sagrados, 257 se vierte sistemáticamente en la versión griega por διαθήκη *diatheke*, "testamento", no por su equivalente más exacto συνθήκη *syntheke*, que significa "pacto" o "alianza", precisamente. Este último étimo griego tiene unas implicaciones de convenio entre iguales (prefijo συν- *syn-*, equivalente a nuestro sufijo castellano *co-/con-*) que lo inhabilitan para traducir exactamente lo que la Biblia Hebrea desea transmitir. De ahí que, como se ha señalado en alguna ocasión, la traducción realizada en este caso por la LXX, evidentemente muy intencionada, resulte magistral[669]. Por el contrario, las versiones también griegas de Aquila, Símmaco y Teodoción, posteriores a la LXX, y traducidas con una clara intencionalidad projudía y abiertamente anticristiana, vierten el hebreo בְּרִית *berith* por συνθήκη *syntheke*, traicionando de esta manera, en aras de sus propios prejuicios, el prístino pensamiento de Israel.

¿Pacto o pactos? Señalábamos páginas atrás, al inicio de esta sección de nuestro trabajo, cómo en algunas versiones actuales de la Biblia (BTI y RVR60, por ejemplo), el texto de Ro. 9:4 antes mencionado leía *pacto*, en singular, mientras que otras (como BEP o BTX, por

---

[668] No es tal, lógicamente, cuando se refiere a simples alianzas humanas, particulares o colectivas, de lo cual también las Escrituras nos ofrecen varios ejemplos. *Cf.* Jos. 9:6; Jue. 2:2; 1Sa. 18:3; 20:16; 2Sa. 3:12; 1Re. 5:12; 15:19; 20:34; 1Cr. 11:3; 2Cr. 23:3; Job 31:1.

[669] William Barclay, en su en todo punto excelente trabajo *Palabras griegas del Nuevo Testamento*, publicado en 1977 en castellano por la CBP (Casa Bautista de Publicaciones), afirma lo siguiente en relación con el concepto de "pacto" expresado por el griego διαθήκε *diatheke*:

«...la palabra griega normal para pacto es *suntheke* (sic), que es precisamente la usada en todas partes respecto de un compromiso matrimonial o un acuerdo entre dos personas o estados. En el griego de todos los tiempos, *diatheke* no significa "pacto", sino "testamento". *Kata diatheken* es el término regular que significa "según las estipulaciones del testamento".
[...]
La razón es la siguiente: *Suntheke* describe siempre "un acuerdo hecho en igualdad de condiciones, que cualquiera de las dos partes puede alterar". Pero la palabra "pacto" significa algo diferente. Dios y el hombre no se encuentran en igualdad de condiciones; [...]
No entramos en relación con Dios por derecho propio ni según nuestras estipulaciones, sino por la iniciativa y la gracia de Dios». (p. 51)

no mencionar sino unas pocas bien conocidas) lo presentan en plural. No se trata de un recurso estilístico de los traductores, simplemente. La forma plural αἱ διαθῆκαι *hai diathekai*, "los pactos" (en el manuscrito griego minúsculo 1962 se omite el artículo αἱ *hai*) es la mejor atestiguada tanto en los principales manuscritos unciales[670] como en la mayoría de los escritos en letra minúscula, las citas más destacadas de la Antigüedad cristiana[671] y las versiones primitivas[672]. La lectura en singular ἡ διαθήκη *he diatheke*, "el pacto", cuenta con menos testigos, aunque no por ello de menor importancia. Pero más allá de discusiones sobre crítica textual, la cuestión es dilucidar si Dios realiza con el antiguo Israel un solo y único pacto o muchos. No se trata de un asunto fácil, por lo que no todos los autores se ponen de acuerdo en sus conclusiones.

Si bien, por un lado, se unifica en la disposición actual de nuestras biblias todo el trato de Dios con Israel (y sus ancestros inmediatos del período patriarcal) en un único bloque al que llamamos convencionalmente Antiguo Testamento, es decir, *Antiguo Pacto*, por el otro es innegable que a lo largo de sus capítulos y versículos se recogen distintos pactos, diferentes alianzas, realizadas por Dios con individuos muy concretos en circunstancias especiales, o con el conjunto de Israel (o incluso con la totalidad del género humano), y que no todos los estudiosos o especialistas conciben de idéntica manera:el pacto Edénico (Gn. 1:28-30), el Adánico (Gn. 2:16-17)[673], el de Noé (Gn. 9:1-17), el de Abraham (Gn. 15:18), el del Sinaí, también llamado pacto de Moisés (Éx. 19:1 – Nm. 10:10[674]; Gá. 4:24), el de Leví (Nm. 3:11-13), el de Finees (Nm. 25:11-13), el palestino (Dt. 30:3) y el de David (2Sa. 7:8-17). Los partidarios de la *hipótesis documentaria* suelen señalar que el documento P o Sacerdotal incide en cuatro pactos fundamentales: el

---

[670] א C K Ψ, vale decir, *Codex Sinaiticus, Codex Ephraemi Rescriptus*, manuscrito de Moscú y del monte Athos, respectivamente.

[671] En el caso que nos ocupa, Padres de la Iglesia como Orígenes (versión latina), Ambrosiáster, San Hilario, San Epifanio, San Juan Crisóstomo, San Agustín, Eutalio, Teodoreto, San Juan Damasceno y Focio.

[672] Importantes recensiones de la Vetus Latina, Vulgata y versiones Siríaca, Cóptica Boahírica, Gótica y Armenia.

[673] O Gn. 3:14-19, según los autores.

[674] Se señala en ocasiones que este pacto mosaico o del Sinaí tiene su manifestación más exacta en Éx. 24:7-8. Todo el capítulo refleja las condiciones típicas de una alianza semítica antigua y presenta una atmósfera muy particular en este sentido, como veremos un poco más adelante en este mismo capítulo.

de Adán, el de Noé, el de Abraham y, lógicamente, el de Moisés, sin duda el más importante para Israel, y del cual los otros tres no serían sino meras anticipaciones[675]. En líneas generales, se tiende a destacar una doble tradición del pacto de Dios con Israel: por un lado, el pacto de Abraham (que engloba también los realizados de forma particular con Isaac y Jacob: Gn. 26:2-5,24-25; 28:12-15), y por el otro el pacto de Moisés en el Sinaí y el desierto. O bien, según algunos estudiosos, el pacto de Moisés (o del Sinaí) y el pacto de David, el primero de los cuales sería exclusivo para Israel y el segundo tendría un alcance mesiánico y universal.

Para ser consecuentes con la enseñanza bíblica en su conjunto, y siempre conforme al hilo conductor que recorre las Sagradas Escrituras de principio a fin, es decir, de Génesis a Apocalipsis, hemos de reconocer que la revelación divina del Antiguo Testamento señala básicamente dos grandes pactos permanentes de significado universal que apuntan directamente al Mesías, y son el pacto de Abraham y el pacto de David, frente a otro parentético, temporal, que es el pacto de Moisés o del Sinaí, el propiamente llamado Antiguo Pacto o Pacto de la Ley, y que se presenta como un pacto de obras en todo similar a las alianzas anatolias de los siglos XIV y XIII a. C. El pacto de Moisés, por lo tanto, no es en la Historia de la Salvación sino un inciso eventual de la alianza concertada con Abraham[676], como enseña con claridad el apóstol Pablo en su magistral disertación de Gá. 3:6 – 4:31, si bien de gran importancia en relación con el pueblo hebreo y el judaísmo posterior,

---

[675] Intuición genial de los teólogos y hagiógrafos sacerdotales, ya que entenderían la Historia de la Salvación como un propósito divino orientado desde el primer momento a la alianza de Yahweh con Israel, alrededor de la cual se habría establecido la propia especie humana. Hoy son muchos los autores que contemplan esos pactos premosaicos, el de Abraham incluido, como una retroproyección en la historia pasada de lo que siempre ha considerado Israel el pacto por antonomasia, es decir, el del Sinaí o de Moisés. En lo referente a los llamados *Pacto Edénico* y *Pacto Adánico*, no todo el mundo está de acuerdo en que hayan de ser considerados auténticos pactos; quienes niegan su existencia y la atribuyen a una mera especulación de algunos teólogos conservadores, indican que el primer pacto real constatado como tal en el Antiguo Testamento es el Pacto de Noé.

[676] Paréntesis condicional, en la estimación de muchos; es decir, que Israel, según afirman, era libre de aceptar aquel pacto o no. Quienes defienden esta idea se ciñen especialmente a Éx. 19:8, donde se lee lo siguiente:

Y todo el pueblo respondió a una, y dijeron: Todo lo que Jehová ha dicho, haremos. Y Moisés refirió a Jehová las palabras del pueblo.

cuya fe, teología y praxis coloreará con tonos inigualables hasta el día de hoy[677].

Frente a estos tres, los otros señalados más arriba no son sino pactos circunstanciales y muy restringidos en su alcance y sus especificaciones concretas[678].

Formas de pacto. Aunque ello supuso en su momento un gran revulsivo entre los eruditos del mundo cristiano —y al parecer, sigue suponiéndolo en las filas de ciertos grupos fundamentalistas y elementos ultraconservadores—, lo cierto es que los hallazgos documentales del Medio Oriente Antiguo, en particular los referentes a los pactos de estado hititas de los siglos XIV y XIII a. C., en los que por regla general un gran rey impone una alianza a sus vasallos (enemigos vencidos en la mayoría de los casos), reflejan un gran parecido con lo que encontramos en los pactos del Antiguo Testamento[679]. Es decir, que la forma de redacción de estos últimos seguía el patrón cultural común de una época muy concreta. En el primer volumen de su ya mencionada *Teología del Antiguo Testamento*, y en la página 121 de la versión en lengua francesa, Von Rad establece los *ítems* de este tipo de alianzas hititas como sigue[680]:

---

[677] En realidad, el pacto de Moisés es el que marca la pauta del Antiguo Testamento, pues no solo es el que impregna y colorea los cuatro últimos libros del Pentateuco, sino aquel al que se hace constante referencia a lo largo de los libros históricos y proféticos como un hecho capital en la historia de Israel. Como se ha indicado, es el pacto que servirá de piedra angular al judaísmo a partir de la restauración efectuada por Esdras y Nehemías.

[678] El pacto Edénico, el pacto Adánico y el pacto de Noé, aunque, conforme a la historia bíblica tal como nos ha sido transmitida, son de alcance universal, para todo el género humano, pues se ubican en el tiempo mítico de los orígenes, lo cierto es que en la elaboración y redacción de las tradiciones sacras de Israel parecen ser concebidos por parte de los hagiógrafos como preámbulos del pacto del Sinaí. Desde nuestro punto de vista cristiano y reformado, pueden muy bien ser considerados como preámbulos del pacto de Abraham. De hecho, el conjunto general de las Escrituras del Antiguo y del Nuevo Testamento tiende a ignorarlos, clara evidencia de su función meramente anunciadora de algo mejor que iba a venir después.

[679] MENDENHALL, G. E. *Law and Covenant in Israel and the Ancient Near East.* Pittsburgh: The Presbyterian Board of Colportage of Western Pennsylvania, 1955. Pese a los años que hace que vio la luz, sigue siendo este libro una obra fundamental para este campo de estudio.

[680] Esta forma de tratado había sido ya indicada por George Emery Mendenhall en la revista BA (Biblical Archaeologist) 17 [1954], 49-76.

1) Preámbulo (con unas pautas formuladas conforme a unos patrones más o menos estereotipados)
2) Historia previa (en la cual, con cierta frecuencia, juega un papel nada desdeñable la entrega de un territorio en calidad de feudo)
3) Declaración fundamental
4) Disposiciones de detalle
5) Invocación a la divinidad como testigo
6) Bendiciones y maldiciones referentes al cumplimiento o incumplimiento del pacto[681]

Un detalle importante a tener en cuenta es el empleo constante de la fórmula *yo-tú*: el *yo* representa a quien impone el pacto (redactado siempre en primera persona), y el *tú*, a quien se ve obligado a aceptarlo. Y prosigue el teólogo alemán afirmando:

«Esta fórmula de alianza, cuya estructura esquemática es fácil de reconocer en Josué 24, debe haber jugado un papel en el culto oficial de Israel incluso antes del exilio. Si algunas circunstancias anulaban las bases de esta alianza, debía ser renovada (Nehemías 9; Esdras 9ss). Se encuentra el mismo esquema en 1 Samuel 12; Josué 23; 1 Crónicas 22-29, adaptado a los condicionamientos que imponen ciertos cambios de funciones[682]».

Como bien han señalado algunos autores, la proclamación del Decálogo desde lo alto del Sinaí —en tanto que documento básico del pacto de Dios con Israel— sigue también esta misma estructura, si bien un tanto simplificada:

1) Preámbulo
2) Prólogo histórico
3) Estipulaciones

Lo único que cambia es que quien promulga el pacto —vale decir, el *yo*— no es un ser humano, sino el Dios de Israel; y quien lo recibe —el *tú*— es el conjunto del pueblo. Lo ofrecemos *in extenso* a continuación,

---

[681] Mendenhall añadirá tres más:
7) Juramento de obediencia pronunciado por el vasallo
8) Ceremonia solemne de juramento
9) Estipulación de las represalias que se tomarán contra el vasallo rebelde
[682] La traducción es nuestra.

citándolo literalmente de la versión de Éx. 20:1-17, la más conocida por el gran público, señalando las tres pautas en que está estructurado:

Y habló Dios todas estas palabras, diciendo: (preámbulo)

Yo soy Jehová tu Dios, que te saqué de la tierra de Egipto, de casa de servidumbre. (prólogo histórico)

No tendrás dioses ajenos delante de mí.

No te harás imagen, ni ninguna semejanza de lo que esté arriba en los cielos, ni abajo en la tierra, ni en las aguas debajo de la tierra. No te inclinarás a ellas, ni las honrarás; porque yo soy Jehová tu Dios, fuerte, Celoso, que visito la maldad de los padres sobre los hijos hasta la tercera y cuarta generación de los que me aborrecen, y hago misericordia a millares, a los que me aman y guardan mis mandamientos.

No tomarás el nombre de Jehová tu Dios en vano; porque no dará por inocente Jehová al que tomare su nombre en vano.

Acuérdate del día de reposo[683] *para santificarlo. Seis días trabajarás, y harás toda tu obra; mas el séptimo día es reposo*[684] *para Jehová tu Dios; no hagas en él obra alguna, tú, ni tu hijo, ni tu hija, ni tu siervo, ni tu criada, ni tu bestia, ni tu extranjero que está dentro de tus puertas. Porque en seis días hizo Jehová los cielos y la tierra, el mar, y todas las cosas que en ellos hay, y reposó en el séptimo día; por tanto, Jehová bendijo el día de reposo*[685] *y lo santificó.*

Honra a tu padre y a tu madre, para que tus días se alarguen en la tierra que Jehová tu Dios te da.

No matarás[686].

No cometerás adulterio.

---

[683] *Del shabbat.* (BTX)

[684] *Shabbat.* (BTX)

[685] *Shabbat.* (BTX)

[686] Heb. לא תרצח *lo tirtsaj*, de la raíz verbal רצח *ratsaj*, que indica la acción de matar a alguien de forma alevosa y premeditada. De todos los verbos hebreos que implican la idea de "matar" o "quitar la vida", este es el que connota una mayor violencia y una planificación deliberada de la muerte del prójimo. De ahí que la traducción de este versículo en la BTX sea más exacta que la habitual de otras versiones (*no asesinarás*), aunque pueda chocar por su crudeza expresiva.

No hurtarás.

No hablarás contra tu prójimo falso testimonio.

No codiciarás la casa de tu prójimo, no codiciarás la mujer de tu prójimo, ni su siervo, ni su criada, ni su buey, ni su asno, ni cosa alguna de tu prójimo. (estipulaciones)

Tras el enunciado de otras disposiciones, que en la redacción actual del libro del Éxodo suponen un paréntesis y ocupan el resto del capítulo 20 y los capítulos 21-23[687], en el 24 se concluye aquel pacto con un sacrificio y una comida ritual que no han dejado de llamar poderosamente la atención de los exegetas por los rasgos de indudable antigüedad que ostentan, y que se oponen claramente a una supuesta reconstrucción tardía de los acontecimientos. En relación con lo primero, junto a la edificación de un altar se mencionan doce columnas *según las doce tribus de Israel* (Éx. 24:4)[688], y son ciertos *jóvenes de los hijos de Israel* quienes ofrecen holocaustos y becerros como sacrificio de paz a Yahweh (Éx. 24:5)[689]; los vv. 6-8, por su parte, nos presentan a un Moisés mediador entre Dios e Israel que ejerce una función claramente sacerdotal y rocía con la sangre del sacrificio al pueblo; hecho lo cual, los hebreos aceptan de buen grado el pacto divino. En relación con lo segundo, el banquete es celebrado en lo alto del monte y en una extraña atmósfera:

Y subieron Moisés y Aarón, Nadab y Abiú, y setenta de los ancianos de Israel; y vieron al Dios de Israel; y había debajo de sus pies

---

[687] Aparecen en la edición definitiva como un paréntesis incrustado —un poco a la fuerza, daría la impresión— en el relato del pacto del Sinaí, aunque, como indican los estudiosos, tienen su significado propio. *Cf.* infra.

[688] ¿Símbolos faliformes similares a ciertos elementos cúlticos cananeos y de otros pueblos antiguos? Lo cierto es que tal clase de objetos no se vuelve a encontrar nunca más en el culto yahvista del Antiguo Testamento, clara evidencia de un recuerdo cuidadosamente transmitido acerca de un evento antiquísimo que había tenido lugar en los orígenes de Israel.

[689] Algunas tradiciones judías intentan explicar la presencia de aquellos jóvenes —algo que no se vuelve a presentar jamás en ningún sacrificio israelita— diciendo que se trataba de los primogénitos hebreos rescatados de la muerte en la primera Pascua, celebrada en territorio egipcio antes de la liberación de Israel (Éx. 12). Sea como fuere, este sacrificio descrito en Éx. 24 evidencia un momento en que aún no existía el sacerdocio levítico que encontramos después en el resto del Pentateuco, lo que apunta a una tradición muy antigua, no exenta de rasgos folclóricos.

como un embaldosado de zafiro, semejante al cielo cuando está
sereno. Mas no extendió su mano sobre los príncipes de los hijos de
Israel; y vieron a Dios, y comieron y bebieron. (Éx. 24:9-11)

Sin entrar en detalles que rebasan los límites de nuestro estudio (y que
han dado pie en ocasiones a las más desbordadas de las fantasías), este
texto ofrece lo que sin duda es uno de los testimonios más valiosos
del Antiguo Testamento en relación con la conclusión de un pacto. Independientemente del hecho de que refleje un suceso acaecido en un
tiempo y un espacio reales, la forma en que ha sido redactado —que
evidencia, a todas luces, una mano maestra y una sensibilidad literaria
sin parangón— hace hincapié en un gesto extraordinario. Retomando
unas declaraciones del filósofo y teólogo judío Martin Buber, podemos
afirmar que Dios participó de forma muy directa con Moisés y los representantes de Israel en aquella comida. En palabras de Buber, Dios
convidó a los ancianos hebreos y comió con ellos[690].

Por el contrario, el pacto de Abraham, que leemos en Gn. 15, se nos
muestra como algo completamente diferente. No existe aún el pueblo
de Israel como tal, con lo que se trata de una alianza efectuada con un
único individuo, el patriarca. Desde el primer versículo hasta el último, el relato se encuentra todo él impregnado de promesas de vida y
de posesión de una tierra para la descendencia directa de un Abraham
angustiado por la carencia de hijos, un hombre que creía sinceramente
que el heredero de todos sus bienes sería a la postre un simple criado de
su casa (Gn. 15:2). En este pacto, por lo tanto, no hay estipulaciones ni
ordenanzas concretas que Dios imponga; no existe ningún tipo de *conditio sine qua non* que el patriarca deba llevar a término para contentar
a Yahweh y cuyo incumplimiento suponga una anulación de lo pactado. Y desde luego, tampoco queda constancia de ningún documento
escrito *ad hoc*, al estilo del Decálogo, que dé testimonio de esta alianza, cuyo único recuerdo se cimenta en las tradiciones que los hagiógrafos han recogido y han plasmado en este capítulo. Sí hallamos, por el
contrario, en esta narración, especificaciones concernientes a la muerte
de los animales que ratifican aquel pacto:

---

[690] Así lo expresa en su libro *Moseh*, publicado en 1945. Seguimos la edición inglesa
de 1998, publicada con el título *Moses. The Revelation and the Covenant* por Humanity
Books en Amherst, New York, pp. 110-118.

Y le dijo: Tráeme una becerra de tres años, y una cabra de tres años, y un carnero de tres años, una tórtola también, y un palomino. Y tomo él todo esto, y los partió por la mitad, y puso cada mitad una enfrente de la otra, mas no partió las aves. (Gn. 15:9-10)

El elemento más destacado de este sacrificio ritual nos lo ofrece el v. 17 cuando relata:

Y sucedió que puesto el sol, y ya oscurecido, se veía un horno humeante, y una antorcha de fuego que pasaba por entre los animales divididos.

Frente a las futuras ceremonias litúrgicas de Israel, que tendrían lugar siempre a la luz del día, este versículo nos presenta una particular acción efectuada en las tinieblas de la noche, y de forma similar a ciertos ritos constatados en las tablillas de Nuzi[691]. Aunque en ningún momento se menciona directamente a Yahweh ni se sugiere de forma abierta su presencia o su protagonismo en tan singular escena —lo que supondría, según algunos, el mantenimiento de una antiquísima tradición referente a sucesos acaecidos en tiempos remotos—, los comentaristas desde siempre han indicado que tales fenómenos apuntan claramente a una intervención sobrenatural, dado que el humo y el fuego son elementos comunes en las teofanías clásicas que leemos en el Pentateuco. El ya antes mencionado comentario de Keil & Delitzsch interpreta de este modo la figura del *horno humeante*, expresada por el término hebreo תנור *tannur*; entendiendo que tal objeto, según confirman los hallazgos arqueológicos, no sería sino un artefacto cónico o cilíndrico que dejaría escapar humo y llamas de fuego por su parte más elevada, añade:

«Por medio de este símbolo se manifestó Jehová en Sí mismo a Abram, de idéntico modo en que lo haría más tarde al pueblo de Israel por medio de la columna de nube y fuego[692]».

Ve, por lo tanto, este comentario una relación directa entre el pacto de Abraham y el posterior del Sinaí, al igual que otros autores que inciden

---

[691] Pasearse entre las partes de los animales divididos era, en la ciudad de Nuzi, la manera legal de ratificar los pactos y garantizar la intención de cumplirlos.

[692] Citamos del vol. I, p. 138 de la versión inglesa. La traducción-adaptación es nuestra.

incluso en la supuesta forma cónica del horno como una representación plástica anticipatoria del monte Horeb. Sin negar que así pudiera ser, nos parece más comedida y prudente la postura de Von Rad cuando, en su comentario al libro del Génesis[693], afirma en la pág. 230 la escasa conveniencia de tales lecturas anticipatorias, y concluye con esta declaración, que se nos antoja de una gran profundidad y madurez teológica:

> «Pero procuremos que no se disipe en lo simbólico la intencionada densidad material de la aparición; y que no se desvíe hacia lo abstracto, por sumisión a un sentido inteligible para el hombre, el alcance de toda esta escena que radica en el don de una garantía plenamente real. La ceremonia se ha desarrollado sin decir palabra y ante la pasividad total del participante humano...».

Señala de este modo el gran teólogo alemán hacia esa permanente iniciativa divina a la que solo podemos acceder mediante la Teología de la Gracia. De ahí la conclusión lapidaria de la primera parte del v. 18:

En aquel día hizo Jehová un pacto con Abram.

En lo referente al pacto con David, nos encontramos también con un tipo de alianza muy *sui generis*, establecida de nuevo, no con el conjunto de Israel, sino con un individuo en concreto. El texto capital es, como se ha señalado antes, 2Sa. 7 (leemos una versión paralela en 1Cr. 17). Los primeros versículos muestran de forma muy resumida el buen deseo de David, recién instalado en su palacio de Jerusalén, de construir una morada digna para Dios, es decir, un templo de piedra. Por medio del profeta Natán, Yahweh responde a David que, a lo largo de la turbulenta historia de Israel, nunca se había quejado de morar en tiendas, y añade:

Ahora, pues, dirás así a mi siervo David: Así ha dicho Jehová de los ejércitos: Yo te tomé del redil, de detrás de las ovejas, para que fueses príncipe sobre mi pueblo, sobre Israel; y he estado contigo en todo cuanto has andado, y delante de ti he destruido a todos tus enemigos, y te he dado nombre grande, como el nombre de los grandes que hay en la tierra. Además, yo fijaré lugar a mi pueblo Israel

---

[693] Publicado por Ediciones Sígueme en nuestro idioma, ha visto una cuarta edición en 2008.

y lo plantaré, para que habite en su lugar y nunca más sea removido, ni los inicuos lo aflijan más, como al principio, desde el día que puse jueces sobre mi pueblo Israel; y a ti te daré descanso de todos tus enemigos. Asimismo Jehová te hace saber que él te hará casa. Y cuando tus días sean cumplidos, y duermas con tus padres, yo levantaré después de ti a uno de tu linaje, el cual procederá de tus entrañas, y afirmaré su reino. Él edificará casa a mi nombre, y yo afirmaré para siempre el trono de su reino[694]. Yo le seré a él padre, y él me será a mí hijo. Y si él hiciere mal, yo le castigaré con vara de hombres, y con azotes de hijos de hombres; pero mi misericordia no se apartará de él como la aparté de Saúl, al cual quité de delante de ti. Y será afirmada tu casa y tu reino para siempre delante de tu rostro, y tu trono será estable eternamente. (2Sa. 7:8-16)

Es muy evidente en este texto la alusión a hechos del pasado, así como el estilo habitual *yo-tú*, pero no existe traza alguna de ningún tipo de estipulación o "condición" del pacto. Es decir, no se prescriben mandamientos ni ordenanzas específicas que se hayan de cumplir; ni siquiera se le exige a David una aceptación implícita o una manifestación de fe sobre lo que Dios va a hacer con él y con su casa. Se trata, al igual que en el caso de Abraham, de un pacto de bendición que emana directamente de la pura Gracia de Dios, y con una doble vertiente: por un lado, Israel se beneficia de la misericordia divina; por el otro, el propio David y su casa se ven grandemente exaltados con una promesa de perennidad dinástica cuyo cumplimiento va más allá del Antiguo Testamento. Además, tampoco hay en este caso mención alguna de documento que deje constancia del pacto —el relato se inscribe dentro de la trama narrada en los libros de Samuel, o si se prefiere, y con más exactitud, dentro del hilo de la *Historiografía Deuteronomística*[695], así como, más tarde, en la recensión del Cronista—, y ni siquiera se menciona sacrificio ni comida ritual alguna que lo corroboren. Tiene todos los visos de un asunto exclusivamente privado entre Dios y David en el marco de la alianza establecida con Moisés. La respuesta del rey a este oráculo de Natán, contenida en los vv. 18-29, es más bien una larga

---

[694] Algunos exegetas han supuesto que el v. 13, o al menos su primera parte, sería una glosa tardía destinada a glorificar la obra de Salomón.

[695] No faltan los exegetas que indican, dentro del gran conjunto de la Historiografía Deuteronomística, una obra a la que dan el nombre de *Historias de la corte de David*, dentro de la cual se inscribiría este texto.

plegaria de gratitud en la que el hombre reconoce su pequeñez inherente frente a la grandeza divina, su indignidad permanente en comparación con la misericordia de Yahweh. Ni que decir tiene que la altura espiritual y teológica de 2Sa. 7 enlaza de forma magistral con las prístinas promesas realizadas por Dios al patriarca Abraham, y anticipa la atmósfera del Nuevo Testamento. La perennidad de este pacto, frente a la temporalidad del pacto del Sinaí, salta, pues, a la vista.

Yahweh, el Dios del pacto. Puesto que en un capítulo anterior ya hemos tenido ocasión de indicar ciertos datos de tipo histórico y filológico acerca del Sagrado Tetragrámmaton יהוה *YHWH*, no ha menester repetirlos aquí. Lo que nos interesa en este apartado es incidir en el valor teológico esencial de este tan importante Nombre Divino por antonomasia, puesto que no es otro que el hecho de mostrarse siempre en los textos veterotestamentarios cuyo trasfondo o cuyo contexto implica un pacto, una alianza. Frente a otras designaciones divinas, que ya habíamos visto en su momento, y que destacan ciertas realidades de Dios percibidas por los hagiógrafos de Israel, el nombre de *Yahweh/ Jehová* se emplea para destacar la idea de que Dios entra en una especial relación de pacto con el conjunto de su pueblo, o con individuos particulares, como hemos constatado más arriba. El hecho mismo de su revelación por vez primera a Moisés en la zarza, implica una clara voluntad de acercamiento para salvar, ya lo habíamos señalado, y conlleva de forma implícita la idea de una alianza. Idéntico tenor hallaremos en otros textos, como los siguientes que mencionamos a guisa de ejemplo: el ciclo de Elías (1Re. 17;18;19;21; 2Re. 1-2), Sal. 105 y Dn. 9.

El llamado *Ciclo de Elías*, de todo punto obra extraordinaria de la literatura universal, tiene como finalidad presentar la lucha entre el yahvismo más estricto y el baalismo agresivo y militante introducido en el reino septentrional de Israel por el rey Acab y su esposa la sidonia Jezabel. A lo largo de todo él se menciona al Dios de Israel en relación con el Sagrado Tetragrámmaton para recordar de manera insistente el antiguo pacto establecido por Yahweh, pero violado y olvidado por un pueblo ingrato. Son detalles importantes que inciden en la misma idea la reconstrucción del altar en lo alto del monte Carmelo con *doce piedras, conforme al número de los hijos de Jacob* (1Re. 18:31); el juicio de Dios sobre Acab por la muerte de Nabot de Jezreel, quien había rehusado vender su viña ancestral al rey siguiendo las más antiguas estipulaciones de una mentalidad que vinculaba el pacto divino con

Israel a la posesión de la tierra de Canaán[696]; y la despedida de Elías y su discípulo Eliseo, en la cual este último solicita de aquel *una doble porción* del espíritu de su maestro (2Re. 2:9), en clara alusión a la disposición que leemos recogida en Dt. 21:17 sobre los derechos de los primogénitos, algo que revestía una gran importancia en las tradiciones ancestrales de Israel sobre los pactos, y que se remontaba incluso a los tiempos patriarcales (Gn. 27).

El Salmo 105, como hemos comprobado en un capítulo anterior, está considerado por algunos exegetas protestantes de talla —Von Rad y sus epígonos, notoriamente— como una confesión de fe del antiguo Israel. En tanto que composición rememorativa de las grandes gestas de Dios para con su pueblo, desde el descenso de Jacob a Egipto hasta la liberación de Israel de la opresión faraónica y la toma de posesión de Canaán, Yahweh aparece como el Señor que pacta con su pueblo, e incluso con sus antepasados históricos. La teología subyacente a este cántico, que se inicia y concluye con expresiones de alabanza al Sagrado Tetragrámmaton[697], vincula por lo tanto la realidad de los *magnalia Dei* a la existencia de una alianza, sin la cual no tendrían sentido alguno. El texto capital se encuentra en los vv. 8-11:

> *Se acordó para siempre de su pacto:*
> *De la palabra que mandó para mil*
> *generaciones,*
> *La cual concertó con Abraham,*
> *Y de su juramento a Isaac.*
> *La estableció a Jacob por decreto,*
> *A Israel por pacto sempiterno,*

---

[696] *Cf.* las distintas disposiciones legales de Israel que hacían de las heredades recibidas algo inalienable y que, incluso en caso de venta por necesidad, debían volver a sus dueños originarios en el año del jubileo, tal como las leemos en Lv. 25. El principio rector subyacente a esta mentalidad era, como ya habíamos apuntado anteriormente, la idea de que la tierra era, en realidad, propiedad exclusiva de Dios, de quien los israelitas eran algo así como arrendatarios perpetuos (*forasteros y extranjeros* se lee en Lv. 25:23). En este sentido son capitales las palabras de respuesta de Nabot al rey Acab ante la sugerencia de venta o canje de su viña:

Y Nabot respondió a Acab: Guárdeme Jehová de que yo te dé a ti la heredad de mis padres. (1Re. 21:3)

[697] V. 1: הודו ליהוה *hodú laadonay.* V. 45: הללו־יה *halelú-Yah. Alabad a Jehová y Aleluya*, respectivamente, en RVR60.

Diciendo: A ti te daré la tierra de
Canaán
Como porción de vuestra heredad.

En relación con el capítulo 9 de Daniel, aunque se lo recuerda y se lo conoce más especialmente en los medios evangélicos por la famosa *Profecía de las 70 semanas* (vv. 20-27), lo cierto es que reviste una — si cabe— mayor importancia por el hecho de ser la única parte de este peculiar escrito en que se nombra a Dios por medio del Sagrado Tetragrámmaton. Y ello es así porque se trata del único capítulo de este libro en que se menciona con claridad el pacto de Dios con Israel y la ingratitud del pueblo al desobedecer las estipulaciones divinas:

> *Y oré a Jehová mi Dios e hice confesión diciendo:Ahora, Señor, Dios grande, digno de ser temido, que guardas el pacto y la misericordia con los que te aman y guardan tus mandamientos; hemos pecado, hemos cometido iniquidad, hemos hecho impíamente, y hemos sido rebeldes, y nos hemos apartado de tus mandamientos y de tus ordenanzas. Todo Israel traspasó tu ley apartándose para no obedecer tu voz; por lo cual ha caído sobre nosotros la maldición y el juramento que está escrito en la ley de Moisés, siervo de Dios; porme contra él pecamos. (Dn. 9:4,5,11)*

De hecho, la profecía que acompaña a estas declaraciones implica, no ya una renovación de la antigua alianza, sino su cumplimiento definitivo: *confirmará el pacto con muchos*, leemos en el v. 27, palabras cuyo significado va más allá de los límites del Antiguo Testamento.

Los relatos de la Creación como introducción a la alianza de Yahweh con Israel. Hemos indicado anteriormente que, como bien se evidencia en los mismos textos sagrados, Israel no elaboró teológicamente en sus comienzos la figura de Yahweh como Dios Creador[698]; eso es algo que tendría lugar más tarde y, según se suele apuntar, de la

---

[698] Lo que de ninguna manera significa que careciera de esta noción. De hecho, como ya habíamos apuntado, los pueblos entre los que Israel nació y se desarrolló tenían siempre mitos cosmogónicos en los que sus divinidades aparecían como hacedores de todo cuanto existe. Resultaría difícil imaginar que los descendienes de Jacob fueran impermeables a estos conceptos. Solo podemos afirmar, a partir de lo que las tradiciones sobre el origen de Israel nos transmiten, que la idea de la creación fue en principio

mano de los grandes profetas, e incluso de los sacerdotes, sin que falten quienes señalen más bien hacia los sabios posteriores. Israel concibió a su Dios principalmente como un Dios liberador, un Dios que elige y adopta a su pueblo, sale a su encuentro con la clara intención de rescatarlo, y pacta con él, lo que marcaría para siempre toda la reflexión teológica veterotestamentaria. El hecho de que no sea Israel quien busque a Dios de entre las tinieblas del paganismo, y se dirija a él desde su peculiar situación de esclavitud procurando ser liberado, sino todo lo contrario, deja una impronta muy particular en el pensamiento de hagiógrafos, profetas y sacerdotes. De ahí que en los relatos referidos a la creación que hallamos en Gn. 1 y 2, auténticas obras de arte de la poética y la narrativa hebrea, respectivamente, lo que encontremos sea básicamente un prólogo a la historia de las alianzas divinas. Dicho de otra manera, quienes compusieron y/o recopilaron estas tradiciones sobre el origen del mundo no se preocuparon por presentar un detallado informe arqueológico o paleontológico acerca de los comienzos de la vida animal y humana, ni siquiera una teoría que explicara el porqué de la existencia del mundo o de los seres que lo habitan, sino que siguieron un patrón teológico previo según el cual el Dios de Israel, el Dios que actúa en el devenir histórico, aparecía como aquel que pactaba con el ser humano desde el primer momento, desde los albores de la historia, pues más tarde lo haría con su pueblo escogido, la simiente de Abraham[699]. De esta manera, la doctrina hebrea de la creación del mundo, entendida siempre como una obra exclusiva de la Divinidad, únicamente tiene sentido, no como manifestación primigenia del orden y de la vida frente al vacío, frente al caos o תהו ובהו *thohu wabohu* de Gn. 1:2, sino en tanto que preludio a la suprema alianza de Dios con Israel, una alianza concretada para salvación y que hallará su clímax en el Nuevo Testamento, especialmente en los textos que vinculan a

---

bastante secundaria para los hebreos, y se iría perfilando después, aunque siempre en estrecha dependencia de la noción de *pacto*.

[699] Resulta interesante en este sentido lo que, haciéndose eco de ciertas tradiciones interpretativas judías, afirma el tratado talmúdico *Rabot*:

«Abraham, el jefe de los creyentes, el primer pregonero de la verdad, debió ser, no obstante, el primer hombre. Pero la mente divina previó que las generaciones caerían en el error. Fue creado por tanto Adam, y Abraham después de él, surgió entre el pasado y el futuro para corregir aquel e iluminar este».

(Citado por CANSINOS-ASSENS, R. *Las bellezas del Talmud. Antología hebraica.* Madrid: Editorial América, 1919, p. 33)

Cristo con los orígenes de todas las cosas (Jn. 1:1-3; Col. 1:15-17; Ap. 1:8,11,17). No es porque sí que los relatos de la creación hayan encabezado, en la edición definitiva de los textos sagrados que leemos hoy en nuestras biblias, el conjunto del Pentateuco y de todo el Antiguo Testamento: tan solo bajo esta óptica pueden ser realmente comprendidos y disfrutados. Por otro lado, el hecho de que en el segundo relato el nombre de Dios sea precisamente יהוה אלהים *YHWH Elohim*[700] (o *Adonay Elohim*, como se prefiere leer en ocasiones)[701] viene a incidir en la misma idea maestra y le da su sello definitivo[702]: frente a la criatura humana, que, desde su origen, es עפר מן־האדמה *aphar min haadamah*, "polvo de la tierra (de labor)" (Gn. 2:7), vale decir, débil y pequeña[703], el Dios Creador se muestra desde el comienzo como el Dios que pacta, que establece una alianza.

Israel, el pueblo del pacto. Consecuencia lógica de lo señalado en los epígrafes anteriores es la realidad de Israel como nación especialmente vinculada a Yahweh por una alianza. Israel es, en efecto, el único conjunto étnico o pueblo histórico con el que Dios establece un pacto. En el capítulo anterior ya se ha indicado suficientemente el asunto de la adopción (filial) y la elección del pueblo de Israel por un decreto inapelable e incomprensible de la misericordia de Dios, con lo que no ha menester incidir más sobre ello. Añadimos, no obstante, una idea que consideramos de capital importancia: la identidad nacional de Israel, en tanto que pueblo histórico, se cimenta en exclusiva en esta alianza sagrada. Los hagiógrafos que recopilaron las venerables tradiciones sacras y las plasmaron en nuestros actuales treinta y nueve libros

---

[700] Frente al אלהים *Elohim* del primero.

[701] El *Jehová Dios* de RVR60.

[702] No carece de importancia el hecho de que esta misma designación divina, יהוה אלהים *YHWH Elohim*, sea también la que encontramos en el *Relato de la Caída* (Gn. 3), en el que por primera vez Dios se acerca al hombre condenado con la intención de restaurarlo, de salvarlo. Como dato curioso, en este capítulo 3 del Génesis solo se menciona a Dios como אלהים *Elohim*, vale decir, omitiendo el Tetragrámmaton que indica alianza salvífica, en los vv. 1-5, o sea, en la conversación mantenida entre la serpiente y la mujer.

[703] Aunque, efectivamente, el relato de la caída lo constituye Gn. 3, la condición de criatura del ser humano se muestra desde el primer momento en la historia bíblica como una condición de pequeñez. El hombre recién creado no es un ser celeste lleno de poder y perfección, como en ciertos mitos orientales, sino una entidad muy terrestre, con todo lo que ello implica de debilidad inherente y dependencia absoluta de su Hacedor.

del Antiguo Testamento, no concibieron la existencia de Israel en tanto que pueblo diferenciado de otra manera que en base al pacto divino: Yahweh había escogido a las tribus de Israel para mantener con ellas un diálogo permanente y hacerlas beneficiarias de un propósito eterno y de alcance universal. La constatación histórica de la existencia de Israel como pueblo del pacto se basa, según los escritos veterotestamentarios, en dos hitos fundamentales: los acontecimientos del Sinaí y la gran asamblea de Siquem presidida por Josué.

El Sinaí tiene, y nadie lo puede poner en duda, un peso innegable en la tradición de la historia sagrada israelita. Los eventos que tuvieron lugar en este monte después de la salida de Egipto y que conformaron la alianza de Dios con su pueblo, ocupan en nuestro Pentateuco hodierno un amplio espacio central, ubicado con más exactitud entre Éx. 19:1 y Nm. 10:10, su documento fehaciente o su constancia escrita, como ya habíamos señalado páginas atrás; es decir, recopila toda una serie de tradiciones muy variadas en las que se entremezclan diversas disposiciones legales, normas exclusivamente cúlticas y ciertos relatos puramente narrativos, todo ello marcado por una idea fundamental, bien resumida en Éx. 24:7-8:

> *Y tomó [Moisés] el libro del pacto y lo leyó a oídos del pueblo, el cual dijo: Haremos todas las cosas que Jehová ha dicho, y obedeceremos. Entonces Moisés tomó la sangre y roció sobre el pueblo, y dijo: He aquí la sangre del pacto que Jehová ha hecho con vosotros sobre todas estas cosas*[704].

De ahí que en el resto del Antiguo Testamento el Sinaí ocupe un lugar destacado como cuna y marco del pacto divino con Israel. No es porque sí que, en un momento de plena crisis nacional, el profeta Elías huye desde el reino septentrional de Efraín hasta el monte Horeb, *el monte de Dios* (1Re. 19:8), en una de cuyas cuevas pasó la noche[705] (1Re. 19:9), y en la boca de la cual tuvo una extraordinaria revelación

---

[704] El corchete es nuestro.

[705] Quieren ciertas tradiciones judías que se trate de la misma cueva de Éx. 33:18-23 (lo que RVR60 designa como *hendidura de la peña*), desde la cual Moisés pidió ver la gloria de Dios, gracia que obtuvo con ciertas limitaciones. En relación con el grosero materialismo de esta peculiar escena, que tanto ha ofendido a lectores y estudiosos de las Escrituras de todos los tiempos, he aquí el esfuerzo por enmendarlo que realiza el comentario judío de KATZ, M. Y A. (ED.) *Op. cit.,* donde leemos:

del Dios Yahweh que, de alguna manera, venía a confirmar a su atribulado siervo la realidad del pacto perpetuo del Señor con Israel, materializado en aquellos *siete mil, cuyas rodillas no se doblaron ante Baal, y cuyas bocas no lo besaron* (1Re. 19:18)[706]. De ahí también la importancia que alcanza el Sinaí en la épica y la piedad hebreas como recuerdo imperecedero de la teofanía más importante de la historia de Israel (*cf.* Jue. 5:5; Neh. 9:13; Sal. 68:8,17; Mal. 4:4).

La asamblea de Siquem de Jos. 24 es el segundo gran hito histórico que consagra a Israel como pueblo de Dios. Tras la confesión de fe de los vv. 2-13, ya señalada en un capítulo anterior, y en la que se indicaban los *magnalia Dei* en la elección y la liberación de los descendientes de Abraham del yugo egipcio, el texto capital se halla en los vv. 19-26, que citamos *in extenso* dada su trascendencia:

Entonces Josué dijo al pueblo: No podréis servir a Jehová, porque él es Dios santo, y Dios celoso; no sufrirá vuestras rebeliones y vuestros pecados. Si dejareis a Jehová y sirviereis a dioses ajenos, él se volverá y os hará mal, y os consumirá, después que os ha hecho bien. El pueblo entonces dijo a Josué: No, sino que a Jehová serviremos. Y Josué respondió al pueblo: Vosotros sois testigos contra vosotros mismos, de que habéis elegido a Jehová para servirle. Y ellos respondieron: Testigos somos. Quitad, pues, ahora los dioses ajenos que están entre vosotros, e inclinad vuestro corazón a Jehová Dios de Israel. Y el pueblo respondió a Josué: A Jehová nuestro Dios serviremos, y a su voz obedeceremos. Entonces Josué hizo pacto con el pueblo el mismo día, y les dio estatutos y leyes en Siquem. Y escribió Josué estas palabras en el libro de la ley de Dios; y tomando una gran piedra, la levantó allí debajo de la encina[707] que estaba junto al santuario de Jehová.

«Moshé pidió entender la esencia misma del Creador. El Término "hareni" (muéstrame), se aplica en sentido figurado a dar a entender a la mente. Es decir, que Moshé no pidió ver con la vista física».

[706] Sobre el marcado simbolismo de esta cifra, *cf.* ÁLVAREZ VALDÉS, A. *¿Qué sabemos de la Biblia?* Antiguo Testamento. Buenos Aires: Ed. San Pablo, 1999. Tenemos ante nuestros ojos la edición de 2008.

[707] Téngase en cuenta el valor cúltico que revisten las piedras y ciertos árboles (las encinas entre ellos) en las tradiciones de las Sagradas Escrituras referentes a los tiempos más antiguos, como fueron los patriarcales, algo de lo cual ya habíamos apuntado con anterioridad. La alusión concreta a una encina (אלון *alón*) en este contexto obedece sin

Esta declaración, como ya se había indicado en un capítulo anterior, sirvió en su momento a Martin Noth para elaborar su teoría de los orígenes de Israel como una *anfictionía* tribal similar a las de la historia de la Grecia Antigua; pero es evidente, tal como se colige del contexto de todo el Hexateuco, que el discurso puesto en boca de Josué presupone el pacto del Sinaí y, por encima de todo, las grandes gestas de Yahweh en la génesis de Israel, con lo que reconoce de forma implícita un origen anterior para el pueblo. Israel se confiesa impuro e indigno ante Dios por medio de las palabras contenidas en este discurso, pero aun así manifiesta su deseo de pactar con Yahweh, de ser su pueblo especial. Muy lejos de lo que pudiera parecer con una lectura rápida, este pacto de Siquem, que no es sino la ratificación necesaria de la alianza del Sinaí, está en las antípodas de una manifestación de la voluntad humana, una "decisión personal" o "declaración de buenos propósitos" tomada y asumida por Israel como compromiso, sino que el hagiógrafo lo muestra como la respuesta natural del creyente a la Gracia irresistible de Dios. Leído en su contexto, que no es otro que una declaración de fe en los grandes hechos divinos acaecidos en la historia nacional, el pacto de Siquem incide, como el conjunto del Antiguo Testamento, en la soberanía absoluta de Dios y en su indiscutible iniciativa salvífica. Pura Teología de la Gracia, ni más ni menos.

Pero pecaríamos de deshonestidad si, tras referir estos acontecimientos históricos, hiciéramos caso omiso de los relatos que leemos en la así llamada Historiografía Deuteronomística (Jueces-2 Reyes), los informes conservados en 1 y 2 Crónicas y en los libros de los profetas, que nos ofrecen una teología de la historia impregnada del más crudo realismo: el Antiguo Testamento es, en relación con este tema, la narración ininterrumpida de un fracaso estrepitoso que, como habíamos indicado anteriormente, Ez. 20 retrotrae a los mismos comienzos de Israel como nación, ya en la tierra de Egipto[708]. Yahweh establece un pacto con su pueblo, ciertamente, pero este último se muestra incapaz de

---

duda a un claro intento de vincular aquella asamblea siquemita con las sagradas tradiciones de la era patriarcal. El libro de Josué, como queda visto, pone el broche de oro a las historias de Abraham, Isaac y Jacob que hoy leemos en el libro del Génesis.

[708] En este sentido se puede entender la curiosa anotación de Jos. 24:14, donde al exhortar a Israel a eliminar los dioses ajenos a los cuales habían servido los patriarcas *al otro lado del río*, es decir, del Éufrates, en su patria original, se añade *y en Egipto*. La tradición de la infidelidad de Israel durante su estancia en el país del Nilo no es, por tanto, algo único o exclusivo de un solo autor veterotestamentario.

cumplirlo, de obedecer a su Dios. Ello nos lleva a una reflexión sobre la cuestión de la unilateralidad o la bilateralidad de la alianza, asunto que se ha debatido hasta la saciedad en ciertos círculos y, por desgracia, no siempre con la circunspección que hubiera sido adecuada.

Ciertas corrientes mayoritarias han hecho hincapié en que los pactos establecidos por Dios con Abraham o David eran exclusivamente unilaterales y, por ende, incondicionales; se trataría de pactos de misericordioso favor en los que Dios únicamente prometía bendición sin exigir nada a cambio. Pero, por el contrario, dicen, el pacto del Sinaí sería bilateral, o sea, condicionado; se trataría de una situación peculiar en la que Dios ofrecería ciertas bendiciones solo si el pueblo de Israel cumplía con su parte correspondiente. Textos como Lv. 26 vendrían a apoyar y confirmar este punto de vista[709]. Las alianzas establecidas con Abraham y David serían *impuestas* por el Señor —en el mejor sentido de la palabra—, mientras que en la del Sinaí, Dios sería una de las partes contractantes, simplemente. Es posible que tales asertos, otrora considerados como única interpretación posible de este tema —hasta podría decirse *interpretación canónica* con un poco de humor—, sean en el día de hoy muy caros a ciertos círculos que postulan, por un lado, las supuestas capacidades humanas de decisión y voluntariedad frente a los decretos de Dios, y por el otro, pueden así "justificar" la terrible e incómoda realidad del "rechazo" o la "postergación" de Israel en el Plan de Salvación: al no haber cumplido el pueblo de Israel con la

---

[709] *Cf.* los vv. clásicos 3 y 4, en los que se condiciona la bendición:

Si anduviereis en mis decretos y guardareis mis mandamientos, y los pusiereis por obra, yo daré vuestra lluvia en su tiempo, y la tierra rendirá sus productos, y el árbol del campo dará su fruto...

O los también clásicos 14-16, donde se muestra lo contrario:

Pero si no me oyereis, ni hiciereis todos estos mis mandamientos, y si desdeñareis mis decretos, y vuestra alma menospreciare mis estatutos, no ejecutando todos mis mandamientos, e invalidando mi pacto, yo también haré con vosotros esto: enviaré sobre vosotros terror, extenuación y calentura, que consuman los ojos y atormenten el alma; y sembraréis en vano vuestra semilla, porque vuestros enemigos la comerán...

Expresiones idénticas se leen en los pasajes paralelos de Dt. 28. No ha dejado de llamar la atención de muchos estudiosos el hecho de que, tanto en Lv. 26 como en Dt. 28, las maldiciones ocupen mayor volumen que las bendiciones, lo que ha incidido en la idea de que la dispensación de la ley aparece como algo negativo frente a la Gracia de Dios en Cristo. *Cf.* en este sentido el razonamiento paulino de la epístola a los Gálatas antes mencionado.

parte que le correspondía —al no haber *querido*, en realidad, estar a la altura de sus compromisos y responsabilidades voluntariamente adquiridos—, Dios "ha tenido" que elegir a otro pueblo, "se ha visto obligado" a llamar a otros, es decir, a la Iglesia, poniendo así una especie de "parche" o "remiendo" en lo que, a todas luces, ha sido un rotundo fracaso de su Providencia y de sus designios, supuestamente certeros[710]. Puede que declaraciones de este calibre, muy impregnadas, por cierto, de la filosofía humanista que colorea y define el pensamiento de nuestra sociedad occidental —y hasta de ciertas escuelas de teología cristiana, por desgracia—, parezcan lógicas o equitativas a más de uno, pero chocan de frente con una realidad teológica innegable: el concepto veterotestamentario de ברית *berith* —naturalmente, solo en lo referente a las alianzas divinas— no puede expresar bilateralidad alguna; más bien refleja la Gracia de Dios, *siempre soberana*, que se acerca al hombre, a su pueblo, para redimirlo en base a una elección previa motivada por pura misericordia. Al igual que en los casos individuales de Abraham o David, la responsabilidad colectiva de Israel frente al pacto del Sinaí y su ratificación en Siquem, que consiste en su obediencia implícita a la voluntad divina, nunca aparece como una "condición" en el sentido que hoy damos a este término, de forma que Dios y su pueblo queden equiparados en lo referente a las cláusulas de la alianza. Israel deviene pueblo de Dios por pura y exclusiva Gracia, y si bien es cierto que su infidelidad (su *ingratitud*, en realidad, por llamarlo por su nombre real) le acarrea maldición y desastre, no lo es menos que el amor de Yahweh por las tribus hebreas se superpone siempre al juicio. Por expresarlo con unas archiconocidas palabras del apóstol Pablo, *donde el pecado abundó, sobreabundó la gracia* (Ro. 5:20). De ahí que hallemos en el mismo capítulo 26 del Levítico declaraciones como estas:

> *Entonces yo me acordaré de mi pacto con Jacob, y asimismo de mi pacto con Isaac, y también de mi pacto con Abraham me acordaré, y haré memoria de la tierra.* (v. 42)

> *Y aun con todo esto, estando ellos en tierra de sus enemigos, yo no los desecharé, ni los abominaré para consumirlos, invalidando mi pacto con ellos; porque yo Jehová soy su Dios. Antes me acordaré*

---

[710] Y, visto lo visto, cabría cuestionarse muy seriamente si el "parche" o "remiendo" en cuestión no habrá sido peor que lo que había al principio.

de ellos por el pacto antiguo, cuando los saqué de la tierra de Egip-
to a los ojos de las naciones, para ser su Dios. Yo Jehová. (vv. 44-45)

Idénticos conceptos encontramos en Dt. 30:1ss., donde, de forma sorprendente, Dios, Señor indiscutible del pasado, el presente y el futuro, da por sentado que Israel se arrepentirá de su infidelidad —y nunca
hay que olvidar que a lo largo de todas las Escrituras se incide en que
es Dios quien suscita el arrepentimiento en sus hijos[711]—, y en pasajes
como el clásico de Os. 11:9:

No ejecutaré el ardor de mi ira, ni volveré para destruir a Efraín;
porque Dios soy, y no hombre, el Santo en medio de ti.

En resumen: la alianza de Dios con Israel, o con seres humanos muy
concretos vinculados con este pueblo, nunca es bilateral, nunca viene
condicionada al estilo de los tratados humanos, jamás equipara a Dios
con su pueblo; por el contrario, es un reflejo de la Gracia divina. Por
otro lado, la responsabilidad exigida a Israel, que no tiene otra finalidad que manifestar fidelidad a Dios y ser luz para todos los pueblos —
el conjunto de las naciones que han de ser llevadas al reconocimiento
y adoración exclusiva de Yahweh— es también una obra de la Gracia,
una Gracia que, por naturaleza y esencia, no puede concebirse de otra
manera que plenamente soberana.

De ahí que la gran crisis que supone la desaparición del reino del
Norte y su población (722 a. C.), y la destrucción de Judá, Jerusalén y
el templo, con el exilio judaíta en Babilonia (587 a. C.), ponga a prueba
los conceptos de adopción (filial)-elección y pacto. Israel ha de aprender a vivir en contacto con diversas culturas humanas de otra manera
que en Canaán, donde había sucumbido a la idolatría del país. Se ve
obligado a desarrollar su identidad nacional y religiosa en condiciones
adversas, no de dominio de un territorio concreto, sino de sumisión a
grandes potencias paganas, y siempre con el peligro de ser absorbido o
aniquilado por ellas. De esta forma, se encamina hacia la plena realización de la alianza divina en la persona del Mesías. Como recordábamos

---

[711] *Cf.* Dt. 30:6-8; Is. 49:5; Jer. 24:7; Lm. 5:21. En la misma dirección van las palabras del apóstol Pablo cuando afirma:

Porque Dios es el que en vosotros produce así el querer como el hacer, por su bue-
na voluntad. (Fil. 2:13)

en el capítulo introductorio de este trabajo, Dios no abandona a su pueblo Israel, con quien ha realizado un pacto permanente que jamás ha sido anulado por su parte[712].

Ruptura del pacto por parte de Israel. Efectivamente, las inhabilitaciones de la alianza que nos relata el Antiguo Testamento siempre se inician en el seno del pueblo de Israel, y están motivadas por su patente desobediencia a la voluntad divina. De entre todas ellas son tres las más emblemáticas, y por ende las mejor documentadas. La primera la hallamos en el archiconocido *Relato del becerro de oro* de

---

[712] Las tradiciones narrativas de Nm 13-14, donde hallamos los relatos de los doce espías enviados por Moisés a reconocer el país de Canaán, contienen lo que aparentemente podría entenderse como una grave contradicción con lo que acabamos de afirmar. Leemos, efectivamente, en Nm. 14:11-12:

> *Y Jehová dijo a Moisés: ¿Hasta cuándo me ha de irritar este pueblo? ¿Hasta cuándo no me creerán, con todas las señales que he hecho en medio de ellos? Yo los heriré de mortandad y los destruiré, y a ti te pondré sobre gente más grande y más fuerte que ellos.*

Los vv. 18 y 19, por contraste, nos ofrecen las palabras intercesoras de Moisés, en las que hallamos una auténtica declaración teológica muy similar a la de Éx 34:6-7, y que citamos *in extenso*, dado su gran valor:

> *Jehová, tardo para la ira y grande en misericordia, que perdona la iniquidad y la rebelión, aunque de ningún modo tendrá por inocente al culpable; que visita la maldad de los padres sobre los hijos hasta los terceros y hasta los cuartos. Perdona ahora la iniquidad de este pueblo según la grandeza de tu misericordia, y como has perdonado a este pueblo desde Egipto hasta aquí.*

Los vv. subsiguientes vienen a incidir en el deseo de Dios de perdonar y restaurar a su pueblo. La dureza de la sentencia divina (el período de cuarenta años en el desierto hasta que muriera toda aquella generación rebelde e ingrata que había sido testigo de las grandes obras de Dios en Egipto), que motivó otrora la idea de una supuesta *suspensión del pacto*, en realidad encierra un mensaje consolador: Yahweh no rechaza a Israel como pueblo, no anula su alianza con él. Recordemos, como ya habíamos apuntado anteriormente, que el pensamiento oriental, del cual las tradiciones veterotestamentarias ofrecen un modelo típico, necesita de grandes contrastes y de imágenes impactantes —un lenguaje vitalista, decíamos en el capítulo introductorio— para expresar con claridad sus conceptos fundamentales. La incomprensible misericordia de Dios resaltará más, por lo tanto, cuanto mayor sea la expresión verbal del ardor de su justa ira o, más aún, de sus sentimientos de frustración ante un pueblo esencialmente desagradecido; antropopatismo este que podemos entender como un rasgo, no solo literario, sino de profundo contenido teológico. Si no se comprende esta magistral construcción estilística, se corre el riesgo de desvirtuar por completo el mensaje del Antiguo Testamento y de hacerle decir lo que en realidad no pretende vehicular.

Éx. 32:1 – 34:35, cuyos detalles, ampliamente difundidos desde siempre en medios judeo-cristianos[713], se han hecho eco incluso en el cine. La importancia que reviste esta historia en el contexto del Pentateuco —se trata de la primera apostasía generalizada del pueblo de Israel una vez liberado de la esclavitud egipcia y en un contexto de recepción permanente de bendiciones divinas[714]— nos permite afirmar, sin temor a equivocarnos, que es en ella donde encontramos de manera patente el concepto de *pecado* tal como lo entiende el Israel del Antiguo Testamento. Aunque pudiera resultar un tanto sorprendente para quienes formamos parte del mundo cristiano, no es del *Relato de la caída* de Gn. 3 ni del magno conjunto que compone Gn. 1-11[715] —conocido de manera genérica como *los Relatos de los orígenes*— de donde adquiere Israel esta noción tan fundamental en el contexto bíblico[716]. El pecado en el

---

[713] *Cf.* la mención que se hace de este suceso en Neh 9:18; Sal 106:19; Hch 7:41; 1Co 10:7.

[714] Tal como leemos en el libro del Éxodo, el relato del Becerro introduce una cuña tristemente humana en el decurso de las narraciones referentes a la llegada y estancia de Israel en el Sinaí: Éx. 19 nos narra cómo arriban los israelitas al pie de la montaña para recibir de Dios la confirmación de que son su pueblo, su especial heredad y una nación sacerdotal; en Éx. 20 Yahweh entrega a Israel los Diez Mandamientos; entre Éx. 21 y 23, *grosso modo*, encontramos el llamado *Código de la Alianza*, uno de los conjuntos legales más interesantes de todo el Pentateuco, que el hagiógrafo pone en labios de Dios y que veremos más adelante; Éx. 24 nos transmite la ratificación del pacto entre Dios y su pueblo, así como el banquete ofrecido por Dios en lo alto del monte a Moisés, Aarón, Nadab, Abiú y setenta ancianos de Israel; entre Éx. 25 y 31 se nos presentan una serie de descripciones detalladas de lo que habría de ser el tabernáculo del desierto, la morada de Dios en medio de su pueblo. Es decir, Dios derrama su bendición sobre Israel desde que los descendientes de Jacob alcanzan el Sinaí. Sin embargo, el relato del Becerro muestra una trágica respuesta al amor divino.

[715] La finisecular interpretación cristiana tradicional ha entendido siempre que estos primeros once capítulos muestran una serie de transgresiones típicas: la caída de Adán (c. 3), el asesinato de Abel y la crueldad de los descencientes de Caín (c. 4), las extrañas amalgamas humano-angélicas y la violencia desatada que causarán el diluvio universal (c. 6), la embriaguez de Noé (c. 9) y la soberbia edificación de la torre de Babel (c. 11), con sus consecuencias negativas en el decurso de la vida humana (contraste entre las edades de los antediluvianos del cap. 5 con las de los postdiluvianos del cap. 11). Sin embargo, ninguna de estas historias moldea la concepción del pecado que tendrá Israel.

[716] En efecto, son prácticamente inexistentes los textos veterotestamentarios que se refieren directamente al pecado o transgresión de Adán, únicamente registrado como tal en Gn. 3, capítulo al que damos el nombre convencional de *Relato de la Caída*, como queda dicho. Resultan realmente escasas las menciones del primer ser humano en el resto del Antiguo Testamento, y por lo general en escritos de redacción tardía. 1 Crónicas, por ejemplo, se inicia con unos capítulos genealógicos que enlazan el pueblo de

Antiguo Testamento es, por encima de todo, una noción de tipo *cúltico* antes que moral, y se materializa en la idolatría, la forma de transgresión típica de los israelitas.

La segunda es la acción de Jeroboam I al separar las tribus del norte de la obediencia a Roboam, rey de Judá, hecho que se conoce en los manuales de historia sacra al uso como *el cisma de Israel*. Además del entramado puramente político-económico de base que se nos permite leer entre líneas[717], los hagiógrafos entienden que hay en esta

---

Israel, y especialmente la familia de David, con los doce patriarcas hijos de Jacob y sus ancestros antediluvianos; sus primeras palabras son precisamente los nombres de *Adán, Set, Enós*, etc., pero sin alusión alguna a ningún "pecado original". Tan solo dos textos parecen aludir a la primitiva transgresión de Adán. El primero es Os. 6:7a, que dice:

Mas ellos, cual Adán, traspasaron el pacto.

Hemos encontrado esta lectura en BEP, BJ, BTI, BTX, CI, DHH, NTV, NVI y RV (antigua, 1960 y 1995). En otras versiones se entiende el término hebreo אדם *adam*, no como nombre propio individual de nuestro primer ancestro, sino como indicación del conjunto genérico humano; así, NC lo traduce por "hombres", y NBE lee "en la tierra" —sin duda por la estrecha vinculación que tienen en lengua hebrea los nombres אדם *adam*, "hombre", y אדמה *adamah*, "tierra de labor"—, si bien en esta última versión una nota a pie de página indica la traducción alternativa posible "como Adán". La King James Bible (KJB) o Versión Autorizada (*Authorized Version*, AV) en lengua inglesa lo interpreta como *men*, es decir "hombres". Y la clásica versión protestante francesa de Louis Segond lo traduce como *le vulgaire*, o sea, "el vulgo". Ya los traductores de la LXX lo vertieron en su momento por ἄνθρωπος *ánthropos*, "el hombre genérico", sin entenderlo como nombre propio. La Vulgata latina, sin embargo, lo transcribe directamente como *Adam*, identificándolo así con el padre del género humano, e iniciando de esta forma toda una tradición interpretativa que entendemos muy acertada. El segundo lo hallamos en Job 31:33, donde leemos:

¿Acaso, como Adam, encubrí mis transgresiones, ocultando mi inquidad en mi seno...? (BTX)

Como sucede con el texto anterior, no todas las versiones bíblicas al uso vierten de esta manera este versículo. De hecho, esta interpretación la encontramos en BTI y NBE. Algunas versiones, como BJ, CI o NVI, aunque no traducen así este texto, en sus aparatos críticos admiten la posibilidad de que pueda verterse de esta manera. Y el resto, en líneas generales, lo traduce, más o menos, al estilo de RVR60, donde leemos:

Si encubrí como hombre mis transgresiones, escondiendo en mi seno mi iniquidad.

Como hombre, como el vulgo, como todo el mundo, como cualquiera, son las fórmulas que se emplean en la mayoría de las versiones en nuestro idioma. La BCI (Bíblia Catalana Interconfessional) y la inglesa KJV colocan también el nombre de Adán.

[717] La distinción entre las tribus del norte y la tribu de Judá se hace patente muy pronto en el Antiguo Testamento, prácticamente desde los inicios de la existencia de

acción separatista un claro componente religioso. Así nos lo muestra 1Re. 12:28-33, texto que por su importancia bien merece la pena ser citado *in extenso*:

> *Y habiendo tenido consejo, hizo el rey dos becerros de oro, y dijo al pueblo: Bastante habéis subido a Jerusalén; he aquí tus dioses, oh Israel, los cuales te hicieron subir de la tierra de Egipto. Y puso uno en Bet-el, y el otro en Dan. Y esto fue causa de pecado; porque el pueblo iba a adorar delante de uno hasta Dan. Hizo también casas sobre los lugares altos, e hizo sacerdotes de entre el pueblo, que no eran de los hijos de Leví. Entonces instituyó Jeroboam fiesta solemne en el mes octavo, a los quince días del mes, conforme a la fiesta solemne que se celebraba en Judá; y sacrificó sobre un altar. Así hizo en Bet-el, ofreciendo sacrificios a los becerros que había hecho. Ordenó también en Bet-el sacerdotes para los lugares altos que él había fabricado. Sacrificó, pues, sobre el altar que él había hecho en Bet-el, a los quince días del mes octavo, el mes que él había inventado de su propio corazón; e hizo fiesta a los hijos de Israel, y subió al altar para quemar incienso.*

Saltan a la vista ciertos detalles que nos recuerdan la perícopa del becerro de oro del Sinaí —como la desgraciada declaración *he aquí tus dioses, oh Israel, los cuales te hicieron subir de la tierra de Egipto,* remedo de las palabras pronunciadas por los israelitas en Éx. 32:4, y que han hecho pensar a algunos autores que aquel triste episodio vivido por Israel inmediatamente después de haber salido de Egipto no sería sino un relato sin valor histórico y compuesto por escribas judaítas

---

Israel como pueblo, como encontramos en el propio Pentateuco. Pero se evidencia de forma clara en los libros de Samuel, cuando ya se menciona la doble realidad de Israel y Judá como dos entidades bien diferenciadas, con sus características propias (1Sa. 15:4; 17:52; 2Sa. 2:8-10; 3:10; 11:11; 19:41-43; 20:2; 24:1). Que la monarquía davídica —de clara raigambre judaíta— suponía una sangría constante para el conjunto de Israel desde los tiempos de David, y de forma muy especial bajo el reinado de Salomón, lo deja entender sin demasiados esfuerzos la petición elevada a Roboam de *aliviar el yugo* de sobre el pueblo (1Re. 12:4). Para una exposición somera, pero al mismo tiempo fácil de comprender, de la situación socio-económica del reino hebreo unido salomónico, con sus derivaciones correspondientes en los campos político y religioso, *cf.* BRIGHT, J. *op. cit.,* pp. 264-273.

para censurar el culto idolátrico del reino de Israel[718]. Siguiendo una línea de pensamiento más acorde con la narración bíblica, entendemos más bien que la acción de Jeroboam I, sin negar sus motivaciones puramente políticas o económicas, conllevó una ruptura de la alianza que Dios había establecido con Israel, pero sobre todo de la que había sido otorgada en particular a la casa de David, para lo cual se sirvió de ciertos elementos cúlticos que ya se habían manifestado tiempo atrás en la historia del pueblo, prácticamente desde sus comienzos[719]. Que esta ruptura causó, en opinión de los hagiógrafos, la ruina del estado efrainita se expresa con claridad en las sentencias de 2Re. 17:21-23:

> ...y ellos hicieron rey a Jeroboam hijo de Nabat; y Jeroboam apartó a Israel de en pos de Jehová, y les hizo cometer gran pecado. Y los hijos de Israel anduvieron en todos los pecados de Jeroboam que él hizo, sin apartarse de ellos, hasta que Jehová quitó a Israel de delante de su rostro, como él lo había dicho por medio de todos los profetas sus siervos; e Israel fue llevado cautivo de su tierra a Asiria, hasta hoy.

Resulta interesante el juicio emitido por esta declaración, que va mucho más allá de lo puramente histórico, para adentrarse en el terreno de la teología más genuina y más elaborada. No se tiene en cuenta, por ejemplo, la importancia a todos los niveles de la dinastía de Omri y su alianza con los sidonios, fruto de lo cual fue el malaventurado matrimonio de Acab con Jezabel, que tantos sinsabores acarreó a Israel

---

[718] Mediante un relato tal, se dice, los escribas y hagiógrafos judaítas censurarían una tendencia innata a la idolatría entre los israelitas del norte, que ya habría comenzado a manifestarse prácticamente desde el nacimiento de la nación hebrea en el éxodo. Se daría a entender, de esta manera, que la tribu de Judá habría conservado la fe yahvista ancestral mucho mejor que sus hermanos septentrionales, por los que no sentía demasiada simpatía.

[719] Cf. la curiosa historia narrada en Jue. 17 y 18, ubicada temporalmente, al parecer, en la época de la conquista y de la que veremos más detalles en el capítulo siguiente. Para mayores concreciones, véanse los comentarios a este libro, especialmente DAVIS, J. J. AND WOLF, H. "Judges. Introduction and Annotations", in Zondervan NIV Study Bible (Fully Revised). Grand Rapids, Michigan: Ed. Kenneth L. Baker, 2002, pp. 326-363; MATTHEWS, V. H. Judges and Ruth. Cambridge University Press, 2004; y NIDITCH, S. Judges: a commentary. Westminster John Knox Press, 2008. Se consultará también con provecho la parte correspondiente al libro de los Jueces del primer volumen del conocido Comentario Bíblico San Jerónimo, de Ediciones Cristiandad.

con la introducción del culto al Baal de Sidón. No se alude a las guerras constantes que sostuvo el estado efrainita con los reinos arameos
de Siria, especialmente el de Damasco, que tantas mermas territoria-
les y pérdidas de vidas humanas le costaron. Tampoco se mencionan
otras situaciones de irregularidad religiosa, entendida como tal desde
un enfoque yahvista, protagonizadas por ciertos monarcas posteriores.
El hagiógrafo entiende que la apostasía de Jeroboam desencadenó el
proceso de perdición del reino del Norte. Sobre la valoración de este
tipo de culto a los becerros, trataremos en el capítulo siguiente.

La tercera y última la encontramos en el reino del Sur, Judá, y fue
protagonizada por Manasés[720], considerado en ocasiones como el prototipo del monarca impío, en contraste con su padre Ezequías, y sobre
todo con su nieto Josías, el rey piadoso por antonomasia. El resumen
de su actuación se lee en 2Re. 21:11-12, palabras que el hagiógrafo
atribuye a Dios por medio de los profetas:

> *Por cuanto Manasés rey de Judá ha hecho estas abominaciones, y
> ha hecho más mal que todo lo que hicieron los amorreos que fueron
> antes de él, y también ha hecho pecar a Judá con sus ídolos; por
> tanto, así ha dicho Jehová el Dios de Israel: He aquí yo traigo tal
> mal sobre Jerusalén y sobre Judá, que al que lo oyere le retiñirán
> ambos oídos.*

Todo cuanto se afirma en versículos posteriores acerca de las crueldades de este rey, aparece escrito como la conclusión natural de su
apostasía y su ruptura de la alianza con Dios, que colma la medida de
todo cuanto habían hecho sus antecesores, y entraña la maldición divina sobre su reino y su ciudad capital. El alcance de la apostasía de
Manasés es tan grande que ni siquiera la piedad del rey Josías o su

---

[720] Aunque 1Re. 11 muestra que la apostasía judaíta tuvo sus inicios en las tendencias idolátricas de Salomón, debido a sus matrimonios políticos con princesas paganas,
y pese al episodio turbio del reinado de Atalía, hija de Acab y Jezabel (2Re. 11), que
supone un paréntesis dinástico nada agradable para los hagiógrafos yahvistas, lo cierto
es que halló su clímax en el reinado de Manasés. Si bien los sucesivos monarcas judaítas, desde Roboam hasta el fin de Judá, no se mostraron siempre a la altura del pacto
de Dios con David —buena evidencia de lo cual ofrece el reinado del impío Acaz en la
época de Isaías—, surgieron de entre ellos figuras piadosas (Asa, Josafat, Ezequías y,
sobre todo, Josías) que dieron al reino meridional un tono yahvista del que carecieron
los monarcas de Efraín.

restablecimiento del pacto divino podrán paliar el decreto de destrucción que pende sobre el reino. De hecho, leemos en 2Re. 24:2-4:

Pero Jehová envió contra Joacim tropas de caldeos, tropas de sirios, tropas de moabitas y tropas de amonitas, los cuales envió contra Judá para que la destruyesen, conforme a la palabra de Jehová que había hablado por sus siervos los profetas. Ciertamente vino esto contra Judá por mandato de Jehová, para quitarla de su presencia, por los pecados de Manasés, y por todo lo que él hizo; asimismo por la sangre inocente que derramó, pues llenó a Jerusalén de sangre inocente; Jehová, por tanto, no quiso perdonar.

En relación con el arrepentimiento de Manasés, únicamente registrado en 2Cr. 33:10-20, son bastantes los exegetas que lo consideran, por ser un material exclusivo del Cronista y no constatable en ninguna otra fuente, ni bíblica ni extrabíblica[721], una aportación más teológica que

---

[721] Excepción hecha del añadido apócrifo conocido como *La oración de Manasés*, que aparece en algunos manuscritos de la Vulgata inmediatamente después de 2 Crónicas y se conserva, además de en algunas ediciones de la Septuaginta, en las primeras ediciones de nuestras biblias del Oso y del Cántaro, amén de en versiones de otros idiomas occidentales. La ficción literaria la pone en boca de este monarca mientras estaba preso en Babilonia (2Cr. 33:11) y, literalmente, dice así:

Señor Omnipotente, Dios de nuestros padres Abraham, Isaac, y Jacob y de su simiente justa; que hiciste el cielo y la tierra con todo su ornato; que ataste el mar a la palabra de tu mandamiento; que encerraste el abismo, y lo sellaste con el terrible y loable Nombre tuyo; a quien todas las cosas temen, y tiemblan ante la presencia de tu Poder; porque la magnificencia de tu gloria es insufrible a los pecadores, e imposible de soportar la ira de tus amenazas sobre los transgresores; mas la misericordia de tu promesa es inmensa e insondable, porque tú eres Señor, Altísimo, Benigno, Longánime, y grandemente Misericordioso, y que te dueles de las fatigas de los hombres.

Tú, oh Señor, por la multitud de tu bondad, prometiste penitencia y remisión a los que pecaron contra ti; y por la multitud de tus conmiseraciones decretaste penitencia a los pecadores para salvación. Así que tú, oh Señor, Dios de los justos, no estableciste la penitencia para los justos Abraham, Isaac, y Jacob, que no pecaron contra ti; mas la estableciste por amor de mí pecador, porque he pecado más allá del número de la arena del mar. Mis iniquidades son muchas, oh Señor, mis iniquidades son muchas; y no soy digno de ver ni mirar la altura del cielo a causa de la multitud de mis maldades. Estoy agobiado por muchas prisiones de hierro, de manera que no puedo levantar la cabeza, ni tengo resuello; porque desperté tu ira, e hice lo malo delante de ti. No he hecho tu voluntad, ni he guardado tus mandamientos; establecí las abominaciones, y aumenté los tropiezos. Mas ahora yo hinco las rodillas de mi

realmente histórica, cuya finalidad sería suavizar un tanto el juicio tan adverso de los hagiógrafos de 2 Reyes sobre este monarca y su reinado, el más largo de la historia de Judá, por otra parte.

Lo que más nos interesa destacar es que la transgresión deliberada de la alianza divina por parte de Israel, y que provoca la pregunta de si es posible restablecerla de nuevo, conlleva una respuesta inusitada de Dios, únicamente comprensible a la luz de la Teología de la Gracia. Y es lo que recibe el nombre de

El Nuevo Pacto. Desde el principio, la historia bíblica nos muestra a un Dios que es, como ya hemos visto, por encima de todo, misericordioso. Esta característica distintiva del carácter de Yahweh (Gn. 19:16; Éx. 15:13; 20:6; 22:27; Nm. 6:25; Dt. 4:31; 2Cr. 30:9) se hace especialmente patente en la predicación de los profetas. En todos ellos hay un llamado a un pueblo rebelde para que enmiende sus caminos errados, su desobediencia y su infidelidad al pacto sagrado, y se vuelva a su Dios. Tal proclama alcanza ecos particularmente intensos en Oseas, donde el profeta pone su boca al servicio de Dios para amonestar a Israel, esa esposa infiel e ingrata:

Pero he aquí que yo la atraeré y la llevaré al desierto, y hablaré a su corazón. Y le daré sus viñas desde allí, y el valle de Acor por puerta de esperanza.

En aquel tiempo haré para ti pacto con las bestias del campo, con las aves del cielo y con las serpientes de la tierra; y quitaré de la tierra arco y espada y guerra, y te haré dormir segura. Y te desposaré conmigo para siempre; te desposaré conmigo en justicia, juicio, benignidad y misericordia. Y te desposaré conmigo en fidelidad, y conocerás a Jehová. (Os. 2:14-15,20-22)

---

corazón rogándote misericordia. Yo he pecado, oh Señor, yo he pecado, y conozco mis iniquidades. Por tanto, pido rogándote:Perdóname, oh Señor, perdóname; y no me destruyas con mis maldades, ni airado para siempre me reserves los males, ni me condenes en las profundidades de la tierra, pues tú eres Dios, DIOS DE PENITENTES, y en mí declararás toda tu bondad; porque, aunque indigno, me salvarás según tu gran misericordia, y yo te alabaré siempre, todos los días de mi vida; porque a ti alaba toda potestad de los cielos, y tuya es la gloria por los siglos de los siglos. Amén.

(Tomado y adaptado de la versión de la Biblia del Cántaro)
Se comprende perfectamente que esta pequeña obra apócrifa deleitara al reformador Martín Lutero, así como que forme parte de las liturgias de algunas iglesias históricas.

La profecía de Oseas, por lo tanto, vislumbra un momento de la Historia de la Salvación en el que Yahweh volverá a entrar en alianza con su esposa rebelde. Aún no encontramos en Oseas el concepto que en hebreo se expresa por el sintagma הברית החדשה *habberith hajadashah*, "el nuevo pacto", pero está ya muy cerca. Habrá de transcurrir un siglo, más o menos, para que lo hallemos en tanto que idea distintiva, muy específica, de otro profeta. En efecto, el *nuevo pacto* aparece mencionado por su nombre únicamente en Jer. 31:31-34 de entre todo el conjunto del Antiguo Testamento, pasaje que se ha convertido en uno de los más importantes de toda la Biblia, y dice así:

> *He aquí que vienen días, dice Jehová, en los cuales haré nuevo pacto con la casa de Israel y con la casa de Judá. No como el pacto que hice con sus padres el día que tomé su mano para sacarlos de la tierra de Egipto; porque ellos invalidaron mi pacto, aunque fui yo un marido para ellos, dice Jehová. Pero este es el pacto que haré con la casa de Israel después de aquellos días, dice Jehová: Daré mi ley en su mente, y la escribiré en su corazón; y yo seré a ellos por Dios, y ellos me serán por pueblo. Y no enseñará más ninguno a su prójimo, ni ninguno a su hermano, diciendo: Conoce a Jehová; porque todos me conocerán, desde el más pequeño de ellos hasta el más grande, dice Jehová; porque perdonaré la maldad de ellos, y no me acordaré más de su pecado.*

Salta a la vista que el propio oráculo considera este nuevo pacto como mejor y más glorioso que el anterior (el pacto del Sinaí), al que viene a sustituir de forma definitiva, y además se hace extensible a la totalidad del pueblo hebreo —algo que no deja de tener su importancia, máxime cuando se constata que Jeremías vive en un momento en que el reino de Israel ya no existe y tan solo sobrevive Judá[722]—; se trata de un pacto de perdón, de restauración y de plenitud del conocimiento de Dios en mucha mayor medida que lo que se había podido vislumbrar hasta el momento, y en el que hallamos dos hitos fundamentales: por un lado, y sin desentonar con el resto de las alianzas divinas que muestra el Antiguo Testamento, se trata de un pacto incondicional, no sometido a las

---

[722] A no ser que se acepte la propuesta de quienes ven en las palabras *y la casa de Judá* del v. 31 un añadido posterior, y por ende se deduzca que el oráculo original equiparaba los nombres *Judá* e *Israel* en la época en que fue emitido.

decisiones o al comportamiento de Israel; y por el otro, y siempre conforme al hilo conductor de las Escrituras Hebreas, destaca por encima de todo la gran misericordia de Yahweh para con su pueblo, pues es capaz de hacer borrón y cuenta nueva ante la obstinada incapacidad de Israel para obedecer lo estipulado en el Sinaí. Nada hay en la formulación de este nuevo pacto que permita o invite a creer en la existencia de mérito alguno por parte de Israel. Una idea semejante ni se sugiere tan siquiera. Por el contrario, se destaca la patente infidelidad de aquel pueblo en relación con el antiguo pacto. Por decirlo de forma lapidaria: todo en el Nuevo Pacto gira en torno a un decreto incomprensible e inapelable de la Gracia de Dios, que en otros textos proféticos posteriores —como hemos tenido ocasión de señalar en su momento y haremos de nuevo más adelante— vendrá concretizado en las ideas de un nuevo éxodo y, sobre todo, la presencia del Mesías. Podemos afirmar, en buena teología, que de algún modo el Antiguo Testamento prevé y anuncia de esta manera su propio fin en cuanto tal para dar paso a un testamento distinto, nuevo, una alianza definitiva de Dios con su pueblo. En este sentido es como entendemos que el autor de la Epístola a los Hebreos aplica el oráculo de Jeremías a Cristo (He. 8:1-13). En las palabras del comentario que el Gran Reformador Juan Calvino realizó sobre esta epístola,

«El profeta habla del tiempo futuro. Acusa al pueblo de perfidia, porque no continuaba fiel después de haber recibido la ley. La ley fue, entonces, el pacto quebrantado por el pueblo, tal como Dios lo hace saber. Para remediar este mal, Dios prometió un pacto nuevo y diferente, cuyo cumplimiento profético fue la abrogación del antiguo pacto[723]».

Pactos y ley. Como hemos indicado desde el comienzo de este capítulo, la noción veterotestamentaria de *pacto*, referida a la especial alianza de Dios con el conjunto del pueblo de Israel en el Sinaí inmediatamente después del éxodo, viene indisolublemente unida a la idea de *ley*, binomio conceptual que ya formaba parte del elenco cultural del Creciente Fértil mesopotámico. De hecho, como han evidenciado la arqueología y la historia antigua, los pactos concertados entre los pueblos vecinos de Israel, o mejor dicho, aquellas especiales disposiciones que los acompañaban y exigían un escrupuloso cumplimiento —disposiciones que

---

[723] *El comentario de Juan Calvino. La Epístola del apóstol Pablo a los Hebreos.* Grand Rapids, Michigan: Subcomisión Literatura Cristiana de la Iglesia cristiana Reformada, 1977, p. 166.

tenían fuerza de ley—, se solían escribir sobre material duradero y se guardaban celosamente en santuarios a fin de ser expuestas y ratificadas en los momentos necesarios. El Antiguo Testamento nos menciona en este sentido las *tablas de piedra* conservadas dentro del Arca del Pacto (o Arca de la Alianza), en las cuales estaban escritas las disposiciones divinas, es decir, la ley (Éx. 24:12; 31:18; 34:1,4; Dt. 4:13; 5:22; 9:9-11; 10:1,3; 1Re. 8:9). Y no es porque sí que Os. 8:1, quejándose amargamente de la ingratitud de Israel para con su Dios, relacione los conceptos de *pacto* y *ley* en una clarísima construcción de paralelismo conceptual. La última parte del versículo reza:

...porque traspasaron mi pacto, y se rebelaron contra mi ley.

Ello nos lleva a plantearnos la siguiente pregunta:

¿Pero qué es exactamente la ley en el contexto veterotestamentario? Al pretender definir este término, hemos de ser en extremo cuidadosos, dado que procedemos de una cultura occidental cuyo pensamiento, como queda dicho, viene modelado básicamente por la filosofía griega y el derecho romano, vale decir, por unos presupuestos que no tienen nada que ver con lo que hallamos en el Antiguo Testamento. El término griego para "ley" es νόμος *nomos*, cuya etimología, según expresan los mejores autores, sería el verbo νέμω *nemo*, "distribuir", "dispensar", y hace referencia a aquellas costumbres o normas que regulan la vida de la comunidad, distribuyendo a cada uno sus deberes y responsabilidades específicas[724]. Como nos evidencia la arqueología, las leyes de las distintas *polis* griegas se hacían constar por escrito en códigos pétreos que cualquiera podía leer y conocer[725]. Por su parte, el vocablo latino *lex*, de donde deriva nuestro étimo castellano *ley*, implica siempre un convenio, un consenso, *que por su propia naturaleza ha de hacerse constar por escrito*[726], y se deriva del verbo *legere*, "recoger",

---

[724] Así los diccionarios clásicos de Lidell-Scott (griego-inglés) y de A. Bailly (griego-francés), entre otros.

[725] Curiosamente, la tragedia habla a veces de las ἄγραφοι νόμοι *ágraphoi nomoi*,

«las leyes no escritas e inquebrantables de los dioses. Estas no son de hoy ni de ayer, sino de siempre, y nadie sabe de dónde surgieron» (*Antígona* de Sófocles, 454ss.)

[726] Se opone a *mos*, la costumbre no escrita, pero plenamente vigente en la sociedad. De este étimo latino deriva nuestro sustantivo castellano *moral*.

"recopilar", y, como sentido derivado, "leer"[727]. Para los antiguos helenos y sus continuadores romanos, por lo tanto, *ley* y *código escrito* venían a ser términos equivalentes, como sucede en nuestro mundo occidental, cuyos sistemas legales suelen fundamentarse en el antiguo Derecho Romano, al menos en los países de raigambre cultural latina. Tal no es el sentido primordial que tiene el concepto de *ley* en el Antiguo Testamento. El vocablo תורה *torah*, que ha acabado convirtiéndose en un nombre propio entre los judíos (la *Torah*)[728], solemos traducirlo indefectiblemente por *ley* en nuestras versiones bíblicas al uso, y se constata 220 veces en el Antiguo Testamento[729]. Etimológicamente, procede de la raíz verbal ירה *yarah*, cuyo significado original es "señalar con el dedo", de donde "indicar una dirección", y, por ende, "enseñar" o "instruir". De este mismo verbo deriva el sustantivo מורה *moreh*, "maestro", vale decir, "el que enseña", "el que instruye". La ley, por lo tanto, se concibe más como una instrucción divina dirigida a Israel, una enseñanza de vida y para vida, y, como es fácil de deducir, *viva*, que como un código monolítico de disposiciones escritas *ne varientur* y cuyo cumplimiento haya de ser escrupulosamente observado en sus más ínfimos detalles en cualquier momento del decurso histórico. Así se entiende, v.gr., en los conocidos Salmos 1 y 119, auténticos cantos de loor en los que se exalta hasta lo sumo la ley divina, o en las alusiones que se hacen a ella en ciertos profetas como Oseas[730]. En este sentido, el significado genérico de תורה *torah* se diferencia bien de otros vocablos más concretos como דת *dath*, que traducimos como "edicto"; חק *joq*, "decreto"; o el más conocido מצות *mitswoth*, "mandamientos", que suelen aparecer en ocasiones relacionados con ella (Gn. 26:5; Éx. 15:26; 24:12).

Evolución del significado del término "ley" en el judaísmo y el cristianismo. La religión judía, cuyos inicios encontramos ya en los

---

[727] Siempre según el diccionario francés de Ernout y Meillet citado anteriormente.

[728] Como bien sabe el amable lector, el judaísmo ha enriquecido el significado de este nombre con una serie de atribuciones que no se encuentran en el Antiguo Testamento. *Cf.* COHN-SHERBOK, D. *Op. cit.* pp. 220-221, entradas *Torá; Torá, estudio de la; Torá, lectura de la; Torá, ornamentos de la; Torá-mi-Sinaí.*

[729] Especialmente en la literatura deuteronomística y sapiencial, muy poco en los profetas.

[730] Hemos de reconocer el gran acierto de la traducción de la BTI en el pasaje de Os. 8:1 que citábamos antes, pues reza literalmente:

...porque han transgredido mi alianza y se rebelaron contra mi instrucción.

libros de Esdras y Nehemías[731], dará al vocablo *ley* un sentido completamente distinto al asimilarlo a un código legal cerrado y perpetuo, circunscrito en exclusiva a los cinco libros del Pentateuco, que a partir de ese momento se convierten para siempre en *la ley de Moisés* en su sentido más absoluto[732] (*cf.* la lectura pública del libro de la ley realizada en Jerusalén por el escriba y sacerdote Esdras, con la consiguiente confesión de pecado por parte de los judíos, debido a no haberla guardado como pueblo a lo largo de su historia nacional previa, tal como nos narra Neh. 8-9, y el pacto realizado por el pueblo y sus gobernantes en el sentido de que serían siempre fieles a la ley mosaica, como leemos en Neh. 10). Aunque no podemos estar siempre de acuerdo con las líneas de investigación de la escuela de Wellhausen, mencionada en el cuarto capítulo de la primera parte de esta obra, según la cual la ley es un elemento tardío, una construcción teológica posterior a los profetas, y plasmada de manera concluyente en el Pentateuco a partir del exilio babilónico y la restauración[733], sí hemos de admitir que el hecho de su recopilación y redacción-edición definitiva en los momentos posteriores

---

[731] Incluso en el libro de Ezequiel, según algunos investigadores. No hay que olvidar que a este profeta se lo designa en ocasiones como *el padre del judaísmo*.

[732] Se suele indicar que la traducción del vocablo hebreo תורה *torah* por el griego νόμος *nomos* en la LXX vino a contribuir a esta derivación del significado original. *Cf.* el artículo de Martin-Achard "Brèves remarques sur la signification théologique de la loi selon l'Ancien Testament" en el volumen ya antes citado de la *Revue de Théologie et de Philosophie*, pp. 90-106. No obstante, pensamos que se trata más bien del fenómeno contrario: cuando vio la luz la traducción de los LXX, que es tardía, el concepto de "ley" como conjunto de disposiciones que regulan la vida de una comunidad se había sobrepuesto al prístino de "instrucción", vale decir, se parecía mucho más a lo que en el mundo helenístico se indicaba por medio del vocablo νόμος *nomos*, y por esta razón se tradujo así en lugar de haberse empleado otra palabra más apropiada (tal vez la más acertada, según apuntan algunos pensadores, hubiera sido παιδεία *paideía*, que en su origen significa "instrucción de niños y jóvenes para que aprendan a ser adultos", pero esta propuesta no cuenta con el consenso de todos). La posterior traducción latina *lex* contribuyó, sin duda, a afianzar este significado "legalista" en el mundo cristiano, como se evidencia aún en nuestros días.

[733] Aunque el Pentateuco que hoy leemos en nuestras biblias haya visto su edición definitiva en la Gran Sinagoga presidida por Esdras (según transmiten algunas tradiciones judías harto pertinentes y nada desdeñables), qué duda cabe de que muchos de sus materiales o de las tradiciones subyacentes presentan elementos muy antiguos, anteriores a los profetas y contemporáneos incluso del nacimiento de Israel, por lo que no podemos negarles un origen claramente mosaico. Entre ellos, el propio Decálogo de Ex. 20 o Dt. 5, al menos en una primera redacción un poco más simple que la que leemos en la actualidad.

al exilio babilónico refleja un cambio profundo de mentalidad en el remanente de Israel. A partir de entonces, los así llamados cinco libros de Moisés se entienden como la *ley* por antonomasia, vale decir, las normas y reglamentaciones establecidas por Dios que han de regular minuciosamente la vida de las congregaciones judías, con lo que pasa a ser el gran distintivo del judaísmo. Conforme la religión judía va desarrollando su pensamiento a lo largo del período intertestamentario[734], el vocablo *torah* irá adquiriendo con el paso de los siglos un sentido mucho más abarcante, de forma que en un momento dado designará al conjunto de los escritos sagrados, como atestigua en cierta manera el Nuevo Testamento[735]. Pero, a partir de la ruptura total de la sinagoga con la Iglesia hacia finales del siglo I de nuestra era, el judaísmo experimenta un repliegue absoluto sobre sí mismo en una clara actitud de autodefensa frente a un entorno hostil, y entiende que la sagrada *Torah*, o sea, los cinco libros del Pentateuco en exclusiva, no solo constituyen su identidad como pueblo, sino la gran barrera que lo separa del resto de las naciones. Y algo más importante aún: enseña que junto a la תורה שבכתב *torah shebbikhthab* o νόμος ἔγγραφος *nomos éngraphos*, la "ley escrita" traducible a otros idiomas, y cuyos preceptos aparecen contenidos en los cinco libros de Moisés, existe otra que es exclusivamente oral, la תורה שבעל פה *torah shebbeal peh* o νόμος ἄγραφος *nomos ágraphos*, una "ley no escrita", pero también revelada a Moisés en el Sinaí y transmitida por este a Josué, quien a su vez la entregó a los ancianos de Israel, y estos a los profetas, que finalmente la comunicarían a los sabios de la Gran Sinagoga, según indica el tratado talmúdico

---

[734] Dice F. Klein en su artículo "Período intertestamentario" in ROPERO BERZOSA, A (ED. GEN.). *Gran Diccioanio Enciclopédico de la Biblia*. Viladecavalls (Barcelona): Editorial CLIE, 2012, p. 1256:

> «En lo religioso, se profundiza el lugar de la sinagoga en la vida del pueblo, se consolida ya en forma definitiva el monoteísmo y la omnipresencia de Dios con las profecías de Ezequiel. Los escribas y rabinos comenzarían a tener un lugar preponderante en forma paralela al sacerdocio del Templo de Jerusalén. El judaísmo se transforma en un crisol de múltiples corrientes y sectas: fariseos, saduceos, esenios, helenistas, etc. El judaísmo, lejos de ser monolítico, manifiesta una gran vitalidad que se expresa en un pluralismo de planteamientos y expectativas».

[735] Mt. 7:12 (equiparación de la ley y los profetas en el pensamiento de Jesús); 11:13 (la ley y los profetas profetizan hasta Juan el Bautista); Lc. 10:26-27 (cita de Dt. 6:5 y Lv. 19:18); Jn. 10:34 (cita de Sal. 82:6 como parte de la ley); 15:25 (cita de Sal. 35:19 y 69:4, *Íd.*); 1 Co. 14:21 (cita de Is 28:11-12, *Íd.*).

פרקי אבות *Pirqé Abboth* 1,1[736]. Esta ley oral, cuyas prescripciones llegarían a tener mayor peso en la conciencia judía que el propio Pentateuco, se plasmaría por escrito a partir del siglo II de nuestra era en la
Mishnah, con cuyo comentario correspondiente, la *Gemarah*, constituye el Talmud. De esta forma, la *Torah* se ha convertido realmente en
un conjunto de disposiciones de obligado cumplimiento; más aún, en
la verdadera patria de los judíos, trasportable adondequiera que ellos
se dirijan, y, triste es tener que reconocerlo, aunque no implique siempre una fe real en el Dios revelado en el Sinaí. Pero, por otro lado,
todo este conjunto de estrictas reglamentaciones que, incluso cuando
se encontraban en un estadio puramente oral, como en la época de Jesús, ahogaban literalmente la enseñanza y el espíritu de los escritos del
Antiguo Testamento (Mr. 7:6-13 y par.), fueron concebidas por el cristianismo apostólico naciente, enemigo de cualquier tradición humana
contraria a la Escritura, como *un yugo* intolerable (Hch. 15:10)[737].

El mundo cristiano ha heredado en cierto sentido, y desde sus inicios, esta idea no excesivamente positiva de la ley, algo que, como
señalábamos antes, la posterior traducción latina de la Biblia no ayudó

---

[736] *Cf.* el capítulo introductorio. El texto talmúdico mencionado reza literalmente:

«Moisés recibió la Torah desde el Sinaí y la entregó a Josué, y Josué a los ancianos, y los ancianos a los profetas, y los profetas la entregaron a los hombres de la
Gran Sinagoga».

Tras estas palabras de introducción, comienza a mencionar sentencias de grandes ra-
binos vinculados con aquella magna asamblea, el primero de los cuales es el célebre
Simón el Justo, a quien se alude en el apócrifo Eclesiástico o Sabiduría de Jesús ben
Sirac (Eclo. 50).

[737] Los rabinos de la escuela de los fariseos, que solo se fijaron en los aspectos
prescriptivos del Pentateuco, extrajeron de la *Torah* de Moisés 613 preceptos, de los
cuales 248 son positivos (*harás*) y 365 negativos (*no harás*). El número de preceptos
positivos corresponde a los 248 miembros en que consiste el cuerpo humano, según la
anatomía rabínica tradicional. El número de preceptos negativos se corresponde con los
365 días del año solar, que coinciden a su vez con las 365 venas que, siempre según
la misma tradición, se encuentran en el cuerpo humano. De aquí, siguiendo la lógica
de su razonamiento, se concluye que si cada día cada miembro del cuerpo observa un
precepto afirmativo y se abstiene de uno prohibido, toda la ley es observada a lo largo
del año, no solo el Decálogo. En este contexto puramente casuístico y de discusión de
escuela rabínica, desprovisto demasiadas veces de la más mínima sensibilidad hacia las
necesidades reales de la persona humana, y completamente alejado del hilo conductor
de la Gracia que atraviesa todo el Pentateuco, se entiende el rechazo frontal de Jesús
hacia tales enseñanzas, que él estigmatizó como pura hipocresía, de la manera que ya
habíamos hecho notar en el capítulo inicial.

a eclipsar[738]. Efectivamente, el término *lex*, entendido como código legal comparable a las disposiciones recogidas en el Derecho Romano, ha contribuido grandemente a hacer de la ley un término negativo, y, en su aspecto más extremo, un enemigo del evangelio de Cristo[739]. Como señalábamos en su momento, tal ha sido la manera más extendida de entenderla entre los luteranos, desde el propio Martín Lutero hasta Rudolf Bultmann y sus epígonos[740]. Pero incluso entre los católicos romanos, la concepción de los Diez Mandamientos del Decálogo como una ley moral de obligado cumplimiento para los cristianos (la *ley de Dios* por antonomasia), ha eclipsado por completo todo el enfoque positivo que tenían en sus orígenes. Únicamente las labores de ciertos teólogos del siglo XX, como Karl Barth o Walther Zimmerli, entre otros, han conseguido que se vuelva a enfocar este asunto desde un ángulo más positivo: la ley no es contraria a la Gracia; por el contrario, la presupone, depende de ella y es posterior a ella; y algo fundamental: no es un conjunto monolítico de normas estrechas, sino la instrucción viva y vivificante del Dios Vivo para su pueblo[741], es decir, adaptable a las necesidades y las circunstancias de los creyentes.

---

[738] Si bien en todas las épocas de la historia de la Iglesia, desde los Padres hasta hoy, se han alzado voces que han reconocido el inmenso valor del Pentateuco y sus disposiciones para la vida de los creyentes de todos los tiempos, si no exactamente al pie de la letra, sí en su espíritu, lo que se nos antoja una actitud bastante equilibrada.

[739] *Cf.* algunas declaraciones que hallamos en el Nuevo Testamento. Como muestra, la que leemos en Jn. 1:17, y que no es, ni de lejos, la menos importante:

Pues la ley por medio de Moisés fue dada, pero la gracia y la verdad vinieron por medio de Jesucristo.

La teología joánica, como señalan algunos autores, rezuma un antijudaísmo visceral por entender que la religión judía institucionalizada había sido el gran obstáculo con el que había tenido que lidiar Jesús a lo largo de su ministerio, y el mayor enemigo de la comunidad de discípulos de Cristo a la sazón. *Cf.* el ya clásico MATEOS, J. y BARRETO, J. *Vocabulario teológico del Evangelio de Juan.* Madrid: Ed. Cristiandad, 1980, en el que el judaísmo en tanto que sistema organizado se muestra como un mundo esencialmente tenebroso, el imperio de la muerte, frente a Cristo, que es la luz y la vida.

[740] Las teorías de Wellhausen sobre la redacción tardía de la *Torah* y su inferioridad ante la teología de los profetas recibió, como es lógico, una buena acogida entre los luteranos alemanes, ya que hacía hincapié en esa visión negativa de la ley, equiparada a la religión de los fariseos y, por ello, completamente opuesta al mensaje de Jesús.

[741] Pese a la más que evidente sobrecarga de tradiciones y su explicación correspondiente que leemos en el Talmud, la ley es percibida por el judaísmo, no obstante, como un elemento positivo, un don, el don más grande de Dios a Israel y que, según sus creencias, es anterior al mundo. Las tradiciones judías exaltan la ley hasta lo sumo

El contexto de la promulgación de la ley en el Antiguo Testamento. Según la tradición bíblica que todos conocemos, la promulgación de la ley tuvo lugar inmediatamente después de la salida del pueblo de Israel de Egipto y en un escenario muy concreto: el monte Sinaí. La vinculación del Sinaí con una prodigiosa manifestación de Dios y con el don de la ley es, como ya habíamos señalado anteriormente, un dato que recorre todo el Antiguo Testamento, de tal manera que, incluso los autores menos afectos a conceder credibilidad histórica a los relatos bíblicos, admiten una tradición sinaítica bien fundamentada para explicar un evento extraordinario que, dicen, tuvo lugar allí. Textos como Dt. 33:2; Jue. 5:5; Neh. 9:13 o Sal. 68:8,17, entre otros, recuerdan a Israel aquel acontecimiento de tanta importancia para su historia y su pensamiento[742]. Pero es en el Pentateuco donde hallamos la información más pertinente acerca de estos sucesos, más concretamente entre Éx. 19:1, donde leemos que los hijos de Israel *llegaron al desierto de Sinaí*, y Nm. 10:11-12, que dice literalmente:

> *En el año segundo, en el mes segundo, a los veinte días del mes, la nube se alzó del tabernáculo del testimonio. Y partieron los hijos de Israel del desierto de Sinaí según el orden de marcha; y se detuvo la nube en el desierto de Parán[743].*

Como observamos, los libros de Éxodo y Números siguen caminos inversos. El primero comienza en Egipto, prosigue en el desierto y concluye al pie del Sinaí, mientras que el segundo se inicia en el Sinaí,

---

cuando señalan, conforme a la enseñanza de ciertos rabinos, que el mismo Dios consagra una cuarta parte de su jornada al estudio concienzudo de la sagrada *Torah* (!). Israel se beneficia de la ley porque, conforme a la enseñanza de sus maestros, tal y como ya habíamos notado anteriormente, es el único pueblo del mundo que la aceptó, mientras que los demás la rechazaron cuando les hubo sido ofrecida.

[742] El Nuevo Testamento, por su parte, continuará la misma tradición: Hch. 7, donde leemos el magnífico discurso de Esteban que recopila la Historia de la Salvación, menciona este evento en los vv. 30 y 38. Por su parte, el apóstol Pablo lee la imagen del Sinaí como una alegoría del antiguo pacto en Gá. 4:24-25, dentro de su magistral exposición teológica sobre el valor de la llamada *Dispensación de la ley*. Las alusiones al Sinaí como el lugar desde el que Dios mostró su gloria a Israel son frecuentes también en la Patrística. *Cf.* el *Diálogo con Trifón* de San Justino Mártir, 127,2-3.

[743] De ello se deduce que la estancia de Israel en el Sinaí habría durado un año completo, siempre conforme a la lectura histórica efectuada por los sacerdotes y recopiladores de las tradiciones sacras hebreas.

prosigue en otro desierto y concluye en Moab y otros territorios allende el Jordán, es decir, con las primeras conquistas realizadas por los hebreos a la espera de entrar en Canaán. La constatación es simple: el encuentro con Dios y la promulgación de la ley al pueblo de Israel ocupa el zénit de la narración bíblica concerniente a la liberación de los hebreos y su llegada a la Tierra Prometida. En todo este vasto conjunto de las tradiciones sinaíticas, los críticos han distinguido diferentes estratos E, J y P, según la teoría documental clásica de Graf-Wellhausen. Lo cierto es que los eventos ubicados por los hagiógrafos en el propio monte Sinaí aparecen como centro indiscutible, no solo de estas tradiciones, sino también del Pentateuco. Para ser más exactos, es el libro del Levítico, vale decir, el compendio o "manual" de los ritos sacerdotales —¡levíticos!— de Israel, y en especial su capítulo 16 referente al día de las expiaciones, del cual hablaremos más adelante, el centro de la *Torah*[744]. Levítico se muestra, por lo tanto, como el libro de la ley por antonomasia, la concretización más grande de los mandatos divinos para Israel vinculados al culto sagrado, tema que nos ocupará en el siguiente capítulo.

Los Diez Mandamientos dentro del conjunto de la instrucción divina. Señalábamos antes la innegable importancia del Decálogo de Éx. 20 (y su recensión menos mencionada y conocida de Dt. 5, pero cuya importancia no puede ser ignorada), en la concepción judía y cristiana de la ley. De hecho, como habíamos indicado, son mayoría los creyentes cristianos de la actualidad que circunscriben a estos diez preceptos clásicos el concepto de *ley de Dios* entendida en tanto que *ley moral de Dios*, en la idea de que constituyen la expresión eterna y perfecta de la voluntad divina, no solo para la Iglesia o los creyentes, sino para el conjunto de la humanidad, como han venido expresando prácticamente hasta el día de hoy los catecismos, las confesiones de fe y los diversos manuales de instrucción religiosa de prácticamente todas las denominaciones[745], por lo que requieren, según se suele decir, un escru-

---

[744] *Cf.* WINANDY, P. "The Meaning of *kipper* in Daniel 9:24". In HOLBROOK, F. B. (ED.). *70 Weeks, Leviticus, Nature of Prophecy.* Washington D. C.: Biblical Research Institute, 1986, pp. 119-127.

[745] Puede el amable lector consultar a tal efecto cualquier edición del catecismo de la Iglesia Católica Romana, antiguo o moderno, en papel u *online*. Ante nuestros ojos tenemos, además, el ya antes mencionado *Catecismo de Estudio: Versión de Confirmación* de la Iglesia Presbiteriana de los Estados Unidos (PCUSA 1998); el *Catecismo*

puloso cumplimiento, cual si de un código penal se tratara, y cuya infracción acarrearía enormes consecuencias.

Pese a esta designación tan popular, no obstante, los llamados Diez Mandamientos no lo son tales en la concepción propia del Antiguo Testamento. El nombre de *Decálogo* con que se los designa también[746], y que no es otra cosa que la transcripción del griego δεκάλογος *dekálogos*, significa en realidad "diez palabras" o "diez sentencias", y es la traducción literal de la expresión hebrea que leemos en Dt. 4:13 עשׂרת הדברים *aséreth haddebarim*, "las diez palabras"[747]. No se consideran, por tanto, en un principio, mandamientos o mandatos específicos frente a situaciones concretas, es decir, lo que se designa en terminología jurídica como *leyes casuísticas*[748], sino que responden más bien a la necesidad de enunciar una serie de principios generales, absolutos, lo que recibe el nombre de *leyes apodícticas*[749], disposiciones que van mucho más allá de lo que se podría entender como meros mandamientos morales, y son además exclusivos de Israel[750]. Su misma formulación negativa en la mayoría de ellos (*no tendrás otros dioses, no te harás imágenes, no matarás,*

---

breve para uso de los párrocos y predicadores en general de Martín Lutero (1529); y el *Dotrinaren Katexismea* del calvinista vasco Joannes de Leizarraga (1571). En todos ellos se exponen y explican los Diez Mandamientos como ley moral de Dios para los cristianos, a veces con unas precisiones y una casuística que tiene muy poco que envidiar a las explicaciones y aplicaciones rabínicas. Todo un talmud cristiano, como a veces se ha dicho, no sin ironía.

[746] San Ireneo, *Adversus haereses*, 4,15,1.

[747] RVR60 y BTX traducen *los diez mandamientos* (BTX con mayúscula), sin duda por adaptarse al uso popular. RV antigua y la versión de 1979 —de muy escasa tirada esta última y prácticamente desconocida por muchos en el día de hoy—, en cambio, lo vierten más literalmente acorde con el hebreo original (*las diez palabras*), y RV95, en la edición de estudio, aunque lo traduce *los diez mandamientos*, en una nota a pie de página indica que la traducción literal es *las diez palabras*. En cuanto a otras versiones de las Escrituras, las prestigiosas BJ y CI traducen directa y literalmente *las diez palabras*, mientras que BTI, DHH, NC, NTV y NVI se decantan por *los diez mandamientos*. En sendas notas a pie de página BTI, DHH (versión de estudio) y NTV aclaran que literalmente el texto sagrado reza *las diez palabras*.

[748] En terminología judía, los משׁפטים *mishpatim*, lit. "decretos", "juicios".

[749] En terminología judía, los מצות *mitswoth*, lit. "mandatos". Se distingue también en el vocabulario legal judío un tipo de ley apodíctica un tanto diferente, que son los estatutos que determinan ciertas penas (entre ellas la capital), o חקים *juqqim*.

[750] La división entre leyes casuísticas y leyes apodícticas en el Pentateuco, que no cuenta en el día de hoy con el consenso o la aprobación de todos los estudiosos, fue propuesta por Albrecht Alt en 1934. *Cf.* GARCÍA SANTOS, A.-Á. *El Pentateuco. Historia y sentido*. Salamanca: Editorial San Esteban, 1998, pp. 172-173.

no cometerás adulterio, etc.),[751] apunta a una concepción diametralmente opuesta a lo que se entiende habitualmente por un código legal. Responde más bien al concepto de *instrucción* que significa originalmente el vocablo hebreo תורה *torah*, como ya habíamos señalado antes.

Sin embargo, y como ya habíamos señalado en su momento, el Decálogo debe ser entendido principalmente como lo que realmente fue en sus orígenes, es decir, el documento propio de un pacto, más que una formulación legal. Así lo confirma con total claridad el texto de Dt. 4:10-13:

> *El día que estuviste delante de Jehová tu Dios en Horeb, cuando Jehová me dijo: Reúneme el pueblo, para que yo les haga oir mis palabras, las cuales aprenderán, para temerme todos los días que vivieren sobre la tierra, y las enseñarán a sus hijos; y os acercasteis y os pusisteis al pie del monte; y el monte ardía en fuego hasta en medio de los cielos con tinieblas, nube y oscuridad; y habló Jehová con vosotros de en medio del fuego; oísteis la voz de sus palabras, mas a excepción de oir la voz, ninguna figura visteis. Y él os anunció su pacto, el cual os mandó poner por obra; los diez mandamientos, y los escribió en dos tablas de piedra.*

El hecho de que, siempre según la historia bíblica, el Decálogo sea la única parte de las disposiciones reveladas por Dios a Moisés que el conjunto del pueblo de Israel fue capaz de escuchar (*cf.* Éx. 20:18-21; Dt. 5:22-33), le ha dado una impronta especial. Se ha convertido, en el sentir de muchos creyentes, en una especie de compendio, o mejor aún, de *testimonio* de toda la instrucción divina[752]. Por eso leemos en

---

[751] En su formulación original hebrea: adverbio לא *lo*, "no" (que no se emplea normalmente para mandatos negativos en este idioma), más forma verbal conjugada del estado imperfecto.

[752] Curiosamente, jamás en la Biblia se indica que los diez preceptos del Decálogo sean un resumen, un compendio o la quintaesencia de la instrucción divina. El apóstol Pablo, educado en una de las más estrictas facciones judías, el fariseísmo, declara sin ambages:

> *Porque: No adulterarás, no matarás, no hurtarás, no dirás falso testimonio, no codiciarás, y cualquier otro mandamiento, en esta sentencia se resume: Amarás a tu prójimo como a ti mismo.* (Ro. 13:9)

En el pensamiento del Apóstol, Lv. 19:18 es, por tanto, el compendio de la ley, un precepto que no forma parte del Decálogo.

Éx. 31:18 que Dios entregó a Moisés dos tablas de piedra escritas por el dedo divino, y a las que se da el nombre de *tablas del testimonio*[753] (לחת העדת *lujoth haeduth*). De ahí la importancia que se ha atribuido posteriormente en el judaísmo y el cristianismo a estas Diez Palabras. Lo cierto es que, fuera de los textos que lo citan explícitamente en el Pentateuco, el Decálogo no es mencionado jamás como tal en el resto del Antiguo Testamento. De ahí el error de haberlo considerado como un absoluto en el conjunto de la revelación divina, tanto por parte judía como cristiana. Las Diez Palabras no pueden constituirse en un código absoluto por sí mismas, dado que presuponen algo anterior, el pacto de Dios con Israel. El pacto nunca depende de la *torah*, sino al revés. Primero es la alianza, obra exclusiva de la Gracia de Dios, y luego viene la instrucción, o si preferimos expresarnos de manera más tradicional, la ley[754].

Redacción original del Decálogo. Cualquier lector de las Escrituras que fije su atención en las dos recensiones del Decálogo, la de Éx. 20:1-17[755] y la de Dt. 5:1-21, constata de entrada un cierto desfase en la presentación de las Diez Palabras: la mayoría de los preceptos se muestran como sentencias muy escuetas, reducidas a su mínima expresión (el primero, el sexto, el séptimo, el octavo y el noveno)[756], mientras que

---

[753] Es importante destacar que no todos los exegetas actuales, pese a la tradición recogida en Dt. 5:22, están de acuerdo en que las tablas entregadas por Dios a Moisés contuvieran lo que nosotros llamamos el Decálogo. Como veremos más adelante en este mismo capítulo, los sagrados textos nos presentan otros decálogos, otros códigos que engrosan la instrucción divina, y no faltan quienes afirman que se trata de alguno de esos lo que aparecía escrito en las dos tablas de piedra recogidas por Moisés.

[754] Muchos cristianos actuales que leen la Biblia con atención se sorprenden al constatar cómo, pese a la importancia que se le atribuye, el Decálogo en las tradiciones catequéticas, no se menciona jamás como tal prácticamente en el resto del Antiguo Testamento. Asimismo, les supone una gran extrañeza el que tampoco se lo llame nunca por este nombre ni se aluda a él directamente en el Nuevo. Las menciones o citas directas que se hacen del Decálogo en los escritos neotestamentarios se refieren siempre a preceptos muy concretos tomados aisladamente, y en ocasiones parangonados con otras disposiciones que se leen en otros pasajes del Pentateuco (Mt. 5:21,27,31,33,38,43; 19:18; Hch. 15:29); es decir, que jamás hallamos un pasaje que presente el conjunto de los Diez Mandamientos como una norma permanente o una ley de validez universal para todos los creyentes.

[755] Que para la inmensa mayoría se ha convertido en la "versión canónica".

[756] Nos ceñimos a la distribución tradicional de los preceptos del Decálogo tal como aparecen en los catecismos reformados:

otros aparecen muy recargados de explicaciones detalladas (el segundo, el cuarto y el décimo), y los restantes evidencian también ciertos añadidos posteriores, si bien más breves (el tercero y el quinto). Aunque no es el cometido de este nuestro trabajo adentrarnos en arduas cuestiones de crítica literaria, ni explicar la génesis de los distintos documentos que componen el Antiguo Testamento, entendemos que sirve bien a nuestro propósito hacer aquí una mínima incursión en este terreno para evidenciar cómo el Decálogo original, jamás concebido en su momento como una *ley* en el sentido posterior judeocristiano, devino con el tiempo en un campo abonado para la casuística legalista incipiente de la Gran Sinagoga, que recopiló y fijó las tradiciones del Pentateuco, añadiendo y actualizando cuanto consideró necesario[757]. Aunque de alguna manera los escribas de los tiempos de la

---

1º) *No tendrás dioses ajenos delante de mí.*

2º) *No te harás imagen, ni ninguna semejanza de lo que esté arriba en el cielo, ni abajo en la tierra, ni en las aguas debajo de la tierra. No te inclinarás a ellas, ni las honrarás, porque yo soy Jehová tu Dios, fuerte, celoso, que visito la maldad de los padres sobre los hijos hasta la tercera y cuarta generación de los que me aborrecen, y hago misericordia a millares, a los que me aman y guardan mis mandamientos.*

3º) *No tomarás el nombre de Jehová tu Dios en vano; porque no dará por inocente Jehová al que tomare su nombre en vano.*

4º) *Acuérdate del día de reposo para santificarlo. Seis días trabajarás, y harás toda tu obra; mas el séptimo día es reposo para Jehová tu Dios; no hagas en él obra alguna, tú, ni tu hijo, ni tu hija, ni tu siervo, ni tu criada, ni tu bestia, ni tu extranjero que está dentro de tus puertas. Porque en seis días hizo Jehová los cielos y la tierra, el mar y todas las cosas que en ellos hay, y reposó en el séptimo día; por tanto, Jehová bendijo el día de reposo y lo santificó.*

5º) *Honra a tu padre y a tu madre, para que tus días se alarguen en la tierra que Jehová tu Dios te da.*

6º) *No matarás.*

7º) *No cometerás adulterio.*

8º) *No hurtarás.*

9º) *No hablarás contra tu prójimo falso testimonio.*

10º) *No codiciarás la casa de tu prójimo, no codiciarás la mujer de tu prójimo, ni su siervo, ni su criada, ni su buey, ni su asno, ni cosa alguna de tu prójimo.*

Como bien sabe el amable lector, en los catecismos católicos y luteranos el orden de distribución de estos preceptos es otro, el propuesto en su día por San Agustín de Hipona, según el cual el primer y el segundo mandamiento constituyen uno solo, para lo cual se divide el décimo en dos, haciendo de la prohibición de codiciar la mujer del prójimo una prescripción independiente que constituye el noveno precepto.

[757] El hecho de tener que ampliar o explicar un precepto o sentencia antigua solo significa una cosa: ya no se comprendía su sentido original debido a la evolución natural de la sociedad (e incluso del idioma en que venía expresado). La nueva mentalidad

restauración de Esdras y Nehemías dieron su forma definitiva a las Escrituras tal como hoy las conocemos[758], dejaron abierta la puerta a toda una enseñanza oral —lo que después, puesto por escrito, constituiría la *Mishnah*— empeñada en una constante actualización de la Sagrada *Torah*. El hecho de que la mayoría de los enunciados del Decálogo sean breves y lapidarios, sin explicaciones ni añadidos, nos da la pauta para pensar que las Diez Palabras originales de la alianza de Dios con Israel debieron ser más o menos así:

No tendrás dioses ajenos delante de mí.

No te harás imágenes talladas.

No tomarás el Nombre de Yahweh tu Dios en vano.

Guardarás el día del Shabbath.

Honra a tu padre y a tu madre.

No matarás[759].

No cometerás adulterio.

No hurtarás[760].

No hablarás contra tu prójimo falso testimonio.

No codiciarás la casa de tu prójimo.

---

judía, que no era ya la hebrea de tiempos anteriores, y percibía la instrucción divina de forma distinta a como había sido enunciada, exigía una actualización de conceptos, para lo cual era preciso matizarlos por medio de añadidos. Se trata de un fenómeno que encontramos a lo largo de prácticamente todos los escritos del Antiguo Testamento.

[758] En líneas generales, según nos transmiten algunas tradiciones judías. *Cf.* lo indicado en el capítulo inicial acerca de las diferencias entre el texto de la LXX y el Masorético, por ejemplo, que presuponen distintas versiones de los libros bíblicos. Solo en la Edad Media queda fijado para siempre el texto masorético hebreo del Antiguo Testamento.

[759] O *no asesinarás*, como lee con gran acierto BTX.

[760] El texto original alude, no al hurto o al robo de objetos o bienes pertenecientes a otra persona, sino al hecho de arrebatar seres humanos, por ejemplo, para esclavizarlos por puro afán de ganancia. La prohibición de la apropiación indebida de lo que es del prójimo va incluida en el décimo precepto.

Las especificaciones añadidas indican, entendemos, una pérdida del prístino valor que tenían estas diez palabras como principios generales. La obligación de puntualizar que la codicia no se debía ejercer, por ejemplo, contra la mujer del prójimo, sus criados, sus bestias domésticas o el conjunto de sus posesiones, evidencia, por un lado, un cambio de significado del antiguo concepto de *casa*[761], y por el otro una revalorización de la mujer como persona, ya patente en la versión deuteronómica, que al contrario de la de lo que leemos en el Decálogo del Éxodo, coloca a esta antes que a las demás posesiones[762]. Y el farragoso despliegue verbal del segundo precepto, no solo ya en relación con las imágenes de talla, sino con lo referente al culto que se les podía tributar, e incluso con el añadido de los castigos y la mención de la misericordia divina, evidencia a todas luces una repulsa generalizada a cualquier forma de idolatría que llevaba al extremo —o así lo da a entender el texto sagrado tal como nos ha llegado— de condenar incluso las artes plásticas[763]. Algo similar podemos decir del cuarto precepto, el correspondiente a la observancia del reposo sabático.

Sea como fuere, la redacción actual del Decálogo deja muy a las claras que se produjo en cierto momento de la historia de Israel, más concretamente en el período en que la religión judía estaba comenzando a ver la luz, cierto retroceso en lo referente a la comprensión de la Escritura, cierta inmadurez. Y es que los legalismos, del tipo que sean, evidencian siempre una gran inmadurez intelectual, y en este caso teológica.

La teología del Decálogo. El título de este epígrafe podría llamar la atención de más de un lector. ¿Puede un conjunto de diez claras disposiciones —aunque no se consideren "leyes" en el sentido actual del

---

[761] Los diccionarios y glosarios nos indican que el sentido primordial del término hebreo בית *báyith* hacía referencia al conjunto familiar propio de sociedades tribales y trashumantes, es decir, aquellos que se cobijaban bajo una misma tienda con todos sus enseres y pertenencias. La aplicación posterior de este vocablo a los edificios de adobe o de piedra representativos de sociedades sedentarizadas y en las que el concepto de familia se transforma, forzosamente supuso para los escrupulosos maestros de Israel un problema a la hora de explicar y puntualizar de forma minuciosa lo que tal principio —ahora transformado en un imperativo legal— exigía.

[762] Todo lo cual incidirá en el problema de delimitar los diez preceptos en el propio texto bíblico, y más tarde enunciarlos en los catecismos.

[763] Lo que contradice abiertamente ciertos aspectos del propio culto hebreo, como tendremos ocasión de observar en el próximo capítulo.

término— vehicular realmente una *teología*? Sin duda[764]. El comienzo del enunciado de estos preceptos, tal como lo leemos en Éx. 20:2 y Dt. 5:6, marca la pauta del pensamiento de todo el conjunto:

Yo soy Jehová tu Dios, que te saqué de la tierra de Egipto, de casa de servidumbre[765].

La promulgación de este especial documento del Pacto de Dios con Israel se inscribe en un innegable contexto de liberación, vale decir, de *redención*, y no puede entenderse sin ello. De ahí que las disposiciones referentes al culto divino (los cuatro mandamientos tradicionalmente ubicados en la *primera tabla*) impliquen un reconocimiento del señorío indiscutible de Yahweh, el Dios que libera y pacta, manifestado en una adoración exclusiva, una prohibición absoluta de rebajar su trascendencia limitándola a una imagen plástica[766], un respeto pleno a su Santo Nombre, y la consagración de un día de cada siete al reposo que recuerda las grandes gestas liberadoras de Dios (en la versión deuteronómica, que es, a todas luces, la más antigua); y que en los preceptos restantes (los de la *segunda tabla*), al hacerse hincapié en las relaciones humanas —los progenitores en principio y el prójimo en general después—, se entienda que las demás personas (varones israelitas en un principio[767]; la mención del extranjero aparece en las glosas explicativas añadidas al texto *a posteriori*) han de ser respetadas en su dignidad

---

[764] Se leerá con provecho en este sentido GARCÍA LÓPEZ, F. *El decálogo*. Estella: Ed. Verbo Divino, 1994.

[765] El último sintagma *de casa de servidumbre* no aparece en algunas versiones actuales, como BTI, pues constituye, a todas luces, una glosa explicativa deslizada únicamente en algunos manuscritos.

[766] El hecho de reducir la Divinidad a una imagen de bulto suponía prestarle unos rasgos que plasmarían en las mentes de los adoradores toda una concepción de Dios excesivamente limitada, vale decir, con trazos muy humanos. Por si fuera poco, una imagen plástica implicaba una ubicación concreta (el lugar donde se expusiera), lo que circunscribiría la Deidad a un espacio particular restringido. Todo ello, junto con otras características que sería prolijo enumerar, habría hecho del Dios de Israel un mero objeto cúltico similar a cualquier otra deidad del Creciente Fértil que, a la larga o a la corta, se hubiera transformado en una caricatura grotesca, sin más valor que el de ser un día hallado por la piqueta de los arqueólogos para ser expuesto en un museo occidental junto con otras piezas artísticas.

[767] En la mentalidad israelita más arcaica, como en la de todos los pueblos de su entorno, la mujer, en tanto que propiedad del varón, no necesita ser mencionada *expressis verbis*, pues se incluye en él.

de tales por el hecho de que son pueblo rescatado por Dios, vale decir, propiedad de Dios. No podemos, pues, estar de acuerdo con quienes se han empeñado desde hace siglos en ver en los preceptos del Decálogo una manifestación de la así llamada *ley natural*[768]. El principio de base que subyace a estas Diez Palabras no es el ser humano como tal, el hombre natural que dirían algunos, o "el hombre por el hombre", sino la idea de que Israel es propiedad especial e indiscutible de Dios. En el Decálogo, Dios reclama aquello que es suyo, simplemente porque lo ha adquirido. Una teología tal elimina de entrada cualquier interpretación legalista de estos diez preceptos.

La importancia de la ley sabática en el Antiguo Testamento. A tenor de lo que acabamos de decir, hemos de centrar ahora nuestro interés en un mandato muy concreto del conjunto de la ley de Moisés, también recogido en el Decálogo, y que, dada la importancia que tiene en la práctica piadosa judía más conservadora, no ha dejado de llamar la atención en el mundo cristiano desde el primer siglo de nuestra era. Nos referimos al mandamiento sabático, vale decir, el referente al día de reposo obligatorio semanal[769], cuarto precepto en la distribución del Decálogo antes presentada[770]. No hay que olvidar que el nombre del día *sábado* no es sino un hebraísmo en nuestros idiomas románicos, ya que procede directamente —a través del latín *sabbatum* y del griego σάββατον

---

[768] El *Diccionario Ideológico de la Lengua Española* de Julio Casares define así la ley natural:

«Dictamen de la recta razón, que prescribe lo que se ha de hacer o lo que debe omitirse».

Para una discusión de este asunto desde el punto de vista cristiano, véase la entrada "Ley natural" en ATKINSON, D. J. Y FIELD, D. H. *Diccionario de ética cristiana y teología pastoral*. Terrassa (Barcelona): CLIE y Publicaciones Andamio, 2004.

[769] El cristianismo apostólico del siglo I, no obstante, zanjó la cuestión de manera magistral, como leemos en el razonamiento expuesto por el autor de Hebreos (He. 3:7 – 4:11), amén de lo expresado por otros escritos neotestamentarios (*cf.* Ro. 14:5-6; Col. 2:16-17), dado que el propio Jesús no se preocupó demasiado por este mandamiento concreto (Mt. 12:1-8; Jn. 5:18). De hecho, nunca la Iglesia universal lo ha considerado como un precepto cuya literalidad tuviera vigencia en el mundo cristiano. Véase, en este sentido, dentro de la vasta producción de San Agustín de Hipona, *De utilitate credendi* 3,9; *Del Espíritu y la letra* 14,23; 15,27; 21,36; Epístola 36, *A Casulano* 3,5-6; 5,12; 7,14; Epístola 55, *Respuesta a las cuestiones de Jenaro* 12,22; 13,23; Epístola 75, *Jerónimo a Agustín* 4,15; Sermón VIII, *Las diez plagas y los diez mandamientos* 6.

[770] Tercero en los catecismos católicos y luteranos, como habíamos indicado.

sábbaton— de la raíz verbal hebrea שבת *shabbath*, cuyo significado original es "cesar una actividad" o "reposar"[771]. Encontramos el precepto sabático para Israel claramente expresado en Éx. 20:8-11[772]:

> *Acuérdate del día de reposo[773] para santificarlo. Seis días trabajarás, y harás toda tu obra; mas el séptimo día es reposo para Jehová tu Dios; no hagas en él obra alguna, tú, ni tu hijo, ni tu hija, ni tu siervo, ni tu criada, ni tu bestia, ni tu extranjero que está dentro de tus puertas. Porque en seis días hizo Jehová los cielos y la tierra, el mar, y todas las cosas que en ellos hay, y reposó en el séptimo día; por tanto, Jehová bendijo el día de reposo y lo santificó.*

La recensión deuteronómica de este mandato del Decálogo (Dt. 5:12-15) muestra unas variantes nada desdeñables, incluso más antiguas, según algunos exegetas:

> *Guardarás[774] el día de reposo[775] para santificarlo, como Jehová tu Dios te ha mandado. Seis días trabajarás, y harás toda tu obra; mas el séptimo día es reposo a Jehová tu Dios; ninguna obra harás tú, ni tu hijo, ni tu hija, ni tu siervo, ni tu sierva, ni tu buey, ni tu asno, ni ningún animal tuyo, ni el extranjero que está dentro de tus puertas, para que descanse tu siervo y tu sierva como tú. Acuérdate que fuiste siervo en tierra de Egipto, y que Jehová tu Dios te sacó*

---

[771] Pese a lo que en ocasiones se suele afirmar en ciertos círculos, no es evidente para todos los lingüistas actuales el parentesco forzoso entre la raíz שבת *shabbath* y el sustantivo "reposo", que plantea ciertos problemas no fáciles de resolver. Asimismo, tampoco está demasiado clara la relación de esta raíz verbal con los nombres שבוע *shabúa* "semana" o שבעה *shibeah* "siete"; ni siquiera con la raíz verbal שבע *shabá* "jurar". Sus vínculos más directos, dicen, serían con el vocablo acadio *shabbatum*, "reposo" y otros términos de este mismo idioma.

[772] Si bien no es esta la primera ocasión en que se menciona por su nombre en el libro del Éxodo tal como lo hemos recibido. *Cf.* Éx. 16:23-30.

[773] BTX no traduce el término hebreo; se limita a transcribirlo: *shabbat*. La mayoría de las versiones al uso en nuestro idioma lo vierten directamente por *sábado*.

[774] La recensión deuteronomística no ordena "recordar" el día de reposo, sino "guardarlo" directamente porque así lo quiere Jehová, lo cual evidencia su mayor antigüedad. La del Éxodo ve la luz en un momento de restauración, en el que es preciso traer a la memoria enseñanzas ancestrales que se habían olvidado o que corrían el riesgo de olvidarse.

[775] BTX vierte este término como *shabbat*, como ya se había indicado en una nota anterior.

de allá con mano fuerte y brazo extendido; por lo cual Jehová tu Dios te ha mandado que guardes el día de reposo.

La preocupación práctica por el reposo de hombres y animales, agotados tras una dura semana de rudas labores, refleja, en opinión de cietos exegetas, un estadio más antiguo del pensamiento sabático, mucho mejor conectado con la realidad del primitivo Israel, una nación de esclavos necesitada del descanso físico semanal, y muy diferente del refinamiento teológico de Éx. 20, donde se retrotrae la razón del reposo semanal al comienzo del mundo, al Hexamerón que leemos en Gn. 1, y se completa con Gn. 2:1-3, por lo que evidencia con ello una profunda reflexión posterior de los círculos sacerdotales[776].

De todas maneras, la mayoría de los exegetas y estudiosos está de acuerdo en que el texto capital para entender la importancia de la observancia sabática en el Antiguo Testamento —aunque no se constata algo semejante en todos sus diferentes períodos históricos—[777], o su definición más solemne, si lo preferimos, se halla en Éx. 31:12-17, que, dada su trascendencia, citamos a continuación *in extenso*:

Habló además Jehová a Moisés, diciendo: Tú hablarás a los hijos de Israel, diciendo: En verdad vosotros guardaréis mis días de reposo[778]*; porque es señal entre mí y vosotros por vuestras generaciones, para que sepáis que yo soy Jehová que os santifico. Así que guardaréis el día de reposo*[779]*, porque santo es a vosotros; el que lo profanare, de cierto morirá; porque cualquiera que hiciere obra alguna en él, aquella persona será cortada de en medio*

---

[776] Para los adeptos de la hipótesis documentaria, en efecto, el Primer Relato de la Creación forma parte del Documento P.

[777] Pese a la sentencia lapidaria de Gn. 2:1-3, la historia bíblica no hace constar en ningún momento la observancia sabática en el mundo antediluviano ni en el patriarcal, en los que la vida de los siervos de Dios no aparece bajo ningún concepto sometida a regulaciones de calendario cúltico alguno. Y fuera de los textos normativos del Pentateuco, sus menciones son tan escasas a lo largo de toda la literatura deuteronomística, Crónicas y los profetas anteriores al exilio, que daría la impresión de que nadie la hubiera tenido en cuenta durante largos períodos de tiempo. Será la literatura pseudoepigráfica posterior (*cf.* el llamado *Libro de los Jubileos* o *Pequeño Génesis*) la que ofrecerá un cuadro distinto, debido a su tendencia a la idealización del pasado a partir de principios vigentes en el momento en que ve la luz, vale decir, en el período intertestamentario.

[778] En BTX, una nota a pie de página reza literalmente: Heb. *shabbatot.*

[779] BTX lee *shabbat.*

de su pueblo. Seis días se trabajará, mas el día séptimo es día de reposo[780] consagrado a Jehová; cualquiera que trabaje en el día de reposo, ciertamente morirá. Guardarán, pues, el día de reposo los hijos de Israel, celebrándolo por sus generaciones por pacto perpetuo. Señal es para siempre entre mí y los hijos de Israel; porque en seis días hizo Jehová los cielos y la tierra, y en el séptimo día cesó y reposó.

Efectivamente, un texto como este da sello de *status confessionis* al día de reposo, al decir de Von Rad, y lo consagra como observancia religiosa distintiva, signo de ratificación del pacto de Dios con Israel. Su lenguaje, que en cierto sentido está emparentado con el mandamiento correspondiente del Decálogo en Éx. 20:8-11 (clara alusión a la creación del mundo en el último versículo como *ratio ultima* del día de reposo), tiene un elevado sabor sacerdotal, muy similar a las declaraciones que leemos en Ez. 20:12,20 y en Neh. 9:13-14 y 13:15-22[781], en la última de las cuales se llega a afirmar con meridiana claridad que el descuido de esta observancia había sido causa de castigo para el Israel de antes de la deportación (Neh. 13:18)[782]. Ello nos introduce de lleno en la atmósfera de la restauración postexlíca y en los inicios del judaísmo como sistema religioso, alejado ya de la prístina fe de Israel y en pleno desarrollo de un legalismo que, andando el tiempo, derivaría en algo monstruoso[783]. En un ambiente tal se forja el oráculo de Is.

---

[780] En BTX, una nota a pie de página reza literalmente: *shabbat shabbatot*. En algunas versiones bíblicas, lo que aquí se lee es *sábado solemne* o similares.

[781] El hecho de que la observancia sabática ya empiece a adquirir cierta relevancia en Jer. 17:19-27, es decir, en la época del exilio babilónico, nos reafirma en la idea de que es obra directa de los círculos levíticos y sacerdotales. No hay que olvidar, como ya se ha señalado, que tanto Jeremías como Ezequiel procedían de familias sacerdotales.

[782] *Cf.* también ciertos pasajes del libro de Ezequiel, que no tienen desperdicio alguno en relación con este tema:

Mis santuarios menospreciaste, y mis días de reposo (shabbatot BTX) *has profanado.* (Ez. 22:8)
Aun esto más me hicieron: contaminaron mi santuario en aquel día, y profanaron mis días de reposo (shabbatot BTX). (Ez. 23:38)

[783] No deja de tener su importancia que el primer tratado de la *Mishnah* (y por ende del Talmud) reciba el nombre de *Shabbath* y que en él se trate del mandamiento sabático tal como aparece en el Decálogo, así como de las 39 categorías de trabajos prohibidos en el séptimo día de la semana por la tradición rabínica. Todo el ceremonial que acompaña la vigilia del viernes —el *shabbath* judío se observa de puesta a puesta

58:13-14, en el que la observancia sabática adquiere una importancia fundamental en la praxis religiosa de aquella primera comunidad judía recién instalada en Jerusalén:

> *Si retrajeres del día de reposo[784] tu pie, de hacer tu voluntad en mi día santo, y lo llamares[785] delicia, santo, glorioso de Jehová; y lo venerares, no andando en tus propios caminos, ni buscando tu voluntad, ni hablando tus propias palabras, entonces te deleitarás en Jehová; y yo te haré subir sobre las alturas de la tierra, y te daré a comer la heredad de Jacob tu padre; porque la boca de Jehová lo ha hablado.*

Is. 66:23, por su parte (y dentro del mismo conjunto literario, es decir, el Trito-Isaías), llega a vincular muy especialmente el día del sábado con una peculiar escatología en ciernes, en la cual las bendiciones divinas se perciben desde un punto de vista harto material en una tierra restaurada:

> *Y de mes en mes[786], y de día de reposo en día de reposo[787], vendrán todos a adorar delante de mí, dijo Jehová.*

Al igual que sucede con otras festividades litúrgicas de Israel[788], se ha postulado un origen no israelita para la observancia sabática, retrotrayéndola a las antiguas civilizaciones mesopotámicas u otros pueblos del entorno cultural del Medio Oriente[789]. Sea como fuere, el sábado

---

de sol conforme a la estipulación de Lv. 23:32, que aunque se aplica directamente a una festividad muy concreta, es extensible a todas las celebraciones del calendario ritual. No hay que olvidar que, según la manera antigua de contar los días, estos no comienzan con la alborada, sino con el atardecer; *cf.* la expresión de Gn. 1 *y fue la tarde y fue la mañana*— incide en la gran importancia de la observancia sabática como celebración propia de y para los judíos.

[784] *Shabbat* (BTX).

[785] *Si llamas al shabbat tu delicia...* (BTX).

[786] *Novilunio* (BTX). BTI traduce el término *mes* por *luna nueva*, entendiéndolo como una festividad religiosa muy concreta, la llamada también *neomenia*.

[787] *De shabbat en shabbat* (BTX).

[788] Así lo veremos en el próximo capítulo.

[789] Se han señalado, de forma especial, ciertos textos acadios en los cuales se consideran días nefastos, vale decir, no aptos para trabajo alguno, los días séptimo, catorceavo, vigesimoprimero y vigesimoctavo de cada mes (el número siete y sus múltiplos inmediatos). Pero esta hipótesis, lo mismo que las que apuntan a un origen cananeo (car-

que encontramos en el contexto de las leyes divinas veterotestamentarias ha de entenderse como una consecuencia del pacto de Gracia establecido por Dios con su pueblo Israel —una *señal* en palabras textuales del profeta Ez. 20:12—, no como su fundamento.

Otros decálogos, otros códigos. Como ya se ha indicado páginas atrás, el mundo cristiano en general, y los círculos protestantes y evangélicos en particular, han tendido a ceñir el concepto de *ley* o *ley de Dios* exclusivamente a los Diez Mandamientos de Éx. 20 o Dt. 5, dándoles el nombre de *Decálogo Moral*. Pero desde el desarrollo de los estudios críticos sobre las Escrituras a partir de finales del siglo XVIII, y especialmente a lo largo del XIX y el XX, con algunas aportaciones de interés a comienzos del XXI, se han podido constatar otros documentos recogidos en el conjunto del Pentateuco que constituyen códigos completos compuestos en épocas distintas, y que obedecen a unas necesidades muy particulares del pueblo de Israel en momentos precisos de su historia[790]. Y lo más importante de todo: en tanto que documentos —así lo creemos— inspirados por Dios, vehiculan la Palabra de Yahweh, y con ella una instrucción (תורה *torah*) para los fieles hebreos, con lo que reflejan un pensamiento de base, una teología particular. No es nuestro cometido realizar un estudio exegético exhaustivo de cada uno de ellos, ni especular sobre sus posibles orígenes, pero sí ofrecer unas pinceladas acerca de su contenido básico y, sobre todo, de su fondo ideológico fundamental. Los mencionamos conforme a su orden de aparición en la redacción actual del Pentateuco:

Código de la Alianza. También llamado en ocasiones *Libro de la Alianza*, abarca Éx. 20:22 – 23:33. Desconocemos por completo su posible autor (o autores) —aunque tal vez fuera más pertinente hablar de *recopiladores*—, sin duda sacerdotes o levitas, así como la época de su composición[791]. Su nombre procede de Éx. 24:7, donde leemos

---

tas de Amarna) o quenita, presentan cuestiones de muy difícil solución. *Cf.* DE VAUX, R. *Instituciones del Antiguo Testamento.* Barcelona: Ed. Herder, 1976, pp. 599-609.

[790] Su inclusión definitiva en el conjunto de los libros de Moisés por los escribas de la Gran Sinagoga responde sin duda alguna al hecho de que reflejan tradiciones (e incluso redacción) levíticas y/o sacerdotales de venerable antigüedad.

[791] El hecho de que no mencione para nada la existencia de monarcas o una autoridad central, ha hecho pensar a más de un exegeta que se trata de un documento compuesto en la época de los Jueces. No faltan, sin embargo, quienes lo ubican en la época

que Moisés *tomó el libro del pacto y lo leyó a oídos del pueblo*. Ignoramos exactamente a qué se refiere la expresión *libro del pacto*, en hebreo ספר הברית *sépher habberith*[792], a qué tipo de documento señala. Lo cierto es que no puede ser este Código de la Alianza que leemos en nuestras ediciones bíblicas al uso, dado que su composición actual evidencia una gran amalgama de tradiciones diversas, algunas de ellas, sin lugar a dudas, de la época mosaica[793] o incluso anterior[794], pero otras muy posteriores, a todas luces. Suponemos que su inclusión entre las tradiciones referentes al Sinaí, y muy especialmente tras la proclamación de las Diez Palabras, obedece a dos hechos fundamentales:

1. Se trata claramente de un código de leyes que regulan ciertos aspectos de la vida comunitaria israelita (y nunca se ha de olvidar que las tradiciones sacras de Israel, como hemos visto, vinculan la promulgación de la *Torah* con Moisés y el Sinaí).
2. En algunos casos concretos, pareciera actualizar para su época particular la aplicación de los principios del Decálogo.

Aunque la lectura de este documento puede darnos una primera impresión de desorden en la distribución-recopilación de sus materiales, los exegetas nos hablan de tres grandes bloques temáticos fundamentales: leyes civiles, cultuales y morales[795]. En líneas generales, el *Código de*

---

de la monarquía dividida, después del cisma de Israel, con argumentos igual de válidos. La discusión sigue abierta.

[792] BEP, BJ, BTI, CI y NC lo traducen como *Libro de la Alianza*; BTX como *rollo del pacto* (sin duda, la traducción más ajustada a lo que debió ser en su realidad material); y NBE *documento del pacto*.

[793] Evidentemente, las alusiones a la futura conquista de Canaán y las disposiciones a tomar frente a su población autóctona (Éx. 23:20-33).

[794] No faltan autores y comentaristas que hacen de la disposición acerca de la erección de altares con piedras sin labrar (Éx. 20:25) un elemento procedente de los tiempos patriarcales. *Cf.* en este sentido los relatos del Génesis, donde se lee acerca de la edificación de altares ya desde los tiempos más primitivos (Gn. 8:20).

[795] Una división más exhaustiva sería la siguiente:
1. Ley del altar. 20:22-26.
2. Ley de los esclavos. 21:1-11.
3. Ley de la comunidad. 21:12-17.
4. Ley de la retribución. 21:18 – 22:16.
5. Ley de la fe en Yahweh. 22:17-30.
6. Ley de la práctica de la justicia en los tribunales. 23:1-9.
7. Ley sabática. 23:10-13.

la Alianza viene a describir un tipo de sociedad ya no vinculada con el desierto; no es un pueblo que peregrina el que encontramos en estas disposiciones, sino más bien una nación bien asentada en tierra fértil —Canaán— y con un tipo de economía agropecuario basado en la tenencia del suelo por particulares, pero que evidencia grandes desórdenes sociales[796], injusticia y, en consecuencia, la existencia de indigentes y desfavorecidos; de ahí que estas leyes procuren contener la rapiña y las agresiones a la propiedad privada, que parecieran ser constantes, así como regular todo lo referente a la esclavitud, institución socialmente aceptada y asumida en Israel[797], si bien con unos tonos humanitarios un tanto distintos de lo que era el ambiente general del Creciente Fértil de la época. En este contexto de inseguridad e injusticia se explica el enunciado de la famosa *ley del talión*, normalmente la parte más conocida de este código[798]:

...pagarás vida por vida, ojo por ojo, diente por diente, mano por mano, pie por pie, quemadura por quemadura, herida por herida, golpe por golpe. (Éx. 21:23-25)[799]

Como muchas veces se ha dicho, por lo cual no ha menester insistir en ello, se trata de una regulación propia de una sociedad en la que imperaba el derecho de sangre, al que de alguna manera ponía cierto freno: solo se podía dañar al agresor allí donde este había agredido, no más.

---

8. Ley de las festividades. 23:14-19.
9. Leyes finales y recomendaciones para la conquista de la Tierra Prometida. 23:20-33.

[796] *Cf.* la sentencia lapidaria de Jue. 17:6; 21:25:

En aquellos días no había rey en Israel; cada uno hacía lo que bien le parecía.

[797] La existencia de esclavos en el seno del pueblo de Israel, y ya en las familias de los antiguos patriarcas hebreos, es algo que la versión RVR60 ha paliado un tanto al traducir en buena parte el vocablo *esclavo* por el más elegante castellano *siervo*, que significa en realidad algo diferente. Otras traducciones de la Biblia son, en este caso, más ajustadas a lo que debió ser la realidad social de aquel mundo antiguo.

[798] De su antigüedad y su constatación en las culturas del Medio Oriente mucho antes de que existiera el pueblo de Israel, nos da testimonio el célebre Código de Hammurabi (hacia 1760 a. C.), por ejemplo en sus leyes 196, 197 o 229, donde se prescriben penas de mutilación e incluso de muerte para quienes mutilaran o causaran la muerte de hombres libres. El espíritu de esta disposición se constatará más tarde en la *Ley de las XII Tablas* romana, la *Blutrache* germánica y el derecho islámico o *Sharía*.

[799] Lv. 24:18-20 y Dt. 19:21 nos ofrecen la misma disposición.

Todo ello, unido a ciertas reglamentaciones referentes a la observancia sabática y a varias festividades religiosas y prácticas piadosas, que leemos especialmente en Éx. 23, amén de alguna que otra alusión a ciertas costumbres populares vinculadas con la superstición y el folklore de la época[800], nos vehicula la teología de este código, que podemos muy bien resumir como sigue: Yahweh es un Dios Providente, dispensador de la vida, dueño absoluto de la tierra y de sus frutos, Señor indiscutible de Israel, que procura el bien y la justicia equitativa para su pueblo, y cuida de él hasta en los detalles más insospechados[801]. Yahweh, que se define como esencialmente *misericordioso* (Éx. 22:27), es un Dios que se muestra garante de los derechos de los pobres, los extranjeros, las viudas, los huérfanos, los débiles y los oprimidos en general (*cf.* Éx. 21:10,26-27; 22:21-24; 23:9), idea que enlaza con la predicación de los grandes profetas de Israel, en especial Amós. No se trata de un detalle sin importancia. Al contrario, este tipo de ordenanzas otorgan a la justicia social rango de dogma de fe y la proveen de unas dimensiones insospechadas: atentar contra los más desfavorecidos se convierte en una infracción gravísima de la voluntad divina que no quedará sin su castigo correspondiente. De ahí que, incluso las disposiciones sobre el trabajo agrícola, tengan como finalidad última el bienestar de los más pobres:

Seis años sembrarás tu tierra, y recogerás su cosecha; mas el séptimo año la dejarás libre, para que coman los pobres de tu pueblo; y de lo que quedare comerán las bestias del campo; así harás con tu viña y con tu olivar. (Éx. 23:10-11)[802]

---

[800] Éx. 23:19b, v.gr., que prohíbe guisar el cabrito en la leche de su madre, práctica pagana vinculada con la fertidad de la tierra: una vez cocido el animal en la leche materna, este líquido se vertía en los campos con la idea de que iba cargado de fuerza vital y, por lo tanto, propiciaba unas cosechas más abundantes.

[801] Éx. 21:13 indica que los asesinatos involuntarios tienen su origen en una peculiar disposición de la voluntad divina, que todo lo dirige con una finalidad, si bien no en todo momento clara para el hombre. Recuérdese que, como ya se había apuntado anteriormente, en el pensamiento de los escritos veterotestamentarios Dios es siempre la fuente o el origen de todo cuanto sucede. Ningún acontecimiento, ni siquiera el más trágico, puede tener lugar sin el control y el permiso divinos. A Dios nada se le escapa de las manos, por lo que no existen errores ni fallos en el orden del mundo. Todo cuanto acontece tiene, pues, una razón.

[802] No han faltado, y con razón, quienes han señalado que esta legislación tiene, además, una clara vertiente ecológica de cuidado y protección, no solo del suelo y sus

Por ello, Yahweh se muestra como un Dios intransigente que no admite competencia de otros dioses. Ni tolera ni acepta compartir la adoración de su pueblo con otras divinidades, y exige un culto exclusivo para él[803]:

Nombre de otros dioses no mentaréis, ni se oirá de vuestra boca. (Éx. 23:13b)

Ello conduce al extremo de decretar incluso la pena capital para quien practique la hechicería o sacrifique a otras divinidades (Éx. 22:18,20). Finalmente, en tanto que amo absoluto de la tierra de Canaán, Yahweh exige de su pueblo una adoración que implique el reconocimiento de su señorío absoluto sobre todo lo referente a la vida y la justicia de Israel.

Decálogo cultual. También conocido en algunos manuales como *Decálogo ritual*, se encuentra en Éx. 34:14-26[804], y lo citamos *in extenso* a continuación numerando los diez preceptos correspondientes[805]:

---

cultivos, sino de la fauna local, cuando no una visión más amplia de respeto a la vida animal en general. Pero el pensamiento del antiguo Israel como tal desconocía por completo nuestro concepto moderno de *ecología*. Aunque, como ya habíamos señalado anteriormente, se habían dado a los hebreos sabios preceptos que les inculcaban el respeto por la vida animal y hacían de ellos, no dueños absolutos, sino arrendatarios de la tierra, siempre se ha de insistir, so pena de incurrir en anacronismos de todo punto innecesarios, que el acento de estas disposiciones legales se coloca, no tanto en el cuidado del medio o de los seres vivientes, sino en la protección de los indigentes, algo fundamental en sociedades donde no existía ningún tipo de provisión estatal para los más débiles, y que por ello constituyó una de las mayores preocupaciones de los legisladores de Israel. Finalmente, este código, como tantos otros del mundo antiguo, refleja la realidad de una sociedad depauperada en la que la miseria se había convertido en *modus vivendi* de un gran porcentaje de la población.

[803] *Cf.* Éx. 20:5, donde Yahweh se llama a sí mismo *Dios celoso.*

[804] O Éx. 34:11-26, según leemos en algunos manuales. La delimitación de los documentos constituyentes de nuestros libros bíblicos actuales no se puede considerar una ciencia exacta realmente en todos los casos. Los argumentos a favor de un punto de vista concreto son en muchas ocasiones tan válidos y tan bien fundados como los que se presentan a favor del contrario. Ello nos obliga a una gran prudencia a la hora de abordar estos asuntos, y a evitar dogmatismos innecesarios.

[805] No todos los estudiosos están de acuerdo con esta distribución de los mandatos, como evidencian los diferentes comentarios críticos al libro del Éxodo publicados hasta la fecha. La que ofrecemos, con toda su carga de arbitrariedad, es simplemente aproximativa. De hecho, no son pocos los exegetas que prefieren hablar en este caso de un *dodecálogo* antes que de un *decálogo* propiamente dicho, y distribuyen su contenido

Porque no te has de inclinar a ningún otro dios, pues Jehová, cuyo nombre es Celoso, Dios celoso es.

1. *Por tanto, no harás alianza con los moradores de aquella tierra; porque fornicarán en pos de sus dioses, y ofrecerán sacrificios a sus dioses, y te invitarán, y comerás de sus sacrificios; o tomando de sus hijas para tus hijos, y fornicando sus hijas en pos de sus dioses, harán fornicar también a tus hijos en pos de los dioses de ellas*[806].

2. *No te harás dioses de fundición*[807].

3. *La fiesta de los panes sin levadura guardarás; siete días comerás pan sin levadura, según te he mandado, en el tiempo señalado del mes de Abib; porque en el mes de Abib saliste de Egipto.*

4. *Todo primer nacido, mío es; y de tu ganado todo primogénito de vaca o de oveja, que sea macho.*

5. *Pero redimirás con cordero el primogénito del asno; y si no lo redimieres, quebrarás su cerviz. Redimirás todo primogénito de tus hijos; y ninguno se presentará delante de mí con las manos vacías.*

6. *Seis días trabajarás, mas en el séptimo día descansarás; aun en la arada y en la siega, descansarás.*

7. *También celebrarás la fiesta de las semanas, la de las primicias de la siega del trigo, y la fiesta de la cosecha a la salida del año. Tres veces en el año se presentará todo varón tuyo delante de Jehová el Señor, Dios de Israel*[808]. *Porque yo arrojaré a las naciones de tu presencia, y ensancharé tu territorio; y ninguno*

---

como tal en doce preceptos. Lo que sí se acepta de forma unánime es que el primer versículo, el 14, contiene las palabras introductorias al conjunto, al estilo del Decálogo de Éx. 20 y Dt. 5.

[806] Recuérdese el trágico episodio de Baal-peor, narrado en Nm. 25, que dejó una profunda huella en el subconsciente colectivo del Israel veterotestamentario como paradigma de la apostasía nacional. *Cf.* Dt. 4:3; Jos. 22:17; Sal. 106:28; Os. 9:10.

[807] Alusión al estigma de la idolatría, que ya se mostraba en el Código de la Alianza y en el Decálogo llamado Moral.

[808] *Cf.* Éx. 23:14-19 en el Código de la Alianza.

codiciará tu tierra, cuando subas para presentarte delante de Jehová tu Dios tres veces en el año.

8. *No ofrecerás cosa leudada junto con la sangre de mi sacrificio, ni se dejará hasta la mañana nada del sacrificio de la fiesta de la pascua.*

9. *Las primicias de los primeros frutos de tu tierra llevarás a la casa de Jehová tu Dios.*

10. *No cocerás el cabrito en la leche de su madre.*

Al igual que en el Código de la Alianza, hallamos en este peculiar decálogo, sin duda alguna, materiales de gran antigüedad y (¿por qué no?) origen mosaico, al mismo tiempo que otros más recientes, todos ellos recopilados y puestos por escrito mediante mano(s) levítica(s), quizás en el período inmediatamente anterior al exilio babilónico o tal vez en el regreso de los deportados[809]. Su inserción en el texto sagrado inmediatamente después de los trágicos sucesos de la historia del becerro de oro (Éx. 32:1 – 34:10) ha propiciado el que algunos exegetas hayan entendido que las tablas de la ley escritas por Moisés con *los diez mandamientos* (Éx. 34:27-28, en hebreo *las diez palabras*) contendrían en realidad este documento, que sería anterior al Decálogo de Éx. 20 y Dt. 5[810] y, dicen, mucho más ajustado a lo que debería haber sido la realidad del Israel congregado al pie del Sinaí[811]. El *Decálogo Moral* vendría después como una evidencia de evolución en el pensamiento de Israel, que pasaría de una religiosidad primitiva puramente ritual a otra más elevada[812]. Hoy, no obstante, son muchos los exege-

---

[809] El hecho de que se mencione la obligación de llevar las primicias a la casa de Dios, ha conducido a algunos a pensar que ello evidencia una centralización del culto solo posible al final de la monarquía, o bien con las reformas del rey Josías, o bien en el período de la restauración con Esdras y Nehemías. Ni que decir tiene que no todos los exegetas se muestran de acuerdo en este punto.

[810] Así, entre otros, Antonio Piñero (véase su blog en *Periodista Digital*, donde exhibe una serie de artículos sobre el origen del Decálogo Moral), quien ve en él rasgos de una gran antigüedad, tanto que remontan al propio Código de Hammurabi y que lo harían, por tanto, anterior en el tiempo a los *Diez Mandamientos* de Éx 20 y Dt. 5.

[811] *Cf*, no obstante, Dt. 5:22.

[812] Según parece, el contraste entre ambos decálogos y entre el rito y la ética ya fue señalado en su momento por el gran poeta prerromántico alemán Johann Wolfgang von

tas que ven ambos decálogos como líneas paralelas, no contrapuestas, del pensamiento religioso hebreo, y de una antigüedad similar, incluso mosaica, al menos en su redacción primera. Por otro lado, el hecho de que el contenido de este *Decálogo cultual*, como hemos indicado, parezca resumir en parte el del Código de la Alianza[813], ha propiciado que en algunos círculos exegéticos se lo designe como *Pequeño código de la Alianza*, en el que ven rasgos propios del elenco cultual del Creciente Fértil[814]. Sea como fuere, lo cierto es que el nombre de *Decálogo cultual* o *ritual* describe muy bien el significado de sus materiales constitutivos, dada la evidente prioridad que concede a ciertas celebraciones litúrgicas.

En relación con su teología, y pese a los asertos de quienes solo ven en él una serie de normas referentes a un ceremonial muy antiguo, sin mayores profundizaciones, este peculiar decálogo señala, al igual que los *Diez Mandamientos* de Éx. 20 y Dt. 5, amén del *Código de la Alianza*, el señorío indiscutible sobre Israel del Dios Yahweh, al que designa especialmente con el apelativo de *Celoso*, en hebreo קַנָּא *qanná* (v. 14)[815], y que manifiesta su derecho de propiedad sobre aquello que se puede considerar como más sagrado en una mentalidad antigua:

Todo primer nacido, mío es. (v. 19a)

La mención explícita que hace la segunda parte del versículo a los primogénitos machos de vacas y ovejas resalta la idea de que aquí se hace clara alusión a los hijos varones de los israelitas, el *principio de su vigor* (Gn. 49:3; Dt. 21:17), vale decir, los continuadores de la vida y el nombre de sus padres. La dedicación a Dios de estos primogénitos (*cf.* Éx. 13:2) manifiesta, por tanto, el reconocimiento del dominio divino y la total consagración del pueblo a su Señor. De ahí que el hecho de

---

Goethe, que entre otras cosas era también aficionado al texto bíblico y su, a la sazón, incipiente estudio crítico.

[813] Salvo que el *Código de la Alianza*, como algunos han propuesto, sea una ampliación de este *Decálogo Cultual*, lo cual no deja de ser una posibilidad interesante desde el punto de vista de la exégesis del texto.

[814] Quienes se adhieren a la hipótesis documentaria de Graf-Wellhausen, entienden que el *Código de la Alianza* formaría parte del Documento E, mientras que el *Decálogo Cultual* integraría el Documento J.

[815] *Cf.* una vez más Éx. 20:5.

que Yahweh sea el amo de Israel se traduzca en la práctica en un culto único, con exclusión de cualquier otra divinidad, y que exija la presencia de sus adoradores tres veces al año (v. 23), proscriba las *imágenes de fundición* como objetos de adoración (v. 17), y manifieste una repulsa agresiva de la idolatría cananea, entendida en todo momento como *fornicación* (v. 16), con lo que el Decálogo Cultual no se desmarca de las disposiciones generales que hallamos en el resto del Pentateuco. El rechazo a los cultos cananeos, además de que se tributaran a otras divinidades fuera de Yahweh, implicaba también un alejamiento consciente de un sistema religioso muy similar a otros del paganismo antiguo y moderno, centrado en sentimientos desbordados hasta el extremo, desde el temor más irracional a las potencias caóticas ocultas, siempre amenazantes, que alcanzaba en ocasiones paroxismos de verdadero terror, hasta la alegría más desaforada y fuera de razón en las prácticas orgiásticas primaverales para celebrar la eclosión de la vida, por ejemplo, algo diametralmente opuesto al yahvismo, que exigía del creyente una toma de conciencia de la realidad de Dios y una asimilación inteligente de su presencia, aunque no pudiera comprender ni explicar muchos detalles. Por ello, lo que prescribe en realidad este decálogo es una estrechísima dependencia de Dios por parte de Israel, de la cual los ritos y las festividades señaladas no son sino su plasmación material. Lejos, por tanto, de no representar sino un estadio primitivo de la religiosidad hebrea, evidencia más bien una piedad muy elaborada sobre una reflexión profunda acerca de eventos históricos: *porque en el mes de Abib saliste de Egipto* (v. 18b).

Ley de santidad. En alemán *Heiligkeitgesetz*, es también designada en algunos manuales como *Código de Santidad*. Recibe estos nombres a partir de los trabajos exegéticos realizados en Alemania a lo largo del siglo XIX, y ocupa los capítulos 17-26 del libro del Levítico[816], por lo que constituye uno de los códigos legales de mayor enjundia de todo el Antiguo Testamento. En su formulación actual contiene diversas disposiciones referentes a distintos aspectos de la vida práctica y la religión de Israel, como se colige fácilmente de una simple lectura superficial. Aunque de redacción definitiva, según se postula,

---

[816] Algunos exegetas han postulado una menor amplitud de este código, que abarcaría únicamente los cc. 18-26, 18-25, o 17-25, pero, en líneas generales, se suele admitir en la actualidad la delimitación 17-26, que es la que seguimos en este libro.

contemporánea del exilio babilónico[817], incluye materiales, o tradiciones, si se prefiere, que se remontan, sin lugar a dudas, a la misma época mosaica, junto con otras mucho más recientes, y evidencia en su conjunto una clara mano levítica o sacerdotal. De ahí que la hipótesis documentaria clásica de Graf-Wellhausen la incluyera en el documento P. En la actualidad son bastantes los exegetas que hablan de una "Escuela de Santidad", o HS por sus siglas en inglés (*Holiness School*), como responsable de la redacción definitiva de la *Torah*[818] y especialmente responsable de la redacción de este código, que muestra características distintivas, autonomía propia dentro del conjunto del Pentatauco, y que se constituiría de esta forma, según se afirma en ciertos círculos exegéticos, en el centro neurálgico de la ley mosaica[819], su exposición más pertinente. No han faltado en su momento quienes, comparando contenidos y estilos, han adjudicado la autoría de este código al profeta Ezequiel, también sacerdote y especialmente preocupado por la santidad de Dios[820].

Se atribuye a esta ley o este código el nombre con que la designamos dado que es la idea de la santidad (*Heiligkeit* en alemán) el *leitmotiv* que unifica tan hermoso conjunto literario y le da su tono peculiar, como leemos en su texto capital, Lv. 19:2b, versículo que, dada su importancia, citamos en su idioma original:

קדשים תהיו כי קדוש אני יהוה אלהיכם

qedoshim tiheyú ki qadosh aní Adonay Elohekhem

"Santos seréis, porque santo soy yo Jehová vuestro Dios"

---

[817] Hacia el siglo VI a. C., cuando menos. Uno de los rasgos más particulares de esta ley empleados para fecharla en este momento lo constituye el hecho de que en ella no se mencione para nada al sumo sacerdote aaronita como cabeza de la jerarquía sacerdotal.

[818] *Cf.* el opúsculo de LUCIANI, D. *Le Lévitique. Éthique & Esthétique.* Bruxelles: Lumen Vitae, 2005.

[819] La Ley de Santidad sería incluso anterior al documento P.

[820] Sigue habiendo en nuestros días quien se muestra favorable a esta atribución, si bien no cuenta con el consenso de la mayoría de los especialistas, puesto que hoy se viene a incidir más en las diferencias entre la Ley de Santidad y el libro de Ezequiel que en los puntos comunes. De hecho, se postula una prioridad temporal de la Ley de Santidad; el libro de Ezequiel habría visto la luz más tarde, y hasta podría haberse inspirado en ella, al menos en parte.

Vale decir, Dios muestra la santidad como su gran atributo inherente, aquello que lo define por antonomasia. El término קדֹשׁ *qadosh*, que nuestras versiones bíblicas al uso traducen indefectiblemente como "santo", indica un concepto muy similar a nuestras nociones actuales de "limpieza" o incluso de "pureza", por lo que puede también entenderse como sinónimo de טהֹר *tahor*, "limpio", "brillante". Sus antónimos son, en este sentido, חל *jol*, "común", "ordinario", "profano" —muy cercano en su sentido general a nuestro concepto actual de "laicidad"—, y especialmente טמא *tamé*, "impuro", "inmundo". No se diferencia en este aspecto el pensamiento de Israel del de otros pueblos semíticos antiguos, para quienes la divinidad, única o múltiple, siempre es קדֹשׁ *qadosh*, el rasgo que mejor la define. No obstante, el Dios de Israel es hasta tal punto santo que ante él todas las cosas forzosamente han de volverse impuras en mayor o menor grado, lo que entraña el peligro de ser destruidas: la santidad se entiende, por lo tanto, como una especie de fuerza física y potencialmente de alto riesgo para cualquier entidad creada, humana, animal o de otro orden (Lv. 10:1-3; 1Sa. 6:19; 2Sa. 6:6-7). Ni los mismos cielos, ni tan siquiera las criaturas angélicas escapan a esta conclusión: todo está teñido de impureza, e incluso de necedad, ante la suprema santidad de Dios (Job 4:18; 15:15; 25:5). De ahí que la noción de *santidad de Yahweh* pueda entenderse como sinónimo de su trascendencia. En consecuencia lógica, esta santidad deviene un atributo transferible también a todo aquello que se pone en contacto directo con Dios o se relaciona estrechamente con él: objetos sacros, días específicos consagrados a su nombre (es decir, puestos aparte para ser dedicados a celebraciones cúlticas), e incluso seres humanos plenamente entregados a su servicio (sacerdotes y levitas, sin olvidar a los antiguos *nazareos* de Nm. 6:1-21[821]). Pero la designación del conjunto de Israel como pueblo de Dios ya desde el Sinaí —sacerdotes, levitas y laicos— hace de él forzosamente una nación santa, vale decir, totalmente consagrada y apartada para el servicio divino, cuya vida ha de ser estrictamente reglamentada a fin de que pueda caminar en la presencia de Yahweh sin riesgos, hasta alcanzar la tierra de Canaán:

No haréis como hacen en la tierra de Egipto, en la cual morasteis; ni haréis como hacen en la tierra de Canaán, a la cual yo os

---

[821] *Cf.* Jue. 13:5.

conduzco, ni andaréis en sus estatutos. Mis ordenanzas pondréis por obra, y mis estatutos guardaréis, andando en ellos. Yo Jehová vuestro Dios. (Lv. 18:3-4)

Estos estatutos o reglamentaciones vienen bien especificados en el *Código de Santidad* a tres niveles distintos: social (justicia y amor fraternal), cultual (liturgia) y cronológico (festividades sacras)[822].

Al igual que el *Código de la Alianza* antes mencionado, se inicia la *Ley de Santidad* haciendo alusión a leyes y disposiciones referentes al lugar del sacrificio (Lv. 17:1-6), pero concluye de una manera muy diferente:

Estos son los estatutos, ordenanzas y leyes que estableció Jehová entre sí y los hijos de Israel en el monte de Sinaí por mano de Moisés. (Lv. 26:46)

Lo cierto es que el principio de autoridad divina a la hora de enunciar los distintos preceptos que componen este código, viene afirmado por una serie de expresiones que no se hallan en los otros documentos señalados dentro del conjunto del Pentateuco, o se mencionan de manera muy aislada y esporádica a lo largo de todos sus capítulos y versículos. La *Ley de Santidad*, por el contrario, repite constantemente fórmulas como *Yo Jehová* (Lv. 18:5,6,21; 19:14); *Yo Jehová vuestro Dios* (Lv. 18:30; 19:3,10,25,31); o *Yo [soy] Jehová que os/los santifico* (Lv. 20:8; 21:8,15,23; 22:16,32).

Junto con reglamentaciones o disposiciones puramente litúrgicas o cúlticas, como el establecimiento de un solo santuario (Lv. 17:1-9), la prohibición ritual de la ingesta de sangre o animales no debidamente sacrificados (Lv. 17:10-16), así como lo referente a sacerdotes, ofrendas, objetos sacros específicos y festividades (Lv. 21-25)[823], la *Ley de*

---

[822] *Cf.* BUIS, P. *El Levítico. La ley de Santidad.* Estella (Navarra): Verbo Divino, 2003.

[823] El pasaje del castigo de un blasfemo sentenciado a muerte (Lv. 24:10-23), que en la redacción actual del texto contiene también otras disposiciones legales añadidas (vv. 17-21), constituye el único relato o perícopa narrativa dentro del conjunto de la *Ley de Santidad*, algo que en un principio causó cierto estupor entre los exegetas y estudiosos, pero que halla su plena justificación en el hecho de que sirve para ilustrar el respeto máximo con que debía ser tratado el Nombre Sacrosanto de Yahweh. Así lo entendieron, sin duda, quienes lo incluyeron en el código. La precisión con que se describe al acusado, indicando que era *el hijo de una mujer israelita, el cual era hijo de un egipcio* (v. 10), amén de la mención del nombre y la filiación tribal de su madre (*Y*

Santidad ofrece también dos elementos de gran importancia: una lista de acciones reprobables estrictamente prohibidas por contaminar la tierra en que se practican (Lv. 18[824]), y una serie de mandatos que algunas versiones, como RVR60, titulan como *leyes de santidad y justicia* (Lv. 19), en las cuales se reglamenta la relación del israelita con su prójimo. En este sentido, se considera capital el texto de Lv. 19:18, donde leemos:

> *No te vengarás, ni guardarás rencor a los hijos de tu pueblo, sino amarás a tu prójimo como a ti mismo. Yo Jehová.*

Aunque en su contexto original no sea evidente el alcance que hoy damos a estas palabras desde nuestra perspectiva cristiana, qué duda cabe de que este pasaje apunta a una nueva dimensión en el pensamiento de Israel, y que va mucho más allá de las ceremonias rituales. No nos debe extrañar, por lo tanto, que Jesús equiparase este precepto al *Shemá* de Dt. 6:4-5 en su magistral respuesta acerca de cuál era el mandamiento más importante de la *Torah* (Mc. 12:29-31 y par.), ni que el apóstol Pablo lo considerase como el principio elemental que resume el contenido completo de la ley (Ro. 13:9-10; Gá. 5:14).

Concluye el *Código de Santidad* con una lista de bendiciones y maldiciones (Lv. 26) que señalan las consecuencias de la obediencia o desobediencia de Israel a los mandamientos de Yahweh. Aunque se ha señalado, y con razón, que las bendiciones son menos cuantiosas que las maldiciones, y que estas últimas ocupan mucho más espacio en la redacción del texto que aquellas, el conjunto concluye con una nota de esperanza:

---

su madre se llamaba Selomit, hija de Dibri, de la tribu de Dan, v. 11), ha dado pie a que muchos intérpretes hayan visto en este peculiar pasaje toda una enseñanza adversa a los matrimonios mixtos, así como cierta animadversión mal disimulada al recuerdo de que la tribu de Dan fue idólatra y su territorio sede de un culto pagano anti-yahvista (*cf.* Jue. 17 y 18; 1Re. 12). Algunas tradiciones judías, no obstante, han pretendido edulcorar el relato afirmando que este hijo nacido de un matrimonio mixto era en realidad el producto de la violación de una mujer israelita por un egipcio (?).

[824] El hecho de que en este capítulo aparezca claramente mencionada, junto con actos sexuales anómalos, como el incesto o la homosexualidad, la práctica idolátrica, ha propiciado en nuestros días una lectura de estos pasajes un tanto distinta de la tradicional, es decir, no desde el punto de vista exclusivamente moral, sino ritual o cúltico, con lo que sus implicaciones serían distintas de las aparentes.

Entonces yo me acordaré de mi pacto con Jacob, y asimismo de mi pacto con Isaac, y también de mi pacto con Abraham me acordaré, y haré memoria de la tierra.

[...]

Y aun con todo esto, estando ellos en la tierra de sus enemigos, yo no los desecharé, ni los abominaré para consumirlos, invalidando mi pacto con ellos; porque yo Jehová soy su Dios. Antes me acordaré de ellos por el pacto antiguo, cuando los saqué de la tierra de Egipto a los ojos de las naciones, para ser su Dios. Yo Jehová. (Lv. 26:42,44-45)

Vale decir, que pese a las apariencias (castigos terribles para los infractores de las disposiciones enunciadas; mayor peso del contenido negativo que del positivo; bendiciones y maldiciones puramente materiales, todo ello conforme a una mentalidad muy primitiva), y según lo que ya habíamos apuntado anteriormente, la *Ley de Santidad* no se desmarca ni un ápice de la Teología de la Gracia que impregna el conjunto del Antiguo Testamento[825].

Dodecálogo de Siquem. Lo leemos en Dt. 27:15-26, y, según la opinión de algunos especialistas, como Von Rad o Xabier Picaza, por no mencionar sino a dos bien conocidos, podría constituir el código más antiguo de toda la Biblia, una magnífica representación de las tradiciones del yahvismo más primitivo —constituiría la serie más antigua de prohibiciones recogida en todo el Antiguo Testamento[826]—, cuya redac-

---

[825] No tiene desperdicio, en este mismo sentido, la nota del traductor del comentario judío a la *Torah* ya tantas veces mencionado de Yaacob ben Itsjac Huerin, que añade lo siguiente a las explicaciones minuciosas y casuísticas expuestas sobre Levítico 26:

«En el primer destierro llamado "Galut Babel" ("cautividad de Babilonia") se cumplieron los castigos que anuncia esta parashá ("declaración"), pero en forma muy mitigada debido a la gran Misericordia Divina. Durante los setenta años que fueron a Babel, Erets Israel ("la tierra de Israel", vale decir, Palestina) permaneció habitada por muy pocos gentiles. También después de la expulsión de los yehudim ("judíos") por los romanos, muy pocos gentiles habitaron Erets Israel. Esta es una de las muchas profecías que se cumplieron a través de los siglos, que muestran el origen Divino de la Torá».

Las explicaciones entre paréntesis de términos religioso-culturales hebreos son nuestras.

[826] Indicaría también su primitivismo, conforme a la deducción de algunos autores, el hecho de que constituya un conjunto de *doce* preceptos o maldiciones, vale decir, una

ción original, antes de ser insertado en el Deuteronomio, habría tenido lugar hacia el año 1000 a. C., haciendo referencia a los hechos narrados en Jos. 8:30-35. Su importancia histórica es, por lo tanto, enorme, dado que se refiere a un momento en que aún no existe el estado israelita (la monarquía davídica), y en el que las doce tribus necesitan ser solidarias unas con otras[827]. Aparece redactado como una colección de doce maldiciones muy concretas, lo que le da una fuerte coloración negativa si lo comparamos con los otros códigos vistos. De hecho, el último de sus preceptos (*Maldito el que no confirmare las palabras de esta ley para hacerlas*, Dt. 27:26) nos resulta harto conocido a los cristianos, debido al empleo magistral que hace de él el apóstol Pablo en Gá. 3:10 dentro de su razonamiento en el que se oponen diametralmente las dispensaciones de la ley y de la Gracia. Los versículos que preceden al *Dodecálogo de Siquem* en la redacción actual del Deuteronomio nos lo presentan inserto en un contexto muy especial, vale decir, de proclamación de una alianza realizada por levitas. Su peculiar contenido viene a evidenciar con creces el hecho de que los antiguos israelitas tenían frente a la ley divina una actitud diferente de la que manifestarían más tarde los judíos, sus descendientes directos: lejos de verla como un *corpus* cerrado y monolítico, la entendían como una entidad en permanente gestación, algo vivo, por tanto, y adaptable a los contextos y las necesidades inmediatas de los diferentes santuarios, como habíamos señalado anteriormente. Lo mismo podríamos afirmar en relación con cualquiera de los códigos vistos[828].

Si algo nos llama la atención en relación con el *Dodecálogo de Siquem*, es precisamente, además de su condena radical de la idolatría (Dt. 27:15), de los atentados contra la integridad, la honra y la propiedad privada (vv. 16-17 y 24), así como de ciertas conductas sexuales consideradas como reprobables (vv. 20-23) —asuntos también patentes en los códigos ya reseñados—, el hecho de su insistencia en la solidaridad

---

cifra propia de un sistema de numeración sexagesimal, la habitual de las culturas del Creciente Fértil antiguo.

[827] No faltan quienes atribuyen también una importancia capital al hecho de que se haya proclamado en Siquem, entre los montes Ebal y Gerizim, vale decir, en la parte central del país, cerca de Samaria, cuando aún Jerusalén no era ni siquiera una ciudad israelita, y, por supuesto, no existía el templo de Salomón.

[828] Así, en este sentido, EICHRODT, W. *Teología del Antiguo Testamento*, vol. 1. Madrid: Ediciones Cristiandad, 1975, p. 79.

con los menos favorecidos, solo que expresada de forma negativa, por medio de una maldición. Así leemos en los vv. 18-19 y 25:

Maldito el que hiciere errar al ciego en el camino. Y dirá todo el pueblo: Amén. Maldito el que pervirtiere el derecho del extranjero, del huérfano y de la viuda. Y dirá todo el pueblo: Amén.

Maldito el que recibiere soborno para quitar la vida al inocente. Y dirá todo el pueblo: Amén.

Nos encontramos aquí con una clara alusión a los estamentos más débiles de las sociedades antiguas, situación de la que no escapaba el Israel veterotestamentario: *el ciego*, vale decir, el desvalido por antonomasia e incapaz de sostenerse a sí mismo[829], carga permanente para su familia y reducido a la más abyecta de las mendicidades, cuya imagen sigue siendo habitual en los países del Cercano Oriente de nuestros días; *el extranjero*, siempre enemigo potencial, en situación de permanente desprotección frente a los naturales[830]; *el huérfano*, carente desde la infancia de quienes le debieran proporcionar sustento, cobijo y formación, por lo cual se veía muy fácilmente expuesto a abusos, incluida la esclavitud; *la viuda*, en demasiadas ocasiones reducida a la miseria más extrema, cuando no al maltrato y la explotación directa por parte de varones de su entorno familiar; y el llamado *inocente*, que en realidad es el débil enfrentado a las disposiciones arbitrarias de los grandes señores o potentados de la época. De esta manera, el *Dodecálogo siquemita* se hace eco de una clara teología liberadora y reivindicativa de los derechos de los humildes en nombre del Dios que redime y salva a Israel, al mismo tiempo que viene a describir un mundo agrario totalmente corrupto en el que la injusticia social debía ser la nota dominante, y en el que la

---

[829] *Cf.* la profusión de invidentes que aparecen de continuo en los relatos bíblicos a partir de Isaac (Gn. 27:1), de los cuales el prototipo es el célebre Bartimeo de Mc. 10:46-52, conocido popularmente como *el ciego de Jericó*. Sobre las causas y el sentido de la ceguera en las Sagradas Escrituras, se leerá con provecho la entrada "Ceguera" en Ropero Berzosa, A. (Ed.). *Gran Diccionario Enciclopédico de la Biblia*. Viladecavalls (Barcelona): CLIE, 2013.

[830] En relación con la peculiar situación de los extranjeros en el mundo antiguo, resulta interesante el trabajo de Pérez Martín, E. *Los extranjeros y el derecho en la antigua Grecia*. Madrid: Dykinson S.L., 2001. En lo referente al Antiguo Testamento, se leerá con provecho a Van Houten, C. *The Alien in Israelite Law*. Sheffield Academic Press, 1991.

religión se vivía mayormente en el núcleo familiar, dada la total ausencia de instituciones. Dios reivindica en este importantísimo documento dos ideas fundamentales: su total trascendencia, incompatible con un culto a ídolos; y su absoluta vinculación con los débiles. Quien negara o se opusiera a cualquiera de ellas, atraería sobre sí la maldición divina.

Código Deuteronómico. También conocido como *Código de la Tierra Prometida*, constituye el magno conjunto literario que ocupan los actuales capítulos 12-26 del libro del Deuteronomio[831], lo que los exegetas alemanes consideraron en su momento como el núcleo original de este importantísimo escrito veterotestamentario, y al que dieron el nombre de *Ur-Deuteronomium* o *Deuteronomio primitivo*. Algunos estudiosos actuales prefieren designarlo como *Ley de la Alianza*. La mejor definición que se ha dado de él la constituyen las palabras del historiador Henri Cazelles, según las cuales el *Código Deuteronómico* es "una *torah* inserta en discursos"[832]. Son bastantes los eruditos que han señalado los múltiples puntos en común que tiene con el *Código de la Alianza* de Éx. 20:22 – 23:33, si bien se hace evidente que, en su presentación actual, el *Código Deuteronómico* evidencia una nueva redacción de leyes antiguas, así como la inclusión de otras desconocidas por las tradiciones más remotas de Israel y que, sin lugar a dudas, obedecen a necesidades particulares del lugar y el momento en que vieron la luz, impregnadas como están por un nuevo espíritu. Describe, a todas luces, una sociedad sedentarizada y bien establecida en la tierra de Canaán; es una sociedad que ha alcanzado, al menos en ciertas capas, un nada desdeñable nivel de prosperidad material, lo que conlleva un desarrollo del individualismo personal, lejos ya de la prístina mentalidad tribal israelita (Dt. 24:16); pero, al mismo tiempo, se trata de un colectivo humano que ha de vivir su fe tradicional en medio de un entorno hostil e idólatra, del cual no parece demasiado bien protegido. Presenta una serie de especificaciones solidarias para con los más desfavorecidos, al igual que los códigos anteriores, como leemos en Dt. 15:7ss, especialmente el v. 11:

---

[831] No todos los exegetas y estudiosos concuerdan en este dato. De hecho, son bastantes los que añaden los capítulos 27 y 28 a esta sección del libro, como puede evidenciar cualquier comentario serio.

[832] Tomado del volumen 1 de su *Historia política de Israel*, p. 90 de la versión castellana publicada por Ediciones Cristiandad en 1984.

Porque no faltarán menesterosos en medio de la tierra; por eso yo te mando, diciendo: Abrirás tu mano a tu hermano, al pobre y al menesteroso en tu tierra[833].

Una singular humanidad impregna sus declaraciones y estatutos cuando prohíbe claramente devolver a su amo al esclavo fugitivo (Dt. 23:15-16) o cuando leemos[834]:

No oprimirás al jornalero pobre y menesteroso, ya sea de tus hermanos o de los extranjeros que habitan en tu tierra dentro de tus ciudades; en su día le darás su jornal, y no se pondrá el sol sin dárselo; pues es pobre, y con él sustenta su vida; para que no clame contra ti a Jehová, y sea en ti pecado.

No torcerás el derecho del extranjero ni del huérfano, ni tomarás en prenda la ropa de la viuda. (Dt. 24:14,15,17)

Y no dejan de sorprendernos, entre otras de parecido tenor, las disposiciones tan favorables a la existencia de una monarquía en Israel (Dt. 17:14-20), que tanto recuerdan el reinado del piadoso Josías de Judá (2Re. 22-23), y tan lejos están del primitivo espíritu antimonárquico de los antiguos hebreos (Jue. 9:8-15; 1Sa. 8:11-18).

Pero la nota tónica del *Código Deuteronómico* viene señalada por el hincapié en la importancia del culto a Yahweh *en el lugar que él mismo eligiere*, pues es Señor de Israel y fuente de toda bendición, muy especialmente el don de la tierra de Canaán. La razón principal consiste en que Yahweh es el Dios que liberó a Israel de la esclavitud en Egipto, a lo cual este documento hace frecuentes alusiones (Dt. 13:5,10; 16:1,3,6,12; 17:16; 20:1; 23:4,7; 24:9,18,22; 25:17; 26:5-8). En este sentido, podemos considerar Dt. 15:15 como uno de sus textos fundamentales. Dice literalmente:

---

[833] Palabras que recogerá el propio Jesús en Mt. 26:11; Mc. 14:7 y Jn. 12:8, y a las que aplicará un sentido muy particular.

[834] Contrástese, sin embargo, la amplitud de miras prescrita para con edomitas o egipcios en Dt. 23:7-8 con el mandato de exterminar al pueblo amalecita en Dt. 25:17-19 o la para nosotros inhumanidad de Dt. 23:1ss., donde se excluye de la congregación santa, no ya a ciertas naciones enemigas de Israel, sino incluso a gentes con problemas físicos o a hijos bastardos.

Y te acordarás de que fuiste siervo en la tierra de Egipto, y que Jehová tu Dios te rescató; por tanto yo te mando esto hoy.

De ahí que desde el capítulo 12 hallemos una idea fundamental que marca por completo el pensamiento de todo el código: no puede haber lugar alguno para la idolatría en Israel. Los vv. 2-3 de este mismo capítulo indican la pauta que el pueblo ha de seguir con las divinidades adoradas por los cananeos:

Destruiréis enteramente todos los lugares donde las naciones que vosotros heredaréis sirvieron a sus dioses, sobre los montes altos, y sobre los collados, y debajo de todo árbol frondoso. Derribaréis sus altares, y quebraréis sus estatuas, y sus imágenes de Asera consumiréis con fuego; y destruiréis las esculturas de sus dioses, y raeréis su nombre de aquel lugar.

Tal repulsa a la idolatría se extiende incluso a las figuras proféticas que pudieran inducir al pueblo a la adoración de otras divinidades, o a cualquiera que pretendiese algo semejante (c. 13). Como habíamos visto en un capítulo anterior, el Dios Celoso no admite competencia en la adoración de sus fieles. Esta idea central del señorío de Yahweh colorea, por lo tanto, todas las prácticas cúlticas prescritas, desde festividades litúrgicas hasta acciones que pudieran parecernos de mínima importancia, como raparse o sajarse a causa de un muerto (Dt. 14:1), cuyas connotaciones cúlticas paganas debían resultar repugnantes para los hagiógrafos, y marca la pauta de todas las disposiciones referentes a la administración de la justicia y la vida privada de los israelitas, con lo que su influencia se extenderá a los grandes profetas que vivirán las trágicas circunstancias del exilio babilónico y el postexilio. De alguna manera, el *Código Deuteronómico* viene a indicar que, en tanto que pueblo escogido por Dios, Israel debe mostrarse ante las demás naciones como un conjunto humano especial. Incidiendo en algo que ya habíamos señalado en un capítulo anterior:

Porque eres pueblo santo a Jehová tu Dios, y Jehová te ha escogido para que le seas un pueblo único de entre todos los pueblos que están sobre la tierra. (Dt. 14:2)

Pese a sus (para nosotros cristianos) evidentes sombras, el *Código Deuteronómico*, con su peculiar estilo, se inscribe dentro de la más pura doctrina de la elección y Teología de la Gracia.

Importancia del libro del Deuteronomio en el conjunto del Pentateuco. No podemos dejar de lado en este capítulo sobre los pactos y la ley una mención, aunque sea breve, del lugar tan especial que ocupa el quinto libro del Pentateuco dentro del ámbito de la teología veterotestamentaria, máxime siendo numerosos los autores, más y menos recientes, que ven en él un documento especialmente fructífero, particularmente destacado en este nuestro terreno. Cualquier lector superficial de los primeros libros del Antiguo Testamento se da cuenta de que el Deuteronomio parece constituir un punto y aparte dentro del Pentateuco: los libros de Éxodo, Levítico y Números ofrecen una historia completa, con principio y final, que parece tener un desenlace feliz: el pueblo de Israel, cuya proto-historia se narra en el libro del Génesis, tras un período de dura esclavitud en Egipto, una liberación épica y una larga estancia en el desierto, llega a las puertas de la Tierra Prometida[835]. El Deuteronomio se presenta, por el contrario, como un elemento nuevo, de estilo distinto, y con una personalidad —una teología— propia muy destacada frente a los escritos que le preceden en el orden actual de las Escrituras. Aunque, como ya lo habíamos indicado en el capítulo introductorio, en las ediciones hebreas de la Biblia lleva el nombre de דברים *Debarim*, es decir, "palabras", la LXX lo designa claramente como Δευτερονόμιον *Deuteronomion*, o sea, "segunda ley", que la Vulgata transcribe, sin traducirlo, como *Deuteronomium*, denominación con la que ha pasado directamente a nuestras lenguas occidentales[836]. Con este mismo término designa la versión de los LXX

---

[835] De ahí que algunos exegetas del siglo pasado hayan hablado de un Tetrateuco como conjunto literario bien delimitado. frente a la literatura deuteronomística, de la cual el Deuteronomio sería la introducción.

[836] El *Greek-English Lexicon of the Septuagint* recopilado por Johan Lust *et alteri* define así este término, al que califica de *neologismo*:

«Second or repeated Law, the fifth book of the Pentateuch»
("Segunda ley o ley repetida, el quinto libro del Pentateuco")

Cualquier lector del Pentateuco, a nada que preste un poco de atención a su hilo narrativo, tendrá la impresión de que, en efecto, el Deuteronomio le repite conceptos ya encontrados en Éxodo o Números, aunque sin seguir el mismo orden, y con un lenguaje y un

en Dt. 17: 18 a la *copia de la ley* que los reyes de Israel habían de escribir a partir del original *que está al cuidado de los sacerdotes levitas*[837]. Asimismo, aparece este vocablo también en la versión griega de Jos. 8:32[838] para indicar la *copia de la ley de Moisés* que escribió Josué sobre las piedras *delante de los hijos de Israel* en el monte Ebal. Si bien no nos corresponde en este nuestro estudio entrar de lleno en el tema, podemos indicar de forma somera que sobre el origen del Deuteronomio ha habido siempre dos teorías fundamentales: la judeo-cristiana más tradicional, que lo hace obra directa de Moisés, una recopilación de sus discursos de despedida a Israel a las puertas de la tierra de Canaán[839]; y el amplio conjunto de postulados críticos, especialmente a partir del siglo XIX, que hacen de este libro, o mejor aún, de su núcleo constitutivo, uno de los documentos fundamentales del Pentateuco (o del Hexateuco) y punto de partida de la llamada Historiografía Deuteronomística (HD), por lo que lo sitúan hacia finales de la época de la monarquía (siglo VII a. C.), bien porque se redactara durante el reinado de Josías[840], o un poco antes, en tiempos del malvado rey Manasés, bien porque fuera obra de ciertos círculos (¿levíticos?) del Israel septentrional, una especie de reacción de los justos (yahvistas) efrainitas disconformes con la idolatría cananea de su país[841], y que, tras la caída de Samaria, emigrarían a Judá y se instalarían en Jerusalén, aportando

───────────────

enfoque un tanto diferentes que suponen unas tradiciones de base distintas y, conforme a ciertos puntos de vista, tal vez más antiguas y más veraces, históricamente hablando.

[837] Detalle este que no carece de valor y que viene a incidir en las modernas hipótesis de trabajo, según las cuales la redacción definitiva de este libro, así como del conjunto del Antiguo Testamento, siempre a partir de tradiciones muy antiguas, se realizaría por medio de sacerdotes levitas.

[838] O 9:2c según los manuscritos de la LXX que se empleen.

[839] *Cf.* entre otros trabajos del mismo tenor, SCHULTZ, S. J. *Deuteronomio, el evangelio del amor.* Grand Rapids, Michigan: Ediciones Portavoz Evangélico, 1979, que muchos hoy consideran un clásico, pese a lo exiguo de su tamaño, dada su nada desdeñable erudición y su moderación conceptual.

[840] Se entendería en este sentido la mención del hallazgo del libro de la ley en las obras de reparación del templo de Jerusalén en tiempos de este monarca, narrado en 2Re. 22:3 – 23:3 y 2Cr. 34:8-33.

[841] Los libros de los Reyes, en efecto, nos presentan sin ambages un testimonio bien claro de cómo los cultos idolátricos de origen básicamente cananeo habían impregnado por completo la vida de los israelitas septentrionales, su culto y su corte real, prácticamente desde los mismos comienzos de aquel estado bajo la égida del rebelde Jeroboam, pero muy especialmente durante el reinado de Acaz y su esposa fenicia Jezabel. Por otro lado, no escatiman información en este mismo sentido referente al reino meridional de Judá.

sus tradiciones sacras al elenco teológico davídico y hierosolimitano. De lo que no nos cabe la más mínima duda es de que, a un fondo de tradiciones auténticamente mosaicas, muy antiguas, y celosamente conservadas por los levitas[842], manos levíticas posteriores, indudablemente del tiempo de la monarquía en Israel y Judá, fueron añadiendo reflexiones, reglamentaciones y disposiciones, siempre dentro del espíritu mosaico tan bien conservado en los círculos levíticos y sacerdotales, hasta darle al conjunto su redacción definitiva, el Deuteronomio que hoy leemos en nuestras biblias, y en el cual, aunque podemos detectar distintos documentos o tradiciones con identidad propia[843], destaca un notable esfuerzo de unidad literaria magistralmente conseguido[844].

Lo que resulta para nosotros más importante es el hecho de que, en opinión de muy destacados exegetas, el libro del Deuteronomio se constituye como el escrito de mayor peso desde el punto de vista teológico dentro del conjunto del Antiguo Testamento[845], dado que en él se encuentran —dicen— los grandes lineamientos del pensamiento hebreo antiguo[846]. La corriente cristiana más conservadora lo expresa con las siguientes palabras:

«El libro de Deuteronomio es el libro más importante del Antiguo Testamento desde el punto de vista de la revelación que Dios hace al hombre. [...]

---

[842] Resulta completamente lógico que un gran dirigente del mundo antiguo, como fue Moisés, ante la inminencia de su muerte, quisiera dirigirse a su pueblo en uno o varios discursos de despedida, en los que hiciera mención de sucesos realmente acaecidos durante su mandato, amén de exhortar a sus seguidores a perpetuar una serie de principios fundamentales que todos deberían recordar. No tiene por qué tratarse de una simple ficción literaria, por lo tanto.

[843] El *Ur-Deuteronomium*, el *Dodecálogo de Siquem*, la confesión de fe de Dt. 26:5b-10a, y otros.

[844] *Cf.* en este sentido el excelente trabajo de RENNES, J. *Le Deutéronome*. Genève: Labor et Fides, 1967, que, pese al tiempo transcurrido desde su publicación, continúa siendo una lectura de gran valor para el estudioso de nuestros días, y del que no tenemos constancia de que exista edición alguna en nuestro idioma.

[845] No faltan los teólogos y estudiosos contemporáneos que señalan para el Deuteronomio, dentro del conjunto veterotestamentario, el mismo valor que tiene la Epístola a los Romanos en el Nuevo Testamento.

[846] El segundo en importancia teológica sería, siempre según esos autores, el conjunto que compone nuestro libro de Isaías actual, y, más concretamente, lo que la exégesis crítica conoce como Deutero-Isaías (Is. 40-55).

El Deuteronomio representa el corazón de lo que Dios reveló a Moisés en el monte de Horeb[847]».

No nos ha de extrañar, por tanto, que este último escrito del Pentateuco sea uno de los libros del Antiguo Testamento más citados en el Nuevo, unas doscientas veces en total, según las ediciones críticas, muy especialmente en el Evangelio según Mateo (Mt. 4:4,7,10; 5:21,27,31,33,38,48; 15:4; 18:16; 19:7,18,16,19; 22:24,37; 26:11) y la Epístola a los Hebreos (He. 3:16,18,19; 10:28,30; 12:15,18,19,21,29; 13:5).

El libro del Deuteronomio refleja con toda claridad una repetición de la ley de Moisés —de ahí su nombre—, pero en el sentido de una actualización de los antiguos preceptos a la luz de una teología renovada, en proceso ascendente. De ahí que sean varios los autores que ven en Dt. 30:1-10 el pasaje clave que concentra el contenido real del libro. Lo citamos *in extenso* dada su importancia:

Sucederá que cuando hubieren venido sobre ti todas estas cosas, la bendición y la maldición que he puesto delante de ti, y te arrepintieres en medio de todas las naciones adonde te hubiere arrojado Jehová tu Dios, y te convirtieres a Jehová tu Dios, y obedecieres a su voz conforme a todo lo que yo te mando hoy, tú y tus hijos, con todo tu corazón y con toda tu alma, entonces Jehová hará volver a tus cautivos[848], y tendrá misericordia de ti, y volverá a recogerte de entre todos los pueblos adonde te hubiere esparcido Jehová tu Dios. Aun cuando tus desterrados estuvieren en las partes más lejanas que hay debajo del cielo, de allí te recogerá Jehová tu Dios, y de allá te tomará; y te hará volver Jehová tu Dios a la tierra que heredaron tus padres, y será tuya; y te hará bien, y te multiplicará más que a tus padres. Y circuncidará Jehová tu Dios tu corazón, y el corazón de tu descendencia, para que ames a Jehová tu Dios con todo tu corazón y con toda tu alma, a fin de que vivas. Y pondrá Jehová tu Dios todas estas maldiciones sobre tus enemigos, y sobre tus aborrecedores que te persiguieron. Y tú volverás, y oirás la voz de Jehová, y pondrás por obra todos sus mandamientos que yo te ordeno hoy. Y te hará Jehová tu Dios abundar en toda obra

---

[847] SCHULTZ, S. J. *Op. cit.*, p. 7.

[848] BTI ofrece aquí una lectura un tanto distinta: *entonces el Señor tu Dios, compadecido de ti, cambiará tu suerte.*

de tus manos, en el fruto de tu vientre, en el fruto de tu bestia, y en el fruto de tu tierra, para bien; porque Jehová volverá a gozarse sobre ti para bien, de la manera que se gozó sobre tus padres, cuando obedecieres a la voz de Jehová tu Dios, para guardar sus mandamientos y sus estatutos escritos en este libro de la ley; cuando te convirtieres a Jehová tu Dios con todo tu corazón y con toda tu alma.

Dos son los términos clave que nos ayudan a comprender la esencia de este pasaje, y por ende del libro entero: שׁוּב *shub* y טוֹב *tob*. El primero es un verbo que normalmente traducimos por "volver", "regresar"[849], y en la raíz HIPHIL (causativa) "hacer regresar". El segundo, un adjetivo que traducimos por "bueno", o a veces por el adverbio "bien". En ambos casos se describe la acción divina: es Yahweh quien hará regresar a su pueblo y es Yahweh quien hará bien a Israel, trocando la maldición de la desobediencia en bendición[850]. Ello implica una elección muy antigua realizada en cumplimiento de las promesas hechas a los patriarcas (Dt. 26:5-10) y el don de la tierra de Canaán como herencia especial otorgada a las doce tribus (Dt. 1:8; 8:7-10). Por decirlo de manera clara y sencilla, Dios es el gran protagonista del Deuteronomio, no Moisés, ni los levitas, ni siquiera el conjunto del pueblo de Israel. Su gran misericordia para con los hebreos se resume de forma magistral en los primeros capítulos, donde se recopila, a grandes rasgos, una historia trágica de desobediencias vividas en el desierto del Sinaí y en las tierras de peregrinación, a pesar de lo cual Dios sigue guardando, protegiendo y guiando a Israel. Y los últimos capítulos contienen especialmente cánticos de alabanza a su obra salvífica, así como una hermosa perspectiva de futuro, sellada con gran arte por medio del breve capítulo consagrado a la muerte de Moisés: el gran siervo de Dios muere por su pecado (¡es humano!) sin acceder a la Tierra Prometida[851], pero

---

[849] De donde "convertirse", como indican muchos diccionarios y glosarios. Cuando Yahweh invita al pueblo de Israel a "volver" a él o a "regresar" a sus caminos, es el equivalente de lo que entendemos en el mundo cristiano por "conversión", *mutatis mutandis*.

[850] Elementos todos ellos que dan pie a la teoría de una redacción-edición definitiva tardía del Deuteronomio, cuando el pueblo de Israel (tanto Judá como Efraín) ha experimentado ya en su propia carne lo que significa la destrucción y el cautiverio.

[851] En relación con las luces y sombras acerca de la muerte misteriosa del gran legislador hebreo, *cf.* toda la literatura apócrifa basada en este hecho, y en el Nuevo Testamento la alusión de Jud. 9.

Israel alcanzará la promesa porque es fiel quien la ha emitido. El pueblo entiende así que las bendiciones que ha de recibir no proceden de los hombres, por grandes que puedan parecer, sino de Yahweh.

Solo teniendo esto en cuenta, podemos comprender el Deuteronomio como una verdadera תורה *torah* en sí mismo, vale decir, una instrucción-revelación viva y vivificadora —más que una "ley" propiamente dicha, en sentido occidental— procedente de Yahweh, pero puesta en boca de Moisés antes de su deceso. Esta instrucción divina apunta a una alianza de vida, jamás de muerte:

> *Mira, yo he puesto delante de ti hoy la vida y el bien, la muerte y el mal.*
> *[...]*
> *A los cielos y a la tierra llamo por testigos hoy contra vosotros, que os he puesto delante la vida y la muerte, la bendición y la maldición; escoge, pues, la vida, para que vivas tú y tu descendencia; amando a Jehová tu Dios, atendiendo a su voz, y siguiéndole a él; porque él es vida para ti, y prolongación de tus días; a fin de que habites sobre la tierra que juró Jehová a tus padres, Abraham, Isaac y Jacob, que les había de dar.* (Dt. 30:15,19,20)

De ahí que, como han señalado buenos exegetas y teólogos, el espíritu del Deuteronomio sea lo más opuesto al trágico e inhumano legalismo judío posterior. El llamado a la obediencia a los mandamientos divinos que nos presenta este libro, se inspira en un amor genuino a Dios motivado por la más profunda gratitud (Dt. 6:4-5). Yahweh elige a Israel por pura Gracia, y por ello exige el culto unificado de un pueblo unido[852] en una tierra bendecida. No se desmarca, por tanto, el contenido del Deuteronomio del hilo conductor habitual del pensamiento veterotestamentario y bíblico en general, pese a sus rasgos idiomáticos y de estilo un tanto arcaizantes[853].

---

[852] Evidencia palpable para la mayoría de los exegetas contemporáneos de una redacción definitiva post-mosaica, cuando el pueblo de Israel ha experimentado en su historia las terribles consecuencias del cisma de Jeroboam, y en el momento en que se impone una centralización del culto en un solo lugar, que será el templo de Jerusalén.

[853] Bien porque los redactores definitivos imiten deliberadamente el estilo antiguo de unas expresiones estereotipadas (rasgo muy significativo de las *linguae sacrae*), bien porque en su recopilación de las tradiciones antiguas respeten su prístino enunciado sin

Un texto extraño: Ez. 20: 25-26. Ofrecemos en este último epígrafe del capítulo lo que sería posible designar como "una curiosidad teológica" (o quizás sería mejor decir "curiosidad exegética"). De hecho, bien podríamos haberlo titulado *las leyes malas* o algo semejante, dado el contenido del pasaje mencionado, una afirmación que no ha dejado de llamar la atención de comentaristas y estudiosos del sagrado texto hasta nuestros días. Reza literalmente así:

> *Por eso yo también les di estatutos que no eran buenos, y decretos por los cuales no podrían vivir. Y los contaminé en sus ofrendas cuando hacían pasar por el fuego a todo primogénito, para desolarlos y hacerles saber que yo soy Jehová.*

Tal es, más o menos, la traducción mayoritaria en las versiones bíblicas al uso, según la cual el profeta haría una declaración por demás extraña: Dios habría entregado a Israel en el período del éxodo leyes no buenas, o sea, imperfectas; les habría prescrito un culto que los contaminaba más que los purificaba, y que los envilecía más que los elevaba, en la idea de que solo de esta manera podrían reconocer a Yahweh como su Dios (?). Desde luego, tal interpretación viene como anillo al dedo para quienes desean constatar un abismo entre el Antiguo y el Nuevo Testamento, o entre las dispensaciones de la ley y de la Gracia. La BTX, no obstante, se desmarca de una forma tal de leer el texto al verterlo de esta otra manera:

> *¿Les di acaso estatuos no buenos, y preceptos que no les darían la vida? ¿Los contaminé en sus ofrendas cuando hacían pasar por el fuego a sus primogénitos? ¿Los horroricé para hacerles saber que Yo soy YHVH?*

Igualmente hace la conocida NBE de Alonso Schökel:

> *¿Acaso les di yo preceptos no buenos, mandamientos que no les darían la vida? ¿Los contaminé con las ofrendas que hacían inmolando a sus primogénitos? ¿Los horroricé para que así supieran que yo soy el Señor?*

---

alterarlo; en este segundo caso, se habría de suponer que tales arcaísmos resultarían accesibles al entendimiento de los recopiladores, pues, de no ser así, los habrían actualizado.

La interpretación, más que traducción, de estas dos versiones, al presentar este oráculo como una especie de preguntas retóricas puestas en boca de Dios[854], pretende ofrecer una solución a un texto difícil, no por su gramática ni por su redacción[855], sino por su contenido. En algunas otras versiones bíblicas, como la conocida CI, las notas a pie de página aventuran posibles interpretaciones de este pasaje que tan solo vienen a evidenciar las dificultades para comprenderlo que han tenido quienes las han redactado. El contenido de estos versículos, cuya traducción ofrecida por RVR60 es muy ajustada al TM, muy literal, no puede hacer referencia al conjunto de la *Torah*, que en tanto que instrucción divina siempre aparece como algo bueno[856], sino a ciertos ritos paganos y degradantes en los cuales cayó Israel ya en sus orígenes, tan dado como era a la idolatría[857]. El hecho de que aparezca el oráculo redactado en primera persona, como si fuera Dios quien hablara a su pueblo y declarara haberle dado estatutos y mandamientos malos, solo se entiende en el sentido de la clara noción de la soberanía divina que tenían los profetas y los hagiógrafos de Israel, según la cual nada escapa al control de Dios y él es siempre la causa de todo cuanto existe, como habíamos visto en un capítulo anterior. Vale decir, que Yahweh no prescribió a Moisés ni al conjunto de Israel una instrucción mala o indebida, sino que entregó a aquel pueblo idólatra e ingrato a lo que tal conjunto humano buscaba en realidad, desafiando de manera constante la justicia y la misericordia de su Señor. La mejor manera de comprender, por tanto, este pasaje es, entendemos, a la luz del principio general que se deduce de Ro. 1:21ss, según el cual, al no tener en cuenta los israelitas a Dios, este *los entregó a una mente reprobada, para hacer cosas que no convienen* (v. 28).

---

[854] Decimos "interpretación" por el hecho de que el estado del texto, tal como lo leemos en el TM, no presenta la partícula o prefijo interrogativo propio de la lengua hebrea -ה *ha-*. Al contrario, todo se lee como un enunciado declarativo. Lo mismo sucede en las traducciones de la LXX y la Vulgata.

[855] El aparato crítico de la BHS no señala especiales dificultades en la transmisión de estos dos versículos.

[856] *Cf.* Ro. 7:12, donde leemos:

De manera que la ley a la verdad es santa, y el mandamiento santo, justo y bueno.

[857] No podemos estar de acuerdo con quienes emplean Ro. 3:20 para explicar este difícil pasaje del Antiguo Testamento, dado que la ley a la que Pablo se refiere no era otra que la sagrada *Torah* de Moisés.

A modo de conclusión. El Dios que muestra su gloria al elegir a Israel para rescatarlo y hacer de él su pueblo, su especial tesoro, ejemplifica su misericordia, y al mismo tiempo su soberanía, en el concepto de *pacto o alianza.* Suya es la iniciativa, de la que el hombre, y particularmente el israelita, se constituye en beneficiario inmediato. Y la plasmación material de ese pacto, especialmente del llamado *Pacto de Moisés* o *Pacto del Sinaí,* la constituye ese gran conjunto al que damos el nombre de "ley", pero que en realidad debiéramos más bien llamar "instrucción", la sagrada *Torah.* De esta manera, la ley refleja la voluntad de Dios antes que la del estado, por lo que no puede constituir un código cerrado y limitado por disposiciones gubernamentales humanas, sino un cuerpo vivo cuya primera lectura será cúltica antes que moralizante. De ahí que, para el antiguo Israel, como evidencian, entre otros textos, los conocidos Salmos 1 y 119, la *Torah* es la expresión viva de la voluntad de Yahweh y exige una fe madura, lo más opuesto al legalismo que vendría después. El libro del Deuteronomio, considerado por muchos como la quintaesencia de la ley de Moisés, actualiza por su parte las antiguas disposiciones y mandamientos revelados a Israel, entendiendo la instrucción sagrada desde el punto de vista del puro amor a Dios[858]. Solo así podemos comprender que los preceptos positivos del Decálogo referentes al sábado y la honra a los padres respondan a una refección posterior en positivo de unas ordenanzas que el pueblo tendía, no ya a olvidar, sino a menospreciar. Cuando el remanente de Israel que sobrevive a la cautividad babilónica comience a entender el Decálogo y toda la *Torah* como una ley absoluta, no como la instrucción viva y vivificadora que era, entonces habrá nacido el primer judaísmo, sistema religioso fundamentado en el más crudo legalismo, vale decir, en la inmadurez. La ley de Moisés no podía erigirse en un absoluto para Israel, como lo fue después para el judaísmo, porque iba precedida por la promesa, por el llamamiento misericordioso de Yahweh, y representaba un

---

[858] Por eso no nos ha de extrañar su empleo tan profuso en el Nuevo Testamento, como ya se ha indicado anteriormente. El famoso *Comentario Bíblico San Jerónimo* llega a afirmar en su exposición del Evangelio de Lucas, especialmente en el pasaje de las tentaciones de Jesús (vol. III, p. 333), lo siguiente:

«**4.** *no solo de pan:* Jesús responde [al diablo] con Dt. 8, 3 (*cf.* Ex 16). Los pensamientos de Jesús se expresan de acuerdo con el que debió de ser el libro veterotestamentario favorito de la Iglesia apostólica (*cf.* Lc. 10, 27; Act. 3, 22)».

El añadido entre corchetes es nuestro.

valor sujeto a cambios, a interpretaciones y actualizaciones conforme iban transformándose las circunstancias; así lo evidencia su redactado definitivo. El antiguo Israel se rebelaba contra la voluntad divina, vale decir, contra la persona de Yahweh, su Señor y Redentor, jamás contra la letra de la ley, contra un código escrito. La asimilación de Dios a la ley o de su voluntad a unos documentos o unos mandatos escritos ha rebajado en el judaísmo (y en ciertos sectores del cristianismo más sectario y fundamentalista) la prístina imagen de la grandeza divina que encontramos en el Antiguo Testamento.

> *Dios pacta con su pueblo y con personas individuales por puro amor, por pura misericordia, por pura gracia. El conjunto de disposiciones que componen los libros de la ley en nuestras ediciones de la Biblia viene a ejemplificar ese amor, esa misericordia, esa gracia de Dios que un día se harán patentes al superarse las sombras y abrirse paso a la plenitud de la luz de Cristo*

PREGUNTAS PARA REFLEXIONAR: ¿Por medio de qué términos expresan el TM hebreo y la LXX griega la noción de *pacto o alianza*? A la luz de lo que conocemos sobre las lenguas hebrea y griega antiguas, ¿es διαθήκη *diatheke* la traducción literal y exacta del concepto de ברית *berith* o *pacto*? ¿Cómo se entiende el pacto en el Antiguo Testamento: como algo unilateral o bilateral? Explica bien tu respuesta. ¿En qué sentido podemos afirmar que el Sagrado Tetragrámmaton implica en sí la idea del Dios del pacto más que otras designaciones divinas? ¿Cuántos pactos distintos encontramos en el Antiguo Testamento? Señálalos e indica cuáles son los más importantes y por qué. ¿En qué sentido podemos considerar el Decálogo o Diez Mandamientos como documento propio de un pacto? ¿Qué relación encontramos en el Antiguo Testamento entre las nociones de *creación* y *alianza*? ¿Por qué decimos que Israel es el pueblo exclusivo del pacto divino? ¿Qué importancia reviste el monte Sinaí en el concepto del pacto divino con Israel? Explica el contenido de Jos. 24 en lo referente a la llamada Asamblea de Siquem. ¿De qué manera rompió Israel a lo largo de su historia el pacto divino? Comenta las implicaciones del Nuevo Pacto descrito en Jer. 31:31-34. Explica con detalle los significados de los conceptos תורה *torah* y *ley*, respectivamente: si coinciden o no, y por qué. Concepción de la ley en el judaísmo y en el cristianismo.

¿Cuál es la diferencia entre leyes casuísticas y leyes apodícticas? ¿Qué importancia reviste el Decálogo o Diez Mandamientos en el conjunto de la *Torah*? Explica las implicaciones de la ley sabática. Menciona otros códigos que se hallan en el Pentateuco y comenta uno de ellos. ¿Qué importancia reviste el libro del Deuteronomio dentro del conjunto del Pentateuco?

4. LAS ORDENANZAS Y LAS PROMESAS

Iniciamos ya el tercer binomio temático indicado por el apóstol Pablo, en el cual hallamos una faceta a la vez arcaica y revolucionaria de la concepción que Israel tiene de su Dios Yahweh y cuanto le atañe. Arcaica, porque en sus formas de ordenanzas cultuales los hebreos —dígase lo que se quiera— seguían muy de cerca, *mutatis mutandis*, las antiquísimas pautas de sus vecinos del Creciente Fértil, tanto en lo concerniente a la manera de ejecutar los rituales como en lo referente a las fiestas litúrgicas, conforme ha demostrado con creces la investigación arqueológica y documental realizada en esas zonas; más aún, Israel participa del sentir colectivo humano en relación con la idea del sacrificio u ofrenda elevada a la Divinidad —lo que técnicamente hablando recibe el nombre de *oblación*— para impetrar su favor o paliar su ira[859], como evidencian los textos sacros referentes a los tiempos anteriores a la deportación y el exilio babilónico. Pero también revolucionaria, por el nuevo elemento que supone la promesa (o *las promesas*, en plural, como reza Ro. 9:4), en el que, a diferencia de sus vecinos y del resto del conjunto de la humanidad, Israel proyecta su mirada hacia un futuro no demasiado lejano en el que todo será transformado por la acción de Yahweh, noción que aparece en ocasiones entremezclada con los antiguos rituales y reflejada en tradiciones ancestrales que se pierden en la noche de los tiempos. Pese a esta aparente contradicción o contraposición entre lo antiguo y lo moderno, lo arcaico y lo revolucionario, esa tensión entre el "ya" del culto que se realiza cada día, o en fechas muy determinadas, y el "todavía no" de la promesa

---

[859] Dos excelentes trabajos que ilustran la génesis y el significado de los sacrificios en el subconsciente colectivo humano son GIRARD, R. *Le sacrifice*. Paris: Éd. Bibliothèque Nationale de France, 2003; y el gran clásico GUSDORF, G. *L'Expérience humaine du sacrifice*. Paris: PUF, 1948.

—remedando las conocidas palabras de Oscar Cullmann[860]— será lo que marcará la esperanza de Israel, de ese Israel elegido y adoptado en el que Yahweh muestra su gloria al liberarlo, pactar con él y entregarle su ley, y lo que el pueblo escogido aportará como legado permanente al elenco religioso humano.

"Ordenanzas", un término genérico. En Ro. 9:5 el apóstol Pablo emplea el término griego λατρεία *latreía* para definir lo que nuestras versiones bíblicas al uso traducen por "ordenanzas" (BTX) o simplemente "culto" (BEP, BJ, BTI, DHH, NBE, NC, RVR60)[861]. Este vocablo significa en un principio, en la lengua griega clásica, sobre todo en los poemas homéricos y en la tragedia, un servicio remunerado, particularmente el del mercenario, para más tarde en Platón[862] indicar el culto tributado a los dioses. Con este último sentido, ahora especializado para señalar los ritos sacros de Israel o la adoración a Dios, lo hallamos en numerosos pasajes de la LXX[863], siempre como traducción del hebreo עבדה *abodah*, étimo que en este idioma indica el culto propiamente dicho[864], y cuyo origen lo constituye la raíz verbal עבד *abad*, "servir". Cuando en el Antiguo Testamento se emplea para señalar las ordenanzas cúlticas, la fórmula que lo acompaña es ליהוה *laadonay*, vale decir, "al Señor" o "para el Señor" (Yahweh).

Sentido del culto en Israel. No siempre es fácil exponer o explicar el significado del término "culto" en nuestro idioma. Sírvanos la definición que hallamos en el *Diccionario ideológico de la lengua española* de Julio Casares, donde leemos:

---

[860] En su obra *Le salut dans l'histoire. L'existence chrétienne selon le Nouveau Testament.* Neuchâtel (Suisse): Delachaux et Niestlé S. A., 1966, pp. 167ss, el capítulo que lleva por título "Le présent et l'avenir. «Déjà» - «pas encore»: la clé de l'histoire du salut dans le Nouveau Testament". De esta obra publicó en 1967 una versión en castellano Ediciones 62 de Barcelona con el título *Historia de la Salvación*.

[861] NTV y NVI lo parafrasean más bien como "el privilegio de adorarlo" y "el privilegio de adorar a Dios", respectivamente. CI, por su parte, parece no traducirlo, sino que daría la impresión de que lo incluyese en la legislación o en las promesas.

[862] *Apología de Sócrates* 23c; *Fedro* 244e.

[863] Éx. 12:25-26; 13:5; Jos. 22:27; 1Cr. 28:13; 1 Mac. (apócrifo) 1:43. Con el sentido profano de "servicio", o incluso "servidumbre", se encuentra, v.gr., en 3 Mac. (pseudoepigráfico) 4:14.

[864] Si bien su sentido primario es "obra", "trabajo", "servicio", "empleo" u "ocupación", como nos indican los diccionarios al uso.

«Homenaje de amor, respeto y sumisión que el hombre tributa a Dios».

Para luego, dentro de la misma entrada, especificar un poco más:

«Conjunto de actos y ceremonias con que el hombre tributa este homenaje».

La noción de culto encierra, por tanto, un fuerte componente exotérico[865], dada su condición de acto público[866] en el que los asistentes participan, bien como espectadores pasivos, bien de forma activa en tanto que oficiantes, de ese hecho comunitario de encuentro con la Divinidad, y en el que, además, van a confesar su fe. En lo referente al pueblo de Israel, y al igual que sucedía entre sus vecinos cananeos y otras naciones palestinas y del Creciente Fértil, el culto sagrado conlleva una idea inherente de recuerdo, bien expresada por la raíz verbal hebrea זכר *zakhar*, que los diccionarios al uso traducen por "pensar" y, sobre todo, "recordar" o "acordarse". Había, no obstante, una clara diferencia: los cananeos y otros vecinos de Israel, con sus ceremonias cúlticas pretendían, no solo *recordar*, sino también y por encima de todo *revivir*, mejor aún, *actualizar* ciertos mitos antiquísimos que garantizaran el orden vital de la naturaleza frente a la amenaza siempre latente del caos primordial[867]. Sin esas ceremonias cúlticas, pensaban, el frágil equilibrio del mundo se haría pedazos y todo lo existente regresaría al primitivo desorden anterior a la creación. Israel, en cambio, aunque

---

[865] Escapan a esta característica los cultos específicamente destinados a iniciados, que presentan más bien una vertiente altamente esotérica, privada y restringida a círculos muy específicos.

[866] Algunos estudiosos y antropólogos no han dudado en tildarlo de "espectáculo", pero sin intención peyorativa alguna. Con ello pretenden hacer hincapié en su marcada vertiente de representación pública de un ritual concreto que busca una finalidad: provocar en el espectador-participante una empatía con aquello que es representado, y que puede variar en intensidad, desde la alegría más desbordada hasta las manifestaciones más profundas de dolor. *Cf.* en este sentido la conocida ponencia del teólogo César A. Henríquez presentada ante la Conferencia Teológica 2000, que ha constituido todo un hito por su profundidad y lo adecuado de su análisis, en la que incide en la dimensión espectáculo emocional que los cultos evangélicos latinoamericanos han adquirido en estos nuestros tiempos postmodernos.

[867] Especialmente representado por las aguas del mar, en hebreo ים *yam*, potencia incontrolable a la que los pueblos semíticos —muy poco dados a la navegación, en líneas generales— imaginaban siempre maligna, siempre hostil a dioses y hombres, siempre amenazante y poblada de monstruos y seres primordiales aterradores que causaban pánico a las mismas divinidades. Es el abismo o תהום *thehom* de Gn. 1:2.

efectivamente conservaba en ciertas tradiciones muy antiguas restos de aquellas historias míticas de lucha entre Yahweh y los seres caóticos del abismo, como Leviatán (Job 7:12; 38:8; Sal. 74:13-14; 106:9[868]) y Behemot (Job 40:15-24), cada uno por su lado, o los dos juntos (4 Esd. [apócrifo] 6:49-52[869]), en sus festividades y sus ritos específicos lo que hacía era recordar la Historia de la Salvación, vale decir, las grandes *gesta Dei*, hechos portentosos reales acaecidos en el devenir del pueblo hebreo. El culto israelita, por tanto, no implica lucha alguna contra amenazas latentes o fuerzas oscuras que pugnan por destruir el orden existente; asimila, sin duda en un largo proceso que no debió resultar fácil en absoluto, elementos claves del culto cananeo, desde santuarios muy señalados por su antigüedad (Bet-el, Silo, Siquem, Beerseba, los promontorios del Tabor y el Carmelo, y, de forma muy especial, el monte de Sion, en Jerusalén), hasta una cierta concepción de la divinidad[870], pero desmitifica todas esas ideas arcaicas rememorando, en cambio, eventos reales, sucesos que habían tenido lugar en momentos

---

[868] El paso del mar Rojo queda ensalzado en la épica bíblica como una nueva victoria de Dios sobre las aguas marinas, y que recuerda el gran combate primigenio contra el abismo caótico. *Cf.* el *Cántico de Moisés y de María* en Éx. 15:1-21, solo que aquí y en otros textos del mismo tenor, el hagiógrafo o el salmista, con gran percepción teológica, ven en esta magna obra divina un sentido eminentemente salvífico para Israel: la victoria de Dios sobre los abismos del mar Rojo permite el paso de Israel por en medio de las profundidades marinas a pie enjuto para huir de la esclavitud de Egipto.

[869] Los apócrifos 3 y 4 Esd. aparecen en la Biblia del Oso y del Cántaro, respectivamente. El texto citado en cuestión, que se hace eco de ciertas leyendas judías sobre el quinto día del Hexamerón, reza:

Entonces tú conservaste dos animales; al uno llamaste Enoc [sic. En otros manuscritos se lee Behemot, lo cual es más ajustado a la realidad], *y al otro Leviatán. Y los apartaste el uno del otro: porque la séptima parte donde se hallaba reunida toda el agua no podía sostenerlos a ambos. Y a Behemot [lit. Enoc en esta versión] diste una de las partes secas del Tercer día, a fin de que habitase en ella, en la cual hay mil montes. Para Leviatán reservaste la séptima parte húmeda, preparándolo para devorar a los que tú quisieres, y cuando tú quisieres.*

[870] Von Rad, en el primer volumen de su *Teología*, pp. 29ss. (edición en lengua francesa), nos muestra un amplio abanico de elementos cultuales cananeos asimilados por el yahvismo victorioso con la conquista. Y en la p. 31 afirma:

«La absorción [por parte de Israel] de esta antigua noción [cultual cananea] resulta incomprensible salvo que se admita la intervención inmediata de una desmitificación. Los dioses se convierten en los servidores celestes de Yahweh».

La traducción y los corchetes explicativos son nuestros.

puntuales del tiempo y en ubicaciones concretas del espacio, y que habían sido protagonizados por Yahweh a favor de su pueblo. Como habíamos indicado anteriormente, el culto cananeo y pagano en general consistía en un tipo de ceremonias orientadas a suscitar emociones desatadas en los observadores-participantes, mientras que el culto israelita, por el contrario, se presentaba como algo mucho más racional, más cerebral, restringiendo lo emotivo dentro de lo tolerable y negándole cualquier tipo de protagonismo.

Y nos queda un detalle fundamental: pese a lo que acabamos de afirmar acerca de la racionalidad del culto hebreo, este se fundamenta de forma específica en el, para la época, irracional mandamiento de adorar exclusivamente a Yahweh, es decir, a un solo Dios. La absoluta intransigencia de Yahweh para con el politeísmo y su celo en ser la única divinidad a la que Israel tributara culto, tal como lo expresa el primer precepto de los Diez Mandamientos, no pudieron jamás ser entendidos en aquel mundo tan antiguo. A decir verdad, ni siquiera en épocas posteriores. No hay más que ver, como ya habíamos señalado anteriormente, la opinión tan desfavorable que le merece al historiador romano Tácito, a comienzos del siglo II de nuestra era, la religión monoteísta de los judíos, de la que pinta un curioso esbozo en el libro V de sus *Historias*, capítulo 3, y a la que atribuye un origen claramente mosaico.

Breve historia de los cultos en Israel, según el testimonio del Antiguo Testamento. Antes de introducirnos de lleno en los aspectos más destacados del culto hebreo en relación con nuestro tema de estudio, la teología veterotestamentaria, entendemos que es necesario presentar, aunque sea de forma somera, un esbozo de lo que fue el desarrollo de las ordenanzas cultuales en el antiguo Israel, desde su nacimiento como pueblo hasta la deportación a Babilonia. Y encontramos un magnífico resumen de la actitud de los antiguos hebreos para con el culto divino en las palabras del protomártir Esteban registradas en Hch. 7:42-43, en las cuales cita literalmente al profeta Am. 5:25-27 (LXX), y que ofrecemos a continuación:

> *Y Dios se apartó, y los entregó a que rindiesen culto al ejército del cielo; como está escrito en el libro de los profetas:*
> *¿Acaso me ofrecisteis víctimas y*
> *sacrificios*

En el desierto por cuarenta años,
casa de Israel?
Antes bien llevasteis el tabernáculo
de Moloc,
Y la estrella de vuestro dios
Renfán,
Figuras que os hicisteis para
adorarlas[871].
Os transportaré, pues, más allá
de Babilonia.

Claramente dan a entender estas palabras dos conceptos capitales para nuestra comprensión de la religión y el culto israelita: el primero de ellos es la constatación, una vez más, de que Israel forjó su sistema cúltico propio —del mismo modo que su misma identidad nacional— en el desierto, vale decir, en su peregrinación hacia la Tierra Prometida inmediatamente después de salir de Egipto, y especialmente en su estancia en el Sinaí, conforme a las tradiciones recogidas en el Pentateuco y recordadas más tarde en los profetas; y el segundo, la trágica realidad de que la idolatría y las ceremonias paganas contaminaron esa organización cúltica desde prácticamente sus comienzos (*cf.* el texto ya antes citado de Lv. 17:7), como vislumbramos —a veces entre líneas— especialmente en los relatos contenidos en el libro de los Números, de modo que conllevó su propia negación y su autodisolución con el decurso del tiempo. En este sentido se expresa el propio Von Rad en la p. 246 del primer volumen de su *Theologie*[872], cuando en la primera nota a pie de página afirma:

---

[871] Para la idea de que el culto israelita en el desierto fue ya un culto manchado de idolatría e ingratitud para con Yahweh, *cf.* también la declaración de Dt. 32:17, donde leemos:

Sacrificaron a los demonios,
y no a Dios;
A dioses que no habían conocido,
A nuevos dioses venidos de cerca,
Que no habían temido vuestros
padres.

[872] Citamos una vez más de la edición en lengua francesa que tenemos ante nuestros ojos.

«En otras épocas, los exegetas tenían conocimiento de muchísimas cosas singulares acerca de aquellos tiempos; el pacto había quedado "suspendido", la teocracia en estado latente, ya no se practicaba la circuncisión ni se festejaba la Pascua, etc. (Véase Hengstenberg: *Geschichte des Reiches Gottes unter dem Alten Bunde,* II, p. 164, 171)[873]».

En realidad, la historia narrada en el libro de los Números nos resume cuarenta largos años en muy pocos capítulos y versículos, de manera que deja en la mente del lector un enorme vacío carente por completo de información, como si deliberadamente se hubiera corrido un tupido velo sobre ese, por otro lado crucial, momento de la historia de Israel. La idea de la "suspensión de la alianza", de que habla Von Rad, y de la que ya habíamos hecho mención en este trabajo desde el capítulo inicial, hunde sus raíces en la propia tradición escriturística, pues leemos en Jos. 5:5,7 que los que habían nacido en el desierto *no habían sido circuncidados.* Asimismo, el Sal. 106, consagrado todo él a narrar la rebeldía de Israel, no ahorra detalles de la infidelidad del pueblo de Dios ya desde la tierra de Egipto (*cf.* Ez. 20) hasta el momento en que se instala en Canaán, y a lo largo de los cuarenta años de peregrinación por el desierto.

Pero por otro lado, el profeta Jeremías, también procedente de una familia sacerdotal y, como no podía ser de otro modo, levítica, refiriéndose siempre a la misma época del éxodo, viene a presentar un enfoque completamente distinto de aquellas realidades —mucho más positivo a decir verdad— cuando afirma que el desierto constituyó la experiencia de fe más pura de Israel en sus primeros momentos (Jer. 2:1-2) y con una prístina expresión cúltica reducida a mínimos, como evidencia Jer. 7:22-23:

Porque no hablé yo con vuestros padres, ni nada les mandé acerca de holocaustos y de víctimas el día que los saqué de la tierra de Egipto. Mas esto les mandé diciendo: Escuchad mi voz, y seré a vosotros por Dios, y vosotros me seréis por pueblo; y andad en todo camino que os mande, para que os vaya bien.

Se hace eco así de tradiciones en las que el Dios que mostraba su misericordia y su cuidado para con un pueblo que no siempre estaba a la altura de lo que se esperaba de él (*cf.* Éx. 17:1ss; Nm. 14:22; Sal. 78),

---

[873] La traducción es nuestra.

muy en la línea de Dt. 29:5-6, requería básicamente un culto sencillo, lo que en el lenguaje del Nuevo Testamento llamaríamos más bien *espiritual*, del cual los rituales levíticos, posteriores a todas luces, serían una proyección material, no siempre percibida por todos los estudiosos como necesaria, para una nación de cortos alcances y obstinada ceguera —la *dura cerviz* que caracteriza a los hebreos en tantos pasajes del Antiguo Testamento.

Por no prodigar más ejemplos, diremos que las tradiciones sagradas de Israel muestran en general cómo el culto levítico, basado en los sacrificios cruentos atribuidos a Moisés que nos relata el Pentateuco, y en una serie de disposiciones adicionales, algunas de ellas de origen premosaico, tuvo su origen en el desierto, pero muy pronto quedó contaminado por la infidelidad de un pueblo esencialmente ingrato e indigno de la misericordia de Dios.

Y en lo referente a la situación del culto hebreo en la tierra de Canaán después de la conquista, encontramos una serie de pautas importantes que mencionamos a continuación.

La primera de todas es la constatación de la existencia de lo que el Antiguo Testamento designa como *lugares altos*, en hebreo במות *bamoth*, literalmente "elevaciones", vale decir, colinas sobre las que se ofrecían sacrificios, al igual que hacían los cananeos; algunas eran promontorios naturales, pero otras consistían en construcciones artificiales. El testimonio escriturístico es unánime en presentarnos una imagen de total normalidad en lo referente a la utilización de tales lugares como centros de culto popular esparcidos por toda la geografía palestina, tanto en Israel como en Judá. Sobre ellos sacrificaba el pueblo llano e incluso los propios reyes, de lo cual 1Re. 3:4 puede servir de ejemplo: en el a la sazón considerado lugar alto principal, Gabaón, el rey Salomón en persona ofrecía sacrificios. Ante la polémica suscitada más tarde por la centralización definitiva del culto en el templo de Jerusalén (al menos en el reino de Judá) y la estigmatización de todos los demás lugares de culto como centros idolátricos, el Cronista sale al paso afirmando:

> *Pero el pueblo aún sacrificaba en los lugares altos, aunque lo hacía para Jehová su Dios.* (2Cr. 33:17)

Lo cierto es que el propio Salomón, en su edad provecta, edificó lugares altos similares en honor de las divinidades paganas Quemos, Moloc y otras adoradas por sus esposas, en los que estas *quemaban incienso y ofrecían sacrificios a sus dioses* (1Re. 11:8), de manera que los años finales del reinado de este soberano vieron una doble orientación cúltica en Israel, yahvista y pagana al mismo tiempo, y todo ello en la propia ciudad capital; no deja de ser significativo que las reales consortes no solo no abandonaran sus prístinos hábitos religiosos al vivir en el territorio de otra divinidad (*cf.* en cambio Rt. 1:16; 2:12), sino que arrastraran incluso a su propio esposo. Ello nos invita a pensar que quizás Salomón no fuera en realidad tan devoto yahvista como se tiende a creer: si sus matrimonios con princesas extranjeras obedecían, como tantas veces se ha apuntado, a razones políticas, nada impide pensar que su yahvismo personal fuera de la misma índole, educado como había estado en una corte real en la que la religión, como sucedía en todos los pueblos de la época, iba estrechamente vinculada con el poder. Sea como fuere, aquellos lugares altos consagrados al culto idolátrico en Jerusalén permanecieron erigidos a lo largo de prácticamente toda la historia ulterior de la monarquía davídica, hasta los tiempos del piadoso rey Josías, como indicaremos más abajo.

En segundo lugar, a partir del llamado Cisma de Israel, narrado *in extenso* en 1Re. 11:1 – 14:20, se observa un distanciamiento entre la manera de ofrecer los cultos en Israel y en Judá. De hecho, es una verdadera ruptura lo que se evidencia en relación con este asunto. El Cronista pone en boca del rey Abías de Judá las siguientes palabras dirigidas a los israelitas del Norte:

¿No habéis arrojado vosotros a los sacerdotes de Jehová, a los hijos de Aarón y a los levitas, y os habéis designado sacerdotes a la manera de los pueblos de otras tierras, para que cualquiera venga a consagrarse con un becerro y siete carneros, y así sea sacerdote de los que no son dioses? Mas en cuanto a nosotros, Jehová es nuestro Dios, y no le hemos dejado; y los sacerdotes que ministran delante de Jehová son los hijos de Aarón, y los que están en la obra son levitas, los cuales queman para Jehová los holocaustos cada mañana y cada tarde, y el incienso aromático; y ponen los panes sobre la mesa limpia, y el candelero de oro con sus lámparas para que ardan cada tarde; porque nosotros guardamos la ordenanza de Jehová nuestro Dios, mas vosotros le habéis dejado. (2Cr. 13:9-11)

Aunque es evidente para el conjunto de la historia veterotestamentaria que el cisma protagonizado por el rey Jeroboam arrastró al Israel septentrional a la idolatría[874], son muchos los exegetas actuales que se cuestionan este asunto y tienden a considerar el culto efrainita como un yahvismo muy primitivo, más aún, tradicional, el de los tiempos anteriores a la monarquía (indudablemente, con grandes influencias cananeas), antes que como una manifestación total de paganismo. De hecho, alegan a favor de este punto de vista, por un lado, que los grandes profetas Elías y Eliseo, adalides indiscutibles del yahvismo más puro frente al culto a Baal introducido por el rey Acab y su esposa la fenicia Jezabel (1Re. 16:30-33)[875], no emiten en sus oráculos la más mínima condena al culto instituido por Jeroboam, ni tampoco mencionan la necesidad de adorar en Jerusalén de Judá; y por el otro, que la reacción anti-baalista de Jehú narrada en 2Re. 10 —un golpe de estado militar y nacionalista contra la dinastía de Omrí y su estrecha dependencia de Fenicia (2Re. 9)—, que contó con la "bendición" de Eliseo y los grupos de profetas yahvistas, además de la de Jonadab hijo de Recab (2Re. 9:1-13; 10:15-16), al eliminar el culto extranjero regresó sencillamente a la situación en que se vivía a partir de Jeroboam, vale decir, que no se pensó en un yahvismo al estilo judaíta y hierosolimitano: más bien se prosiguió con el sistema cúltico de los santuarios de Dan y Bet-el, elevados a la categoría de sedes del culto oficial desde el cisma, particularmente este último, según el testimonio de Am. 7:13. No obstante, la conclusión a que llegan los hagiógrafos acerca de este asunto es la que hallamos expresada con total claridad en 2Re. 17:7-23, donde se menciona, no solo el culto inicial impuesto por Jeroboam, sino también la adoración a otras divinidades y una serie de rituales

---

[874] 2Cr. 11:15, enjuiciando las labores de Jeroboam, expresa con total rotundidad:

Y él designó sus propios sacerdotes para los lugares altos, y para los demonios, y para los becerros que él había hecho.

Nunca se ha de olvidar al leer los libros de Crónicas que estos ofrecen un enfoque sobre el pasado nacional de Israel diferente de los libros de los Reyes, en base a una concepción teológica distinta y posterior al exilio, cuando el judaísmo ya está despuntando y se tiende a juzgar de forma muy severa cuanto había acontecido en el Israel anterior, especialmente en el reino septentrional efrainita.

[875] Un hecho por demás llamativo del ministerio de Elías es que, cuando sostuvo la gran confrontación con los sacerdotes de Baal en el monte Carmelo, arregló el altar de Yahweh que yacía en ruinas tomando *doce piedras, conforme al número de las tribus de los hijos de Jacob* (1Re. 18:30-32), gesto por demás elocuente en relación con el culto yahvista más tradicional de la época mosaica, y que tenía en cuenta al conjunto de la nación hebrea.

degradantes y sanguinarios que evidencian el grado de decadencia a que habían llegado las tribus del Norte[876].

En tercer lugar, el reino meridional, Judá, aunque en principio, y de la mano de la dinastía davídica siempre presente, conservó un yahvismo más puro, vale decir, el culto mosaico oficial que, andando el tiempo, desembocaría en el judaísmo, vivió también desviaciones de corte idolátrico[877], de la cual presentan los ejemplos más preclaros las reformas introducidas en el culto hierosolimitano por el impío rey Acaz, tal como se mencionan en 2Re. 16:10-18, y la derivación pagana impuesta a sangre y fuego por el tristemente célebre debido a su maldad rey Manasés, especificada en 2Re. 21:2-9. Un buen cuadro de aquellos tiempos aciagos para el culto yahvista nos lo ofrece Jer. 11:9-13, especialmente el último versículo, donde hallamos afirmaciones evidentemente hiperbólicas, pero harto significativas en sí mismas:

Porque según el número de tus ciudades fueron tus dioses, oh Judá; y según el número de tus calles, oh Jerusalén, pusiste los altares de ignominia, altares para ofrecer incienso a Baal.

La situación descrita por el profeta resulta completamente devastadora por la asociación subyacente con el Israel efrainita que implica en sí misma, y por ende, con su en aquel momento reciente final que anticipaba a todas luces el de Judá.

A todo ello puso freno, en cuarto lugar, la llamada *Reforma de Josías*, el rey judaíta piadoso por antonomasia, narrada en 2Re. 23:4-20 y par. La purificación del culto en Judá llevada a cabo por este monarca con un celo yahvista como no se había conocido desde los

---

[876] Resulta también instructiva la conclusión del Cronista a la breve historia de las tribus de Rubén, Gad y la mitad de Manasés, expresada en 1Cr. 5:18ss. Especialmente importante es el juicio emitido en los vv. 25 y 26:

Pero se rebelaron contra el Dios de sus padres, y se prostituyeron siguiendo a los dioses de los pueblos de la tierra, a los cuales Jehová había quitado de delante de ellos; por lo cual el Dios de Israel excitó el espíritu de Pul rey de los asirios, y el espíritu de Tiglat-pileser rey de los asirios, el cual transportó a los rubenitas y gaditas y a la media tribu de Manasés, y los llevó a Halah, a Habor, a Hara y al río Gozán, hasta hoy.

[877] *Cf.* BEN-SASSON, H. H. (ED.). *A History of the Jewish People.* Harvard University Press, 1976.

días de David, tuvo también una prolongación patente en los antiguos territorios del reino septentrional de Israel, según lo que leemos en 2Cr. 34:6-7:

Lo mismo hizo en las ciudades de Manasés, Efraín, Simeón y hasta Neftalí, y en los lugares asolados alrededor. Y cuando hubo derribado los altares y las imágenes de Asera, y quebrado y desmenuzado las esculturas, y destruido todos los ídolos por toda la tierra de Israel, volvió a Jerusalén.

No enmascaraba ni disimulaba todo este programa reformador la pretensión de Josías de restablecer la monarquía de David y Salomón sobre el conjunto de la tierra de Canaán, conforme a las tradiciones sacras de Israel tan bien expresadas en el Deuteronomio. Uno de los hechos especialmente destacados en relación con las reformas cúlticas de Josías fue el restablecimiento de la fiesta de la Pascua con un fasto desconocido desde las épocas más recónditas de la historia de Israel (2Re. 23:22)[878]. Es innegable que su celo sinceramente yahvista venía suscitado por una profunda conciencia religiosa indiscutiblemente identificada con la esencia nacional hebrea, y que dejó una profunda huella en el alma israelita[879].

Diremos, como conclusión de este resumen histórico, que el culto yahvista experimentó un fuerte zarandeo durante el período de la monarquía hebrea, tanto por el cisma del norte y sus muy prontas derivaciones idolátricas, como por la progresiva paganización del sur. Aunque se vio en peligro de desaparición en algunos momentos muy concretos, hubo dos fuerzas que contribuyeron a su mantenimiento contra viento y marea: el movimiento de los recabitas y los profetas. De estos últimos hablaremos más adelante en este mismo capítulo. De los primeros, únicamente podemos decir que, según el testimonio bíblico (bastante exiguo), se trata, no de auténticos israelitas descendientes

---

[878] Para afirmaciones similares sobre la Pascua celebrada por Ezequías, hijo de Acaz y restaurador del culto yahvista a la muerte de su padre, *cf.* 2Cr. 30:1 – 31:1, pasaje que algunos críticos han señalado como un *doblete* inspirado en las reformas emprendidas por Josías, razón por la cual su historicidad ha sido puesta en duda. Algo similar se ha dicho en relación con las reformas de Asa, únicamente referidas en 2Cr. 15. Ni que decir tiene que no todos los exegetas comparten estos puntos de vista.

[879] Su reinado fue contemporáneo de los profetas Jeremías y Sofonías, además de la profetisa Hulda, una de las maestras de Israel según los tárgumes de 2Re. 22:14.

de Jacob, sino más bien de ceneos (1Cr. 2:55) que profesaban un yahvismo estricto y nostálgico del éxodo, por lo cual rehusaban la sedentarización en las ciudades ocupadas de la tierra de Canaán, así como el cultivo de los campos y la ingesta de vino, en lo que debían ver gestos de clara raigambre idolátrica[880], viviendo exclusivamente de sus ganados y de la trashumancia. La influencia de los recabitas en la destrucción del baalismo en Israel ya se ha constatado más arriba. El profeta Jeremías los considera un modelo de obediencia a unos principios estrictos, como muestra en el capítulo 35 de su libro. Refugiados en Jerusalén durante los últimos momentos del reino de Judá, desaparecieron de la historia con la caída de la ciudad en manos de los caldeos.

¿Qué ocurrió con el culto yahvista en Palestina después del exilio babilónico? Aunque, como ya hemos apuntado anteriormente, el yahvismo israelita transportado a Babilonia dio paso al judaísmo iniciado por las reformas de Esdras y Nehemías en torno a la observancia estricta de la ley de Moisés y la reconstrucción del templo de Jerusalén[881], un documento de tanto valor para el conocimiento de esta época como es el Trito-Isaías (Is. 56-66)[882] nos dibuja un cuadro un tanto distinto. Las estrechas disposiciones que leemos en los libros de Esdras y Nehemías, así como los mensajes de Hageo, Zacarías y Malaquías, chocan de frente con la realidad reflejada en Is. 57. Esdras y Nehemías pretenden regular la vida de la comunidad recién restablecida haciendo de los preceptos religiosos una ley civil, mientras que los tres profetas mencionados exhortan a la fidelidad desde el punto de vista de la justicia

---

[880] Las ciudades más importantes de Canaán albergaban santuarios de dioses paganos propios de una cultura agraria.

[881] Sería totalmente ilógico suponer que el judaísmo surgiera como un producto espontáneo, simplemente por el hecho de que el príncipe Zorobabel, el sacerdote Esdras o el gobernador Nehemías se afincaran en Jerusalén y pretendieran restaurar las prácticas cúlticas de sus antepasados. Pese a las condiciones adversas que tuvieron que vivir los deportados en Babilonia (*cf.* la amargura y el rencor que rezuma el Sal. 137), los escritos bíblicos que hacen referencia directa a ese momento tan difícil para la historia de Israel (Ezequiel, Daniel, Deutero-Isaías) dan a entender que se gesta entre los judaítas deportados un cierto despertar de las esperanzas y la piedad tradicionales. Podemos suponer que la experiencia de la cautividad conllevaría, al menos entre algunas personas, una cierta reflexión y un deseo sincero de volver a empezar, de retomar las cosas donde se habían dejado y llevarlas a término con la guía de las tradiciones sagradas, muchas de las cuales verían la luz en ese momento en su forma escrita.

[882] La exégesis actual, en efecto, lo ubica en esta época precisa de la historia, e incluso en la ciudad de Jerusalén en pleno proceso de restauración.

social y del orden y la sinceridad en los servicios litúrgicos del templo; Is. 57, en cambio, nos describe una cruda idolatría rediviva —o quizás nunca del todo fenecida— al más puro estilo cananeo, en medio de una Jerusalén que está siendo reedificada y repoblada. El v. 5 nos habla de un culto tributado a imágenes bajo árboles frondosos, así como de sacrificios humanos (¡!)[883], y todo el capítulo rezuma denuncias contra una cruda hipocresía que Dios aborrece. El v. 13 resulta harto esclarecedor, cuando Yahweh habla a su pueblo y le dice:

Cuando clames, que te libren tus ídolos; pero a todos ellos llevará el viento, un soplo los arrebatará; mas el que en mí confía tendrá la tierra por heredad, y poseerá mi santo monte.

Se perfila, pues, una guerra sin cuartel entre dos facciones opuestas en el seno de la incipiente Judea de la restauración: quienes se mantienen apegados a sus ídolos ancestrales cananeos, y los que desean una reconsagración al yahvismo reformado que se convertirá en el judaísmo. De esta época tan oscura tenemos escasos datos, pero lo cierto es que la facción yahvista y restauracionista obtuvo la victoria. A partir del siglo IV a. C. en adelante, la documentación que poseemos (tradiciones judías más tarde recopiladas en el Talmud, literatura apócrifa y pseudoepigráfica, documentos qumranitas, Flavio Josefo, testimonio de los gentiles) no conserva mención alguna de un culto pagano paralelo al del templo o al desarrollo del culto sinagogal en el seno de Israel.

Las imágenes en el culto de Israel. Entramos con este epígrafe en los puntos más destacados de las ordenanzas cúlticas levíticas, vale decir, de su pensamiento subyacente, tal como nos lo vehicula el Antiguo Testamento, y el primero de todos es la prohibición manifiesta del uso de imágenes en la adoración a Yahweh, algo muy bien expresado en los decálogos moral (Éx. 20:4-6; Dt. 5:8-10) y cúltico (Éx. 34:17), amén de otros textos de idéntico tenor. Tal disposición suponía, como bien han hecho notar los especialistas, una extraña ruptura con la mentalidad del

---

[883] Incluso quienes piensan que el profeta se expresa en estilo poético y retoma por ello clichés de los oráculos clásicos de los siglos VIII y VII a. C., admiten que la realidad del pueblo judío recién llegado de Babilonia, unido a la del resto del pueblo de la tierra que había quedado en Judea durante el período de la cautividad, no era nada halagüeña en lo referente a la pureza yahvista de la vida cúltica. El testimonio arqueológico, según parece, viene a corroborar este punto de vista.

mundo antiguo[884], pues para los vecinos de Israel, como para otros pueblos, era prácticamente imposible pensar o concebir la divinidad sin el soporte material de una figura concreta. Aquellas representaciones plásticas de dioses, tan variopintas como los pueblos y las culturas en medio de los cuales se gestaban, lejos de ser una evidencia de barbarie o degradación absolutas, consistían en imágenes que rezumaban un cierto grado de espiritualidad, pues pretendían plasmar la forma en que la divinidad se había manifestado a los hombres[885] según los patrones culturales y míticos al uso (por lo general, como soberanos terrestres, especialmente belicosos; en ocasiones, como animales que, por un lado, simbolizaban un poder o una virtud concretos, y por el otro, podrían ser considerados *tótems* de los pueblos que los adoraban; o bien como

---

[884] Además de una flagrante contradicción con el hecho patente de que en el santuario del desierto y en el templo de Jerusalén aparecían representadas, según las tradiciones sacras, figuras de querubines (Éx. 26:1; 36:8; 1Re. 6:23-29; 2Cr. 3:10-13); la misma arca del pacto, objeto especialmente sacrosanto del culto hebreo (1Sa. 4:4), venía rematada precisamente por las figuras de unos querubines de oro (Éx. 37:6-9). *Cf.* además el testimonio de He. 9:5. Todo ello ha suscitado desde tiempo inmemorial la cuestión sobre si el culto divino en Israel estaba reñido o no con las artes plásticas. Resulta en este sentido muy recomendable la lectura y reflexión de SCHAEFFER, F. A. *Arte y Biblia. Dos ensayos sobre la perspectiva bíblica del arte.* Barcelona: Ediciones Evangélicas Europeas, 1974. Pese al tiempo transcurrido, este pequeño ensayo, hoy considerado un clásico en su género, mantiene toda su vigencia.

[885] Que en la representación de ídolos a lo largo del tiempo se evidencia cierto progreso cultural y espiritual, es algo que se puede demostrar, sobre todo en la cultura clásica griega y su vertiente romana. Las primeras representaciones de la divinidad en Atenas y otras *polis* helenas fueron, sin duda, de hechura un tanto arcaica, y, por encima de todo, ctónicas, vale decir, conforme a los mitos más primitivos; debía tratarse de imágenes más bien toscas en las que las deidades ofrecían formas semihumanas y semizoomórficas a la vez, algo así como seres híbridos (representaciones de hombres y mujeres con colas de serpiente en lugar de extremidades inferiores, muy probablemente). Tras las Guerras Médicas, en las que muchas ciudades y templos fueron incendiados y destruidos por los invasores asiáticos, un nuevo espíritu artístico más desarrollado inundó la Hélade, de manera que en lugar de mediante aquellas antiguas representaciones semiteriomórficas, los dioses fueron figurados con formas exclusivamente humanas, componiéndose esas imágenes clásicas que todos conocemos por haberlas visto en museos, manuales escolares o incluso en el cine, y que nos llaman la atención por la perfección de sus rasgos y la maestría indiscutible de sus detalles. La humanización de las representaciones divinas representó, sin duda, un paso adelante en la cultura clásica greco-latina y en su concepción de lo divino, un buen reflejo de cómo su pensamiento se fue afinando cada vez más y predisponiéndose de manera imperceptible para la recepción del cristianismo, que aparecería siglos más tarde en un mundo de cultura helenística.

mujeres sobredimensionadas en su función maternal, es decir, portadoras de vida); presentaban, evidentemente, un gran alejamiento de la noción de la Divinidad tal como nos la ofrece la revelación, y la rebajaban a unos niveles excesivamente humanos o, cuando menos, terrestres, lo que en algunos casos muy concretos degeneró en prácticas absolutamente reprobables. Israel no podría jamás haber representado de estas maneras a Yahweh por una razón fundamental expresada en Dt. 4:9-20, especialmente en los vv. 12 y 15-18, que citamos a continuación:

> *Y habló Jehová con vosotros de en medio del fuego; oísteis la voz de sus palabras, mas a excepción de oir la voz, ninguna figura visteis.*

> *Guardad, pues, mucho vuestras almas; pues ninguna figura visteis el día que Jehová habló con vosotros de en medio del fuego; para que no os corrompáis y hagáis para vosotros escultura, imagen de figura alguna, efigie de varón o hembra, figura de animal alguno que está en la tierra, figura de ave alguna alada que vuele por el aire, figura de ningún animal que se arrastre sobre la tierra, figura de pez alguno que haya en el agua debajo de la tierra.*

Es decir, que el pueblo de Israel NO vio a Dios, no percibió una figura concreta que pudiera imitarse o remedarse con elementos puramente materiales; tan solo lo escuchó. El culto de Israel no se podía tributar, por lo tanto, a una imagen visual, plástica, sino a un Dios Celoso que no toleraba ser representado como otros dioses, es decir, quedar despojado de su trascendencia inherente. Ni siquiera la patente materialidad de los objetos cúlticos del santuario del desierto y del templo de Jerusalén, o los sacrificios cruentos, bien regulados por las leyes mosaicas, atentaban contra esta noción de la *otredad* de Dios: Yahweh no comparte una forma ni un cuerpo con los demás seres; siempre se manifiesta como alguien diferente, ajeno a este mundo y al mismo tiempo presente e inmerso en él. El judaísmo posterior, una vez destruido el templo de Jerusalén en el año 70 d. C., y tras haberse puesto punto final al sistema de ordenanzas levíticas, espiritualizará aún más esta concepción del culto sagrado al rechazar cualquier tipo de adoración a representaciones materiales (*cf.* la historia de los tres jóvenes en el horno de Dn 3 o el apócrifo capítulo 14 del mismo libro, un alegato contra la idolatría), y sobre todo al afirmar que Dios no es un dios de imágenes plásticas, sino de la Palabra (con mayúscula) oída y asimilada.

Pero toda esta exposición responde a los momentos en que Israel madura su fe y su concepción del culto divino, forjando toda una teología de las ordenanzas cúlticas, gracias a las labores de levitas, sacerdotes y profetas, como habíamos indicado anteriormente. Ciertos pasajes veterotestamentarios muy concretos nos presentan, sin embargo, lejos de esta visión del culto ideal hebreo, algunas pinceladas de otras realidades, sin duda muy comunes a lo largo de la historia de las doce tribus, y diametralmente opuestas a las disposiciones mosaicas. Por no cansar al amable lector, únicamente mencionaremos tres casos específicos que nos pueden ilustrar muy bien sobre lo que hemos apuntado.

El primero, al que ya habíamos aludido en capítulos anteriores, lo hallamos en las tradiciones referentes al Sinaí. Al pie del monte en el que Yahweh se revela a Israel, tiene lugar la primera gran apostasía con la adoración del becerro de oro narrada en Éx. 32, trasunto del célebre buey Apis egipcio o del Baal cananeo, según los especialistas, pero que en palabras de Aarón, quien lo forjó con sus propias manos, no es tal, sino una representación plástica y material del Dios Viviente[886]. El v. 5 es en este sentido harto elocuente:

Y viendo esto Aarón, edificó un altar delante del becerro; y pregonó Aarón y dijo: Mañana será fiesta para Jehová.

Aunque aquel becerro, como siglos más tarde los erigidos por Jeroboam en Dan y Bet-el (1Re. 12:28-29), no pasara de ser una representación plástica del poder o de la fuerza divina, Yahweh no podía tolerar una perversión tan grande de su culto, lo que explica perfectamente bien la reacción violenta de Moisés y los levitas frente a aquella profanación (Éx. 32:18-29).

El segundo lo encontramos en los capítulos 17 y 18 del libro de los Jueces, ya antes también mencionados. Se trata de un texto por demás extraño que ha causado la estupefacción de más de un lector de las Escrituras a lo largo de los siglos, debido a su más que evidente crudo realismo en relación con la situación cúltica en el Israel de la época de la conquista. En efecto, Jue. 18:2, comparado con su paralelo de Jos. 19:47, vendría a ubicar esta historia en los años en que las tribus, al

---

[886] Para el estudio de la figura de los bóvidos como símbolos de la divinidad desde la prehistoria hasta las culturas mediterráneas, se consultará con provecho el trabajo de ÁLVAREZ DE MIRANDA, A. *Ritos y juegos del toro*. Madrid: Biblioteca Nueva, 1998.

mando de Josué, habrían conquistado ciertos puntos estratégicos de la tierra de Canaán y estarían comenzando a ocupar sus territorios respectivos asignados, o buscando otros nuevos[887], como es el caso concreto que en estos dos capítulos se nos narra, y que se refiere en exclusiva a la tribu de Dan[888]. Se menciona *ex profeso* el hecho de que un tal Micaía[889], originario del monte de Efraín, *tuvo casa de dioses, e hizo efod y terafines, y consagró a uno de sus hijos para que fuera sacerdote* (Jue. 17:5). BTX traduce la expresión original בית אלהים *beth elohim* simplemente por "santuario"; podría haberse traducido también por "casa de Dios" sin hacer ninguna violencia a la gramática hebrea. Lo que resulta innegable, y la propia historia narrada así lo confirma, es que aquel hombre había dedicado parte de su dinero para la erección de *una imagen de talla y una de fundición* (Jue. 17:4) a las que tributaba culto, aunque todo en el contexto general de estos capítulos respira una atmósfera religiosa exclusivamente yahvista. La cuestión aún deviene más extraña cuando aparece un joven levita originario de Belén de Judá, que es consagrado por Micaía para ejercer funciones sacerdotales en aquel su templo privado, y de forma especial cuando entra en escena la tribu de Dan en el capítulo 18, que saquea literalmente el santuario particular de Micaía y lo erige como templo propio en la recién conquistada ciudad de Lais, a la que llaman Dan. Y esta rocambolesca historia concluye con la relación que leemos en Jue. 18:30-31 y que citamos literalmente:

Y los hijos de Dan levantaron para sí la imagen de talla; y Jonatán hijo de Gersón, hijo de Moisés, él y sus hijos fueron sacerdotes en

---

[887] Lo que supondría, además, una ruptura del aparente hilo narrativo del libro, que comienza prácticamente con los acontecimientos acaecidos a la muerte de Josué (Jue. 2:6-10) y prosigue hasta el ciclo de Sansón (cap. 13-16), juez que sería, según algunos autores, más o menos contemporáneo de los primeros años del también juez y sacerdote Elí (1Sa. 1). La investigación actual entiende que las historias narradas en el libro de los Jueces no siguen precisamente un orden cronológico, sino más bien teológico. Consistirían, por lo tanto, en una superposición de tradiciones referentes a ciertas figuras destacadas de la antigüedad israelita conforme a un esquema previo muy bien delimitado, de manera que los capítulos 17 y 18 no deberían ser entendidos como una ruptura en la narración, ni siquiera como un amasijo desordenado de relatos o historias, sino más bien como unas tradiciones bien emplazadas en el lugar en que hoy las encontramos.

[888] Al menos, a una parte de ella. Otra permaneció en la zona sur, junto al territorio de la tribu de Judá amenazado por los filisteos, como leemos en el ciclo de Sansón (Jue. 13-16).

[889] El TM lee מיכיהו *Mikhayehu*, pero a partir de 17:5 el hipocorístico מיכה *Mikhah*.

la tribu de Dan, hasta el día del cautiverio de la tierra. Así tuvieron levantada entre ellos la imagen de talla que Micaía había hecho, todo el tiempo que la casa de Dios estuvo en Silo.

Se evidencia, por tanto, a todas luces que en Israel subsistió junto al culto oficial del santuario central, primeramente ubicado en Silo y más tarde en Jerusalén, un culto paralelo en el que, al menos durante cierto tiempo, se ostentaba una imagen de talla, y que era regularamente oficiado por una rama levítica ajena al sacerdocio aaronita hierosolimitano regular, y además ¡descendiente directa del propio Moisés![890] No tiene nada de extraño que el cisma protagonizado por Jeroboam hiciera de este santuario danita uno de los lugares de culto reconocidos del nuevo estado de Israel septentrional: contaba con cierta solera y una no desdeñable antigüedad que, de algún modo, garantizaba su legitimidad y sus tradiciones sacras a ojos del pueblo.

El último nos lo presentan dos conocidas historias del ciclo de David. En la primera de ellas, su esposa Mical le ayuda a escapar de los siervos del rey Saúl, que iban en su busca con órdenes precisas de acabar con su vida. Tras leer cómo la desgraciada Mical[891] descuelga a su esposo por una ventana, 1Sa. 19:13 nos dice literalmente:

Tomó luego Mical una estatua, y la puso sobre la cama, y le acomodó por cabecera una almohada de pelo de cabra y la cubrió con la ropa.

Estratagema suficiente para despistar a los servidores reales, que creyeron enfermo a David. Nada de particular hallamos aparentemente en

---

[890] El TM lee el nombre de este levita נֶרְשֹׁם בֶּן־מְנַשֶּׁה: *Gershom ben Me^nasheh* (¡atención a la ortografía!), lit. "Gersón hijo de Manasés", con una letra נ *nun* "suspendida", clara evidencia de haber sido añadida posteriormente al texto original, que leía נֶרְשֹׁם בֶּן־מֹשֶׁה *Gershom ben Mosheh*, lit. "Gersón hijo de Moisés". Una simple letra puede provocar estas diferencias. No cabe duda de que la inclusión forzada de esta נ *nun* "suspendida" se debió a los escrúpulos que algunos escribas o rabinos de épocas posteriores debieron sentir ante el hecho de que un descendiente directo de Moisés fuera sacerdote y cabeza de un linaje de sacerdotes de un santuario a todas luces de tintes idolátricos y rival del templo de Jerusalén, o por lo menos, de un culto yahvista no oficial y de rasgos primitivos nada deseables.

[891] Una interesante reflexión sobre las peripecias y los sinsabores de la vida de esta infortunada mujer, redactada por el prestigioso teólogo Xabier Pikaza, nos la ofrece la entrada "Mical" del *Gran Diccionario Enciclopédico de la Biblia* editado por CLIE en 2013.

este relato, salvo el hecho de que el término hebreo con que se designa lo que RVR60 traduce como *estatua* es, literalmente, תרפים *teraphim*, un vocablo de amplias resonancias cúlticas en el Antiguo Testamento. El diccionario hebreo-francés ya antes citado del rabino Marchand Ennery, lo define así:

«Ídolos, imágenes de los dioses penates, figuras, bustos[892]».

Puesto que se trata de un étimo exclusivamente bíblico, sin atestación en otras fuentes, únicamente podemos comprenderlo a la luz del contexto general de los escritos veterotestamentarios, donde siempre aparece vinculado con la idolatría. O bien venía a representar estatuillas de dioses tribales o domésticos (los *penates* de la definición de Marchand Ennery[893]), como en el caso de Labán mencionado en Gn. 31:30-35, o bien imágenes de tamaño mucho más considerable, similar al de una persona humana, y con idéntica finalidad. No deja de resultar, en este sentido, altamente llamativa la traducción de la LXX, que lo vierte literalmente como el neutro plural τὰ κενοτάφια *ta kenotaphia*, cuya traducción es, según el léxico griego-inglés de la Septuaginta antes mencionado:

«Ataúd con forma humana, dios doméstico, ¿imagen?[894]».

La presencia de ese תרפים *teraphim* en el domicilio conyugal de David y Mical, que algunas versiones modernas de la Biblia en nuestro idioma vierten literalmente como *ídolo* (DHH, NTV, NVI) e incluso *ídolos familiares*[895] (BTI[896]), nos viene a revelar como de pasada la existencia de una especie de culto doméstico efectuado por medio de imágenes, sin duda bien arraigado en las costumbres del Israel previo a la

---

[892] La traducción es nuestra.

[893] Como bien sabe el amable lector, el término *penates* se refiere, técnicamente hablando, a los dioses familiares de los antiguos romanos, vale decir, a los ancestros divinizados.

[894] La traducción es nuestra. Precisamente, los textos donde aparece este vocablo griego son 1Sa. 19:13,16, y se indica de forma específica que traduce el hebreo תרפים *teraphim*. La Vulgata, por su parte, vierte el término hebreo por *statuam* en 1Sa. 19:13, y por *simulacrum* en el v. 16.

[895] Téngase en cuenta que el vocablo hebreo es una forma plural masculina en sí mismo.

[896] CI no lo traduce; se limita a transliterarlo como *terafim*.

monarquía, y que no se debía percibir como incompatible con el yahvismo primitivo oficial. De hecho, David aparece en los libros de Samuel como un campeón de la fe yahvista y alguien muy especial en los designios de Dios. Habría que esperar unos pocos siglos para que las reformas de Josías pusieran en entredicho tales cultos familiares, a la sazón considerados ya como claramente idolátricos y opuestos a la voluntad divina.

La segunda historia la hallamos en el capítulo 5 del libro Segundo de Samuel, donde David, ahora ya rey de Israel, comienza a extender sus conquistas haciendo frente a poderosos enemigos, entre ellos los filisteos. Tras derrotarlos en Baal-perazim (vv. 17-20), leemos en el v. 21 una curiosísima declaración:

> *Y ellos* [es decir, *los filisteos*] *abandonaron allí sus ídolos, y David y sus hombres se los llevaron.* (BTX)

Estas palabras son harto elocuentes, tanto que debieron herir la sensibilidad de los escribas judíos posteriores, como se evidencia por el hecho de que el texto paralelo de 1Cr. 14:12 rectifica esta escena con la declaración de que *David ordenó que fueran quemados* (BTX) los ídolos[897]. Lo que nos narra el libro Segundo de Samuel es muy simple: aquellos ídolos capturados fueron empleados por David y sus hombres como botín de guerra, y, sin duda, debieron adornar más de un hogar hebreo, sin que ello supusiera ningún problema para aquel yahvismo de transición.

La polémica más virulenta contra los ídolos y su empleo cúltico que hallamos en los escritos veterotestamentarios corresponde al Deutero-Isaías, vale decir, al momento en que, según apunta una mayoría de exegetas, el exilio babilónico está pronto a concluir, e Israel —o mejor dicho, su remanente judaíta— se enfrenta de manera abierta con la idolatría circundante. Ello no significa que hasta ese momento no hubiera habido una protesta abierta contra la idolatría. La archiconocida historia de Elías frente a los profetas y sacerdotes de Baal en lo alto del Carmelo lo evidencia con creces, así como los oráculos de los profetas que viven en los siglos previos a la desaparición de los estados de Israel y

---

[897] RVR60 es la única versión, de las que hemos consultado, en la que el texto de 2Sa. 5:21 afirma exactamente lo mismo que el de 1 Crónicas. Desde luego, las traducciones antiguas de la LXX y la Vulgata indican con toda claridad que David y sus hombres se llevaron los ídolos consigo.

Judá. Jeremías, por citar un ejemplo bien conocido, en el capítulo 10 de su libro, deja escritas declaraciones como estas:

Porque las costumbres de los pueblos son vanidad; porque leño del bosque cortaron, obra de manos de artífice con buril. Con plata y oro lo adornan; con clavos y martillo lo afirman para que no se mueva. Derechos están como palmera, y no hablan; son llevados, porque no pueden andar. No tengáis temor de ellos, porque no pueden hacer mal, ni para hacer bien tienen poder. (vv. 3-5)

Otros versículos del mismo capítulo, como 10,12,13, exaltan al Dios Vivo y verdadero, que es Señor de cielos y tierra. De esta manera, se anticipan las declaraciones del Deutero-Isaías. El versículo 11 es, en este sentido, particularmente llamativo:

Les diréis así: Los dioses que no hicieron los cielos ni la tierra, desaparezcan de la tierra y de debajo de los cielos.

La peculiar redacción de estas palabras, sorprendentemente en arameo en medio de un capítulo compuesto en hebreo, ha hecho sospechar una interpolación tardía, de la época de la restauración. Sin decantarnos específicamente por esa hipótesis, ni tampoco negarla de manera rotunda, lo cierto es que el profeta Jeremías, que vive en una atmósfera de crisis política y religiosa como nunca había experimentado el reino de Judá, aun viendo ante sus ojos cómo la idolatría desbancaba al yahvismo, proclama lo absurdo del culto a dioses que no son sino mera hechura humana.

Lo que nadie puede negar es que en los círculos proféticos como el isaiano, los cuales pueden muy bien ser considerados a la vez levíticos, ha calado profundamente la idea de que Yahweh es un Dios trascendente, como apuntaban (o sugerían) las antiguas tradiciones de la ley, por lo que cualquier tipo de representación palpable de la Divinidad resulta abominable en sí misma, tanto por la vileza del material empleado como por la contingencia de quien la fabrica. No precisa de mayores comentarios el texto capital, que leemos en Is. 44:9-20:

Los formadores de imágenes de talla, todos ellos son vanidad, y lo más precioso de ellos para nada es útil; y ellos mismos son testigos para su confusión, de que los ídolos no ven ni entienden. ¿Quién formó un dios, o quién fundió una imagen que para nada es de provecho? He aquí que todos los suyos serán avergonzados, porque los artífices mismos son hombres. Todos ellos se juntarán, se presentarán, se asombrarán, y serán avergonzados a una. El herrero toma la tenaza, trabaja en las ascuas, le da forma con los martillos, y trabaja en ello con la fuerza de su brazo; luego tiene hambre, y le faltan las fuerzas; no bebe agua, y se desmaya. El carpintero tiende la regla, lo señala con almagre, lo labra con los cepillos, le da figura con el compás, lo hace en forma de varón, a semejanza de hombre hermoso, para tenerlo en casa. Corta cedros, y toma ciprés y encina, que crecen entre los árboles del bosque; planta pino, que se críe con la lluvia. De él se sirve luego el hombre para quemar, y toma de ellos para calentarse; enciende también el horno, y cuece panes; hace además un dios, y lo adora; fabrica un ídolo, y se arrodilla delante de él. Parte del leño quema en el fuego; con parte de él come carne, prepara un asado, y se sacia; después se calienta, y dice: ¡Oh! me he calentado, he visto el fuego; y hace del sobrante un dios, un ídolo suyo; se postra delante de él, lo adora, y le ruega diciendo: Líbrame, porque mi dios eres tú. No saben ni entienden; porque cerrados están sus ojos para no ver, y su corazón para no entender. No discurre para consigo, no tiene sentido ni entendimiento para decir: Parte de esto quemé en el fuego, y sobre sus brasas cocí pan, asé carne, y la comí. ¿Haré del resto de él una abominación? ¿Me postraré delante de un tronco de árbol? De ceniza se alimenta; su corazón engañado le desvía, para que no libre su alma, ni diga: ¿No es pura mentira lo que tengo en mi mano derecha?

Lo cierto es que la casi endémica propensión a la idolatría del pueblo de Israel irá desapareciendo a medida que, gracias a la predicación insistente y el ministerio de figuras como los profetas de la escuela isaiana, vaya calando entre el pueblo la idea de que Yahweh es el único y verdadero Dios, y además un Dios trascendente, cuyo culto se resiste a las representaciones plásticas (Is. 44:6-8; 45:21); sin olvidar que la restauración de Esdras y Nehemías impulsará un tipo de religiosidad centrado en la letra de la ley, con lo que las imágenes materiales de la divinidad no tendrán más lugar en la vida y la conciencia judía. Como ya lo hemos señalado anteriormente, ello no sucederá de la noche a la mañana, pero al final se consolidará entre los judíos un tipo de culto en el que la concepción de Dios quede para siempre libre de cualquier tipo de soporte material.

¿Qué hay de las imágenes de Dios que sugiere el Antiguo Testamento? Como queda dicho, el pueblo de Israel tenía completamente vedado cualquier tipo de ceremonia ritual en que se tributara culto a una imagen, entendida como representación plástica de Yahweh. Ello constituía un grave pecado, pues Dios no podía ser figurado por medios materiales. Pero, pese a las prohibiciones expresas contenidas en la ley en relación con este asunto, las tradiciones recogidas sobre algunos profetas y figuras destacadas del Antiguo Testamento nos muestran que estos percibieron a Dios, no solo a partir de impresiones luminosas amorfas o audiciones, sino por medio de clarísimas imágenes contempladas en visión, algunas de ellas descritas en los textos sagrados con cierto detalle, y otras no. A fin de no multiplicar innecesariamente los ejemplos, nos ceñiremos a seis casos muy concretos y bien conocidos de los lectores y estudiosos de la Biblia, algunos de los cuales ya hemos mencionado en capítulos anteriores y en relación con otros temas.

El primero es el propio Moisés, el gran legislador de Israel, y uno de los más duros adversarios de la imaginería divina, quien junto a su hermano Aarón con sus hijos Nadab y Abiú, así como en la compañía de setenta de los ancianos del pueblo

Vieron al Dios de Israel; y había debajo de sus pies como un embaldosado de zafiro, semejante al cielo cuando está sereno. Mas no extendió su mano sobre los príncipes de los hijos de Israel; y vieron a Dios, y comieron y bebieron. (Éx. 24:10-11)

El segundo es Moisés de nuevo, pero esta vez solo en lo alto del Sinaí, en el conocido texto de Éx. 33:18-23, cuando ruega a Dios le muestre su gloria. Recibe entonces la siguiente respuesta:

No podrás ver mi rostro; porque no me verá hombre, y vivirá. Y dijo aún Jehová: He aquí un lugar junto a mí, y tú estarás sobre la peña; y cuando pase mi gloria, yo te pondré en una hendidura de la peña, y te cubriré con mi mano hasta que haya pasado. Después apartaré mi mano, y verás mis espaldas; mas no se verá mi rostro. (vv. 20-23)

El tercero es Micaías hijo de Imla, profeta del Israel septentrional en tiempos del impío rey Acab, que en 1Re. 22:19 afirma:

Yo vi a Jehová sentado en su trono, y todo el ejército de los cielos estaba junto a él, a su derecha y a su izquierda.

El cuarto es el profeta Amós. En su libro relata esta visión:

He aquí el Señor[898] *estaba sobre un muro hecho a plomo, y en su mano una plomada de albañil.* (Am. 7:7)

El quinto es Ezequiel, en la visión inicial de cuyo libro, ya antes mencionada, contempla, sobre unos seres extraordinarios, una expansión.

Y sobre la expansión que había sobre sus cabezas se veía la figura de un trono que parecía de piedra de zafiro; y sobre la figura del trono había una semejanza que parecía de hombre sentado sobre él. Y vi apariencia como de bronce refulgente, como apariencia de fuego dentro de ella en derredor, desde el aspecto de sus lomos para arriba; y desde sus lomos para abajo, vi que parecía como fuego, y que tenía resplandor alrededor. Como parece el arco iris que está en las nubes el día que llueve, así era el parecer del resplandor alrededor. Esta fue la visión de la semejanza de la gloria de Jehová. Y cuando yo la vi, me postré sobre mi rostro, y oí la voz de uno que hablaba. (Ez. 1:26-28)

Y el sexto y último que mencionamos es Daniel. En el capítulo 7 del libro que lleva su nombre, vv. 9-10, hallamos la siguiente descripción:

---

[898] Lit. el TM dice אדני *Adonay*, pero algunos críticos señalan aquí un problema textual. De hecho, la LXX ofrece la siguiente lectura:

Así me mostró el Señor, y he aquí un hombre que estaba en pie sobre un muro de diamante, y en su mano [tenía] una plomada.
(La traducción es nuestra)

Ello hace suponer que, tal vez, el texto original tuviera el Tetragrámmaton יהוה *Yahweh* y el nombre indefinido איש *ish*. Los autores de la LXX han traducido como *diamantino* el *hápax legómenon* אנך *anakh*, cuyo significado no está demasiado claro. La Vulgata, no obstante, sigue la versión del TM, y así hacen, junto con RVR60, versiones como BJ, BTX, CI, DHH, NTV y NVI.

Estuve mirando hasta que fueron puestos tronos, y se sentó un Anciano de días, cuyo vestido era blanco como la nieve, y el pelo de su cabeza como lana limpia; su trono llama de fuego, y las ruedas del mismo, fuego ardiente. Un río de fuego procedía y salía de delante de él; millares de millares le servían, y millones de millones asistían delante de él; el Juez se sentó, y los libros fueron abiertos.

Todas estas imágenes divinas tienen algo en común que ha llamado la atención de los comentaristas de las Escrituras, y es su más que evidente antropomorfismo. En las tradiciones más antiguas e históricas se constata un antropomorfismo tímido, que se resiste a las descripciones. Solo la mención de manos, pies o espalda, o el hecho de mostrar a Dios sentado o de pie, nos permiten discernir que se trata de representaciones humanas en realidad, y no de otra índole (recuérdense las esculturas teriomórficas de las divinidades egipcias y de otras naciones, de lo cual el becerro de oro de Éx. 32 sería, como queda dicho, un remedo). Pero ya con la visión de Ezequiel, en la época de la cautividad babilónica, la forma humana de Yahweh va adquiriendo contornos más definidos, hasta llegar a la por demás magistral descripción de Daniel, muy cercana a nuestra iconografía cristiana tradicional en relación con la figura de Dios Padre (de hecho, su inspiradora). Ninguna de estas imágenes se presenta como objeto de culto, y en momento alguno el hagiógrafo o el profeta indican que tales representaciones hayan de sustituir el vacío de figuraciones divinas del templo de Jerusalén. No incurren, por tanto, estos autores veterotestamentarios en pecado contra los mandatos específicos de no representar a Dios, sino que muestran un desarrollo de su concepto de Yahweh como alguien cada vez más cercano al hombre. Cuando el hagiógrafo redactor del *Primer Relato de la Creación* pone en boca de Dios la expresión *Hagamos al hombre a nuestra imagen, conforme a nuestra semejanza* (Gn. 1:26), el proceso ha llegado a su culminación en el Antiguo Testamento. El hombre refleja a Dios, no porque Dios sea antropomórfico, sino porque la especie humana es *teomórfica*, es decir, recuerda a Dios, refleja a Dios ante los demás seres creados. El paso siguiente y definitivo ya no tendrá lugar en el Antiguo Pacto, sino en el Nuevo, cuando el Verbo de Dios se haga carne y habite entre nosotros (Jn. 1:14), de manera que la perfecta simbiosis entre la Divinidad y la humanidad sean un hecho irreversible en la persona de Jesucristo.

Las nociones de "pecado" y "expiación". ¿Cuántos ritos cúlticos existían en la religión israelita conforme a lo que leemos en el Antiguo Testamento? Pese a lo que pudiera pensarse, no es una pregunta fácil de responder. A los tipos de sacrificios más conocidos, o sea, los descritos en Lv. 1-5:*holocausto* (עולה *olah*), *oblación* (מנחה *minjah*), *sacrificio de paz* (שלם *shelem*), *ofrenda por el pecado* (חטאת *jattath*) y *ofrenda expiatoria* (אשם *asham*)[899], se ha de añadir otra clase de ceremonias o actos específicos que alcanzaron la categoría de ritos sagrados, como las libaciones (1Sa. 7:6; Os. 9:4), ciertas prácticas agrarias solidarias (Lv. 19:9-10; Dt. 24:19), además de otras disposiciones harto variopintas, como las referentes al reparto de botín de guerra (Nm. 31:21-54; 1Sa. 30:24-24), los votos (Lv. 27:2; Nm. 30:2,4; Dt. 23:21[900]) y sobre todo el terrible anatema (חרם *jérem*), las consecuencias de cuya violación son bien conocidas por la historia de Acán en Jos. 7, pero que también se menciona en textos como 1Re. 20:42; Is. 34:5; Zac. 14:11[901]. Al leer con detenimiento los pasajes en que este tipo de ritos se mencionan,

---

[899] Los designamos conforme a la RVR60, teniendo en cuenta el texto bíblico de esta versión en sí y los títulos de los diferentes apartados que suelen emplear sus distintas ediciones. Somos, no obstante, plenamente conscientes de la imprecisión de esta nomenclatura. En otras traducciones, tanto en nuestro idioma como en lenguas foráneas, algunos de estos sacrificios reciben otros nombres: el *sacrificio de paz* es designado también como *sacrificio de comunión* o *sacrificio de acción de gracias*; la *ofrenda por el pecado* aparece como *sacrificio por el pecado* o *sacrificio expiatorio*; y lo que RVR60 llama *ofrenda expiatoria* puede también designarse como *sacrificio de reparación* o *sacrificio de culpabilidad*. Se comprende perfectamente que, a falta de traducciones mejores y más precisas, muchos eruditos prefieran designar a estos sacrificios, sobre todo a los tres últimos, por sus nombres hebreos, simplemente.

[900] Jue. 11 nos transmite el horripilante relato del voto de Jefté, consistente en ofrecer en holocausto (עולה *olah*) al primero de su casa que saliera a recibirlo (v. 31), y que costó la vida de su única hija, como evidencian los últimos versículos de este capítulo. En un sentido diferente, hallamos la historia de la astucia de los gabaonitas, narrada en Jos. 9, que consiguió mantenerles con vida de entre los cananeos, debido a que los príncipes de la congregación de Israel *les habían jurado por Jehová el Dios de Israel* (v. 18); 2Sa. 21:1-14 nos da cuenta de la extraña historia del hambre en la tierra de Israel debida a que el rey Saúl había quebrantado aquel juramento siglos después, con lo cual David hubo de hacer frente a la situación permitiendo que los gabaonitas ahorcaran a siete saulitas, de manera que Dios fuera propicio al país (!!!). Ambas historias, entre otras, vienen a evidenciar el primitivismo subyacente a las concepciones cúlticas y religiosas de Israel, que aflora en ocasiones en las tradiciones veterotestamentarias más antiguas, y cuya existencia no podemos negar en aras de una lectura idealizada de los textos sagrados.

[901] En este último versículo, RVR60 lo vierte como *maldición*; BTX, por el contrario, como *anatema*.

tanto los que hemos citado como el resto, salta a la vista que los hagió-grafos y recopiladores de tradiciones no pretendían ofrecer ni listas ex-haustivas ni explicaciones reales de tales ceremonias, sino únicamente someras descripciones: se debían efectuar de tal o cual manera, en mo-mentos y lugares concretos, y por las personas indicadas, pero sin ma-yores orientaciones aclaratorias. En vano han intentado los exegetas e investigadores hallar detrás de las ordenanzas cúlticas de Israel ni si-quiera un amago de exposición racional de todas ellas, aunque se ha-yan remontado tan lejos como han podido[902]. Por otro lado, el estadio original de las tradiciones cúlticas hebreas se resiste a cualquier intento de espiritualización, algo que vendría mucho después y que hallaría su culminación en el cristianismo del Nuevo Testamento[903]; el israelita fiel de tiempos antiguos, dígase lo que se quiera, no veía en estas ordenan-zas rituales otra cosa que sacrificios u ofrendas como tales —en todo muy parecidas a los que tributaban sus convecinos cananeos, filisteos o de otras etnias, a sus deidades respectivas—, y cuya validez dependía de la presencia del oficiante levítico, que le ponía en contacto directo con Yahweh. En este sentido, el sistema cúltico israelita basado en sa-crificios era en sus orígenes lo más cercano a lo que hoy llamaríamos "una religión de obras", el clásico *do ut des*[904], que tan bien define un tipo de piedad muy primitivo.

Los trabajos realizados por las ciencias bíblicas a lo largo de la últi-ma centuria, al comprobar la profusión de ocasiones en que se men-cionan en los pasajes bíblicos el sacrificio llamado "holocausto" (עולה *olah*), y sobre todo lo que RVR60 designa como *ofrenda por el pecado*

---

[902] Ha habido autores que han señalado la propia prehistoria y los estudios etno-lógicos como las fuentes primarias de conocimiento sobre la noción de sacrificio en diferentes sistemas religiosos, como, v.gr., el de la antigua Grecia. El propio Von Rad se preguntaba en su *Teología* si no habría que hacer lo mismo con las ceremonias sacri-ficiales de Israel, muchas de las cuales se remontan a estadios preisraelitas de la religión agropecuaria cananea, o incluso más atrás todavía hasta el propio Paleolítico.

[903] La lectura espiritualista del Antiguo Testamento, vale decir, "con las gafas del Nuevo", es algo que solo podemos hacer realmente con una total asistencia de lo alto (Lc. 24:27,44-47), pues se trata de una revelación particular del propósito redentor de Dios en Cristo, como bien entendieron la Iglesia antigua y la Reforma, misteriosamente expresado por medio de una Historia de la Salvación enraizada en Israel y a través de unos textos cuyo contenido primario original fue muy otro.

[904] Lit. "yo [te] doy para que tú [me] des", fórmula que reflejaba el espíritu de la religión romana, y de tantas otras, antiguas y modernas, concebidas como meras tran-sacciones comerciales entre la divinidad y los hombres.

(חטאת *jattath*), seguido de cerca por la *ofrenda expiatoria* (אשם *asham*), habían creído detectar tres ideas fundamentales subyacentes al culto ritual y sacrificial hebreo: *don, comunión* y *expiación,* para las cuales podían presentar numerosos ejemplos tomados de los propios textos veterotestamentarios[905]. Sin negar la validez de estas afirmaciones, entendemos, no obstante, que los dos principios básicos que subyacen a las ordenanzas cúlticas y sacrificiales israelitas son las nociones de *pecado* y *expiación.*

En relación con la primera, el concepto de *pecado,* diremos que en su interpretación exclusivamente moral y personal, o sea, "una ofensa a Dios perpetrada por un ser humano consciente y responsable de sus actos", como se suele definir en nuestros medios actuales, es algo propio del judaísmo, el cristianismo y el islam, vale decir, las religiones abrahámicas más desarrolladas, pero no existe en otros sistemas de pensamiento religioso o filosófico. Y, desde luego, no lo encontramos de esta manera en el pensamiento del antiguo Israel, por paradójico que pudiera parecer. El vocabulario empleado por el Antiguo Testamento para señalar lo que nuestras traducciones actuales de la Biblia vierten como "pecado", puede ser muy amplio, pero se destacan tres términos por encima de todo, que aportan matices harto interesantes:

עון *awon.* Derivado de una raíz verbal que en su origen indica la condición de vacuidad o de insignificancia[906], señala la iniquidad consciente, no tanto en el sentido de la transgresión de un precepto concreto o de un mandamiento específico, sino como un estado general propio de quien no es nada, es decir, del hombre comparado con la majestad divina. Nada de ello impide que sea un término empleado con significado cúltico (Nm. 23:21; 1Re. 17:18; Job 4:8). La LXX lo suele traducir básicamente por ἀνομία *anomía,* "iniquidad", o ἀδικία *adikía,* "injusticia".

חטא *jet,* con sus variantes חטאה *jataah,* חטאת *jattath.* Se suele decir que es el término más común para indicar el pecado en el Antiguo Testamento. En tanto que derivado de una raíz semítica que significa "faltar" o "errar", indica la deficiencia del hombre en cumplir con los objetivos que le corresponden a todos los niveles, públicos y privados,

---

[905] Así Von Rad en el primer volumen de su *Théologie,* p. 223 (edición francesa), citando a su vez autores como Eichrodt o Rowley.

[906] La raíz intensiva de este mismo verbo, עונן *onén,* se emplea con el sentido de "consultar a un adivino" o "prestar atención a augurios", algo que es considerado como acciones carentes de sentido, es decir, vacías.

personales y colectivos. La imagen más utilizada para explicarlo es la del arquero que lanza una flecha, pero yerra, no da en el blanco, lo que no le exime de culpa. Se trata también de un vocablo con un significado cúltico muy específico (Gn. 43:9; Lv. 4:2; 5:15; Nm. 15:28). En general, la LXX lo traduce por ἁμαρτία *hamartía*, "error", que es a su vez el étimo clásico para indicar el pecado en el Nuevo Testamento.

פֶּשַׁע *peshá.* Este término no tiene sentido cúltico. Aunque en ocasiones también se traduce como "pecado", su significado original es "revuelta", "rebelión", y ostenta connotaciones reivindicativas de tipo político y social, sobre todo en contra de la acumulación de propiedades (es decir, de poder) en manos de unos pocos. De los tres vocablos, es el que más cerca se halla, por su fuerza declarativa, de nuestra noción cristiana hodierna de "pecado moral", aunque no se puede confundir realmente con él (Gn. 50:17; 1Sa. 24:12; Pr. 10:19; 28:13). Se constata su uso principalmente en los libros de los profetas, lo que resulta completamente lógico, dada la fina sensibilidad que muestran para con los temas sociales y políticos del momento, que no deslindaban de la más estricta praxis yahvista (Is. 57:4; 59:12; Ez. 18:22,28; Am. 1:3,6,9,11,13; Mi. 7:18). La LXX tiene tendencia a traducirlo de manera sistemática como ἀδικία *adikía* o ἀνομία *anomía*, "injusticia" e "iniquidad", respectivamente, como ya se había indicado en su momento.

El significado de estos vocablos viene a corroborar lo que habíamos señalado anteriormente: no existe en el pensamiento del antiguo Israel un concepto de "pecado" con la implicación casi exclusivamente moral que hoy reviste para nosotros. En la concepción global y sintetizadora de la existencia que tienen los antiguos israelitas, muy similar a la de otros pueblos de su entorno cultural, la noción de "pecado" se deriva del orden sacro del mundo, que abarca todas las áreas de la vida, públicas y privadas. De ahí que cualquier tipo de transgresión de ese orden resulte de inmediato un atentado contra la soberanía de su garante supremo, Yahweh (*cf.* la expresión hebrea consagrada לִיהוה חָטָא *jatá laadonay* "pecar contra Yahweh", tantas veces empleada en el Sagrado Texto[907]), y por ende un grave peligro para la comunidad, que debe deshacerse del transgresor lo antes posible, a fin de no contraer ella en su conjunto el miasma de la falta; y es que la transgresión del orden establecido por uno de sus miembros pone a toda la congregación en peligro. Lv. 19, dentro del gran conjunto de la llamada

---

[907] Gn. 13:13; Éx. 10:16; 32:33; Nm. 5:6; Dt. 20:18; Jos. 7:20; 1Sa. 2:25, etc.

Ley de Santidad, resulta, en este sentido, un texto fundamental para comprender cómo funcionaban estas nociones en el antiguo Israel. En sus particulares declaraciones hallamos diferentes motivos que alteran el orden, entre ellos algunos que nosotros tildaríamos claramente de pecados morales (vv. 11-18), frente a otros que conceptuaríamos exclusivamente como cuestiones rituales (vv. 5-8), pero que en el pensamiento de sus autores o recopiladores revisten idéntica importancia. De ahí la dureza, extrema para nuestra sensibilidad occidental y cristiana, que conllevan reglamentaciones que implican la expulsión de la comunidad de alguien que no cumple debidamente con los rituales prescritos (Lv. 19:8), los azotes al hombre y la sierva (o esclava) que mantienen relaciones sexuales (Lv. 19:20), la exclusión de la comunidad israelita de los leprosos y los inmundos en general (Nm. 5:1-4) o las diferentes penas de muerte impuestas por transgresiones de distinta índole que hallamos esparcidas a lo largo de todo el Pentateuco, desde la inmoralidad sexual (Lv. 20) hasta la profecía falsa emitida en nombre de Dios (Dt. 18:20), pasando por la blasfemia abierta (Lv. 24:15-16). También la noción —para nosotros totalmente injusta— de que las penas por las iniquidades se transmitan de padres a hijos, como leemos en el segundo mandamiento del Decálogo (Éx. 20:5b; Dt. 5:9b), y que era algo generalmente aceptado como del todo natural en el mundo antiguo. Nada de extraño, por lo tanto, tiene el hecho de que los vocablos antes señalados עוׂן *awón*, חטׂא *jet* y פשׁע *peshá*, conlleven en sus significados respectivos las nociones ambivalentes de "transgresión" y "culpa" al mismo tiempo, o "transgresión" y su "castigo" correspondiente, como han señalado tantas veces algunos autores, pues se trata de elementos inseparables en la mentalidad antigua, y de cuya dificultad de comprensión para nosotros los occidentales se hacen eco los buenos diccionarios y los comentarios más especializados[908]. Una visión semejante del

---

[908] Pensamos principalmente en el clásico *Lexicon Manuale Hebraicum et Chaldaicum in Veteri Testamenti Libros* de W. Gesenius; en su más que magnífica traducción y adaptación conocida como *Hebrew and English Lexicon of the Old Testament* y editada por F. Brown, S. R. Driver y C. A. Briggs, así como en todos los otros que han seguido sus pasos. En cuanto a los comentarios, amén del monumental de Keil-Delitzsch ya antes reseñado, pensamos específicamente en aquellos que han visto la luz a partir de la segunda mitad del siglo XX hasta nuestros días, parciales o completos, como los de Labor et Fides en lengua francesa o de Editorial Verbo Divino en castellano. No añadimos más información en relación con otros comentarios o incluso diccionarios especializados en asuntos teológicos y exegéticos en gracia a la brevedad.

mundo y su funcionamiento descarta el ceñir la noción de pecado única y exclusivamente a las "malas acciones", tal como las conceptuamos en la cultura cristiana occidental. De ahí las tan expresivas declaraciones de textos como Nm. 32:23; 2Re. 7:9; Est. 8:6; Am. 9:10 y otros del mismo tenor en los que leemos cómo el pecado, la maldad, la desgracia, o la iniquidad "alcanzan" al hombre[909]; no tenemos que vérnoslas, por lo tanto, con simples figuras de dicción o metáforas al estilo occidental, como en ocasiones indican los comentarios bíblicos o ciertas obras divulgativas, sino con una concepción muy peculiar del pecado o la transgresión en tanto que entidad viva, una fuerza destructiva real cuyo poder conlleva enormes riesgos. Una de las imágenes más logradas en este sentido es la descripción del pecado en Gn. 4:7 (leemos en el TM el término hebreo חטאת *jattath*) como situado *a la puerta*, agazapado al igual que una fiera que aguarda a su presa, y contra el cual el homicida Caín es puesto en guardia por el mismo Dios. Solo así podemos vislumbrar —que no *comprender* plenamente— la razón de la pena capital para quienes pusieran en tan grave peligro la existencia de la comunidad, salvo que el propio Yahweh decidiera lo contrario (*cf.* la archiconocida historia de la sentencia sobre Caín en Gn. 4:13-15[910]; la aparentemente arbitraria remisión del gran pecado de David en 2Sa. 12:13[911]; o la declaración de Dios a su atribulado profeta hierosolimitano en el templo que leemos en Is. 6:7: *He aquí que esto tocó tus labios, y es quitada tu culpa, y limpio tu pecado*).

---

[909] *Cf.* en sentido contrario Dt. 28:2; Pr. 14:22, donde lo que alcanza al hombre son bendiciones o misericordia.

[910] Nótese bien el tono de terror que reflejan las palabras del protohomicida, y que se comprende muy bien en un clima como el que hemos descrito. Citamos los tres versículos *in extenso*, dada su enorme riqueza:

Y dijo Caín a Jehová: Grande es mi castigo para ser soportado. He aquí me echas hoy de la tierra, y de tu presencia me esconderé, y seré errante y extranjero en la tierra; y sucederá que cualquiera que me hallare, me matará. Y le respondió Jehová: Ciertamente cualquiera que matare a Caín, siete veces será castigado. Entonces Jehová puso señal en Caín, para que no lo matase cualquiera que le hallara.

[911] De gran valor teológico resultan las palabras del profeta Natán cuando dice a David:

También Jehová ha remitido tu pecado; no morirás.

Nunca olvidemos que en las sagradas tradiciones de Israel recogidas en las leyes mosaicas, tanto el adulterio como el asesinato eran crímenes punibles de muerte. *Cf.* Éx. 21:14; Lv. 20:10; Nm. 35:19,21.

Dentro de este contexto cultural y de esta tan peculiar mentalidad se entiende el temor atávico de los israelitas al pecado cometido por inadvertencia. Textos como Lv. 4:2,13,14,22,23,27,28 o Nm. 15:24,28, en los que RVR60 habla de *pecar por yerro*, evidencian que las transgresiones revisten siempre una gran importancia, se tenga conciencia de ellas o no; vale decir, tienen existencia real por sí mismas, no son algo baladí con lo que se pueda jugar, y conllevan ese peligro más arriba mencionado y que hay que evitar a toda costa. La razón es simple: ningún pecado está oculto a los ojos de Dios (Dt. 9:18; Sal. 69:5; Pr. 15:3; Am. 5:12). De ahí el ruego del salmista:

> *¿Quién podrá entender sus propios*
> *errores?*
> *Líbrame de los que me son ocultos.* (Sal. 19:12)

Queda, por lo tanto, bien claro que el pensamiento veterotestamentario no deja en relación con el pecado resquicio alguno para falsos idealismos: *no hay hombre que no peque* (2Cr. 6:36). Más aún, *todos se desviaron, a una se han corrompido; no hay quien haga lo bueno, no hay ni siquiera uno* (Sal. 14:3). Aunque Dios lo ha hecho todo bien y ha puesto en el ser humano la noción de la eternidad y lo trascendente, nuestra especie se muestra incapaz de comprender la obra divina (Ec. 3:11), lo que tiñe muchas veces de cierto pesimismo existencial el enfoque de los hagiógrafos y los sabios de Israel. Incluso quienes, parecería, debieran ser ajenos a la realidad del pecado humano, vale decir, aquellos que son plenamente conscientes de haber experimentado la mano de Dios en sus vidas, pecan de forma totalmente incomprensible, ejemplo típico de lo cual es la historia del censo de Israel narrada en 2Sa. 24 y su paralelo de 1Cr. 21. Sea que la acción se atribuya a la ira divina (2Sa. 24:1) o al propio Satanás (1Cr. 21:1), la realidad es que el hombre aparece siempre sometido al poder del pecado, del que no puede sustraerse por medio alguno.

Toda esta reflexión nos conduce indefectiblemente a la segunda idea fundamental de este epígrafe, que es el concepto de *expiación*, vale decir, la solución que plantea el pensamiento veterotestamentario al problema del pecado. Si bien es cierto que tal noción no resulta excesivamente grata a muchos teólogos de nuestros días[912], nadie puede negar

---

[912] Se da hoy toda una conciencia generalizada de repulsa a la idea bíblica de la expiación, incluso a niveles populares, por el hecho de considerarse inmoral que las culpas

que aparezca claramente expresada en el Antiguo Testamento tal como lo hemos recibido[913]. El término por excelencia que refleja en lengua hebrea esta noción es la raíz verbal כפר *kaphar* "cubrir", "tapar"[914], juntamente con sus importantes derivados nominales respectivos[915], y muy especialmente su forma radical PIEL o intensiva כפר *kipper*, que se traduce generalmente como "perdonar" o "expiar"[916]. Aunque se constata su uso en más de 180 versículos a lo largo de todo el Antiguo Testamento, en la raíz intensiva PIEL aparece 91 veces, de las cuales 69 se hallan en textos considerados como sacerdotales (presunto documento P de la hipótesis clásica de Graf-Wellhausen). La LXX traduce la raíz verbal hebrea כפר *kaphar* por el verbo griego ἐξιλάσκο-μαι *exiláskomai*[917], vocablo que plantea un problema semántico nada pequeño: en la lengua helena clásica significa *hacerse propicio*[918], de donde se deriva muy fácilmente la noción de *apaciguar por medio de*

---

propias hayan de ser cargadas sobre un inocente, ya sea humano o animal. Uno de los mayores divulgadores de esta tendencia ha sido el recientemente fallecido (2011) escritor ateo Christopher Hitchens, cuya influencia incluso en medios religiosos norteamericanos y anglosajones en general aún dista mucho de haber sido calibrada con exactitud.

[913] Y también en el Nuevo, mal que les pese. Quienes se oponen a ella, lo hacen alegando que se trata de una imagen primitiva de Dios impropia del conjunto de la revelación, y que obedece simplemente al estadio en que se encuentran algunas tradiciones religiosas del Antiguo Testamento como reflejo de unas condiciones culturales muy arcaicas, según las cuales la divinidad estaría en permanente guerra con los seres humanos o sería, simplemente, una entidad sedienta de sangre. Tales nociones, apuntan los adversarios de este concepto, son propias del más crudo paganismo, no de la religión revelada.

[914] Para este primer significado, *cf.* el texto clásico de Gn. 6:14, donde se hace referencia al hecho de cubrir con brea (*calafatear* de RVR60) el arca de Noé a fin de impermeabilizarla frente a las aguas del inminente diluvio. Algunos especialistas en lenguas semíticas han señalado, no obstante, que el significado original de la raíz כפר *kaphar* debía ser más bien "olvidar".

[915] Los más importantes de los cuales son los siguientes: כפר, leído *kephar* y *kopher*, que significan el primero "aldea" (entendido como lugar de protección, de refugio) y el segundo "brea", "rescate", "expiación"; y finalmente כפרת *kapporeth*, "propiciatorio", vale decir, "cubierta del arca del pacto".

[916] Resulta interesante hacer constar que la raíz intensiva pasiva PUAL כפר *kuppar* se traduzca como "ser perdonado".

[917] Que tiene como sustantivos cognados —vale decir, de la misma raíz— ἐξίλασμα *exilasma* (1Re. 12:3; Sal. 48:8) y ἐξιλασμός *exilasmós* (Lv. 23:27; 1Cr. 28:11), ambos con el significado de "sacrificio expiatorio" o "expiación", según el *Dictionnaire Grec-Français* de A. Bailly, y ambos neologismos en la lengua griega según el *Greek-English Lexicon of the Septuagint* ya antes mencionado.

[918] Así en Heródoto, *Los nueve libros de la historia,* 7, 141; Jenofonte, *Ciropedia,* 7, 2, 19.

sacrificios (entiéndase, *a los dioses*), vale decir, *propiciarlos* o *hacer-los propicios*[919], un concepto eminentemente pagano. Su traducción en el Antiguo Testamento debe, por tanto, ajustarse al contexto escriturario, y más que por términos que indiquen "propiciación", ha de ser vertido por otros que apunten a una "expiación" o similares, dado que tales vocablos no expresan el mismo concepto en nuestro idioma. A guisa de ejemplo, observemos las definiciones que ofrece el Diccionario de la Real Academia Española en su versión digital:

> «**Propiciar.** Ablandar, aplacar la ira de alguien haciéndole favorable, benigno y propicio».

> «**Expiar.** Borrar las culpas, purificarse de ellas por medio de algún sacrificio».

De ahí que, en ocasiones, las traducciones bíblicas a nuestras lenguas modernas, máxime cuando mezclan o confunden esta clase de conceptos, puedan falsear un tanto la realidad de lo que los términos hebreos originales transmitían. Jamás en el Antiguo Testamento —¡ni, por supuesto, en el Nuevo!— se vehicula la idea de que Dios esté sistemática y permanentemente airado con el hombre (como se dice de las divinidades paganas[920]) y que, por lo tanto, este último haya de *hacer algo* para atraerse o ganarse el favor divino. En la Revelación siempre es Yahweh quien aparece dispuesto a perdonar y a reconciliar consigo al pecador, y quien además provee el medio para que este pueda verse

---

[919] *Cf.* PLATÓN, *Las leyes*, 872c; PLUTARCO, *Moralia*, 149d; POLIBIO, *Historias*, 1, 68, 4.

[920] Tal es la constatación que hacemos en mitologías antiguas, como la que se recoge en el ya anteriormente mencionado *Enuma Elish* mesopotámico. Por otro lado, los amantes de los clásicos grecolatinos recordarán, sin duda, cómo las divinidades olímpicas no manifestaban, salvo honrosas excepciones, demasiado cariño para con el género humano. El canto I de la homérica *Odisea* 63ss, por no mencionar sino un par de ejemplos harto conocidos, refiere el rencor del dios Poseidón, señor de los mares, para con el prudente Odiseo (Ulises), al que castiga de manera inmisericorde sin permitir que regrese a tiempo a su hogar en Ítaca, donde lo esperaban su esposa (la virtuosa Penélope) y su hijo (el valiente Telémaco). Por otra parte, en la inmortal tragedia sofoclea *Edipo Rey* el protagonista se describe a sí mismo, tras descubrir su inmensa desgracia (haber asesinado a su padre y haberse desposado con su propia madre, de la que ha obtenido una descendencia), con los siguientes términos:

> «Aquel que es funesto en gran medida, el maldito sobre todas las cosas, el más odiado de los mortales incluso para los dioses». (1344-1346)

cubierto, es decir, *perdonado, expiado*. La ira divina contra la iniquidad del hombre, que es una realidad, no obstante, en los textos veterotesta-mentarios[921] —y que se muestra como una clara figura reivindicativa de la justicia de Yahweh— no elimina, sin embargo, la misericordia. Por eso, solo Dios puede anular las faltas y las ofensas perpetradas contra él, es decir, contra el orden del mundo que él ha establecido. Resulta en este sentido muy ilustrativa la figura que emplea el texto de Is. 38:17b, donde se nos transmiten unas palabras atribuidas al piadoso rey Eze-quías. Las citamos literalmente en su lengua original:

כי השלכת אחרי גוך כל־חטאי

ki hishlakhta ajaré gewekha kol jataay

"Porque has arrojado detrás de tu espalda todos mis pecados"[922]

La manera en que lleva Dios a efecto esta remisión del pecado expiando a la persona del pecador se realiza, especialmente en los textos llama-dos "sacerdotales", por medio de la sangre (דם *dam*), o más especí-ficamente aún, la sangre derramada (דמים *damim*, plural intensivo de דם *dam*). El pasaje capital para comprender esta realidad y sus implicacio-nes se encuentra en Lv. 17:10-14, declaración puesta por el hagiógrafo en boca de Dios y que citamos *in extenso*, dada su importancia:

Si cualquier varón de la casa de Israel, o de los extranjeros que moran entre ellos, comiere alguna sangre, yo pondré mi rostro con-tra la persona que comiere sangre, y la cortaré de entre su pue-blo. Porque la vida de la carne en la sangre está, y yo os la he dado para hacer expiación sobre el altar por vuestras almas; y la misma sangre hará expiación de la persona. Por tanto, he dicho a los hijos de Israel: Ninguna persona de vosotros comerá sangre, ni el extranjero que mora entre vosotros comerá sangre. Y cualquier

---

[921] En efecto, el concepto de *ira de Dios* o *ira de Yahweh* (que en hebreo aparece ex-presado por los sintagmas אף אלהים *aph Elohim* y אף יהוה *aph Adonay*, respectivamente) se constata en un buen número de ocasiones frente a las condiciones de desobediencia e ingratitud del hombre (¡del propio pueblo de Israel!) para con su Hacedor: Nm. 11:1; 12:9; 22:22; Dt. 29:20; Jue. 2:12; 2Cr. 30:8; Job 9:13; Sal. 34:16; 85:4; Is. 9:19; Jer. 4:8; Ez. 20:8; Dn. 9:16; Os. 5:10; Nah. 1:6; Sof. 1:15.

[922] La traducción es nuestra.

varón de los hijos de Israel, o de los extranjeros que moran entre ellos, que cazare animal o ave que sea de comer, derramará su sangre y la cubrirá con tierra. Porque la vida de toda carne es su sangre, por tanto, he dicho a los hijos de Israel: No comeréis la sangre de ninguna carne, porque la vida de toda carne es su sangre; cualquiera que la comiere será cortado.

Encontramos ideas similares en otros pasajes veterotestamentarios bien conocidos, como Éx. 12:22-23; Lv. 4:34; 5:9; 8:15; Nm. 35:33[923]; Ez. 43:20; 45:19. En tanto que fluido esencial para la vida, la sangre aparece revestida en el Antiguo Testamento de un especial halo de misterio: no solo su ingesta se halla rigurosamente prohibida a los seres humanos desde el pacto de Noé (Gn. 9:4-6), y a Israel más particularmente desde el pacto del Sinaí (Lv. 7:27), sino que se constituye como el medio por excelencia para efectuar la expiación de los pecados[924]. Pero es necesario señalar algo que en ocasiones pareciera olvidarse: no expía la sangre por sí misma, como si de un líquido mágico se tratara, sino en tanto que vehículo de la vida, una vida que procede en última instancia del Supremo Hacedor. Solo de esta manera es posible comprender la gran verdad de que la remisión del pecado humano es una obra puramente divina, ya que es la vida (don de Dios) lo que pone fin a la condición de maldición y muerte que implica el pecado, o si se prefiere, el precio que se paga a fin de que el pecador sea expiado[925] y

---

[923] Aunque este versículo no se refiere a sangre de sacrificios cruentos, sino que hace alusión a la idea de la venganza de sangre (*cf.* la sentencia *vida por vida, ojo por ojo, diente por diente* de la llamada *Ley del Talión*, mencionada y explicada en el capítulo anterior), contiene la idea del valor expiatorio de la sangre derramada, si bien humana en este caso. En relación con sacrificios humanos como ofrenda expiatoria practicados en Israel como forma cúltica pagana, *cf.* Lv. 18:21; 20:1-5.

[924] Recuérdese la sentencia magistral con la que el autor de la Epístola a los Hebreos resume esta cuestión, dejándola para siempre zanjada en el Nuevo Testamento:

Y casi todo es purificado, según la ley, con sangre; y sin derramamiento de sangre no se hace remisión. (He. 9:22)

Una excelente exposición del contenido de estas palabras la hallamos en el comentario de Calvino a la Epístola a los Hebreos publicado por FeLiRé.

[925] Como ya se había apuntado, es la persona humana la que es expiada en realidad, no el pecado como tal (Éx. 30:15-16; Lv. 4:20,21,26,31,35; 5:18; 6:7; 9:15; Nm. 8:21, etc.). Los textos que hablan directamente de expiación por el pecado, como Neh. 10:33; Ez. 42:13, o el más conocido de Is. 53:10, se refieren siempre al pecado en tanto que condición propia de seres humanos, de suyo pequeños y débiles ante Dios, jamás en

quede limpio a los ojos de Yahweh. De ahí que nuestra lectura cristiana posterior del Antiguo Testamento nos autorice a ver en los sacrificios cruentos de Israel y todo su riguroso y exigente ritual levítico una anticipación de la suprema y perfecta entrega de Cristo en la cruz del Calvario hecho uno con nosotros, o como se suele afirmar en ocasiones: que el sistema sacrificial hebreo era el *tipo* del cual la crucifixión de Jesús sería el *antitipo,* conceptos de los que da un testimonio firme e irrecusable el conjunto del Nuevo Testamento (Jn. 1:29; 1 P. 1:9; Ap. 5:6; 13:8). Ello no implica, desde luego, que los antiguos israelitas fueran capaces de llegar a estas conclusiones tan ajenas a su mundo y a sus patrones mentales. Lo que leemos acerca de todo el sistema sacrificial levítico a lo largo de los escritos veterotestamentarios no nos permite, hablando con total honestidad, deducir nada semejante. No podemos, por tanto, manifestar nuestro acuerdo con toda una vasta literatura que, con grandes visos de erudición, pretende convencernos de que el fiel hebreo de tiempos del Antiguo Pacto, prácticamente desde el Sinaí e incluso antes, era capaz de contemplar en aquellas ceremonias cúlticas de tipo cruento nada más y nada menos que al Mesías que había de venir y morir en una cruz. Quienes contra viento y marea defienden una idea tal, chocan de frente con la realidad de unos textos en los que no hallamos el más mínimo resquicio por el que pudiera filtrarse un concepto semejante. El israelita que se acercaba al tabernáculo del desierto, o a alguno de los santuarios habilitados para el culto en la tierra de Canaán, con su animal para el sacrificio, solo contemplaba y comprendía un acto ritual que le permitía estar en paz (שלום *shalom*) con el Dios garante del orden del mundo, y omitir todo temor a su ira. Somos nosotros quienes, a la luz del Nuevo Testamento, podemos leer de otra manera las ceremonias del Antiguo, pero jamás debemos caer en el error de transponer conceptos de una época de la Historia de la Salvación a otra.

En resumidas cuentas, todo este sistema cúltico basado en los sacrificios buscaba restablecer la צדקה *tsedaqah,* es decir, la "justicia" que había sido quebrantada por el pecado humano, pero no entendida como una mera norma de rectitud moral, sino la expresión de la relación que

---

tanto que una entidad personal con autonomía propia digna de tal favor divino, por lo que no desdicen la idea que hemos apuntado. Lo mismo podemos afirmar acerca de aquellos pasajes en los que se refieren ceremonias de expiación por los objetos cúlticos, como Éx. 29:37; 30:10; Lv. 5:9, y otros del mismo tenor.

debía existir entre Yahweh y la comunidad de Israel. Pues no hemos de olvidar nunca que Dios exigía a su pueblo צדקה *tsedaqah* por ser él precisamente el צדיק *tsadiq*, vale decir, el "justo" por antonomasia, y porque sus צדקות *tsedaqoth* o "actos de justicia" consistían en todas sus grandes gestas salvíficas a favor de Israel. Todos estos conceptos se irán perfilando poco a poco a lo largo de la historia narrada en los escritos veterotestamentarios, como vamos a ver a continuación.

Una nueva concepción del valor de los ritos cultuales en el Antiguo Testamento. En efecto, juntamente con el sistema cúltico sacrificial, que irá desarrollándose poco a poco entre los hebreos hasta alcanzar el abigarrado estadio en que lo hallamos en la actual redacción del libro del Levítico y los capítulos 40-48 de Ezequiel, la así llamada *Torah de Ezequiel*[926], conjunto ritual del que nos ofrece una amplia descripción con sus explicaciones pertinentes la misma tradición judía tal como se halla recogida actualmente en el Talmud (*Mishnah*, tratado קדשים *Qodashim* o "santos") y en la משנה תורה *Mishneh Torah* o "Segunda Ley" de Maimónides (ספר קרבנות *Sépher Qorbanoth* o "libro de las ofrendas") —además de algunas pinceladas de interés que encontramos en Flavio Josefo y algunos otros escritos antiguos—, se perfilará en el antiguo Israel una concepción diferente, más espiritual, de todo aquel entramado ceremonial, así como de las nociones de "pecado" y "expiación" en sí mismas. Un texto como 1Sa. 15:22-23a, en el que se recogen unas palabras dichas por el juez-profeta Samuel al rey Saúl, nos muestra que algo iba cambiando, se gestaba de forma paralela una nueva corriente de pensamiento que permitía vislumbrar horizontes más amplios:

Y Samuel dijo: ¿Se complace Jehová tanto en los holocaustos y víctimas, como en que se obedezca a las palabras de Jehová? Ciertamente el obedecer es mejor que los sacrificios, y el prestar atención

---

[926] Sobre las contradicciones detectadas por los maestros de Israel entre el ritual levítico y la *Torah* de Ezequiel, *cf.* BLOCK, D. I. *The Book of Ezekiel: chapters 25-48.* Volumen II. Eerdmans, 1998; EICHRODT, W. E. *Ezekiel.* Westminster John Knox Press, 1996; GOLDINGAY, J. A. "Ezekiel". In DUNN, J. D. G. & ROGERSON, W. *Eerdmans Bible Commentary.* 2003; HENNING III, E. H., *Ezekiel's Temple: A Scriptural Framework Illustrating the Covenant of Grace.* Xulon, 2012; SAVOCA, G. *El libro de Ezequiel.* Barcelona: Herder, 1992.

que la grosura de los carneros. Porque como pecado de adivinación es la rebelión, y como ídolos e idolatría la obstinación.

Una declaración tan insólita (¡y hasta desmitificadora!) sobre el valor de los sacrificios y los holocaustos representa un gran paso adelante hacia un tipo de piedad más interior, una religiosidad más acorde con lo que hallamos en otros textos y tradiciones posteriores, y que nos introduce de lleno en la atmósfera del Nuevo Testamento. Nos referimos a las palabras de algunos profetas, como Mi. 6:7-8, que ostentan idéntico sentido, y muy especialmente a las por demás duras declaraciones puestas en boca de Dios que leemos en el conocido pasaje de Is. 1:11-14, y que citamos literalmente:

¿Para qué me sirve, dice Jehová, la multitud de vuestros sacrificios? Hastiado estoy de holocaustos de carneros y de sebo de animales gordos; no quiero sangre de bueyes, ni de ovejas, ni de machos cabríos. ¿Quién demanda esto de vuestas manos, cuando venís a presentaros delante de mí para hollar mis atrios? No me traigáis más vana ofrenda; el incienso me es abominación; luna nueva y día de reposo, el convocar asambleas, no lo puedo sufrir; son iniquidad vuestras fiestas solemnes. Vuestras lunas nuevas y vuestras fiestas solemnes las tiene aborrecidas mi alma; me son gravosas; cansado estoy de soportarlas.

Algo parecido leemos también en Am. 5:21-24. Hallamos en estas afirmaciones y en otras del mismo tenor toda una corriente de pensamiento que presenta una nueva comprensión de la realidad del pecado como algo distinto de lo puramente material o ceremonial, y de su expiación como un acto de la libre voluntad divina que va mucho más allá del cumplimiento de una simple representación ritual. En este sentido, leemos en Sal. 40:6:

Sacrificio y ofrenda no te agrada;
Has abierto mis oídos;
Holocausto y expiación no has
demandado.

Para añadir en el v. 8:

El hacer tu voluntad, Dios mío, me
ha agradado,
Y tu ley está en medio de mi
corazón.

Pero, desde luego, si hay en el Antiguo Testamento un pasaje que resuma perfectamente bien este particular enfoque de la realidad del pecado y de la insuficiencia de los cultos realizados conforme a las disposiciones levíticas, es el archiconocido Sal. 51, llamado también el *Miserere* en la finisecular tradición cristiana occidental[927], y atribuido específicamente a David en la tradición masorética hebrea[928], que añade al texto el encabezamiento *cuando después que se llegó a Betsabé, vino a él Natán el profeta*[929]. Expresiones como las contenidas en los vv. 2-4 y 10-12 nos presentan una intimidad con Dios tan grande que pareciera salirse de los límites cronológicos y teológicos del Antiguo Testamento. Nada de extraño tiene que esta composición haya enriquecido las liturgias cristianas durante dos milenios. Pero la culminación de su pensamiento sobre el tema que nos ocupa la hallamos en los vv. 16 y 17, donde el salmista dirige a Dios estas sorprendentes aserciones:

Porque no quieres sacrificio, que
yo lo daría;
No quieres holocausto.
Los sacrificios de Dios[930] *son el*
espíritu quebrantado;

---

[927] *Miserere* significa literalmente en latín "ten piedad". Se le da este nombre por la manera en que comienza:

Ten piedad de mí, oh Dios, conforme a tu misericordia

que en la Vulgata reza:

Miserere mei, Domine, secundum magnam misericordiam tuam.

[928] Sobre este tipo de atribuciones que leemos en los encabezamientos de alguno salmos del Salterio, *cf.* HUTTER, J. *Introducción a los Salmos.* Las Palmas de Gran Canaria: Ed. Mundo Bíblico, 2009, pp. 336-350, que nos ofrece un enfoque del tema desde el punto de vista más tradicional. Para otras aproximaciones a esta cuestión, se leerán con provecho la introducción a los Salmos del ya mencionado *Comentario Bíblico San Jerónimo* o cualquier otro publicado en la actualidad desde una óptica crítica.

[929] Tal es la introducción que leemos en RVR60.

[930] Es decir, los sacrificios gratos a Dios, según la interpretación del biblista francés Paul Joüon.

Al corazón contrito y humillado
no despreciarás tú, oh Dios.

El v. 16 presenta la siguiente lectura en la LXX:

ὅτι εἰ ἠθέλησας θυσίαν ἔδωκα ἄν

hoti ei ethélesas thysían édoka an

"porque si quisieras sacrificio, yo lo daría"

Por su parte, el v. 17 presenta una curiosa variante de lectura masoré-tica en el sintagma אלהים זבחי *zibjé Elohim*, "los sacrificios de Dios", que reza *mis sacrificios, oh Dios*[931]. Todo ello apuntaría a la idea de que es el propio pecador quien se sacrifica a sí mismo por su peca-do, es decir, se ofrece como víctima expiatoria. El hecho de que tal concepción sea la propia de ciertos añadidos apócrifos al texto veterotestamentario (Dn. 3:39ss, dentro del cántico de los tres jóvenes en el horno[932]), ha contribuido, en opinión de muchos exegetas, a una data-ción tardía de este salmo, en la época del exilio babilónico o incluso en la restauración. Lo cierto es que la idea fundamental que vehicula esta composición es que el verdadero culto consiste en una actitud interna, espiritual, alejada de ritos y ceremonias sangrientas. Y no es la única; Sal. 50:8ss ya habla claramente en contra de los sacrificios cruentos, y la invitación permanente a una adoración individual y a una prác-tica personal de la justicia, con una clara conciencia de que el perdón de los pecados procede de la infinita Gracia de Yahweh (Sal. 32:1-5) son conceptos que atraviesan y colorean prácticamente todo el conjun-to del Salterio.

---

[931] La edición de la BHS ya indica en el aparato crítico que tal es probablemente la mejor lectura, en hebreo *zibjí* (זבחי) *Elohim*. Se trata, desde luego, de la escogida por el *Liber Psalmorum* editado en Roma por el Pontificio Instituto Bíblico en 1945, por considerarla más ajustada a su significado original. NC traduce también en este sentido *Mi sacrificio, ¡oh Dios!*

[932] Fijémonos de forma especial en el v. 40, que reza así:

Como los holocaustos de los carneros y de los toros,
Como las miríadas de los gruesos corderos,
Así sea hoy nuestro sacrificio delante de ti,
A fin de aplacar tu rostro,
Pues no serán confundidos los que en ti esperan. (NC)

Donde hallamos ya una clara manifestación acerca del pecado concebido como una situación individual y, por ende, la finiquitación de la responsabilidad colectiva, que era noción propia de una mentalidad tribal, es, por un lado, en los círculos deuteronomistas, como leemos en Dt. 24:16:

Los padres no morirán por los hijos, ni los hijos por los padres; cada uno morirá por su pecado.

Cf. 2Re. 14:6. Y por el otro, en Ez. 18:

El alma que pecare, esa morirá; el hijo no llevará el pecado del padre, ni el padre llevará el pecado del hijo; la justicia del justo será sobre él, y la impiedad del impío será sobre él. (v. 20)

Apartándose el justo de su justicia, y haciendo iniquidad, él morirá por ello; por la iniquidad que hizo, morirá. Y apartándose el impío de su impiedad que hizo, y haciendo según el derecho y la justicia, hará vivir su alma. (vv. 26, 27)

Se ha malentendido, por lo general, en medios cristianos el mensaje contenido en este capítulo. No tiene como finalidad establecer una "justificación por obras" al estilo judío —y por ello contraria al evangelio—, sino la restauración de la relación entre Dios y su pueblo, que ahora se comprende ya como un conjunto de individuos con su personalidad y responsabilidad respectivas, más que como un todo o una colectividad en la que se diluyen las conciencias autónomas. Allí donde el sistema colectivo había fracasado en lo referente a los asuntos divinos —la fidelidad o infidelidad del pueblo para con Yahweh parecía depender de los dictámenes del gobernante de turno—, el profeta señala la imperiosa necesidad de que cada israelita haga suyo de forma personal el conjunto sacro transmitido y conservado. Solo así adquiere significado la práctica cúltica que los últimos capítulos de Ezequiel se esfuerzan en restaurar; la manifestación del diseño del nuevo templo, que en el texto hebreo se designa con el nombre de בית *báyith*, "casa", solo podrá tener lugar si los israelitas *se avergonzaren de todo lo que han hecho* (Ez. 43:11) y actúan en consecuencia, dejándose muy claro que solo accederán a los servicios sagrados aquellos que reúnan las condiciones apropiadas, no solo rituales, sino también de piedad y consagración personales, desde el pueblo llano hasta los príncipes, sacerdotes y levitas.

Finalmente, la nueva corriente de pensamiento apunta a una remisión del pecado efectuada, no por el poder purificador de la sangre derramada o la fuerza inherente de ciertas ceremonias rituales, sino por la pura misericordia de Yahweh para con su pueblo:

Él volverá a tener misericordia de nosotros; sepultará nuestras iniquidades, y echará en lo profundo del mar todos nuestros pecados. (Mi. 7:19)

Y Josué estaba vestido de vestiduras viles, y estaba delante del ángel. Y habló el ángel, y mandó a los que estaban delante de él, diciendo: Quitadle esas vestiduras viles. Y a él le dijo: Mira que he quitado de ti tu pecado, y te he hecho vestir de ropas de gala. Después dijo: Pongan mitra limpia sobre su cabeza. Y pusieron una mitra limpia sobre su cabeza, y le vistieron las ropas. Y el ángel de Jehová estaba en pie. (Zac. 3:3-5)[933]

En aquel tiempo habrá un manantial abierto para la casa de David y para los habitantes de Jerusalén, para la purificación del pecado y de la injusticia. (Zac. 13:1)

Una historia extraña. Al tratar sobre las ceremonias cúlticas de Israel y su importancia, no podemos obviar un particular relato, el que nos presenta el capítulo 10 del libro del Levítico, que en sus tres primeros versículos narra el episodio siguiente:

Nadab y Abiú, hijos de Aarón, tomaron cada uno su incensario, y pusieron en ellos fuego, sobre el cual pusieron incienso, y ofrecieron delante de Jehová fuego extraño, que él nunca les mandó. Y

---

[933] La visión del sumo sacerdote Josué en Zac. 3 está reputada como uno de los pasajes más hermosos y más conspicuos de la Biblia en relación con la Teología de la Gracia, como bien sabe el amable lector y evidencian los diferentes comentarios de este libro que se encuentran en el mercado. Recomendamos de manera especial una obra que sitúa magníficamente el libro de Zacarías en su contexto histórico: STUHLMUELLER, C. *Haggai and Zechariah: Rebuilding with Hope.* Edinburgh: The Handsel Press Ltd., 1988.

*salió fuego de delante de Jehová y los quemó, y murieron delan-
te de Jehová. Entonces dijo Moisés a Aarón: Esto es lo que habló
Jehová, diciendo: En los que a mí se acercan me santificaré, y en
presencia de todo el pueblo seré glorificado. Y Aarón calló.*

No han faltado exegetas y autores que han visto situaciones paralelas en otros textos veterotestamentarios, como Nm. 16:35 y 2Sa. 6:6-7
(con su correlato de 1Cr. 13:10), siempre en relación con actos u objetos de culto. En lo referente a este capítulo concreto, Lv. 10, que contiene lo que se ha dado en llamar un "relato de transgresión"[934], leemos
el siguiente comentario de unos autores judíos franceses:

> «Ni el texto ni la tradición proponen razones concluyentes que expli-
> quen esta catástrofe. Moisés explica a Aarón que se trata de la voluntad
> misteriosa de Dios, que elige a los que están cerca de él para santificar-
> los (Lv. 10:3)[935]».

Los diferentes estudios realizados sobre el libro del Levítico inciden
en que esta es la única narración que contiene este escrito, juntamente con 24:10-23, la perícopa del castigo del blasfemo ya anteriormente mencionada. Ambas tienen en común, entre otros puntos[936], el hecho
de venir en la edición final del libro enriquecidas y aumentadas con
una serie de disposiciones añadidas *a posteriori* que no solo no contribuyen a esclarecer lo que debió ser su significado original, sino
que incluso lo dificultan en la actualidad, clara evidencia de que también para los recopiladores y redactores finales debían resultar relatos
más bien extraños. En el caso concreto que nos ocupa, la alusión al
אשׁ זרה אשׁר לא צוה אתם *esh zarah asher lo tsiwwah otham* o "fuego extraño que él (Yahweh) no les había ordenado", el añadido sobre el uso
de bebidas alcohólicas por parte de los levitas y sacerdotes en los vv.
9-11 solo puede satisfacer como explicación del hecho a quienes, como
sucede con algunos grupos y sectas norteamericanas, se empeñan en
justificar "bíblicamente" la abstinencia absoluta de vino o alcohol en
general como una norma de conducta que los sacerdotes de Israel debían seguir fielmente, pero no contribuye a clarificar lo que realmente

---

[934] Así LUCIANI, D. *Op. cit.*, p. 22.

[935] NEHER A. ET R. *Op. cit.*, p. 178, n. 126.

[936] No es el menos importante que en ambos casos se trate de intervenciones divinas
para castigar muy duramente una transgresión.

debió suceder en el origen de esta tradición[937]. La propia mención del אש זרה *esh zarah* ("fuego extraño"), así como el más extraño aún silencio de Aarón ante el hecho de la muerte de sus hijos, no nos permiten hoy pontificar sobre nada de todo ello. Con el *Comentario Bíblico San Jerónimo*, preferimos pensar que la enseñanza fundamental de este pasaje es que las ceremonias cúlticas, en tanto que instituidas por Dios, y por tanto bien reguladas, deben seguirse fielmente, sin quitar elemento alguno indicado ni añadir nada superfluo[938]. Todas las ordenanzas del culto de Israel se entienden, pues, como una manifestación del propio Yahweh en medio de su pueblo, y han de ejercitarse con una total circunspección.

Las nociones de "pureza" e "impureza". Especialmente relacionados con las ordenanzas del culto hebreo aparecen en los escritos veterotestamentarios los binomios adjetivales "puro" e "impuro", o también "limpio" e "inmundo", traducciones todas ellas habituales en nuestra lengua de ciertos términos hebreos directamente derivados de las raíces verbales טהר *tahar* y טמא *tamé*, respectivamente, que ya habíamos señalado anteriormente en otro contexto. La primera, que significa en principio "ser puro", "ser limpio"[939], en la raíz intensiva o PIEl (טהר *taher*) adquiere el sentido de "purificar" o "declarar limpio"[940]. La LXX traduce esta raíz en la mayoría de los casos por el verbo griego καθαρίζω *katharizo*, que desde la lengua clásica tiene el significado

---

[937] La explicación que ofrecen de este pasaje quienes se adhieren a las tesis abstencionistas de origen norteamericano, según la cual Dios castigó severamente a Nadab y Abiú por introducirse ebrios en el santuario, no solo no cuenta con el respaldo del propio texto, sino que resulta grotesca.

[938] Con lo que queda por completo fuera de lugar cualquier intento de justificación casuística judía acerca del tipo de fuego ofrecido (si había sido tomado directamente del altar o de algún otro sitio), la manera en que se ofreció (si los incensarios habían sido o no debidamente consagrados de antemano), así como la ingeniosa explicación de Katz, según la cual Nadab y Abiú habrían sido fulminados por el fuego divino en tanto que "escogidos para un nivel superior de categoría espiritual", pues con su muerte habían dado gloria a Dios. Toda esta maraña de explicaciones lo único que viene a evidenciar, y con creces, es que carecemos de una explicación real del hecho acaecido. ¡Ni siquiera los maestros posteriores de Israel han sabido interpretarlo!

[939] No faltan los diccionarios y glosarios que la entienden mejor como "llegar a ser puro", "llegar a ser limpio".

[940] Dos derivados importantes son el sustantivo *tohar* y el adjetivo *tahor*, que en la escritura consonántica no se diferencian de la raíz trilítera básica טהר *tahar* y significan "limpieza", "pureza", "purificación" y "puro", "limpio", respectivamente.

de "limpiar" o "purificar"[941]. La segunda, cuyo sentido básico es "ser impuro"[942], muestra en la raíz intensiva o PIEL (טמא *tammé*) el significado de "profanar", "ensuciar", "convertirse en impuro", "deshonrar" y "declarar inmundo"[943]. En la LXX la traducción más habitual de esta raíz se efectúa por medio del sustantivo ἀκαθαρσία *akatharsía* o del adjetivo ἀκάθαρτος *akáthartos*, que significan "impureza", "suciedad", "inmundicia" y "sucio", "impuro" o "inmundo", respectivamente, como se constata en toda la literatura helénica desde los poemas homéricos.

Para nosotros los occidentales resulta difícil llegar a comprender lo que un israelita del Antiguo Testamento entendía por estos conceptos. En la lengua castellana, como en la mayoría de los idiomas de nuestro entorno cultural, las nociones de "pureza" e "impureza", o bien tienen un significado estrictamente físico e higiénico, o bien se refieren a una condición moral, especialmente sexual. Esta última acepción, que es la propia del lenguaje religioso y poético desde los primeros balbuceos literarios de nuestros idiomas europeos modernos, ha trascendido a los niveles más populares de habla, de manera que es así como muchos cristianos contemporáneos la entienden en exclusiva al leerla en los textos bíblicos. Pero, desde luego, no es tal la concepción que hallamos en el Antiguo Testamento, muy especialmente en los escritos sacerdotales, donde la podríamos definir como particularmente cúltica o ritual, más acorde con esa peculiar cosmovisión antigua que vela de manera especial por el mantenimiento del orden en el mundo. De esta forma, es Yahweh quien sintetiza en sí mismo, en su persona y en su esencia, toda la noción de pureza (difícil de distinguir del concepto –páginas atrás mencionado– de "santidad"[944]); y el llamado *Lugar Santísimo* o también *Santo de los Santos* —קדש הקדשים *qodesh haqqodashim* en hebreo—, vale decir, el emplazamiento más interior del santuario de Israel, donde el sumo sacerdote penetra solo una vez al año,

---

[941] En muy contadas ocasiones lo traduce por otros verbos de significado similar, como ἁγνίζω *hagnizo* o su compuesto ἀφαγνίζω *aphagnizo*, y sustantivos o adjetivos cognados; incluso, con un sentido metafórico, lo vierte a veces por el verbo βρέχω *brekho*, cuyo significado principal es "llover".

[942] O también "llegar a ser impuro", según algunos diccionarios y glosarios.

[943] Como sin duda recordamos, sus dos derivados fundamentales son el adjetivo טמא *tamé*, "inmundo", y el sustantivo טמאה *tumeah*, "impureza", "inmundicia".

[944] Se entiende bien en este contexto cultual la definición de "lo santo" hecha por el teólogo alemán Rudolf Otto: *lo totalmente otro.*

por ser allí donde se manifiesta la presencia divina, no puede ser otra cosa que el sitio más puro imaginable del conjunto de la creación. De ahí que, en comparación con Dios, todo tenga que resultar forzosamente inmundo, impuro o profano en cierta medida, ya que nada es semejante a él: ni los cielos son limpios ante sus ojos (Job 15:15); por esta razón, el mal generado por los seres humanos es incompatible con su esencia pura (Hab. 1:13). Tal es la razón del pesimismo que emana de ciertos textos sapienciales en relación con la condición del hombre, ya que este resulta impuro por naturaleza en comparación con su hacedor (Job 15:14; 25:4[945]), con lo que se plantea la cuestión: *¿Quién hará limpio a lo inmundo?* (Job 14:4), respondida en el mismo versículo de forma tajante: *Nadie*. Sin llegar a una desesperación tan absoluta como la manifestada en estas palabras puestas en boca del patriarca Job, Israel entiende, no obstante, que hay situaciones, lugares, seres y personas humanas que se hallan en estado de impureza ritual permanente. Son los siguientes:

El mundo pagano[946], que implica tanto a quienes adoran a dioses ajenos, como los cultos y sacrificios que se ofrecen a tales divinidades, e incluso la misma tierra que habitan. Al ser concebidos como propiedad o territorio particular de dioses que, en comparación con Yahweh,

---

[945] Pasajes que, junto con otros, sirvieron en otro tiempo a la exégesis cristiana más ortodoxa para elaborar la doctrina del pecado original. Las notas a pie de página de BJ explican que en esta condición permanente de impureza del ser humano subyace una cuestión ritual relacionada con la concepción en tanto que acto impuro que inhabilita para la participación en las ceremonias sacras. Si las relaciones sexuales implican impureza ritual (no específicamente moral), su fruto, que es el ser humano, viene a este mundo en estado impuro, lógicamente, pues lo inmundo no puede engendrar nada limpio.

[946] Un caso extraño de impureza ritual de la tierra de Israel (aunque no se menciona ni una sola vez este término en el texto) nos lo ofrece el ya anteriormente mencionado peculiar relato de 2Sa. 21:1-14, fuera de su contexto cronológico (los hechos narrados debieron de tener lugar a comienzos del reinado de David, antes del cap. 9) y totalmente repulsivo para nuestra sensibilidad evangélica. El hagiógrafo mezcla, sin duda, el recuerdo de una bárbara costumbre cananea (sacrificios humanos para impetrar la bendición divina sobre las cosechas en tiempos de hambre), con una historia de exterminio de los gabaonitas protagonizada por Saúl, y de la cual no hay mayor constancia en los textos sagrados. El político astuto que era David debió transigir con aquella aberración a fin de desembarazarse de posibles enemigos peligrosos, saulitas descontentos con su ascenso al trono y potenciales elementos subversivos. El tono religioso que pretende darse a esta truculenta historia alcanza su culminación en la sentencia final del v. 14, donde se lee que *Dios fue propicio a la tierra*, pero difícilmente oculta los tonos de barbarie y superstición que impregnan el conjunto narrativo.

siempre son inmundos, los países paganos y sus habitantes se encuentran en un estado de constante impureza (Esd. 9:11). Todo es ritualmente inmundo en ellos, por lo que generan el rechazo divino en lo que a ceremonias se refiere[947]. Es dentro de un contexto semejante como se entiende que el profeta Amós lance sobre el sacerdote Amasías de Bet-el la siguiente maldición: *morirás en tierra inmunda* (Am. 7:17), haciendo referencia al hecho de que sería llevado cautivo a las tierras septentrionales del Imperio asirio; o que Ez. 4:12-15 describa una situación en extremo repulsiva para el profeta-sacerdote en relación con el pan que ha de cocer a vista de todo el pueblo judaíta cautivo en Babilonia: en un país que de por sí es inmundo no se pueden observar las ordenanzas sagradas como en la tierra de Israel, de la que es Dios el propietario en exclusiva; de ahí que hasta la cocción del pan se transforme en una cuestión de impureza ritual al ser efectuada a fuego de excrementos[948].

En relación con ello se encuentran *los alimentos que la Torah considera inmundos* (Lv. 11 y Dt. 14:3-21), disposición de la cual ya habíamos hecho mención en un capítulo anterior. El que los animales aludidos en estos pasajes formaran parte de cultos rituales paganos con

---

[947] Ello no obsta para que, sin embargo, Dios pueda manifestar su especial favor a todos los pueblos, como leemos, v.gr., en las historias narradas en los seis primeros capítulos del libro de Daniel, en el libro de Ester y en otros pasajes veterotestamentarios en los que Yahweh bendice o favorece de forma especial a individuos paganos; Rut la moabita o el sirio Naamán constituyen, sin duda. los ejemplos más conspicuos. El Nuevo Testamento se hará eco de estas ideas cuando Nuestro Señor Jesucristo afirme que Dios *hace salir su sol sobre malos y buenos, y que hace llover sobre justos e injustos* (Mt. 5:45). Por su parte, el apóstol Pablo, en el magnífico discurso pronunciado en el Areópago ateniense, afirma que Dios es quien da a todos los pueblos *vida y aliento y todas las cosas* (Hch. 17:25), en lo que los editores de RVR60 ven una alusión a Is. 42:5. No hallamos, por tanto, en el Antiguo Testamento ninguna enseñanza sobre un supuesto "odio divino" visceral hacia las naciones paganas o idólatras. No deja de ser altamente curiosa la declaración de Dios a Ezequiel:

Porque no eres enviado a pueblo de habla profunda ni de lengua difícil, sino a la casa de Israel. No a muchos pueblos de habla profunda ni de lengua difícil, cuyas palabras no entiendas; y si a ellos te enviara, ellos te oyeran. (Ez. 3:5-6)

La mencionaremos más adelante en relación con otro tema.

[948] En relación con este asunto, no deja de ser llamativo el detalle de que la orden primera de Dios al profeta-sacerdote fuera cocer el pan a fuego de excremento humano, materia especialmente repulsiva y ritualmente inmunda en casi la totalidad de las culturas. Solo ante la protesta horrorizada de Ezequiel, Yahweh concede que lo haga a fuego de excremento animal.

los que estaban especialmente vinculados —tal era el caso del cerdo en Babilonia y otros lugares del Creciente Fértil, v.gr.— los indisponía para su consumo o para su empleo ritual[949]. Lo cierto es que todas estas normas alimentarias pasarían de ser puramente rituales o cúlticas a convertirse, andando el tiempo, en una auténtica cuestión de fe y un distintivo religioso judío frente a los gentiles. Solo así se explica la curiosa retrotracción de la distinción entre *todo animal limpio* y *los animales que no son limpios* a los días de Noé (Gn. 7:2,8) en abierta contradicción con la tradición recogida en Gn. 6:19; la historia narrada en Dn. 1:8-16, en la que los jóvenes príncipes Daniel, Ananías, Misael y Azarías, cautivos en la corte babilónica, deciden *no contaminarse con la porción de la comida del rey* (pagano)*, ni con el vino que él bebía*, lo que les da muy buenos resultados frente a los funcionarios del rey Nabucodonosor; o que en plena y difícil restauración, después del exilio, el Trito-Isaías haya de lanzar sus anatemas contra quienes *comen carne de cerdo, y en sus ollas hay caldo de cosas inmundas* (Is. 65:4b), contraviniendo así una práctica que en aquellos momentos había alcanzado un valor mucho más grande que el simple cumplimiento de un precepto litúrgico.

En tercer lugar, hallamos *las secreciones corporales humanas*, ya sean genitales o escatológicas. Entre las primeras se encuentran los fluidos vaginales y el semen. De ahí que, como ya se había apuntado en una nota anterior, todo lo relativo a la sexualidad y a la concepción de la vida humana aparezca manchado de impureza ritual, como leemos en Lv. 12:2-5 y en el capítulo 15. Tal es también la explicación más convincente para lo que encontramos en Lv. 18[950], toda una lista

---

[949] Algunos autores han señalado además que en estas listas de animales se encuentran algunos que, para la mentalidad de los antiguos hebreos, presentarían anomalías o incoherencias intrínsecas que evidenciarían una ruptura del orden del mundo tal como se entendía en la época, motivo suficiente para considerarlos ritualmente inmundos. V. gr., los mamíferos "rumiantes" pero sin pezuña hendida (Lv. 11:4-7), los peces sin escamas (Lv. 11:10), o las aves carroñeras (Lv. 11:13-19), amén de toda una serie de bestias cuyo agrupamiento escapa a nuestras categorías taxonómicas actuales (Lv. 11:29-30). Ni que decir tiene que carecería por completo de sentido buscar en estas clasificaciones sacerdotales de los seres vivos equivalentes de la clasificación de Linneo, así como explicaciones lógicas del porqué de la impureza inherente de algunos animales.

[950] Las ediciones bíblicas al uso pueden confundir al lector moderno al titular este capítulo como *Actos de inmoralidad prohibidos* (RVR60), *Relaciones sexuales prohibidas* (DHH), *Uniones ilícitas y pecados contra naturaleza* (NC), *Prácticas sexuales no permitidas* (BTI) y similares. Estos títulos, que son añadidos editoriales, pese a su

de actos prohibidos relacionados con prácticas sexuales, en los que se equiparan asuntos que van desde un tipo de relaciones que nosotros consideraríamos en más de un caso como claramente incestuosas (vv. 6-19[951]) hasta el adulterio (v. 20), los sacrificios humanos a divinidades paganas (v. 21), la homosexualidad (v. 22)[952] o el bestialismo (v. 23). En relación con las segundas, Dt. 23:12-14 nos ofrece una imagen muy viva de lo que representa la inmundicia corporal ante los ojos de Dios: los campamentos militares de Israel han de ser santos (es decir, puros) a fin de que Yahweh pueda habitar en ellos y prestar su ayuda a las huestes hebreas contra sus enemigos. Una vez más, cualquier aproximación a una noción de higiene en el sentido occidental del término está completamente fuera de lugar.

El cuarto elemento es *la lepra*, considerada como la enfermedad por antonomasia. En líneas generales, el mal estado de salud era entendido por los pueblos del Creciente Fértil antiguo[953] como una manifestación

---

innegable pretensión de orientar al lector, pueden demasiadas veces confundirlo, al predisponerlo a encontrar en el texto lo que los editores suponen que significa, no lo que realmente hay.

[951] La expresión *descubrir la desnudez* de alguien, en hebreo גלה ערוה *galah erwah*, es un eufemismo para describir las relaciones íntimas.

[952] Son varios los exegetas actuales que advierten que tal no sería el nombre más adecuado para definir lo que en este y otros versículos del mismo tenor se intenta describir. Nuestro concepto actual de *homosexualidad* no se encuentra en la Biblia, ya que fue gestado en el siglo XIX referido a una tendencia no escogida deliberadamente y considerada por muchos especialistas de aquella centuria como una enfermedad. Lo que textos como el indicado vendrían a señalar sería una práctica abominable, por demás extendida en el Cercano Oriente Antiguo (y según parecería, también en el moderno), consistente en la humillación anal perpetrada por el jefe de la tribu o del clan a ciertos varones sometidos a su dominio, a fin de hacer valer su autoridad sobre ellos y para hacerles sentir que ante sus ojos tendrían el mismo valor que una mujer, es decir, ínfimo. Inciden los exegetas en que tal costumbre no reflejaría forzosamente una condición u orientación homosexual por parte de aquellos jeques tribales (solían ser polígamos complacientes, por encima de todo), sino un espíritu vejatorio propio de una mentalidad muy primitiva, por lo que este pasaje no debiera ser empleado como un argumento bíblico contra las relaciones íntimas entre personas del mismo sexo. La discusión, por supuesto, sigue abierta. *Cf.* para una aproximación científica y médica del tema, Balthazart J., *Biologie de l'homosexualité. On naît homosexuel, on ne choisit pas de l'être.* Wavre (Belgique): Éditions Mardaga, 2010. Para una aproximación teológica, [cita del artículo del Diccionario Enciclopédico de la Biblia de Alfonso Ropero: CLIE, 2013, si se cree conveniente].

[953] Las enfermedades más comunes en esas latitudes eran la fiebre, la disentería y la ceguera, males que siguen azotando hoy la región en mayor o menor medida, si bien en nuestros días se hallan bastante reducidas gracias a los avances higiénicos y sanitarios introducidos desde Occidente, y de forma particular en el actual estado de Israel.

de desagrado de la divinidad o un castigo infligido por los mismos dioses, cuando no por genios, demonios o espíritus malignos de diversas clases y categorías (*cf.* la intervención de Satanás en Job 1 y 2). Tal concepción estaba en las antípodas de nuestros avances médicos occidentales y del conocimiento que hoy poseemos acerca de los agentes patógenos invisibles al ojo humano, como virus o bacterias, que provocan ciertas infecciones. Nos da la impresión de ser, evidentemente, muy primitiva. Y desde luego, Israel no escapó a esta manera de pensar. La vinculación entre pecado y enfermedad es algo que encontramos a lo largo de todo el Antiguo Testamento, entendiéndose esta última como castigo enviado directamente por Dios ante la impiedad de su pueblo o de otros (Éx. 15:26; Lv. 26:16; Dt. 28:22; 1Sa. 5:9; 2Sa. 24:15)[954]. El libro de Job, no obstante, se opone a este particular y tan extendido en su momento concepto de la realidad, abriendo una brecha en la mentalidad común de la época (Job 9:17; 10:7-20) que luego confirmará Jesús en el Nuevo Testamento (Lc. 13:1-5; Jn. 9:1-3)[955]. En relación con la lepra, la minuciosa casuística sacerdotal descrita en Lv. 13 y 14 para detectarla y tomar las medidas necesarias frente a ella, nos hace entender que se trata de un tipo de infección que hoy ya no existe, por un lado, y que se aplicaba este nombre genérico de *lepra* (en hebreo צרעת *tsaraath*) también a lo que en nuestros días la ciencia médica designaría como enfermedades cutáneas diversas, cada una con sus características inherentes, además de lo que hoy se entiende como lepra propiamente dicha, por el otro. El hecho de que se hable además de *lepra*

---

[954] Y en consecuencia, quiérase o no, esta apreciación tan peculiar de las enfermedades incide en la pésima consideración que la figura del médico tiene, por lo general, entre los israelitas del Antiguo Testamento, de lo cual ofrece un claro ejemplo 2Cr. 16:12, cuando, al hablar de la enfermedad de los pies contraída por el rey Asa, se afirma que este *no buscó a Jehová, sino a los médicos.* Yahweh, en efecto, es declarado como el único *sanador* de Israel desde los comienzos de la historia nacional hebrea (Éx. 15:26). Se ha explicado esta animadversión de los hebreos hacia la práctica de la medicina por el hecho de que esta se vinculaba en las culturas circundantes a templos y santuarios de divinidades paganas, amén de por su estado de permanente impureza ritual, obligados como estaban los galenos a trabajar con personas enfermas de todo tipo, en unas condiciones deplorables, e incluso con cadáveres. El judaísmo posterior, por el contrario, debido a su inculturación en el Helenismo, revalorizó la figura del médico, de manera que el Talmud ofrece en ocasiones cierta información que evidencia una práctica extendida de la medicina en las comunidades palestinas y de la diáspora.

[955] La actitud de los fariseos en el relato de Jn. 9 expone muy a las claras cuál era (y es) la mentalidad más generalizada entre los pueblos del Cercano Oriente en relación con enfermedades y desgracias.

de los vestidos (Lv. 13:47-59) y *lepra de la casa* (Lv. 14:34-44), con sus correspondientes medidas purificadoras, nos obliga a extender este concepto incluso a lo que hoy llamaríamos, sin duda, hongos, humedades o similares, que los antiguos no distinguían bien de las erupciones cutáneas en los seres humanos, y que, en líneas generales, atribuían a pecados como la calumnia, la maledicencia, la difamación o el simple chismorreo[956]. Sea como fuere, el tildado de leproso quedaba en estado de absoluta impureza cúltica, por lo que precisaba de una especial purificación ritual una vez que los síntomas de la enfermedad desaparecían. La reclusión en que se veían obligados a vivir quienes padecían este mal (Lv. 13:45-46; Nm. 5:1-4; 12:10-15; 2Cr. 26:21)[957], hizo que en la mentalidad popular judía posterior la lepra fuera asimilada a la muerte.

En efecto, **la muerte** (en hebreo מות *maweth* o *moth*, según necesidades de la vocalización masorética en atención a la sintaxis del término), el quinto y último elemento de la lista, representa en el pensamiento veterotestamentario una condición de impureza total desde el punto de vista de las ordenanzas rituales. La razón es simple: los difuntos se hallan completamente fuera de la esfera cúltica. Como ya se había indicado en un capítulo anterior, el mundo de los muertos o שאול *Sheol*[958] se presenta en líneas generales como un reino sombrío en el que se reúnen las almas de los fallecidos, justos e injustos por igual, pero sin poder alabar a Dios (Sal. 6:5), vale decir, sin poder participar de los ritos y ceremonias de los vivos. No es porque sí que hallamos en Sal. 116:9 la declaración esperanzada:

> *Andaré delante de Jehová*
> *En la tierra de los vivientes.*

Estas palabras se constituyen en una proclama del trágico contraste entre los vivos y los muertos en relación con las ordenanzas cúlticas. Tal es la razón por la que Israel no propició los cultos a los muertos, tan

---

[956] Así el comentario correspondiente a estos capítulos levíticos de la obra de Katz tantas veces mentada, de la misma forma que el conjunto de la tradición rabínica.

[957] Una buena descripción literaria de las terribles condiciones de los leprosos en el judaísmo posterior, con sus derivaciones no solo religiosas, sino también sociales, la hallamos en la inmortal novela *Ben-Hur*, de Lewis Wallace, y en su clásica adaptación cinematográfica de William Wyler realizada en 1959.

[958] BTX y RVR60 transcriben este término como *Seol*. En relación con su etimología más habitual, la raíz verbal שאל *shaal*, "pedir" o "preguntar", los especialistas no se ponen de acuerdo sobre su exactitud. Sigue siendo un tema discutido.

comunes en otras naciones de su entorno, y por la que, al menos oficialmente, estigmatizó las prácticas del espiritismo y la necromancia en general (aunque pasajes como 1Sa. 28 o Is. 8:19 vengan a evidenciar que tenían cierto cultivo y arraigo popular). Pero, no obstante, el pensamiento de Israel no hizo de la muerte un absoluto frente a Yahweh, evitando así la tentación del dualismo. *El Seol y el Abadón*[959] *están delante de Jehová* (Pr. 15:11a) y la esperanza de los justos consiste en ser liberados de estos poderes tenebrosos algún día, como expresa de manera especialmente colorista la poesía veterotestamentaria, en la que el *Sheol* es una imagen metafórica muy viva de la destrucción y la desgracia (Sal. 16:10; 49:15; 86:13; Os. 13:14; Jon. 2:2).

Dicho esto, se entiende que Israel, en tanto que pueblo especial de Dios, se halla siempre a medio camino entre la pureza y la impureza, o mejor dicho, permanentemente amenazado por el estado de impureza. El simple hecho de hallarse junto a un cadáver, de ingerir un alimento declarado inmundo, o incluso el tocar por inadvertencia un objeto o una prenda impuros debido al contacto de alguien que se halla en estado de inmundicia ritual, contamina irremisiblemente. La impureza se concibe, pues, como algo dinámico, una especie de miasma que amenaza siempre con extenderse y salpicar todo lo que encuentra a su paso, mientras que la pureza tiene visos de ser más bien estática, es algo que no se transmite (Hag. 2:11-13). Y desde luego, quienes más cerca están de Dios por su especial dedicación a él, como sacerdotes, levitas y nazareos, más expuestos se encuentran a la contaminación ritual, de manera que hasta el propio santuario de Yahweh puede verse afectado por ella, lo que redunda, sin lugar a dudas, en muerte para el pueblo (Lv. 15:31). Se comprende en este contexto cúltico la imperiosa necesidad de ceremonias de purificación bien especificadas para cada caso de inmundicia concreto, sin que nada tenga que ver con cuestiones de tipo ético o de moral individual. Así podemos vislumbrar la importancia que la legislación mosaica concede a todos los sacrificios y rituales tipificados en el libro del Levítico para atajar el problema, el más importante de los cuales lo constituye la festividad del Día

---

[959] En hebreo אבדון *Abaddón*, lit. "destrucción", "perdición", es un nombre poético del mundo de los muertos, sinónimo de *Sheol*, y sin connotaciones particulares. *Cf.* Sal. 88:11. Tan solo en la literatura rabínica posterior se especializa su significado para designar el infierno de los réprobos.

de la Expiación, del cual trataremos, dada su trascendencia, en un epígrafe propio más adelante.

Además de ello, textos como Nm. 31:22-24 nos sugieren ciertos ritos de purificación de objetos contaminados que se han de efectuar por medio de elementos naturales, como son el agua o el fuego, y en circunstancias particulares. Pero lo más importante de todo en relación con este asunto es que ya en el mismo Antiguo Testamento se abre la puerta a un concepto diferente de la purificación, mucho más elevado, más espiritual, y que nos introduce de manera providencial en la atmósfera del Nuevo Pacto. Uno de los pasajes capitales en este sentido es el tantas veces mencionado relato de la vocación de Isaías. El profeta describe de la manera siguiente su peculiar experiencia:

> *Entonces dije: ¡Ay de mí! que soy muerto; porque siendo hombre inmundo de labios, y habitando en medio de pueblo que tiene labios inmundos, han visto mis ojos al Rey, Jehová de los ejércitos. Y voló hacia mí uno de los serafines, teniendo en su mano un carbón encendido, tomado del altar con unas tenazas; y tocando con él sobre mi boca, dijo: He aquí que esto tocó tus labios, y es quitada tu culpa, y limpio tu pecado. (Is. 6:5-7)*

El profeta entiende que su purificación y el perdón de sus pecados es obra muy directa de la misericordia divina, sin mediación de sacrificio ritual o ceremonia cúltica humana alguna. Como ya habíamos apuntado páginas atrás, ambas corrientes de pensamiento correrán paralelas en el desarrollo del judaísmo posterior hasta llegar a la plenitud de la revelación divina en la persona del Mesías. Otro ejemplo preclaro nos lo ofrece el libro 2 Reyes, al narrar en el capítulo 5 la historia de la curación del leproso sirio Naamán por intervención de Eliseo. No solo no se describe ritual levítico de purificación alguno, sino que la narración hace de Naamán un creyente para toda la vida, vinculado al yahvismo israelita. La zambullida del sirio en el Jordán las siete veces prescritas por el profeta es más que suficiente para que aquel hombre enfermo fuera restaurado por el poder de Yahweh (2Re. 5:14).

Lo cierto es que, en el día de hoy, aunque la *Mishnah* conserva de manera escrupulosa cuanto un judío fiel debe saber (y practicar) acerca de las leyes de pureza ritual, el judaísmo progresista las ha abandonado[960].

---

[960] El judaísmo ortodoxo, como bien sabe el amable lector, procura seguirlas con escrupulosa minuciosidad. Los ejemplos más típicos los constituyen las reglamentaciones

El sacerdocio. Como habíamos indicado capítulos atrás, todo el pueblo de Israel había sido concebido en los designios divinos como una nación eminentemente sacerdotal en su conjunto, atendiendo al propósito salvífico de Dios para todas las naciones (Éx. 19:6). Ello no obsta para que, al igual que en las estructuras cúlticas de todas las religiones humanas antiguas, el Israel veterotestamentario conociera también una casta sacerdotal específica bien desarrollada y estructurada en sus funciones como parte inherente de su esencia nacional y religiosa. Aunque en nuestro idioma los términos *sacerdocio* o *sacerdote* proceden del étimo latino *sacerdos*, cuyo significado etimológico más comúnmente aceptado sería algo así como "el que hace entrega de lo sagrado", vale decir, "el que oficia las ceremonias sagradas"[961], el vocablo hebreo כהן *kohen*, con el que se designa a los sacerdotes de Israel, no presenta una etimología clara, según los especialistas. La raíz verbal כהן *kahan*, constatada también en fenicio y en nabateo, significa simplemente "ejercer funciones sacerdotales", sin mayor precisión en relación con su origen; sería, por tanto, lo que los lingüistas llaman un verbo denominativo, es decir, derivado de un nombre. No obstante, el hecho de que puede emparentarse con el acadio *kânu*, "inclinarse", "prestar homenaje", y sobre todo con la raíz verbal hebrea כון *kun*, "estar firme", ha hecho pensar a algunos que quizás el sacerdote se concibiera en sus orígenes básicamente como aquel que permanecía en pie delante de Dios intercediendo por su pueblo (Dt. 10:8)[962]. No es una opción disparatada, desde luego, y viene a ilustrar muy bien cómo habrían entendido los hagiógrafos las funciones sacerdotales en el seno de las tribus descendientes de Jacob.

Lo cierto es que ya las tradiciones sacras más antiguas de Israel nos presentan diversidad de informaciones acerca del sacerdocio hebreo. No se puede negar que el conjunto de la historia bíblica, tal como nos ha sido transmitida, incide en el hecho de que, desde los acontecimientos

---

propias para el consumo de alimentos, o también el hecho de que las mujeres no deben estrechar la mano de los hombres por el riesgo de contaminarlos ritualmente si se hallan en sus períodos menstruales.

[961] En otros idiomas europeos de importancia, como el inglés, el francés o el alemán, en cambio, el término "sacerdote", ing. *priest*, fr. *prêtre*, al. *Priester*, es de un origen diferente, griego más concretamente. Deriva del étimo heleno πρεσβύτερος *presbýteros*, "anciano", que en nuestra lengua ha derivado a "presbítero", forma técnica de designar a un sacerdote católico o anglicano, amén de los llamados *ancianos* en las denominaciones de tradición presbiteriana y similares.

[962] GARCÍA CORDERO, M. *La Biblia y el legado del antiguo Oriente. El entorno cultural de la historia de salvación.* Madrid, B.A.C, 1977, p. 367.

del Sinaí y del desierto, Dios escoge a una tribu en concreto, la de Leví, para que ejerza las funciones sacerdotales (Éx. 32:29; Dt. 10:8-9; 18:1-8)[963], tribu a la que Yahweh declara sin ambages su favorita de entre todo el conjunto del pueblo, tal como leemos en la bendición final de Moisés a Israel:

A Leví dijo:
Tu Tumim y tu Urim sean para
tu varón piadoso[964],
A quien probaste en Masah,
Con quien contendiste en las
aguas de Meriba,
Quien dijo de su padre y de su
madre: Nunca los he visto;
Y no reconoció a sus hermanos,
Ni a sus hijos conoció;
Pues ellos guardaron tus
palabras,
Y cumplieron tu pacto[965]. (Dt. 33:8-9)

Y de en medio de la tribu de Leví surge la familia de Aarón, hermano de Moisés, quien por elección divina ha de ejercer las funciones sacerdotales más destacadas (Éx. 28-29)[966]. De la venerable antigüedad del

---

[963] Aunque, como comprobamos en los propios textos citados, la tradición no es unánime en relación con el momento en que tal elección tuvo lugar. Por lo general, se ha incidido en que fue la fidelidad de la tribu de Leví en el momento de la apostasía al pie del Sinaí (el célebre episodio del becerro de oro) lo que propició su elección para los menesteres sacerdotales, pero, en realidad, el conjunto de los textos sacros viene más bien a destacar una elección divina por pura Gracia, sin mérito previo alguno por parte de los levitas.

[964] BJ traduce *al hombre de tu agrado*. NC *al favorito*. NVI *al hombre que favoreces*.

[965] Compárese con lo que nos dice de Leví el oráculo de Jacob que leemos en Gn. 49:5-7. Lo que aparece primero en el orden canónico de la historia bíblica como una maldición, se trueca en bendición por un arcano misterioso e incomprensible de la Gracia del Dios de Israel. Posteriormente, haremos más incidencia en este asunto.

[966] La figura de Aarón aparece siempre en las tradiciones sacras de Israel junto a Moisés, a quien auxilia en Egipto frente a la tiranía de Faraón (Éx. 4:14 – 16:27) y con quien participa en las grandes gestas protagonizadas por el pueblo en el desierto (Éx. 17:12; Sal. 105:26; Mi. 6:4), si bien la historia bíblica no oculta su inadecuado comportamiento en relación con la historia del becerro de oro (Éx. 32) o sus injustificables murmuraciones contra Moisés (Nm. 12).

sacerdocio levítico da testimonio, además, el ya antes mencionado relato de Jue. 17, donde la sola presencia de un levita se entiende como fuente segura de prosperidad para la casa y el lugar en que habite (v. 13). No cabe duda de que la función principal de los levitas debió haber sido en sus comienzos instruir al pueblo acerca de la pureza y la impureza rituales, lo santo y lo profano[967], amén de ejercer un ministerio de intercesión permanente, es decir, de mediación entre Yahweh e Israel, plasmado en todos los sacrificios cruentos:

> *Ellos enseñarán tus juicios a*
> *Jacob,*
> *Y tu ley a Israel;*
> *Pondrán el incienso delante de ti,*
> *Y el holocausto sobre tu altar.* (Dt. 33:10)

El hecho de que los sacerdotes levitas debieran comer de las viandas presentadas como sacrificios, les hacía llevar sobre sí las iniquidades del pueblo en un acto de total solidaridad con él (Lv. 6:26,29; 7:6; 8:31; 10:13-14), con lo que su figura alcanzaba un gran prestigio y estaba revestida de un halo particular de santidad, bien regulada por las prescripciones que la ley de Moisés indicaba (*cf.* Lv. 21); la presencia de un sacerdote efectuando uno de los ritos sagrados podía hacer incluso que la ira de Dios se apartara del pueblo (Nm. 16:46-48). De ahí que el hecho de poner la mano sobre los sacerdotes de Yahweh constituyera un grave sacrilegio y un crimen de proporciones difíciles de calibrar (1Sa. 22:17[968]). Y, como ya se ha indicado, uno de los graves errores de Jeroboam I, rey del Israel septentrional cismático, fue el abolir en sus territorios el sacerdocio levítico y sustituirlo por otro en el que podían participar gentes de cualquier lugar y linaje (1Re. 12:31), lo que propició un éxodo de sacerdotes y levitas originarios de las tribus del norte hacia el reino de Judá (2Cr. 11:13-17). Ello contribuyó a que el

---

[967] Para la vinculación entre el sacerdocio levítico y la instrucción del pueblo, *cf.* 2Cr. 15:3.

[968] El episodio de la masacre de los sacerdotes de Nob, perpetrada por el edomita Doeg a las órdenes de Saúl, evidencia para los hagiógrafos el total extravío de este monarca y su alejamiento permanente de los propósitos divinos. No deja de ser llamativo el hecho de que los propios siervos israelitas de Saúl se negaran a ejecutar un cometido tan bárbaro y tan fuera de razón, aun exponiéndose a las iras del perturbado monarca.

yahvismo se perfilara con sus colores más distintivos en el estado hebreo meridional y en su capital, Jerusalén.

Una vez sentado esto, hemos de reconocer que, al mismo tiempo, afloran en los textos veterotestamentarios testimonios patentes de que hubo en ciertos momentos de la historia de Israel, por un lado, situaciones conflictivas, muy tensas, entre las familias levíticas, que desembocaron en una clara rebelión contra el sacerodcio aaronita y una evidente puesta en duda de su legitimidad (Nm. 16:1-11,35-40; 17:1-13), así como también, por el otro, ciertas figuras destacadas de la Historia de la Salvación que, sin ser específicamente sacerdotes ni levitas, ejercieron un oficio sacerdotal de gran importancia en el seno del pueblo escogido: la intercesión. El patriarca Job[969] se cuenta entre los grandes intercesores ante Dios, tanto a favor de sus propios hijos (Job 1:5) como de sus amigos (Job 42:8-9). Algo similar se puede decir de Abraham, que impetra la misericordia de Dios sobre sus vecinos paganos (Gn. 18:23-32; 20:7-17), y de Moisés[970] (Ex. 32:11-14; Nm. 7:89), Samuel[971] (1Sa. 7:5; 12:19), Jeremías[972] (Jer. 11:14; 37:3) y Amós (Am. 7:2-6), quienes intercedieron claramente a favor de su pueblo. Pero, por si esto fuera poco, el Antiguo Testamento no oculta la realidad de otros sacerdocios establecidos en Israel, paralelos al oficial levítico, duraderos algunos de ellos, mientras que otros debieron ser muy temporales y específicamente localizados[973]; aunque no es mucho lo que dice de ellos, es más que suficiente para que reconozcamos su existencia en

---

[969] Que no es israelita, sino originario de la *tierra de Uz* (Job 1:1), la cual algunos ubican en el país de Edom (Gn. 36:28; Lm. 4:21), pero otros en regiones arameas al norte de Siria (Gn. 10:22; 22:21).

[970] Moisés era levita, pero en ningún momento se lo designa como sacerdote. No obstante, su papel mediador entre Dios e Israel es indiscutible, conforme a las tradiciones recogidas en el Pentateuco.

[971] Aunque 1Sa. 1:1 presenta a la familia de Samuel como efrainita, 1Cr. 6:27-28 parecería querer atribuirle un origen levita, que muchos estudiosos actuales contestan como una refección literaria posterior del Cronista. Sea como fuere, a Samuel nunca se lo designa realmente como sacerdote, sino más bien como profeta.

[972] Aunque procedía de una familia sacerdotal (Jer. 1:1), nunca se lo presenta como sacerdote, ni siquiera como levita, sino como profeta.

[973] No incluimos aquí las alusiones a los sacrificios o las ofrendas efectuados por los antediluvianos (Gn. 4:3-4; 8:20), ni tampoco a los de Job y sus amigos (Job 1:5; 42:8), que quedarían fuera del ámbito del pueblo de Israel, y vendrían a evidenciar, por un lado, la universalidad del culto sacrificial, y por el otro, la existencia de unas funciones sacerdotales en todas las naciones de la tierra. Tampoco tenemos en cuenta el mundo de los patriarcas antecesores de Israel, del cual diremos algo en el capítulo siguiente.

unas tradiciones que emergen en ocasiones por sobre el gran manto del sacerdocio oficial levítico hierosolimitano. Lo habíamos apuntado ya: Éx. 24:5-8 nos presenta unos *jóvenes de los hijos de Israel,* de número no especificado, que al pie del Sinaí ofrecieron *holocaustos y becerros como sacrificios de paz,* cuya sangre sirvió para sellar el pacto que Dios había hecho con su pueblo. Las tradiciones judías han visto en ellos a los primogénitos consagrados a Yahweh (Éx. 13:2; 22:29; Nm. 3:13) en un momento en el que aún no había sido designada la tribu de Leví para sustituirlos, algo que, efectivamente, la historia bíblica ubica más adelante (Nm. 8:16-18). Por otro lado, como ya habíamos indicado páginas atrás, Jue. 18:30 nos da testimonio de la existencia de un sacerdocio de origen directamente mosaico[974] en las zonas norteñas de la tribu de Dan, y que debió subsistir hasta que la tierra fue tomada por los enemigos de Israel. Y la propia historia de Jue. 17, aunque está toda ella orientada a preparar el terreno para los eventos narrados en el capítulo siguiente sobre los orígenes del santuario y el sacerdocio de Dan, no deja de constatar que el primer sacerdote de aquel curioso santuario privado de casa de Micaía, en el monte de Efraín, fue uno de los hijos de este (Jue. 17:5).

Más llamativa resulta aún la constatación de que en un momento muy concreto de la historia israelita, cuando su régimen monárquico se afianza y se convierte en sistema permanente de gobierno, los reyes Saúl, David y Salomón ejercen funciones claramente sacerdotales. 1Sa. 14:37,41 nos muestra cómo Saúl consultaba directamente a Dios sin la mediación de los levitas. En 2Sa. 6:12-23 y su paralelo de 1Cr. 15:1 – 16:6 se nos cuenta la historia del traslado a Jerusalén del arca de la alianza por orden de David. El soberano en persona, *vestido con un efod de lino* (2Sa. 6:14; 1Cr. 15:27)[975], preside el acontecimiento participando en él con todo su entusiasmo, para luego ofrecer holocaustos y ofrendas de paz y concluir bendiciendo al pueblo (2Sa. 6:17-18)[976]. De Salomón se nos dice claramente que, no solo interviene de forma muy directa en cuestiones internas del sacerdocio levítico, como

---

[974] Con las salvedades ya señaladas anteriormente al mencionar esta historia.

[975] Tipo de prenda sacerdotal que también habían llevado en su momento el juez Gedeón (Jue. 8:27) y el joven Samuel cuando vivía y servía en el santuario de Silo (1Sa. 2:18).

[976] 2Sa. 8:18 presenta un pequeño problema textual. Aunque el TM lee literalmente:

Y Benaía, hijo de Joiada, y los cereteos y los peleteos y los hijos de David eran sacerdotes,

cuando expulsa a Abiatar del sacerdocio hierosolimitano (1Re. 2:26-27)[977], sino que él mismo ejercía funciones sacerdotales sacrificando en Gabaón y otros *lugares altos* (1Re. 3:3-4; 2Cr. 1:3-6). Y en 2Re. 16:4 leemos que el rey Acaz de Judá *sacrificó y quemó incienso en los lugares altos, y sobre los collados, y debajo de todo árbol frondoso.* Como representante de esa clase de reyes judaítas que, pese a ser de la dinastía de David, caían fácilmente en la idolatría, leemos en el versículo anterior (2Re. 16:3) que Acaz *aun hizo pasar por fuego a su hijo*; pero sus injerencias en el ámbito sacerdotal todavía fueron más lejos cuando ordenó la edificación de un nuevo altar en el templo de Jerusalén,

---

en heb. כהנים *kohanim*, por lo general, las versiones al uso no lo traducen de esta manera, dado que, de entenderse literalmente, el sacerdocio israelita parecería extensible incluso a mercenarios gentiles, como eran los cereteos y los peleteos. Siguiendo la traducción de la LXX, en la que los hijos del rey son designados como αὐλάρχαι *aularkhai* o "aularcos", vale decir, "cortesanos de elevada categoría", RVR60 traduce específicamente que los hijos del rey (no los mercenarios gentiles) eran *ministros*. Resulta de todo punto interesante la nota a pie de página que añade la excelente versión crítica CI, en la que leemos:

> «MINISTROS: o "confidentes de la corte"; lit. "sacerdotes", que también podría tomarse en sentido literal: algunos de sus hijos [de David] pudieron ejercer temporalmente funciones sacerdotales en el Santuario del Arca».

El corchete es nuestro. En este sentido, es mucho más clara la Vulgata cuando lee literalmente:

> *Filii autem David sacerdotes erant.*

Es decir: "Los hijos de David eran sacerdotes". Ello incide en la presencia de figuras sacerdotales no levíticas en la corte hierosolimitana como resultado de la asimilación monarquía-sacerdocio supremo. Solo así se explica lo que leemos en 1Cr. 29:20, donde RVR60 y otras versiones leen (en clara referencia a David) que

> *Adoraron delante de Jehová y del rey.*

El TM, y con él la Vulgata, expresan con mucha mayor exactitud que

> *Adoraron a Dios y al rey.*

Vale decir, que emerge de nuestra versión definitiva del Antiguo Testamento, aunque en pequeñas cantidades, una tradición antigua que recuerda cómo la monarquía hebrea había asimilado rasgos que se encuentran en otros sistemas estatales del Creciente Fértil. Lógicamente, ni la tradición judía posterior ni las lecturas piadosas cristianas subsiguientes lo han admitido ni aceptado, pero la realidad está ahí.

[977] No deja de resultar llamativo que el hagiógrafo busque justificar esta injerencia real en los asuntos religiosos como el cumplimiento de una profecía sobre la casa del sacerdote Elí, en Silo. Abiatar era descendiente de Elí.

sobre el que ofreció sacrificios él en persona (2Re. 16:9-18). Los historiadores y especialistas son unánimes en indicar cómo en un comienzo las funciones sacerdotales fueron cometido específico de los jefes de tribu o clan, y después, de los monarcas: los faraones egipcios, así como los reyes mesopotámicos y de otras partes, tenían entre los deberes inherentes a su cargo la ejecución de sacrificios y ceremonias sacras pertinentes, a fin de aplacar a los dioses y hacerlos propicios. En este sentido, los primeros soberanos hebreos no fueron una excepción, sin que ello causara extrañeza alguna, ni siquiera entre los sacerdotes levitas a la sazón existentes. Pero una vez que el culto yahvista fue regulado y centralizado en el templo de Jerusalén, dejando a los sacerdotes de los santuarios locales un tanto desprotegidos y a la merced de la generosidad del pueblo entre el cualoficiaban (2Re. 23:9), tal coyuntura no se volvió a producir. De hecho, los hagiógrafos tienen buen cuidado de destacar cómo en la dedicación del primer templo eran solo los sacerdotes quienes oficiaban en el recinto sagrado (2Cr. 7:2), vale decir, el rey Salomón no penetró allí en ningún momento, sino que se mantuvo respetuosamente fuera. Y ahí está, en flagrante contraste, la trágica historia del rey Uzías, terriblemente castigado por Yahweh debido a su impiedad sacrílega al querer atribuirse funciones sacerdotales en el ámbito sacrosanto del templo, a imitación de los monarcas vecinos (2Cr. 26:16-21). Pese a todo, el Sal. 110, atribuido a David, pareciera reflejar un cierto estado de pugna por el sacerdocio entre el estamento levítico y el monárquico, sobre todo cuando el v. 4 alude al sacerdocio eterno de Melquisedec, antiguo rey de Salem (Jerusalén), que habría sido al mismo tiempo monarca y sacerdote. Si esa pugna tuvo lugar alguna vez, desde luego que fueron los sacerdotes levitas quienes obtuvieron la victoria.

Lo cierto es que, en momentos de gran alejamiento e impiedad de la nación hebrea para con Yahweh, también los sacerdotes levitas se corrompieron (1Sa. 2:12-36[978]; Is. 28:7; Jer. 6:13; 8:10; 23:11; Lm. 4:13; Mal. 1:6) y llegaron a caer en la trampa de la idolatría (2Re. 16:10-16[979]; 23:4; Esd. 9:7; Neh. 9:34). De ahí que el profeta Ezequiel

---

[978] Los hijos de Elí, cuya trágica muerte narra 1Sa. 4, se han convertido en paradigma del sacerdote infiel e inescrupuloso, que ejerce sus funciones como un mero oficio, sin una comunión real con Dios.

[979] Este pasaje en concreto viene a evidenciar, si falta hacía, hasta qué punto en el reino de Judá el sacerdocio estaba especialmente vinculado a los avatares de la dinastía reinante, y actuaba más como funcionariado estatal que como servidores de Dios y

—del que no hay que olvidar que era sacerdote él mismo— vislumbra-se la restauración de un sacerdocio más puro, circunscrito en exclusiva a la familia de Sadoc[980]:

> *Mas los sacerdotes levitas hijos de Sadoc, que guardaron el orde-namiento del santuario cuando los hijos de Israel se apartaron de mí[981], ellos se acercarán para ministrar ante mí, y delante de mí estarán para ofrecerme la grosura y la sangre, dice Jehová el Señor.* (Ez. 44:15)

En la futura tierra de Israel y en el nuevo templo que prevé, Ezequiel declara que serán estos sacerdotes sadoquitas los que ejercerán el sa-grado ministerio instruyendo al pueblo, administrando justicia y ejer-ciendo los oficios sagrados pertinentes (Ez. 44:23-24). Lo cierto es que, tras la cautividad de Babilonia y la restauración de Judea lleva-da a cabo por Zorobabel y Josué, Esdras y Nehemías, una vez desapa-recida para siempre la realeza davídica, serán los sacerdotes legítimos regresados de la cautividad, de los que Neh. 12:1-26 nos ofrece una lis-ta completa, quienes asumirán las funciones directivas de la nación[982]. Tras las invasiones helénicas, la revuelta de los Macabeos o Asmoneos, familia también de clara raigambre levítica[983], elevará al nuevo trono de Israel una dinastía sacerdotal que concluirá, poco antes de despun-tar la era cristiana, a manos de las intrigas romanas y la entronización

---

de su templo. En este sentido, no era distinto de los sacerdocios paganos de los pue-blos circundantes.

[980] Sumo sacerdote en la época de David y Salomón, según el testimonio de 2Sa. 8:17; 1Re. 4:4. De él tomarán su nombre los *saduceos* del Nuevo Testamento. Algunos estudiosos, pese a lo que indica 1Cr. 6:8,53, han apuntado que este Sadoc no sería de origen israelita, sino jebuseo, y que David lo asociaría a su reino tal vez porque ya ha-bía ejercido el sacerdocio en la Jerusalén jebusea (*cf.* MARTIN-ACHARD, R. *Permanence de l'Ancien Testament.* p. 347). La cuestión es: si Sadoc había ejercido un sacerdocio previo en la Jerusalén jebusea, ¿habría sido un sacerdote de Dios o de una divinidad pa-gana? ¿Sería tal vez un continuador del culto de El-Elyón de la época de Melquisedec, ahora asimilado a Yahweh?

[981] Esta afirmación no puede ser comprobada con exactitud en el resto del Antiguo Testamento, tal como nos ha llegado.

[982] Neh. 7:64-65 nos indica que en la restauración hubo personas excluidas del sa-cerdocio por no poder probar que eran de linaje sacerdotal.

[983] El apócrifo 1 Mac. 2:1 notifica que Matatías, padre de los Macabeos y presunto fundador de la dinastía, era hijo de Juan, hijo de Simeón, sacerdote del linaje del Joiarib mencionado en 1Cr. 24:7.

del idumeo Herodes. El sacerdocio que hallamos en la Historia Evangélica del Nuevo Testamento (Evangelios y Hechos), de entre el cual destacan los tristemente célebres nombres de Anás y Caifás, está muy lejos de los prístinos ideales con que fuera concebido en la historia bíblica más antigua. Sus representantes actúan principalmente como cargos políticos u honoríficos antes que religiosos propiamente dichos, y no manifiestan por el pueblo ningún sentimiento de piedad ni de solidaridad. Habían perdido ya su razón de ser.

Desde la destrucción del segundo templo el año 70 d. C., el sacerdocio israelita perdió sus funciones, quedando reservado únicamente para pronunciar bendiciones, entre ellas la llamada específicamente *bendición sacerdotal* (Nm. 6:24-26), rescatar primogénitos y efectuar la lectura de la sagrada *Torah*. En el día de hoy, tales cometidos se realizan en el seno del judaísmo por los rabinos, que no son específicamente sacerdotes, sino maestros. La cuestión de la restauración del sacerdocio levítico y sus funciones en el actual estado de Israel sigue siendo un tema candente entre quienes sueñan con un retorno a los patrones del Antiguo Testamento. Lo cierto es que nadie puede ya a ciencia cierta demostrar que es descendiente de Aarón o de Sadoc, ni siquiera levita, a fin de acceder a esta institución, de ser restablecida. Pese a todas las quimeras y fantasías de que algunos hacen gala, exhibiendo supuestas genealogías y documentos antiquísimos de dudosa fiabilidad, la estirpe levítica, como la de cualquiera otra de las doce tribus hebreas, es cosa del pasado.

El santuario. Aunque ya habíamos hecho alusión anteriormente a los antiguos במות *bamoth* o *lugares altos* como centros dispersos de culto en el Israel veterotestamentario, especialmente a partir de la conquista de Canaán, la historia bíblica reconoce la existencia de un elemento que ya desde los días de la peregrinación por el desierto del Sinaí había catalizado las ordenanzas litúrgicas y ceremoniales al mismo tiempo que la presencia permanente de los sacerdotes levitas, un elemento unificador del culto hebreo, por lo tanto. Nos referimos al *santuario*, en sus orígenes una especie de tabernáculo móvil, fácilmente desmontable y transportable, a cuyo cuidado estaban los levitas, y cuyas descripciones detalladas en la segunda parte del libro del Éxodo (cc. 25-40) son bien conocidas de todos los estudiosos de la Biblia. Lo que estos pasajes contienen ha inspirado, además, a numerosos artistas que han querido representar aquel antiguo santuario de manera plástica, y pese a las diferentes interpretaciones de detalle, han coincidido bastante bien en las líneas generales. Las tradiciones sacerdotales que conforman, como habíamos señalado ya con anterioridad, lo que en la hipótesis de Graf-Wellhausen se ha dado en llamar el documento P, y que son precisamente las que, entre otros asuntos, contienen todas estas descripciones que acabamos de mencionar, evidencian a todas luces una gran antigüedad —mucho mayor, en ocasiones, que la que le suponía la hipótesis documentaria— y nos dibujan con exactitud un espacio sagrado bien concreto al que designan con los nombres técnicos de אהל מועד *ohel moed*, "tabernáculo de reunión"[984]; אהל העדות *ohel haeduth*, "tabernáculo del testimonio"; משכן העדות *mishkán haeduth*, "tienda del testimonio"; o el más genérico de מקדש *miqdash*, "santuario", e incluso a veces קדש *qodesh*, "santo". Como es habitual, no todas las versiones bíblicas al uso coinciden exactamente en estas traducciones. Una construcción de suyo tan llamativa para un pueblo que peregrina por el desierto, cuya edificación, distribución y ornato (interno y externo) nos relata con tanta exactitud el libro del Éxodo[985], es lo que constituye la morada de Yahweh en medio de su pueblo (Éx. 25:8), muy especialmente el llamado *Lugar Santísimo* o *Santo de los Santos*, en hebreo קדש הקדשים *qodesh haqqodashim*[986], la dependencia más interior, donde se debía colocar la así llamada *arca del pacto* o *arca de la alianza*, en hebreo ערון הברית *arón habberith*[987], objeto singular y sacrosanto que venía a simbolizar (y materializar) la presencia divina en medio de Israel —sobre todo, su artística cubierta ornada de figuras de querubines, el ya antes mencionado *propiciatorio*, en hebreo כרפר *kapporeth*— y acerca del cual las tradiciones indican que debía ser tratado con el máximo miramiento (1Sa. 6:19; 2Sa. 6:6-7).

El sistema sacerdotal levítico, centrado en este particular santuario, exigía que todo sacrificio se efectuara allí (Lv. 17:1-9), lo cual hacía de aquel tabernáculo, además, un lugar de refugio apropiado para quien deseara acogerse a él evitando la pena capital; quienes a él acudían se

---

[984] "Tienda de la reunión" lo traducen algunos, y también es correcto.

[985] En la que los especialistas han encontrado, indudablemente, elementos de claro origen o influencia egipcia, así como un gran parecido con otros santuarios semíticos antiguos y modernos, y de otros orígenes, como los famosos *ilani* hititas.

[986] *Cf.* supra.

[987] En algunos textos aparece con otras menciones equivalentes: ערון אלהים *arón Elohim*, "arca de Dios", o ערון יהוה *arón Adonay* (*arón YHWH*), "arca de Yahweh".

asían de los cuernos del altar (1Re. 1:50; 2:28[988]). Pero lo cierto es que las condiciones de la ocupación de Canaán por parte de los hebreos propiciaron la existencia de otros santuarios similares, como el ya antes mencionado de la tribu de Dan en Jue. 18, o alguno que debió hallarse en Hebrón, reputada como ciudad santa por su vinculación con las tradiciones patriarcales (2Sa. 15:7-9).

Por otro lado, aquel primer tabernáculo no tuvo, al parecer, una ubicación fija en la Tierra Prometida: se señalan particularmente las localidades de Siquem (Jos. 24:25-26), Mizpa (Jue. 20:1,27)[989], Silo (1Sa. 1:3; 3:3[990]; Jer. 7:12) y finalmente Jerusalén (2Sa. 6:17; 1Cr. 16:1)[991]. El arca, por su parte, parece haber circulado sin tabernáculo alguno por otras localidades en las que fue objeto de culto, como Quiriat-jearim (1Sa. 7:1-2). Todas estas fugaces noticias nos permiten vislumbrar, leyendo entre líneas, una situación de cierta inestabilidad en lo referente al santuario y al culto de Israel en unos tiempos difíciles para el pueblo hebreo.

A la dispersión de lugares de culto yahvista intentará poner fin la monarquía davídica haciendo de Jerusalén el santuario único, como muy bien describe Dt. 12:4-7,11,13-14:

No haréis así a Jehová vuestro Dios, sino que el lugar que Jehová vuestro Dios escogiere de entre todas vuestras tribus, para poner allí su nombre para su habitación, ese buscaréis, y allá iréis. Y allí llevaréis vuestros holocaustos, vuestros sacrificios, vuestros diezmos, y la ofrenda elevada de vuestras manos, vuestros votos, vuestras ofrendas voluntarias, y las primicias de vuestras vacas y de vuestras ovejas; y comeréis allí delante de Jehová vuestro Dios, y os alegraréis, vosotros y vuestras familias, en toda obra de vuestras manos, en la cual Jehová tu Dios te hubiere bendecido.

---

[988] En este segundo caso concreto, el de Joab, ni siquiera un subterfugio tal le sirvió para eludir su destino. Los versículos siguientes muestran cómo, a una orden de Salomón, fue asesinado en el mismo tabernáculo como castigo de sus crímenes y sus arbitrariedades. En este caso, se evidencia que la voluntad real, al menos en la monarquía unida, estaba por encima de las disposiciones sacras.

[989] Aunque solo se menciona el arca de Dios, por extensión se entiende el conjunto del santuario móvil, al que acompañaba.

[990] 1S 3:3 habla del *templo de Jehová,* היכל יהוה *hekhal YHWH,* evidentemente por tratarse de una tradición puesta por escrito muy tardíamente, o quizás por corrección-actualización de un copista posterior.

[991] Tienda o tabernáculo específicamente preparado por David.

Y al lugar que Jehová vuestro Dios escogiere para poner en él su nombre, allí llevaréis todas las cosas que yo os mando: vuestros holocaustos, vuestros sacrificios, vuestros diezmos, las ofrendas elevadas de vuestras manos, y todo lo escogido de los votos que hubiereis prometido a Jehová.

Cuídate de no ofrecer tus holocaustos en cualquier lugar que vieres; sino que en el lugar que Jehová escogiere, en una de tus tribus, allí ofrecerás tus holocaustos, y allí harás todo lo que yo te mando[992].

La elección de Jerusalén por David como capital de su reino y santuario del culto levítico no es casual[993]. Ubicada en el centro geográfico de la Palestina ocupada por las tribus hebreas y situada en una especie de "tierra de nadie" entre las adjudicaciones de Judá y Benjamín (Jos. 15:63; 18:28; Jue. 1:8,21), estaba habitada por los jebuseos. Pero su importancia teológica no le va a la zaga a la puramente estratégica o política. Conocida como Salem en los días del patriarca Abraham, era ya en épocas tan remotas —como se ha indicado anteriormente— el centro del culto del *Dios Altísimo* (heb. אֵל־עֶלְיוֹן *El-Elyón), creador de los cielos y de la tierra* (Gn. 14:19), del cual era sacerdote el cuasi-mítico rey Melquisedec. El traslado del arca del pacto a Jerusalén efectuado por David (2Sa. 6:12ss) y, sobre todo, la edificación del templo realizada por Salomón (1Re. 6-8; 2Cr. 3-7), harán de esta ciudad el santuario por antonomasia del Dios de Israel. El templo será la habitación de Dios entre su pueblo, allí donde manifestará su gloria, pero al mismo tiempo el enlace o la conexión entre la tierra y la morada celestial de Yahweh, como deja bien claro la oración del rey Salomón en la ceremonia de inauguración (1Re. 8:27-30):

Pero ¿es verdad que Dios morará sobre la tierra? He aquí que los cielos, los cielos de los cielos, no te pueden contener: ¿cuánto

---

[992] 2Re. 18:22 nos muestra cómo el rey Ezequías, de acuerdo con este mismo espíritu, centralizó el culto judaíta en Jerusalén, poniendo fin a los diferentes santuarios que aún existían en los territorios por él gobernados.

[993] *Cf.* WRIGHT, G. E. *Arqueología Bíblica*. Madrid: Ediciones Cristiandad, 2002, p. 284. Se consultará también con provecho SHALEM, Y. "History of Jerusalem from its beginning to David", in *Jerusalem: Life Throughout the Ages in a Holy City*. Bar-Ilan University Ingeborg Renner Center for Jerusalem Studies, 1997.

menos esta casa que yo he edificado? Con todo, tú atenderás a la oración de tu siervo, y a su plegaria, oh Jehová Dios mío, oyendo el clamor y la oración que tu siervo hace hoy delante de ti; que estén tus ojos abiertos de noche y de día sobre esta casa, sobre este lugar del cual has dicho: Mi nombre estará allí; y que oigas la oración que tu siervo haga en este lugar. Oye, pues, la oración de tu siervo, y de tu pueblo Israel; cuando oren en este lugar, también tú lo oirás en el lugar de tu morada, en los cielos; escucha y perdona.

Si bien se declara sin ambages que Dios tiene su trono en los cielos (Sal 9:7; 103:19; Is. 66:1), con todo, Jerusalén será llamada *Trono de Jehová* (Jer. 3:17), pues él *habita en Sion* (Sal. 9:11).

> *En Salem está su tabernáculo,*
> *Y su habitación en Sion.* (Sal. 76:2)

La conquista de Jerusalén (el monte de Sion) por parte de David generará todo un movimiento teológico "siónico"[994], del cual se hacen eco los Salmos, principalmente, según el cual Dios *ha elegido a Sion; la quiso por habitación para sí* (Sal. 132:13). Los salmistas y cantores de la corte hierosolimitana, muchos de los cuales debían ser de procedencia cananea[995], incorporan rápidamente elementos míticos a sus inspiradas composiciones, según los cuales Sion es el *santo monte* de Dios (Sal. 2:4) y de ella emana lo que se llama *el río de Dios* (Sal. 65:9), remedo del gran río edénico de Gn. 2:10-14, que deviene bendición para todos cuantos sacian su sed en él (*cf.* Ez. 47:1-12)[996]:

> *Del río sus corrientes alegran la*
> *ciudad de Dios,*
> *El santuario de las moradas del*
> *Altísimo.* (Sal. 46:4)

---

[994] Evitamos decir *sionista* por las connotaciones políticas que este vocablo tiene en nuestros idiomas actuales.

[995] Para la evidente influencia de la poesía cananea y ugarítica sobre el Salterio, *cf.* los comentarios especializados.

[996] La figura del río o de corrientes de aguas vivas como fuente de bendición y bienestar es algo muy recurrente a lo largo de todo el Antiguo Testamento, no solo del Salterio, y altamente comprensible en un entorno del Medio Oriente, y especialmente de Palestina, dada la escasez de este elemento vital en esas zonas.

Como ya se ha señalado anteriormente, el cisma de las tribus septentrionales orquestado por Jeroboam I, estableció dos santuarios para Israel en abierta competencia con el de Jerusalén: el de Dan y, sobre todo,
el de Bet-el (*santuario del rey*, Am. 7:12-13). Los orígenes de este último, como nos indican los relatos de Gn. 28:10-22 y Gn. 35:1-15[997], se
retrotraen a la época del patriarca Jacob, aunque algunas tradiciones ya
lo relacionan con Abraham: en Bet-el habría edificado este su primer
altar en la tierra de Canaán (Gn. 12:8; 13:3). Los hagiógrafos que recopilan estas historias ancestrales no dudan en interpretar el topónimo
Bet-el[998] como "casa de Dios", en hebreo בית־אל *beth-el*, aunque no son
pocos los investigadores actuales que entienden este nombre como referencia a un santuario de la divinidad cananea antigua llamada con el
nombre genérico El, a lo que aludiría, dicen, la *encina* mencionada en
Gn. 35:8. Adquiere cierto renombre en los días previos a la monarquía
de Saúl al ser el lugar desde donde el profeta Samuel ejercía la judica-
tura (1Sa. 7:16) y donde debía haber un santuario reconocido en el que
los israelitas buscaban a Dios (1Sa. 10:3)[999]. Debido al cisma de Jeroboam y al hecho de haberse transformado en un centro de culto idolátrico (Am. 3:14), el profeta efrainita Oseas lo designará con el nombre
despectivo de *Bet-avén* o "casa de iniquidad", en hebreo בית און *beth
awén* (Os. 4:15; 5:8; 10:5). La concepción de Bet-el como un lugar de
importancia religiosa para Israel sobrevivió al cisma de Efraín y a la
destrucción del reino del Norte: 2Re. 17:28 sugiere que se perpetuó allí
un tipo de santuario para los nuevos colonos del país trasladados por
los asirios, lo que no impidió la profanación del lugar y su destrucción
por Josías, rey de Judá, y su campaña político-religiosa de restauración
nacional narrada en 2Re. 23:15-18. Al regreso de la cautividad babilónica, Bet-el fue repoblada por benjaminitas (Neh. 11:31), y no volvió a
erigirse en ella santuario alguno.

Aunque la restauración de Esdras, Zorobabel y Nehemías (con
la inestimable ayuda de los profetas Hageo, Zacarías y Malaquías)
hará del templo de Jerusalén el santuario divino por excelencia, y el

---

[997] En ambos se explica que tal fue el nombre dado por Jacob a aquel lugar, hasta
entonces conocido como *Luz*, es decir, "almendro".

[998] No es un dato sin importancia el hecho de que Bet-el sea, después de Jerusalén,
el topónimo más mencionado en el Antiguo Testamento.

[999] 2Re. 2:2-3 nos informa de que en Bet-el existía una comunidad de profetas de
Dios fieles al yahvismo en los tiempos de Elías y Eliseo, pese a la realidad del cisma
de Israel.

judaísmo posterior extra-bíblico centrará en él toda su piedad y su devoción hasta límites supersticiosos un tanto peculiares[1000], la corriente profético-sacerdotal representada por Ezequiel abrirá nuevos horizontes a la teología del santuario al presentar abiertamente a Dios como el verdadero tabernáculo de Israel:

Por tanto, di: Así ha dicho Jehová el Señor: Aunque les he arrojado lejos entre las naciones, y les he esparcido por las tierras, con todo eso les seré por un pequeño santuario en las tierras adonde lleguen. (Ez. 11:16)

De ahí que en los capítulos 40-48 de su libro, Ezequiel presente una visión extraordinaria de un nuevo templo, habitáculo material de la gloria de Yahweh, en el que el más que evidente simbolismo[1001] nos permite vislumbrar una interpenetración total entre el edificio y quien lo habita, algo que nunca había tenido lugar en la historia de Israel y que anticipa la gran promesa de Ap. 21:22 referida a la Nueva Jerusalén:

Y no vi en ella templo; porque el Señor Dios Todopoderoso es el templo de ella, y el Cordero.

Las ciudades de refugio. Relacionadas con el pensamiento que hace del santuario un lugar particularmente apartado en el que se podía

---

[1000] Ya antes de la deportación a Babilonia se hallan ramalazos de cierta superstición, según la cual la presencia del templo en Jerusalén constituía una especie de talismán que protegía la ciudad y el reino de Judá contra cualquier ataque o agresión exterior (*cf.* Jer. 7:3). La superstición judía posterior en relación con el segundo templo fue firmemente repudiada por Jesús, de lo cual hallamos un claro ejemplo cuando afirma en Mt. 23:16-21:

¡Ay de vosotros, guías ciegos! que decís: Si alguno jura por el templo, no es nada; pero si alguno jura por el oro del templo, es deudor. ¡Insensatos y ciegos! porque ¿cuál es mayor, el oro, o el templo que santifica al oro? También decís: Si alguno jura por el altar, no es nada; pero si alguno jura por la ofrenda que está sobre él, es deudor. ¡Necios y ciegos! porque ¿cuál es mayor, la ofrenda, o el altar que santifica la ofrenda? Pues el que jura por el altar, jura por él, y por todo lo que está sobre él; y el que jura por el templo, jura por él, y por el que lo habita.

[1001] La mención del innominado *monte muy alto* de Ez. 40:2, sobre el cual *había un edificio parecido a una gran ciudad*, habida cuenta de que el profeta lo contempla todo *en visiones de Dios*, debiera darnos la pauta para no caer en absurdos literalistas a la hora de leer y estudiar estos capítulos.

obtener asilo, se hallan las llamadas *ciudades de refugio*, en hebreo עירי המקלט *aré hammiqlat*, cuya institución hallamos en Nm. 35:9-28 y Dt. 19:1-13. Se trata de un conjunto de seis ciudades, tres ubicadas en la tierra de Canaán y tres en las zonas al oriente del Jordán (*cf.* Jos. 20)[1002], donde debía refugiarse el homicida involuntario hasta la muerte del sumo sacerdote, momento en que podía regresar a su lugar de origen sin temor de ser alcanzado por el גאל הדם *goel haddam* o *vengador de la sangre*, el pariente más cercano de la víctima, encargado de vengar su asesinato. Todo ello aparece presentado en una atmósfera de sangre y primitivismo, inmersa en una cultura ancestral de venganza, pero refleja un gran paso adelante en relación con estas concepciones arcaicas. Jos. 20:4 viene a mostrar cómo debía funcionar el derecho de asilo en aquellas ciudades, y, aunque no se las menciona como tales en otros pasajes veterotestamentarios, todo deja entrever que constituyeron una institución duradera, quizás hasta más allá de la restauración de Zorobabel, Esdras y Nehemías. Como han señalado algunos exegetas, el hecho de que los nombres de estas seis ciudades sean de por sí, como sucede en muchos relatos veterotestamentarios, nombres sugestivamente parlantes (Cedes, *santuario*, o también *justicia*; Siquem, *hombro* o *espalda*; Quiriat-arba o Hebrón, *comunión* o *pacto*; Beser, *fortaleza*; Ramot, *exaltación*; Golán, *gozo*), supone una refección literaria posterior y muy elaborada del recuerdo de una institución antiquísima conservado por las tradiciones sacerdotales.

La alabanza en el culto de Israel. Antes de enfocar directamente esta cuestión, bien merece la pena leer lo que afirma el Talmud en el tratado *Rabot* 140,1:

> «El primer canto á Dios, del cual haga recuerdo la sagrada historia, fué entonado por Israel.—Ni Adam cuando fué creado, ni Abraham cuando fué vencedor, ni Isaac cuando quedó ileso y fué cambiado por otra víctima, ni Jacob cuando venció al ángel, elevaron cánticos á Dios. Israel fué el primero que elevó un cántico á Dios al salir de los abismos del Eritreo[1003]».

[1002] Se diría que Dt. 19:9 deja abierta la posibilidad para que, en el caso de una expansión territorial posterior de Israel, pudieran ser añadidas otras más. Nunca sucedió, que sepamos.

[1003] Citado por CANSINOS-ASSENS, R. *Op. cit.* P. 34. Eritreo es, en este caso, un nombre poético para el mar Rojo, como bien entiende el amable lector.

De este hecho deducen los comentarios posteriores rabínicos que la verdadera piedad, la verdadera religión y el verdadero culto no comenzaron en el mundo sino con la revelación mosaica. Especialmente vinculada con las ordenanzas sagradas de Israel aparece la alabanza litúrgica a Yahweh, lo que el texto hebreo del Antiguo Testamento designa con el vocablo תודה *todah,* derivado de la raíz verbal causativa (o HIPHIL) הודיה *hodíah,* "dar gracias", del verbo simple (o QAL) ידה *yadah,* "arrojar"[1004]. Por lo general, se traduce el término תודה *todah* como "acción de gracias" o "alabanza", aunque su sentido original es, según los especialistas, "confesión"[1005]. Y es que Israel no entiende la alabanza cúltica sino como una confesión explícita de las grandes obras divinas; por eso, la תודה *todah* constituye un elemento clave del testimonio litúrgico de Israel, tal como evidencia de manera muy especial el Salterio (Sal. 7:17; 9:1-2; 54:6-7; 66:13-15[1006]; 111:1-2), y dentro de él, los llamados *cánticos graduales* o *cantos de peregrinación* (Sal. 120-134), que seguramente eran entonados por los peregrinos que subían a Jerusalén con ocasión de las principales festividades litúrgicas.

Pero la relación entre los israelitas y el hecho de alabar a Dios es anterior a la composición y recopilación en el tiempo del libro de los Salmos. Como indican algunos exegetas, el llamado *Cántico de Débora,* recogido en Jue. 5, sería una composición muy arcaica, tal vez la primera de todo el Antiguo Testamento, seguida muy de cerca por el *Cántico de Moisés y de María* de Éx. 15[1007], ambas, no obstante, harto elaboradas, auténticas obras de arte de todos los tiempos. Ello viene a evidenciar que Israel no concibe la liturgia del santuario sin manifestaciones de alabanza por las obras portentosas de Yahweh, todo lo cual tiene un alcance universal: constituye un claro testimonio ante las naciones, de manera que estas temerán el nombre de Dios (Sal. 102:15). Solo así se explica la invitación a que todos los pueblos alaben a Yahweh (Sal. 67:3,5).

[1004] No todos los lingüistas ven clara la conexión entre el HIPHIL הודיה *hodíah* y el QAL ידה *yadah.*

[1005] Dado que, conforme a esta opinión, la raíz verbal causativa הודיה *hodíah* significa fundamentalmente "confesar".

[1006] Estos pasajes mencionados de los Sal. 54 y 66, de forma específica, relacionan los ritos litúrgicos y sacrificiales con la alabanza a Dios.

[1007] No faltan, por supuesto, quienes postulan lo contrario, es decir, la prioridad temporal del *Canto de Moisés y de María.*

Hallamos en el Salterio lo que convencionalmente podríamos considerar tres tipos básicos de alabanza: salmos que se refieren a los *bruta facta* de Dios, otros que destacan sus *magnalia salutis* y los llamados *salmos reales*. Los primeros, como indica el sintagma latino *bruta facta* (los hechos en sí), se refieren a las acciones divinas en la creación, es decir, en lo que hoy llamaríamos "la naturaleza" o "el mundo natural", conceptos estos que no hallarían cabida en el pensamiento hebreo[1008]. El Salterio habla de las obras de Dios en el mundo creado expresándolas con figuras eminentemente míticas, como el combate contra el dragón o monstruo marino que representa el caos primigenio (Sal. 74:13-14; 89:9-10); asimismo, hallamos tonos similares en composiciones poéticas de otros libros veterotestamentarios que tienen también sabor de alabanza: el versículo ya antes mencionado de Is. 45:7, v. gr., dice que Dios crea incluso la oscuridad y la adversidad, pues nada escapa a su control; y, por no prodigar los ejemplos, en el mismo libro (Is. 51:9) leemos:

Despiértate, despiértate, vístete de poder, oh brazo de Jehová; despiértate como en el tiempo antiguo, en los siglos pasados. ¿No eres tú el que cortó a Rahab[1009], y el que hirió al dragón?

El Salmo 136 es una particular composición en la que la alabanza a Dios implica la vida:

Alabad a Jehová, porque él
es bueno,
Porque para siempre es su
misericordia. (v. 1)

Alabad al Dios de los cielos,
Porque para siempre es su
misericordia. (v. 26)

[1008] Para una comprensión de estas nociones a la luz de la revelación bíblica, *cf.* Tellería Larrañaga, J. M. y Gelabert i Santané, R. M. *Lecciones sobre el Génesis.* Las Palmas de Gran Canaria: Editorial Mundo Bíblico, 2010, p. 20.

[1009] Nombre de un monstruo femenino de la mitología cananea, representado con la forma de una serpiente, y que venía a simbolizar el abismo, las aguas del océano primordial anterior a la creación del mundo.

Los versículos 4-9 contienen una alabanza a Dios por sus *bruta facta* que está considerada por muchos exegetas como la más elevada de todo el Salterio, pues en ella los elementos del mundo creado ya no presentan rasgos mitológicos, no son fuerzas divinas malignas hostiles a Dios, sino que obedecen a la voz de su Creador. El Salmo 19, que también constituye una pieza maestra, se expresa en idéntico sentido y viene, por lo mismo, a reflejar una elevada reflexión teológica por parte de su compositor.

Los segundos, conforme al significado de la expresión *magnalia salutis* o grandes gestas de salvación, aluden a los tres hechos portentosos de Dios en relación con la Historia de la Salvación que recoge Israel: la liberación de Egipto, las maravillas operadas por Dios en el desierto para cuidar y proteger a su pueblo, y la conquista de la Tierra Prometida. Son típicos los Salmos 105 y 135, que, como habíamos indicado anteriormente, algunos autores consideran confesiones de fe, y el 106, en el que se contrasta la bondad de Dios con la infidelidad de Israel. Pero la alabanza a Yahweh por sus grandes gestas salvíficas se encuentra bien representada en el Salterio, como evidencian, entre otros, los Sal. 66:6,10-12; 68:7-14 o 77:15; de este último, los versículos 19 y 20 vienen a resumir la actuación salvífica de Dios en la historia sacra del pueblo hebreo cuando dicen:

> *En el mar fue tu camino,*
> *Y tus sendas en las muchas aguas;*
> *Y tus pisadas no fueron conocidas.*
> *Condujiste a tu pueblo como ovejas*
> *Por mano de Moisés y de Aarón.*

El Salmo 78 añade a las tres grandes gestas divinas la elección de David (vv. 70-72), y el 80 hace de la Historia de la Salvación pasada una puerta de esperanza para la restauración futura del pueblo caído. El 136, por su parte, exalta la misericordia eterna de Dios para con Israel en su historia, especialmente en los versículos 10-22. Y no hemos de olvidar esa composición magistral que es el Salmo 114, conocido en la tradición hímnica cristiana por sus primeras palabras tomadas de la edición latina, la Vulgata: *In exitu Israel de Ægypto,* y que citamos *in extenso*:

> *Cuando salió Israel de Egipto,*
> *La casa de Jacob del pueblo*
> *extranjero,*

Judá vino a ser su santuario,
E Israel su señorío.
El mar lo vio, y huyó;
El Jordán se volvió atrás.
Los montes saltaron como
carneros,
Los collados como corderitos.
¿Qué tuviste, oh mar, que huiste?
¿Y tú, oh Jordán, que te volviste
atrás?
Oh montes, ¿por qué saltasteis
como carneros,
Y vosotros, collados, como
corderitos?
A la presencia de Jehová tiembla
la tierra,
A la presencia del Dios de Jacob,
El cual cambió la peña en estanque
de aguas,
Y en fuente de aguas la roca.

Algunos autores encuentran en la narración de 2Cr. 20, la victoria de Josafat de Judá sobre Moab y Amón, sin paralelo en los libros de los Reyes, un relato verdaderamente poético que entronca con la misma tradición de alabanza cúltica a Dios por sus *magnalia salutis*, dado que se considera aquella hazaña bélica como una *guerra de Dios* (vv. 15 y 17)[1010], y también por la presencia destacada de *los levitas de los hijos de Coat y de los hijos de Coré, para alabar a Jehová el Dios de Israel con fuerte y alta voz* (v. 19). La historia narrada cuenta, efectivamente, que la victoria se produjo *cuando comenzaron a entonar cantos de alabanza* (v. 22).

Los terceros se conocen entre los especialistas como *salmos reales*, o también *salmos de entronización*, y exaltan la monarquía divina sobre Israel y el conjunto de la creación, tal vez en el marco de una supuesta festividad, no mencionada como tal en el Antiguo Testamento, pero

---

[1010] Para el concepto de *guerra de Dios, cf.* además 1Cr. 5:18-22 y el final de este capítulo.

sobre cuya existencia algunos autores del siglo pasado han realizado ciertos estudios[1011]. El Salmo 47 afirma claramente:

> *Porque Jehová el Altísimo es*
> *temible;*
> *Rey grande sobre toda la tierra.* (v. 2)

> *Reinó Dios sobre las naciones;*
> *Se sentó Dios sobre su santo trono.* (v. 8)

Con ello, entra esta composición en la línea de pensamiento de los grandes profetas de Israel, que proclaman el señorío divino sobre todos los pueblos del mundo. Señalan los estudiosos, dentro de los Salmos que presentan a Dios como Rey, unos pocos cánticos específicos introducidos por la fórmula יהוה מלך *Adonay malakh*; las versiones griega (Septuaginta) y latina (Vulgata) la traducen de manera muy literal: ὁ κύριος ἐβασίλευσεν *ho kyrios ebasíleusen* y *Dominus regnavit*[1012], respectivamente, es decir, "el Señor reinó", conforme a la forma gramatical del verbo hebreo[1013]. Los especialistas actuales en la lengua del Antiguo Testamento señalan que, en este caso, el sentido del estado verbal refleja al mismo tiempo una acción pasada puntual, ya cumplida, y sus consecuencias en el tiempo presente, y proponen como traducción más exacta "Yahweh ha sido establecido como rey y (en consecuencia) reina"[1014]. RVR60 la traduce invariablemente como *Jehová reina* (Sal. 93:1; 97:1; 99:1)[1015]; la proclamación del reinado di-

---

[1011] Especialmente los pertenecientes a la llamada "Escuela Escandinava", el más destacado de los cuales en este sentido es Sigmund Olaf Plytt Mowinckel, autor del ya clásico *Psalmenstudien* en cuatro volúmenes, que ve la luz en 1924, y de *The Psalms in Israel's Worship* en dos volúmenes, de 1962. Aunque sus tesis sobre esta supuesta celebración de la entronización de Yahweh no cuentan hoy con grandes sostenedores, siguen siendo empleadas como hipótesis de trabajo por algunos investigadores destacados. De cualquier manera, estas obras mencionadas forman parte de los clásicos de los estudios veterotestamentarios de la centuria pasada que se han de conocer.

[1012] La edición revisada del Salterio latino, en cambio, vierte esta fórmula así: *Dominus regnat*, "el Señor reina", en presente de indicativo.

[1013] Forma simple (QAL) del perfecto, 3ª persona del singular masculino, que se vierte casi sistemáticamente por un pasado puntual.

[1014] En el judaísmo actual, la fórmula יהוה מלך *Adonay malakh* designa un cántico especial que clausura la celebración del *Shabbath*.

[1015] *Reina Yahveh* (BJ); *reina Yavé* (BEP y NC, aunque en esta última aparece también la fórmula *Yavé reina*, en Sal. 97:1 y 99:1); *Yahveh es Rey* o *Yahveh reina* (CI);

vino sobre el mundo entero es algo que, por un lado, llena de gozo a Israel, quien es invitado a la adoración y a la fidelidad a su Dios (Sal. 95:4-7), y por el otro, provoca la vergüenza de quienes adoran a dioses falsos:

> *Avergüéncense todos los que*
> *sirven a las imágenes de talla,*
> *Los que se glorían en los ídolos.*
> *Póstrense a él todos los dioses.* (Sal. 97:7)

Como indican algunos exegetas, en estas composiciones introducidas por la fórmula יהוה מלך *Adonay malakh* se hace patente una influencia de estilos extranjeros, sin duda tomados de los poemas de entronización de monarcas y divinidades paganas, o de los relatos míticos propios de los pueblos vecinos de Israel, si bien matizados todos ellos por la fe yahvista[1016]. Así, el Salmo 93 presenta en sus vv. 3-4 el elemento del caos primordial, siempre amenazante, que son las aguas (*los ríos* en el v. 3 y *las recias ondas del mar* en el 4); el 97 llega incluso a proclamar la soberanía de Dios sobre los demás dioses:

> *Porque tú, Jehová, eres excelso*
> *sobre toda la tierra;*
> *Eres muy exaltado sobre todos los*
> *dioses.* (v. 9)

Y el 99, aunque, a diferencia de los otros de esta serie, se centra más en Israel y menos en el mundo circundante o en el conjunto de la creación, no por ello deja de mencionar seres mitológicos: Dios *está sentado sobre los querubines* (v. 1), su cabalgadura celestial, lo cual hace que sea *exaltado sobre todos los pueblos* (v. 2). Todos estos detalles justifican plenamente la alabanza y la adoración de Israel dentro de las manifestaciones cúlticas. De ahí que los vv. 5 y 9 conminen a los fieles a tributar loor y gloria a Yahweh:

¡el Señor es Rey! (DHH); ¡el Señor es Rey! (NTV);¡el Señor reina! o ¡el Señor es Rey! (NVI); etc.

[1016] No faltan quienes han señalado la posibilidad de que en la corte hierosolimitana, o en el templo, donde estos poemas de alabanza se gestaron, hubiera vates cantores de origen extranjero, cananeo o de otras procedencias.

Exaltad a Jehová nuestro Dios,
Y postraos ante el estrado de sus
pies;
Él es santo.

Exaltad a Jehová nuestro Dios,
Y postraos ante su santo monte,
Porque Jehová nuestro Dios es
santo.

El Salmo 65. Algunos exegetas han llamado la atención, dentro del tema de la alabanza litúrgica de Israel a Dios, al Salmo 65. Se trata, en efecto, de una composición que, en su conjunto, alaba a Dios porque es el Creador misericordioso que llena a Sion de bendiciones. Aunque de forma tradicional se atribuye al rey David (*cf.* el encabezamiento), son varios los elementos que nos hacen pensar, por el contrario, en una puesta a punto más tardía, tal vez contemporánea de las reformas de Esdras y Nehemías, o incluso posterior: el hecho de que el teónimo empleado sea siempre אלהים *Elohim*, la clara alusión al templo (v. 4), la descripción del señorío divino sobre una tierra en la que no hay ni rastro de alusiones mitológicas antiguas, y, especialmente, la idea de una bendición extensible a todos los seres humanos (v. 2), aunque la elección divina recaiga particularmente sobre Israel (v. 4). En este contexto, encontramos, de manera sorprendente, ya en el primer versículo, una gran novedad en relación con el concepto de alabanza. Aunque RVR60, y con ella la mayoría de las versiones bíblicas al uso, inicia así el Salmo:

Tuya es la alabanza en Sion,
oh Dios,

el TM lee literalmente לך דמיה תהלה אלהים בציון *lekha dumiyyah thehillah Elohim betsiyyón*, es decir, *para ti, el silencio es alabanza, oh Dios, en Sion*[1017]. Que esta novedad no debió ser bien comprendida por

---

[1017] Aunque BJ y BTI traducen este versículo como RVR60 y el resto de las versiones, en una nota a pie de página aclaran que esta otra es la traducción literal del texto hebreo. De hecho, señalan la traducción más generalizada como propia de las versiones antiguas, no como ajustada a lo que debió ser el texto original.

todos, se evidencia en el hecho de que la LXX vertiera esta declaración por Σοὶ πρέπει ὕμνος, ὁ θεός, ἐν Σιων *Soí prepei himnos, ho theós, en Sion*, "Te conviene un himno, oh Dios, en Sion", de donde se sigue la traducción de la Vulgata *Te decet hymnus, Deus, in Sion*, que está en la base de las que hoy encontramos en las versiones bíblicas de empleo común. Pero el TM hace alusión a algo diferente, al hecho de una valoración del silencio como acto de adoración a Dios, es decir, una situación diametralmente opuesta a la liturgia del templo, que debía ser especialmente sonora y llamativa. El vocablo דמיה *dumiyyah*, también escrito דומיה en *scriptio plena*, de muy poco uso en el Antiguo Testamento y relegado al Salterio como vocablo poético, refleja el silencio del reposo, de aquel que espera. En este sentido lo hallamos también en Sal. 39:2, donde el salmista, rodeado por una sociedad injusta, reflexiona sobre su último destino, o en Sal. 62:1, un cántico de confianza en la salvación que solo procede de Dios. En Sal. 22:2, un salmo mesiánico, se traduce por *reposo*. Evidentemente, la composición del Sal. 65 refleja unos momentos de reflexión muy íntima en los cuales se abre la puerta a una nueva manera de entender la alabanza y la adoración a Dios, una actitud individual e interiorizada, independiente de la celebración colectiva, y paralela a ella, que, andando el tiempo, cristalizará en las declaraciones de Jesús en Mt. 6:6 sobre la oración privada, o en Jn. 4:23-24 sobre la adoración a Dios *en Espíritu y en verdad*. Esta valoración del silencio como manifestación de alabanza viene a romper con la tradición de los antiguos, que hacían de él una evidencia de desgracia, y refleja un gran paso en el desarrollo del pensamiento teológico judío.

Calendario litúrgico de Israel. Especialmente vinculadas con el espíritu de alabanza y celebración de las grandes obras de Dios, están las festividades que el antiguo pueblo hebreo estableció como su calendario ceremonial. Tienen en común un claro origen no israelita, mayoritariamente cananeo[1018], y esencialmente naturista, vale decir, pagano, como han evidenciado ciertos estudios históricos y antropológicos[1019], pero que la reflexión posterior de los hagiógrafos asimila para

---

[1018] Aunque también se han señalado orígenes mesopotámicos en algunos casos muy concretos.

[1019] *Cf.* el ya clásico MAERTENS, T. *Fiesta en honor a Yahvé*. Madrid: Ed. Cristiandad, 1964, pp. 15-41. Para un estudio más completo de estas festividades, tanto en lo referente a sus orígenes como a su celebración en el judaísmo actual, ver MARTIN-ACHARD, R.

transformarlas en recuerdo de eventos de la Historia de la Salvación, y como tales las integra en la historia bíblica[1020]. La primera a la que habríamos de prestar atención sería el reposo sabático semanal, pero ya lo hemos visto en el capítulo anterior consagrado a la ley. Y en relación con el llamado *Día de la expiación* o יום הכפורים *Yom hakkippurim*, celebración de especial importancia dentro del calendario judío, le dedicaremos un epígrafe completo más adelante.

Nos dicen los exegetas que los calendarios rituales más antiguos conservados en los escritos veterotestamentarios se hallan en Éx. 23:14-17 y 34:18-23. El primero, dentro del llamado *Código de la Alianza*, reza así:

Tres veces en el año me celebraréis fiesta. La fiesta de los panes sin levadura guardarás. Siete días comerás los panes sin levadura, como yo te mandé, en el tiempo del mes de Abib, porque en él saliste de Egipto; y ninguno se presentará delante de mí con las manos vacías. También la fiesta de la siega, los primeros frutos de tus labores, que hubieres sembrado en el campo, y la fiesta de la cosecha a la salida del año, cuando hayas recogido los frutos de tus labores del campo. Tres veces en el año se presentará todo varón delante de Jehová el Señor.

El segundo, que forma parte de las disposiciones del llamado *Decálogo cultual*, nos indica en los vv. 18 y 22-23[1021]:

La fiesta de los panes sin levadura guardarás; siete días comerás pan sin levadura, según te he mandado, en el tiempo señalado del mes de Abib; porque en el mes de Abib saliste de Egipto.

También celebrarás la fiesta de las semanas, la de las primicias de la siega del trigo, y la fiesta de la cosecha a la salida del año. Tres

---

Dios de toda fidelidad. Los grandes temas bíblicos a través de las celebraciones de Israel. Rubí (Barcelona): Gayata Ediciones, 1998. Y también MICHALOVICI, I. *Fiestas y prácticas judías en el Talmud y en la tradición*. Barcelona: Ed. Riopiedras, 2000.

[1020] Algo similar a lo que, siglos después, hará la Iglesia con ciertas celebraciones paganas del solsticio de invierno, que se convertirán en la festividad cristiana de la Navidad, así como con otras.

[1021] Los vv. 19-20 indican mandamientos sobre los primogénitos y su redención. El 21 alude a la observancia sabática semanal.

veces en el año se presentará todo varón tuyo delante de Jehová el Señor, Dios de Israel.

Como se ve, informan acerca de lo que debieron ser en un principio las tres fiestas más importantes, celebraciones vinculadas a peregrinaciones, lo que en hebreo se designa con el nombre de חגים *jagim*, que tenían lugar en momentos muy concretos del año y allí donde se manifestaba la presencia divina en medio de Israel (2Cr. 8:13). Estas celebraciones, eminentemente agrarias, no pudieron conocerse hasta el momento en que Israel se estableció en Canaán.

La primera de todas es la que RVR60 llama *la fiesta de los panes sin levadura,* en hebreo מצות *matstsoth,* conocida también como *fiesta de los ácimos* (NC), por su nomenclatura griega. Vinculada con la recogida de la cebada, se había de celebrar durante siete días a partir del 15 del mes de Abib[1022] (Lv. 23:6), cuando se presentaba ante Dios *una gavilla por primicia de los primeros frutos de vuestra siega* (Lv. 23:10), que el sacerdote mecía el primer día después del sábado (Lv. 23:11). El hecho de vincular esta festividad con la salida de Egipto (*cf.* Éx. 12:14-20[1023]) ha propiciado la interpretación del pan sin levadura como una figura de la redención de Israel, dado que, en su origen, debía tratarse del alimento de los más pobres (לחם עני *léjem oní*). Dt. 16:3 lo llama *pan de aflicción*, y añade:

Porque aprisa saliste de tierra de Egipto; para que todos los días de tu vida te acuerdes del día en que saliste de la tierra de Egipto.

Solo después llegará a adquirir el significado que tiene hoy entre los judíos y que se sugiere en el Nuevo Testamento (1 Co. 5:6-8), es decir, limpieza de pecado.

La segunda es la llamada *fiesta de la siega* (Éx. 23:16) o *de las semanas,* en hebreo שבעות *shabuoth* (Éx. 34:22), celebrada siete semanas después del inicio de la anterior; de ahí su nombre griego de Pentecostés, es decir, πεντηκοστή ἡμέρα *pentekosté hemera*, "día

---

[1022] אביב en grafía cuadrada, es un término que significa "germinación". Este nombre fue sustituido por el caldeo ניסן *Nisán* durante la cautividad de los judíos en Babilonia, y es el que tiene actualmente en el calendario israelita.

[1023] La mayoría de los exegetas reconoce que estos versículos parecen una interpolación en el relato de Éxodo 12, un arreglo redaccional posterior en base a la asimilación de dos celebraciones en una: la fiesta de los panes sin levadura y la Pascua.

quincuagésimo". Dada su vinculación con las cosechas y el ofrecimiento de los primeros frutos de la tierra, implicaba un tipo de celebración de tonos particularmente gozosos, así como todo un ceremonial que había de ser rigurosamente cumplido (Lv. 23:15-21). En Nm. 28:26 se la describe con las siguientes palabras:

> *Además, el día de las primicias, cuando presentéis ofrenda nueva a Jehová en vuestras semanas, tendréis santa convocación; ninguna obra de siervos haréis.*

Este vocabulario denota una celebración festiva de gran alegría. Andando el tiempo, se transformó en una fiesta de aniversario, pues se la vinculó con la llegada de los israelitas al Sinaí y el don de la ley (Éx. 19:1ss), que, conforme a ciertas tradiciones judías, había tenido lugar cincuenta días después de la salida de Egipto[1024]. Llegaría a ser la fiesta más importante, tanto para los judíos helenistas de la diáspora[1025] como para la comunidad de Qumram. En esta última, tendría un significado especial: el aniversario de la renovación del pacto con Dios, y por ello, la ocasión para admitir nuevos miembros[1026].

La tercera y última es la llamada *fiesta de la cosecha*, más conocida como *fiesta de los Tabernáculos* (Lv. 23:34; Dt. 16:13), *de las Tiendas* (BJ, BTI) o *de las chozas* (NBE), que en algunas versiones modernas de la Biblia recibe el nombre, mucho más ajustado, de *fiesta de las Enramadas* (DHH, NTV, NVI). Se la designa en hebreo, en un principio, como אסיף *asiph*, es decir, "cosecha" o "recolección", pero luego recibe su designación definitiva de סכות *sukkoth* o "tabernáculos", "enramadas", que es la que tiene en el calendario festivo judío actual. El primer nombre alude a sus orígenes agrarios cananeos, es decir, una fiesta de la vendimia que tenía lugar en otoño, a partir del día quince del séptimo mes del calendario, y se celebraba con gran regocijo, como

---

[1024] El llamado *Libro de los Jubileos* o *Pequeño Génesis* (6:17) se hace eco de esta creencia, al igual que el llamado *Documento de Damasco* (4QD^b).

[1025] Hch. 2 ofrece un cuadro multicultural y políglota en la celebración del primer Pentecostés cristiano, que solo se explica por la coyuntura de que, al tratarse de una festividad de gran importancia para la diáspora judía, Jerusalén estaba llena de forasteros.

[1026] Antonio González Lamadrid, en su gran clásico *Los descubrimientos del mar Muerto*, pp. 164-165, llega a afirmar que es la concepción de la comunidad de Qumram la que influirá en el nuevo enfoque de celebración y de aniversario que alcanza la festividad de Pentecostés, y lo que se halla en la base del Pentecostés cristiano descrito en Hch. 2.

sugiere Jue. 21:19-21. Las enramadas hacían alusión a los habitáculos vegetales improvisados que cobijaban a los vendimiadores en las viñas durante todo el tiempo en que se dedicaban a sus labores. Cuando Israel integra esta festividad en su calendario litúrgico, las enramadas y toda la celebración en su conjunto vienen a adquirir un nuevo significado:

> *Y tomaréis el primer día ramas con fruto de árbol hermoso, ramas de palmeras, ramas de árboles frondosos, y sauces de los arroyos, y os regocijaréis delante de Jehová vuestro Dios por siete días. Y le haréis fiesta a Jehová por siete días cada año; será estatuto perpetuo por vuestras generaciones; en el mes séptimo la haréis. En tabernáculos habitaréis siete días; todo natural de Israel habitará en tabernáculos, para que sepan vuestros descendientes que en tabernáculos hice yo habitar a los hijos de Israel cuando los saqué de la tierra de Egipto. Yo Jehová vuestro Dios. (Lv. 23:40-43)*

Pasa así a festejar y conmemorar un momento de gran importancia para la historia nacional hebrea y la Historia de la Salvación, los años de peregrinación por el desierto, que es cuando las doce tribus de Jacob recibieron la revelación divina y cuando se constituyeron realmente como pueblo. No ha de extrañarnos, por tanto, que textos como Lv. 23:34,39 o Jue. 21:19 la designen como *fiesta solemne de los tabernáculos* o *fiesta solemne de Jehová*. En la época del exilio parece ser *la fiesta* por antonomasia (Ez. 45:25), dadas las condiciones de destierro que vive el pueblo, muy similares a la travesía del desierto del Sinaí. Y nada más regresar de la cautividad babilónica, es la primera gran celebración de la nueva comunidad judía, festejada con gran fervor y solemnidad, como leemos en Neh. 8:14-18, que tiene todo el sabor de una renovación del pacto y del propio pueblo:

> *Y hallaron escrito en la ley que Jehová había mandado por mano de Moisés, que habitasen los hijos de Israel en tabernáculos en la fiesta solemne del mes séptimo; y que hiciesen saber, y pasar pregón por todas sus ciudades y por Jerusalén, diciendo: Salid al monte, y traed ramas de olivo, de olivo silvestre, de arrayán, de palmeras y de todo árbol frondoso, para hacer tabernáculos, como está escrito. Salió, pues, el pueblo, y trajeron ramas e hicieron tabernáculos, cada uno sobre su terrado, en sus patios, en los patios de la casa de Dios, en la plaza de la puerta de las Aguas, y en la plaza de*

la puerta de Efraín. Y toda la congregación que volvió de la cautividad hizo tabernáculos, y en tabernáculos habitó; porque desde los días de Josué hijo de Nun hasta aquel día, no habían hecho así los hijos de Israel. Y hubo alegría muy grande. Y leyó Esdras en el libro de la ley de Dios cada día, desde el primer día hasta el último; e hicieron la fiesta solemne por siete días, y el octavo día fue de solemne asamblea, según el rito.

La presencia del escriba y sacerdote Esdras, con sus lecturas diarias del libro de la ley —sin duda, nuestro Pentateuco actual o una selección de sus textos más destacados— da a esta celebración su sello definitivo de recordatorio de eventos que forman parte de la Historia de la Salvación, lejos ya de sus orígenes puramente agrarios y paganos. Por el mismo tiempo, el libro de Zacarías hace de esta festividad el marco de una liturgia escatológica en la que han de participar todas las naciones (Zac. 14:16). Nada de extraño tiene que Flavio Josefo, en sus *Antigüedades de los Judíos* (VIII, IV, 1) defina esta fiesta como

«una de las solemnidades más santas e importantes».

¿Qué ocurre con la festividad de la Pascua? Sin duda que el amable lector ha echado a faltar algo en la exposición de estas tres grandes festividades del antiguo calendario de Israel. Sin negar la importancia de ninguna de ellas, especialmente de la última, se habrá preguntado más de una vez si, por error, no habremos descuidado la solemnidad más significativa, y, precisamente, la que más iba a destacar en la historia del antiguo pueblo de Dios, e incluso de la Iglesia[1027]. ¿Dónde se ubica en aquel calendario primitivo la Pascua? La respuesta es sencilla: cuando aquel calendario fue elaborado, la Pascua no había alcanzado aún la importancia que tendría más tarde.

Sus orígenes son anteriores a la entrada de Israel en la tierra de Canaán, e incluso, como señalan algunos especialistas, anteriores al propio éxodo. Todo apunta a un tipo de celebración tribal, más concretamente pastoril, muy similar a ciertas prácticas de los árabes nómadas, antiguos y modernos, en las que es fundamental la muerte y la ingesta de un cordero en el comienzo del equinoccio de primavera, ceremonia

---

[1027] "La Pascua es la primera de las fiestas del pueblo de Dios", indica Robert Martin-Achard en su obra *Dios de toda fidelidad*, p. 11.

que el clan de Jacob ya debía conocer y practicar, juntamente con otros pueblos de su entorno cananeo, incluso desde antes de su descenso a Egipto. De hecho, algunos autores señalan que tal pudo muy bien haber sido la *fiesta* para cuya celebración *en el desierto* pidieron permiso a Faraón Aarón y Moisés en Éx. 5:1. El relato bíblico posterior, no obstante, nos muestra cómo Israel asimiló esta festividad a su fe yahvista y le dio un significado muy preciso de recuerdo permanente de la liberación de la esclavitud egipcia, tal como leemos en Éx. 12:1-20,40-51, donde se dice en relación con el cordero:

> *Y lo comeréis así: ceñidos vuestros lomos, vuestro calzado en vuestros pies, y vuestro bordón en vuestra mano; y lo comeréis apresuradamente; es la Pascua de Jehová. Pues yo pasaré aquella noche por la tierra de Egipto, y heriré a todo primogénito en la tierra de Egipto, así de los hombres como de las bestias; y ejecutaré mis juicios en todos los dioses de Egipto. Yo Jehová. Y la sangre os será por señal en las casas donde vosotros estéis; y veré la sangre y pasaré de vosotros, y no habrá en vosotros plaga de mortandad cuando hiera la tierra de Egipto.* (Éx. 12:11-13)

Este relato ofrece la etimología popular del nombre de la festividad, en hebreo פסח *pesaj*, como un derivado de la raíz verbal homónima, que significaría "pasar". De esta manera, la antigua celebración ancestral recibe en la tierra de Egipto, según el relato bíblico, una nueva designación[1028] y un nuevo significado, ya permanente, relacionado con el acontecimiento capital de la Historia de la Salvación en lo referente al pueblo de Israel: su liberación.

Andando el tiempo, y debido a la proximidad de las fechas —la Pascua se celebra el día catorce del mes primero (Éx. 12:6) y los panes sin levadura, a partir del quince (Lv. 23:5-6; Nm. 28:16-17)—, ambas celebraciones devienen una sola, de manera que se asocia a la Pascua o liberación el hecho de no ingerir pan con levadura durante siete días. Como ya hemos señalado antes, el texto de Éx. 12:14-20 presenta todas las trazas de una inclusión posterior en el relato, que atestigua la perfecta asimilación de ambas festividades en una sola. De ello ofrece también un testimonio fehaciente Dt. 16:1-8. Durante el exilio queda plasmado para siempre el hecho de que la festividad pascual da

---

[1028] De hecho, se ignora por completo cuál pudiera ser su nombre original.

nombre a ambas celebraciones, como sucede en el judaísmo posterior hasta hoy:

El mes primero, a los catorce días del mes, tendréis la pascua, fiesta de siete días; se comerá pan sin levadura. (Ez. 45:21)

Cf. también Esd. 6:19-22. En los llamados habitualmente "libros históricos", se registra pocas veces la celebración pascual, lo que, en principio, no debiera entenderse como una constatación de su abandono o su olvido por parte de Israel. Ahí está Is. 30:29a para recordar los cánticos *de noche en que se celebra pascua,* lo que permitiría entender que se trataba de una festividad con arraigo popular en el Israel del siglo VIII a. C. De todas maneras, los libros históricos únicamente nos conservan noticias de la primera que vivió Israel en la tierra de Canaán en tiempos de la conquista, nada más entrar en el país (Jos. 5:10-11); de la del rey Ezequías (2Cr. 30:1-5,13[1029],15-20), que llegó a congregar a gentes procedentes del ya fenecido reino del Norte, y de la cual se señala expresamente que *desde los días de Salomón hijo de David rey de Israel, no había habido cosa semejante en Jerusalén* (2Cr. 30:26); y, sobre todo, de la de Josías, que viene narrada en 2Re. 23:21-23 y 2Cr. 35:1-19[1030], y que constituye una auténtica renovación del pueblo poco antes de su desaparición de la escena política del Oriente Medio. No deja de ser significativo que, en relación con esta Pacua de Josías, los hagiógrafos hagan los siguientes comentarios:

No había sido hecha tal pascua desde los tiempos en que los jueces gobernaban a Israel, ni en todos los tiempos de los reyes de Israel y de los reyes de Judá. (2Re. 23:22)

Nunca fue celebrada una pascua como esta en Israel desde los días de Samuel el profeta; ni ningún rey de Israel celebró pascua

---

[1029] Dentro de este contexto de celebración pascual, el v. 13 reza literalmente:

Y se reunió en Jerusalén mucha gente para celebrar la fiesta solemne de los panes sin levadura en el mes segundo, una vasta reunión.

[1030] El v. 17 apunta con gran exactitud:

Y los hijos de Israel que estaban allí celebraron la pascua en aquel tiempo, y la fiesta solemne de los panes sin levadura por siete días.

tal como la que celebró el rey Josías, con los sacerdotes y levitas, y todo Judá e Israel, los que se hallaron allí, juntamente con los moradores de Jerusalén. (2Cr. 35:18)

Existe, pues, entre los autores sagrados la clara conciencia de que aquella Pascua en concreto supuso un hito de gran trascendencia para Judá, de manera que constituyó el sello de las reformas emprendidas por aquel monarca piadoso, y la celebración clave de todo aquel regreso a las fuentes de la identidad de Israel como pueblo de Dios.

La festividad del año nuevo. El judaísmo actual concede mucha importancia a la celebración de lo que en hebreo se llama רֹאשׁ הַשָּׁנָה *rosh hashshanah* o "comienzo del año", referido al año civil[1031], tanto que la *Mishnah* le dedica un tratado completo con el mismo nombre. Discuten los especialistas si tal festividad debe ubicarse antes del exilio babilónico, con lo que sería la versión israelita de un tipo de celebración muy común entre los pueblos del Medio Oriente antiguo[1032], o si se trata más bien de una institución postexílica. Lo cierto es que la expresión hebrea רֹאשׁ הַשָּׁנָה *rosh hashshanah* solo se halla una vez en todo el Antiguo Testamento, en Ez. 40:1, donde fecha e introduce la sección última del libro, la visión final del templo; no hace, por tanto, referencia a una presunta festividad del año nuevo. Lv. 23:23-25 nos presenta un esbozo de lo que debió suponer esta festividad para Israel:

Y habló Jehová a Moisés, diciendo: En el mes séptimo[1033], al primero del mes tendréis día de reposo, una conmemoración al son de trompetas, y una santa convocación. Ningún trabajo de siervos haréis; y ofreceréis ofrenda encendida a Jehová.

Esta información se completa con Nm. 29:1-6, donde se detallan los diferentes sacrificios que debían ser ofrecidos en ese día. Sin prestar atención a las tradiciones y añadidos rabínicos posteriores, que ven en este día una alusión a la creación e incluso al juicio, su celebración en

---

[1031] El año religioso se iniciaba con las celebraciones pascuales.

[1032] Como el *Akitu* babilónico, de origen sumerio, mucha de cuya pompa ostenta un gran parecido con algunas expresiones del Salterio. *Cf.* VILLARD, P. "Akîtu" in JOANNÈS, F. (DIR.). *Dictionnaire de la civilisation mésopotamienne*. Paris: Éd. R. Laffont, 2001, pp. 20-22.

[1033] Que en el calendario hebreo recibe el nombre de תִּשְׁרִי *tishrí*.

el antiguo Israel se distinguía por la aclamación ruidosa, algo que nos recuerda los gritos de guerra (Jos. 6:5) y la alabanza litúrgica por las grandes proezas de Dios (Sal. 150). Sin duda que el Israel veterotestamentario quiso hacer del principio del año civil un hito especial en el que traer a la memoria las guerras de Yahweh a favor de su pueblo y la destrucción de sus enemigos. De ahí que su datación antes del exilio parezca pertinente.

La fiesta de Purim. Escrito con grafía cuadrada פּוּרִים, Purim es, dentro de todo el calendario festivo judío, la celebración más mundana, e incluso la más pagana, de manera que en la actualidad se ha convertido en una especie de carnaval no muy bien visto por los judíos más conservadores. Su institución, lejos de pretender un origen mosaico, viene relatada en Est. 9:20-28, de manera que son muchos los especialistas que consideran la razón de ser de este escrito bíblico únicamente la justificación de esta festividad:

Y escribió Mardoqueo estas cosas, y envió cartas a todos los judíos que estaban en todas las provincias del rey Asuero, cercanos y distantes, ordenándoles que celebrasen el día decimocuarto del mes de Adar, y el decimoquinto del mismo, cada año, como días en que los judíos tuvieron paz de sus enemigos, y como el mes que de tristeza se les cambió en alegría, y de luto en día bueno; que los hiciesen días de banquete y de gozo, y para enviar porciones cada uno a su vecino, y dádivas a los pobres. Y los judíos aceptaron hacer, según habían comenzado, lo que les escribió Mardoqueo. Porque Amán hijo de Hamedata agagueo, enemigo de todos los judíos, había ideado contra los judíos un plan para destruirlos, y había echado Pur, que quiere decir suerte, para consumirlos y acabar con ellos. Mas cuando Ester vino a la presencia del rey, él ordenó por carta que el perverso designio que aquel trazó contra los judíos recayera sobre su cabeza; y que colgaran a él y a sus hijos en la horca. Por esto llamaron a estos días Purim, por el nombre Pur. Y debido a las palabras de esta carta, y por lo que ellos vieron sobre esto, y lo que llegó a su conocimiento, los judíos establecieron y tomaron sobre sí, sobre su descendencia y sobre todos los allegados a ellos, que no dejarían de celebrar estos dos días según está escrito tocante a ellos, conforme a su tiempo cada año; y que estos días serían recordados y celebrados por todas las generaciones, familias, provincias y ciudades; que estos días de Purim no dejarían de ser guardados por los judíos, y que su descendencia jamás dejaría de recordarlos.

No se encuentra alusión alguna a ella en ningún otro pasaje del Antiguo Testamento, ni tampoco del Nuevo. Tan solo se menciona en el apócrifo 2 Mac. 15:36 con el nombre de *Día de Mardoqueo* (BJ) y en las *Antigüedades de los Judíos* de Flavio Josefo XI,VI,13, donde se dice de manera escueta:

«Este es el motivo por el que todavía hoy en todo el mundo los judíos celebran estos días con banquetes, enviándose mutuamente porciones. Mardoqueo escribió a los judíos que vivían en el dominio de Artajerjes[1034] que durante estos días hicieran fiesta, que se celebrara también en la posteridad, de modo que se recordara siempre. Pues ya que en aquellos días poco faltó para que fueran muertos, como lo había dispuesto Amán, obrarían rectamente si, libres de tan gran peligro y tomada venganza de sus enemigos, los observaran como festivos, dando gracias a Dios. Este es el motivo de que los judíos recuerden estos días bajo el nombre de *Frureos*[1035]».

El judaísmo actual prescribe para ello, entre otras cosas, una reunión especial en la sinagoga en la que se lee el libro de Ester con vítores a los nombres de Mardoqueo y Ester, y maldiciones y manifestaciones ruidosas cada vez que suena el nombre de Amán[1036].

Pese a toda esta historia folclórica que el judaísmo ha colocado en el trasfondo de una celebración tal, nadie puede ocultar que se trata de una fiesta eminentemente pagana, que ha conservado incluso su nombre original, no hebreo, precisamente, sino acadio; una fiesta que, fuere cual fuere su motivo original mesopotámico, rezuma odio y deseos de venganza contra los gentiles, por lo que viene a evidenciar la situación de la diáspora judía en los años de dominio persa y, probablemente, de dominio greco-selúcida, que es cuando debió ver la luz la edición definitiva del libro de Ester. El espíritu revanchista

---

[1034] El rey Asuero del libro de Ester suele ser identificado más bien con Jerjes. Pero en la redacción griega de esta obra, así como en sus añadidos apócrifos (o deuterocanónicos), se menciona con claridad el nombre de Artajerjes como el del monarca aqueménida esposo de Ester. Es evidente que Flavio Josefo tenía *in mente* la versión griega del libro, no la hebrea.

[1035] Adaptación fonética griega del nombre de Purim.

[1036] Todo ello hace que sea una celebración particularmente atractiva para niños y adolescentes, que participan de ella de manera muy activa.

que inflama esta celebración, muy lejos del propio de las prístinas del calendario mosaico, no solo se aleja por completo de la Historia de la Salvación tal como se presenta en el conjunto del Antiguo Testamento, sino que se halla en las antípodas de lo que más tarde sería el mensaje de Jesús.

El ritual del Día de las Expiaciones. Bien conocida por su nombre hebreo, la festividad del יום כפור *Yom Kippur* o, más exactamente, יום הכיפרים *Yom Hakkippurim*, a la que también se da el nombre de *el Día del Gran Perdón*, constituye la celebración más importante del calendario religioso judío actual. Se señala esta fecha, que indefectiblemente es el día décimo del séptimo mes (Lv. 16:29), como la más santa y solemne del año, día total de reposo y aflicción del alma (Lv. 16:31), por lo que en las tradiciones talmúdicas se asimila al Día del Juicio[1037]. De ahí que, en medios judíos, reciba muchas veces el nombre de *el Día* por antonomasia. El tratado de la *Mishnah* consagrado a ella recibe precisamente el nombre arameo de יומא *Yomá*, es decir, "el Día".

Aunque se trata, sin duda, de una celebración emparentada con ciertos rituales mesopotámicos muy antiguos, referidos a la purificación de templos y ciudades, su ubicación actual en el Pentateuco, más concretamente en el capítulo 16 del libro del Levítico, considerado por muchos como la clave de arco o piedra angular de este escrito, hace de ella el centro indiscutible de toda la *Torah*, tal como la hemos recibido; así lo ha evidenciado una pertinaz crítica bíblica, incluso dentro de los ámbitos más conservadores. Su introducción ostenta los tonos solemnes que indican esta posición clave:

Habló Jehová a Moisés después de la muerte de los dos hijos de Aarón, cuando se acercaron delante de Jehová, y murieron[1038]. Y Jehová dijo a Moisés: Di a Aarón tu hermano, que no en todo tiempo entre en el santuario detrás del velo, delante del propiciatorio que está sobre el arca, para que no muera; porque yo apareceré en la nube sobre el propiciatorio. (Lv. 16:1-2)

[1037] De todos es bien conocida la anécdota según la cual este suele ser el único día en que los judíos famosos no practicantes (actores de cine, magnates de la economía, políticos) acuden a los servicios religiosos de las sinagogas, por si acaso.

[1038] Referencia a los trágicos acontecimientos narrados en Lv. 10:1-3.

No hay mención alguna de esta celebración en los textos preexílicos, y tampoco se alude a ella en los libros de Esdras y Nehemías, ni en los autores postexílicos en general. Aunque algunos han pretendido que en el capítulo 45 de Ezequiel se podrían hallar alusiones a la celebración de esta fiesta, lo cierto es que no están lo suficientemente claras como para considerarlo de esta manera. Dicho de otra forma, salvo su descripción explícita en Lv. 16, no la encontramos en ningún otro lugar del Antiguo Testamento. Ello nos lleva a concluir que se trata de una ceremonia de implantación muy tardía. Su ubicación actual en Lv. 16, y su retrotracción a los tiempos de Moisés cuando tiene lugar la edición definitiva del Pentateuco[1039], la coloca fuera de cualquier festividad relacionada con la Historia de la Salvación, y evidencia una cierta mezcla de tradiciones en relación con, por un lado, lo referente a los ritos de expiación del santuario, y, por el otro, el enigmático pasaje del macho cabrío para Azazel (Lv. 16:7-10,20-22), nombre propio de un demonio al cual ya habíamos hecho referencia en un capítulo anterior. El ritual de la ceremonia de expiación se describe con claridad en los vv. 11-19 y su significado básico en los vv. 29-34. Leemos, concretamente, en los vv. 30 y 33:

Porque en este día se hará expiación por vosotros, y seréis limpios de todos vuestros pecados delante de Jehová.

Y hará [el sumo sacerdote] la expiación por el santuario santo, y el tabernáculo de reunión; también hará expiación por el altar, por los sacerdotes y por todo el pueblo de la congregación[1040].

El texto bíblico carece de la minuciosidad de prescripciones y reglamentos que las tradiciones talmúdicas describen en relación con esta ceremonia, así como en lo referente al cuidado exquisito y al temor con que se debía preparar todo lo referente a esta celebración, la actitud extremadamente reverente del sumo sacerdote al acercarse al Lugar Santísimo del santuario[1041], y el silencio sepulcral del pueblo que aguardaba

---

[1039] El versículo inicial podría dar a entender que su lugar en la redacción original se encontraba inmediatamente después de Lv. 10, lo que no ocurre en nuestra versión actual del Levítico.

[1040] El corchete es nuestro.

[1041] El Sumo Sacerdote, indican algunas fuentes, ni siquiera debía dormir la noche anterior al gran día, a fin de no contraer impureza ritual alguna que le impidiera oficiar

con impaciencia si aquel salía vivo o no del recinto sacrosanto, vale decir, si Dios había aceptado aquella expiación por los pecados de la nación, o si los retenía, con las consecuencias que de ahí podían derivarse. Todo ello nos lleva a entender que la noción de perdón otorgado por Dios a su pueblo mediante la sangre de la expiación, la purificación total del santuario, los sacerdotes y la congregación, y la posibilidad de que Jehová morase en medio de Israel, hacían de esta celebración tan tardía, y del libro del Levítico en que se describe, así como del conjunto del Pentateuco, una buena nueva para la descendencia de Jacob, si bien presentada con rasgos estilísticos muy *sui generis*.

La liturgia judía después del Antiguo Testamento. Las ordenanzas cúlticas de Israel, como hemos visto, estaban esencialmente ligadas a la idea del sacrificio, cruento en su mayor parte, y vinculadas, además, a un lugar muy específico, que era el templo de Jerusalén, del cual, se suponía, el santuario del desierto habría sido el antecesor[1042]. Esta situación se constata también en los escritos tardíos del Antiguo Testamento, después del exilio en Babilonia, y se hace patente a lo largo del llamado "Período Intertestamentario"[1043] hasta los propios Evangelios, donde Jesús se opone abiertamente a la consideración del templo como una especie de talismán protector o como el centro de la fe, desplazando al propio Dios (Mt. 12:6; 23:16; 27:40; Mc. 11:15; 14:58; 15:29; Lc. 19:45; Jn. 2:19).

Pero, ¿qué sucedió cuando el templo fue definitivamente destruido el año 70 d. C. por las legiones romanas?[1044] La piedad judía halló una nueva forma de expresarse, sustituyendo el sacrificio sangriento por el

---

la ceremonia, lo cual hubiera resultado catastrófico para sí mismo y para el conjunto del pueblo de Israel.

[1042] Un buen complemento de cuanto hemos dicho en este capítulo, tomado desde el punto de vista de las leyendas judías posteriores, es el libro de ROMERO, E. *La ley en la leyenda. Relatos de tema bíblico en las fuentes hebreas*. Madrid: CSIC, Instituto de Filología, 1989.

[1043] Los judíos, por razones obvias, prefieren hablar de un "Período del Segundo templo". *Cf.* el ya considerado por muchos como un clásico del tema: MAIER, J. *Entre los dos Testamentos. Historia y religión en la época del segundo templo*. Salamanca: Ediciones Sígueme, 1996.

[1044] Algunos apuntan a que estas condiciones pudieron iniciarse durante el período de la cautividad babilónica.

sacrificio de labios, es decir, la oración recitada en público[1045], y a los sacerdotes levitas por simples maestros de la ley o rabinos. De ahí que el judaísmo actual, ya siga la liturgia ashkenazí o la sefardita, tenga tres oficios litúrgicos diarios de oración equivalentes, más o menos, a los rituales del antiguo templo: matutino (שחרית *shajarith*), de la tarde (מנחה *minjah*) y vespertino (מעריב *maarib*). A ello se han de añadir los servicios específicos del *shabbath*, las festividades señaladas y, especialmente, el del *Yom Kippur*.

Los maestros judíos, no obstante, nunca pudieron olvidar que el fundamento de sus ceremonias y sus ritos habían sido los sacrificios cruentos, como señalan las Escrituras. Pero, haciendo gala de unas grandes capacidades de racionalización, los explicaron como formas de religiosidad más bien primitiva y, en realidad, no queridas, sino tan solo toleradas por Dios[1046]. De ahí que en los tratados talmúdicos *Jalkut* y *Talmud Menahoth* encontremos afirmaciones tan curiosas como las que siguen:

«¿Por ventura se sustenta el Señor de la carne y la sangre? ¿Y por qué, pues, ha impuesto los sacrificios á Israel?

El Señor, de otra parte, no ha impuesto los sacrificios, sino que solo los ha consentido. Así decía Dios á Israel: "No creas que los sacrificios tienen la eficacia de persuadir á mi voluntad; no imagines cumplir por ello un deseo mío. Pues no por mi voluntad, sino por tu deseo sacrificas."

¿Y por qué la ley divina ha permitido los sacrificios?

Un hijo de un rey, en vez de comer en la mesa regia, siempre andaba de orgía con malos compañeros, con lo que adquiría modales y costumbres obscenas. Dijo el rey: "De hoy en adelante mi hijo comerá siempre á mi mesa. Así aprenderá modales y costumbres más decentes y honestas."

Así Israel estaba acostumbrado á ofrecer holocaustos y víctimas á falsos Dioses y á demonios[1047]; y en esta práctica había puesto mucho amor y pasión. Dijo el Señor: "Ofréceme solamente á mí los sacrificios: así serán al menos ofrecidos al verdadero Dios"[1048]».

[1045] En el tratado talmúdico *Berakhoth* 8d,71, afirma el rabino Finés (Pinhás o Phineas, según las versiones):

«Orar en la sinagoga es llevar una ofrenda pura».

[1046] *Cf.* lo que habíamos comentado en el capítulo anterior acerca de Ez. 20:25-26.

[1047] *Cf.* Lv. 17:7. Algunos autores han supuesto que se hacía referencia a la situación religiosa de los israelitas en Egipto.

[1048] CANSINOS-ASSENS, R. *op. cit.*, pp. 40-41.

El tema de las promesas: punto focal de la teología del Antiguo Testamento. Indicábamos al comienzo de este capítulo la importancia de las promesas en tanto que particular enfoque del antiguo Israel sobre su Dios, con el cual, añadimos, los hebreos se alejaron definitivamente del entorno religioso-cultural en que vivían inmersos hasta llegar al monoteísmo absoluto que caracterizará el judaísmo posterior y sus derivados históricos, el cristianismo y el islam. Los dioses de los pueblos vecinos podían muy bien, conforme a las diferentes tradiciones míticas nacionales, haber engendrado o escogido a sus adoradores para mostrar en ellos su poder; no era infrecuente en los relatos religiosos de aquellas naciones que las divinidades establecieran alianzas o pactos con sus pueblos respectivos, y que promulgaran leyes específicas o señalaran un tipo de ceremonial cúltico muy concreto por medio del cual exigían ser adorados; pero jamás aquel mundo pagano gestó algo parecido a las promesas divinas que hallamos en los escritos sagrados de Israel. De ahí que el apóstol Pablo pueda muy bien mencionar *las promesas* en Ro. 9:4 como uno de los elementos fundamentales del pensamiento veterotestamentario. Así se traduce, efectivamente, el étimo ἐπαγγελίαι *epangelíai*, de gran solera en el vocabulario griego clásico, y muy presente en los LXX. Sin embargo, y he aquí una de las grandes paradojas de las Escrituras: el hebreo del Antiguo Testamento no parece disponer de un vocablo específico para este capital concepto teológico. En su lugar hallamos el término אמר *omer*, "dicho", y, sobre todo, דבר *dabar*, que traducimos habitualmente como "palabra", pero que, según los diccionarios, puede significar también "cosa", "hecho" o "asunto". Es, por tanto, la pericia de los traductores la que nos permite leer como *promesas* lo que el texto original designa como *dichos, palabras, cosas* o *asuntos*, para lo cual es determinante el contexto y la formación teológica de quienes se consagran al arduo menester de transmitir los libros sacros en nuestros idiomas modernos. Así, por ejemplo, el término más bien poético אמר *omer* presenta el significado de *promesa* en Sal. 77:8, como recoge RVR60; en cambio, aunque el vocablo דבר *dabar* puede muy bien ser entendido como *promesa* en Dt. 9:5; 1Sa. 1:23; 1Re. 2:4; 6:12; 8:20; Jer. 29:10; 33:14, RVR60 lo vierte literalmente como *palabra*; no así, en cambio, en el importante versículo de Jos. 21:45, donde lo traduce como *promesas*, en plural[1049].

[1049] Diremos, como dato curioso, que el Nuevo Testamento en hebreo antes mencionado, traduce el término *promesas* (gr. ἐπαγγελίαι *epangelíai*) de Ro. 9:4 por el

Cuando decimos que el tema de las promesas es un punto focal dentro de la teología del Antiguo Testamento, no estamos, pues, exagerando. De hecho, este particular concepto va a tener en los escritos sagrados de la Biblia Hebrea un desarrollo importante que los especialistas han periodizado en tres etapas: las promesas hechas a los patriarcas, las promesas hechas a David, y las promesas transmitidas por medio de los profetas, como vamos a exponer a continuación.

Las promesas de la era patriarcal. Las figuras de los patriarcas revisten tanta importancia para la historia religiosa de Israel y para la teología del Antiguo Testamento, que les consagraremos la primera parte del capítulo siguiente. Aquí tan solo haremos mención de un elemento capital de aquel momento de la Historia de la Salvación, que es la promesa divina hecha a Abraham sobre la posesión de la tierra de Canaán para sus descendientes, es decir, el pueblo de Israel. Leemos, en efecto, en Gn. 15:18-21, considerado el texto más completo en este sentido:

> *En aquel día hizo Jehová un pacto con Abram, diciendo: A tu descendencia daré esta tierra, desde el río de Egipto hasta el río grande, el río Éufrates; la tierra de los ceneos, los cenezeos, los cadmoneos, los heteos, los ferezeos, los refaítas, los amorreos, los cananeos, los gergeseos y los jebuseos.*

Sin tanta especificación, esta misma promesa se lee también en Gn. 12:7; 13:14-15; 15:7; 17:8; y después será repetida a Isaac (Gn. 26:3) y a Jacob (Gn. 28:3-4,13; 35:12), de manera que se convertirá en el gran motivo de la liberación de Egipto y la conquista de Canaán siglos después. Éx. 2:24-25 nos dice que, cuando los hijos de Israel clamaron en Egipto por sus duras condiciones de servidumbre, *oyó Dios el gemido de ellos, y se acordó de su pacto con Abraham, Isaac y Jacob*, de manera que *miró Dios a los hijos de Israel, y los reconoció*. Dt. 9:4-5 resume bien todas las implicaciones teológicas de la conquista de Canaán por Israel, cuando afirma:

> *No pienses en tu corazón cuando Jehová tu Dios los haya echado de delante de ti, diciendo: Por mi justicia me ha traído Jehová*

---

curioso sintagma דברי ההבטחות *dibré hahabetajoth*, lit. "palabras de promesas", en una construcción completamente ajena al vocabulario del Antiguo Testamento.

a poseer esta tierra; pues por la impiedad de estas naciones Jehová las arroja de delante de ti. No por tu justicia, ni por la rectitud de tu corazón entras a poseer la tierra de ellos, sino por la impiedad de estas naciones Jehová tu Dios las arroja de delante de ti, y para confirmar la palabra[1050] que Jehová juró a tus padres Abraham, Isaac y Jacob.

Israel ha de ser consciente de que la Tierra Prometida es posesión suya, aunque únicamente en usufructo, y solo por una especial disposición divina; una manifestación de Gracia plasmada en las promesas hechas a los patriarcas. Dios es siempre el dueño permanente del país (Lv. 25:23). A lo largo del relato de la conquista, se especifica que no es solo Israel quien obtiene las victorias sobre los moradores de la tierra: Dios mismo pelea por su pueblo (Jos. 10:42). Y, pese al enfoque supuestamente más realista de aquel período ofrecido por el libro de los Jueces, o a la constatación histórica de que, incluso en una época tan tardía como la de la monarquía salomónica, aún quedaba en el país un buen número de población autóctona *que los hijos de Israel no pudieron acabar* (1Re. 9:20-21), nada impide a los hagiógrafos deuteronomistas considerar que la época de la conquista dirigida por Josué supuso el pleno cumplimiento de las promesas divinas a los antiguos patriarcas, de manera que con la entrada de Israel en Canaán se cierra un ciclo de los hechos salvíficos de Yahweh para con su pueblo. Como se ha señalado en ocasiones, ello evidencia una gran madurez teológica, al mismo tiempo que una profunda reflexión sobre el pasado nacional.

De esta manera dio Jehová a Israel toda la tierra que había jurado dar a sus padres, y la poseyeron y habitaron en ella. Y Jehová les dio reposo alrededor, conforme a todo lo que había jurado a sus padres; y ninguno de todos sus enemigos pudo hacerles frente, porque Jehová entregó en sus manos a todos sus enemigos. No faltó palabra de todas las buenas promesas que Jehová había hecho a la casa de Israel; todo se cumplió. (Jos. 21:43-45)

Las promesas hechas al rey David. Las tradiciones recopiladas por el Antiguo Testamento acerca de la aparición de David en la escena de

---

[1050] *La promesa* (DHH).

la historia de Israel y la Historia de la Salvación no son siempre fáciles de entender ni de hacer concordar. Reconociendo, como indican los mejores exegetas, que 1 Crónicas presenta una lectura posterior y muy idealizada de la figura de este monarca y su reinado, hemos de acudir a los materiales recogidos por los libros 1 y 2 Samuel, algunos de los cuales deben entenderse como contemporáneos de los hechos que narran, pero que, al mismo tiempo, se incluyen entre los escritos bíblicos que más complicaciones presentan en relación con la conservación del texto, lo que incide en su lectura y su interpretación. Pese a ello, una cosa queda bien clara, y es que el joven hijo de Isaí no accede a la realeza ni por golpes de estado militares, ni por intrigas políticas, ni siquiera por intereses personales propios o de su clan familiar, sino por un misterioso designio de Dios que escapa a la comprensión humana. 1Sa. 16:1-13 viene a relatar de manera sencilla, pero contundente, la forma en que Dios elige a David, *hombre pobre y de ninguna estima* (1Sa. 18:23). En todas estas tradiciones aparece una especie de muletilla que va a ofrecer la clave de la historia de David: *Jehová estaba con él* (1Sa. 16:18; 18:12,28; 2Sa. 5:10). Así explican los hagiógrafos sus increíbles peripecias cuasi-legendarias, desde la muerte del gigante Goliat hasta el destierro en tierras de filisteos; desde su entronización como rey de Judá en primer lugar, y luego de todo Israel, hasta las guerras civiles y las sublevaciones que habría de sufrir, incluso protagonizadas por miembros de su propia familia, momentos harto difíciles de los que sale airoso, protegido como está por la mano divina. Es con un David poderoso, bien asentado en el trono de Israel en Jerusalén, con quien Dios realiza un pacto muy especial, como habíamos señalado en el capítulo anterior, y a quien, dentro del contexto de esa particularísima alianza, dirige por medio del profeta Natán una promesa de inusitada importancia dentro del conjunto teológico veterotestamentario:

Ahora, pues, dirás así a mi siervo David: Así ha dicho Jehová de los ejércitos: Yo te tomé del redil, de detrás de las ovejas, para que fueses príncipe sobre mi pueblo, sobre Israel; y he estado contigo en todo cuanto has andado, y delante de ti he destruido a todos tus enemigos, y te he dado nombre grande, como el nombre de los grandes que hay en la tierra. Además, yo fijaré lugar a mi pueblo Israel y lo plantaré, para que habite en su lugar y nunca más sea removido, ni los inicuos le aflijan más, como al principio, desde el día en que puse jueces sobre mi pueblo Israel; y a ti te daré descanso de todos tus enemigos. Asimismo Jehová te hace saber que él te hará casa. Y cuando tus días sean cumplidos, y duermas con tus padres, yo levantaré después de ti a uno de tu linaje, el cual procederá de tus entrañas, y afirmaré su reino. Él edificará casa a mi nombre, y yo afirmaré para siempre el trono de su reino. Yo le seré a él padre, y él me será a mí hijo. Y si él hiciere mal, yo le castigaré con vara de hombres, y con azotes de hijos de hombres; pero mi misericordia no se apartará de él como la aparté de Saúl, al cual quité de delante de ti. Y será afirmada tu casa y tu reino para siempre delante de tu rostro, y tu trono será estable eternamente. (2Sa. 7:8-16)

Aunque la promesa divina tiene en cuenta la situación del conjunto del pueblo de Israel, a quien se asegura una cierta estabilidad (v. 10), su interés se centra en el trono y la descendencia de David (v. 13), con quien se formaliza este pacto de Gracia. Así se lee también en el Sal. 132:11:

En verdad juró Jehová a David,
Y no se retractará de ello:
De tu descendencia pondré sobre
Tu trono.

Que Dios asegure en la profecía de Natán una *casa*, es decir, una dinastía o un linaje al rey (en este sentido se ha de entender el hebreo בית *báyith*), no implica una ruptura de las promesas hechas al patriarca Abraham, sino un enfoque más preciso de estas de cara a un futuro glorioso: la dinastía davídica no sería nada separada del conjunto de Israel.

Aunque 1Re. 8:24 pone en boca de Salomón, hijo y sucesor de David, estas palabras, pronunciadas en la dedicación del templo de Jerusalén:

Que has cumplido a tu siervo David mi padre lo que le prometiste; lo dijiste con tu boca, y con tu mano lo has cumplido, como sucede en este día,

lo cierto es que toda la historia posterior de los reinos hebreos vendrá marcada por la idea de la permanente vigencia de esta promesa, de manera que su cumplimiento será recordado en múltiples ocasiones. La gran crisis nacional que supone el cisma de Israel impulsado por Jeroboam, pone en evidencia que Dios tiene muy presente su promesa a David. Leemos en 1Re. 11:36:

Y a su hijo[1051] *daré una tribu, para que mi siervo David tenga lámpara todos los días delante de mí en Jerusalén, ciudad que yo me elegí para poner en ella mi nombre.*

La misma idea se repetirá en otros momentos críticos de la historia del reino de Judá (1Re. 15:5; 2Re. 8:19; 19:34; 20:6; 2Cr. 21:7). Tras la cautividad babilónica y el regreso a Judea de un pequeño remanente fiel, las promesas davídicas se centran en la figura de Zorobabel, hijo de Salatiel (Esd. 3:2; 5:2) y nieto del rey Joaquín, que había dirigido un contingente de cautivos desde Mesopotamia hasta Jerusalén (Esd. 2:2; Neh. 7:7; 12:10), y a quien el profeta Hageo designa como *gobernador de Judá* (Hag. 1:1; 2:2,21). Será incluso objeto de oráculos proféticos, como el que leemos en Zac. 4:6-10 y, sobre todo, en Hag. 2:23:

En aquel día, dice Jehová de los ejércitos, te tomaré, oh Zorobabel hijo de Salatiel, siervo mío, dice Jehová, y te pondré como anillo de sellar; porque yo te escogí, dice Jehová de los ejércitos.

Todo ello hallaría cumplimiento en la edificación del segundo templo, que algunos designan como *Templo de Zorobabel*, y el restablecimiento de los ritos religiosos en Jerusalén, ciudad de entre cuyas ruinas este gobernador, junto con la colaboración del sumo sacerdote Josué y otras figuras destacadas, hizo surgir de nuevo una comunidad viva y activa.

Aunque no disponemos de mayor información fidedigna acerca de la figura de Zorobabel en el Antiguo Testamento[1052], y todo parecería indicar que con él concluyeron las pretensiones de la dinastía davídica a ocupar el trono de Judá, el hecho de que se incluya su nombre en la genealogía de Jesús (Mt. 1:12-13; Lc. 3:27[1053]) nos permite comprender el alcance de las promesas hechas por Dios a David desde una óptica completamente diferente, y que señala directamente al Mesías.

[1051] Roboam de Judá, hijo de Salomón. El oráculo se refiere a Salomón y su caída en la idolatría.

[1052] Lógicamente, no podemos considerar veraces las afirmaciones de la obra tardía conocida como *Apocalipsis de Zorobabel*.

[1053] Para lo referente a las incongruencias o contradicciones entre estas genealogías de Jesús y los datos del Antiguo Testamento, véanse los comentarios bíblicos a los libros correspondientes.

Las promesas transmitidas por medio de los profetas de Israel. Con el ministerio de los profetas, las promesas de Dios a su pueblo llegan a su punto culminante, y con ellas se alcanza la cima de la revelación del Antiguo Pacto. Al decir "los profetas" nos referimos, naturalmente, y por un lado, a las grandes figuras carismáticas que Yahweh suscitó como heraldos y transmisores autorizados de su Palabra Viva a Israel; y por el otro, a esa rica literatura que en la tradición cristiana se ha dado en llamar "libros proféticos": Isaías, Jeremías (con Lamentaciones), Ezequiel, Daniel y los Doce Profetas Menores (de Oseas a Malaquías); es decir, no tenemos en cuenta lo que en el capítulo introductorio indicábamos acerca de la distribución del canon escriturístico judío, en el que también se designa como "profetas" a lo que nosotros llamamos "libros históricos". De hecho, como han apuntado algunos autores, la distribución de los libros veterotestamentarios en el canon cristiano, haciendo que este concluya con los libros de los profetas[1054], obedece a un reconocimiento implícito de la importancia de las promesas divinas que contienen, cuyo cumplimiento se hallará directamente en los primeros libros del Nuevo Testamento, es decir, en la llamada *Historia Evangélica* (Evangelios y Hechos de los Apóstoles). La literatura profética, por tanto, viene a enlazar el Antiguo y el Nuevo Pacto, poniendo el broche de oro al primero y abriendo las puertas al segundo.

A diferencia de lo que ocurría con las promesas hechas a los patriarcas o al rey David, es inmenso el material literario que presenta el Antiguo Testamento en relación con las figuras de los profetas y los escritos que se les atribuyen. De ahí que nos veamos obligados a distribuir toda esta última sección en diversos epígrafes, comenzando por la pregunta más lógica.

¿Qué es un profeta? Para poder comprender bien la función profética en Israel, hemos de definir con precisión los términos empleados. Y aquí nuestro idioma nos puede traicionar. El vocablo castellano *profeta*, procedente del latín *propheta*, que no es sino una adaptación fonética del griego προφήτης *prophetes*, se define de la siguiente manera:

[1054] El canon cristiano se basa en la LXX, que concluye con los libros proféticos en el orden siguiente: Oseas, Amós, Miqueas, Joel, Abdías, Jonás, Nahúm, Habacuc, Sofonías, Hageo, Zacarías, Malaquías, Isaías, Jeremías, Baruc (apócrifo), Lamentaciones, Ezequiel, Historia de Susana (apócrifa; en las ediciones católicas e interconfesionales de la Biblia suele constituir el cap. 13 de Daniel), Daniel, y la Historia de Bel y el dragón (apócrifo. Cap. 14 de Daniel en las versiones bíblicas antedichas).

«1.m. Poseedor del don de profecía.

2.m. Hombre que por señales o cálculos hechos previamente, conjetura y predice acontecimientos futuros.

3.m. Hombre que habla en nombre y por inspiración de Dios».

(Diccionario RAE, 22ª edición)

Por lo general, el concepto más popular y casi exclusivo de "profeta" en nuestra lengua coincide con la segunda acepción señalada. Un ejemplo claro nos lo proporciona el *Diccionario ideológico de la lengua española* de Julio Casares, donde las dos únicas definiciones de este concepto son las siguientes:

«El que posee el don de profecía. *Fig.* El que por algunas señales conjetura y predice lo que ha de suceder».

De manera que, para el hablante común de la lengua de Cervantes, como para otros que se expresan hoy en diversos idiomas, "profeta" viene a ser sinónimo de "adivino", y "profecía" se entiende como equivalente de "predicción acerca del futuro", algo muy similar a los horóscopos o a los "clarividentes" de ciertos programas televisivos.

No es tal en los escritos sagrados del Antiguo Testamento. Los términos empleados para designar al profeta son, en hebreo, tres. El primero, y el más importante, es נביא *nabí*, que se constata por primera vez en Gn. 20:7, dicho de Abraham. En Éx. 7:1 designa la misión de Aarón en relación con Moisés, el portavoz de Dios. Otros versículos donde se emplea son Nm. 11:29; Dt. 18:15,18; 1Re. 22:22; 2Re. 17:13; Sal. 105:15; Jer. 27:18; etc. En relación con su etimología, no está demasiado clara. La raíz verbal נבא *nabá*, "profetizar", es, evidentemente, un verbo denominativo, es decir, formado a partir del nombre נביא *nabí*. Se han propuesto varias teorías para explicar el origen de este término, desde la alusión al borboteo del agua de un manantial (נבע *nabiá*) hasta el verbo acadio *nabu*, con lo que se sugerirían distintas facetas del ministerio profético. Sobre este asunto afirma Von Rad:

«Resulta tentador relacionar el vocablo hebreo נביא con el verbo acadio *nabu*: "llamar, proclamar". Pero, ¿se trata de una construcción activa ("el que llama") o pasiva ("el que ha sido llamado por la divinidad")? Es una pregunta que sigue abierta. El verbo נבא es, con toda probabilidad, un verbo denominativo. Su raíz *hithpael* significa "hallarse en un estado de posesión extática"; se emplea con gran profusión en la literatura antigua. Su raíz *niphal* tiene, con frecuencia, un significado idéntico, pero, en los textos más recientes tiende claramente a adquirir un significado más vago, más general: "anunciar", "predecir" (para más detalles y referencias, ver: R. Rendtorff, *ThWbNT*[1055], VI, p. 796 ss.; A. Jepsen, *Nabi*, 1934, pp. 5 ss.)[1056]».

El segundo es חזה *jozeh*, participio activo de la raíz verbal חזה *jazah*, "tener una visión", es decir, percibir realidades que están más allá del sentido físico de la vista. Este vocablo tiene su equivalente en la lengua asiria. Según su significado primordial[1057], el profeta sería aquel que recibe de Dios el don de "ver" lo que el común de la gente no puede percibir con los ojos. Así se designa en 2Sa. 24:11 a Gad, el vidente de David[1058]. Con el mismo término se indica a los profetas en Is. 30:10 y Mi. 3:7.

El tercero es ראה *roeh*, participio activo de la raíz verbal ראה *raah*, "ver", referido en principio al sentido de la vista, pero también a un tipo de visión más profunda, espiritual. Se emplea para designar al profeta en 1Cr. 9:22; 26:28; 29:29 y en 2Cr. 16:7,10, además de en otros textos, pero entendido por lo general como un claro arcaísmo de la lengua hebrea. La a todas luces glosa tardía que constituye 1Sa. 9:9 es capital en este sentido, pues nos dice:

(Antiguamente en Israel cualquiera que iba a consultar a Dios, decía así: Venid y vamos al vidente [ראה roeh]; porque al que hoy se llama profeta [נביא nabí], entonces se le llamaba vidente [ראה roeh][1059].)

Ello indica que el término más común para designar al profeta en hebreo, es decir, נביא *nabí*, los hagiógrafos veterotestamentarios lo

---

[1055] *Theologisches Wörterbuch zum Neuen Testament*, el conocido diccionario teológico neotestamentario alemán, hoy un clásico.

[1056] Vol II de la *Teología del Antiguo Testamento*, p. 10. Lo tomamos de la edición francesa. La traducción es nuestra.

[1057] Se encuentran pasajes en los que la raíz verbal חזה *jazah* se emplea para indicar la percepción física de la vista, sin mayores matices.

[1058] En este texto se lee literalmente: גד הנביא חזה דוד *Gad hannabí jozeh Dawid*, que RVR60 traduce muy bien:

Al profeta Gad, vidente de David.

[1059] Los corchetes son nuestros.

entendieron como una innovación, un neologismo y, muy probablemente también, un préstamo extranjero.

La LXX tuvo el gran acierto de traducir la mayoría de las veces la raíz verbal hebrea נבא *nabá* por el verbo griego προφητεύω *propheteúo*, y el sustantivo correspondiente נביא *nabí* por προφήτης *prophetes*[1060]. Estos vocablos están bien atestiguados en la literatura helena clásica para designar a la persona que habla en nombre de los dioses, sea en los santuarios o fuera de ellos, e interpreta la voluntad de las divinidades por medio de oráculos o signos particulares[1061]. Solo como un sentido derivado de este se constatará el hecho de que ciertos oráculos tienen que ver con el futuro, pero se trata de algo secundario. Según la opinón de distinguidos helenistas, el sustantivo προφήτης *prophetes* y el verbo προφητεύω *propheteúo* procederían de πρό *pro* y φημί *phemí*, que habría de entenderse como "hablar en nombre de (alguien)" o "anticipar la palabra de (alguien)". De esta manera, los traductores de la LXX, muy en consonancia con el espíritu del texto hebreo, entenderían la figura del profeta del Antiguo Testamento como el portavoz autorizado de Dios, aquel que ha sido comisionado para hablar y transmitir la voluntad divina al pueblo. Incluso en los casos en que los oráculos divinos de Dios para Israel, el נאם יהוה *neúm Adonay* o "palabra de Yahweh"[1062], apuntan hacia lo que llamaríamos un tiempo futuro, están en las antípodas de nuestro concepto actual de "predicción". Carece, por tanto, de sentido cualquier intento de emplear las Sagradas Escrituras como diagrama, "mapa profético" o similares, referido a los tiempos venideros. No es tal el cometido de la profecía. Los varones de Dios de la Biblia Hebrea a los que designamos como *profetas* (heb. נביאים *nebiim*) ejercen un ministerio nada fácil, consistente en manifestar la voluntad divina en relación con las circunstancias que vive el pueblo, a fin de enmendarlas, y que la nación se vuelva a su Señor.

¿Cuándo comienza a haber profetas en Israel? No se trata de una pregunta de fácil respuesta, ya que no todos los estudiosos se ponen de

---

[1060] El *Greek-English Lexicon of the Septuagint* de las Sociedades Bíblicas Alemanas (*Deutsche Bibelgesellschaft*) dice del verbo προφητεύω *propheteúo* que es *stereotypical rendition of* נבא, y del sustantivo προφήτης *prophetes, mostly rendition of* נביא.

[1061] Heródoto, *Los nueve libros de la Historia*, 7, 111; Esquilo, *Agamenón* 1099; *Euménides* 19; Platón, *República* 366b; etc.

[1062] A diferencia de otras versiones actuales de la Biblia, RVR60 suele traducir este sintagma por una oración completa: *Así ha dicho Jehová*, o similares.

acuerdo en relación con este asunto, máxime si tenemos en cuenta que el profetismo, pese a cuanto se había creído en ciertos momentos, no es un fenómeno exclusivo de la religión de Israel; ya en una época tan remota como los siglos XVIII-XVII a. C., los archivos del rey Zimrilim de Mari constatan la existencia de profetas y videntes de templos que ejercen funciones muy similares a las que siglos más tarde llevarían a cabo los profetas hebreos[1063]. Para Von Rad, la profecía debuta en Israel en una época más bien tardía, hacia el siglo IX a. C., con las figuras señeras de Elías y Eliseo, contemporáneas, especialmente el último, de un tipo de profecía bien constatado en la llamada *Estela de Jakir, rey de Jamat,* cuyos representantes actúan siempre ante monarcas, transmitiéndoles mensajes de parte de la divinidad[1064]. Si tomamos los nombres de Elías y Eliseo como referentes de lo que se ha dado en llamar "profecía clásica", podría servirnos la propuesta del gran exegeta y teólogo germano, pero lo cierto es que, antes de la aparición de ese tipo de profecía, se constata la existencia de otras figuras anteriores que habían ejercido un ministerio profético en el seno del pueblo de Dios.

Tal como leemos hoy la historia bíblica, la primera vez que se menciona a un profeta en el Antiguo Testamento es, como se ha indicado antes, Gn. 20:7 referido al patriarca Abraham, que debió ser contemporáneo de aquellos profetas de Mari y de otros lugares de Siria y Mesopotamia más arriba mencionados. En relación con el mundo ante- y postdiluviano, tal como viene descrito en los capítulos 4-11 del libro del Génesis, solo el Nuevo Testamento hace referencia a una supuesta profecía de Enoc en Jud. 14-15, donde se dice que este curioso personaje, *séptimo desde Adán* y protagonista de una serie de leyendas piadosas que cristalizaron durante el período intertestamentario, *profetizó* (προεφήτευσεν *proephéteusen*); se cita a continuación un pasaje tomado del apócrifo libro de Enoc 1:7 (o 60:8, según las ediciones) que, se supone, contendría una serie de visiones y mensajes para los antediluvianos y para el futuro Israel[1065]. Ni que decir tiene que el Antiguo Testamento ignora por completo todo este entramado. De hecho, ni siquiera

---

[1063] GONZÁLEZ LAMADRID, A. *Profetismo y profetas pre-exílicos.* Madrid: Editorial PPC, 1971, pp. 17-20.

[1064] *Id.*, pp. 21-22.

[1065] E incluso para el mundo cristiano, dado que, según indican algunos exegetas y eruditos, este libro, que forma parte del peculiar canon de la Iglesia de Abisinia, ostenta en sus versiones definitivas claras interpolaciones cristianas.

menciona a Enoc como profeta: solo se dice de él que *caminó con Dios y desapareció, porque le llevó Dios* (Gn. 5:24).

El resto del Pentateuco muestra a Moisés y su familia como origen de la profecía en Israel. Éx. 15:20 nos dice que María, su hermana, era *profetisa*, en hebreo נביאה *nebiah*, forma femenina de נביא *nabí*, y lo evidenció entonando un inspirado cántico de loor a Yahweh, vencedor de las huestes de Egipto en el mar Rojo, rasgo este en el que hallamos el tipo de profecía laudatoria tan cultivado en la corte de Jerusalén (*cf.* el llamado *Cántico de Débora* o el Salterio). Y en Os. 12:13 hallamos lo que probablemente es la tradición más antigua conservada según la cual Moisés fue un profeta:

> *Y por un profeta Jehová hizo subir a Israel de Egipto, y por un profeta fue guardado.*

El capítulo 11 de Números contiene, entre otras tradiciones interesantes, el relato de cómo tuvo lugar por primera vez el fenómeno profético entre los demás hebreos. Al quejarse Moisés ante Dios de la carga que había puesto sobre sus hombros (vv. 11-15), Yahweh le ordena convoque setenta ancianos del pueblo para poner sobre ellos *del espíritu que está en ti* (v. 17). Así sucede, de manera que

> *Entonces Jehová descendió en la nube, y le habló; y tomó del espíritu que estaba en él, y lo puso en los setenta varones ancianos; y cuando posó sobre ellos el espíritu, profetizaron, y no cesaron. Y habían quedado en el campamento dos varones, llamados el uno Eldad y el otro Medad, sobre los cuales también reposó el espíritu; estaban estos entre los inscritos, pero no habían venido al tabernáculo; y profetizaron en el campamento.* (Nm. 11:25-26)

De esta manera tan llamativa (¿manifestaciones extáticas?) se inicia, según las tradiciones conservadas, la andadura de la profecía en el seno del pueblo de Dios. En Nm. 12:6-8 se indica que Moisés está por encima de los profetas ordinarios, dada su especialísima relación con Yahweh. Éx. 24:6 lo presenta incluso oficiando sacrificios a la manera de un sacerdote, como ya habíamos comprobado en el capítulo anterior. La vocación de Moisés no tiene un significado de caudillaje político o militar, sino como guía y portavoz de Dios (Éx. 3:1 – 4:17).

Yahweh se le revela a él en exclusiva para constituirlo en su heraldo autorizado y mediador entre él y el pueblo. Pero será un mediador sufriente. Aunque Dt. 34:10 afirme que *nunca más se levantó profeta en Israel como Moisés, a quien haya conocido Jehová cara a cara*, la realidad del último capítulo del Pentateuco no deja lugar a dudas: Moisés murió contemplando la Tierra Prometida, mas sin el permiso divino para entrar en ella (Dt. 34:4). El magno ministerio profético de este siervo extraordinario de Dios aparece (¡humano que era!) manchado por el pecado, o más concretamente, por *un* pecado. La antigua cuestión de *qua in re peccaverit Moses* siempre ha quedado abierta en las tradiciones veterotestamentarias. Ni siquiera el relato de Nm. 20:1-13 parece ofrecer una respuesta clara. Sal. 106:32-33 recoge una antigua versión del hecho:

> *También le irritaron en las aguas*
> *de Meriba;*
> *Y le fue mal a Moisés por causa*
> *de ellos,*
> *Porque hicieron rebelar a su*
> *espíritu,*
> *Y habló precipitadamente con sus*
> *Labios.*

Algunos exegetas han apuntado que, tal vez, la piedad judía posterior ocultó la realidad de aquella transgresión para no empañar la figura del gran siervo de Dios que fue Moisés, el primer profeta de Israel.

Las siguientes menciones de profetas que se hallan en la historia bíblica son la figura señera de Débora[1066], el anónimo de Jue. 6:8 y, cerrando un ciclo, Samuel, de quien se dice expresamente:

[1066] Es importante reconocer, juntamente con María hermana de Moisés y Aarón, a Débora, mujer de Lapidot, como profetisa. El texto de Jue. 4:4 la introduce en la narración con las palabras דבורה אשה נביאה *Deborah ishshah nebiah*, lit. "Débora mujer profetisa". Otro caso conocido de profetisa es Hulda, mujer de Salum, mencionada en 2Re. 22:14 y su par. de 2Cr. 34:22. E Is. 8:3 menciona a una profetisa, esposa del propio Isaías, sin duda, con la que el profeta tiene un hijo. En todos estos casos, es siempre el término hebreo נביאה *nebiah* el que define a estas mujeres. Ello significa que el ministerio profético, al contrario del sacerdotal, no estuvo circunscrito al sexo masculino en el antiguo Israel.

Y todo Israel, desde Dan hasta Beerseba, conoció que Samuel era fiel profeta de Jehová. (1Sa. 3:20)

La importancia de Samuel como personalidad histórica de Israel es patente para todos los estudiosos: último juez, es también el instaurador (aunque a su pesar) de la monarquía hebrea (1Sa. 8-12). Jer. 15:1 lo parangona con el propio Moisés, y el Nuevo Testamento hace de él una figura profética de talla, un hito de la Historia de la Salvación (Hch. 2:24; 13:20; He. 11:32), lo cual no debiera ser entendido como una ponderación o exageración retórica: pasajes como 1Sa. 10:5,10-12 y 19:20-24 lo vinculan de manera especial con una serie de grupos de profetas extáticos, muy similares a los que se encontraban en algunos santuarios cananeos y de otros lugares del Creciente Fértil, Fenicia y Siria en particular[1067], y que también buscaban estados exaltados de trance y fenómenos peculiares como evidencia de su carisma profético (*cf.* el vidente mesopotámico Balaam, de quien se habla en Nm. 22-24 y del cual trataremos más adelante, o los cuatrocientos cincuenta profetas de Baal y los cuatrocientos de Asera mencionados en 1Re. 18:19, de los cuales diremos algo más adelante también). 1Sa. 19:20 afirma expresamente que Samuel *los presidía*, lo que nos permite entrever su figura como una especie de cabeza o de jefe de todas aquellas hermandades o cofradías, sin duda muy influidas por la religiosidad de los autóctonos del país, pero que habían sabido derivar todas aquellas manifestaciones de piedad primitiva y su agitación social concomitante hacia un tipo de yahvismo muy especial, capaz de aglutinar a las tribus hebreas frente al peligro filisteo y de otras naciones enemigas. Volvemos a encontrar esta clase de grupos proféticos yahvistas fieles al pacto de Dios en el Israel septentrional de los tiempos de Elías (1Re. 18:4,13), frente a los cuales se hallan los profetas cortesanos, aduladores profesionales que hacen gala de un yahvismo muy *sui generis* (1Re. 22:10-12). Finalmente, en tiempos de Eliseo se encuentran las hermandades proféticas de fieles yahvistas bajo el nombre de בני־הנביאים *bené hannebiim* o "hijos de los profetas" (2Re. 2:3,15), vinculadas a este siervo de Dios, que parece ejercer sobre ellos autoridad e influencia (2Re. 4:38; 6:1-3; 9:1). Debieron ser, sin duda, un permanente elemento opositor a la monarquía

---

[1067] De ello ofrece un testimonio fidedigno el *Relato del viaje de Wen Amón a Fenicia*, datado el siglo XI a. C., la época supuesta de Samuel. *Cf.* GONZÁLEZ LAMADRID, A. *op. cit.* pp. 20-21.

israelita y sus desviaciones del culto tradicional; aunque mantenían aún algunos rasgos de la antigua profecía extática de tipo cananeo (2Re. 3:15), lo que debía generar incomprensión e incluso desdén hacia ellos por parte del resto de la población (en 2Re. 9:10 se los tilda de *locos*), manifestaban cierta conciencia de profesionalización del oficio (2Re. 9:1-10), frente a la que no mucho tiempo después reaccionaría Amós cuando declaró ante el sacerdote Amasías de Bet-el no ser *profeta* (נביא *nabî*) *ni hijo de profeta* (בן־נביא *ben nabî*) (Am. 7:14-15)[1068].

Además de estos grupos, hallamos en tiempos de la monarquía davídica unida personalidades notables que ejercen un ministerio profético en la corte de Jerusalén, como son Natán (2Sa. 7:2) y Gad (2Sa. 24:11; 2Cr. 21:9), junto con otras de extracción social más popular, como Ahías silonita (1Re. 11:29) o el viejo y anónimo profeta de Bet-el (1Re. 13:11) que transmitió un mensaje engañoso al profeta de Judá enviado para hablar contra el rey Jeroboam de Israel y su idolatría (1Re. 13:1-2)[1069]. En el reino septentrional de Israel aparecerán más tarde Jehú hijo de Anani (1Re. 16:1) y Micaías hijo de Imla (1Re. 22:8; 2Cr. 18:7), mientras que en el reino meridional de Judá se encontrarán figuras proféticas como Jahaziel hijo de Zacarías en la época de Josafat (2Cr. 20:14), o la profetisa Hulda de tiempos de Josías (2Re. 22:14; 2Cr. 34:22), a la que habíamos aludido en una nota anterior.

En definitiva, se puede decir que, atendiendo al testimonio de las tradiciones recogidas por los hagiógrafos, el ministerio profético existe en Israel, prácticamente desde los comienzos de la nación como tal, con ocasión de su liberación de Egipto, y perdura a lo largo de todo el período comprendido por el Antiguo Testamento canónico, vale decir, entre los siglos XIII-IV a. C., si bien reviste formas y expresiones distintas conforme a las épocas y los individuos que lo ejercen.

Características generales del profetismo en Israel. Los profetas de Israel nunca deben ser confundidos con los representantes de ciertas corrientes religiosas místicas, antiguas o modernas, pese a lo que en ocasiones se ha apuntado. No experimentan en sus encuentros personales con Yahweh éxtasis de fusión con la divinidad, al estilo de los

---

[1068] Amasías lo apostrofa como *vidente* (Am. 7:12), חזה *jozeh.*

[1069] Aunque el TM presenta a este profeta judaíta simplemente como un anónimo איש אלהים *ish Elohim* o "varón de Dios", Flavio Josefo le da el nombre de Jadón (*Antigüedades de los judíos* VIII,VIII,5).

derviches giróvagos turcos u otros orientales, ni tampoco visiones reveladoras acerca de la realidad divina o del mundo celestial. Por otro
lado, jamás animan a nadie a buscar este tipo de fenómenos, conscientes como son en todo momento de que su relación con Dios se fundamenta en un llamado especial realizado por Yahweh (*cf.* lo dicho sobre
el significado etimológico del término נביא *nabí*), con una clara misión
que consiste en transmitir mensajes en su nombre al pueblo (recuérdese el significado etimológico del vocablo griego προφήτης *prophetes*).
Dicho de otro modo, el profeta, sea que reciba de Dios una comunicación de imágenes (una visión), un *alloquium vocis articulatae* (una
audición), o que Yahweh se manifieste a él simplemente a nivel de la
conciencia, como es, entre otros, el caso de Jeremías[1070], mantiene su
personalidad individual y la plenitud de su consciencia en su encuentro con Dios, que sabe único e irrepetible, así como cuando proclama
el anuncio que le ha sido encomendado. El profeta, en tanto que persona racional y responsable de sus actos, deviene el guardián del mensaje
que le ha sido transmitido, e incluso puede rebelarse contra él. Jeremías y el protagonista del libro de Jonás presentan los ejemplos más
evidentes; el primero roza la blasfemia cuando se opone en su interior a ejecutar el mandato divino de transmitir los oráculos que le han
sido confiados (Jer. 20:7-9); el segundo, no solo huye de la presencia de
Dios con tal de no cumplir con su cometido (Jon. 1:3), sino que tiene
la osadía de rebelarse abiertamente contra Yahweh y de porfiar con él
cuando ve que no se cumplen sus íntimos deseos de destrucción de la
ciudad enemiga (Jon. 4). Pero, tanto en un caso como en el otro, la Gracia de Dios, siempre soberana, encauza el humano inconformismo de
estos sus siervos elegidos, para bien de ellos mismos y de todo el pueblo del Señor. En realidad, los profetas devienen auténticas personalidades individuales —las primeras que se pueden considerar tales, en
opinión de algunos— en medio de un pueblo y una sociedad que tenía
grandes dificultades para deshacerse de su prístina mentalidad tribal.
Este individualismo solo se puede manifestar cuando el profeta camina
por los senderos que Dios le ha trazado. De ahí que, como se ha apuntado en alguna ocasión, los escritos que se les atribuyen lleven desde la

---

[1070] En el caso de este profeta en concreto, como en el de algunos otros, es evidente que los diálogos y diatribas del instrumento humano con su Dios constituyen una
magistral refección literaria y teológica posterior de las luchas internas que el servidor
de Yahweh batalla contra sí mismo en una clara dialéctica de tensión entre lo que es la
voluntad divina y la tendencia humana.

antigüedad sus nombres propios, algo que no era demasiado común en la producción literaria de aquellas épocas.

Aunque los profetas crean escuela y tienen sus discípulos y seguidores[1071], algunos de los cuales también recibirán el carisma profético (cf. 2Re. 2:9), no manifiestan una intención de hacer extensible a otros el don y el ministerio que han recibido. En todo el Antiguo Testamento solo se constatan dos casos en los que un profeta de Dios desee que todo el pueblo de Israel participe del carisma profético: Moisés (Nm. 11:29) y Joel (Jl. 2:28ss). El cumplimiento de este anhelo tendrá lugar en el Nuevo Testamento, el día de Pentecostés (Hch. 2), y con un alcance mucho más amplio del que ellos hubieran podido imaginar.

El hecho de que el profeta sea alguien escogido y designado por Dios tiene consecuencias directas en su entorno inmediato; ello significa que su posición en la sociedad hebrea antigua resulta compleja y no siempre excesivamente popular: los oráculos divinos para con Israel no solo conllevan promesas de bendición, sino que también se escuchan en ellos con harta frecuencia amenazas de juicio por la impiedad generalizada del pueblo, e incluso el rechazo de gobernantes y personalidades específicas, cuando no de las dinastías reinantes al completo, sin excluir la casa de David en Judá[1072]. Pese al peligro que esto conlleva para la vida del profeta (cf. las experiencias de Elías o Jeremías, perseguidos por su entrega absoluta a su ministerio contra vientos y mareas; ver también la anotación sobre el triste final del profeta Urías hijo de Semaías, de Quiriat-jearim, en Jer. 26:20-23), este prosigue adelante; la razón es que no habla por sí mismo ni en su propio nombre, sino por mandato específico de Yahweh: el profeta es plenamente consciente de que el mensaje que transmite no es suyo, no son sus palabras, ni siquiera es algo que él hubiera pensado o deseado; por ello, al estilo de los heraldos y portavoces de la época, se limita a repetir lo que su Señor le ha ordenado, sean cuales fueren las consecuencias.

Algunos autores establecen una diferencia capital en el ámbito de la profecía hebrea: más o menos hasta el siglo IX a. C. (época de Elías y Eliseo), es de tipo carismático, propicia a los fenómenos extáticos de

---

[1071] Es en estos círculos de discípulos donde se perfilarán los escritos proféticos que hoy leemos en el Antiguo Testamento, a partir de los oráculos pronunciados y proclamados (a veces escritos) por los propios profetas.

[1072] Este último caso en los años finales del reino meridional. Cf. 2Re. 22:15-20; Jer. 15:1-4; 21.

los cuales se revisten los oráculos divinos (*cf.* Samuel y las compañías de profetas que presidía). A partir de ese momento, toma el relevo un tipo de profecía en el que prima la transmisión de la palabra viva del Dios vivo de manera clara y concisa, sin necesidad de manifestaciones de tipo extático; da el paso definitivo el profeta Amós (s. VIII a. C.), que es el primero en poner sus oráculos por escrito[1073]: de esta manera, el mensaje divino ya no se limita a ser escuchado por unos destinatarios inmediatos en un lugar y un momento muy concretos, sino que adquiere un alcance mucho mayor. La profecía escrita se convertirá, andando el tiempo, en referente y material de estudio para las generaciones futuras (Ez. 38:17; Dn. 9:2; documentos de Qumram; el propio Nuevo Testamento). En todo momento, el profeta, ya se manifieste de manera extática o no, es alguien a quien Dios ha hablado y ha llamado para comunicar un mensaje, un oráculo concreto. En resumidas cuentas, no hay profetas ni profecía sin oráculo, sin mensaje, sin comunicación para el pueblo de Dios. Asimismo, tampoco hay verdaderos profetas que lo sean por decisión propia; es el llamado de lo Alto, el poder de Yahweh, lo que los impulsa a proclamar aquello que quizás no quisieran decir, y a vivir lo que tal vez nunca habrían deseado experimentar. Recuérdese la archiconocida vivencia de Jeremías:

Antes que te formase en el vientre te conocí, y antes que nacieses te santifiqué, te di por profeta a las naciones. (Jer. 1:5)

Este encuentro particular con Dios deja profundas secuelas en el profeta, incluso en el terreno físico. Isaías experimenta una sensación de total inseguridad, de miedo ante la majestad divina (Is. 6:5); Ezequiel vive en sus propias carnes una serie de situaciones extremas: pierde el habla (Ez. 3:26) y sufre un tipo de parálisis que lo inmoviliza por completo en posturas harto incómodas durante largos períodos de tiempo (Ez. 4:4-8); Daniel desfallece y entra en un estado de sopor (Dn. 10:8-9). Aunque algunos autores ven en estas manifestaciones meras

---

[1073] Ello no significa que en la primera etapa los mensajes no estuvieran claros o que el ministerio profético se redujera en exclusiva a manifestaciones de tipo sobrenatural (*cf.* los mensajes del mismo Samuel o de Débora, en la época de los Jueces). Tampoco queremos decir que en la segunda etapa no se produjeran fenómenos paranormales en el ministerio profético (*cf.* la visión inicial de Isaías y de otros profetas de los últimos siglos del reino de Judá). Tan solo nos limitamos a marcar las dos tendencias que colorean cada una de ellas.

figuras literarias, metáforas con significado puramente espiritual, otros las han interpretado en su sentido más literal y han intentado estudiar todos estos fenómenos desde el punto de vista de la medicina y la psicología actuales, si bien las conclusiones obtenidas no han sido demasiado satisfactorias, dado que han pecado de exceso de subjetivismo. La realidad es que en el ministerio profético las manifestaciones físicas devienen acciones simbólicas que revisten un gran valor y contribuyen, en el mundo y el momento en que se producen, a plasmar la realidad de la palabra proclamada, aunque para los lectores actuales de las Escrituras parezcan desafortunadas en un buen número de casos. Solo así llegamos a entender —aunque no, tal vez, del todo— el hecho de que Oseas contraiga matrimonio con una prostituta (Os. 1:2-3) y más tarde con una mujer adúltera (Os. 3:1-2)[1074]; o que Isaías engendre un hijo con una profetisa y le ponga un nombre simbólico (Is. 8:1-4), siendo plenamente consciente de que tanto él como sus hijos son señales de Dios para el pueblo (Is. 8:18); e incluso que llegue a pasearse desnudo y descalzo por la ciudad de Jerusalén durante tres años (Is. 20:1-3)[1075]; que Jeremías compre un cinto y lo deje pudrir (Jer. 13:1-11), lleve un yugo sobre el cuello a la vista de todos (Jer. 27:1-2; 28:12), compre una heredad en un momento poco propicio para las transacciones comerciales (Jer. 32:9-11), o que él mismo mutile su propia vida quedando soltero, algo totalmente inusual en la cultura hebrea (Jer. 16:1-2); y que Ezequiel ejemplifique la caída de Jerusalén por medio de maquetas (Ez. 4:1-3), rapándose el cabello (Ez. 5:1-4) o representando ante los cautivos que están con él en Mesopotamia la salida del rey de Judá por las murallas de Jerusalén abriendo un boquete en la pared de su propia casa (Ez. 12:1-16). El profeta, ya sea con su palabra pronunciada o con las acciones que la acompañan, no solo anuncia, sino que crea el evento que describe. Ello se debe a que en la lengua hebrea antigua el concepto de *palabra* se distingue mal del hecho concreto y material que representa. Con ello tocamos una de las características más importantes de la profecía veterotestamentaria.

[1074] No todo el mundo está de acuerdo con que este profeta haya contraído doble matrimonio. Para la discusión de un asunto tal, véanse los diferentes comentarios al libro de Oseas.

[1075] Algunos han descrito este hecho como la manifestación de un período de demencia en la vida de Isaías. *Cf.* además la experiencia del rey Saúl entre los profetas extáticos presididos por Samuel en 1Sa. 19:22-24.

En realidad, los hablantes actuales del castellano, como los de otras lenguas de nuestro entorno, tenemos problemas serios al pretender definir con precisión el concepto de *palabra*. Aunque los usuarios del idioma mostramos una noción más o menos intuitiva de lo que este término puede significar, la realidad es que ni siquiera resulta fácil de explicar desde el punto de vista meramente gramatical, como evidencian los diccionarios al uso y los estudios clásicos realizados por expertos lingüistas[1076]. Sea como fuere, las definiciones propias del mundo occidental no reflejan exactamente lo que este concepto quiere decir en el Antiguo Testamento, y más concretamente en los profetas. Digamos, de entrada, que el vocablo hebreo דבר *dabar* no se corresponde con nuestra noción ortográfica o gramatical de *palabra*, aunque lo traduzcamos así la mayoría de las veces en las versiones bíblicas al uso. Su enfoque es vitalista, incluso mítico, e implica mucho más que un sonido articulado empleado para la comunicación humana. Más bien viene a designar el objeto o la persona nombrados en sí mismos, en su esencia más pura. Para la mentalidad del israelita del Antiguo Testamento, los seres existen a partir del momento en que son nombrados (*cf.* el *Y dijo Dios... Y fue así* de Gn. 1 o el relato en el que *puso Adán nombre* a todos los animales de Gn. 2). En este sentido, se puede afirmar que la palabra (דבר *dabar*) genera vida, es un poder creador. Así se explican los cambios onomásticos tan frecuentes en el Antiguo Testamento[1077], o incluso las etimologías populares[1078] (unas sesenta, solo en los libros históricos). El sintagma דבר יהוה *debar Adonay*, la *palabra de Jehová* de RVR60 (*palabra de Yahveh* en BJ, *palabra del SEÑOR* en NVI y otras versiones), de las 241 veces que se constata en el Antiguo Testamento, 221 se refiere a la palabra profética. Así, la fórmula con

---

[1076] *Cf.* la entrada "palabra" en *Diccionario de la lengua española* (22ª edición). RAE, 2001. Ver también los estudios correspondientes en, entre otros, ALARCOS LLORACH, E. *Gramática de la lengua española*. RAE, 1994; MARCOS MARÍN, F. *Curso de gramática española*. Madrid: Ed. Cincel, 1986; PUSTEJOVSKY, J. *The Generative Lexicon*. MIT Press, 1995; ROCA-PONS, J. *Introducción a la gramática (con especial referencia a la lengua española)*. Barcelona: Ed. Teide, 1985; SAUSSURE, F. DE. *Cours de Linguistique Générale*. Paris: Payot, 1978.

[1077] Abram – Abraham (Gn. 17:5); Sarai – Sara (Gn. 17:15); Jacob – Israel (Gn. 32:28); Esaú – Edom (Gn. 25:29-30); Oseas – Josué (Nm. 13:16); etc.

[1078] Eva (Gn. 3:20); Caín (Gn. 4:1); Set (Gn. 4:25); Noé (Gn. 5:29); los once hijos de Jacob nacidos en Padán-aram (Gn. 31:32 – 32:24); Moisés (Éx. 2:10); Gersón (Éx. 2:22); Masah y Meriba (Éx. 17:7); etc.

sagrada אֵל[1079] וִיהִי דְּבַר יְהוָה *wayehi debar Adonay el*, lit. "y fue palabra de Yahweh a", se encuentra 30 veces en el libro de Jeremías (Jer. 1:4; 2:1; 13:8; 16:1; 24:4; 28:12; 29:30; etc.) y 50 en el de Ezequiel (Ez. 1:3; 6:1; 7:1; 11:14; 12:1; 17:1; 18:1; 20:2; 35:1; 36:1; 38:1; etc.). Los profetas conciben esa palabra como una fuerza activa que se adueña de ellos y siempre produce un efecto:

> *Porque como desciende de los cielos la lluvia y la nieve, y no vuelve allá, sino que riega la tierra, y la hace germinar y producir, y da semilla al que siembra, y pan al que come, así será mi palabra que sale de mi boca; no volverá a mí vacía, sino que hará lo que yo quiero, y será prosperada en aquello para que la envié.* (Is. 55:10-11)

Constatamos que ya en la Historiografía Deuteronomística la *palabra* divina siempre se cumple. Lo que Dios ha decretado (lit. אָמַר *amar*, "ha dicho") en relación con los jueces y reyes de Judá e Israel y el propio pueblo, se plasma en la realidad, desde el cumplimiento de las promesas a los patriarcas en Jos. 21:45 hasta el decreto de destrucción de Judá por los pecados del rey Manasés en 2Re. 22:16-17. De esta manera, la historia de Israel narrada por los hagiógrafos deviene una historia sacra, la Historia de la Salvación, impregnada de la palabra de Yahweh (*cf.* 2Sa. 5:2; 7:12-16; 12:11-12; 1Re. 2:27; 11:29-39; 12:15; 13:2; 15:4; 2Re. 1:16-17; 7:1-2,18-20; 8:19; 10:10,30; 15:12; 17:22-23; 24:2-4). Pero es en la profecía donde esta *palabra de Yahweh* (יהוה דבר *debar Adonay*) se evidencia como un poder creador de realidades, como hemos apuntado más arriba. Así lo afirma Carl-A. Keller en su comentario al libro de Joel, concretamente al tratar los versículos 1:2-4:

> «La palabra del profeta, efectivamente, crea la realidad; de esta manera, la plaga anunciada existe de cierto por el solo hecho de haber sido evocada. Se delinea la catástrofe, se concretiza, se abate sobre una tierra indefensa a medida que las palabras van siendo pronunciadas. Por el poder de esta palabra visionaria y eficaz el profeta suscita de modo sucesivo la "oruga", el "saltón", el "revoltón" y la "langosta", estimula su apetito insaciable, les hace devorar toda la hierba verde del país. Cuando el profeta

---

[1079] Puede aparecer en algunos casos la preposición עַל *al* por confusión ortográfica, como en 1Cr. 22:8.

pronuncia su mensaje amenazador, la realidad de un orden nuevo viene a sobreponerse a aquella que, para nosotros, sería la única accesible a los sentidos; para el israelita, en cambio, esta otra realidad está presente y le genera angustia[1080]».

Ello explica bien el hecho de que, aunque los relatos veterotestamentarios acerca de los profetas vienen redactados en prosa, el lenguaje profético sea, por encima de todo, poético. La palabra creadora de vida es esencialmente hermosa, una esmerada obra de arte[1081]. En efecto, los oráculos de los נביאים *nebiim* aparecen transmitidos con un ritmo y un paralelismo determinado al estilo de los grandes cantores y salmistas de Israel, además de con gran profusión de figuras literarias y retóricas muy bien escogidas, todo lo cual nos permite entender que los videntes de Israel fueron también grandes maestros del idioma, personas de exquisita cultura, sin duda muy estrechamente vinculadas a los círculos levíticos y sacerdotales. Toda esta abundancia de imágenes y sonidos, de colores especialmente vivos y atrevidas representaciones (cuadros militares grandiosos, destrucciones apocalípticas de ciudades y países, fenómenos celestes aterradores, fuerzas telúricas desatadas), requiere siempre de un gran cuidado en su lectura e interpretación, pues demasiadas veces no es sino el ropaje que envuelve un mensaje muy directo de Yahweh a su pueblo. Por desgracia, no siempre ha sido debidamente comprendida, y demasiados intérpretes y expositores de los mensajes proféticos se han perdido a lo largo de la historia en disquisiciones y especulaciones absurdas sobre el envoltorio, olvidando por completo el meollo de los oráculos divinos, que no es otro que los hechos salvíficos de Dios.

Como se ha indicado más arriba, fue Amós el primero de los profetas hebreos en poner por escrito sus oráculos en formato de libro. Hasta ese momento, las comunicaciones de los videntes y siervos de Dios se transmitían, sin duda, de manera básicamente oral en los círculos de

---

[1080] *Commentaire de l'Ancien Testament* XIa. Genève: Labor et Fides, 1982, p. 108. La traducción es nuestra.

[1081] *Cf.* la expresión כי טוב *ki tob*, lit. "¡qué bueno!", de Gn. 1:4,10,12,18,21,25 y el טוב מאד *tob meod* de Gn. 1:31, "bueno en gran manera". El llamado *Primer relato de la creación* es básicamente, como han indicado expertos exegetas, una gran composición poética en la que se resalta la bondad de la creación, concepto que, en la mentalidad antigua, incluye también la apreciación estética. Dios aparece en este poema como un gran artista que queda extasiado ante la bondad-belleza de su obra, de la cual el hombre es la manifestación culminante.

discípulos y seguidores del yahvismo tradicional, sin descontar que, de alguna forma, aquellas "escuelas" creadas en torno a figuras destacadas que ejercían el ministerio profético, garantizarían la conservación de los mensajes divinos pronunciados por los hombres de Dios poniéndolos por escrito ya en vida de los propios profetas, si bien no con la forma definitiva en que hoy los leemos; sería algo muy parecido, sin duda, a nuestros "apuntes de clase" actuales. No hay que olvidar que el arte de la escritura no era desconocida en aquellos tiempos; si bien el analfabetismo alcanzaba unos porcentajes muy altos en el conjunto de la población, desde el segundo milenio a. C. estaba muy desarrollado el ejercicio de la escritura en el Cercano Oriente entre las clases dominantes, de manera muy especial entre los sacerdotes, que eran los custodios y garantes de las tradiciones sagradas. En Israel, de la misma manera que las cortes reales producían y conservaban crónicas escritas de los distintos reinados (1Re. 15:7,23,31; 16:5,20,27), así como disposiciones legislativas para casos muy concretos (1Re. 21:11), los círculos proféticos debían, sin duda, plasmar por escrito las enseñanzas de los siervos de Yahweh que más tarde se recopilarían y se ordenarían con una forma definitiva en la que saldrían a la luz. Asimismo, se mantenían tradiciones sobre la vida y el ministerio de los profetas cuando ello era posible. En este sentido, el libro de Jeremías es el que más información contiene acerca de la biografía y los oráculos de un profeta determinado, pero, además, presenta en el capítulo 36 un relato fundamental para entender el valor de la palabra profética escrita. En la historia referida en este texto, el verdadero protagonista es un libro, *un libro en forma de rollo* (v. 2) en el que debían escribirse los oráculos emitidos contra Israel y contra Judá. Los vv. 4,17,18 nos indican que fueron escritos, bajo el dictado del profeta Jeremías, por Baruc, su escriba o amanuense. Lo que se quiere destacar es que, aunque el rey Joacim destruyese aquel escrito rasgándolo y quemándolo en un brasero (vv. 22-25), no por ello destruyó la palabra de Dios. El v. 32 dice:

Y tomó Jeremías otro rollo y lo dio a Baruc hijo de Nerías escriba; y escribió él de boca de Jeremías todas las palabras del libro que quemó en el fuego Joacim rey de Judá; y aun fueron añadidas sobre ellas muchas otras palabras semejantes.

Al considerarse que los mensajes proféticos eran la palabra viva del Dios Viviente para su pueblo, rápidamente se dedujo la necesidad de su recopilación y conservación, pensando que su cumplimiento no se ceñía exclusivamente a la época en que fueron emitidos. Solo así se explica que el ejemplo de Amós cundiera en una época tan temprana como el siglo VIII a. C. (Oseas, primeros oráculos del libro de Isaías, Miqueas), y en los siguientes (Jeremías, que debió ser, según algunos, discípulo de Oseas, y las partes segunda y tercera del libro de Isaías, así como el resto de los profetas menores, Ezequiel y Daniel). Los libros de los profetas, tal como los leemos hoy en sus ediciones definitivas, exhiben, juntamente con lo que se consideran sus oráculos originales, toda una serie de interpolaciones y añadidos de escuela, es decir, de los discípulos de aquellos grandes siervos de Dios. La exégesis del siglo XIX y de comienzos del XX se contentó con señalar, tras arduos estudios lingüísticos y literarios, qué partes podrían considerarse "auténticas" y cuáles los añadidos posteriores; faltaba la comprensión de que esas partes más recientes también podían considerarse "auténticas", pues implicaban la vividez de la Palabra divina en tanto que promesa viva y permanente, siempre actual y siempre en proceso de actualización, jamás un monolito pétreo. Cuando hoy leemos los libros de los profetas, no nos enfrentamos a un texto muerto, sino a un mensaje vivo, a una promesa viva cuyo cumplimiento perfecto hallamos en el mensaje de Cristo, en el Nuevo Testamento.

Se ha señalado que una de las razones fundamentales de esta manera de entender la profecía es la concepción del tiempo que tenía el antiguo Israel. Para los occidentales el tiempo es, conforme a los postulados tradicionales de la mecánica clásica, absoluto y lineal[1082], con un principio (creación) y un fin (escatología), y un centro que es nuestro presente. Israel, por el contrario, percibe el tiempo únicamente como el marco de un evento salutario determinado cuyo único protagonista es Dios. De hecho, como ya lo habíamos señalado capítulos atrás, Yahweh es el salvador de Israel que sale al encuentro de su pueblo antes que el creador del mundo, noción esta última que desarrollarían, precisamente, los profetas más tarde y como derivada de la anterior. De ahí que, como venimos indicando prácticamente desde el capítulo introductorio de este libro, frente a la lógica griega (un lujo de los jonios del siglo VI a. C.), se haya tildado el pensamiento hebreo

---

[1082] Una buena exposición de este tema se halla en SUSSMAN, G. J. AND WISDOM, J. *Structure and Interpretation of Classical Mechanics*. MIT Press, 2001.

de vitalista y existencialista[1083]. Tanto es así que la lengua hebrea en que está redactado el Antiguo Testamento carece de un término exacto para nuestro concepto de "tiempo". El vocablo עולם *olam*, que normalmente traducimos por "eternidad"[1084], "siglo", en realidad hace referencia a un pasado o un futuro lejanos, y la palabra עת *eth*, que mecánicamente solemos traducir por "tiempo", se refiere, expresándonos con mayor exactitud, a un momento concreto. De ahí que, cuando leemos en los textos sagrados la expresión plural *los tiempos*, no se trate de una figura literaria o retórica, un *plural de intensidad*, como a veces se ha explicado, sino de toda una concepción muy realista conforme a aquella mentalidad. "Tiempos" no indica una sucesión cronológica, sino "eventos" que se concatenan. Un versículo clave para comprender esta manera de concebir la realidad es Gn. 8:22, reputado como conservador de una tradición muy antigua, y que dice:

Mientras la tierra permanezca, no cesarán la sementera y la siega, el frío y el calor, el verano y el invierno, y el día y la noche.

Además de lo que dan a entender estas palabras, puestas en boca de Dios, en el conjunto de su contexto actual (conservación del orden de la creación después del Diluvio, pese a la maldad inherente del corazón humano; es decir, una manifestación de la Gracia divina), contienen una clara alusión a la concepción temporal de los antiguos hebreos: los tiempos se suceden en virtud de los acontecimientos que en ellos tienen lugar (todo cuanto el versículo presenta se entiende como una acción directa de Yahweh para el mantenimiento del mundo y de la vida), en una sucesión que no conoce final alguno, vale decir, sin escatología. Quienes elaboraron y/o recopilaron esta, al parecer, ancestral tradición no se preocupaban por acontecimientos futuros, sino por el continuo devenir del mundo en las manos de un Dios providente y benefactor de la vida humana. En este marco de pensamiento encaja perfectamente la profecía de Israel, al mismo tiempo que las festividades litúrgicas o celebraciones que habíamos visto en el capítulo anterior: se trata de tiempos absolutos, los únicos en realidad dignos de este nombre, en los que el pueblo recuerda su historia, es decir, los hechos portentosos del

---

[1083] Para estos conceptos, *Cf.* LANDMANN, M. *Antropología filosófica.* México: Unión tipográfica editorial hispano-americana. 1978.

[1084] *Cf.* la expresión לעולם *laolam*, vertida de manera habitual como "para siempre".

Dios Redentor. Por medio de los rituales prescritos por la ley de Moisés para estas ocasiones, Israel actualiza esa historia, esos *magnalia Dei*, siempre bajo los ojos de Yahweh, que vela por el mantenimiento del orden del mundo creado: *cf.* el relato de la instauración de la Pascua en Éxodo 12 o el Salmo 114. Cuando Israel, de mano de los sacerdotes y levitas, y muy especialmente de los profetas, supo ir encadenando los distintos actos liberadores de Dios, entonces adquirió conciencia de su historia como pueblo, pero una historia marcada por la constante presencia de Dios y su acción salvífica. Como se ha señalado en ocasiones, solo Israel y los antiguos griegos, de entre todos los pueblos de la Antigüedad, llegaron a desarrollar una noción de *historia*. Pero mientras que estos últimos lo hacen en un proceso cada vez más humanista (primeros logógrafos o cronistas de las *polis*; Heródoto de Halicarnaso con sus narraciones influidas por los antiguos mitos; los atenienses Tucídides y Jenofonte con sus relatos explicados ya desde el punto de vista racional, eliminando lo maravilloso), bien expresada por el término jónico ἱστορίη *historíe*, "investigación", la reflexión de Israel sigue el camino inverso: partiendo de ciertas tradiciones, a veces antiquísimas y de humano cuño, llega a la idea de que Dios ha estado presente en el devenir de los acontecimientos vividos por sus ancestros, con lo que hace de Yahweh el gran protagonista de cuanto ha acaecido en el decurso de los tiempos, es decir, de las "generaciones" o תולדות *toledoth*; este vocablo, de la manera en que se había indicado anteriormente, es lo más parecido a nuestro concepto de "historia" que presenta la lengua del Antiguo Testamento. En este sentido, es capital la obra y la influencia de los profetas.

No es, pues, gratuita la afirmación de quienes han señalado cómo los profetas de Israel se hacen eco de las tradiciones sacras del pueblo. Lejos de suponer una ruptura con todas ellas, más bien apuntan a una continuidad que alcanza su plenitud siguiendo los designios del Todopoderoso. Oseas, v. gr., recoge las tradiciones del reino septentrional de Efraín referentes a los orígenes de Israel y el patriarca Jacob, mientras que Isaías se hará eco de las concernientes a la casa de David y el monte de Sion. Lo que hacen los videntes hebreos es proclamar algo nuevo, una nueva manera de actuar de Dios para con su pueblo por medio de los poderes hostiles que representan las potencias políticas y militares de Oriente (Asiria, Babilonia, Persia), pero no como una negación de cuanto había realizado antes, sino como su culminación. De ahí que el mundo renovado que emerge en la profecía esté enraizado en la historia nacional de Israel, entendida como una Historia de la Salvación. He aquí la razón del estrecho vínculo de los profetas con el culto, pese a lo que la exégesis clásica decimonónica había enseñado (*cf.* las teorías de Wellhausen en el penúltimo capítulo de la primera parte de este trabajo). Se da el caso, además, de que buen número de los profetas veterotestamentarios eran sacerdotes ellos mismos, o cuando menos levitas, o si no, estaban emparentados con familias consagradas a los servicios del templo de Jerusalén o de los santuarios locales. Esta aparente dicotomía entre lo antiguo y lo nuevo, el culto reglamentado y las nuevas revelaciones, las nuevas promesas, genera una tensión que se resuelve en los profetas del siglo VIII a. C. en un claro individualismo reivindicativo que, sin embargo, se muestra totalmente sometido a la acción divina. Aunque en Jeremías, ya en el siglo VI a. C., el individualismo del profeta roce la impiedad y la desobediencia, como habíamos indicado antes, y en Habacuc se manifieste como una clara queja frente a unas circunstancias incomprensibles (en el fondo, una petición de cuentas a Dios), la realidad de un designio divino inapelable se impone al vidente, que se somete a la voluntad de su Señor. Los profetas reconocen a Dios como la fuente de su conocimiento, no se jactan de ello, y aprenden a leer las antiguas tradiciones con otros ojos, desde puntos de vista distintos. En su revelación a Israel, Dios proclama, no solo redención, sino también juicio y condenación. Ezequiel 20, como señalábamos en su momento, aún irá más lejos; no se trata de abolir la ley antigua o los sacrificios cruentos, instaurados por Yahweh al comienzo de la historia nacional de Israel en el desierto, sino de enfocarlos en su justa medida: devienen ceremonias inútiles si se ejecutan sin conocimiento de Dios y sin amor. Así se va preparando el camino para la revelación definitiva del Nuevo Testamento, que, entre otras cosas, supondrá una relectura radical del Antiguo[1085].

[1085] Para una ampliación sustanciosa de este tema, *cf.* los *Cuadernos de las XXIII jornadas de la Asociación Bíblica Española*, habidas en Vigo del 5-7 de septiembre de 2011. Destacamos especialmente la ponencia de José Luis Barriocanal Gómez, de la Facultad de Teología de Burgos, que, con el título *Una misma tradición, el éxodo, en una pluralidad de lecturas*, se centra en el texto de Ez. 20, al que califica como "el fracaso del primer éxodo". El profeta presenta tres lecturas del término "desierto" (מדבר *midbar*): como lugar de entrega de la ley; como lugar de peregrinación; y como lugar de encuentro definitivo con Dios. Ello abre una puerta a la esperanza: Israel llegará a establecerse definitivamente en una Tierra Prometida llena de la presencia de Dios.

Los escritos proféticos de la época persa o época de la restauración (Trito-Isaías, Joel, Hageo, Zacarías, Malaquías, Jonás), vienen a reflejar el estado de apatía propio de una comunidad (la hierosolimitana, más específicamente) que ha regresado de Babilonia y se ve sometida a fuertes tensiones externas (*cf.* los libros de Esdras y Nehemías) e internas (libros de Jonás y Rut frente a las disposiciones contra los matrimonios mixtos y la presencia de extranjeros en Judea). Los escritos proféticos no se prodigan en información sobre el regreso de la cautividad, dado que este no ha tenido el esplendor que los profetas anteriores habían indicado. De hecho, son muy escasos en comparación los judíos que deciden regresar a su tierra patria; la mayoría permanecerán en la diáspora, con el peligro que ello puede conllevar para su identidad nacional, sus costumbres, su fe y hasta su propia integridad física (libro de Ester).

Para concluir, y casi como resumen de las características generales del ministerio de los profetas y de lo que leemos en sus escritos, escuchamos a Walther Zimmerli, cuando, al describir el ministerio de Ezequiel y sus acciones simbólicas, dice:

> «Cuando el profeta sufre, lo hace de forma manifiesta también con los demás. Su propia vida se ve arrastrada por la עָוֹן[1086] (falta-castigo) del pueblo. Se encuentra atado; en este acto significativo, reúne la falta de Israel y carga con ella en detrimento de su propia vida. No es posible ignorar que hallamos en este hecho ideas… que se desarrollarán plenamente en Is. 53, igualmente en relación con una figura profética… Se diría que la tradición de Ezequiel ha contribuido también a forjar la imagen del Siervo de Jehová que lleva sobre sí la falta de la multitud.[1087]»

El fracaso y la caída son, por tanto, sellos del ministerio profético en esta tierra, como señalará en su momento el propio Jesús (Mt. 23:29-31,37-39). Solo al final de los tiempos serán reivindicados los profetas ante el conjunto del pueblo de Dios.

Los profetas clásicos que no escriben: Elías y Eliseo. Las figuras de Elías y su discípulo Eliseo se inscriben aún, en cierto modo, dentro de la primera fase de la profecía antes mencionada: por un lado, ambos

---

[1086] Léase *awon*.

[1087] Citado por Von Rad en el vol. II de su *Théologie*, p. 238, nota 1. La traducción es nuestra.

se mueven, pese a sus descollantes individualidades, en círculos pro-féticos al estilo antiguo (1Re. 10:4; 20:35-42; 2Re. 2:3,15; 4:38), los llamados בני־הנביאים *bené hannebiim* o *hijos de los profetas*, posibles re-ductos de desclasados sociales en los cuales se mantenía la fe yahvista en su mayor pureza; por el otro, todavía hallamos en Eliseo algo de ex-tático al más puro estilo cananeo primitivo (2Re. 3:15). Pero, qué duda cabe, suponen una ruptura drástica, un punto de inflexión que hará del ministerio profético algo diferente a partir de aquel momento. En Elías y Eliseo hallamos ya los elementos de la profecía clásica, con mensajes vibrantes por su fuerza declarativa y sus gestos simbólicos, acompa-ñados tantas veces por sorprendentes manifestaciones sobrenaturales, más numerosas que en ningún otro profeta, y de impactantes efectos para el pueblo que las contempla, así como para los lectores posterio-res de la Biblia. Solo un rasgo distingue a Elías y Eliseo del resto de la profecía clásica: no dejan testimonio escrito alguno; no se conserva en el Antiguo Testamento un *Libro de Elías* o un *Libro de Eliseo*, ni nada parecido[1088]. La única referencia a un posible escrito de Elías la halla-mos en 2Cr. 21:12-15, que contiene una presunta carta de este profeta al rey Joram de Judá, hijo de Josafat, a quien acusa de apostasía y para el cual predice grandes desgracias. Los problems que ha suscitado la supuesta misiva dan a entender a muchos investigadores que no se trata sino de una ficción literaria con finalidad teológica y apologética, muy al estilo del Cronista.

Elías y Eliseo viven sus ministerios proféticos en el reino septen-trional de Israel y en una época especialmente turbulenta, los reinados de Acab y su descendencia (dinastía de Omri) hasta la violenta lle-gada de Jehú y los comienzos de una nueva monarquía, vale decir, el siglo IX a. C.

Campeón del yahvismo más puro, **Elías** es originario de Galaad, allende el Jordán, zona no cananea en su origen, y encabeza la lucha contra el Baal fenicio importado por la impía reina Jezabel, esposa de Acab, cuyo culto había suplantado la ancestral adoración a Yahweh en aras de unos intereses políticos y económicos muy claros. De ahí que, en opinión de muchos exegetas, el llamado *Ciclo de Elías* (1Re. 17:1 – 2Re. 2:12) debiera ser considerado, en realidad, un *Ciclo de Yahweh*, una violenta reivindicación de la fe de Israel, momentos culminan-tes del cual serán la victoria de Elías sobre los falsos profetas de Baal

---

[1088] La literatura apócrifa, por el contrario, conocerá un *Apocalipsis de Elías.*

(1Re. 18:20-40) y, especialmente, el viaje del deprimido נביא *nabí* al monte Horeb (1Re. 19:1-18). Ambas escenas se contraponen y se contrapesan, como una especie de equilibrio de fuerzas. La primera, que tiene todo el sabor de una renovación del pacto de Dios con Israel (1Re. 18:30-36), pese a su aparente victoria (*¡Jehová es el Dios, Jehová es el Dios!* 1Re. 18:39) se muestra con todos los tonos de la derrota y del fracaso personal del profeta, debido a la intervención drástica de la reina Jezabel. La segunda, por el contrario, queda culminada por el éxito: el viaje a Horeb supone un regreso a los orígenes de Israel en el desierto, a las fuentes del yahvismo más puro. Experimenta de esta forma Elías un nuevo éxodo en sus propias carnes, con sus altos y bajos, muy bien resumido en 1Re. 19:18, su texto capital, en opinión de los especialistas. El oráculo divino le dice al profeta:

> *Y yo haré que queden en Israel siete mil, cuyas rodillas no se doblaron ante Baal, y cuyas bocas no lo besaron.*

No es el conjunto de la nación, sino un remanente fiel quien constituye el verdadero Israel de Dios. Esta idea capital, revolucionaria en su momento, que preparará el ministerio de Eliseo y vendrá a explicar el hecho de que el reino del Norte se prolongue aún otro siglo más— incluso con cierto esplendor en la nueva dinastía de Jehú— no solo abrirá las puertas a otros profetas como Oseas o Amós, sino también sentará unas bases que, como han indicado algunos especialistas, hallarán su pleno cumplimiento en el futuro ministerio de Jesús[1089]. Elías encarna, por tanto, el espíritu profético por antonomasia y deviene el paradigma de la promesa encarnada en la profecía. Nada de extraño tiene, pues, que se haya convertido en figura cuasilegendaria en el folclore judío de todos los tiempos, o que incluso esté presente en el relato de la Transfiguración de Nuestro Señor (Lc. 9:30-31).

El ministerio profético de **Eliseo** bascula, por su parte, entre la profusión de milagros y prodigios sobrenaturales que ostenta (más en proporción que en ningún otro relato veterotestamentario), y la participación activa en la política del reino de Israel. Se considera como punto culminante de sus actividades el relato de la curación milagrosa del

---

[1089] *Cf.* VARONE, F. *El dios "sádico" ¿Ama Dios el sufrimiento?* Santander: Sal Terrae, 1988, pp. 31-55.

leproso Naamán, y muy especialmente la petición del sirio en relación con su nueva fe yahvista:

Entonces Naamán dijo: Te ruego, pues, ¿de esta tierra no se dará a tu siervo la carga de un par de mulas? Porque de aquí en adelante tu siervo no sacrificará holocausto ni ofrecerá sacrificio a otros dioses, sino a Jehová. En esto perdone Jehová a tu siervo: que cuando mi señor el rey entrare en el templo de Rimón para adorar en él, y se apoyare sobre mi brazo, si yo también me inclinare en el templo de Rimón; cuando haga tal, Jehová perdone en esto a tu siervo. (2Re. 5:17-18)

La respuesta de Eliseo se muestra profundamente humana y llena de una concepción totalmente espiritual e interiorizada del culto: *Vé en paz* (v. 19). La guía de Dios será la más segura para aquel hombre recién nacido a la vida y a la fe que sería incluso mencionado por el propio Jesús (Lc. 4:27).

Profetas autores. Cuando hablamos de "profetas autores", hemos de matizar un detalle. Se entiende, tradicionalmente, que son los escritores de los libros que llevan su nombre, y que mencionaremos uno por uno a continuación y en un orden cronológico aproximado. Sin duda que la base de estas obras literarias y proféticas la constituyen oráculos pronunciados, e incluso puestos por escrito, de los mismos profetas en persona. Las ediciones definitivas de estas obras que hoy leemos en el Antiguo Testamento, presentan, no obstante, evidencias de manos redactoras posteriores, sin duda discípulos. Como se ha indicado tantas veces, los profetas de Israel, además de auténticos genios del idioma, eran también maestros, creaban escuela. A los círculos gestados en torno a ellos debemos la conservación de sus oráculos originales y la redacción definitiva de sus libros, sin duda con aportaciones de discípulos también agraciados con el carisma de la inspiración.

Amós, aunque es judaíta y su mensaje se mueve en torno a las tradiciones relativas a la casa de David y a la ciudad de Jerusalén, dirige sus oráculos al Israel septentrional, para el que predice una catástrofe militar sin precedentes, debido a sus grandes injusticias sociales, que claman ante Yahweh. Lo nuevo en Amós es que hace recaer el juicio divino sobre todo el pueblo, no solo sobre la casa real o los sacerdotes corruptos (Am. 2:6-16; 8:4-14). Dios no perdona a Israel porque lo había bendecido mucho más que a otros pueblos, sobre los cuales también derrama su justa ira. Ni siquiera el santuario de Bet-el, pese a su solera y su importancia histórica, escapará a este juicio inminente (Am. 7:10-17). Pero al final, Dios restaurará su heredad:[1090]

> *En aquel día yo levantaré el tabernáculo caído de David, y cerraré sus portillos y levantaré sus ruinas, y lo edificaré como en el tiempo pasado; para que aquellos sobre los cuales es invocado mi nombre posean el resto de Edom, y a todas las naciones, dive Jehová que hace esto. He aquí vienen días, dice Jehová, en que el que ara alcanzará al segador, y el pisador de las uvas al que lleve la simiente; y los montes destilarán mosto, y todos los collados se derretirán. Y traeré del cautiverio a mi pueblo Israel, y edificarán ellos las ciudades asoladas, y las habitarán; plantarán viñas, y beberán el vino de ellas, y harán huertos, y comerán el fruto de ellos. Pues los plantaré sobre su tierra, y nunca más serán arrancados de su tierra que yo les di, ha dicho Jehová Dios tuyo. (Am. 9:11-15)*

Oseas es el único profeta originario del reino del Norte cuyos escritos han llegado hasta nosotros[1091]. Contemporáneo de la caída de Samaria, tal vez esté vinculado con los levitas septentrionales que, tras la desaparición del reino efrainita, buscarían refugio en Judá y Jerusalén. Su matrimonio con una אשת זנונים *esheth zenunim* (Os. 1:2), de la manera en que ya lo habíamos señalado anteriormente, no está claro para todos los comentaristas si ha de considerarse como un hecho real o si se trata únicamente de una imagen literaria y teológica. Sea como fuere, en Oseas la palabra proclamada es un poder. Su mensaje se centra en la Historia de la Salvación, comenzando desde Adán (Os. 6:7)[1092] y pasando por las peripecias del patriarca Jacob (Os. 12:2-4,12), hasta los tiempos del éxodo (Os. 11:1; 12:13), dentro de la cual es concepto clave el sintagma דעת אלהים *daath Elohim* o conocimiento de Dios (Os. 4:1,6). Se trata de un conocimiento íntimo de sus actos salvíficos, vale

---

[1090] Los tonos de este oráculo final del libro de Amós nos recuerdan muy de cerca los del Deutero-Isaías. *Cf.* infra.

[1091] Para los profetas Jonás y Nahúm, posiblemente también originarios del reino efrainita, *cf.* infra.

[1092] Como sabe el amable lector, no todos los comentaristas aceptan hoy esta interpretación del versículo.

decir, la esencia de Israel, sin lo cual el pueblo deja de ser. Más aún, el propio sacerdocio pierde por completo su sentido sin él:

Porque misericordia quiero, y no sacrificio, y conocimiento de Dios más que holocaustos[1093]. (Os. 6:6)

El mensaje de Oseas no es fantasioso ni quimérico. No oculta la trágica realidad de que Israel ha perdido ese conocimiento. No obstante, queda la esperanza. Dios llevará de nuevo al pueblo al desierto (Os. 2:14) y la historia recomenzará. El valle de Acor, de infausto recuerdo para Israel (*cf.* Jos. 7:24-26) se convertirá para el pueblo en פתח תקוה *pethaj tiqwah* o puerta de esperanza (Os. 2:15). El último versículo del libro, que en la mayoría de las versiones bíblicas al uso es 14:10 (en Reina-Valera y BTX es 14:9), refleja una relectura judía (algunos exegetas pretenden que sea judaíta, es decir, anterior a la caída de Jerusalén) que tenía dificultades para comprender el contenido del escrito, bien por sus evidentes provincialismos efrainitas, bien por su extraño contenido (el matrimonio del profeta con una prostituta). El texto reza literalmente:

¿Quién es suficientemente sabio para comprender estas cosas o bastante inteligente para conocerlas? Ciertamente, los caminos de Yahweh son rectos. Los justos caminarán por ellos, pero allí tropezarán los transgresores.

Como dice Edmond Jacob en su comentario al libro de Oseas:

«He aquí la más antigua interpretación del libro de Oseas. No un comentario, sino ciertos principios que dirigen su lectura... Ya de entrada nos dicen que el libro de Oseas es difícil; se necesita mucha sabiduría y discernimiento... La segunda mitad del versículo es como un resumen del libro... Nos hallamos aquí frente a un principio interpretativo: para comprender las palabras de Oseas es preciso formar parte del número de los justos. La lectura de los oráculos proféticos carece de utilidad alguna si no invita a cada nueva generación a la fidelidad a los caminos de Yahweh; "si alguno quiere hacer la voluntad de Dios, comprenderá", dirá Jesús en la misma línea poético-sapiencial (Jn. 7:17). De esta forma, la última palabra del

---

[1093] Oseas vendría así a engrosar el número de pensadores de Israel que, como decíamos antes, propugnaban un tipo de culto más espiritual, más íntimo, diferente del ritualismo sacrificial levítico.

libro es la primera de una larga cadena de lectores que piensan que Oseas —o Dios a través de Oseas— tiene siempre algo que decirles[1094]».

Nahúm es un enigma como persona[1095]. Su mensaje, sin embargo, está muy claro: se dirige a Nínive, la gran capital de Asiria, ciudad culpable de la opresión y la destrucción de muchas naciones. Sorprendentemente, el mensaje de Nahúm destaca la justicia de Dios, el *Dios celoso y vengador* (Nah. 1:2), pero que al mismo tiempo es un Dios *bueno* (Nah. 1:7), para reivindicar a su pueblo frente al poder asirio. El libro de Nahúm se define en realidad como un oráculo dirigido contra una nación extranjera en el que se prodigan las figuras y unas imágenes muy bien escogidas (Nah. 2:11-12; 3:8-10). Yahweh de los ejércitos, Dios de Israel, ha decretado la destrucción del gran imperio opresor, cuyo destino está determinado para siempre:

> *No hay medicina para tu quebradura; tu herida es incurable; todos los que oigan tu fama batirán las manos sobre ti, porque ¿sobre quién no pasó continuamente tu maldad?* (Nah. 3:19)

Nadie pone hoy en duda que **Isaías** debe ser considerado como el profeta más intelectual, tanto en lo referente a la forma de sus mensajes como en lo concerniente a sus particulares contenidos[1096]. Verdadero maestro de la dicción, transmite en el capítulo 6 de su libro, desde los primeros versículos, un relato extraordinario de su vocación, que ha sido objeto de importantes comentarios, efectuados desde distintos puntos de vista. En ocasiones, se ha parangonado este relato con la experiencia espiritual de Elifaz temanita, uno de los amigos de Job, narrada en Job 4:12-17, y que, en cierto sentido, viene a incidir también en la idea de la pequeñez del hombre ante el Dios Todopoderoso. Desde el punto de vista meramente teológico, a Isaías corresponde el galardón de ser, sin

---

[1094] MARTIN-ACHARD, R. *et alteri* (dir.). *Commentaire de l'Ancien Testament*, vol. XIa. Genève: Labor et Fides, 1982, p. 98. La traducción es nuestra.

[1095] *Nahúm de Elcos* se hace llamar en Nah. 1:1, pero no se sabe dónde ubicar esa localidad. Algunos se decantan por hacer de él un profeta judaíta; otros ubican Elcos en Galilea, al norte, en la ciudad que luego se llamaría "ciudad de Nahúm" o *Capernaúm* (*Cafarnaún* en BTI o *Cafarnaúm* en NC). En este caso, se trataría de un profeta originario del reino de Efraín, como Oseas. La cuestión sigue abierta.

[1096] El Proto-Isaías que habíamos señalado en capítulos anteriores. La exégesis actual señala dentro de este conjunto de treinta y nueve capítulos otras posibles manos, sin duda discípulos del profeta.

duda alguna, el profeta más importante del Antiguo Testamento, con un mensaje centrado en dos polos: el devenir del pueblo de Israel y la soberanía absoluta de Yahweh. El primero, y esta es una enorme aportación del profeta, aparece entrelazado con el devenir de los otros pueblos, es decir, no se contempla a Israel como algo aislado o exclusivo por encima de las demás naciones (Is. 2:1-4). Yahweh ejecuta sus planes en la historia universal, como había decretado desde un principio, por lo que no hay resquicio para la soberbia humana (Is. 2:11). Incluso potencias tradicionalmente hostiles a Israel, como Asiria o Egipto, aparecen como simples instrumentos en la mano de Dios, también alcanzables por su misericordia, también beneficiarios de su propósito redentor universal (Is. 19:23-25). En Isaías, el Dios de Israel ya no es solo un Dios nacional, sino el Señor del Universo. De ahí que la fe sea para Isaías un dejar hacer a Dios, renunciando a buscar la salvación de los peligros por uno mismo. Tal será la política que el profeta recomendará de continuo a los reyes de Judá con quienes tendrá relación directa. El segundo de los dos polos se contempla incluso en el hecho del endurecimiento del pueblo frente a los oráculos divinos (Is. 6:9-12)[1097], que concluye, indefectiblemente, con una promesa llena de esperanza:

Pero como el roble y la encina, que al ser cortados aún queda el tronco, así será el tronco, la simiente santa. (Is. 6:13)

Retoma, pues, Isaías la idea del remanente que ya había proclamado el oráculo divino al profeta Elías, y que habíamos visto antes. El pensamiento teológico de Isaías, conforme a lo que apuntan los especialistas, tiene una doble tradición, la misma que habíamos hallado en Amós: Sion y la casa de David. No ha de extrañarnos si, como pretenden ciertas tradiciones muy antiguas, Isaías es un profeta aristócrata, estrechamente vinculado con la corte de Jerusalén. Sin duda habría espigado tradiciones sobre Sion en la propia liturgia del templo; el Salterio contiene cánticos atribuidos a los hijos de Coré o a Asaf, todos ellos levitas, que versan sobre Sion y la especial protección divina sobre la ciudad santa (Sal. 46, 48 y 76). Por otro lado, las relaciones de Isaías en la corte judaíta le ponen en contacto directo con las promesas de Dios a David

---

[1097] *Cf.* la experiencia del endurecimiento de Faraón en tiempos del éxodo como una manifestación del poder y la gloria del Dios de Israel. Véase nuestro libro *Lecciones sobre el Éxodo*, ya anteriormente mencionado, pp. 110-111.

(2 Samuel 7) y dan como fruto el llamado *libro de Emmanuel* (Is. 7-12), obra maestra de la profecía hebrea, el alcance último de cuyo cumplimiento llegará al Nuevo Testamento en la persona de Jesucristo.

Contemporáneo y compatriota de Isaías, aunque de extracción social más baja y no hierosolimitana, **Miqueas** se hace eco del universalismo proclamado por aquel (Mi. 4:1-5) en un contexto de crisis nacional, pues tanto Judá como Efraín viven la lacra social de la opresión de los menos favorecidos por unas clases dirigentes corruptas. Los tres primeros capítulos lanzan acusaciones muy duras contra los tiranos y explotadores, para luego mostrar el propósito redentor de Dios:

> *¿Qué Dios como tú, que perdona la maldad, y olvida el pecado del remanente de su heredad? No retuvo para siempre su enojo, porque se deleita en misericordia. Él volverá a tener misericordia de nosotros; sepultará nuestras iniquidades, y echará en lo profundo del mar todos nuestros pecados. Cumplirás la verdad a Jacob, y a Abrham la misericordia, que juraste a nuestros padres desde tiempos antiguos.* (Mi. 7:18-20)

En tiempos del rey Josías ejerce su ministerio profético en Judá **Sofonías**, quien proclama el día de la ira de Yahweh sobre Judá y sobre todas las naciones por su impiedad:

> *Cercano está el día grande de Jehová, cercano y muy próximo; es amarga la voz del día de Jehová; gritará allí el valiente. Día de ira aquel día*[1098], *día de angustia y de aprieto, día de alboroto y de asolamiento, día de tiniebla y de oscuridad, día de nublado y de entenebrecimiento, día de trompeta y de algazara sobre las ciudades fortificadas, y sobre las altas torres.* (Sof. 1:14-16)

Pero la terrible realidad del juicio no anula la gran promesa divina de restauración para el remanente de Israel y el resto de los pueblos:

> *En aquel tiempo devolveré yo a los pueblos pureza de labios, para que todos invoquen el nombre de Jehová, para que le sirvan de común consentimiento.* (Sof. 3:9)

[1098] Estos versículos inspiraron el cántico *Dies Irae*, compuesto en el siglo XIII por, según se cree, el franciscano Tomás de Celano.

Profetas como Sofonías anticipan un nuevo enfoque en la profecía de Israel, que veremos con más atención en un epígrafe próximo.

Se considera a **Jeremías**, contemporáneo de Sofonías, como uno de los grandes profetas de Israel, y por esta razón se lo suele parangonar con Isaías. Vive en sus carnes la caída del reino de Judá y la destrucción de Jerusalén y el templo, así como las condiciones de quienes, en vez de ser llevados cautivos a Babilonia, quedan en tierra de Judea. Aunque es, evidentemente, súbdito judaíta de los últimos monarcas de la dinastía davídica, al proceder del territorio benjaminita (de Anatot, según Jer. 1:1), muestra Jeremías un fondo de tradiciones distintas de las de Judá: comparte con el Israel septentrional las referentes al éxodo, el Sinaí y la conquista de Canaán. Jeremías es en buena medida discípulo de Oseas (*cf.* Jer. 3:12-18) y un verdadero poeta lírico, individualista hasta el extremo irreverente de cuestionar a Dios, de disputar con él (Jer. 20:7-18), un cantor del sufrimiento de su pueblo (el *profeta llorón*, conforme a la tradición que le atribuye la composición de las Lamentaciones) a quien Dios guía y protege en medio de la devastación de Judá (Jer. 37-40). Muestra evidentes rasgos deuteronomistas, contemporáneo como es del reinado de Josías y sus reformas, que han propiciado, sin duda, el hecho de que ciertas tradiciones judías posteriores hagan de él el autor de los libros de los Reyes, componentes de peso de la *Historiografía Deuteronomística*.

El mensaje y la teología de Jeremías pueden muy bien resumirse en dos puntos básicos: el primero de ellos es la ira de Dios como reacción contra un pueblo esencialmente ingrato e impío (Jer. 5) que da pábulo a falsos profetas.

> *En los profetas de Samaria he visto desatinos; profetizaban en nombre de Baal, e hicieron errar a mi pueblo de Israel. Y en los profetas de Jerusalén he visto torpezas; cometían adulterios, y andaban en mentiras, y fortalecían las manos de los malos, para que ninguno se convirtiese de su maldad; me fueron todos ellos como Sodoma, y sus moradores como Gomorra.* (Jer. 23:13-14)

La impiedad de Israel es tan grande que solo se puede otear en el horizonte su destrucción: desde el septentrión traerá Dios la ruina de su pueblo rebelde (Jer. 25:9-14). Pero no se detiene ahí. La maldad humana es general, por lo que la copa de la ira de Yahweh se ha de derramar sobre todas las naciones (Jer. 25:15-29). Se trata de un juicio universal que evidencia con creces la soberanía del Dios de Israel sobre todos los pueblos.

El segundo es la esperanza incluso en medio de la destrucción. Por eso, en su carta a los judaítas cautivos en Babilonia (Jer. 29), Jeremías no solo no alienta falsas esperanzas o se complace en lamentos de venganza al estilo del Salmo 137, sino que les exhorta a trabajar y a orar por el bien de aquella ciudad (¡¡!!). Ahora, debido a una extraña disposición de Yahweh, la nación enemiga alberga al pueblo de Dios en su seno, se ha convertido en su hogar. La consolación de Efraín conlleva, como hemos visto en el capítulo anterior, la proclamación de un nuevo pacto (Jer. 31:27-40), ruptura radical con el pasado histórico de Israel que no se encuentra en ningún otro profeta. Una vez más, se evidencia la soberanía divina, pero ahora ya no en la destrucción, sino en la misericordia y la restauración:

> *Por tanto, he aquí que vienen días, dice Jehová, en que no dirán más: Vive Jehová que hizo subir a los hijos de Israel de la tierra de Egipto, sino: Vive Jehová que hizo subir y trajo la descendencia de la casa de Israel de tierra del norte, y de todas las tierras adonde yo los había echado; y habitarán en su tierra. (Jer. 23:7-8)*

Contemporáneo de Jeremías y de Sofonías es el para nosotros desconocido profeta **Habacuc**, cuyo breve libro refleja también los tonos irreverentes de quien, siendo israelita y fiel a Dios, no comprende demasiado bien la aparente claudicación divina ante los poderes hostiles a su pueblo. La queja del profeta (Hab. 1:12-17) se hace eco de la creencia inmadura de una nación que ve a su Dios como una especie de seguro a todo riesgo. La respuesta divina exige una confianza que presupone el desarrollo de una teología más elevada:

> *Y Jehová me respondió, y dijo: Escribe la visión, y declárala en tablas, para que corra el que leyere en ella[1099]. Aunque la visión tardará aún por un tiempo, mas se apresura hacia el fin, y no mentirá; aunque tardare, espéralo, porque sin duda vendrá, no tardará. He aquí que aquel cuya alma no es recta, se enorgullece; mas el justo por su fe vivirá[1100]. (Hab. 2:2-4)*

[1099] *Para que pueda leerse de corrido* (NVI).

[1100] La LXX vierte el sintagma *por su fe* de esta manera: *a partir de mi fe* (ἐκ πίστεως μου *ek písteos mu*).

El salmo con que concluye su libro se hace eco de esta realidad. La confianza en Dios ha de estar muy por encima de los acontecimientos que se viven a diario. Ello nos anticipa la atmósfera del Nuevo Testamento:

> *Aunque la higuera no florezca,*
> *Ni en las vides haya frutos,*
> *Aunque falte el producto del olivo,*
> *Y los labrados no den*
> *mantenimiento,*
> *Y las ovejas sean quitadas de la*
> *majada,*
> *Y no haya vacas en los corrales;*
> *Con todo, yo me alegraré en*
> *Jehová,*
> *Y me gozaré en el Dios de mi*
> *salvación.*
> *Jehová el Señor es mi fortaleza,*
> *El cual hace mis pies como de*
> *ciervas,*
> *Y en mis alturas me hace andar.*
> (Hab. 3:17-19)

Abdías parece, en la estimación de algunos exegetas, contemporáneo también de la caída de Jerusalén o, por lo menos, un profeta del exilio. Su libro, el más breve de todo el Antiguo Testamento (un solo capítulo de veintiún versículos), contiene un claro oráculo contra Edom, al que acusa de haberse aprovechado de la desgracia de su hermano Israel y de haber mostrado crueldad para con los caídos (vv. 10-14). Su mensaje poclama la cercanía del יום יהוה *Yom Adonay* o *día de Jehová* (v. 15) con un juicio devastador sobre Esaú (vv. 19-20) al mismo tiempo que Jacob es reivindicado (v. 17). El libro termina con la declaración lapidaria:

> *Y el reino será de Jehová.* (v. 21)

Ezequiel, contemporáneo de Jeremías y, al igual que él, profeta y sacerdote, está considerado en la tradición judeocristiana el tercero de los profetas mayores de Israel. Hombre de alta formación intelectual y literato consumado, de temperamento al mismo tiempo frío y ardiente, racional y visionario, es lo que hoy llamaríamos un teólogo en toda la extensión de la palabra. Dotado de una particular sensibilidad estética, emplea, como ya habíamos señalado en un capítulo anterior, mitos antiquísimos con los que ilustra su predicación (el *Urmensch* u hombre primordial, Ez. 28:11-19; el árbol frondoso del huerto de Dios, Ez. 31:1-9), así como el recurso a personajes cuasilegendarios que habrían vivido en un pasado remoto y que se toman como referentes de piedad y sabiduría: Noé, Dan'el y Job (Ez. 14:14,20 BTX[1101]). Asimismo echa mano de tradiciones no recogidas en el Pentateuco ni en ningún otro escrito del Antiguo Testamento, con las cuales elabora un peculiar y harto realista enfoque de la historia de su pueblo (cap. 16, 20 y 23 de su libro), partiendo de los tiempos remotos de la estancia en Egipto y de la Jerusalén predavídica. Para Ezequiel, como ya lo habíamos indicado en su momento, la historia de Israel es la constatación trágica, y cien por cien desmitificadora, del estruendoso fracaso de un pueblo que le ha dado la espalda a Dios, y que se ha vuelto impuro por adorar a otros dioses, abusando así de la misericordia divina. Ello le lleva a una ruptura drástica con el derecho tribal recogido en las leyes de Moisés[1102] y a una revalorización del papel del individuo, incluso en su relación con Dios[1103]: frente a la prístina sentencia conforme a la cual Dios visitaba *la maldad de los padres sobre los hijos hasta la tercera y cuarta generación* (Éx. 20:5), Ezequiel proclama que *el hijo no llevará el pecado del padre, ni el padre llevará el pecado del hijo; la justicia del justo será sobre él, y la impiedad del impío será sobre él* (Ez. 18:20). Y es que, según el profeta, Dios actúa en la historia de Israel básicamente por amor de su propio nombre (Ez. 20:9,14,22,39,44), característica

---

[1101] RVR60 lee *Noé, Daniel y Job*, con lo que se presta a confusión. De hecho, ha sido bastante común entender el nombre de Daniel como una referencia al profeta protagonista del libro homónimo que leemos en nuestras biblias. El Dan'el mencionado en Ez. 14:14,20 es un supuesto sabio de tiempos míticos (otros lo identifican más bien con un héroe portador de un arco). Ez. 28:3 también lo menciona, pero en este caso, BTX, al igual que RVR60 y otras versiones, vierte este nombre como *Daniel*, aunque la mención del personaje en cuestión hace de él un ejemplo de sabiduría.

[1102] Recuérdese lo visto en el capítulo anterior en relación con los *estatutos que no eran buenos* de Ez. 20:25-26.

[1103] Esta nota característica se ha detectado también en Jeremías (Jer. 11:1-5), por lo que algunos han deducido que ambos profetas, contemporáneos, compartían un fondo común de pensamiento, una mentalidad que estaba comenzando a cambiar y que, según dicen, se habría originado en los círculos sacerdotales, estrechamente vinculados con el desarrollo de la sabiduría en Israel. *Cf. infra.*

del mensaje de Ezequiel[1104] que explica muy bien el alcance de las promesas divinas contenidas en su libro: el capítulo 37:1-14 presenta el magistral cuadro del valle de los huesos secos que reviven bajo el soplo del Espíritu, y, tras el acto de la guerra final contra Gog (cap. 38-39), los capítulos 40-48, a los que, como ya lo habíamos indicado, en la exégesis crítica veterotestamentaria se da el nombre ya consagrado de *Torah de Ezequiel*, describen una restauración de Israel en la que se mezclan tonos míticos de sublime antigüedad (las aguas salutíferas del cap. 47, trasunto de la *perícopa de los ríos* de Gn. 2:10-14) juntamente con imágenes tan materiales como el templo, los pescadores que echan sus redes en el mar Muerto, los labradores y un príncipe de la casa de David. Nada tiene de extraño que, de manera tradicional, como ya se ha dicho, se haya considerado a Ezequiel *el padre del judaísmo*, una de las mentes preclaras que contribuyeron a la reestructuración de un pueblo a punto de diluirse para siempre en la cautividad y el desarraigo de su tierra patria. La conclusión del libro nos catapulta de manera directa al Nuevo Testamento al ofrecernos la realidad de una presencia divina que ya no se ciñe más al antiguo Israel ni a sus capitales tradicionales, Samaria y Jerusalén; no se conservan ni siquiera los topónimos históricos; todo ha sido hecho nuevo:

Y el nombre de la ciudad desde aquel día será Jehová-sama. (Ez. 48:35)

Es decir, *Jehová está allí.*

Llamamos **Deutero-Isaías**, a falta de un nombre mejor, al genio literario y teológico, autor (o recopilador) de los cap. 40-55 del libro de Isaías. Esta obra maestra de la lengua y el pensamiento de Israel, como ya habíamos indicado en capítulos anteriores, recibe también el nombre de *Liber Consolationis* o *Libro de la consolación de Israel* en ciertos círculos exegéticos, y sin lugar a dudas forma parte de la escuela isaiana, lo que explica bien su inclusión en el libro de Isaías. Redactado con un estilo evidentemente sacerdotal, el Deutero-Isaías se sirve de las grandes tradiciones sacras de Israel (el éxodo, Sion, la figura de David) para vehicular un mensaje actualizado y dirigido a sus destinatarios inmediatos, los judíos cautivos en Babilonia.

[1104] La expresión *y sabréis* (o también *y sabrán*) *que yo soy Jehová* se encuentra un total de 86 veces en el libro de Ezequiel.

Son varios los exegetas que han señalado el cap. 41 como aquel en que mejor se condensa toda la teología del Deutero-Isaías, entendida como una teología de la historia y expresada por medio de una sintaxis sencilla, pero reveladora:

YO (Dios) + *Verbo de acción* + *Objeto* (Israel)

Israel aparece, pues, como el beneficiario directo de la obra divina, que es una obra de restauración y bendición. No han faltado quienes han relacionado esta particular estructuración del capítulo 41, y del conjunto de la obra, con el *I – Thou* de Martin Buber mencionado en el último capítulo de la primera parte de este trabajo. Lo cierto es que, retornando los conceptos expresados en Is. 40:26,28, el cap. 41 presenta la creación como el primer acto salvífico de Dios a favor de Israel (*cf.* también Is. 43:1; 44:24; 45:12; 46:18). De ahí la inanidad y la vanidad de los ídolos, que no son nada en comparación con el Creador; en capítulos posteriores señalará el profeta que ni siquiera los dioses de Babilonia tienen poder efectivo alguno ante el Dios de Israel (Is. 45:20 – 46:13). Como ya habíamos apuntado anteriormente, la reflexión profética y sacerdotal del Israel exílico y postexílico superaría con creces las cosmogonías y teogonías de los mitos egipcios y mesopotámicos. Los pensamientos expresados sobre la creación que leemos en el Deutero-Isaías, juntamente con la narración de Gn. 1:1 – 2:4a (ambas contemporáneas, o por lo menos muy cercanas en el tiempo, en opinión de algunos especialistas), se revelan altamente desmitificadoras, y desde luego, no pretenden describir el origen del mundo como tal, según un patrón cosmológico o científico similar a los nuestros. El profeta que llamamos Deutero-Isaías alude a la creación con la finalidad de apuntar hacia un hecho capital de la Historia de la Salvación:

Pero tú, Israel, siervo mío eres; tú, Jacob, a quien yo escogí, descendencia de Abraham mi amigo. Porque te tomé de los confines de la tierra, y de tierras lejanas te llamé, y te dije: Mi siervo eres tú; te escogí, y no te deseché. No temas, porque yo estoy contigo; no desmayes, porque yo soy tu Dios que te esfuerzo; siempre te ayudaré, siempre te sustentaré con la diestra de mi justicia. (Is. 41:8-10)

No se trata ya del antiguo éxodo de tiempos de Moisés. Es uno nuevo lo que Dios ha previsto para su pueblo, pero no como una repetición de aquel, sino revestido de gloria propia:

Los afligidos y menesterosos buscan las aguas, y no las hay; seca está de sed su lengua; yo Jehová los oiré, yo el Dios de Israel no los desampararé. En las alturas abriré ríos, y fuentes en medio de los valles: abriré en el desierto estanques de aguas, y manantiales de aguas en la tierra seca. Daré en el desierto cedros, acacias, arrayanes y olivos; pondré en la soledad cipreses, pinos y bojes juntamente, para que vean y conozcan, y adviertan y entiendan todos, que la mano de Jehová hace esto, y que el Santo de Israel lo creó. (Is. 41:17-20)

De esta manera, toda la obra bascula entre los hechos salvíficos de una historia pasada que tuvieron lugar en momentos muy concretos, y las realidades previstas y predichas por Dios, que son ciertas en los propósitos del Todopoderoso. De ahí que el mensaje vehiculado a través de este anónimo profeta sea, esencialmente, un mensaje de salvación. Dios promete el triunfo a Israel ante las naciones, pues es su גאל *goel*, vale decir, su pariente cercano, su defensor y liberador, concepto que RVR60 suele traducir como *Redentor* (Is. 41:14; 43:14; 44:6,24; 47:4; 48:17; 49:7,26; 54:5,8), y que implica en su sentido original la idea de vengar un agravio[1105]. Los pueblos han ofendido y humillado a Israel, por lo que Yahweh sale en su defensa, y ello de una manera sorprendente: así como Asiria, un poder pagano y corrupto (*cf.* el libro de Nahúm), había sido en el siglo VIII a. C. instrumento divino contra unos reinos hebreos rebeldes a la voluntad de Dios (*cf.* Is. 10:5), ahora Yahweh suscitará una figura muy especial, un peculiar ungido que no es otro que Ciro, rey de los persas, llamado a pastorear pueblos y restaurar a Israel (Is. 44:28; 45:1; *cf.* 2Cr. 36:22-23; Esd. 1:1), reparando, de esta manera, el daño que Babilonia había infligido a la casa de David y cumpliendo un antiguo oráculo que leemos en Is. 13:5[1106]. De esta manera, el Deutero-Isaías pone el broche de oro a la profecía clásica hebrea en relación con la idea de la soberanía absoluta de Dios sobre el mundo: los monarcas paganos aparentemente más poderosos obedecen a los designios que Yahweh ha trazado, siempre en bien de su pueblo, que se beneficiará de unas promesas firmes y estables.

[1105] *Cf.* el גאל הדם *goel haddam* o "vengador de la sangre" de Nm. 35:9-28 y Dt. 19:1-13.

[1106] Algunos exegetas han postulado, por ello, que los cc. 13 y 14 de Isaías debieran considerarse una interpolación realizada por un escriba-profeta posterior.

El inicio del período postexílico cuenta con tres grandes profetas autores que reflejan un momento particularmente sensible de la Historia de la Salvación: el anónimo al que la teología y la exégesis de nuestros días designan como **Trito-Isaías** (Is. 56-66), cuyos mensajes se dirigen a un pueblo sin fe y evidencian una situación de alejamiento de Dios muy diferente de los cuadros idílicos que en ocasiones se han presentado sobre esta época concreta; **Hageo** y **Zacarías**, para quienes la reconstrucción del templo de Jerusalén se convierte en *status confessionis*. Los tres se hacen eco de esperanzas universalistas (Is. 60:3; Hag. 2:7[1107]; Zac. 14:16) y de una doble restauración, davídica y sacerdotal (Is. 61:1[1108],6; Hag. 2:1-5, 20-23; Zac. 3; 4:6-10), en lo que ven la soberanía absoluta de Yahweh sobre los acontecimientos humanos. Pero lo que en realidad los une en su proclamación es lo que se ha dado en llamar *Teología de Sion*, vale decir, toda una reflexión centrada en la importancia y el valor excepcionales de la ciudad de Jerusalén, que en este momento concreto de la historia del pueblo judío alcanza un desarrollo inesperado, dada la trascendencia que reviste la reconstrucción de sus murallas y su repoblación, tal como leemos en los libros de Esdras y Nehemías. Esta concepción de Sion como lugar especialmente bendecido por Dios tiene, no obstante, una larga historia que se rastrea en el Antiguo Testamento, con figuras tales como *el monte santo de Dios* (Sal. 48:3; Is. 2:2; Ez. 17:22; 40:2), del cual hallamos un eco en Zac. 14:4-5; *las moradas (o habitación) de Dios* (Sal. 46:4; 76:2; Is. 8:18; Jl. 3:21); y *las corrientes de aguas* o *el río* que surge de ella (Sal. 46:4; Is. 33:21; Ez. 47:1-7; Jl. 3:18), algo similar a lo cual se halla en Zac. 14:8. Ya en su momento, Is. 2:2-4 y su contemporáneo Mi. 4:1-5 nos hablaban de la peregrinación escatológica de las naciones a Sion, algo que hallamos también con mayor lujo de detalles, y con tonos altamente descriptivos, en Is. 60. Apostrofando a Sion, Yahweh dice a través del profeta:

Y extranjeros edificarán tus muros, y sus reyes te servirán; porque en mi ira te castigué, mas en mi buena voluntad tendré de ti misericordia. Tus puertas estarán de continuo abiertas; no se cerrarán de día ni de noche, para que a ti sean traídas las riquezas de las

---

[1107] Dando por buena la lectura de RVR60, propia de la Vulgata.

[1108] Este davidismo del Trito-Isaías se entenderá a la luz de su cumplimiento en el Nuevo Testamento.

naciones, y conducidos a ti sus reyes. Porque la nación o el reino que no te sirviere perecerá, y del todo será asolado. (Is. 60:10-12)

Al mismo tiempo, Zacarías realiza una aportación particular mostrando un mundo divino, celestial, paralelo al humano, donde ya halla su realidad arquetípica todo cuanto ha de acontecer en la Jerusalén reconstruida (*cf.* las ocho visiones registradas en Zac. 1:7 – 6:8), en lo cual algunos exegetas han señalado influencias babilonias y orientales, sin que falten quienes hayan apuntado a la filosofía de Platón y el mundo de las *ideas* como referente necesario[1109]. De todas maneras, las tradiciones sacerdotales de Israel ya contenían conceptos similares, como el *modelo* o *diseño* (heb. תבנית *tabnith*) de las realidades celestiales plasmadas en el tabernáculo del desierto (Éx. 25:9,40), en los que Zacarías pudo muy bien fundamentarse.

El período postexílico alcanza su final de la mano de otros dos profetas autores. El primero es **Joel**, cuya ubicación en este momento de la historia de Israel no cuenta con el consenso de todos los exegetas y especialistas. Sea como fuere, su mensaje, de elevados tonos apocalípticos, es una advertencia frente al *día de Jehová*, descrito como una devastadora plaga de langostas en los dos primeros capítulos de su libro. El capítulo 3[1110], por su parte, nos presenta el juicio final sobre las naciones de la tierra en el mítico *valle de Josafat*. Pero su texto capital es Jl. 2:28-32, en el que se condensa la plenitud de la promesa divina vehiculada por este profeta, y cuyo cumplimiento vemos en el Nuevo Testamento:

Y después de esto derramaré mi Espíritu sobre toda carne, y profetizarán vuestros hijos y vuestras hijas; vuestros ancianos soñarán sueños, y vuestros jóvenes verán visiones. Y también sobre los siervos y sobre las siervas derramaré mi Espíritu en aquellos días. Y daré prodigios en el cielo y en la tierra, sangre, y fuego, y columnas de humo. El sol se convertirá en tinieblas, y la luna en sangre, antes que venga el día grande y espantoso de Jehová. Y todo aquel que invocare el nombre de Jehová será salvo; porque en el monte

---

[1109] Diálogos *Fedón, Fedro, República* y *Banquete*, es decir, los diálogos de la madurez de Platón.

[1110] Téngase en cuenta que la distribución de capítulos y versículos del libro de Joel no es igual en todas las versiones bíblicas al uso.

de Sion y en Jerusalén habrá salvación, como ha dicho Jehová, y entre el remanente al cual él habrá llamado.

Todo ello casa perfectamente con momentos como los que proporcionan el trasforndo de los libros de Esdras y Nehemías, es decir, de incertidumbre y de desánimo, en los cuales es preciso un mensaje que sacuda las conciencias y las prepare para eventos portentosos que han de acaecer.

El segundo es **Malaquías**, cuyo libro refleja una situación de relajación total en la vida cultual judía, pasado ya el primer fervor de la restauración. Aunque no queda ya rastro de la idolatría estigmatizada por el Trito-Isaías, la impiedad cunde por causa del mal ejemplo de los sacerdotes. De ahí que se prometa un juicio severo contra los hijos de Leví (Mal. 3:1-5) antes del advenimiento del *día de Jehová* (Mal. 4)[1111]. El libro concluye con la promesa de la llegada de Elías, que el Nuevo Testamento declara cumplida en Juan el Bautista, pero que ciertos sectores conservadores del judaísmo contemporáneo aún esperan:

He aquí, yo os envío el profeta Elías, antes que venga el día de Jehová, grande y terrible. Él hará volver el corazón de los padres hacia los hijos, y el corazón de los hijos hacia los padres, no sea que yo venga y hiera la tierra con maldición. (Mal. 4:5-6)

El último representante del genio profético que presentamos, aunque aparte del resto, es el sobremanera curioso libro de **Jonás**. De autor para nosotros desconocido, es, sin lugar a dudas, obra de un gran teólogo, además de un literato consumado, quien compone una historia de tonos coloristas, al estilo de los grandes conjuntos narrativos del Israel preexílico[1112], y cuyo protagonista es el profeta Jonás, hijo de Amitai, del que no sabemos nada aparte de la escueta mención de 2Re. 14:25. El mensaje del libro de Jonás se resume bien en dos declaraciones; la primera, puesta en boca del profeta (Jon. 4:2) y la segunda en boca de Dios (Jon. 4:11). Dicen así, respectivamente:

[1111] La distribución de capítulos y versículos en Malaquías no es la misma en todas las versiones bíblicas al uso.

[1112] El propio inicio del libro revela en el TM un deseo deliberado de imitación del estilo narrativo antiguo. Comienza, en efecto, con la palabra וַיְהִי *wayehi*, "y fue", no reflejada en las traducciones modernas, pero sí en la LXX (καὶ ἐγένετο *kaí egéneto*) y en la Vulgata (*et factum est*).

Y oró a Jehová y dijo: Ahora, oh Jehová, ¿no es esto lo que yo decía estando aún en mi tierra? Por eso me apresuré a huir a Tarsis; porque sabía yo que tú eres Dios clemente y piadoso, tardo en enojarte, y de grande misericordia, y que te arrepientes del mal.

¿Y no tendré yo piedad de Nínive, aquella gran ciudad donde hay más de ciento veinte mil personas que no saben discernir entre su mano derecha y su mano izquierda, y muchos animales?

Nos hallamos ante el producto de una profunda reflexión teológica, en la que el Dios de Israel no solo es soberano absoluto de la creación (la tempestad sobre el mar y el gran pez del cap. 1), sino que además se muestra como salvador de las naciones paganas, en especial de la terrible ciudad de Nínive (¡¡!!), vale decir, el polo opuesto de la profecía de Nahúm. La tan magistralmente lograda figura del profeta Jonás representa, pues, en el relato un curioso *tertium quid* entre el Señor y los gentiles, que, en vez de cumplir para con estos últimos una misión de misericordia, únicamente desea su destrucción. Nos topamos con una alusión por demás clara al espíritu de un judaísmo integrista que ha traicionado los prístinos ideales de Dios para con el conjunto de la humanidad. Los judíos no desean ejercer una función sacerdotal para con los demás pueblos, sino que los perciben como enemigos cuya aniquilación esperan y desean. De ahí que, además de por otras cuestiones de estilo y nivel de lengua, los exegetas actuales tiendan a fechar la composición del libro de Jonás en la época de la restauración de Esdras y Nehemías, o tal vez un poco más tarde, y como una clara reacción ante sus reformas inhumanas y ante la xenofobia que colorea el judaísmo naciente[1113].

El problema de los falsos profetas. La existencia del carisma profético procedente de Yahweh planteó a Israel en un momento muy concreto de su historia —cuando la monarquía ya se había consolidado como institución nacional en el reino septentrional de Efraín y en el meridional de Judá— la dificultad de bregar con profetas falsos, es decir, con personas que remedaban ese carisma, pero con intenciones

---

[1113] Aunque no forma parte de la literatura profética, el libro de Rut responde a idéntica motivación y ve la luz hacia la misma época, como ya lo habíamos apuntado anteriormente.

fraudulentas, algo que las tradiciones referentes a los tiempos más antiguos no parecían registrar. Distinguimos dos clases de falsos profetas: en primer lugar, quienes emplean el supuesto don profético para arrastrar al pueblo a la idolatría, y en segundo lugar, aquellos que se presentan como profetas auténticos del Dios de Israel, pero vehiculan mensajes que él nunca les ha transmitido.

La primera clase parece ser poco abundante en el Antiguo Testamento tal como lo hemos recibido. Se alude a ella en Dt. 13:1-3 y Ez. 14:1-11, y viene bien representada por aquellos cuatrocientos cincuenta profetas de Baal y los cuatrocientos profetas de Asera a quienes hizo frente Elías en el monte Carmelo (1Re. 18:19). La sentencia del Deuteronomio es tajante en este caso:

Tal profeta o soñador de sueños ha de ser muerto, por cuanto aconsejó rebelión contra Jehová vuestro Dios que te sacó de la tierra de Egipto y te rescató de casa de servidumbre, y trató de apartarte del camino por el cual Jehová tu Dios te mandó que anduvieses; y así quitarás el mal de en medio de ti. (Dt. 13:5)

Asimismo, la que leemos en el libro de Ezequiel:

Y cuando el profeta fuere engañado y hablare palabra, yo Jehová engañé al tal profeta; y extenderé mi mano contra él, y lo destruiré de en medio de mi pueblo Israel. (Ez. 14:9)

La segunda clase, por el contrario, aparece bien representada en los textos veterotestamentarios en que se mencionan, v. gr., profetas cortesanos al servicio de los monarcas, como sucedía en los reinos paganos circundantes. Tales debieron ser los descritos en 1Re. 22:6,12, grupos de profesionales que *adivinan por dinero* (Mi. 3:11) y *profetizaron mentira* (Jer. 5:31). También pueden incluirse aquí grupos de videntes que intentaban dar respuestas divinas a situaciones críticas ante las cuales no se encontraba solución, pues todos ellos se limitaban a vehicular aquello que las autoridades o el pueblo deseaban escuchar, nunca la verdad que procede de Yahweh. Contra esta profecía espuria, que parece incrementarse en la época de la caída de Jerusalén en manos de los caldeos, reaccionan los siervos de Dios exigiendo un cumplimiento cierto:

Los profetas que fueron antes de mí y antes de ti en tiempos pasa-
dos, profetizaron guerra, aflicción y pestilencia contra muchas
tierras y contra grandes reinos. El profeta que profetiza de paz,
cuando se cumpla la plabra del profeta, será conocido como el pro-
feta que Jehová en verdad envió. (Jer. 28:8-9)

De ahí que los profetas auténticos emitieran contra todo aquel entramado de profecía fraudulenta juicios especialmente duros, casi inmisericordes, ya que los mensajes falsos no solo ponían en peligro la
integridad de los reinos de Israel y de Judá, sino que constituían una
verdadera afrenta a Dios, pues usurpaban su nombre sin respeto ni reverencia alguna (*cf.* Zac. 13:2-6). El impacto que debieron causar aquellos pseudoprofetas yahvistas en el conjunto de la sociedad israelita
puede medirse por el recuerdo que han dejado en los escritos sagrados,
no ya como conjuntos o cofradías organizadas alrededor de los monarcas o los santuarios, sino en ciertas figuras destacadas, de algunas de
las cuales se ha conservado hasta el nombre: ahí tenemos al viejo profeta anónimo de Betel que causó la muerte del auténtico profeta enviado desde Judá contra el rey Jeroboam I de Israel (1Re. 13:11-32)[1114]; a
Sedequías hijo de Quenaana, profeta cortesano al servicio de Acab rey
de Israel y transmisor de un mensaje engañoso desmentido por el verdadero profeta Micaías (1Re. 22:11,24-25); a Hananías hijo de Azur,
impulsor de falsas esperanzas en la época de Sedequías, rey de Judá,
y rebatido por Jeremías (Jer. 28); y a la profetisa Noadías y otros que
procuraban infundir temor a Nehemías para que paralizase la obra de
reconstrucción de los muros de Jerusalén (Neh. 6:14). Las alusiones de
Jeremías y Ezequiel a este profetismo falso que leemos en los mensajes
que enviaron a los judaítas cautivos en Babilonia, es el mejor resumen
que se puede hacer de este epígrafe:

Porque así ha dicho Jehová de los ejércitos, Dios de Israel: No os
engañen vuestros profetas que están entre vosotros, ni vuestros adivi-
nos; ni atendáis a los sueños que soñáis. Porque falsamente os profe-
tizan ellos en mi nombre; no los envié, ha dicho Jehová. (Jer. 29:8-9)

[1114] No todos los autores ni comentaristas están de acuerdo con la inclusión de este
viejo profeta en el grupo de los falsos profetas. *Cf.* el comenario de Keil & Delitzsch,
vol. 3, p. 145 (versión inglesa).

Y sus profetas recubrían con lodo suelto, profetizándoles vanidad y adivinándoles mentira, diciendo: Así ha dicho Jehová el Señor; y Jehová no había hablado. (Ez. 22:28)

La extraña figura de Balaam. Nm. 22-24 contiene un curioso ciclo literario ajeno a la línea general de la narración de las tradiciones referentes a la peregrinación de Israel por el desierto, lo que ha motivado que se lo haya considerado como una interpolación posterior, pero que resulta al mismo tiempo una pequeña obra maestra del pensamiento y la teología veterotestamentarios, en la que se encuentra condensada de manera magistral la enseñanza más destacada de todo el Hexateuco. Se mezclan en estos capítulos la narración en prosa, incluso con rasgos evidentemente folclóricos (la celebérrima historia del asna que habló, Nm. 22:28-33), y una poesía de exquisita calidad, los cuatro oráculos de Nm. 23:7-10; 23:18-24; 24:3-9; 24:15-24, en los que se marca el tono del conjunto. Todo ello se centra en una figura destacada, la de Balaam, al que las tradiciones posteriores llamarían *profeta* (2 P. 2:15-16), pero Nm. 22-24 y otros pasajes veterotestamentarios designan como קוֹסֵם *qosem*, "adivino", un término más bien peyorativo (Jos. 13:22). Personaje pintoresco donde los haya, Balaam es alguien que tiene acceso a los arcanos divinos más profundos:

> *Dijo Balaam hijo de Beor,*
> *Dijo el varón de ojos abiertos;*
> *Dijo el que oyó los dichos de*
> *Jehová,*
> *Y el que sabe la ciencia del*
> *Altísimo,*
> *El que vio la visión del*
> *Omnipotente;*
> *Caído[1115], pero abiertos los ojos. (Nm. 24:15-16)*

[1115] Heb. נֹפֵל *nophel*. Pese a ciertas corrientes que han pretendido ver en este término una especie de autoconfesión del propio Balaam sobre su condición de falso profeta ("caído" sería equivalente de "condenado"), lo cierto es que se refiere al hecho de que el poder divino lo echa por tierra al enviarle sus mensajes. Queda, pues, anonadado ante la majestad del Omnipotente, como le sucede a cualquier profeta. Calvino ve en estas palabras de Balaam una evidencia de que se trataba de un auténtico profeta de Dios (*Cf.* KEIL & DELITZSCH. Vol. I, p. 779 de la versión inglesa). Katz y Fodor lo traducen como *se postra* y explican que, al ser Balaam un falso profeta, recibe el oráculo divino echado

El lector actual de las Escrituras puede muy bien contemplarlo como una figura no exenta de rasgos simpáticos, y verdaderamente profética. Hay que acudir a textos como Nm. 31:8,16; Dt. 23:4; Jos. 24:9; Neh. 13:2, para que resalte su maldad y su imagen más negativa, fruto de una tradición judía especialmente denigratoria contra este personaje[1116]. El empleo de esta figura, sin duda un *baru*[1117] mesopotámico de cierto renombre en la cultura oriental de la época[1118], dentro del marco de un reino de Moab aterrorizado ante la presencia de los israelitas (Nm. 22:1-4), pone en manos de los hagiógrafos un instrumento de primera para vehicular la idea que desean destacar: la dirección providencial de los acontecimientos históricos a favor de Israel. Las doce tribus no pueden ser maldecidas, ni siquiera por un adivino tan poderoso como Balaam, sencillamente, porque Dios no lo permite:

¿Por qué maldeciré yo al que
Dios no maldijo?
¿Y por qué he de execrar al que
Jehová no ha execrado?
Porque de la cumbre de las peñas
lo veré,
Y desde los collados lo miraré;
He aquí un pueblo que habitará
confiado[1119],
Y no será contado entre las
naciones. (Nm. 23:8-9)

Porque contra Jacob no hay
agüero,
Ni adivinación contra Israel. (Nm. 23:23)

---

por tierra, no en pie, como, según ciertas tradiciones judías, recibirían los verdaderos profetas la palabra de Yahweh (?).

[1116] Véase Murcia, T. *Jésus dans le Talmud et la littérature rabbinique ancienne.* Turnhout (Belgique): Éd. Brepols, 2014, pp. 397-669.

[1117] Término acadio que significa "adivino".

[1118] Así se constata en ciertos relatos arameos de los siglos VIII y VII a. C. *Cf.* Lemaire, A. "Les inscriptions de Deir 'Alla et la littérature araméenne Antique", in *Comptes rendus des séances de l'Académie des Inscriptions et Belles-Lettres,* vol. 129, n° 2, 1985.

[1119] O, *solo.* (Nota de RVR60)

De hecho, el conjunto del ciclo viene a incidir en una glorificación de Israel, pueblo destinado al dominio absoluto de la tierra y catalizador de las bendiciones divinas.

> *Dios lo sacó de Egipto;*
> *Tiene fuerzas como de búfalo.*
> *Devorará a las naciones*
> *enemigas,*
> *Desmenuzará sus huesos,*
> *Y las traspasará con sus saetas.*
> *Se encorvará para echarse como*
> *león,*
> *Y como leona; ¿quién lo*
> *despertará?*
> *Benditos los que te bendijeren,*
> *Y malditos los que te*
> *maldijeren.* (Nm. 24:8-9)

Sin duda, forma parte la historia de Balaam de un programa educativo originado en los círculos sacerdotales de la Judea de la restauración, cuya finalidad es infundir esperanza a un pueblo que lo ha perdido todo y que necesita hallar en su historia nacional, entendida como historia sacra, una razón de ser, un motivo para seguir existiendo en medio de pueblos hostiles, y un proyecto de futuro. Los oráculos puestos en boca de Balaam vienen así a instruir a los judíos recién llegados de Babilonia, orientándolos hacia un futuro glorioso de señorío sobre el mundo. Toda una promesa.

Escatología y profecía apocalíptica. Carecería de sentido en un trabajo como este dejar de lado toda la profecía apocalíptica y su escatología desbordante, alegando que se trata de un género literario posterior y que, por tanto, no debiera ser estudiado juntamente con la profecía clásica de Israel y su aportación al concepto de las promesas divinas. Sin negar que bien puede ser, y con todo derecho además, objeto de estudios especializados, lo cierto es que la profecía apocalíptica halla su lugar dentro de este capítulo sin violentar cuanto hasta aquí hemos mostrado, pues forma parte integrante del Antiguo Testamento tal como lo hemos recibido. Aunque tiene claros precedentes en la profecía clásica del Israel pre- y postexílico (Isaías, Sofonías, Ezequiel,

Zacarías, Joel) y en la literatura sapiencial[1120], la profecía apocalíptica propiamente dicha ve la luz hacia el año 200 a. C. con el libro de
Daniel, quizás el último escrito veterotestamentario en ser redactado
y entrar en el canon, y se extenderá, *grosso modo*, hasta el 100 d. C.,
marcando un período crucial para la Historia de la Salvación[1121]. La publicación del libro de Daniel supone un hito de gran importancia: con
él se inicia la visión escatológica absoluta del mundo, del hombre y de
la historia de Israel.

Nace la escatología veterotestamentaria cuando, como hemos apuntado en su momento, los profetas empiezan a fijar su atención en otros
pueblos y conciben los tiempos, no según los datos políticos o socioeco-
nómicos del momento específico en el que viven, sino según la voluntad
inapelable de Dios, quien determina y dirige los acontecimientos con
mano certera. El profeta escatológico se halla sumergido, juntamente
con su pueblo, en una situación de crisis que busca desesperadamente
una solución; este último detalle se ha magnificado tanto en ciertos círculos exegéticos que no han faltado quienes han apuntado a estas condiciones de decepción del presente y anhelo de un futuro mejor como el
origen real del fenómeno. Leemos en el vol. II de la *Theologie* de Von
Rad la siguiente apreciación acerca de este asunto:

[1120] Constituye este último punto una de las tesis más importantes de Von Rad, expuestas en el segundo volumen de su *Theologie*, p. 273 de la versión francesa. Presenta
como ejemplos las preguntas y respuestas recogidas en ciertos capítulos de los libros 4
Esdras y el Apocalipsis Siríaco de Baruc, escenas muy similares a lo que debían ser las
escuelas de Israel, en las que se enseñaba por medio de preguntas y respuestas.

[1121] Los escritos neotestamentarios no son ajenos a la mentalidad y el lenguaje
apocalípticos. A modo de ejemplo, además del libro del Apocalipsis, pueden citarse:
Mc. 13; Mt. 24; Lc. 17:22-37; 21:5-26; 1 Co. 15:23-28,35-37; 1 Ts. 4:13 – 5:11; 2 Ts.
1:7-10; 2:3-12; 2 P. 3:10-13. Para comprender la influencia de la apocalíptica judía
en el cristianismo, véanse: BOCACCINI, G. *Middle Judaism, Jewish Tought. 300 B.C.E
to 200 C.E*. Philadelphia:Fortress Press, 1991; COLLINS, J. J. "The Genre Apocalypse
in Hellenistic Judaism", in HELLHOLM, D. (ed.), *Apocalypticism in the Mediterranean
World and the Near Est, Proceedings of the International Colloquium on Apocalypticism*. Uppsala, August 12-17, 1979, pp. 531-548; HIMMELFARB, M. *Ascent to Heaven in
Jewish and Christian Apocalypses* Oxford: Oxford University Press, 1993; LEMMER,
R. "Early Jewish Mysticism, Jewish Apocalyptic, and Writings of the New Testament -
a Triangulation", in *Neotestamentica, The New Testament Society of South Africa*. University of South Africa, No.30, 2, (1996), pp. 359-376; MOWINCKEL, S. *He that Cometh*.
Nashville: Abingdon Press, 1954; YARBRO, C. *Cosmology and Eschatology in Jewish
and Christian Apocalypses*. E.J, Leiden, Netherlands, Brill, 1996.

«En la primera obra de Mowinckel, se encuentra en primer plano la explicación psicológica del fenómeno escatológico. "El nacimiento de la escatología debe explicarse bajo el punto de vista de la psicología; de otra manera, no tiene explicación... Es preciso ver en la escatología una huida hacia el futuro bajo la presión de una experiencia nueva, dura y desacostumbrada, que tiene lugar en el mundo que rodea al profeta; una experiencia que causa decepción en una época donde ya no se pueden vivir las antiguas experiencias en toda su autenticidad, una fuga ante las dificultades en dirección a un punto de menor resistencia" (*Psalmenstudien*, II, p. 324). También M. Buber habla de una esperanza histórica que se "escatologizó" solo porque la "decepción histórica" iba creciendo (*Königtum Gottes*, 1936[2], p. X, citado por S. Mowinckel: *He that cometh*, p. 152). En un segundo trabajo, el propio Mowinckel subraya con mayor fuerza el pensamiento histórico específicamente veterotestamentario. "Tenemos derecho a afirmar que la concepción absolutamente única que Israel mostraba acerca de Dios en tanto que Dios de la historia es la raíz de la escatología" (*op. cit.*, p. 153). Ello no implica que se haya de desechar por principio de la investigación la noción de una experiencia decepcionante. La decepción, sin duda alguna, ha tenido un papel nada desdeñable en el "nacimiento" de la escatología; solo habría que precisar desde el punto de vista teológico el objeto que provocó esa decepción y atribuir a esa experiencia decepcionante el lugar que le corresponde en el conjunto del fenómeno. Si nos atenemos a las declaraciones de los profetas, no es justo poner en relieve la decepción como si fuera la causa real de todo el resto[1122]».

Comprueban los profetas escatológicos que la historia pasada no garantiza la salvación de Israel en el momento en que viven, sino un nuevo y definitivo acto salvífico de Dios. Su predicación tiene, pues, como *Sitz im Leben* la tensión entre la novedad de la palabra escatológica de Yahweh —quien habla una vez más a su pueblo en circunstancias nuevas—, la tradición recibida sobre la elección de Israel, y la situación propia de los destinatarios inmediatos. De ahí que, pese a cuanto se pudiera creer en ciertos medios cristianos actuales, la profecía escatológica no dirija su mirada hacia un futuro muy lejano y además descrito con todo lujo de detalles. Por el contrario, los profetas escatológicos bosquejan acciones divinas que entienden muy próximas, y emplean para ello figuras de tipo mítico, realmente impactantes, como las bestias antinaturales, los abismos, grandes alteraciones cósmicas o toda una profusión de seres celestiales que aparecen de continuo en escena

---

[1122] P. 103, nota 3 en la edición francesa. La traducción es nuestra.

para vehicular el mensaje redentor de Dios, quien da a conocer ahora sus propósitos en unos tonos hasta el momento nunca empleados. Ve así la luz la literatura apocalíptica, que debe entenderse como una manifestación de tonos místicos, propia de épocas de tribulación, en la que se va a presentar una salvación más individual que colectiva y un claro mesianismo. El teólogo suizo Walter Baumgartner[1123] indica como signos distintivos de la profecía apocalíptica la pseudonimia, la impaciencia escatológica, una narración de tipo fantástico llena de nombres y símbolos esotéricos, angelología desbordada, esperanzas individuales y colectivas sobre el más allá, y una perspectiva histórica universal y cósmica[1124], rasgos todos ellos que, si en un principio pueden obedecer a situaciones peculiares, al final acabarán cristalizando en un estilo convencional propio. Queda así superada la profecía clásica hebrea y se abre un nuevo horizonte para la expresión de las promesas divinas.

Como hemos podido comprobar en párrafos y epígrafes anteriores, la escatología de la profecía clásica de Israel tiene como centro indiscutible el יום יהוה *Yom Adonay* o *Día de Jehová* de RVR60[1125], momento especial de juicio cuyos textos claves son Is. 13 y 34; Ez. 30; Jl. 2:1-11 y Sof. 1:7-18. Se describe este evento con lenguaje militar y no es demasiado glorioso el papel que representa Israel en sus escenas. De hecho, en Am. 5 se presenta como un día de castigo para un Israel esencialmente rebelde e ingrato del que solo un remanente será salvo. En contraste, la escatología apocalíptica, si bien ostenta una clara vertiente pesimista que no puede enraizarse en las tradiciones proféticas ni en las más antiguas de Israel (todo va de mal en peor, la destrucción del pueblo de Dios parece inminente a mano de las fuerzas demoníacas que imperan en el mundo), mira hacia el momento definitivo en los arcanos divinos cuando Israel será reivindicado. El hecho de que Dios tenga el control real sobre el cosmos hace que el mensaje de los profetas apocalípticos resulte finalmente consolador en tiempos de persecución y crisis nacional. Pero entre los primeros balbuceos de la escatología en la literatura profética y el despuntar de la apocalíptica, se halla un escalón

---

[1123] Conocido, entre otros trabajos, por sus publicaciones sobre el libro de Daniel (*Das Buch Daniel*, 1926; *Das Buch Daniel und seine Botschaft von den letzten Dingen*, 1944) y la sabiduría de Israel y el Antiguo Oriente (*Israelitische und altorientalische Weisheit*, 1933).

[1124] *Theologische Rundschau*, 1939, p. 136.

[1125] El *Día de Yahveh* o *Día del Señor* de las otras versiones al uso en nuestro idioma.

hacia el que ya habíamos apuntado, y que no debiéramos olvidar: la proyección de las promesas divinas a las naciones paganas.

Nuevos horizontes universalistas en la profecía de Israel. Desde su origen como pueblo de Yahweh al pie del Sinaí, Israel está confrontado a una gran tensión: en tanto que reino sacerdotal y nación santa (Éx. 19:4-6), su existencia viene marcada por la dicotomía entre el exclusivismo que le exige la absoluta santidad de Dios, a fin de no contaminarse con los otros pueblos, y la vocación mesiánica universalista que el propio Yahweh le irá mostrando como su destino indefectible. Ahí está para probarlo el conocido oráculo de Is. 2:1-4[1126], ya antes mencionado, y que ahora citamos *in extenso*[1127]:

> *Lo que vio Isaías hijo de Amoz acerca de Judá y de Jerusalén. Acontecerá en lo postrero de los tiempos, que será confirmado el monte de la casa de Jehová como cabeza de los montes, y será exaltado sobre los collados, y correrán a él todas las naciones. Y vendrán muchos pueblos, y dirán: Venid, y subamos al monte de Jehová, a la casa del Dios de Jacob; y nos enseñará sus caminos, y caminaremos por sus sendas. Porque de Sion saldrá la ley, y de Jerusalén la palabra de Jehová. Y juzgará entre las naciones, y reprenderá a muchos pueblos; y volverán sus espadas en rejas de arado, y sus lanzas en hoces; no alzará espada nación contra nación, ni se adiestrarán más para la guerra.*

Pero, pese a lo que pudiera parecer, Dios no envía a Israel como pueblo misionero ante las naciones. Ez. 3:6-7 da a entender que una misión a los paganos por parte de los profetas de Israel no quedaría estigmatizada por el fracaso. Sin embargo, ese llamado misionero como tal no se encuentra en el Antiguo Testamento: es el mismo Dios quien asume la responsabilidad de atraer a los pueblos gentiles para que lo adoren y lo reconozcan como único Señor. De hecho, los extranjeros que reconocen a Yahweh como Dios a lo largo de los capítulos veterotestamentarios, lo hacen a partir de una manifestación evidente del poder divino a la que acceden de forma directa o indirecta, jamás por una invitación a creer en él al estilo de la misión cristiana (Éx. 18:8-12; 1 Re. 17:24;

[1126] *Cf.* Mi. 4:1-5.
[1127] Ver también el cuadro paradisíaco pintado por Isaías 11.

2 Re. 5:15). Ahora bien, nunca reciben los gentiles llamado ni invitación alguna sin Israel; los extranjeros que hayan de recibir bendiciones de parte de Dios, las recibirán juntamente con las tribus de Jacob (Ez. 47:21-23)[1128]. Es decir, que los gentiles hayan de beneficiarse de la misericordia de Dios nunca implica una postergación de Israel en los arcanos divinos.

Finalmente, serán el Deutero- y el Trito-Isaías quienes, dentro de esta misma línea de pensamiento, representen la cima del universalimo veterotestamentario. Aunque su discurso es esencialmente polémico y hasta virulento para con la idolatría babilónica y su impiedad concomitante, además de totalmente "israelocéntrico", contienen pasajes de elevado tono universal, únicos en su género, que marcan una pauta de la que Israel ya no podrá apartarse, salvo que traicione su propia misión como pueblo de Dios. Pasajes como Is. 46:22-24; 52:10; 55:5; 60:2-3; 65:1; 66:20-21 abren una puerta a la esperanza de las naciones y buscan poner fin a una mentalidad estrecha que ya despuntaba en aquel momento de fin del cautiverio y comienzo de la restauración. Por desgracia, el remanente de Israel hizo caso omiso de aquellas exhortaciones del Espíritu de Dios: el judaísmo se gestaría al modo de una religión que se entiende a sí misma como de pura supervivencia, y por lo tanto se muestra exclusivista hasta el extremo.

Protoapocalíptica: el llamado "Apocalipsis de Isaías". Bajo el nombre de *protoapocalíptica* se engloban todos los textos proféticos clásicos que desarrollan un pensamiento escatológico donde despuntan los rasgos distintivos de lo que se hallará después en los libros apocalípticos propiamente dichos. De entre todos los que habíamos citado con anterioridad, vamos a fijar nuestra atención en el más representativo y, al mismo tiempo, el más completo, que es el llamado por los especialistas *Apocalipsis de Isaías*[1129], vale decir, Isaías 24-27, capítulos

---

[1128] Para una visión más amplia de este tema, *cf.* el libro ya mencionado de David J. Bosch, *Misión en transformación. Cambios de paradigma en la teología de la misión*, p. 36.

[1129] No todos los exegetas han estado de acuerdo con esta designación. Algunos han llegado a oponerse frontalmente, en su momento, a la idea de que estos capítulos fueran apocalípticos. Así, Johannes Lindblom, autor de un excelente libro titulado *Prophecy in Ancient Israel*, que ve la luz en 1962, prefiere hablar de una "cantata de Isaías" antes que de un "apocalipsis", si bien reconoce en estos capítulos ciertos rasgos literarios que le obligan a situar su redacción durante el período persa.

que tienen suficiente entidad por sí solos dentro del libro de Isaías o de su primera gran división, el Proto-Isaías[1130], como para ser considerados una obra literaria independiente, a todas luces de la escuela isaiana, más tarde recopilada con el resto del libro y ubicada donde ahora se encuentra, no sin motivo. Ostenta los rasgos típicos que se hallarán después en los apocalipsis posteriores, empezando por Daniel y concluyendo con el Apocalipsis de Juan en el Nuevo Testamento, pasando por toda la literatura intertestamentaria consagrada a este mismo género: presencia del profeta-receptor del mensaje manifestada en el uso de la primera persona del singular (Is. 24:16; 25:1; 26:9) y a veces del plural, cuando se identifica plenamente con los destinatarios, su pueblo (Is. 25:9; 26:8,12-13); juicio universal de Dios (Is. 24:1-13); alteraciones telúricas y cósmicas (Is. 24:19-20,23); encarcelamiento de potencias celestiales y sus trasuntos humanos (Is. 24:21-22); abolición de la muerte (Is. 25:7-8); resurrección de los muertos (Is. 26:19-21); derrota de monstruos mitológicos (Is. 27:1); salvación para el pueblo de Dios (Is. 25:9). No se encuentran, sin embargo, en estos capítulos un esquema o esbozo de la historia[1131], visiones celestiales en las que el profeta sea transportado o trasladado a una dimensión distinta[1132], la presencia de ángeles intérpretes[1133] y una teología de tendencias fuertemente dualistas[1134], rasgos todos ellos que suelen jalonar con mayor o menor intensidad los libros apocalípticos.

Sea como fuere, el *Apocalipsis de Isaías* evidencia con creces la realidad de un Dios que reivindica a Israel ante quienes habían sido sus enemigos, un Dios que salva a su pueblo. Los rasgos preapocalípticos de este escrito y los tonos particulares con que viene revestido su mensaje no se apartan, pues, ni un ápice de la Teología de la Gracia que impregna el conjunto del Antiguo Testamento. Así lo atestiguan sus versículos finales:

[1130] El hecho de que, en la recopilación final de los oráculos que componen el libro de Isaías, este *Apocalipsis* aparezca inmediatamente después de una serie de capítulo consagrados a las naciones (Is. 13-23), viene a evidenciar, a ojos de ciertos estudiosos, la transición natural entre la profecía clásica y la profecía escatológica y apocalíptica cuando, como queda dicho más arriba, los profetas de Israel dirigen sus ojos al mundo que los rodea y no se ciñen más únicamente al ámbito de su pueblo.

[1131] Ez. 20; Dn. 2; 7; 11; Zac. 1:18-21.

[1132] Ez. 37:1; 40:1-2.

[1133] Ap. 17:7; 19:10.

[1134] Ap. 12-20.

Acontecerá en aquel día, que trillará Jehová desde el río Éufrates hasta el torrente de Egipto, y vosotros, hijos de Israel, seréis reunidos uno a uno. Acontecerá también en aquel día, que se tocará con gran trompeta, y vendrán los que habían sido esparcidos en la tierra de Asiria, y los que habían sido desterrados a Egipto, y adorarán a Jehová en el monte santo, en Jerusalén. (Is. 27:12-13)

El libro de Daniel. Como queda dicho, con la publicación del libro de Daniel en la época de los Macabeos (siglo II a. C.) da comienzo la profecía apocalíptica, propiamente hablando. Su protagonista es un príncipe judío llevado en su juventud a Babilonia. Se lo presenta como un sabio en los seis primeros capítulos, que constituyen el núcleo de la obra[1135], o, como se suele decir, "la parte histórica"[1136]. En ella destaca el capítulo 2, el relato del sueño de Nabucodonosor, como un paradigma apocalíptico que se repetirá, *mutatis mutandis*, en el capítulo 7. La estatua monstruosa que ve en sueños el monarca babilonio representa una concepción muy antigua del mundo y de la historia, un mito iranio que rastreamos en *Los trabajos y los días* del poeta griego Hesíodo. Leemos en Dn. 2:31-35:

Tú, oh rey, veías, y he aquí una gran imagen. Esta imagen, que era muy grande, y cuya gloria era muy sublime, estaba en pie delante de ti, y su aspecto era terrible. La cabeza de esta imagen era de oro fino; su pecho y sus brazos, de plata; su vientre y sus muslos, de bronce; sus piernas, de hierro; sus pies, en parte de hierro y en parte de barro cocido. Estabas mirando, hasta que una piedra fue cortada, no con mano, e hirió a la imagen en sus pies de hierro y de barro cocido, y los desmenuzó. Entonces fueron desmenuzados también el hierro, el barro cocido, el bronce, la plata y el oro, y fueron como tamo de las eras del verano, y se los llevó el viento sin que de

---

[1135] *Cf.* la relación entre sabiduría y literatura apocalíptica señalada en su momento por Von Rad, y de la que hemos hecho mención expresa páginas atrás.

[1136] En relación con los personajes históricos mencionados en estos capítulos y el valor histórico general del libro, véanse ARANDA, G. El *libro de Daniel. Introducción, traducción y notas*. Bilbao: Desclée de Brouwer, 2006; ASURMENDI, J. M. "Daniel y la apocalíptica", in SÁNCHEZ CARO, J. M. (ed.) *Historia, narrativa, apocalíptica*. Estella (Navarra): Verbo Divino, 2000, pp. 479-542; LACOQUE, A. *Le livre de Daniel*. Neuchâtel-Paris: Delachaux et Niestlé, 1976.

ellos quedara rastro alguno. Mas la piedra que hirió a la imagen
fue hecha un gran monte que llenó toda la tierra.

El mito iranio, tal como nos lo relata Hesíodo en los versos 106-201 de
su poema, narra cómo los dioses crearon razas o estirpes sucesivas de
hombres en progresión descendente: de oro, de plata, de bronce y de
hierro. La primera fue una raza noble y justa, mientras que, a partir de
la raza de plata, se inicia un proceso de profunda decadencia cuya culminación la constituye la raza o edad de hierro, es decir, la actual, en
la que los hombres viven sometidos a las fatigas del trabajo, la miseria y la injusticia. El parecido entre ambos relatos, con sus gradaciones
metálicas descendentes, es evidente, y no se puede negar que el autor
de Daniel 2 conocía bien el mito iranio. Pero introduce variantes: allí
donde el mito antiguo hablaba de "razas" o "edades", el autor de Daniel 2 habla de "reinos", es decir, poderes humanos. La decadencia es
patente en ambas narraciones, aún más en la de Daniel, ya que el hierro viene mezclado con barro cocido, pero la gran novedad es el quinto
elemento. El mito narrado por Hesíodo lo llama "la raza de los héroes"
o "la edad de los héroes", situada entre la de bronce y la de hierro, y
viene a representar un momento en el que los hombres vuelven a ser
justos y realizan grandes proezas[1137]; de alguna manera, esta raza frena
la decadencia y permite que la humanidad retome cierto esplendor, si
bien es seguida por la de hierro; solo ha sido, pues, un pequeño respiro, casi un espejismo de ilusión en medio de un proceso de disolución
muy representativo del pesimismo que coloreó desde siempre el pensamiento griego antiguo[1138]. En el relato de Daniel, por el contrario, el
quinto elemento aparece al final y es la piedra que destruye todos los
reinos humanos y se convierte en *un reino que no será jamás destruido*
(Dn. 2:44), vale decir, algo definitivo y eterno, pues tal es el designio
de Dios. De esta manera, se invierte el proceso decadente y se alcanza
una plenitud jamás conocida antes, si bien *no con mano [humana]* (Dn.
2:34,45). Daniel hace hincapié en la soberanía de Dios, que en todo

---

[1137] Para el vate griego, estos héroes son los que participaron en la expedición contra Tebas, en la búsqueda del vellocino de oro, o en la guerra de Troya, cuyas hazañas
llenan la literatura clásica y sus epígonos hasta hoy.

[1138] El poeta romano Ovidio, en el libro I de sus *Metamorfosis*, refiere el mismo
mito, pero suprimiendo la edad de los héroes, con lo que acentúa aún más el sentido
de decadencia del hombre y del mundo. Ello supone una visión igual de negativa de la
historia humana.

momento se muestra como algo absoluto y definitivo, ante lo cual no son nada los poderes humanos (*cf.* Dn. 4:17,32,34-35; 5:26-28).

De esta manera, el capítulo 2 de Daniel marca ya una pauta de gran peso, no solo en el propio libro, sino en lo que será la literatura apocalíptica a partir de él. El capítulo 7 también se hace eco de la irrupción del Reino de Dios en la historia de los hombres, aquí representado por medio de la figura del *hijo de hombre* (vv. 13-14), muy similar a la apariencia humana que hallamos en la visión de Ezequiel 1. Son bastantes los eruditos que consideran el capítulo 7 de Daniel como un capítulo pivote en el conjunto del libro: no solo es el primero de la segunda parte o "parte profética", sino que también es el último redactado en arameo, la sección que se inicia, precisamente, con Dn. 2:4b y que contiene el sueño de Nabucodonosor. Daniel 7 muestra una nueva imagen de los poderes terrenales, también en número de cuatro, cifra altamente simbólica, pero no ya como simples metales de diferentes valores, sino como bestias que surgen del abismo caótico (Dn. 7:2-3), a cual más antinatural, más terrorífica, de las que la última resulta la peor de todas, imposible de definir con precisón, y adornada con profusión de cuernos, símbolos de un poder tiránico[1139] (Dn. 7:24). Frente a ellas, el mundo celestial se representa con imágenes plenamente humanas (Dn. 7:9-10,13-14), en lo cual se halla una clara intención denigratoria de los poderes políticos, siempre malignos, al mismo tiempo que laudatoria del hombre como tal, exaltado hasta lo sumo. Al igual que en el capítulo 2, Daniel 7 subraya la soberanía divina sobre el mundo, los juicios de Dios sobre los poderes humanos bestializados y embrutecidos, y la realidad de un Reino que viene y cuya entronización es cosa hecha en los arcanos divinos.

A la luz de los estudios más serios, Daniel 8-12 es la parte más reciente del libro. En ella destacan, en primer lugar, el capítulo 9, donde se muestra un tipo concreto de exégesis del libro de Jeremías que sentará un precedente: el segundo sentido de los textos sagrados, que resulta ser el definitivo y aquel que contiene el significado auténtico a la luz de los propósitos eternos de Dios; y el capítulo 11 de nuestra actual división de los textos escriturísticos, cuyos versículos 39-40 suponen un punto de ruptura donde el *vaticinium post eventum* inspirado en las hazañas de los Macabeos y la maldad del rey seléucida Antíoco IV Epífanes se convierte en profecía.

[1139] *Cf.* la imagen de los cuernos en Zac. 1:18-21.

Los tonos del capítulo 12 vienen a evidenciar de nuevo, si falta hacía, la finalidad del libro, que no es otra que transmitir esperanza en medio de una gran tribulación (la crisis provocada por el despótico monarca seléucida), una esperanza que tiene como única base firme la soberanía del Dios de Israel. De esta manera, Daniel, y con él la literatura apocalíptica que vendrá después, bíblica o apócrifa, pondrá el broche de oro a la profecía veterotestamentaria como vehículo de las promesas más excelentes que Dios ha reservado a su pueblo.

El problema de las profecías no cumplidas. Desde hace mucho tiempo, la exégesis cristiana más tradicional ha venido notando una serie de oráculos proféticos a los que nunca se ha asignado un cumplimiento real en la historia. Sirvan como ejemplo, entre otros, Is. 20:1-6; Jer. 22:18-19; 36:29-31; 43:8-13; 44:29-30; Ez. 29:17-20; 40-48. Fue moneda corriente en siglos pasados buscar algún tipo de alusión a los pasajes citados y otros similares en las obras de escritores antiguos (Flavio Josefo, especialmente[1140]) para ver si su cumplimiento había sido detectado en algún momento y no se había tenido en cuenta más tarde. En nuestros días, el dispensacionalismo norteamericano y las sectas decimonónicas de origen anglosajón han procurado atribuir a estos pasajes proféticos y otros parecidos un significado literal postergado hacia el futuro. La realidad es que tales interpretaciones falsean el signifcado, no ya de esos pasajes concretos, sino del conjunto de la profecía. Los siervos de Dios llamados al ministerio profético no elaboraron horóscopos ni "mapas anticipadores del futuro", sino que esbozaron unas líneas de actuación de Dios en relación con su pueblo. Solo el Nuevo Testamento nos presenta citas literales de profecías veterotestamentarias cumplidas en ciertos hechos concretos del ministerio de Cristo, si bien no se trata de un cumplimiento literal o en todos y cada uno de sus detalles (Mt. 17:4-5; Lc. 24:44-47; Hch. 2:16-21), algo que, en ciertos círculos, sigue alentando la discusión.

Los profetas de Israel, que fueron, como queda dicho, verdaderos maestros en el uso de los recursos del idioma, explotan con habilidad

---

[1140] A guisa de ejemplo, leemos en *Las guerras de los judíos*, VII, 30:

«Había habido cierta profecía antigua de novecientos y setenta años: decía Isaías que este templo había de ser edificado en Egipto por un varón judío, y así era este templo edificado».

Se supone que hace referencia a los particulares oráculos de Is. 19.

las figuras literarias de que se sirven, no con la intención de pintar cuadros exhaustivos de sucesos reales que hayan de tener lugar en el devenir de los tiempos, sino para expresar por medio de un lenguaje poético muy esmerado y muy bien elaborado la acción salvífica de Dios en medio de su pueblo o incluso entre otras naciones. Carece, por tanto, de sentido hablar en nuestros días de "profecías no cumplidas". La profecía bíblica es, toda ella, tal como la hemos recibido, promesa viva, permanente, cuyo hilo conductor y cuyo sentido primordial hallan su culminación en el Nuevo Testamento, es decir, en la persona y la obra salvífica de Cristo. Pretender que sea hoy, en nuestros días, y en ciertos lugares del mundo, cuando y donde se haya de buscar el cumplimiento literal de todos y cada uno de sus oráculos en sus detalles es, sencillamente, desconocer su razón de ser y la realidad de su contenido.

La sabiduría en el contexto de las ordenanzas cúlticas y las promesas de Israel. Con el nombre de חכמה *jokhmah* designa la lengua hebrea del Antiguo Testamento el concepto de "sabiduría", que no es exactamente el equivalente del griego σοφία *sophía*; se acerca bastante más a lo que hoy entendemos en castellano por tal[1141]. El término hebreo indica competencia antes que especulación; un buen ejemplo de ello se encuentra en la historia de José (Gn. 37; 39-50). Para Israel, la sabiduría consiste en el reconocimiento del orden del mundo dentro del cual hay que vivir, un orden impuesto por Dios. Es lo que expresan Pr. 9:10 y textos paralelos cuando afirman:

> *El temor de Jehová es el principio*
> *de la sabiduría,*
> *Y el conocimiento del Santísimo es*
> *la inteligencia.*

De ahí que lo contrario sea la necedad en el sentido de "locura": no aceptar que Dios está presente en todo cuanto se ve constituye el máximo grado de insensatez al que el hombre puede llegar. Tal es el significado más genuino de los conocidos Salmos 14:1 y 53:1 cuando declaran *necio* al que afirma no haber Dios, sin alusiones de ningún tipo a lo que hoy conocemos como ateísmo. Ello explica que la sabiduría aparezca

---

[1141] En el castellano actual, el término "sabiduría" tiene más connotaciones de conocimiento adquirido por experiencia vivida que de información teórica o académica.

como una característica del mismo Yahweh (Job 12:13) capaz de apelar directamente al hombre y, de hecho, hasta tal punto personificada que en Pr. 8:22-31 habla como si fuera la primera criatura de Dios y un especial compañero en la obra de la creación del mundo[1142].

Todo este trasfondo eminentemente religioso y cúltico —pues en ningún momento se ha de olvidar el peso que tienen las ordenanzas rituales en la vida religiosa de los hebreos— es el que marcará el pensamiento de los sabios de Israel, personas procedentes de los círculos levíticos y sacerdotales que disertarán y enseñarán acerca de temas trascendentes como la vida, el dolor, la muerte y el mismo Dios, pero no tanto desde la perspectiva de la revelación como desde la reflexión más profunda basada en la observación directa de la realidad y las tradiciones recibidas. La cuestión es cuándo se produce este desarrollo de la sabiduría de Israel. Según ciertas tradiciones rabínicas, la separación entre profetas y sabios tuvo lugar en una época muy temprana, pero la literatura que llamamos sapiencial dentro del conjunto veterotestamentario (Job, Proverbios, Eclesiastés[1143]) es más bien tardía.

Se han señalado en ocasiones las dos grandes catástrofes históricas de Israel (caída de Samaria en 722 a. C. con la consiguiente desaparición del reino efrainita, y caída de Jerusalén en 586 a. C. con el exilio en Babilonia) como el momento de arranque de esta profunda reflexión en la que se halla la génesis de la sabiduría. A partir de ahí, y sin desdeñar el contacto con otras realidades culturales, se va elaborando y recopilando con materiales de diversas procedencias el conjunto sapiencial veterotestamentario. Únicamente así se explica que en la redacción del libro de los Proverbios, por ejemplo, además de las composiciones atribuidas a Salomón, el prototipo del sabio por excelencia (1Re. 4:29-34)[1144], aparezcan aportaciones de clara influencia

---

[1142] Aunque RVR60 traduce el v. 22 *Jehová me poseía en el principio, ya de antiguo, antes de sus obras*, otras versiones vierten de manera distinta este texto: *El Señor me formó desde el comienzo, antes de crear cualquier otra cosa* (NTV). La raíz verbal קְנָה *qanah*, según los diccionarios, puede tener dos sentidos básicos: "adquirir" o "formar". No faltan quienes proponen que se trate, en realidad, de dos verbos distintos en su origen que han confluido en la forma. *Cf.* Auvray, P. *op. cit.* p. 189.

[1143] En realidad, aspectos sapienciales se hallan claramente expresados en el Pentateuco, desde los relatos de la Creación hasta los discursos de Moisés en el Deuteronomio; lo mismo sucede en todos los libros históricos y proféticos, y también en los Salmos y el Cantar de los Cantares.

[1144] Los especialistas han detectado en los proverbios tradicionalmente llamados "salomónicos" (Pr. 1-29) claras influencias de la sabiduría egipcia, cananea y hasta mesopotámica.

oriental: las *palabras de Agur, hijo de Jaqué* (Pr. 30) y las *palabras del rey Lemuel* (Pr. 31); ambos casos, y de forma harto significativa, se consideran profecías (Pr. 30:1; 31:1). También a esa misma época se debe, como ya habíamos señalado epígrafes atrás, el importantísimo despertar del individuo frente a la comunidad, de manos de los profetas y sacerdotes (¡y sabios!) Jeremías y Ezequiel: Dios busca al menos a un hombre que sea justo para poder perdonarlo en medio de tanta iniquidad (Jer. 5:1), por lo que dirige oráculos de salvación muy directos a personas muy concretas designadas por su nombre[1145] (Jer. 39:15-18; 45:1-5); en medio de tribulaciones tan grandes como las que vive el pueblo de Israel del momento, debido a su impiedad, únicamente varones justos (¡y sabios!) como los anteriormente citados Noé, Dan'el y Job podrían salvarse (Ez. 14:12-20 BTX). Finalmente, otro profeta, también sacerdote y, sin duda, sabio, como es Zacarías, en plena restauración proclamará la asimilación de otros pueblos a Israel en una visión universalista que enlaza con las promesas más destacadas del Antiguo Testamento (Zac. 8:20-23). De esta manera, y pese a las afirmaciones de los rabinos, no se constata en el Antiguo Testamento una forzosa separación drástica entre profetismo y sabiduría, pensamiento desarrollado y promesas. El paso definitivo lo constituirá el entronque de la sabiduría con la literatura apocalíptica: Daniel es presentado como el jefe de los sabios de Babilonia (Dn. 2:48), lo que le vale el beneplácito de los distintos déspotas que se sientan en el trono imperial, pero es al mismo tiempo alguien que recibe de Dios mensajes muy concretos que tienen como finalidad desplegar el propósito divino para su pueblo y el conjunto de las naciones.

Los libros del Eclesiastés y Job constituyen, además de obras maestras de la literatura hebrea y universal, auténticas joyas del pensamiento de Israel, una verdadera propedéutica evangélica. En ambos se hace hincapié en lo incomprensible para el hombre de la realidad de Dios, que es inalcanzable, a menos que él mismo desee revelarse. Lo que ocurre es que el Eclesiastés rezuma un pesimismo existencial que constrasta fuertemente con la piedad obstinada y hasta agresiva de Job, rayana en la blasfemia en algunas ocasiones. La constatación de la vanidad humana que presenta el Predicador como eje alrededor del cual gira todo el Eclesiastés (Ec. 1:2) abre las puertas al Nuevo Testamento, donde Cristo mostrará el verdadero sentido de la vida al

---

[1145] También de condenación. *Cf.* Jer. 20:1-6; 28:13-17.

enseñar una estricta dependencia de Dios que se traduce en una existencia de servicio a favor de los demás. En el caso de Job, sus dudas ante lo que él considera a todas luces una gran injusticia (la parte narrativa inicial del libro, Job 1-2), no reciben respuesta por parte de Dios. Curiosamente, la magistral intervención divina de los cap. 38-41 se explaya mostrando las realidades del mundo como auténticas obras de arte salidas de las manos del Creador. Puesto que todo el libro de Job gira en torno al tema de la utilidad práctica de la piedad, postulado que defienden Satanás y los amigos del patriarca (*Respondiendo Satanás a Jehová, dijo: ¿Acaso teme Job a Dios de balde?* Job 1:9), Dios responde a su atribulado y fiel siervo con imágenes de seres no precisamente útiles al hombre (el avestruz, el asno montés, el búfalo, los terribles monstruos míticos *behemot* y *leviatán*...), pero sí incomparablemente hermosos, incluso en medio de su peligrosidad. Dios no solo se preocupa por lo que es provechoso desde el punto de vista ganancial, sino también por lo que es bello, con lo que ofrece un enfoque estético de la obra de la creación, y con él un sorprendente desafío a la filosofía y el pensamiento utilitarista de todos los tiempos[1146].

La vida después de la muerte. Ceñir exclusivamente al ámbito de la literatura sapiencial este asunto, sería cercenarlo desde la base. Retomando una serie de conceptos que ya habíamos tratado en capítulos anteriores, y pese a cuanto se ha llegado a afirmar en ocasiones en ciertos círculos mal informados, Israel, lo mismo que el resto de los pueblos humanos desde la misma Prehistoria, tuvo que cuestionarse desde el principio la realidad de una vida *post-mortem*. Gestado en Egipto, un país en el que las creencias sobre el mundo de ultratumba revestían una importancia capital, y el culto a los difuntos modelaba y marcaba la vida de todas las clases sociales[1147], el pueblo hebreo concibió la muerte como una reunión de los finados con sus padres, es decir, con sus antepasados (Gn. 35:29; Nm. 20:26; 1Re. 22:50; 2Re. 8:24), en ese mundo sombrío llamado *Seol* en RVR60, y del que ya habíamos hecho mención en el capítulo primero de esta sección. No obstante, como ya habíamos señalado anteriormente, el Antiguo Testamento nos brinda escasa información acerca de estos temas, debido a su rechazo frontal

---

[1146] *Cf.* en este sentido el magnífico ensayo breve de PURY, R. DE. *Job ou l'homme révolté*. Genève: Labor et Fides, 1982.

[1147] Véase KEMP, B. *Cómo leer el libro de los muertos*. Madrid: Ed. Crítica, 2007.

del culto a los difuntos, considerado como idolatría (Lv. 19:28; Dt. 14:1), así como a las prácticas necrománticas, estrictamente prohibidas por la ley de Moisés, pero que eran moneda corriente entre sus vecinos:

> *Y el hombre o la mujer que evocare espíritus de muertos o se entregare a la adivinación, ha de morir; serán apedreados; su sangre será sobre ellos*[1148]. (Lv. 20:27)

De ahí que el pensamiento veterotestamentario presente un doble enfoque sobre este asunto. Por un lado, el mundo de los muertos es algo tétrico, negativo en sí mismo, porque los difuntos se hallan completamente desvinculados de todo cuanto se hace en esta tierra (Job 3:11-19; 10:21-22; Ec. 9: 4-6,10), incluso de la alabanza a Dios (Sal. 6:5; Is. 38:18-19). Pero, por el otro, encontramos expresiones que nos muestran cómo la fe de Israel halló un camino para superar este pesimismo. Ya el archiconocido Salmo 23, a partir del v. 4, proclama la bendición de la presencia de Dios incluso en la muerte, y menciona además un banquete de tonos escatológicos, al estilo de lo que leemos en la literatura ugarítica[1149] y, sobre todo, algunos pasajes del Nuevo Testamento (Mt. 8:11; Ap. 19:9).

Pero la gran aportación del pensamiento de Israel en relación con la muerte es la promesa de su destrucción definitiva por medio de la resurrección de los difuntos. La estancia en el Seol no reviste, pues, el carácter de algo definitivo para el ser humano, sino una etapa transitoria, lo que la teología cristiana posterior designará con el nombre de *estado intermedio*, mucho más perfilado a la luz del Nuevo Testamento. Ya el *Apocalipsis de Isaías* antes mencionado nos señalaba esta esperanza como la gran bendición divina de los tiempos finales (Is. 26:19-21). Algunos han apuntado al hecho de que, antes de la composición de este particular *Apocalipsis*, el profeta efrainita Oseas habría

---

[1148] Este tipo de prohibiciones llevan implícita la creencia generalizada en la vida de ultratumba, sin lo cual resultarían absurdas.

[1149] En Ugarit recibe el nombre de *marzeaj* el banquete celebrado en honor de los difuntos, en el que los vivos están en comunión con ellos. *Cf.* KTU (*Die Keilalphabetischen Texte aus Ugarit*) 1,17 I 26-28 y KTU 1,20-22, según CALDERÓN NÚÑEZ, G. "Los textos de Ugarit en la Biblia. *Una introducción en la tradición mitológica del Medio Oriente antiguo*", in *Veritas*, vol. IV, nº 20 (2009) 55-72. El mismo término en hebreo (מרזח) designa a quien está en duelo.

dejado constancia, en un momento de gran tribulación para su pueblo, de unas palabras por demás sugerentes. El capítulo 6, versículo 2, reza:

Nos dará vida después de dos días; en el tercer día nos resucitará, y viviremos delante de él.

Por su parte, el capítulo 13, versículo 14, pone en boca de Dios esta declaración:

De la mano del Seol los redimiré, los libraré de la muerte. Oh muerte, yo seré tu muerte; y seré tu destrucción, oh Seol; la compasión será escondida de mi vista.

Se trata de textos que alcanzarán una gran importancia para la doctrina de la resurrección en la lectura que hará de ellos el Nuevo Testamento, especialmente el apóstol Pablo en 1 Co. 15:4,55, a partir de la LXX. En la actualidad, sin embargo, son bastantes los eruditos que los consideran desde otro punto de vista. El primero de los versículos viene a indicar que el pueblo, herido de muerte, recibirá la sanidad como una resurrección, empleando para ello el profeta una figura que sería muy común en el entorno cultural del Israel de la época; el conocido teólogo católico John Wijngaards explica en su artículo "Death and Resurrection in Covenantal Context (Hos VI 2)" in *Vetus Testamentum* 17 (1967), pp. 226-239, que esta declaración responde a la terminología internacional de la época empleada en textos de pactos o alianzas para indicar su renovación. El significado de estas palabras sería, por tanto, que Dios hace revivir y levanta a su pueblo al renovar su pacto con él al tercer día. El segundo, por su parte, viene traducido en las mejores versiones como si se tratara, no de afirmaciones referentes a una gran esperanza futura, sino de preguntas retóricas a las que da respuesta la declaración última[1150]: Dios no tendrá compasión de su pueblo rebelde y lo castigará[1151], aunque en el capítulo 14 manifieste su espíritu restaurador y perdonador. La por demás excelente versión crítica CI vierte así el versículo:

[1150] Así, entre otras, DHH y NVI. De todos son conocidas las dificultades que plantea el texto hebreo de Oseas.

[1151] *Cf.* MARTIN-ACHARD, R. *De la mort à la résurrection.* Col. Bibliothèque Théologique. Paris-Neuchâtel: Dellachaux & Niestlé, 1956.

¿Los rescataré del imperio del šeᵉ'ol?
¿Los redimiré de la muerte?
¿Dónde están tus epidemias, oh muerte?
¿Dónde tu peste, oh šeᵉ'ol?
La compasión está oculta a mis ojos.

De todas maneras, no faltan autores, tanto clásicos como actuales, que, incluso aceptando traducir el texto de Oseas de esta forma, no dejan de ver en él una luminosa promesa de Dios para Israel, el anticipo de una nueva luz sobre la condición de los difuntos, que sería revelada un poco más tarde en toda su plenitud, pero que ya en el oráculo del profeta efrainita trasciende el momento en que es pronunciada o puesta por escrito, al igual que un "relámpago en medio de las tinieblas"[1152].

El *locus classicus*, no obstante, de la enseñanza acerca de la resurrección en el Antiguo Testamento lo constituye el Salmo 16, de atribución davídica, debido a su mención en Hch. 2:25-28[1153] como profecía de la resurrección de Cristo. Los versículos 9 y 10 rezan así:

Se alegró por tanto mi corazón, y
se gozó mi alma;
Mi carne también reposará
confiadamente;
Porque no dejarás mi alma en el
Seol,
Ni permitirás que tu santo vea
corrupción.

El hecho de que el salmista contemple con esperanza la salida del Seol, había sido entendido por algunos comentaristas de décadas pretéritas como una simple metáfora de la liberación de una situación de crisis profunda, algo similar a lo que se interpretaba en relación con el *valle de sombra de muerte* de Sal. 23:4 o los textos de Oseas que acabamos de citar. Sin cuestionar el innegable valor poético de la composición

---

[1152] BRANDT, TH. *Hosea, ein Zeuge von der Marcht der Liebe.* Leipzig: Verl. d. Mädchen-Bibel-Kreises, 1931, pp. 68ss.

[1153] Podríamos entonces mencionar también, y sin problema ninguno, Éx. 3:6, dado que el propio Jesús lo interpreta en Lc. 20:37-38 en este mismo sentido. Pero la lectura de Jesús, incontestable por su autoridad, responde a una interpretación espiritualizada de la Escritura que solo a él le es dado realizar, no la más literal.

del Salmo 16 en su conjunto, entendemos, no obstante, que el empleo de una figura tan atrevida reflejaría un estado de pensamiento en el que se vislumbraría una esperanza para los difuntos, especialmente para los justos, más halagüeña que un mundo de ultratumba siempre sombrío. Incluso en las mitologías de otros pueblos vecinos de Israel, aun compartiendo con él la idea de un reino de sombras y de tristeza para los finados, existen zonas reservadas para ciertas figuras destacadas en las que la eternidad alcanza tonos paradisíacos, como los famosos *Campos Elíseos* o las *Islas de los Bienaventurados* de la mitología clásica grecolatina[1154], cuyos cuadros tanto han influido en el imaginario colectivo occidental. La importancia y la trascendencia de este salmo como testimonio de la creencia en la promesa de una liberación de la muerte y su corrupción concomitante saltan, pues, a la vista, y rebasan con mucho las expectativas de los mitos orientales u occidentales en relación con el inframundo; permiten, al mismo tiempo, datar la composición, o al menos la redacción final del cántico, en una época no demasiado lejana a la cautividad babilónica y la restauración.

El broche de oro en relación con la gran promesa de la resurrección de los muertos se halla en el libro de Daniel. Leemos en Dn. 12:1-3:

> *En aquel tiempo se levantará Miguel, el gran príncipe que está de parte de los hijos de tu pueblo; y será tiempo de angustia, cual nunca fue desde que hubo gente hasta entonces; pero en aquel tiempo será libertado tu pueblo, todos los que se hallen escritos en el libro. Y muchos de los que duermen en el polvo de la tierra serán despertados, unos para vida eterna, y otros para vergüenza y confusión perpetua. Los entendidos resplandecerán como el resplandor del firmamento; y los que enseñan la justicia a la multitud, como las estrellas a perpetua eternidad.*

En un contexto eminentemente apocalíptico (Dn. 10-12) referido a las guerras entre los reyes del norte y del sur (Seléucidas greco-sirios y Lágidas greco-egipcios, con Palestina como manzana de la discordia), el profeta vislumbra un tiempo en el que volverán a esta vida los justos

---

[1154] *Odisea* IV,563-568. Véase también el canto XI, referente universal para este tema. La *Eneida* ofrece, por su parte, una magnífica descripción del mundo de los muertos en el canto VI. Los famosos *Diálogos de los muertos* de Luciano tienen como escenario el inframundo.

caídos en el desempeño de su deber de enseñar la justicia, así como otros, cada cual para recibir su recompensa. El *Seol* ya no retiene a nadie más; su tiempo ha concluido, y la promesa de la resurrección final es para todos. El propio profeta pone el punto final a su escrito canónico con estas palabras consoladoras pronunciadas por un ángel:

> *Y tú irás hasta el fin, y reposarás, y te levantarás para recibir tu heredad al fin de los días.* (Dn. 12:13)

La guerra en el contexto de las ordenanzas cultuales y las promesas de Dios a Israel. Puede resultar sorprendente, incluso parecer no demasiado pertinente, que en un capítulo consagrado al estudio de algo tan sagrado como es el culto del antiguo Israel y las promesas que Dios hace y cumple en su pueblo, incluyamos un breve epígrafe sobre la guerra. Nuestra sociedad actual, y con ella amplios sectores del mundo cristiano, viene desarrollando desde hace décadas, y por diferentes motivos, una sensibilidad extrema hacia los asuntos bélicos, de manera que se los entiende como radicalmente incompatibles con todo lo referente a Dios o su Palabra. No tiene nada de extraño si comprendemos que el mensaje de paz y concordia universal del cristianismo representa el estadio más avanzado y más elevado del pensamiento religioso de la historia de la humanidad. Pero tal no es el caso de la religión del Antiguo Testamento, donde hallamos declaraciones como la de Éx. 15:3, según la cual *Jehová es varón de guerra*, o las de 1Cr. 5:22 y 2Cr. 20:15, que mencionan claramente guerras *de Dios*. No son los únicos textos que hacen patente esta forma de pensar. El asunto es que Israel, cuando reflexionó acerca de su historia en tanto que *gesta Dei*, entendió que todas las guerras en las que se había visto envuelto —como cualquier otra nación de su entorno— y mediante las cuales había logrado sobrevivir en medio de un ambiente hostil, eran también manifestaciones divinas, o mejor aún, claros hechos salvíficos protagonizados por Yahweh. La sensibilidad hebrea, o sea, de un pueblo de esclavos liberados, estuvo marcada por la necesidad de sobrevivir en medio de circunstancias muy adversas; de ahí que viera en sus guerras y sus victorias —también en sus derrotas (*cf.* Nm. 14:39-45)— la mano de Dios, algo que se palpa especialmente en libros como Josué, Jueces, 1 y 2 Samuel, 1 y 2 Reyes, y 1 y 2 Crónicas, bañados todos ellos en sangre cananea y de otros pueblos adversarios contra los que combatirán Josué, en primer lugar, los jueces después, y finalmente los monarcas Saúl, David y muchos de los ocupantes de los tronos de Judá y Efraín. Como han señalado algunos analistas, las guerras de Israel son guerras santas, un concepto que aparece en nuestros días especialmente vinculado con el mundo islámico, también semítico y, al igual que el Israel veterotestamentario, también primitivo en muchos de sus planteamientos.

Que Israel entendió la guerra santa como una clara promesa de Dios lo evidencian las tradiciones épicas de sus orígenes y la conquista de Canaán: es Dios quien castiga a Egipto con plagas mortíferas; quien bloquea al ejército egipcio perseguidor y lo anega en el mar Rojo; quien da la victoria a Israel sobre Amalec en el desierto; y, finalmente, quien destruye los muros de Jericó y entrega toda la tierra de Canaán a su pueblo como posesión perpetua. *Jehová peleará por vosotros, y vosotros estaréis tranquilos*, se lee en Éx. 14:14. Si, por un lado, hay en las narraciones sagradas batallas que Dios pelea exclusivamente con su poder, por el otro se constata una participación del pueblo en ciertas refriegas en tanto que instrumento divino contra sus enemigos; de ahí la designación clásica de la historia de Israel como *gesta Dei per Judaeos*.

Una clara evidencia de la importancia del concepto de "guerra santa" o "guerra de Dios" en el pensamiento israelita del Antiguo Testamento la tenemos en el hecho de que existió una recopilación de cantos épicos y de elevados tonos bélicos, ya mencionada en el capítulo introductorio, que recibe el nombre de *libro de las batallas de Jehová* (Nm. 21:14), hoy desaparecido. Algunos exegetas afirman, sin embargo, que se podrían detectar rastros de este antiguo escrito en ciertos pasajes del Pentateuco, como, v.gr., el Cántico de Moisés (Éx. 15)[1155], la maldición de Amalec (Éx. 17:16), el Canto del Arca (Nm. 10:35-36), los oráculos de Balaam (Nm. 23:7-10,18-24; 24:3-9,15-24, este último sobre todo), así como algunas secciones de las bendiciones de Jacob (Gn. 49:3-27) y de Moisés (Dt. 33:6-29). Ha sido Gerhard von Rad, en su obra *Der Heilige Krieg im Alten Israel*, que ve la luz en Zurich en 1951, quien, entendiendo el carácter anfictiónico de la guerra santa en Israel, ha identificado sus elementos formales recurrentes en las tradiciones veterotestamentarias. Y aun cuando estos componentes no se mencionan

---

[1155] Quienes ven en esta composición un fragmento del *libro de las batallas de Jehová* prefieren darle el nombre de *Canto del Mar*.

todos juntos en ningún relato específico, la comparación de los distintos testimonios bíblicos resulta en el siguiente esquema:

1. Dios declara la guerra (Éx. 17:16; Nm. 31:3).
2. Antes de entrar en combate, se ofrece un sacrificio a Dios y se le consulta (Jue. 7:9-14; 20:23,26; 1Sa. 7:9; 13:9,12; 28:6; 30:7-8).
3. Dios responde con su aprobación (Jos. 2:24).
4. Los enemigos de Israel son, en realidad y específicamente, enemigos de Dios (1Sa. 30:26).
5. El ejército formado por el pueblo en armas recibe los nombres de *pueblo de Jehová, pueblo de Dios* y *escuadrones del Dios viviente*[1156] (Jue. 5:11,13; 20:2; 1Sa. 17:26).
6. El jefe carismático está inspirado por el Espíritu de Dios[1157] (Jue. 6:34; 11:29).
7. Los combatientes y el campamento deben estar en un estado total de pureza ritual (Dt. 23:10-15; Jos. 3:5).
8. Los sacerdotes y levitas apoyan y acompañan a los combatientes (Dt. 20:2; 2Cr. 20:21).
9. Dios es quien decide la marcha, y él mismo va a la cabeza del ejército (Éx. 14:14; Dt. 20:4; Jue. 4:14).
10. Dios causa pánico entre los enemigos (Jos. 2:8), por lo que tiemblan ante Israel (Jos. 2:24).
11. Al final de la guerra se practica el anatema o חרם *jérem*: la población (hombres, mujeres y niños) y los animales son pasados a cuchillo, mientras que el botín se consagra a Dios o se destruye (Nm. 31; Dt. 20:10-18; Jos. 6:18-19).
12. Una vez terminada la guerra, los combatientes vuelven a sus lares con la satisfacción del deber cumplido (Jue. 20:8).

El concepto de la guerra como medio a través del cual Dios opera en la historia de Israel y cumple sus promesas, ve su fin con la caída de los reinos de Israel y Judá. Ni siquiera la reconstrucción de los muros de Jerusalén al regreso de la cautividad por un pueblo que se arma debidamente en previsión de los ataques de sus enemigos (Neh. 4:16-23), reviste el aspecto de las guerras de Yahweh de tiempos pasados. Aún Nehemías pronunciará aquellas palabras tan significativas en otros

---

[1156] *Pueblo de Yahvé* y *ejército de Yahvé* en el texto de Von Rad.
[1157] Von Rad lo llama *espíritu de Yahvé* con minúscula.

momentos, *nuestro Dios peleará por nosotros* (Neh. 4:20), pero resulta evidente que las circunstancias han cambiado. El Dios de Israel ha abierto para su pueblo nuevas puertas, ha despejado nuevos caminos en los que todavía habrá sangre y dolor, persecución y angustia, pero su manera de combatir será muy diferente. El judaísmo alcanza así, en lo referente a este aspecto, una madurez mental de la que carecían sus ancestros hebreos: su Dios no precisa ya dirigir guerras encarnizadas contra sus enemigos. Le basta con fortalecer la fe de sus hijos y hacer que den testimonio de ella hasta la muerte. Tal herencia recibirá el cristianismo del Nuevo Testamento.

A modo de conclusión. La piedad de Israel se mueve entre dos polos: los ritos sacros que las antiguas tradiciones remontan a los tiempos de Moisés y del éxodo, y unas promesas que Dios había transmitido y debían cumplirse porque él es siempre fiel. Los ministerios de sacerdotes levitas, profetas y sabios, que en ocasiones confluyen en las mismas personas, evidenciarán hasta qué punto la fe de Israel va madurando en la tensión constante entre unas ordenanzas muy antiguas que tienden a fosilizarse y perder su prístino significado, y una palabra viva de Dios que se hace real y abre nuevos horizontes. No es porque sí que la distribución de los libros veterotestamentarios en las biblias cristianas haga concluir el Antiguo Pacto con los profetas, y entre ellos los textos apocalípticos: incluso en las épocas de destrucción de santuarios e instituciones, la promesa mantiene la llama que se manifestará en su plenitud en la persona y la obra del Mesías.

El Dios viviente de Israel se manifiesta a su pueblo por medio de ceremonias de elevado sabor primitivo y, al mismo tiempo, a través de una palabra profética, palabra de sabiduría que vehicula promesas de gran alcance espiritual

---

PREGUNTAS PARA REFLEXIONAR: ¿A qué hace referencia el apóstol Pablo cuando habla de "ordenanzas"? ¿En qué se parecían y en qué se diferenciaban los cultos cananeos y el culto de Israel? ¿Por qué Israel recibió el mandato de no representar a Dios por medio de imágenes? ¿En qué pasajes bíblicos hallamos información sobre cultos yahvistas anómalos en Israel? ¿Qué valor ceremonial tiene la sangre en el antiguo Israel? ¿Cuál es el origen de las festividades del calendario litúrgico israelita? ¿Cómo llega la festividad de la Pascua a convertirse en una celebración de gran trascendencia en Israel y entre los judíos posteriores? Describe el *Yom Kippur* y explica su importancia. ¿Qué funciones básicas debía cumplir el sacerdocio levítico? ¿Qué evidencias nos da el Antiguo Testamento de otros sacerdocios no levíticos en Israel? Comenta la importancia del Santuario israelita y sus partes. ¿Qué valor tiene el Arca del Pacto en los textos veterotestamentarios? ¿Cuál es la finalidad de la alabanza en el antiguo Israel? ¿Qué expresan los llamados *salmos reales*? ¿A qué ha llamado el judaísmo posterior *sacrificio de labios* y por qué motivo? ¿Qué importancia teológica puede tener el hecho de que el libro de Josué declare perfectamente cumplidas todas las promesas hechas por Dios a los padres de Israel? ¿Qué importancia revisten las promesas hechas a David? ¿Qué es un profeta en el Antiguo Testamento? Explica el origen y la etimología de este término en castellano, hebreo y griego, distinguiendo bien sus diferentes matices e intentando ver qué aporta cada uno. Características de los profetas de Israel. ¿Qué aportaron Elías y Eliseo al profetismo hebreo? Menciona cinco profetas-autores clásicos de entre los llamados "profetas menores" y comenta sus aportaciones al pensamiento veterotestamentario. ¿Qué diferencias se encuentran en los mensajes del Proto-, el Deutero- y el Trito-Isaías? ¿Cómo se debe catalogar la figura de Balaam, como un auténtico profeta de Dios o como un falso profeta? Razona tu respuesta. ¿Qué profetas de Israel se pueden clasificar como proto-apocalípticos? Señala, además de sus nombres, las razones que justifican esta designación. ¿Qué es el *Apocalipsis de Isaías*? ¿Qué interpretación es la más ajustada de capítulos como el 2 o el 7 del libro de Daniel? ¿A qué llamamos "sabiduría de Israel"? ¿Qué quiere transmitir el libro de Job cuando hace intervenir a Dios en los capítulos finales? Explica cómo se va desarrollando la esperanza de la resurrección en el antiguo Israel frente al sombrío *Seol*. ¿En qué se parecen la noción de la *guerra de Dios* que hallamos en el Antiguo Testamento y la *Yijad* o *Guerra Santa* del fundamentalismo islámico actual?

5. LOS PATRIARCAS Y EL MESÍAS

Iniciamos con estas líneas nuestro estudio del último binomio presentado por el apóstol Pablo, que es el que pone el punto final al núcleo de todo el pensamiento básico veterotestamentario. A diferencia de los precedentes, no consiste ya en conceptos mayormente abstractos por medio de los cuales el antiguo pueblo de Israel concibiera la obra de su Dios, sino en personas específicas, seres humanos de carne y hueso, en los que se manifiesta ese Dios de Israel de una manera muy especial, muy directa. Pero encontramos en ello algo realmente digno de señalarse: estas personas no viven, ¡oh paradoja!, en el período cronológico que podemos considerar como "historia de Israel" propiamente dicha (siglos XV/XIII – I a. C.[1158]), sino en sus márgenes inmediatos, el inicial (los patriarcas) y el final (el Mesías). Pese a todo, marcan con un sello indeleble el pensamiento de aquel pueblo y le dan su pátina más universal, la que hoy encarna y representa el cristianismo. De ahí la estrecha relación entre ambos, patriarcas y Mesías, y su singular trascendencia en el conjunto de la revelación bíblica: según las palabras del apóstol Pablo, de los patriarcas, *según la carne, vino el Mesías* (Ro. 9:5 BTX)[1159]; así lo reconoce el Nuevo Testamento cuando, en el primer

---

[1158] Incluimos en esta historia de Israel los acontecimientos acaecidos en el Período Intertestamentario, que, aunque no aparezcan referidos en nuestro Antiguo Testamento canónico (excepción hecha de las alusiones a la persecución seléucida relatada en el libro de Daniel, compuesto hacia el siglo II a. C.), revisten una importancia capital para la comprensión de las dos grandes derivaciones posteriores del Israel bíblico: judaísmo y cristianismo. Recuérdense las significativas palabras del propio Jesús cuando afirma:

La ley y los profetas eran hasta Juan. (Lc. 16:16a)

De lo que se deduce que, técnicamente hablando, los eventos relacionados con Juan el Bautista forman aún parte del Antiguo Testamento. De ello se dará alguna indicación más adelante en este mismo capítulo.

[1159] *Vino Cristo* (RVR60).

versículo del Evangelio según Mateo, leemos: *Libro de la genealogía de Jesús, el Mesías, hijo de David, hijo de Abraham* (BTX)[1160].

Precisiones necesarias. El término castellano *patriarca* no es sino la adaptación fonética, realizada a través del latín *patriarca,* del griego πατριάρχης *patriarkhes,* "cabeza de familia", "principal de los padres" o "jefe de clan". Este término aparece en la LXX en textos como 1Cr. 24:31; 27:22; 2Cr. 19:8; 23:20; 26:12, siempre referido a figuras destacadas de las familias y las tribus de Israel. Sin embargo, en el pseudoepigráfico 4 Mac. 7:19 se menciona expresamente con este nombre a Abraham, Isaac y Jacob (οἱ πατριάρχαι ἡμῶν Αβρααμ καὶ Ισαακ καὶ Ιακωβ *hoi patriarkhai hemôn Abraam kaí Isaak kaí Iakob* "nuestros patriarcas Abraham, Isaac y Jacob"). El mismo vocablo se emplea solo cuatro veces en el Nuevo Testamento: Hch. 2:29; 7:8-9 (donde se da este título a David y a los doce hijos de Jacob[1161]) y He. 7:4 (donde se refiere a Abraham). El texto de Ro. 9:5, en el que RVR60 o BTX, entre otras versiones, presentan la traducción *patriarcas,* en realidad reza πάτρες *patres,* "padres"[1162], entendido como "ancestros" o "antepasados" principales.

Al hablar de los patriarcas mencionados por el texto paulino, por tanto, hemos de interpretar que se trata de los "padres" o antepasados fundamentales del pueblo de Israel[1163], las figuras señeras de Abraham,

---

[1160] *Libro de la genealogía de Jesucristo* (RVR60).

[1161] La designación de los hijos de Jacob como "patriarcas" se halla también en la literatura pseudoepigráfica. *Cf.* la obra titulada *Testamentos de los doce Patriarcas.*

[1162] El Nuevo Testamento en hebreo ya tantas veces citado lee literalmente אבות *aboth,* "padres".

[1163] La paternidad de los patriarcas va mucho más allá de una simple relación sanguínea o de parentesco en relación con sus descendientes biológicos. Se trata de una paternidad espiritual, fundamentalmente. *Cf.* la declaración lapidaria de Juan el Bautista:

Y no penséis en decir dentro de vosotros mismos: A Abraham tenemos por padre; porque yo os digo que Dios puede levantar hijos a Abraham aun de estas piedras. (Mt. 3:9)

De hecho, las Escrituras Hebreas presentan un origen étnico muy mezclado para Israel. Cuatro son las mujeres que, según Gn. 29-30, dan a luz a los doce hijos de Jacob, de las cuales dos son parientes directas del patriarca, pero las otras dos son siervas de procedencia no señalada. Se da a entender, por otro lado, que las esposas de estos doce hijos son de diversos orígenes. Si a ello añadimos las veces que los israelitas engendraban hijos de cautivas o concubinas de pueblos diferentes, podemos tener un cuadro más completo de la multiforme riqueza étnica del pueblo hebreo veterotestamentario, así como de lo absurdo de las pretensiones posteriores de algunos judíos de ser una raza pura y distinta de los gentiles.

Isaac y Jacob. No incluimos, pues, en esta designación a los tradicionalmente llamados "patriarcas antediluvianos", cuya lista, que comprende desde Adán hasta Noé, aparece referida en Gn. 5, ni tampoco a los "patriarcas postdiluvianos", desde Sem hasta Taré, mencionados en Gn. 11, quienes, sin negar ni mucho menos su importancia, representan otras realidades, y a los que aludiremos más adelante en este mismo capítulo.

El ciclo patriarcal. Como sabe bien el amable lector, las narraciones sobre los patriarcas hebreos se hallan en los capítulos 12-50 del libro del Génesis. Convencionalmente, se distribuyen en tres ciclos que llevan los nombres de los personajes más destacados: los tres patriarcas principales Abraham (Gn. 12-24)[1164], Isaac (Gn. 25-26) y Jacob (Gn. 27-36), para concluir con el llamado *ciclo de José* (Gn. 37-50), excelente relato, hábilmente novelado, que constituye una de las mejores muestras de la literatura hebrea y universal de todos los tiempos, y que sirve de puente o enlace entre las eras patriarcal y mosaica. Lo que sucede es que las tradiciones subyacentes a cada ciclo no siempre se adecuan a lo que hoy consideraríamos una narración histórica o biográfica propiamente dichas, por lo que existen entre ellas numerosas interferencias y dobletes[1165]. Además, afloran en estos relatos muestras de otras tradiciones, también muy antiguas, que debieron constituir ciclos narrativos propios de ciertos sectores tribales hebreos, o de pueblos emparentados con ellos, en ciertos momentos de su historia, pero que en la redacción definitiva del Génesis tan solo subsisten como historias anexas, casi anecdóticas, que vienen a completar los cuatro ciclos fundamentales ya indicados. Tales son el ciclo de Lot, que incluye

---

[1164] Esta distribución de los capítulos genesíacos entre los patriarcas es siempre aproximada, muy *grosso modo*, dada la complejidad de su redacción. De hecho, no todos los autores reparten por igual cada uno de los ciclos.

[1165] Los relatos del sacrificio y el matrimonio de Isaac conforman sendos capítulos (Gn. 22 y 24) del ciclo de Abraham. La narración del nacimiento de Esaú y Jacob, así como la historia de la venta de la primogenitura a Jacob por parte de Esaú (Gn. 25:19-34), suelen considerarse como partes integrantes del ciclo de Isaac. Sin embargo, las peripecias de Jacob para obtener la bendición de su padre Isaac (Gn. 27), acostumbran a incluirse en el ciclo de Jacob, al que dan inicio. Y es dentro del ciclo de José donde hallamos la narración de las bendiciones finales y muerte del patriarca Jacob (Gn. 49:1 – 50:14). Como doblete clásico se presenta la comprometida historia vivida por Abraham y Sara en Egipto (Gn. 12:10-20), luego repetido en Gerar (Gn. 20), y más tarde, en idénticas circunstancias, por Isaac y Rebeca (Gn. 26:1-11).

la historia de la destrucción de Sodoma y Gomorra (Gn. 13,14,19); la historia de Agar e Ismael (Gn. 16; 17:24-27; 21:1-21; 25:12-18); los relatos referentes a Esaú y la lista de sus descendientes (Gn. 25:19-34; 27; 33; 36); y ciertas narraciones que cuentan las peripecias de algunos de los hijos de Jacob (Gn. 34; 35:22; 38), historias todas ellas que se apartan del hilo conductor general de los relatos patriarcales, pero que, al mismo tiempo, nos permiten una cierta introspección en sus márgenes, sus zonas oscuras, en las que se hacen patentes realidades humanas dolorosas que, no solo no merman brillo a las figuras principales, sino que las acercan más al lector. Todo ello evidencia una muy cuidadosa selección de los materiales conservados por las distintas tradiciones, al mismo tiempo que una nada desdeñable recopilación de relatos, magníficamente expuestos en una redacción final impregnada de la reflexión teológica de un sector muy avanzado del incipiente judaísmo de la restauración[1166].

La ubicación histórica de los patriarcas. Aunque este punto no forme parte, necesariamente, de una teología del Antiguo Testamento propiamente dicha, resulta interesante destacar cómo, desde los comienzos de la reflexión y el estudio sobre los libros veterotestamentarios, se ha pretendido establecer una cronología de los personajes y los hechos narrados referentes a la era patriarcal, dada su trascendencia para la Historia de la Salvación. Así, v. gr., el célebre arzobispo Ussher[1167] databa el nacimiento de Abraham en el año 1996 a. C. y el viaje de José a Egipto en 1728 a. C. La cuestión que subyace a estos planteamientos es la del valor histórico real de las tradiciones narrativas que presenta

---

[1166] Además de grandes dosis de sentimiento. La historia de Agar e Ismael, por ejemplo, viene relatada de tal manera que, por un lado, despierta la antipatía del lector-oyente hacia la imprudente altivez de la esclava egipcia para con su señora, pero, al mismo tiempo, genera en él una enorme compasión ante la imagen de la madre expulsada de casa con su hijo vagando por el desierto y a punto de morir por carencia de agua. Por otro lado, la figura de Esaú se muestra desde el principio, ya en sus rasgos físicos de hombre exageradamente velludo, como la de un individuo rústico y grosero, el típico palurdo incivilizado y montaraz, casi troglodítico, de manera que debía suscitar la hilaridad en el relato de sus exageraciones y sus teatrales impulsos. Y desde luego, la brevísima nota recogida por la tradición acerca del incesto de Rubén con la concubina de su padre, aún en el día de hoy provoca una repulsa inmediata.

[1167] *Annales veteris tesamenti, a prima mundi origine deducti, una cum rerum Asiaticarum et Aegyptiacarum chronica, a temporis historicis principio usque ad Maccabaicorum initia producto,* que ve la luz en 1650, con un apéndice publicado en 1654.

el libro del Génesis en sus capítulos 12-50. Ello supone un problema de envergadura, dado que la redacción actual no refleja documentos contemporáneos de los sucesos referidos. Quienes todavía hoy se aferran a la enseñanza judeocristiana tradicional que hace de Moisés el autor del conjunto del Pentateuco, admiten con ello de forma implícita que mediarían varios siglos, tres o cuatro como mínimo, entre los eventos acaecidos en la era patriarcal y su presunta puesta por escrito por el gran legislador de Israel. Los partidarios de la ya tantas veces mencionada *Hipótesis Documentaria* de Graf-Wellhausen, por su parte, dan por hecho que los relatos patriarcales forman parte de dos documentos básicos del Hexateuco, J y E, ambos de la misma época, de hacia el siglo IX a. C.[1168], que se habrían fundido en un solo documento, JE, a partir del 721 a. C., tras la caída del reino de Israel, lo que implica una enorme distancia temporal entre los acontecimientos de la era patriarcal y su redacción. De ahí que no se aceptara entre los exegetas críticos del siglo XIX que las tradiciones patriarcales conservasen recuerdos históricos fidedignos. Para los sostenedores decimonónicos de esta hipótesis, Julius Wellhausen el primero, los patriarcas habrían sido figuras míticas o nombres epónimos de clanes nómadas semitas muy antiguos y emparentados entre sí, con un tipo de religión animista o polidemonista, de la cual el yahvismo israelita sería una refección muy posterior incluida a la fuerza en las tradiciones. Aunque se trata de una teoría criticada y hoy muy cuestionada, la hipótesis de Graf-Wellhausen sigue siendo la base de los estudios bíblicos contemporáneos. Ningún exegeta o estudioso serio ha postulado un regreso a las posiciones tradicionales más conservadoras, que en nuestros días se ciñen casi en exclusiva al campo evangélico más fundamentalista y al judaísmo ortodoxo más continuista.

Lo cierto es que en el siglo XIX se conocía muy poco sobre la historia del Medio Oriente antiguo. La arqueología, que entonces daba sus primeros pasos en tanto que disciplina científica —así como otras ciencias auxiliares de los estudios bíblicos— han aportado mucho acerca del mundo patriarcal, tanto como para hacernos reconocer, con toda humildad, que hoy por hoy es imposible fechar con total exactitud los acontecimientos que tuvieron lugar en aquel entonces, al mismo tiempo

---

[1168] Se piensa hoy que la tradición oral subyacente a estos presuntos documentos J y E, en lo referente a la era patriarcal, al menos, estaría ya fijada hacia el período histórico de los Jueces.

que nos permiten calibrar el valor histórico real de las narraciones genesíacas, asunto que sigue siendo objeto de arduas discusiones e interesantes aportaciones.

Todo el mundo está de acuerdo, no obstante, en ubicar la era patriarcal en lo que los manuales de prehistoria e historia antigua llaman *Período del Bronce Medio II*, vale decir, entre los siglos XX y XVII a. C., sin mayores precisiones posibles. Las tradiciones recibidas y conservadas en el libro del Génesis no mencionan personaje o acontecimiento relevante histórico alguno que nos permitiera ubicar hechos concretos en el tiempo y en el espacio; un evento de tanta resonancia como tuvo que haber sido en aquella época la destrucción de Sodoma y Gomorra, narrado en Gn. 19, carece de equivalente en las crónicas conservadas del momento[1169], lo que viene a evidenciar la escasa importancia de la tierra de Canaán, en el concierto de las naciones de aquel período. Ni siquiera el capítulo 14 del Génesis, pieza singular con evidente sabor de crónica histórica, que nombra expresamente a ciertos monarcas orientales presuntamente contemporáneos de Abraham (Amrafel de Sinar, Arioc de Elasar, Quedorlaomer de Elam, Tidal de Goim, Bera de Sodoma, Birsa de Gomorra, Sinab de Adma, Semeber de Zeboim, vv. 1-2) y presenta datos geográficos más detallados que el resto del Génesis, nos permite una aproximación más ajustada[1170]. Ello

---

[1169] Las aportaciones de ciertos geólogos, que ubican en la zona del actual mar Muerto un cataclismo de grandes proporciones acaecido hacia el año 2000 a. C., lo cual, según algunos, corroboraría el relato bíblico de la destrucción de aquellas ciudades, han de ser tomada *cum grano salis*, dado que, por un lado, Palestina es una zona sísmica en la que las alteraciones telúricas siempre han sido frecuentes, y por el otro, el relato bíblico no indica que Sodoma y Gomorra fueran eliminadas por medio de un terremoto, sino por una lluvia de fuego celeste (Gn. 19:24-25; el v. 28 indica el detalle de que *el humo subía de la tierra como el humo de un horno*), lo que algunos interpretan como una caída de meteoritos inflamados. La cuestión sigue estando abierta.

[1170] No se consideró así en otro tiempo, cuando algunos comentaristas se empeñaron en identificar al a todas luces semita Amrafel, rey de Sinar (Babilonia), con Hammurabi, dato que carece hoy de aceptación. Se admite, no obstante, que estos versículos pueden contener una información histórica de base, ya que los nombres de Arioc (Ariwuk), Quedorlaomer (Qudur-lagamar) y Tidal (Thudalia) se corresponden muy bien con la onomástica de la primera mitad del segundo milenio a. c., así como con la adscripción geográfica en que se ubican los monarcas en cuestión: el nombre Ariwuk, por ejemplo, se halla atestiguado en los textos de Mari, y Thudalia es el nombre de varios reyes hititas o heteos, uno de los cuales vivió en el siglo XVII a. C. Ello no sería sino un esfuerzo deliberado por parte de la tradición, o los redactores, de emplazar el ciclo de Abraham en un momento muy concreto de la historia del mundo que hoy a nosotros nos resulta, desgraciadamente, desconocido e inabordable.

nos hace imposible la tarea de escribir una historia real de los patriarcas en el sentido que hoy damos a este término. Tampoco es posible datar con exactitud el descenso de las tribus de Jacob a Egipto; desde el siglo pasado, e incluso antes, se ha venido barajando en ciertos círculos la hipótesis de que hubo de tener lugar en el período de los *hiksos* o *reyes pastores,* semitas que en los siglos XVII-XVI a. C. se enseñorearon del delta del Nilo y el Egipto septentrional, lo cual muestra ciertos visos de probabilidad, pero no es algo concluyente para todos los investigadores. Ahora bien, si ninguna prueba arqueológica ha podido "demostrar" la existencia de los patriarcas como tales o la certeza de los hechos descritos en sus ciclos narrativos, tampoco hay "prueba" alguna que contradiga de forma abierta y patente el testimonio de la tradición recibida.

Pese a lo que se ha venido difundiendo por ciertos medios académicos en épocas no demasiado lejanas, y sin que falten ejemplos del día de hoy, las tradiciones recibidas contienen información fidedigna sobre personas y eventos. Carecería de sentido hacer de las figuras de Abraham, Isaac y Jacob meros entes de ficción, personajes míticos, nombres epónimos de clanes semitas más o menos emparentados entre sí, o simples retroproyecciones de la época de la monarquía hebrea o de la restauración. Ello impone a los investigadores la ardua tarea de abordar todos los materiales recopilados uno por uno, independientemente de su redacción definitiva posterior, que es tardía. De ahí el valor de la tradición oral como medio de transmisión de sucesos acaecidos en la historia. Dado que en las culturas orales, como debió ser la cultura israelita primitiva, se conservaban mejor los materiales expresados en verso, existe la posibilidad de que muchos de los relatos patriarcales conservados en el libro del Génesis hubieran tenido en sus comienzos una forma poético-épica. Lo que nadie cuestiona es que la puesta a punto de todas las tradiciones y su redacción definitiva conllevan largos procesos de selección, eliminación y fusión de materiales antiguos con otros más modernos. Se piensa, v. gr., que el ya mencionado Gn. 14 sería un capítulo de más reciente hechura y más cuidada elaboración que el contexto en el que hoy aparece. En este sentido, nunca se ponderará lo suficiente la importancia del conocimiento de los géneros literarios en lo referente a los estudios críticos aplicados a la Biblia.

Los acontecimientos históricos reales que se ocultan bajo las tradiciones patriarcales debieron ser muchísimo más complejos de lo que a primera vista pudiera parecer, como se evidencia en los ejemplos siguientes: se da a entender que hubo grandes migraciones de clanes semíticos desde Mesopotamia hasta Siria, Palestina y Egipto[1171], y que el de Abraham *el hebreo*[1172], concretamente, tuvo que ser enorme, un clan seminómada de procedencia ¿acadia?, ¿siria?[1173] y hablante de un dialecto noroccidental[1174], que vivía del comercio de sus productos animales, sometido a todos los vaivenes y fluctuaciones del mercado, y que funcionaba como una especie de estado móvil capaz de guerrear y vencer a enemigos poderosos (*cf.* Gn. 14); la destrucción de Siquem llevada a cabo por Simeón y Leví en el capítulo 34 del Génesis no pudo ser en ningún momento obra exclusiva de dos personas; ni siquiera, como se ha señalado en ocasiones, de dos hombres acompañados de sus criados respectivos: se trata más bien de una guerra de exterminio protagonizada por dos clanes numerosos emparentados entre sí, aunque rivales, y bien pertrechados para el combate; las peripecias de Judá narradas en Gn. 38 pueden muy bien trascender asuntos puramente domésticos y tener un alcance mucho mayor en relación con la tribu

---

[1171] Su aspecto físico, lejos de asemejarse a la figuración hollywoodiense de los beduinos árabes actuales, sería similar al de las figuras semíticas que hallamos representadas en las pinturas de las tumbas egipcias y que evidencian una etnia completamente diferente de la del país del Nilo.

[1172] Gn 14:13 llama a Abraham עברי *ibrí*, traducido como "hebreo", título que recibirá a su vez José en Egipto (Gn 39:14). Se trata de un vocablo poco empleado en el Antiguo Testamento, cuya última constatación tiene lugar en Jon 1:9, donde se utiliza evidentemente como arcaísmo, y al que algunos etimologistas han atribuido el significado original de "el que viene del otro lado", en lo que han querido ver una alusión al origen mesopotámico del clan de Abraham. Sea como fuere, lo cierto es que los hebreos de la Biblia no se daban a sí mismos este nombre, sino בני ישראל *bené Yisrael* o "hijos de Israel". Se ha puesto en relación el término *hebreo* con la designación de los *habiru* del Medio Oriente, los SA-GAZ de la escritura cuneiforme, pero no es preciso entenderlo como un nombre étnico o racial. Es más bien una designación social, e indica gente sin patria ni ciudadanía, que vive de forma errante, probablemente del comercio (y de la rapiña, según algunos historiadores). Los patriarcas, nómadas trashumantes según las tradiciones recibidas, entran, pues, dentro de esta denominación con total naturalidad.

[1173] Para la cuestión del origen de Abraham y su familia en Ur de los caldeos o en Harán, *cf.* BRIGHT, J. *op. cit.* pp. 106ss. Es innegable que el antiguo Israel, aunque se sintió emparentado con muchos pueblos de su entorno geográfico inmediato, como los edomitas, moabitas o amonitas, siempre percibió una vinculación muy especial con los arameos de Siria. *Cf.* Dt 26:5.

[1174] La lengua originaria de los patriarcas debía ser muy similar al dialecto de Mari. Al instalarse definitivamente en la tierra de Canaán, harían suyo el dialecto semítico del país, el cananeo con sus distintas variantes, y lo convertirían en su lengua, a la que hoy llamamos hebreo.

de este nombre. Ello nos da la pauta para atisbar la realidad que se oculta tras los relatos actuales.

Las narraciones patriarcales, tal como hoy las leemos en nuestras biblias, conforman, en definitiva, una historia teológica muy bien emplazada por los hagiógrafos en el Hexateuco, en tanto que preludio a la historia de Israel, pero que evidencia una profunda reflexión posterior sobre unas tradiciones ancestrales recibidas, todo ello a la luz de los acontecimientos que fueron conformando las vivencias más trascendentes del pueblo de Dios. Constituyen un conjunto de relatos en los que se conserva un recuerdo histórico real de acontecimientos y personas de una época pretérita, si bien no exento de rasgos folclóricos y legendarios. La fidelidad en su transmisión se evidencia, sin embargo, en el hecho de que no se oculta cómo los patriarcas realizaron actos completamente contrarios a lo que luego serían las disposiciones de la ley de Moisés: Abraham había contraído matrimonio con su propia hermana paterna (Gn. 20:12), en abierta oposición a lo que se prescribe en Lv. 18:9,11 o Dt. 27:22; asimismo, Jacob se casó con dos hermanas (Gn. 29), frente a lo dispuesto en Lv. 18:18; y el mismo Abraham, por no prodigar los ejemplos, plantó lo que a todas luces parecería un árbol sagrado (Gn. 21:33), contraviniendo lo que leemos en Dt. 16:21; etc. También se hace patente esa fidelidad de transmisión en el mantenimiento de una onomástica propia, que carece de continuidad en el Israel veterotestamentario posterior, y la descripción de unas costumbres y convenciones sociales que no vuelven a darse nunca más y que no tienen equivalencia en la historia posterior del pueblo de Dios[1175].

Preludio a la historia patriarcal. Los relatos de Gn. 1-11. La importancia de las narraciones contenidas en Gn. 1-11, sección del Hexateuco a la que se da el nombre convencional de *Relatos de los orígenes* o *Urgeschichte*[1176], es muy grande en la disposición actual en que los encontramos dentro del libro del Génesis y del conjunto veterotestamentario[1177]. Constituyen, en efecto, una antesala del llamado de Abraham

---

[1175] Cf. BRIGHT, J. *Id.* pp. 93-97.

[1176] *Primeval History* en las obras teológicas y exegéticas en lengua inglesa, designación esta que empieza también a extenderse incluso en publicaciones realizadas en otros idiomas.

[1177] Cf. "Los relatos de los orígenes: del Paraíso a Babel", número monográfico de la revista *Biblias Hispánicas*. Logroño: Fundación San Millán de la Cogolla, Instituto Orígenes del Español, 2009, en el que aparecen una serie de artículos preparados por

y de esa Historia de la Salvación que comienza con los patriarcas. De alguna manera, el Talmud se hace eco de esta idea cuando afirma en el tratado *Raboth* 1,1:

«Abraham, el jefe de los creyentes, el primer pregonero de la verdad, debió ser, no obstante, el primer hombre.

Pero la mente divina previó que las generaciones caerían en el error. Fué creado por tanto Adam, y Abraham después de él, surgió entre el pasado y el futuro para corregir aquel é iluminar éste[1178]».

Cuidadosamente redactados, con un estilo a todas luces poético y sapiencial, no de crónica histórica[1179], los relatos de Gn. 1-11 evidencian una concienzuda lectura de tradiciones antiquísimas, israelitas y de otros pueblos del entorno palestino y mesopotámico, bajo un prisma claramente teológico: la fe de Israel. De ahí que la cuestión siempre candente en ciertos medios acerca de si tales narraciones contienen una relación de personajes auténticos y de acontecimientos reales acaecidos en la historia primitiva de la humanidad, no revista para nosotros una trascendencia excesiva. Nos interesa destacar, por el contrario, que la redacción actual del texto, tal como lo leemos en nuestras ediciones de la Biblia, supone una cierta mirada universalista contemporánea de la literatura sapiencial de Israel, especialmente aquella que más hincapié hace en los interrogantes existenciales acerca de la vida y el dolor (Job, Eclesiastés), cosas que afectan al conjunto del género humano. No nos equivocamos al afirmar que en estas historias se halla la magistral —inspirada e inspiradora— respuesta de Israel a los grandes mitos cosmogónicos paganos del Medio Oriente. La *Hipótesis Documentaria* ha visto en estos primeros capítulos del Génesis materiales de tres de los supuestos documentos constitutivos del Pentateuco: J, E y P. Otras teorías más actuales proponen para estos textos fuentes distintas o una persistente tradición oral de tardía recopilación. Sea como fuere, el valor literario y teológico de Gn. 1-11 es indiscutible. Ofreceremos a continuación una somera visión de conjunto de su contenido esencial.

---

profesores de diferentes universidades, por medio de los cuales se analizan y exponen los contenidos de estos capítulos.

[1178] Citado por CANSINOS-ASSENS, R. *op. cit.* p. 33.

[1179] Frente a las afirmaciones más recalcitrantes, como la recogida, entre otros, en WHITCOMB, J. C. *El mundo que pereció. Una introducción al catastrofismo bíblico.* Grand Rapids, Michigan; Editorial Portavos, 1988, pp. 113ss.

Los *Relatos de la Creación* que hoy constituyen Gn. 1-2 tienen una clara finalidad de exaltación de la obra divina, especialmente en lo que se refiere al hombre (אדם *adam*, ἄνθρωπος *ánthropos*, *homo*), tanto en su plenitud como en su variedad intrínseca (*varón y hembra*. Gn. 1:27). Lejos de pretender desplegar el *cómo* de la creación, señalan más bien hacia el *porqué* o el *para qué*. El primer relato (Gn. 1:1 – 2:4a), de origen sacerdotal, es un texto doxológico en el que el Dios de Israel crea (raíz verbal hebrea ברא *bará*, exclusiva de la acción divina[1180]) el mundo y cuanto en él se contiene, y muy especialmente al hombre, su obra maestra, corona de la creación. El caos primigenio de las mitologías orientales, así como la materia y la naturaleza, quedan, pues, desacralizados y desmitologizados. El mundo es bueno y hermoso al mismo tiempo a los ojos del Creador (כי טוב *ki tob*, lit. "¡qué bueno!" en cada ítem[1181]). La obra creadora se presenta, a ojos del hagiógrafo, como un acto redentor, la liberación del caos primordial, del cual la noche y las aguas marinas son un oscuro recuerdo. Queda así vinculada a la historia de Israel y a la Historia de la Salvación, concebida como una historia de liberación y de salida a la luz de en medio de las tinieblas. El poema concluye con un hermoso cuadro de paz primitiva ideal, en el que no hay lugar para la muerte[1182]. El segundo relato (Gn. 2:4b-25), más antiguo que el primero[1183], incide, por su parte, en la creación del hombre en tanto que נפש *nephesh*[1184], es decir, una vida en estrecha dependencia de Dios, jamás autónoma, lo que Hans Walter Wolff llama "el

---

[1180] Como ya lo habíamos hecho notar en el primer capítulo de esta segunda parte, frente a la madurez teológica de la presentación de la obra creadora expresada por este *Primer relato de la Creación* mediante el verbo ברא *bará*, que implica una acción sin esfuerzo (*Y dijo Dios... Y fue así*), algunos pasajes veterotestamentarios, presentan como cliché poético restos de una concepción mitológica muy antigua, cananea en su origen, conforme a la cual la creación habría sido un combate primigenio entre Yahweh y las fuerzas hostiles del caos: Sal. 74:13-14; 89:9-10; Is. 51:9-10. Se ha señalado en ocasiones, no sin razón, la probable influencia de poetas cortesanos ugaríticos en la composición de estos cánticos.

[1181] *Cf.* nuestro libro ya mencionado *Lecciones sobre el Génesis*, pp. 19-20.

[1182] Los textos de Is. 11:6-9; 65:25 se hacen eco de esta misma imagen, ahora transportada a un futuro escatológico.

[1183] Para la *Hipótesis Documentaria*, el primero forma parte del Documento Sacerdotal (P), mientras que el segundo estaría incluido en el Documento Yahvista (J).

[1184] Lo que en Gn. 2:7 RV antigua traducía como *alma viviente*, pero RVR60 y otras versiones actuales vierten como *ser viviente*.

hombre en estado de necesidad"[1185]. Como colofón, el hagiógrafo narra la historia de la creación de la mujer, entendida como "la última y la más misteriosa de las buenas obras con que Yahweh ha querido completar al hombre", al decir de Von Rad[1186]. Con la figura femenina, Dios pone el broche de oro en su creación de la humanidad, y el hagiógrafo tumba por tierra el mito del ἱερός γάμος *hierós gamos* o "matrimonio divino": la institución matrimonial, así como la sexualidad, tanto en su vertiente reproductiva como gratificadora de la existencia, quedan relegadas al área exclusivamente humana. Esta desmitificación incide en la dignificación de tales conceptos, que pierden su carácter cuasimágico para engrosar el ámbito de lo creado y recibir por ello la bendición divina, testimonio patente de lo cual son precisamente los relatos patriarcales, en los que las esposas, estériles en su mayor parte, devienen instrumentos de Dios para transmitir la vida. Estos dos *Relatos de la Creación*, en su conjunto, y pese a su diversidad de origen y de enfoque iniciales, vienen a incidir en una total desmitificación del mundo y de la naturaleza[1187], así como del propio hombre, que solo se concibe como tal en relación con Dios. Dicho de otra manera, en el pensamiento de los hagiógrafos de Israel Dios es Dios por el hombre, y el hombre es hombre por Dios[1188].

Aunque, en líneas generales, se considera Gn. 3 como el **Relato de la Caída**, no son pocos quienes apuntan que en estas narraciones de Gn. 1-11 se muestra una caída múltiple y continua, así como una propagación progresiva del pecado: si bien los *Relatos de la Creación* hacen del hombre la criatura suprema, al mismo tiempo muestran (especialmente el segundo) una dualidad intrínseca en la naturaleza humana que hace de ella el campo de batalla de una lucha permanente entre dos fuerzas enfrentadas, el bien y el mal. Gn. 2:17 introduce en el propio Edén *el árbol de la ciencia* (דעת *daath*) *del bien y del mal*[1189],

---

[1185] En su obra *Anthropologie de l'Ancien Testament*. Genève: Labor et Fides, 1974, pp. 13-30. Ediciones Sígueme publicó este trabajo en castellano en 1975.

[1186] *Théologie de l'Ancien Testament*, vol I. p. 134. La traducción es nuestra.

[1187] Retomando algo que ya habíamos apuntado anteriormente, afirmamos una vez más que el concepto moderno de *naturaleza* como entidad englobadora, e incluso personal, de todo cuanto existe sobre la tierra, no se halla como tal en la Biblia. En cierto sentido, añadimos, puede considerarse como uno de los grandes mitos filosóficos de nuestro tiempo.

[1188] *Cf.* Is. 7:14 *Emanuel* (heb. עמנו אל *immanu El*), es decir, "Dios con nosotros".

[1189] *El árbol del conocimiento del bien y del mal* (BTX).

causa de la caída narrada en Gn. 3, pero Gn. 4 relata el asesinato de Abel, el primer crimen de la historia, al mismo tiempo que muestra el llamado *Canto de Lamec* o *Canto de la Espada* (Gn. 4:23-24), alegato de la violencia y la venganza; Gn. 6:1-4 añade la historia mítica de las monstruosas amalgamas humano-angélicas, que el hagiógrafo considera, entre otras razones, causa del diluvio; y Gn. 11:1-9 contiene el relato de la torre de Babel, última gran caída de la humanidad primitiva[1190]. Todo ello viene a alterar el orden establecido por Dios desde la creación[1191] y hace que el hombre se arrogue derechos divinos que no le corresponden. Desde el primer momento, el género humano aparecerá, pues, polarizado en dos clases de pueblos: los piadosos, entendidos como descendientes de Set (Gn. 4:26), y los impíos o descendientes de Caín. Los primeros, según lo que nos indica la historia del diluvio (Gn. 6-8), parecerían haber quedado reducidos a un número muy exiguo en comparación con los segundos. En cualquier caso, todos estos relatos de las múltiples caídas vienen a evidenciar, por encima de todo, la misericordia divina para con la especie humana. Tanto Adán y Eva, como el propio Caín y los antediluvianos, son especialmente protegidos por Dios. Ni siquiera el diluvio, que supone en la narración sagrada un retorno al caos primigenio (Gn. 7:11-12), implica la aniquilación del género humano, sino un nuevo comienzo, una nueva creación marcada por el pacto que Dios realiza con Noé, del cual el arco iris es la señal visible (Gn. 9:9-17). Y el relato de la torre de Babel, presentado a todas luces como la historia del gran fracaso de la especie humana en su conjunto, sirve a los hagiógrafos para comprender el porqué de la diversidad y la dispersión de los hombres por todo el mundo, lo que justifica plenamente la elección de un linaje y de un individuo en quien se hará realidad el propósito divino.

[1190] Algunos añaden a esta lista la truculenta historia de Gn. 9:20-24, en la cual, conforme a ciertas tradiciones judías (Talmud *Sanedrín* 70a) y a lo que sugiere el propio lenguaje de la narración, hallaríamos el relato, más o menos velado, de una sodomización incestuosa de Noé por parte de su hijo Cam.

[1191] En algunos círculos se considera Gn. 6:12 el versículo clave que resumiría los *Relatos de los orígenes*:

> *Y miró Dios la tierra, y he aquí que estaba corrompida; porque toda carne había corrompido su camino sobre la tierra.*

Hemos de señalar, no obstante, que la intención del hagiógrafo está muy lejos de las fantasías interpretativas que algunos autores fundamentalistas de nuestros días han vertido sobre este versículo y sus posibles lecturas.

La lista de los llamados *patriarcas antediluvianos* (Gn. 5), también conocida como **Libro de las generaciones de Adán**[1192], que se inicia con el primer hombre y concluye con Noé y sus tres hijos, ha llamado desde siempre la atención de los estudiosos y comentaristas de las Escrituras, que han emitido sobre ella juicios diversos, desde las fantasías más desbordadas hasta apreciaciones altamente comedidas[1193]. El autor sagrado, lejos de pretender recopilar una relación exhaustiva de todos los cabezas de familia descendientes de Adán por la línea de Set[1194], quiere, a todas luces, transmitir la idea de una continuidad del pueblo de Dios desde Adán hasta el diluvio, como hará luego Gn. 11:10-32 en relación con los patriarcas postdiluvianos, que enlazan a la familia del justo Noé con Abraham por medio de Sem[1195]. De este modo, la figura del patriarca se vincularía de forma directa con todos los justos de tiempos pretéritos. Leído con atención, Gn. 5 es, en realidad, un canto a la Gracia y la misericordia del Dios de Israel, operante en la historia humana desde épocas recónditas, desde el mismo principio.

Gn. 10 nos muestra lo que se ha dado en llamar la **Tabla de las naciones**, un interesante recuento de los pueblos conocidos por Israel en un esfuerzo titánico por vincularlos entre sí y con los ancestros de los patriarcas. De hecho, se menciona con claridad a Heber (vv. 24-25), considerado el antepasado epónimo de los hebreos. Que esta lista de nombres propios de individuos y de pueblos aparezca en el lugar en que hoy se encuentra, viene a evidenciar la vocación universal de lo que será la religión de los patriarcas y más tarde la de Israel, así como el hecho de que los israelitas constituirán un pueblo humano más entre otros, no de especial estirpe divina.

Gn. 12, al relatarnos la vocación de Abraham, abre las puertas de par en par a un nuevo comienzo, una nueva evidencia de la Gracia divina, y como veremos, definitiva. Los tres primeros versículos cierran la

---

[1192] *Cf.* su primer versículo.

[1193] *Cf.* nuestro libro *Lecciones sobre el Génesis*, pp. 53-58.

[1194] Como no han dejado de notar algunos comentaristas, la lista de Gn. 5 parece, en realidad, una refección con propósitos teológicos llevada a cabo por los hagiógrafos a partir de la de Gn. 4:17-18, en la que hallamos en la versión actual a los descendientes de Caín.

[1195] San Agustín considera las figuras de los patriarcas antediluvianos *piedras miliarias* que señalan, no la distancia (temporal), sino la dirección, es decir, el propósito salvífico de Dios (NC, nota a Gn. 5:32).

historia de los orígenes y dan paso a la era patriarcal, poniendo en marcha la Historia de la Salvación[1196].

La era patriarcal, era de Gracia. Como queda dicho, los relatos referentes a la era patriarcal que se encuentran en Gn. 12-50, conforman lo que se podría considerar como la primera gran historia teológica de los orígenes del pueblo de Dios que hallamos en el Hexateuco y en el conjunto de la Biblia, y que explicará el porqué y el cómo de la religión de Israel. Ningún pueblo oriental antiguo conserva unas tradiciones ancestrales semejantes a estas, dado que en ellas se conjugan de manera magistral un contenido y una forma muy especiales: el primero evidencia un pensamiento realmente profundo, sobremanera estructurado y trabajado; y la segunda, una inigualable belleza literaria lograda a base de la narración de asuntos que, en su mayoría, parecen muy simples, pero cuya simplicidad rezuma grandeza. Las conclusiones de los trabajos críticos realizados sobre estos textos, como evidencia cualquier introducción al Antiguo Testamento que se precie[1197], además de lo referente a su autoría y posterior actualización-redacción sacerdotal definitiva, apuntan a una labor realizada a conciencia y fundamentada en una clara teología de la salvación, una *Heilsgeschichte*, a la que podemos designar sin problema ninguno como una clara Teología de la Gracia. Los relatos patriarcales, en efecto, nos muestran un ambiente general marcado por la promesa divina, siempre dentro de una atmósfera que no dudamos en calificar de *neotestamentaria* y hasta de *evangélica*: sin códigos legales pétreos ni normas escritas entendidas como voluntad divina inamovible[1198]; sin casta sacerdotal específica circunscrita a una familia, un clan o una tribu en concreto; sin un santuario exclusivo localizado en un lugar muy preciso, ni unas formas cúlticas o

---

[1196] En la redacción actual del Génesis, no obstante, la Historia de la Salvación parece ponerse en marcha desde los albores de la historia humana, con el llamado *Protoevangelio* (Gn. 3:15).

[1197] Además de la de Thomas Römer *et alteri*, mencionada en el capítulo introductorio, recomendamos vivamente la lectura y estudio de: DRANE, J. *Introducción al Antiguo Testamento*. Terrassa (Barcelona): CLIE, 2004; y SICRE, J. L. *Introducción al Antiguo Testamento*. Estella (Navarra): Editorial Verbo Divino, 2000.

[1198] Se comprende sin demasiadas dificultades que la declaración yahvista de Gn. 26:5 obedece a una lectura posterior de la historia patriarcal realizada por sacerdotes y levitas, no a las condiciones propias del período en que vivieron Abraham, Isaac y Jacob, anterior a la promulgación de la ley mosaica.

rituales estrictamente prescritas *ne varientur* a las que fuera imposible escapar; y por encima de todo, con una clara conciencia de dirección divina en medio de un mundo circundante con el cual se debe convivir y ante el cual los creyentes han de redundar en testimonio y bendición (Gn. 23:6; 26:28-29; 30:27; 39:2,3,5). Todo ello indica que los relatos de la era patriarcal ostentan en su redacción definitiva, además de ciertas tradiciones bien conservadas sobre aquellos siglos remotos, una madurez teológica tal que les hace anticipar el culto *en espíritu y en verdad* que Jesús menciona en Jn. 4:23. No tiene nada de extraño que, pese a la crudeza de algunas de sus narraciones, se hayan convertido desde siempre en favoritos de los lectores cristianos de las Escrituras, especialmente de los más jóvenes.

Valor teológico de las figuras de los patriarcas. Los protagonistas humanos de estos capítulos revisten una importancia que va más allá de su propia existencia histórica y de las relaciones mantenidas entre sí mismos o para con su entorno. Además, rebasa los límites del libro del Génesis. El primero de ellos y el más destacado de todos es **Abraham**, quien, o bien él solo, o bien juntamente con Isaac y Jacob, es mencionado a lo largo del todo el Hexateuco como el gran ancestro de Israel y receptor de grandes promesas divinas (Éx. 3:6; 6:8; 32:13; Lv. 26:42; Nm. 32:11; Dt. 1:8; 9:5; 29:13; 34:4; Jos. 24:2-3). Es el *padre* por antonomasia del pueblo de Dios (Gn. 17:5; Sal. 105:6; Is. 51:2), como indica su propio nombre, según los etimologistas[1199]. Además, se lo menciona en textos como 2Re. 13:23; 1Cr. 29:18; 2Cr. 20:7; 30:6; Neh. 9:7; Jer. 33:26; Ez. 33:24; Mi. 7:20, entre otros, por lo general en contextos también de promesa o elección. Is. 41:8 llega a poner en boca de Dios las palabras *Abraham, mi amigo*, algo que no se encuentra jamás en los relatos del Génesis[1200] ni se dice de ningún otro. No es porque sí que la historia patriarcal recuerde a Abraham como el primero de quien dirá más tarde el apóstol Pablo haber sido justificado por su fe ante una promesa divina contraria a la lógica humana:

[1199] Se suele explicar el nombre de Abraham, o de su forma dialectal primera *Abram* (Gn. 11:26), a partir del nombre אב *ab*, "padre", y la raíz verbal רום *rum*, "elevar", "exaltar", "enaltecer". Sería, pues, algo así como "padre enaltecido". Su cambio en Gn. 17:5 lo explica el propio texto con una etimología popular sin demasiado peso lingüístico: אב *ab*, "padre", y המון *hamón*, "muchedumbre".

[1200] Gn. 26:24 pone en boca de Dios las palabras *Abraham mi siervo*.

Y lo llevó fuera, y le dijo: Mira ahora los cielos, y cuenta las estrellas, si las puedes contar. Y le dijo: Así será tu descendencia. Y creyó a Jehová, y le fue contado por justicia. (Gn. 15:5-6)[1201]

La fe de Abraham, expresada por la raíz causativa o HIPHIL הֶאֱמִין *heemín* del verbo hebreo אָמַן *amán*, más preposición בְּ *be*[1202], implica la idea de una plena confianza, una aceptación total de lo que Dios ha dicho, simplemente porque es Dios y su palabra es veraz, sin mayores cuestionamientos ni concesiones a la duda. Ello incide en el hecho de que los patriarcas, aunque *extranjeros y peregrinos* en la tierra de Canaán durante su vida (He. 11:13), ya no lo sean en la muerte: la compra de la cueva-sepulcro de Macpela, narrada en Gn. 23, les otorga una posesión material que anticipa el cumplimiento de las promesas divinas[1203]. De ahí que se pueda afirmar sin temor a equivocarse que el pacto realizado por Dios con Abraham es un pacto de fe y por tanto de pura Gracia (Gn. 15:9-21), del cual la circuncisión se muestra en calidad de señal visible (Gn. 17). Tan grande es la importancia de este signo externo en la descendencia abrahámica, que su descuido pone en peligro la vida del hombre (Éx. 4:24-26). Finalmente, en todos los relatos del ciclo patriarcal referentes a Abraham, así como en las menciones que se hacen de él en otros textos veterotestamentarios, se halla de forma patente la realidad de la elección: Dios escoge al patriarca y, a partir de él, por medio de Moisés, al pueblo de Israel[1204]. Se trata de una elección al mismo tiempo gratuita y selectiva, que carece de una motivación comprensible para el entendimiento humano, pero que se vehicula a través de unos descendientes de Abraham muy concretos, Isaac y Jacob, dejando de lado a otros hombres y otros pueblos (Ismael, Esaú), no por arbitrariedad, sino con un claro propósito salvífico: al escoger a Jacob, y en él a Israel, Dios muestra su designio redentor para con el conjunto del género humano, dado que el pueblo de

---

[1201] *Cf.* Ro. 4:3; Gá. 3:6.

[1202] הֶאֱמִין בְּ *heemín be* significa literalmente "consolidarse en" o "confiar en".

[1203] Si nos atenemos a la historia bíblica tal cual la hemos recibido, en aquel sepulcro solo hallaron sepultura las parejas compuestas por Abraham y Sara, Isaac y Rebeca, y Jacob y Lea (Gn. 49:31; 50:13). De los doce patriarcas hijos de Jacob, tan solo los restos mortales de José hallaron descanso en la tierra de Canaán, como él mismo había pedido, pero no en aquel sepulcro (Gn. 50:25; Éx. 13:19; Jos. 24:32).

[1204] *Cf.* ROWLEY, H. H. *The Biblical Doctrine of Election.* Cambridge: Lutterworth Press, 1964, p. 30.

Jacob será la nación sacerdotal en cuyo seno nacerá el Mesías. Solo en este sentido puede entenderse el ya anteriormente mencionado para nosotros difícil texto de Mal. 1:2-3 cuando afima que Dios amó a Jacob, mas aborreció a Esaú, expresión idiomática hebrea harto vitalista cuyos tonos, en nuestras traducciones al uso, no reflejan exactamente el pensamiento del autor, que no es el odio hacia una parte, sino la preferencia por la otra.

Frente a Abraham, la figura de **Isaac** se encuentra muy mermada en los relatos patriarcales, hasta tal punto que en ocasiones da la impresión de ser un mero doblete de aquella (*cf.* el peculiar relato de Gn. 26, ya mencionado anteriormente)[1205]. Sin embargo, el personaje de Isaac reviste una gran importancia en sí mismo, dentro del marco de la historia patriarcal, no solo en tanto que hijo de la promesa frente a su mediohermano Ismael (Gn. 18:1-15; 21:1-7), o en tanto que continuador de esta al convertirse, a su vez, en progenitor de Jacob, sino debido a su protagonismo pasivo, pero de elevado valor teológico, en la peculiar tradición relativa a su sacrificio (Gn. 22), al que en ocasiones se designa también como *sacrificio de Abraham*[1206]. Aunque este relato ha sido comentado por los maestros de Israel como una clara enseñanza contra los sacrificios humanos, ampliamente practicados por los cananeos, los fenicios y los propios israelitas en épocas turbulentas de su historia (2Re. 17:17; 21:6; 2Cr. 33:6), no han faltado autores judíos de nuestra época contemporánea que lo han estudiado bajo otros enfoques, desde una anticipación del genocidio nazi, en el que los niños judíos eran empujados al holocausto por las SS bajo la mirada impotente de sus padres y el silencio (¿cómplice?) de Dios, hasta el cuadro psicológico de autodestrucción que representa para Abraham matar a su propio hijo, al igual que, según ciertas tradiciones extrabíblicas, habría matado previamente a su padre Taré al haber destruido los ídolos que este

---

[1205] Algún erudito, como Martin Noth, ha apuntado la posibilidad de que ciertas tradiciones acerca de Isaac fueran más tarde traspasadas al personaje de Abraham, considerado más importante. Por otro lado, no faltan los especialistas que indican la ausencia real de un ciclo de Isaac en las tradiciones patriarcales, y las distribuyen entre los personajes de Abraham y Jacob. *Cf.* "Isaac", in Falhbusch, E. el alteri (ED.). *Eerdmans Encyclopedia of Christianity*, Vol. II. Grand Rapids, Michigan / Cambridge, U.K. / Leiden / Boston / Koln: Eerdmans – Brill. 1999, p. 744.

[1206] Las tradiciones judías, en vez de *el sacrificio de Isaac*, prefieren hablar de *la ligadura de Isaac* o עקידה *aqedah*.

adoraba en Mesopotamia[1207]. Como habíamos señalado en el penúltimo capítulo de la primera parte de esta obra, el filósofo y teólogo danés Kierkegaard entendía el relato del sacrificio de Isaac como una narración primitiva de sumisión del hombre Abraham a una divinidad bárbara y sanguinaria, más tarde retocada por los hagiógrafos de Israel. En realidad, la tradición del sacrificio de Isaac viene a reforzar la elección de Abraham y su paternidad, así como su fe y la obediencia implícita a la para el hombre incomprensible voluntad divina que esta fe exige. En Isaac, Abraham evidencia su vinculación total con el Dios que le guía, al mismo tiempo que proclama la apertura de par en par de las puertas de la vida —¡al borde del abismo de la muerte!— para sus descendientes. La sustitución del joven Isaac por un carnero conlleva la posibilidad de vida para el pueblo que surgirá de él. Isaac es, pues, una clara imagen del futuro de toda la nación hebrea y de la Historia de la Salvación, como bien entenderá siglos más tarde el autor de la Epístola a los Hebreos (He. 11:17-19).

Jacob, hijo de Isaac, constituye la figura del primer gran pecador acogido a la Gracia restauradora de Dios que presentan las Escrituras[1208], lo que conlleva la idea de que sus descendientes, el pueblo de Israel, constituirán una nación pecadora desde el principio, desde sus orígenes, pero también redimida. Tal como la presentan las tradiciones recogidas en los relatos patriarcales del Génesis, la vida de Jacob es el relato folclórico del tramposo empedernido de las narraciones populares, quien no solo engaña a su hermano Esaú (¡ya desde el momento de nacer!), sino que, por medio de diferentes artimañas, hace lo propio con su padre Isaac y su tío materno y suegro Labán (al cual, dicho sea de paso, se parece mucho), para acabar siendo trágicamente engañado por sus propios hijos en relación con los acontecimientos del ciclo de José. La historia de Jacob presenta, por tanto, los rasgos propios del cuento del "cazador cazado", se podría decir, pero, al mismo tiempo, viene marcada por un arcano misterioso del Dios de Abraham e Isaac

---

[1207] *Cf.* VIGÉE, CL. "Le Bélier d'Abraham" in AMADO LÉVY-VALENSI, E. ET HALPÉRIN, J. *Tentations et actions de la conscience juive, données et débats.* París: Presses Universitaires de France, 1971, pp. 189ss.

[1208] El relato del primer crimen de la historia de la humanidad, pese a la misericordia divina mostrada para con Caín, está muy lejos de ofrecernos una imagen de arrepentimiento por parte del protohomicida primogénito de Adán. Sus palabras contenidas en Gn. 4:13-14 no evidencian el más mínimo pesar por haber eliminado a su hermano, sino únicamente el temor de una venganza.

que lo protege (Gn. 25:23). Así lo evidencian los dos encuentros personales más importantes con el Todopoderoso que experimenta el patriarca, el primero en la visión de la escalera (Gn. 28:12-15), y el segundo en la lucha con el misterioso varón, como conclusión de la cual recibe el nombre nuevo de Israel (Gn. 32:24-30)[1209]. La tensión permanente entre la presencia divina y la dura realidad humana de una existencia fundamentada en astucias, engaños y mentiras, colorea la trayectoria vital de Jacob-Israel y permite al hagiógrafo anticipar lo que será la historia de las doce tribus hebreas, sus descendientes.

En otros libros del Antiguo Testamento se hallan retazos de las tradiciones referentes a Jacob. Así, Dt. 26:5b lo presenta como *un arameo a punto de perecer* (o *un arameo errante*, NVI) que descendió a Egipto; y Os. 12 ofrece de él los siguientes detalles:

> *En el seno materno tomó por el calcañar a su hermano, y con su poder venció al ángel. Venció al ángel, y prevaleció; lloró, y le rogó; en Bet-el le halló [...]*
> *Pero Jacob huyó a tierra de Aram, Israel sirvió para adquirir mujer, y por adquirir mujer fue pastor.* (vv. 3,4,12)

Todo ello da a entender que las historias y peripecias relativas a Jacob-Israel debían ser muy populares en el reino septentrional efrainita[1210], vinculadas al santuario de Bet-el, y que los profetas y hagiógrafos entendían las aventuras de su antepasado epónimo como una anticipación de lo que iba a acontecer con el pueblo. Jacob, por tanto, se convierte en una figura de esperanza. Al igual que Dios le perdonó y le recibió, así hará con sus descendientes.

Aunque no es **José** el primogénito biológico de Israel, ni tampoco aquel por medio del cual llegarían a hacerse realidad las promesas divinas en su plenitud, se lo designa como *príncipe de sus hermanos* en

---

[1209] Gn. 35:9-12 consigna el relato de una tercera aparición de Dios a Jacob en la que reafirma su nuevo nombre de Israel y corrobora las promesas que se le habían hecho en la visión de la escalera; no faltan autores que ven en ella simplemente una repetición de lo ya antes referido. Gn. 46:2-4 contiene, por su parte, el relato breve de una cuarta manifestación divina al patriarca, en la que Dios le conmina a descender a Egipto con sus hijos y sus familias, pero se inscribe más bien en el ciclo de José.

[1210] *Cf.* Jn. 4:5,12.

la bendición final de Jacob de Gn. 49:26 (NC)[1211], y es el protagonista del último ciclo de los relatos patriarcales, el nexo de unión entre la era patriarcal y la realidad de un pueblo de Israel que nace como tal en Egipto. El valor que reviste el personaje de José en la historia patriarcal del Génesis, lejos de ser esa figura de todo punto ejemplar de las tradiciones populares cristianas ("el casto José")[1212], es el de alguien con quien Dios está en todo momento (Gn. 39:2,21). De esta forma, el ciclo de José se muestra como un canto a la Providencia y a la Gracia de Dios, quien encamina y dirige el mal para bien, con lo que salva a los ancestros de las doce tribus hebreas de una muerte que parecía inminente (Gn. 50:20). Pone fin así a las tradiciones de la era patriarcal con una destacada nota de esperanza:

Dios ciertamente os visitará, y os hará subir de esta tierra a la tierra que juró a Abraham, a Isaac y a Jacob. (Gn. 50:24)

La mención de los tres grandes patriarcas en labios del moribundo José clausura, pues, de un modo magistral la primera etapa de la Historia de

---

[1211] *El que fue apartado de entre sus hermanos* en RVR60. Recibe también el título de *príncipe entre sus hermanos* en Dt. 33:16, dentro de la bendición final de Moisés a las doce tribus de Israel. *Cf.* también la glosa midráshica que leemos en 1Cr. 5:1-2, que bien merece la pena ser citada *in extenso*:

Los hijos de Rubén primogénito de Israel (porque él era el primogénito, mas como violó el lecho de su padre, sus derechos de primogenitura fueron dados a los hijos de José, hijo de Israel, y no fue contado por primogénito; bien que Judá llegó a ser el mayor sobre sus hermanos, y el príncipe de ellos; mas el derecho de primogenitura fue de José).

Por otro lado, en el territorio del Israel ideal restaurado en las visiones de Ez. 40-48, al iniciarse la información sobre el reparto del país entre las doce tribus, se lee con toda claridad que *José tendrá dos partes* (Ez. 4:13).

Algunos comentaristas han supuesto que, tal vez en el sentimiento de Jacob, fuera José realmente su hijo primogénito, al ser el primero nacido de Raquel, la esposa que él en verdad amaba.

[1212] Su comportamiento para con sus hermanos no se muestra el más adecuado, ni al principio del ciclo ni en las duras pruebas a las que los somete más tarde, en las que se hacen bien patentes ciertos ramalazos de la crueldad más refinada. Sus prístinos sueños de grandeza, por otro lado, podrían entenderse más como manifestaciones de una personalidad pretenciosa antes que como revelaciones divinas (así el psicoanalista Carl Gustav Jung). Y en relación con la historia de la mujer de Potifar, la imaginación popular (¡y Hollywood!) han exagerado hasta el exceso los rasgos del relato. *Cf.* nuestro libro *Lecciones sobre el Génesis*, pp. 268ss.

la Salvación. La fuerte cesura que se constata entre las tradiciones que componen el libro del Génesis y las que encontramos desde el inicio del libro del Éxodo, nos permite comprender que los relatos patriarcales tienen un propósito muy especial que va más allá de lo anecdótico o lo puramente biográfico, y se insertan de lleno en un macrocuadro que mencionaremos más adelante, pues abarca el conjunto de la Historia de la Salvación.

¿Qué ocurre con los restantes hijos de Jacob? Aunque ciertas tradiciones judías, como las que se recogen en el pseudoepigráfico *Testamentos de los Doce Patriarcas*, presentan al conjunto de los doce hijos de Jacob, y no solo a José, como grandes figuras de la historia nacional de Israel, y les dan voz para que ofrezcan su testimonio personal de vida y peripecias, lo cierto es que su paso por las tradiciones patriarcales del Antiguo Testamento y de la propia Historia de la Salvación es más bien discreto. Los eventos referentes a sus nacimientos forman parte del ciclo de Jacob y se narran en medio de toda una recopilación de leyendas folclóricas y etimologías populares de sus nombres en Gn. 29:31 – 30:24; 35:16-18, aunque Gn. 37:35 y 46:7, según se ha indicado en ocasiones, podrían sugerir una descendencia del patriarca más numerosa aún.

Rubén se muestra en los relatos patriarcales como una figura repulsiva. Aunque evidencia buenos sentimientos en relación con su hermano José, al que pretende librar de las ansias de venganza del resto (Gn. 37:21-22), el rasgo que con mayor claridad lo define en la historia bíblica es su incesto con una concubina de su padre, acción a todas luces harto elocuente para la época, pues con ello pretendía una autoridad sobre el clan familiar que, mientras su progenitor estuviera vivo, no podía corresponderle[1213]:

Aconteció que cuando moraba Israel en aquella tierra, fue Rubén y durmió con Bilha la concubina de su padre; lo cual llegó a saber Israel. (Gn. 35:22)

En las bendiciones finales de Jacob a sus hijos, se reconoce a Rubén como hijo primogénito por derecho de nacimiento, pero al mismo

---

[1213] *Cf.* el gesto similar de Absalón con las concubinas de su padre David, narrado en 2Sa. 16:21-22, o las pretensiones de Adonías en 1Re. 2:13-22.

tiempo se le posterga por su violación del lecho paterno (Gn. 49:3-4). De ahí que su trascendencia sea nula para la Historia de la Salvación.

Simeón y Leví destacan en los relatos patriarcales como los vengadores de su hermana Dina, violada por un príncipe cananeo (Gn. 34). Esta truculenta historia, que esconde tras una narración simplificada, sin duda alguna, lo que debieron ser guerras tribales realizadas con todo lujo de crueldades, hace de las figuras de estos dos hermanos algo negativo, de manera que se granjean la maldición de su padre Jacob en Gn. 49:5-7. Simeón será, curiosamente, el hermano que quede preso, y presumiblemente torturado, en Egipto por orden de José (Gn. 42:24), hecho que ha propiciado interpretaciones para todos los gustos, desde quienes ven en ello una simple añagaza de José ante sus hermanos (pues lo soltaría en cuanto ellos se fueran a Canaán y le haría vivir en lugar cómodo[1214]), hasta quienes lo entienden como una venganza por haber sido Simeón, supuestamente, el instigador de la venta de José. En relación con Leví, no se recoge otra mención suya en las historias patriarcales, y llama la atención que de él procediera por elección divina posterior la casta sacerdotal de Israel. Su figura más bien desagradable de los relatos patriarcales, desde luego, no anticipa la función que tendrían después sus descendientes[1215].

Judá, por el contrario, aparece como un personaje favorecido en las tradiciones patriarcales. Aunque el relato de su vida privada y familiar, alejado por un tiempo del clan ancestral, no lo describa de manera muy airosa (Gn. 38), y a pesar de que su actitud para con el joven José no sea en principio excesivamente caritativa (propone la venta de José en lugar de su muerte, debido sin duda a escrúpulos tribales,

---

[1214] Así el comentario judío de Katz y Fodor, antes mencionado.

[1215] Se ha señalado en ocasiones en ciertos medios muy tradicionales que la manifestación de fidelidad de los levitas en un momento de crisis tan grave para el pueblo de Israel como fue la idolatría al pie del Sinaí, con ocasión de la forja del becerro de oro y las degradantes escenas que la acompañaron (Éx. 32), trocó la maldición de Jacob de Gn. 49:7 en bendición, aunque nunca dejara de cumplirse literalmente: la dispersión de los levitas en medio de Israel, por no poseer jamás una tierra de adjudicación propia, redundaría en bien para el conjunto del pueblo en tanto que tribu sacerdotal. La dispersión de la tribu de Simeón, en cambio, solo habría servido para su disolución dentro de la tribu de Judá y su pronta desaparición de la escena política y geográfica hebrea: ni siquiera es ya mencionada en la bendición de Moisés a las doce tribus recogida en Dt. 33.

Gn. 37:26-27), al final evidencia una fidelidad tan grande a su padre Jacob que le granjea la primacía entre sus hermanos, así como unas promesas muy especiales (Gn. 43:8-9; 44:18-34; 49:8-12), decisivas para el desenlace futuro de la Historia de la Salvación, tanto a nivel nacional de Israel como del conjunto del género humano.

La figura de **Benjamín**, hijo menor de Jacob y hermano de José por parte de padre y madre, se muestra en las tradiciones patriarcales como estrechamente dependiente de este último. En realidad, el relato lo hace beneficiario de su hermano mayor, quien le prodiga todas las atenciones y le colma de regalos (Gn. 43:34; 45:12,14,22), y por cuya ausencia se convierte en el hijo favorito de Jacob (Gn. 42:4,38), así como el objeto de la apasionada intercesión de Judá ante José (Gn. 44:18-34).

De los restantes hijos del patriarca Jacob, las tradiciones recogidas en el Génesis únicamente nos brindan sus nombres y ciertas declaraciones en la bendición final (Gn. 49:13-21) que en buena medida nos resultan de significado desconocido, pues aluden a realidades posteriores de las tribus que ignoramos por carencia de datos históricos concretos.

Como se ha hecho notar en alguna ocasión por diversos comentaristas, en las tradiciones referentes a los once hijos de Jacob, como antes había sucedido con las que narraban episodios de las vidas de Esaú y de Ismael, la presencia de Dios es la gran ausente. Tan solo se la menciona en relación con sus nacimientos (*cf.* las tradiciones referentes al nacimiento de Ismael, Gn. 16:8-12, y de Esaú 25:20-26), pero no parece tener mayor peso[1216]. De hecho, ismaelitas y edomitas se cuentan, junto con moabitas y amonitas[1217], entre los pueblos emparentados con Israel, pero al mismo tiempo enemigos encarnizados suyos a lo largo de su historia. Estas naciones, al igual que la mayor parte de los hijos de Jacob, quedan excluidas de la línea principal de la Historia de la Salvación, si bien están incluidas en los propósitos salvíficos de Yahweh para todos los seres humanos.

[1216] En el caso de Ismael, se registra una poderosa intervención divina en Gn. 21:14-21, que lo libra de la muerte en el desierto de Beerseba y le permite vivir hasta convertirse en una figura importante entre los orientales. La razón es simple: en tanto que hijo de Abraham es beneficiario directo de la bendición especial de Dios sobre el patriarca. *Cf.* Gn. 17:20; 21:13.

[1217] Hijos de Lot, sobrino de Abraham, según la tradición folclórica (y depreciativa) registrada en Gn. 19:30-38.

¿Se puede hablar de "matriarcas" de Israel? Como indicábamos en el último capítulo de la primera parte de este libro, la así llamada "teología feminista" había puesto sobre el tapete la cuestión del papel de las mujeres en los relatos bíblicos. Si bien es cierto que a lo largo de todo el Antiguo Testamento hallamos figuras femeninas destacadas que tuvieron su importancia en el devenir de los acontecimientos de la Historia de la Salvación, ya por su influencia positiva, ya por su influencia negativa (María la profetisa, hermana de Moisés y Aarón; Rahab, la ramera de Jericó; Débora la profetisa, mujer de Lapidot; Rut la moabita; Ana, madre de Samuel; Mical, Abigaíl y Betsabé, mujeres de David; las reinas Jezabel de Israel y Atalía de Judá; etc.), es en las tradiciones patriarcales donde vamos a encontrar a las más destacadas, en tanto que madres de Israel, algunas de las cuales serán mencionadas como ejemplos o figuras particularmente señaladas en el Nuevo Testamento. Sorprende sobremanera al lector actual de la Biblia hallar en el ciclo de Jacob una mención tan escueta como la que hace Gn. 35:8 a una tal Débora, para nosotros desconocida, pero de quien se especifica que había sido *ama de Rebeca*[1218], lo que vendría a aludir a su influencia en la vida del propio Jacob, aun sin que aparezca ni una sola vez en los relatos que sobre este patriarca se conservan. Ello nos lleva a entender que, incluso en una cultura patriarcal, como era la de los ancestros de Israel[1219], la presencia femenina tenía un peso específico innegable que explica bien ciertos trasfondos de las tradiciones actualmente conservadas en el Génesis.

El pasaje de Rt. 4:11-12, que nos sitúa en el contexto de los desposorios de Rut la moabita con el judaíta Booz, hace una clara alusión a tres mujeres destacadas de las tradiciones patriarcales:

[1218] Se supone que sería la nodriza discretamente mencionada en Gn. 24:49, aunque en este versículo no se indica su nombre.

[1219] Queda completamente fuera de cuestión cualquier intento por convencernos de que en la cultura de los patriarcas antepasados de Israel había rasgos de tipo matriarcal, en tanto que supuestos restos de un tipo de sociedad muy primitiva, prehistórica, en la que las mujeres habrían dirigido las agrupaciones humanas. La antropología actual tiende a considerar el concepto de "matriarcado" como un producto del pensamiento del siglo XIX, que habría forjado con el jurista y antropólogo suizo Johann Jakob Bachofen (más concretamente con su libro *Das Mutterrecht: eine Untersuchung über die Gynaikokratie der alten Welt nach ihrer religiösen und rechtlichen Natur*, publicado en Stuttgart en 1861) un auténtico mito en este sentido, pero sin constatación real en ninguna época de la historia.

Jehová haga a la mujer que entra en tu casa como a Raquel y a Lea, las cuales edificaron la casa de Israel; y tú seas ilustre en Efrata, y seas de renombre en Belén. Y sea tu casa como la casa de Fares, el que Tamar dio a luz a Judá, por la descendencia que de esa joven te dé Jehová.

La historia de **Lea y Raquel** ostenta rasgos de gran importancia dentro del ciclo de Jacob, no solo por ser sus esposas legítimas (frente a las dos concubinas Zilpa y Bilha), sino por haber dado a luz a las doce tribus de Israel[1220], en medio de una auténtica guerra familiar de la que ellas aparecen más como víctimas que como protagonistas combatientes propiamente dichas. Ambas, hermanas unidas en la desgracia de ser, por un lado, hijas de un personaje avaro e insensible (Gn. 31:14-16), y por el otro, esposas de un hombre que solo ama realmente a una de ellas (Gn. 29:16-30), viven la angustia de una maternidad que, por encima de todo, pone a prueba su valía como mujeres, e incluso su fe, especialmente en el caso de Raquel, que es estéril; pero también en el de Lea, quien espera siempre ser amada de su marido, ya que no por sí misma, sí al menos por su abundante prole (Gn. 29:31 – 30:24); resultan especialmente reveladoras las declaraciones *Y oyó Dios a Lea* o *Y se acordó Dios de Raquel, y la oyó Dios* que encontramos en Gn. 30:17 y 22, respectivamente, para hacernos comprender la pugna entre aquellas mujeres y las implicaciones que ello supuso para su vida y la supervivencia del clan familiar. Ninguna de las dos sobrevive a su esposo (Gn. 35:16-20; 48:7; 49:31). Los hijos de Lea y Raquel se presentan, por lo tanto, en las tradiciones patriarcales como fruto de una tensión permanente entre las duras condiciones de vida del clan de Jacob, y una confianza en Dios cimentada en imposibles, pero que al final triunfa. El nombre de Lea no aparece más en todo el conjunto del Antiguo Testamento, ni tampoco en el Nuevo; los hagiógrafos parecerían mostrar para con ella la indiferencia que en una cultura semítica antigua se hacía ostensible para con una mujer no amada y que había sido recibida como esposa por mero imperativo tribal. El nombre de su hermana Raquel tiene, en cambio, más fortuna. Amada y valorada por su

---

[1220] Como bien sabe el amable lector, los hijos de Bilha, sierva de Raquel (Dan y Neftalí, Gn. 30:1-8), y los de Zilpa, sierva de Lea (Gad y Aser, Gn. 30:9-13), cuentan como prole de sus amas respectivas, conforme a las costumbres y las disposiciones legales de la época y el lugar.

esposo, pese a su condición adversa de mujer infecunda, vive su maternidad como un particular milagro de la Gracia de Dios, y su prole natural (José y Benjamín) es especialmente favorecida por Jacob. El texto antes mencionado de Rt. 4:11-12 la antepone a su hermana Lea, y 1Sa. 10:2 guarda memoria de su sepulcro en Efrata. Pero su mención más importante se halla en la profecía de Jer. 31:15[1221]:

> *Así ha dicho Jehová: Voz fue oída en Ramá, llanto y lloro amargo; Raquel que lamenta por sus hijos, y no quiso ser consolada acerca de sus hijos, porque perecieron.*

Este pasaje, que si bien hace referencia a la cautividad de Israel, se inscribe en realidad en un contexto de esperanza para el pueblo, alcanzará su mayor renombre al ser mencionado por Mt. 2:18 en los así llamados *Relatos de la Infancia del Señor*, y al ser entendido como una anticipación o profecía de lo que había de acontecer con los así llamados "Santos Inocentes" de Belén y sus alrededores.

En resumen, al lector actual del Antiguo Testamento le queda un cierto sabor amargo al contemplar la innegable rudeza, por no hablar claramente de "injusticia", con que aquel mundo semítico antiguo trató a ambas hermanas. El silencio al que las reducen las tradiciones recopiladas oculta mal una deprimente realidad en la que las lágrimas y los sentimientos encontrados de impotencia, temor y frustración frente a lo que parecía un destino aciago, debían ser para las dos el pan de cada día.

Sorprende sobremanera que Rt. 4:11-12 venga a equiparar el nombre de la cananea **Tamar** a los de Raquel y Lea. La historia de Tamar, nada gloriosa tal como la leemos en medio del ciclo de José, se halla en Gn. 38 y se presenta con todos los rasgos típicos de un relato folclórico[1222]: viuda de los dos hijos mayores de Judá, mientras se ve forzada a esperar un matrimonio levirático (יבום *yibbum*) con el hijo menor, que nunca llega, queda encinta de su propio suegro por medio de una añagaza que casi le cuesta la vida. Pero todas estas peripecias, que hacen

---

[1221] Aunque no menciona a Raquel por su nombre, muchos exegetas entienden Os. 12:12 como una alusión histórica a ella.

[1222] Recuérdese lo apuntado anteriormente sobre la posibilidad de que Gn. 38 dejara traslucir recuerdos de acontecimientos acaecidos en los orígenes de la tribu de Judá, hábilmente retocados por una tradición folclórica posterior. No son pocos, de hecho, los especialistas que ven en este capítulo restos de un supuesto *Ciclo de Judá*, en el que se narrarían las peripecias de este hijo de Jacob, ancestro y héroe epónimo de la tribu.

de ella una mujer realmente desgraciada y nunca querida (el propio Judá *nunca más la conoció*, según Gn. 38:26, con lo que su relación con ella queda manchada con el nombre de incesto, al tratarse de su nuera, o bien como mero comercio carnal con una prostituta), la convierten en madre de la tribu de Judá, la que andando el tiempo sería la más importante de Israel, y de la que nacería el Mesías. De ahí que esta mujer, aunque no sea mencionada en ningún relato más del Antiguo Testamento, excepción hecha del texto de Rt. 4:11-12, sea recordada en la genealogía de Judá que leemos en 1Cr. 2:4, y sobre todo, en la de Jesús al comienzo del Nuevo Testamento (Mt. 1:3). Aunque la mención del Dios de Israel brilla por su ausencia en el relato de Tamar, el conjunto de la Escritura nos permite discernir su mano rectora en medio de tantos acontecimientos trágicos como los que jalonan la experiencia de aquella mujer desgraciada y tampoco demasiado valorada.

En lo referente a **Sarai** (o **Sara**, otra forma dialectal[1223]), esposa de Abraham, las tradiciones patriarcales inciden en rasgos de enorme importancia que explicarán ciertos episodios de la trayectoria del padre de los creyentes: es al mismo tiempo esposa y hermana de Abraham por parte de padre, conforme a las costumbres del Creciente Fértil antiguo (Gn. 20:12), y una mujer de gran hermosura (Gn. 12:14-15); pero, por encima de todo, se incide en su esterilidad (Gn. 16:2), lo que marcará la historia de Israel e incluso la Historia de la Salvación de modo definitivo: todo viene a comenzar con un hombre anciano que deja su tierra patria para ir a otra que no conoce, y una mujer, también anciana, que nunca había podido concebir hijos. De ahí que los relatos referentes a la descendencia de Abraham vengan marcados por una pugna entre los esfuerzos humanos por proveerse de una prole, echando mano de todos los instrumentos posibles y tolerables de la época (Gn. 16), y la intervención divina en el orden natural como consecuencia de una promesa, lo que provoca la incredulidad de la propia Sara (Gn. 18:10-15), pero se plasma en el nacimiento de un vástago. Finalmente, la Providencia encauza todas las cosas para que Isaac, el hijo de la promesa, sea el heredero de Abraham, y lo hace por medio de Sara, que en un

---

[1223] *Cf.* lo dicho anteriormente sobre la etimología popular del nombre de Abraham en Gn. 17:5. El v. 15 ofrece el cambio de nombre de Sara también como una iniciativa divina, aunque sin dejar entender su significado. Se dice que Sara quiere decir "princesa" (שׂרה *sarah*), pero ello no explica qué podría haber significado el nombre de Sarai (¿"mi princesa"?). Es un punto oscuro en las etimologías populares de la Biblia.

momento crucial para la estabilidad del clan familiar evidencia la autoridad que ejerce como esposa del patriarca (Gn. 21:10). En el resto del Antiguo Testamento solo se menciona a Sara una vez, aludiendo a su maternidad del pueblo escogido (Is. 51:2). El Nuevo Testamento, por el contrario, la nombra en varias ocasiones, más que a ninguna otra figura femenina veterotestamentaria: aparecerá en el epistolario paulino para ilustrar la fe de Abraham, siempre en alusión a su condición de mujer estéril, y al mismo tiempo para resaltar el poder de las promesas divinas (Ro. 4:19; 9:9), así como en la conocida alegoría de Gá. 4:21-31, en la que, aunque no se la menciona explícitamente por su nombre, es clara la alusión a ella como símbolo del nuevo pacto que engendra hijos libres; He. 11:11, por su parte, exalta su fe en contraste con su situación de mujer estéril, y presenta su maternidad como fruto de su confianza en las promesas divinas; y 1 P. 3:6, finalmente, hace de ella un modelo de esposa para las mujeres cristianas.

La figura de **Rebeca**, pese a que en ocasiones se ha querido ver en ella una simple réplica o un doblete narrativo de Sara, reviste una personalidad propia en las tradiciones patriarcales. Aparece en escena cuando Sara ya ha fallecido, con ocasión de la búsqueda de una esposa para Isaac entre sus parientes mesopotámicos, lo que marca su entrada en la Historia de la Salvación con el sello de la Providencia: es la esposa que Dios ha escogido para el hijo de Abraham, y por lo tanto, para la continuidad de la promesa. Se presenta, además, como una doncella de gran belleza (Gn. 24:16), a lo que aludiría su propio nombre en hebreo, רִבְקָה *Ribqah*[1224], y ocupa el lugar de Sara como señora del clan patriarcal, incluso en vida de Abraham (24:67). La nota negativa consiste en que, al igual que Sara, Rebeca viene también marcada por el estigma de la esterilidad. La concepción de sus dos hijos, Esaú y Jacob, es, por tanto, fruto de un nuevo milagro de la Providencia (Gn. 25:21) y conlleva lo que no se halla en ningún otro nacimiento registrado en la era patriarcal: la emisión de un oráculo divino de inmensos alcances en la Historia de la Salvación. El propio Dios le dice a Rebeca:

Dos naciones hay en tu seno,
Y dos pueblos serán divididos

[1224] De todos es conocido que las historias bíblicas, y entre ellas los relatos patriarcales de Gn. 12-50, están repletas de nombres parlantes, lo que acrecienta su valor literario, didáctico y, sobre todo, teológico, más que histórico propiamente dicho.

desde tus entrañas.
El un pueblo será más fuerte que
el otro pueblo,
Y el mayor servirá al menor. (Gn. 25:23)

La preferencia de Rebeca por el hijo menor, Jacob o Israel (Gn. 25:28), propicia los eventos narrados en Gn. 27 (el engaño urdido contra Isaac, anciano y ciego, y perpetrado por Jacob para arrebatar a Esaú la primogenitura), así como sus consecuencias, es decir, el origen de las doce tribus de Israel. Nada de extraño tiene, por tanto, que el teólogo Xavier Picaza vea en Rebeca el "reflejo humano del Dios que ha elegido a Jacob y no a Esaú"[1225]. Aunque la figura de Rebeca, madre de Israel, no vuelva a ser mencionada en todo el Antiguo Testamento, es aludida por el apóstol Pablo en Ro. 9:10-12, que cita las palabras del oráculo de Gn. 25:23, dentro de un contexto de elección del pueblo de Israel.

Las tres últimas figuras patriarcales femeninas que nos restan por ver resultan, en contraste con las que hemos presentado hasta aquí, harto problemáticas. La primera es **Agar**, la esclava[1226] egipcia de Sara y madre de Ismael, el primer hijo biológico de Abraham. Aunque el contexto bíblico general, tanto de las tradiciones conservadas en Gn. 16 y 21 como la alusión paulina a este personaje que hallamos en Gá. 4:24-25, parecen envolverlo en una atmósfera más bien negativa (¡la propia de una esclava en el mundo antiguo!), qué duda cabe que el lector actual de la Biblia tiende a considerarla una figura más bien digna de compasión. Agar, pese a su insolente soberbia para con su señora por saberse encinta, se nos presenta con los colores propios de la víctima de un entramado socio-cultural que hace de ella un *vientre de alquiler* sin derechos, en primer lugar, para luego convertirla en *persona non grata* y, por ende, arrojarla del clan de Abraham juntamente con su hijo, el antepasado epónimo de los ismaelitas o agarenos. Sin embargo, las tradiciones recogidas por los hagiógrafos no dejan de lado el gran alcance teológico de esta figura: es alguien que recibe comunicaciones directas de Dios, a quien escucha con la devoción y la fe de quienes se sienten aplastados y claman por su liberación. En Agar encuentran, pues, su voz los oprimidos de toda injusticia enraizada, tolerada y aceptada

---

[1225] "Rebeca", en el ya antes citado ROPERO BERZOSA, A. (EDITOR GENERAL). *Gran Diccionario Enciclopédico de la Biblia*. Viladecavalls (Barcelona): CLIE, 2003.

[1226] *Sierva* en la traducción de RVR60.

en las convenciones sociales, con la plena seguridad de que el Dios de Abraham siempre los oye.

La segunda es **Cetura**[1227], esposa de Abraham tras la muerte de Sara (Gn. 25:1-4), quien ha sido definida como "el personaje significativo más ignorado de la Torah"[1228]. De ella únicamente exalta el texto sagrado su abundante maternidad, en claro contraste con la esterilidad de Sara, lo que le lleva a hacer del patriarca el ancestro de una serie de pueblos árabes, además de los descendientes de Ismael, y todos ellos deliberadamente separados de Isaac[1229], es decir, de la promesa divina. Pero el texto sagrado exalta la maternidad abrahámica de Cetura por el hecho de que, a través de ella, el gran patriarca deviene el padre de los madianitas, que tanta importancia tendrían en las tradiciones del éxodo y el origen del pueblo de Israel en Egipto y en el desierto del Sinaí, ya de manera positiva (Jetro, suegro de Moisés y sacerdote de Madián) o negativa (Baal-Peor[1230]). Aunque no se menciona en absoluto la vinculación o dependencia del Dios de Abraham que pudiera tener, el hecho de que Cetura sea la madre de Madián parece entenderse como un rasgo no demasiado favorable. Nada de extraño tiene, pues, que el Cronista degrade su figura al presentarla como mera *concubina de Abraham* (1Cr. 1:32), despojándola del rango de esposa que le dan las narraciones patriarcales, y que ciertas tradiciones judías posteriores indiquen que no se trataba sino de Agar, la egipcia, solo que con otro nombre[1231].

[1227] *Queturá* en BTI y DHH.

[1228] FRIEDMAN, R. E. *Commentary on the Torah*. New York: Harper Collins, 2001, p. 85. La traducción es nuestra.

[1229] *Cf.* también Gn. 25:6, donde leemos:

Pero a los hijos de sus concubinas dio Abraham dones, y los envió lejos de Isaac su hijo, mientras él vivía, hacia el oriente, hacia la tierra oriental.

[1230] Aunque Nm. 25:1 menciona literalmente a *las hijas de Moab* como causantes de la prevaricación, el resto del capítulo incide en el protagonismo de los madianitas en aquel episodio nefasto de la historia de Israel. De hecho, el cap. 31 narra la venganza de Israel contra Madián, sin mencionar para nada a ningún otro pueblo.

[1231] Así Rashi, que sigue una antigua enseñanza rabínica según la cual los personajes bíblicos tenían que estar tan relacionados entre sí que podrían muy bien aparecer en la narración sacra con diversos nombres según las circunstancias, los lugares y los momentos; de este modo, v. gr., Melquisedec sería el patriarca Sem, hijo de Noé, y Cetura, Agar. Pero son muchos los maestros judíos que rechazan tal aserto, como Ibn Ezra o Maimónides, porque no se encuentra en el texto sagrado la más mínima alusión a tal posibilidad, con lo que queda reducida al ámbito de la fantasía y la más absurda especulación.

La tercera y última es **Dina**, hija de Jacob y Lea. Aunque en principio pareciera que su ubicación más exacta habría de ser con sus doce hermanos, los doce patriarcas de Israel, en realidad no ocupa lugar alguno junto a ellos al no consignarse en las narraciones sagradas que tuviera una descendencia propia, ni que diera su nombre a ninguna tribu. Nada positivo se halla en las tradiciones patriarcales acerca de Dina. Sus únicas menciones en toda la Sagrada Escritura se encuentran en Gn. 30:21, donde pone fin a la maternidad de Lea con su nacimiento; Gn. 46:15, donde tan solo se la menciona dentro de una lista de hijos y descendientes de Jacob; y muy especialmente en Gn. 34, donde se narra su imprudencia al alejarse del clan familiar para *ver a las hijas del país* (v. 1), así como la violación (¡con rapto incluido!) que sufrió por parte del príncipe cananeo Siquem, causa de la masacre protagonizada por Simeón y Leví, quienes, en tanto que hermanos mayores de la joven, entendieron debían vengarla. En todo este truculento relato lo único que se menciona desde el punto de vista religioso es el rito de la circuncisión, empleado como una trampa por los hermanos de Dina (vv. 15-16), y conceptuado por Hamor, padre de Siquem, y su hijo como una posibilidad de un gran negocio (vv. 21-23). Ciertas tradiciones judías posteriores han pretendido hacer de Dina la esposa de Job[1232], e incluso la madre de Asenet, esposa de José según Gn. 41:45, en su intento por vincularla a la Historia de la Salvación. La realidad es que las tradiciones recogidas en el Antiguo Testamento la ignoran por completo, y permanece como un estigma en la historia del clan de Jacob, de consecuencias negativas para dos tribus posteriores, las de Simeón y Leví.

El Dios de los patriarcas. Para cualquiera que lea hoy las historias contenidas en Gn. 12-50, resulta patente que la Deidad adorada por Abraham, Isaac y Jacob es el mismo Dios de Israel representado por el Sagrado Tetragrámmaton que encontramos en el resto del Antiguo Testamento. De hecho, la historia bíblica, como ya habíamos indicado en su momento, tiene un gran interés en mostrar esa continuidad entre la religión de los ancestros de Israel y el yahvismo mosaico posterior. Éx. 3:6 lo deja muy claro cuando el Dios que se revela en la zarza ardiente le dice a Moisés: *Yo soy el Dios de tu padre, Dios de Abraham, Dios de Isaac, y Dios de Jacob.* En definitiva, son los

---

[1232] *Testamento de Job* 1:6; Tratado talmúdico *Baba Batra* 15,2.

patriarcas, y más concretamente Abraham, quienes colocan los cimientos de la religión y la piedad de Israel, no Moisés. De ahí que la mención de Dios como *Dios de Abraham, Dios de Isaac, y Dios de Jacob* (o *de Israel*) recorra el conjunto del Antiguo Testamento (Éx. 3:15-16; 4:5; 1Re. 18:36; 1Cr. 29:18; 2Cr. 30:6)[1233] y llegue hasta el Nuevo (Mt. 22:32; Mc. 12:26; Lc. 20:37[1234]; Hch. 3:13; 7:32). Los capítulos 12-50 del Génesis presentan de hecho, juntamente con otras, ciertas tradiciones de tipo yahvista en las que el Dios patriarcal es designado con las cuatro letras sagradas יהוה *YHWH*, transcritas como *Yahveh* o *Jehová*, según las versiones, pero ello supone lecturas actualizadas *a posteriori* por redactores más preocupados por transmitir una teología concreta que por dejar constancia de hechos históricos. En realidad, las tradiciones de tipo yahvista pretenden hacer del Sagrado Tetragrámmaton el nombre con el cual Dios fuera adorado ya por la humanidad más primitiva (Gn. 4:26), aunque la historia presenta una realidad muy diferente. El pasaje anteriormente citado de Éx. 6:3 hace patente que los patriarcas invocaron y veneraron a Dios con un nombre distinto del que emplearía Israel, pero ello no impide este nexo de continuidad entre la era patriarcal y la era mosaica. La Divinidad que se manifestó a los patriarcas de una manera determinada, ahora se manifiesta a Moisés y a Israel de otra, con un nombre nuevo, sin por ello dejar de ser la misma[1235].

Como hemos hecho constar en epígrafes y capítulos anteriores, el mundo patriarcal ha sido enfocado en momentos no muy remotos de la investigación bajo prismas menos favorables que en nuestra época contemporánea, lo que ha incidido en una distorsión de su concepción religiosa y hasta de su Dios. El idealismo germánico del siglo XIX había apuntado que el fetichismo, el animismo y el polidemonismo tuvieron que ser los rasgos distintivos de las creencias de los grupos patriarcales, incapaces como serían —así se consideraba— de elaborar un pensamiento más elevado acerca de su Dios. Ello hizo que se relegara al dominio de la fábula cuanto se narraba en Gn. 12-50 en lo referente a la relacón de Abraham, Isaac y Jacob con el que luego sería el Dios de Israel. Sin embargo, ya en las primeras décadas del siglo pasado se

---

[1233] Sal. 47:9 lo menciona únicamente como *Dios de Abraham*.

[1234] Estos pasajes de los Evangelios Sinópticos son cita literal de Éx. 3:6.

[1235] *Cf.* CROSS, F. M. "Yahweh and the God of the patriarchs" in *Harvard Theological Review*, 55 (1962), pp. 225-259.

experimentó un cambio de enfoque mucho más realista, de manera que los patriarcas fueron percibidos como figuras de gran importancia en la historia de la religión y el pensamiento de Israel, dada su elaborada percepción del Dios que luego sería adorado como Yahweh[1236].

El Antiguo Testamento nos deja claro que el Dios revelado a Abraham, Isaac y Jacob se manifestó a ellos con un nombre propio harto significativo: *Dios Omnipotente* (Éx. 6:3) o *Dios Todopoderoso* (Gn. 17:1), traducción —¿o mejor "interpretación"?— latina (*Deus omnipotens* en la Vulgata), en lo que a estos versículos concretos se refiere[1237], del hebreo שַׁדַּי אֵל *El Shadday*, como ya habíamos indicado en el primer capítulo de esta segunda parte. Se trata de una Divinidad que, en principio, habría de entenderse como propia de clanes pastoriles, un Dios que emigra juntamente con aquellos a los que protege, igual que si fueran su rebaño, y los guía de forma misteriosa por caminos que solo él conoce, haciéndoles desplazarse de un lugar a otro. Únicamente así se explicaría que Gn. 12 inicie el ciclo patriarcal en la Mesopotamia septentrional (Harán)[1238], y Gn. 50 lo concluya en Egipto. Pero nada de ello nos autoriza a suponer que se trate de una especie de dios tribal menor en relación con las divinidades adoradas en los grandes centros urbanos y santuarios de la tierra de Canaán o del Creciente Fértil en general; por el contrario, se muestra como alguien que ejerce un dominio total sobre el entorno en que viven los clanes patriarcales: Harán, el país de Canaán, el valle donde estarían situadas Sodoma y Gomorra, son los escenarios en que opera el poder divino que salvaguarda a los patriarcas, ya para bendecir, ya para destruir; ni siquiera el a la sazón todopoderoso Egipto escapa al señorío absoluto del Dios de Abraham,

---

[1236] *Cf.* ALT, A. *Der Gott der Väter. Ein Beitrag zur Vorgeschichte der israelitischen Religion.* Stuttgart: Kohlhammer, 1929.

[1237] En otros donde también Dios es mencionado con este nombre, la LXX griega lo traduce asimismo por παντοκράτωρ *pantokrátor*, "omnipotente", como ya habíamos indicado en el capítulo primero de esta segunda parte.

[1238] Gn. 11:31 indica la ciudad de Ur de los caldeos como punto de partida del clan de Abraham, y atribuye a su padre Taré la idea de emigrar hasta Canaán, lo cual se inscribiría, sin demasiados problemas, en la realidad histórica de los clanes semitas mesopotámicos de la primera mitad del segundo milenio a. C., nómadas en buena parte, que emigraban de continuo por las tierras del Creciente Fértil, de Mesopotamia a Egipto, y que en ocasiones se sedentarizaban en puntos concretos de su viaje, según sus intereses y las condiciones especiales de sus ganados. La historia narrada por el protomártir Esteban en Hch. 7:2-3 no concuerda exactamente con el relato genesíaco, pues obedece a tradiciones judías posteriores. Véanse los comentarios pertinentes.

Isaac y Jacob. De ahí que, pese al supuesto primitivismo otrora atribuido a la religión patriarcal y a sus prácticas ceremoniales —que sin duda fueron distintas de las del Israel posterior y conservaban ritos muy antiguos— emerja de las tradiciones de Gn. 12-50, si bien envuelta en rasgos a veces ingenuos y folclóricos[1239], una idea maestra que viene a catalizar el pensamiento de los ancestros del pueblo hebreo, y es la de un Dios esencialmente personal con imperativos morales claros, paternal y amable, que establece un pacto específico (ברית *berith*) con cada uno de los tres patriarcas Abraham, Isaac y Jacob; mas por encima de todo, la idea de un Dios providente. El magistral relato de Gn. 24 lo evidencia como pocos, si bien en él se hace patente la mano de un redactor yahvista: el Sagrado Tetragrámmaton יהוה *YHWH* se halla muy presente en el conjunto de la narración (vv. 1,3,7,12,21,26, 27,31,35,40,42,48,50,51,56[1240]). No nos ha de extrañar que, en ocasiones, se haya señalado la religión de los patriarcas como una especie de "monoteísmo embrionario", muy superior al henoteísmo o monolatría que reflejan las tradiciones referentes al primitivo Israel posterior[1241]. No recogen los relatos de Gn. 12-50 grandes diatribas contra la idolatría al estilo de los profetas posteriores de Israel; sus más que escasas alusiones a los ídolos, entendidos como representaciones plásticas de dioses falsos (Gn. 31:19,30-35; 35:2-4), tienen siempre un claro sabor sarcástico que los comentaristas no han dejado de apreciar[1242].

Un hecho innegable que emerge en las tradiciones patriarcales es que el Dios Omnipotente o אל שדי *El Shadday* aparece a veces mencionado con otras designaciones. Como si de otros epítetos del teónimo genérico semítico אל *El* se tratara[1243], encontramos los nombres

---

[1239] Como, por ejemplo, el hecho de que Dios coma y converse con Abraham como un compañero de camino (Gn. 18:6-8,16-33), o que luche a brazo partido con Jacob (Gn. 32:24-31), entre otros. Pese a ello, la profundidad teológica de estas narraciones resulta más que evidente.

[1240] En los vv. 31,50,51 la designación de Dios con el Sagrado Tetragrámmaton aparece incluso en boca de Labán y Betuel, los parientes mesopotámicos de Abraham, que eran idólatras. El artificio literario (y teológico) del redactor yahvista es más que evidente.

[1241] *Cf.* el capítulo primero de esta segunda parte.

[1242] *Cf.* nuestro libro *Lecciones sobre el Génesis* en relación con la historia de los ídolos robados por Raquel. Pp. 226-227.

[1243] *Cf.* el capítulo primero de esta segunda parte.

de עולם אל *El Olam* o *Dios eterno* (Gn. 21:33[1244]); el ya en su momento mencionado עליון אל *El Elyón* o *Dios Altísimo* (Gn. 14:18)[1245]; ישראל אלהי אל *El Elohé Yisrael* o *Dios el Dios de Israel* (Gn. 33:20); בית אל *El Beth El* o *Dios de Bet-el* (Gn. 35:7); ראי אל *El Roí* o *El Dios que me ve* (Gn. 16:13 NVI)[1246], amén de otras designaciones harto particulares, como יעקב אביר *Abir Yaaqob* o *El Fuerte de Jacob*, que de forma literal algunos entienden como *El Toro de Jacob* con un claro sentido totémico (Gn. 49:24); יצחק פחד *pajad Yitsejak* o *Temor de Isaac* (Gn. 31:42) y כל־הארץ השפט *hashopet kol haárets* o *El Juez de toda la tierra*, puesto en boca de Abraham (Gn. 18:25). Toda esta variopinta nomenclatura divina se presta, según los especialistas, a varias lecturas diferentes, según el valor que se dé a las distintas consideraciones emitidas sobre la religión patriarcal y cananea. Pongamos como ejemplo עולם אל *El Olam*, que puede entenderse como *el dios Olam* o *Dios de la eternidad*, o también *El el Eterno*. Las tablillas descubiertas en Ugarit, que proyectan nuevas luces sobre nuestros conocimientos de la religión amorrea y cananea, evidencian que el dios אל *El*, hacia el segundo milenio a. C., era la divinidad más importante del panteón amorreo y cananeo, por lo que su culto se había convertido en algo extraordinariamente popular. Ello nos induce a pensar que עולם *Olam*, שדי *Shadday*, עליון *Elyón* y los demás nombres mencionados más arriba representarían diversas advocaciones o títulos bajo los cuales era adorado אל *El*, el rey de los dioses en los santuarios de Canaán. No cabe la menor duda de que los patriarcas, adoradores del Dios Omnipotente o שדי אל *El Shadday*, fueron asumiendo las distintas advocaciones del dios El como designaciones propias de aquel a quien ellos veneraban, no por sincretismo religioso ni asimilación de su Dios a divinidades paganas locales —como habría pretendido la investigación de hace un par de siglos—, sino por el significado específico que tenía

---

[1244] Leemos en RVR60 *Jehová Dios eterno*. Se hace evidente la mano de un redactor o recopilador posterior yahvista que tuvo un gran interés en identificar al Dios eterno con el Dios de Israel.

[1245] *Cf.* el capítulo primero de esta segunda parte.

[1246] RVR60 lo vierte como *Dios que ve* en palabras de Agar, para luego explicarlo: *¿No he visto aquí al que me ve?* BTX no lo traduce, sino que lo transcribe como *Ata – 'El – Roí*, en heb. "Tú eres el Dios que me ve", y en una nota correspondiente a pie de página explica sus posibles traducciones: "Tú eres un Dios de apariencia" o "aparición", y "Tú eres el Dios que me ve". La dificultad del término hebreo ראי *roí* estriba en que es un *hápax legómenon*: la masora lo indica al margen con el signo ל *lyth*, que significa *no hay [más]*.

aquella nomenclatura en el dialecto cananeo que los clanes patriarcales empleaban, lo que indica una gran madurez de pensamiento y un razonamiento teológico propio que les permitía elevarse por sobre el estrecho horizonte de su mundo circundante con una perspectiva mucho más abarcante. Solo así se explica que עולם אל *El Olam* aparezca en varios pasajes bíblicos posteriores, como Dt. 33:27 y Jer. 10:10, entendido como una de las designaciones del Dios de Israel (el Dios Eterno). Fuentes extrabíblicas de los siglos IX y VII a. C. sugieren también la lectura del nombre עולם *Olam* como un apelativo de la divinidad, sobre todo desde que los textos ugaríticos muestran claramente que los epítetos descriptivos podían emplearse solos o acompañados del nombre de la divinidad en cuestión. Pero cuando en 1958 fue descifrada una lectura protocananea del siglo XV a. C., que no admitía absolutamente ninguna otra interpretación fuera de *El el Eterno*, el nombre עולם *Olam* quedó clasificado como un apelativo del dios El. A raíz de ello, la interpretación del nombre bíblico עולם אל *El Olam* como un título litúrgico del Dios de los patriarcas y más tarde de Israel resulta altamente probable, por no decir (casi) totalmente segura.

Por su parte, y de forma paralela, el teónimo עליון אל *El Elyón* puede interpretarse como *el dios Elyón* o *El el Altísimo*, de quien Gn. 14:18-19 especifica, como queda dicho, que es adorado en la ciudad de Salem y que es, además, el וארץ שמים קנה *qoneh shamáyim waárets*, es decir, *creador de los cielos y de la tierra*. Está muy claro que El era el creador por excelencia, tanto en Ugarit como en Canaán, donde se lo invocaba en el siglo VIII a. C. como *creador de la tierra*, título primitivo en el que se omite cualquier alusión a los *cielos*. Invocaciones semejantes y aun idénticas aparecen en un papiro arameo y en documentación acadia que indican se trataba de un epíteto litúrgico. De ello deducimos que los patriarcas, al entender que este nombre concreto era también aplicable al Dios que ellos adoraban, lo concibieron como alguien realmente grande, incluso creador y señor del mundo, conceptos que sus descendientes, el primitivo pueblo de Israel, tardarían en desarrollar, pues, de la manera que ya se ha indicado anteriormente, las nociones de creación o señorío universal de Yahweh fueron más bien secundarias en un principio para los israelitas, y solo llegarían a desplegarse en toda su amplitud siglos más tarde con el ministerio de los profetas.

A fin de no cansar al amable lector con una relación exhaustiva de cada designación o epíteto divino antes mencionado, diremos, como último ejemplo, que la expresión יעקב אביר *Abir Yaaqob* o *El Fuerte de*

Jacob, despojada de cualquier sabor totémico primitivo, y convertida en un cliché poético para designar a Yahweh, Dios de Israel, se constata en Sal. 132:5; Is. 49:26; 60:16.

En definitiva, la redacción de las tradiciones patriarcales ofrece una imagen de Dios, ya sea bajo el nombre de *Dios Omnipotente* o las otras advocaciones reseñadas, altamente desarrollada. Si la más primitiva concepción de la divinidad por parte de los ancestros inmediatos de los patriarcas hubo de ser en sus comienzos algo rudimentario y forzosamente bañado en la idolatría de los medios mesopotámicos de donde eran originarios (Jos. 24:2), lo cierto es que la Deidad que sale al encuentro de Abraham muestra unos rasgos muy superiores a los de cuantas eran adoradas en su clan paterno y en los distintos santuarios del Creciente Fértil, Canaán incluida, que no pasaban de ser dioses ctónicos, plasmaciones intelectuales de las fuerzas telúricas y generativas del mundo natural. El Dios de Abraham se muestra desde el primer momento como una deidad estrictamente personal, con una individualidad muy marcada, y esencialmente trascendente, que sale al encuentro del hombre con la clara finalidad de comunicarse con él y, por encima de todo, bendecirlo. Aun admitiendo como postulado incuestionable que los patriarcas Abraham, Isaac y Jacob debieron conservar en su praxis religiosa tribal rasgos primitivos que algunos no dudarían en tildar de fetichistas y polidemónicos, lo cierto es que su adoración a Dios, no solo por medio de un sistema en el que cada jeque o *awum* era sacerdote del clan y quien ofrecía los distintos tipos de sacrificios, erigía monumentos recordativos o plantaba árboles sagrados, sino también por una relación estrechamente personal con él, daba a entender que concebían a aquel a quien tributaban culto como una entidad todopoderosa y esencialmente salvaguardadora, alguien que velaba por ellos y les hacía superar dificultades y pruebas. En este sentido, el Dios Omnipotente de los patriarcas aparece como una clara superación del politeísmo circundante, por el cual Abraham, Isaac y Jacob parecen no experimentar tentación ni atracción alguna. La trascendencia del Dios Omnipotente queda, por tanto, a salvo de todo el entramado religioso mesopotámico o cananeo, algo que, desgraciadamente, no sucederá en el Israel histórico posterior.

Diremos, como conclusión de este epígrafe, que los redactores definitivos de las historias patriarcales contenidas en Gn. 12-50, allá por la época de la restauración de Esdras y Nehemías, de manera tal vez inconsciente, trazan los rasgos del providente Dios de Abraham, Isaac y Jacob con unos tonos tan paternales y tan amables, de todo punto distintos de los que presenta el adusto Yahweh de la zarza ardiente o de las historias del éxodo y los desiertos recorridos por Israel en su camino a la Tierra Prometida, que introducen en las tradiciones del Hexateuco un aire totalmente vivificador, un horizonte y un marco mucho más abierto que lo que hallaremos después a lo largo de todo el Antiguo Testamento. De ahí que, para el lector cristiano de hoy, las narraciones genesíacas sobre los patriarcas, pese a sus evidentes alusiones a costumbres y sistemas de vida propios de un mundo antiquísimo, resulten mucho más fáciles y agradables de asimilar que cuanto se halla en los líbros del Éxodo hasta Malaquías. Sin pretenderlo ni saberlo, quienes pusieron por escrito los relatos de los clanes patriarcales los bañaron en la misma atmósfera que hoy encontramos en el Nuevo Testamento, la atmósfera de la Gracia, de modo que establecieron un marco de brillante colorido en el que el Israel salido de Egipto, conquistador de Canaán y luego deportado y restaurado, únicamente representaría unas pinceladas de tonos distintos y muy limitados, un eventual paréntesis de colores no siempre claros en el cuadro de la Historia de la Salvación.

La religión de los patriarcas, una religión de promesas. Visto cuanto hemos indicado hasta aquí, no puede quedar duda alguna de que la importancia de los patriarcas en el conjunto veterotestamentario, e incluso de toda la Biblia, estriba esencialmente en su fe, o si lo preferimos, en su religión. De no ser así, carecerían de valor para nosotros. Más aún, su recuerdo se habría perdido entre las brumas de las tradiciones más antiguas de Israel. La religión de Abraham, Isaac y Jacob, descrita en el libro del Génesis, es, por tanto, algo real, no una simple retroproyección histórica de la religión israelita, pese a lo que algunos especialistas habían supuesto. Con Abraham se inicia realmente la *Heilsgeschichte*, la Historia de la Salvación y la fe de lo que luego será Israel. En realidad, la grandeza de Israel consistirá en su vinculación directa con los patriarcas históricos (Éx. 2:24-25).

Desde hace ya mucho tiempo se viene señalando que son dos las claves conceptuales básicas de la religión patriarcal: la alianza y la promesa, que constituyen un binomio inseparable. El Israel histórico entendió que ambas hallaban su plena realización en su propio pacto con el Dios aparecido a Moisés en el Sinaí (Éx. 6:2-8) y la posterior conquista de Canaán por Josué, como queda dicho (Jos. 21:43-45). Pero la realidad es que el conjunto del Antiguo Testamento viene a desmitificar esta interpretación: el dominio completo de la tierra de los cananeos no se alcanzó hasta siglos después de la época de la conquista, y de hecho, la extensión indicada en la promesa divina a Abraham contenida en Gn. 15:18-21[1247], que leemos a continuación, únicamente fue conseguida en los reinados de David y Salomón[1248], vale decir, por un período de tiempo no demasiado largo:

En aquel día hizo Jehová un pacto con Abram, diciendo: A tu descendencia daré esta tierra, desde el río de Egipto hasta el río grande, el Éufrates; la tierra de los ceneos, los cenezeos, los cadmoneos, los heteos, los ferezeos, los refaítas, los amorreos, los cananeos, los gergeseos y los jebuseos.

Ello ha propiciado que más de un exegeta de nuestros tiempos haya entendido esta promesa territorial como un *vaticinium ex eventu*, el recurso literario de un autor yahvista para explicar la extensión de la monarquía davídica unida más allá de los límites de Canaán; la figura cuasi-legendaria de Abraham habría servido, pues, para justificar las conquistas y la política de David[1249]. Pero hay otro elemento en las promesas patriarcales, sin duda de mucha mayor trascendencia, que nos obliga a enfocar el tema de otra manera. Encontramos en los relatos genesíacos una indicación que se repite en relación con cada uno de los tres patriarcas:

Y serán benditas en ti todas las familias de la tierra. (Gn. 12:3b, dicho a Abraham)

Y todas las naciones de la tierra serán benditas en tu simiente. (Gn. 26:4b, dicho a Isaac)

[1247] Promesa que leemos también en Éx. 34:31:

Y fijaré tus límites desde el Mar Rojo hasta el mar de los filisteos, y desde el desierto hasta el Éufrates; porque pondré en tus manos a los moradores de la tierra, y tú los echarás de delante de ti.

[1248] Más tarde, el Israel septentrional llegaría a una extensión similar, aunque harto efímera, durante el reinado de Jeroboam II (2Re. 14:25), pero ya no se trataba del pueblo hebreo unido.

[1249] Así, MARTIN-ACHARD, R. *Permanence de l'Ancien Testament. Recherches d'exégèse et de théologie*, pp. 345-347.

Y todas las familias de la tierra serán benditas en ti y en tu simiente. (Gn. 28:14b, dicho a Jacob)

Es a la luz de estas palabras, puestas siempre en boca de Dios por los hagiógrafos, como podemos comprender las excelentes relaciones que mantienen los patriarcas con sus vecinos paganos, sin que ello les genere ninguno de los problemas que, siglos más tarde, tendrían los israelitas a la hora de entrar en contacto con otros pueblos. Si el hecho de que Abraham cuenta con amigos y aliados entre los pobladores de Canaán (Gn. 14:13); es reconocido como un *príncipe de Dios* en su entorno (Gn. 23:6), y puede mantener con aquellas gentes un trato comercial limpio y conforme al derecho de la época, sin mayores cuestionamientos (Gn. 23); si la constatación de que Isaac es percibido por sus vecinos como alguien con quien Dios está (*tú eres ahora bendito de Jehová*, Gn. 26:29); o si la realidad patente de que Jacob puede adquirir sin dificultad alguna heredades de mano de los habitantes del país (Gn. 33:18-20), lo contrastamos con las disposiciones de la posterior ley mosaica que vetan cualquier tipo de trato o relación de los israelitas con sus vecinos cananeos y de otros lugares (*cf.* Éx. 23:32a; 34:12; Dt. 7:1-3; Esd. 10), podemos comprender que la perspectiva del pensamiento patriarcal —sin olvidar la de quienes pusieron por escrito estas tradiciones— era muy distinta, y como han señalado algunos autores, universalista[1250], especial y directamente conectada con las enseñanzas neotestamentarias. De ahí que en el conjunto de su epístola a los Gálatas (*cf.* Gá. 3:19) el apóstol Pablo entienda que la dispensación de la ley no haya sido sino un inciso en la Historia de la Salvación, e incluso un retroceso, comparada con las eras patriarcal y cristiana, ambas estrechamente vinculadas por la Gracia de Dios.

El Mesías, plenitud de la revelación de Dios en el Antiguo Testamento. Tal como se lee en el pasaje básico de Ro. 9:4-5, que ha marcado nuestra exposición hasta aquí, daría la impresión de que la figura del Mesías pusiera, no solo el broche de oro, sino también el punto final a la teología veterotestamentaria, y en realidad así es. De hecho, en los medios cristianos se ha enseñado siempre, de manera tradicional, que todo el Antiguo Testamento, ya se entienda en el sentido más

---

[1250] Mejor que "ecuménica", como también se ha llegado a decir en ocasiones.

restringido del canon judío y protestante, o en el más amplio del católico romano, ortodoxo u oriental, se encauza en esperanza hacia alguien que habría de venir, y que tal fue el motivo que sostuvo y alentó a Israel en sus vicisitudes históricas. Así entendida, la historia del antiguo pueblo de Israel se dirige, como una gran promesa, hacia una salvación que solo tiene lugar más allá del ámbito veterotestamentario, en una plenitud mesiánica. Pero ello supone, como podemos imaginar, una lectura cristiana de los escritos del Antiguo Pacto[1251]. Las lecturas judías, de la manera que hemos ido comprobando en algunos temas concretos, se orientan en otro sentido, y de hecho, no todo el mundo esperaba al Mesías (o a un solo tipo de mesías) en la Palestina del siglo I de nuestra Era, aunque las corrientes mesiánicas fueran mayoritarias, conforme a lo que leemos en el Nuevo Testamento y en cierta documentación extrabíblica (especialmente, los textos de Qumram). En tanto que discípulos profesos de Jesús de Nazaret, estamos plenamente convencidos de la necesidad de esa lectura cristiana de los escritos veterotestamentarios, pero no para encontrar en ellos lo que sus autores nunca dijeron o jamás tuvieron la intención de decir, sino con la finalidad de comprobar cómo las antiguas tradiciones canónicas de Israel, en sus múltiples contextos y las peculiares circunstancias de su evolución a lo largo de los siglos, fueron desarrollando poco a poco, de manera casi imperceptible, la idea de que en algún momento futuro de la historia, y conforme a un misterioso arcano de Yahweh, iba a hacerse presente un personaje que cumpliría una misión muy especial y que daría un giro total a los acontecimientos, para beneficio del pueblo de Dios y del conjunto de la humanidad. Si bien las tradiciones eclesiásticas posteriores de lectura de las Sagradas Escrituras nos han habituado a ver "tipos" de Cristo incluso en pequeños detalles de la narración o la poesía veterotestamentaria, hasta el punto de haber sido acusada de desfigurar los sagrados textos de Israel en su propio interés apologético, ello no obsta para que la realidad del Mesías sea algo patente en los escritos de los hagiógrafos y profetas de Israel, si bien no siempre comprendido como tal por ellos mismos.

[1251] *Cf.* el clásico GRELOT, P. *Sens chrétien de l'Ancien Testament*. Tournai (Belgique): Desclée de Brouwer, 1962. Existe una edición en castellano, publicada en Bilbao por la misma casa editora en 1967 con el título *Sentido cristiano del Antiguo Testamento*.

La figura del Mesías en las tradiciones patriarcales. Antes de entrar de lleno, pues, en la segunda parte de este capítulo, consagrada al Mesías en la teología del Antiguo Testamento, hemos de ver de qué modo enlaza directamente la era patriarcal con la era mesiánica. Son tres las figuras más señaladas que, desde un punto de vista tradicional estrictamente cristiano y neotestamentario, nos catapultan de la primera a la segunda coloreando el horizonte de Israel: el rey Melquisedec, el carnero mencionado en el relato del sacrificio de Isaac, y el misterioso nombre de Siloh, las cuales hemos de ver a continuación.

Melquisedec es, como ya se ha apuntado en páginas anteriores, una figura fugaz, pero con rasgos muy propios, que aparece mencionada en la llamada *Perícopa de los reyes de Oriente* (Gn. 14) y que, andando el tiempo, se convertirá en la base de toda una teología sacerdotal de Sion muy favorable a la monarquía davídica hierosolimitana (Sal. 110:4), así como también de una especulación de tintes apocalípticos propios en la secta de Qumram y el mundo gnóstico[1252]. Tres versículos tan solo (Gn. 14:18-20) dan cuenta de ella en las tradiciones patriarcales:

> *Entonces Melquisedec, rey de Salem y sacerdote del Dios Altísimo, sacó pan y vino; y le bendijo, diciendo: Bendito sea Abram del Dios Altísimo, creador de los cielos y de la tierra; y bendito sea el Dios Altísimo, que entregó tus enemigos en tu mano. Y le dio Abram los diezmos de todo.*

Monarca y sacerdote de la antigua Salem (la cananea *Urusalim*, más tarde Jerusalén)[1253], Melquisedec entra de forma directa en la narración sagrada ejerciendo un ministerio de bendición y de restauración (*pan y vino*, ¿banquete de comunión? ¿banquete ritual?[1254]) en nombre de אל עליון

[1252] *Cf.* el documento 11Q13, conocido como 11QMelch, o también el Códice IX de Nag Hammadi (NH IX,1-27).

[1253] Egeria, cristiana hispanorromana de finales de la Edad Antigua, nos da cuenta en su conocida obra *Peregrinatio Egeriae* (XIII,4) de una capilla construida en cierto lugar de Palestina llamado Sedima y consagrada a la advocación de San Melquisedec, el rey y sacerdote de Salem. No identifica, pues, la Salem genesíaca con Jerusalén, sino con esa otra localidad.

[1254] Para una interpretación sacramentalista de estos alimentos emblemáticos, comprendidos como anticipaciones de la Sagrada Comunión cristiana o Cena del Señor, véase la *Epístola LXIII, 4* de Cipriano de Cartago. *Cf.* FONTAINE, J. ET PIETRI, C. *Le monde latin antique et la Bible.* Paris: Éd. Beauchesne, 1985.

El Elyón, el Dios Altísimo, el Dios creador, dos funciones que serán más tarde atribuibles al Mesías. Sin necesidad de acudir a la especulación retórica y *midráshica*, por otro lado magnífica, que despliega sobre este personaje el autor de Hebreos (He. 7:1-10), salta a la vista que su breve aparición en escena tiene una clara finalidad: declarar al patriarca Abram especialmente bendecido por la Divinidad, y señalar la relación que existe entre ambos. Abram reconocerá sin discusión la autoridad del rey-sacerdote al entregarle los diezmos del botín. Por medio de esta singular escena, el hagiógrafo somete la figura más importante de las tradiciones patriarcales a la potestad de un personaje cuyos rasgos distintivos apuntan a una superior y definitiva realidad futura[1255].

Aunque la tipología cristiana tradicional ha hecho del patriarca Isaac una clara figura mesiánica por muchos motivos[1256], nos fijamos más bien para nuestro propósito en **el carnero** que ocupó su lugar en el relato de su sacrificio, narrado con detalle en Gn. 22. Para comprender el alto valor mesiánico de este animal sustitutorio del joven en aquel holocausto, es capital el texto de Gn. 22:13, donde leemos:

Entonces alzó Abraham sus ojos y miró, y he aquí a sus espaldas un carnero trabado en un zarzal por sus cuernos; y fue Abraham y tomó el carnero, y lo ofreció en holocausto en lugar de su hijo.

Resulta imposible no comprender que, en el conjunto de la narración, el carnero aparece de manera providencial, como si antes no hubiera estado allí, o como si no hubiera sido apercibido por el patriarca Abraham hasta aquel momento crucial. Contrasta con la sobriedad del relato bíblico, que únicamente menciona al animal e indica su situación entre las zarzas, la profusión de tradiciones judías recogidas en el *midrash* sobre el Génesis (*Bereshith Rabbah*), las cuales hacen de él el carnero creado por Dios el día sexto del Hexamerón y a la última hora de la tarde, en la vigilia del séptimo día, como una criatura especial que habría de sustituir a Isaac en el holocausto del monte Moriah; suponen también dichas tradiciones que aquel carnero habría pastado en el huerto del Edén,

---

[1255] Ello sin caer en las exageraciones de quienes han querido entender, a partir del texto de Hebreos, pero con una hermenéutica muy cuestionable, que el Melquisedec de la antigüedad habría sido, nada más y nada menos, que el mismo Cristo preexistente, una teofanía (o mejor, cristofanía) del Verbo de Dios en tiempos patriarcales.

[1256] *Cf.* DANYANS, E. *Conociendo a Jesús en el Antiguo Testamento. Cristología y Tipología Bíblica*. Viladecavalls (Barcelona): CLIE. 2008, pp. 74-84.

habría sido abrevado con las aguas milagrosas del río que surgía de allí, y se habría echado a descansar a la sombra del árbol de la vida. Lo cierto es que la escueta narración genesíaca se muestra muy sobria a la hora de transmitir una escena que, en la vida real, habría estado cargada de emociones, rasgo este que no le pasa desapercibido a Von Rad, quien afirma en su comentario al Génesis anteriormente citado[1257]:

> «Podemos preguntarnos si efectivamente el narrador ve un puro milagro en la presencia del carnero apresado en las zarzas (*cf.* lo dicho sobre Gn. 21:19). Más bien parece que hemos de admitir una cierta atenuación de lo milagroso, en el hecho de que Abraham no haya visto hasta ahora, y tan al alcance de su mano, al carnero, el cual quizá estaba allí desde hacía tiempo.
> "Es propio de la majestad antigua del fragmento, ajena a todo rasgo de sentimentalismo, el que no se escuche ningún grito de alegría (Pr)[1258]"».

Aunque ni Abraham ni Isaac, ni siquiera el propio hagiógrafo que redactó la historia, fueran conscientes del valor mesiánico de aquel animal providencial, para cualquier lector cristiano de nuestros días se hace bien patente a la luz del sacrificio del Calvario: la inesperada aparición de aquel animal sustitutorio es lo que permite que Isaac no muera, vale decir, que la promesa hecha al patriarca se mantenga, y que el linaje sagrado sea posible. Por otro lado, los carneros serían víctimas habituales en los holocaustos prescritos a Israel por las leyes sagradas (Lv. 1:10-13), es decir, en los sacrificios más comunes. Y en segundo lugar, la figura del carnero cobra un particular relieve simbólico en los escritos más tardíos del Antiguo Testamento, de modo que viene a representar reyes y poderosos (Ez. 39:18; Dn. 8:20). El hecho de que el carnero del monte Moriah fuera la víctima sustitutoria de aquel holocausto, señala a un sacrificio supremo cuya víctima sería el propio Mesías, a quien la tradición cristiana posterior designaría, no solo como *el Cordero de Dios, que quita el pecado del mundo* (Jn. 1:29) o *el Cordero que fue inmolado* (Ap. 5:12), sino también como Rey de reyes y Señor de señores (Ap. 19:16).

RVR60 y BTX, de manera muy ajustada al texto hebreo, ofrecen en Gn. 49:10, que forma parte del oráculo de Jacob acerca de la tribu de Judá (Gn. 49:8-12), el nombre de **Siloh**, atribuido al parecer a

---

[1257] P. 297.

[1258] Procksch, O. *Die Genesis*. 3ª edición, 1924. La cita es del propio Von Rad.

cierta figura que en otras versiones actuales de la Biblia se designa de diferentes modos, no siempre concordantes entre sí: *el tributo* (BJ)[1259]; *aquel a quien le pertenece* (BTI[1260]); *el dueño del cetro* (DHH); *aquel cuyo es* (NC); *el verdadero rey* (NVI); etc. La LXX lo vierte como τὰ ἀποκείμενα αὐτῷ *ta apokeímena autô*, "las cosas reservadas para él", y la Vulgata como *qui mittendus est*, "el que ha de ser enviado", entendiendo el término hebreo como relacionado con la raíz verbal שׁלח *shalaj*, "enviar". Todo ello evidencia que no se trata de un pasaje ni de un vocablo de fácil interpretación. Como se ha indicado en una nota anterior, el texto hebreo lee literalmente יבא שׁילה *yabó shiloh*, es decir, *vendrá Siloh*, o *que venga Siloh*, según el contexto y las necesidades de la traducción, expresión que supone un *hápax legómenon* en todo el Antiguo Testamento, pero con ciertas complicaciones textuales[1261]. ¿Qué o quién es Siloh? El propio versículo, pese a sus dificultades inherentes, parece apuntar más bien a una figura humana, alguien que ha de aparecer en un tiempo futuro; en este sentido, se diría que la Vulgata habría acertado en su traducción. Al contrastarlo con el *Siloé* de Jn. 9:7, evidente vocablo semítico emparentado con él, y que el evangelista interpreta claramente para sus lectores de lengua griega cuando añade *que traducido es, Enviado*[1262], todo nos sugiere la idea de un misterioso personaje que Dios enviaría en un momento determinado, y siempre en relación con el dominio de Judá sobre las doce tribus de Israel, lo cual ha propiciado que ciertos especialistas hayan querido ver en ello alguna figura eminente de la historia posterior de Israel, sobre todo el rey David o algún monarca de su dinastía. Sea como fuere, resulta clara para el lector cristiano de las Escrituras la implicación mesiánica del nombre de Siloh. La especificación de Gn. 49:10, según la cual *a él se congregarán los pueblos*, además de las claras figuras de los vv. 11 y 12, apunta a ello, sin lugar a dudas, con lo que esta alusión sería, en opinión de algunos, la más clara referencia al Mesías de toda

---

[1259] Advierte en una nota a pie de página que el original hebreo lee *vendrá Siloh*, y que su traducción se basa en un cambio vocálico. NBE lo traduce igual, pero sin indicación alguna a pie de página de ningún tipo de cambio.

[1260] CI traduce igual, pero eliminando el pronombre *le*.

[1261] *Cf.* el aparato crítico de la BHS, así como los comentarios especializados.

[1262] El Nuevo Testamento hebreo, que hemos mencionado ya varias veces, lo vierte como השׁלח *hashshilloaj* y lo explica así: שׁלוח יאמר אשׁר השׁלח *hashshilloaj asher yeamer shalúaj*, "el Siloah, que significa enviado".

la era patriarcal, y una de las más conspicuas de todo el Antiguo Testamento. De hecho, ciertas tradiciones gemátricas judías, haciendo gala de su habilidad para reinterpretar caprichosamente los escritos sacros en base a juegos numéricos y cábalas por el estilo, así lo han querido dejar de manifiesto cuando han comparado la expresión hebrea שילה יבא *yabó shiloh* con el vocablo משיח *mashiaj*, "Mesías", que dan como resultado idéntica cifra, una vez sumados los valores numéricos de sus letras correspondientes: 358. Para los sostenedores de esta práctica, la similitud numérica implica similitud conceptual, de lo cual deducen que Siloh no puede ser otro que el Mesías.

"Mesías", un término especial. Como bien sabe el amable lector, la palabra *mesías* no es un vocablo patrimonial en nuestra lengua castellana, sino la adaptación del latín eclesiástico *messias*, que a su vez transcribe el griego μεσσίας *messías*; pero esta forma griega intenta trasladar a la pronunciación helena el vocablo arameo משיחא *meshijá*, equivalente al ya antes mencionado משיח *mashiaj* hebreo, adjetivo pasivo derivado de la raíz verbal משח *mashaj*, "ungir" o "consagrar". La forma aramea no se constata en las partes arameas del Antiguo Testamento, y la forma hebrea aparece traducida en la LXX exclusivamente por el adjetivo verbal griego χριστός *khristós*, de donde deriva el nombre Cristo. La forma helenizada μεσσίας *messías* no se encuentra ni una sola vez en toda la LXX, pero sí en el Nuevo Testamento (únicamente en Jn. 1:41 y 4:25). De esta manera, el vocablo hebreo משיח *mashiaj* aparece generalmente traducido en los textos veterotestamentarios de nuestras versiones bíblicas al uso por "ungido", o similares. En realidad, no se trata de un término muy utilizado en los 39 libros canónicos del Antiguo Pacto; tan solo 38 veces, especialmente en el Salterio y los libros de Samuel, textos en los que, en principio, hace referencia a la figura del rey de Israel. De ahí que en 1 y 2 Samuel aparezca por lo general en la construcción משיח יהוה *mashiaj Adonay*, que RVR60 vierte indefectiblemente como *el ungido de Jehová* (1Sa. 24:10; 26:9; 2Sa. 1:16), resaltando de este modo la especial vinculación con Dios de quien ostenta el título real (Saúl, David), no tanto como individuo cuanto en la dignidad de su cargo. Un pasaje clave para comprender esta idea es 1Sa. 26:16, donde leemos:

Vive Jehová, que sois dignos de muerte, porque no habéis guardado a vuestro señor, el ungido de Jehová.

De que la vinculación entre la figura real y la unción sagrada se comprendió muy bien en el judaísmo posterior, dan testimonio los *targumim* arameos, que vierten siempre el vocablo hebreo מָשִׁיחַ *mashiaj* por מֶלֶך מְשִׁיחָא *mélekh meshijá* o "rey ungido" ("rey mesías").

Pero el término se aplica también a los sacerdotes. La expresión הַכֹּהֵן הַמָּשִׁיחַ *hakkohen hammashiaj* o "sacerdote ungido" se lee, v. gr., en Lv. 4:3,5,16; 6:15; para el מָשִׁיחַ נָגִיד *mashiaj nagid* de Dn. 9:25-26, cf. *infra*. Y en algún texto aparece también aplicado a los patriarcas Abraham, Isaac y Jacob: Sal. 105:15 y su paralelo en 1Cr. 16:22. El término מָשִׁיחַ *mashiaj* con artículo, הַמָּשִׁיחַ *hammashiaj*, entendido como nombre propio del monarca ideal del futuro escatológico, el libertador definitivo de Israel ("el Mesías"), es algo que sale ya de los límites del Antiguo Testamento. Se encuentra en los apócrifos *Salmos de Salomón*, escrito del siglo I a. C., donde leemos[1263]:

Tú, Señor, escogiste a David como rey sobre
Israel,
y le juraste, en relación con su posteridad, y para
siempre,
que su dinastía no se extinguiría delante de ti.
[...]
Mira, Señor, y suscítales su Rey, hijo de
David,
en el tiempo que tú conoces, oh Dios, para que
reine sobre Israel, tu siervo,
y cíñele de fuerza para destruir a los príncipes
injustos.
[...]
Pues todos son santos y su rey es el Mesías, el Señor.
(XVII: 5,23,24,36b)

Bienaventurados quienes vivirán en aquellos días para
contemplar
las bendiciones del Señor que él procurará a la
generación futura,
bajo el cetro corrector del Mesías del Señor.
(XVIII: 7-8a)

[1263] Tomado de Rops, D. (Éd.). *La Bible apocryphe en marge de l'Ancien Testament*. Paris: Cerf-Fayard, 1953. Las traducciones son nuestras.

Figuras de las tradiciones históricas de Israel que anticipan o preparan la persona y la obra del Mesías. El vocablo *mesías* con su significado habitual de "ungido" no se halla en la historia bíblica, tal como la encontramos en el orden canónico cristiano del Antiguo Testamento, hasta el libro 1 Samuel, más concretamente hasta la parte de su segundo capítulo donde se contiene el llamado *Cántico de Ana* (1Sa. 2:1-10), que el hagiógrafo pone en boca de la madre del profeta Samuel, sin duda por la alusión del v. 5b a la mujer estéril. El v. 10b contiene, efectivamente, las palabras:

> *Jehová juzgará los confines de la*
> *tierra,*
> *Dará poder a su Rey*[1264]*,*
> *Y exaltará el poderío de su*
> *Ungido*[1265]*.*

Los especialistas ubican la composición del cántico en un período posterior, la época de la monarquía, cuando ya existen reyes que son ungidos para ejercer su mandato sobre Israel (*cf.* 1Sa. 10:1; 16:13; 1Re. 1:39). En este versículo, el paralelismo propio de la poética hebrea que hace de los términos *Rey* y *Ungido* sinónimos, pone en marcha lo que, como hemos indicado en el epígrafe anterior, será uno de los significados fundamentales del término *mesías*, dado que la unción deviene uno de los signos externos de la ceremonia de entronización real. 1Sa. 2:10b marca, por tanto, la pauta para una de las características del mesianismo hebreo: el Mesías habrá de ser un rey particularmente vinculado con Dios.

Pero esta aparición tardía del vocablo מָשִׁיחַ *mashiaj* en la historia bíblica no impide que la figura del Mesías pueda anticiparse en relatos referidos a períodos mucho más antiguos, independientemente de que su composición o redacción haya sido temprana o tardía. De este modo, se considera por tradición que el ya anteriormente mencionado *Protoevangelio* (Gn. 3:15) contendría la primera clara alusión a la figura del Mesías en las Sagradas Escrituras. De hecho, desde los Padres

---

[1264] Heb. מַלְכּוֹ *malkhó*. Es decir, sustantivo מֶלֶךְ *mélekh*, "rey", más sufijo pronominal de 3ª persona del singular masculino.

[1265] Heb. מְשִׁיחוֹ *meshijó*. Es decir, sustantivo מָשׁ *mashiaj*, "ungido", más sufijo proniminal de 3ª persona del singular masculino.

de la Iglesia se ha visto en este versículo una auténtica profecía de su venida a este mundo[1266]:

Y pondré enemistad entre ti y la mujer, y entre tu siemiente y la simiente suya; ésta te herirá en la cabeza, y tú le herirás en el calcañar.

Puesto que en un capítulo anterior ya hemos tenido oportunidad de ver los problemas de traducción que este versículo plantea, no lo repetiremos aquí. Únicamente apuntaremos que, inscrito como está dentro del *Relato de la Caída* (Gn. 3), reviste unos tonos de promesa expresados con gran énfasis, no solo ya declarativo o retórico, sino teológico, por encima de todo. El hagiógrafo quiere anticipar la constancia, desde los albores de la humanidad, de una guerra declarada entre dos fuerzas irreconciliables, que únicamente puede concluir con la victoria de una de ellas, la *simiente* de la mujer, personalizada en un individuo muy concreto, y destinada al triunfo, lo que conlleva la destrucción definitiva de la otra. La posterior interpretación judía talmúdica, evidentemente antimesianista y visceralmente anticristiana, de la misma forma que niega el concepto de *la caída original*, pretende leer en estas palabras de Gn. 3:15, siguiendo a Maimónides, una descripción de la lucha interior del hombre entre los dos polos de su inteligencia racional y la fantasía. Así leemos, por ejemplo, en *El Tanaj comentado* tantas veces mencionado:

«3:15. Aplastará la cabeza: Significa que con la inteligencia se vence la falsa imaginación, que lleva al hombre a pecar contra Hashem.
Morderás el talón: Significa que la fantasía y la subjetividad no dejan avanzar a la persona para acercarse a Hashem y a la Torá».

Pero el hecho de que estas palabras aparezcan en boca de Dios y dirigidas a la serpiente, reviste un gran significado: quien ha de venir para vencer, lo hace siguiendo un claro propósito divino. De este modo, los hagiógrafos que compusieron la *Historia de los Orígenes* pretendieron vehicular una idea que solo en el cristianismo alcanzará su plenitud: la prístina ruptura de la relación entre el hombre y su Hacedor sería temporal, ya que de entre los mismos seres humanos surgiría alguien

---

[1266] Especialmente San Ireneo, Cipriano, Epifanio y León Magno. *Cf.* COLUNGA, A. y GARCÍA CORDERO, M. *Biblia Comentada.* Tomo I. Pentateuco. Madrid: B.A.C. 1960, pp. 95-98.

que pondría fin a una situación tal y volvería a unir a Dios con la estirpe de Adán. Se perfilan así los rasgos del que luego sería el Mesías vencedor de los poderes malignos hostiles al hombre, así como el contenido fundamental de las Buenas Nuevas de salvación para todo el género humano.

Dado que las tradiciones históricas de Israel aparecen recopiladas en los magnos conjuntos literarios que los especialistas designan como *Historiografía Deuternomística* o HD (básicamente Jueces, Samuel y Reyes[1267]) y *El Cronista* (Crónicas, Esdras y Nehemías), respectivamente, y puesto que hemos de ver en primer lugar la literatura deuteronomística, anterior en el tiempo, bien merece la pena fijar nuestra atención en el libro del Deuteronomio, el documento inspirador de toda ella, pues en él hallamos una figura muy particular de alto valor mesiánico:

Profeta de en medio de ti, de tus hermanos, como yo, te levantará Jehová tu Dios; a él oiréis;
[...]
Profeta les levantaré de en medio de sus hermanos, como tú; y pondré mis palabras en su boca, y él les hablará todo lo que yo le mandare. Mas a cualquiera que no oyere mis palabras que él hablare en mi nombre, yo le pediré cuenta. (Dt. 18:15,18-19)

Estas declaraciones apuntan a un profeta escatológico, un nuevo Moisés, la esperanza de cuya venida se acrecienta en los duros siglos del período intertestamentario, de lo cual hallamos testigos directos en la documentación de Qumram y en Flavio Josefo. Así, la llamada *Regla de la Comunidad*[1268] hace referencia a la "venida del profeta", así como a un doble mesianismo: un mesías procedente de Aarón y otro de Israel. Dice literalmente (1QS 9,11):

«Y serán regidos por las ordenanzas primeras, en las cuales los miembros de la comunidad comenzaron a ser instruidos hasta la venida del profeta y de los Mesías de Aarón y de Israel[1269]».".

[1267] También Josué, si se lo considera como un escrito separado del Hexateuco.

[1268] VÁZQUEZ ALLEGUE, J. (ED.). *La "Regla de la Comunidad" de Qumrán*. Salamanca: Ed. Sígueme, 2006, pp. 46ss.

[1269] GONZÁLEZ LAMADRID, A. *Op. cit.* pp. 175-176.

La comunidad de Qumram, en sus comienzos, parece identificar a este profeta con el *Maestro de justicia*, para nosotros anónimo, personaje fundador de la secta hacia la época de los Macabeos (siglo II a. C.). Flavio Josefo, por su parte, menciona a dos individuos que se consideraron, al parecer, profetas, todo dentro de una atmósfera de cumplimiento de esta profecía: un tal Teudas y un egipcio innominado (*cf.* Hch. 5:36; 21:38), que predecían grandes prodigios. El juicio del escritor es, no obstante, negativo, pues los considera falsos profetas[1270]:

«Siendo Fado procurador de Judea, un cierto mago de nombre Teudas persuadió a un gran número de personas que, llevando consigo sus bienes, lo siguieran hasta el río Jordán. Afirmaba que era profeta, y que a su mando se abrirían las aguas del río y el tránsito les resultaría fácil. Con estas palabras engañó a muchos[1271]».

«En ese tiempo llegó a Jerusalén un egipcio que simulaba ser profeta, y quiso persuadir a la multitud que ascendiera con él al monte de los Olivos, que se encuentra a la distancia de cinco estadios de la ciudad. Les dijo que desde allí verían caer por su orden los muros de Jerusalén, y les prometió abrirles un camino para volver a la ciudad[1272]».

El particular judaísmo cismático de los samaritanos, de cuyas creencias nos ofrece un interesante esbozo el capítulo 4 del Evangelio según Juan, había también hallado en Dt. 18:15,18-19 una predicción de la venida del Mesías, al que no concebían, no obstante, como un rey, sino más bien como un gran profeta, un nuevo Moisés al que designaban con el nombre de תהב *Taheb*, es decir, "aquel que da la vuelta a todo", "el restaurador"[1273].

Llamamos ahora la atención del amable lector a los relatos del libro de los Jueces. Aunque sus veintiún capítulos pueden dar, a la primera

---

[1270] Espinel Marcos, J. L. *Profetismo cristiano. Una espiritualidad evangélica*. Salamanca: Editorial San Esteban, 1990, pp. 36-37.

[1271] Flavio Josefo, *Antigüedades de los judíos*, XX,5,1.

[1272] Íd., XX,8,6. El mismo autor, en *Las guerras de los judíos*, II,XII, afirma sobre este mismo personaje:

«Pero mayor daño causó a todos los judíos un hombre egipcio, falso profeta».

[1273] Storniolo, I. y Martins Balancín, E. *Conozca la Biblia*. Bogotá: Ed. San Pablo, 1995, p. 42.

lectura, la desagradable impresión de un registro de barbarie y de deja-
dez entre el pueblo de Dios, casi de anarquía (*cf.* los versículos ya citados de Jue. 17:6; 21:25), todo lo cual justifica muy bien el nombre de
Edad Media de la Historia de Israel con que a veces se lo ha tildado[1274],
un estudio más profundo nos revela, por el contrario, que se trata de
una obra de gran profundidad teológica con un claro mensaje de consolación y de Gracia, aun en medio de una era de tinieblas. No es el libro
de los Jueces, efectivamente, un mero trabajo histórico, si bien todo el
mundo reconoce que la situación de la tierra de Canaán descrita en sus
capítulos y versículos tiene muchos más visos de realismo que la que
hallamos, como queda dicho, en el triunfalista libro de Josué. El período histórico que abarca Jueces se sitúa entre la época de la conquista y los días de Samuel, previos a la institución de la monarquía. Pese
al título con el que lo conocemos en nuestras biblias, el libro de los
Jueces tiene como protagonista indiscutible a Yahweh, Dios de Israel,
cuyos hechos salvíficos para con su pueblo relata (Jue. 4:15,23; 7:13-
14; 11:32). Los jueces o שפטים *shophetim* no son sino meros instrumentos escogidos según los ideales proclamados en el Deuteronomio; no
se trata de heroicos monarcas fundadores de dinastías[1275], sino de dirigentes carismáticos y muy locales, caudillos que actúan en momentos
y lugares muy concretos, especialmente cuando el conjunto de Israel o
algunas tribus en particular viven épocas de peligro u opresión.

*Y Jehová levantó jueces que los librasen de mano de los que
les despojaban.*

*Y cuando Jehová les levantaba jueces, Jehová estaba con el juez, y
los libraba de mano de los enemigos todo el tiempo de aquel juez;
porque Jehová era movido a misericordia por sus gemidos a causa
de los que los oprimían y afligían.*

[1274] El *Gran Diccionario Enciclopédico de la Biblia* editado por A. Ropero, en su
entrada correspondiente, explica que el libro de los Jueces hace referencia a un período
particularmente oscuro de la historia del Cercano Oriente en general, bien evidenciado
por la documentación existente (o inexistente), amén de por el testimonio arqueológico
de la propia Palestina.

[1275] El único amago monárquico recogido en el libro, la historia de Abimelec de
Siquem, termina de modo al mismo tiempo dramático y ridículo, para lo que debieron
ser los condicionamientos culturales de la época (Jue. 9).

Mas Gedeón respondió: No seré señor sobre vosotros, ni mi hijo os señoreará: Jehová señoreará sobre vosotros. (Jue. 2:16,18; 8:23)

En los relatos de los Jueces se nombra un elemento de singular tras-cendencia, ya mencionado en el primer capítulo de esta segunda par-te: la[1276] רוח יהוה *Rúaj Adonay* o *Espíritu de Jehová* (Jue. 3:10; 6:34; 11:29), que aparece en la narración como un elemento vital para la formación de los dirigentes del pueblo de Dios. Aunque ciertas ver-siones de la Biblia parecen considerarlo, conforme a su sentido más etimológico —y sin duda, el más primitivo—, una especie de fuerza divina desatada, como un viento del desierto (así, entre otras, BJ, BTI, CI, NC), aplaudimos el acierto de aquellas que, como RVR60, BTX o NVI, escriben la palabra *Espíritu* con mayúscula, facilitando de este modo una lectura más cristiana del Antiguo Testamento. Con ello, se vehicula la idea de que los dirigentes carismáticos de Israel no lo son porque se vean invadidos por una fuerza impersonal e incontrolable que los posea, muy cercana a ciertos estados patológicos, sino por el hecho de que es el propio Dios quien los colma, quien les da su espe-cial unción y actúa en ellos. De ahí que los jueces, en tanto que ungidos con y por el Espíritu de Yahweh, devengan modelos anticipativos del Mesías en su calidad de luchadores por la libertad de su pueblo y des-tructores de sus cadenas[1277].

[1276] Recuérdese que, en la lengua del Antiguo Testamento, el sustantivo רוח *rúaj*, que normalmente traducimos por "espíritu", es de género femenino.

[1277] La figura del danita Sansón parecería ser una gran excepción a cuanto se ha indicado. Su ciclo, que abarca los capítulos 13-16 de Jueces, parece, según han señala-do en ocasiones los comentaristas, más una saga mítica al estilo de *los Doce Trabajos de Hércules* que una historia bíblica: Sansón refleja un temperamento apasionado e inestable, es el tipo de hombre que genera el caos por dondequiera que pasa, y muere él mismo como consecuencia del desorden que ha provocado, y del cual únicamente él puede ser tenido por responsable. Pero, pese a las aserciones de quienes han querido ver en su dramática figura la ilustración de un "carisma desperdiciado", toda la brutalidad y hasta la barbarie de sus acciones, tan contraria, ciertamente, al espíritu del evangelio, aparece en la pluma de los hagiógrafos como *gesta Dei*. Sin negar ni obviar los crasos errores del instrumento humano, tal vez un tanto exagerados por el recopilador de la historia a guisa de recurso literario, Yahweh salva a Israel por su medio. El *Ciclo de Sansón* viene a ilustrar como pocos relatos bíblicos aquello de que "Dios escribe recto en renglones torcidos".

Los llamados *libros de Samuel* nos introducen de lleno en la historia de David y su dinastía, el monarca prototipo del Mesías[1278] o *Hijo de David* de los escritos neotestamentarios (Mt. 9:27; 12:23; 21:9,15; 22:42; Lc. 1:32; Jn. 7:42; Ro. 1:3; Ap. 22:16). Si bien es cierto que los hagiógrafos de Israel no presentan la realeza davídica con rasgos míticos, pues no la hacen descender del cielo ni proceder de ancestros divinos, como sucede con las realezas de otros pueblos orientales, sino que señalan su origen en una clase social más bien baja de la tribu de Judá (1Sa. 18:23), resulta innegable que la figura de David aparece idealizada. Como habíamos visto en el capítulo tercero de esta segunda parte, 2Sa. 7 constituye un pasaje clave para comprender lo que se ha dado en llamar *el pacto de David*. Pero además, en relación con nuestro tema, se trata de un texto capital, dado que la profecía de Natán a David apunta a una alianza eterna de Dios con el rey de Israel que implica un claro mesianismo, del cual la historia ulterior de las luchas por la sucesión de David (1Re. 1) y la entronización de Salomón, con la eliminación de Adonías, constituye el cumplimiento:

Y cuando tus días sean cumplidos, y duermas con tus padres, yo levantaré después de ti a uno de tu linaje, el cual procederá de tus entrañas, y afirmaré su reino. Él edificará casa a mi nombre, y yo afirmaré para siempre el trono de su reino. Yo le seré a él padre, y él me será a mí hijo. (2Sa. 7:12-14a)

Salomón es, por lo tanto, el escogido de Dios, el rey ungido. Como afirma el conocido exegeta francés Paul Auvray:

[1278] Tal como nos han sido transmitidas las tradiciones referentes a David y los orígenes del régimen monárquico en Israel, el benjaminita Saúl, primer rey de las doce tribus unidas, constituye todo un enigma de la Historia de la Salvación. Los posteriores hagiógrafos judaítas y, a todas luces, partidarios de la monarquía davídica, si bien transmiten rasgos positivos de él que lo hacen digno de ser reconocido como soberano del pueblo de Dios, y legitimado por el profeta Samuel, vehiculan en realidad la imagen de un ungido por Yahweh, sí, pero tristemente caído en desgracia, y que muere en la oscuridad debido a una fatalidad que lo marca sin que pueda sustraerse a su influencia. Como se ha dicho en ocasiones, el rey Saúl es una figura de tragedia griega que sigue despertando la curiosidad y la simpatía de los estudiosos. *cf.* COUFFIGNAL, R. *Saül, héros tragique de la Bible: étude littéraire du récit de son règne d'après les livres de Samuel (1S IX-XXXI et 2S I).* Paris: Lettres modernes Minard, 1999.

«Encontramos en este texto una de las primeras expresiones del *mesianismo real*. Evidentemente, es Salomón, el sucesor inmediato de David, aquel a quien se dirige el oráculo en primer lugar. Pero se adivina tras él toda una línea de reyes piadosos entre los cuales aparecerá el mesías[1279]».

Excelentes exegetas han percibido que algunas modificaciones realizadas por el Cronista en el texto paralelo de 1Cr. 17:13-14 (la eliminación de la alusión a las posibles desviaciones o errores del descendiente de David y su castigo, que se leen con claridad en 2Sa. 7:14b), parecen haber tenido lugar con la única finalidad de acentuar el carácter mesiánico de este pasaje, entendido como tal a partir de la época de la restauración.

Los así llamados *Libros de los Reyes*, especial monumento narrativo de la *Historiografía Deuteronomística*[1280], son, por su parte, producto de una reflexión realista sobre la condición de pecado del Israel histórico ante Dios, de ese Israel ya plenamente instalado y establecido en la tierra de Canaán, que ha llegado a construir todo un aparato estatal bien cimentado y estructurado, al modo de las naciones y reinos circundantes. La infidelidad de Israel ha provocado el hecho de que Yahweh haya castigado duramente a su pueblo —722 y 586 a. C. constituyen fechas aciagas para la historia hebrea—, aunque con la clara esperanza de que la nación rebelde vuelva (heb. שׁוּב *shub*) a su Señor. Efectivamente, todo el conjunto de 1 y 2 Reyes rezuma promesas de restauración (*cf.* especialmente la magistral conclusión de la obra en 2Re. 25:27-30). Los reyes del Israel septentrional son malvados desde el primer momento porque siguen el camino trazado por Jeroboam I, del que ninguno de ellos se apartará del todo. Los reyes de Judá tampoco aparecen como modelos de fidelidad a Dios, pero hay entre ellos cuatro que se distinguen por su celo y su integridad en seguir la senda tradicional de la fe yahvista: Asa, Josafat, Ezequías y, sobre todo, Josías, el prototipo del monarca davídico ideal, de quien los hagiógrafos afirman:

E hizo lo recto ante los ojos de Jehová, y anduvo en todo el camino de David su padre, sin apartarse a derecha ni a izquierda.

[1279] *Op. cit.*, p. 175. La traducción es nuestra.

[1280] *Cf.* ZAMORA GARCÍA, P. *Reyes I. La fuerza de la narración*. Estella (Navarra): Editorial Verbo Divino, 2011.

No hubo otro rey antes de él, que se convirtiese a Jehová de todo su corazón, de toda su alma y de todas sus fuerzas, conforme a toda la ley de Moisés; ni después de él nació otro igual. (2Re. 22:2; 23:25)

Josías se presenta, por tanto, como una clara figura modélica en la que se combinan la rectitud de Moisés y la fidelidad de David, rasgos que habrá de ostentar el Mesías.

Por último, la obra del Cronista, que ve la luz entre el 400 y el 300 a. C., pone el broche de oro a las tradiciones históricas de Israel con un ambicioso plan que abarca desde Adán (1Cr. 1:1) hasta la restauración de Judea y Jerusalén (Neh. 13), es decir, el período cronológico más extenso jamás expresado en todo el Antiguo Testamento. Los exegetas han destacado que el Cronista hace hincapié en la responsabilidad individual y enseña que cada generación vive la alianza con Dios en términos de recompensa o castigo. El personaje más destacado de todo este magno conjunto teológico-literario es, sin lugar a dudas, el rey David, cuya figura se muestra totalmente idealizada: ocupa los capítulos 11-29 de 1 Crónicas, pero se elimina cuidadosamente de ellos cuanta información hubieran recogido los hagiógrafos antiguos en relación con sus errores o los problemas internos de su casa, como las historias referentes a su adulterio con Betsabé (2Sa. 11), el caso del incesto de Amnón con Tamar (2Sa. 13), o la sublevación de Absalón y la consiguiente guerra civil (2Sa. 15-20). Un asunto tan difícil para nuestra comprensión como es el censo de Israel y su castigo (2Sa. 24), el Cronista lo edulcora haciendo que se atribuya a inspiración de Satanás (1Cr. 21:1), y justificando cuanto acontece como consecuencia, al hacer que el lugar del sacrificio expiatorio ofrecido por David en la era de Ornán jebuseo devenga el lugar donde será edificado el templo de Jerusalén, y más concretamente, donde será erigido el altar del holocausto (1Cr. 21:28 – 22:1). Aúna así el Cronista en la figura del rey David la de Moisés, pues no solo dispone el templo, sino también organiza a los levitas para la alabanza. El David del Cronista es, por tanto, un rey-sacerdote, prototipo mesiánico similar al Melquisedec de Gn. 14. En la obra del Cronista, Dios elige un rey, David; una ciudad, Jerusalén; un santuario, el templo de Salomón, pero que en realidad aparece prácticamente provisto por David; y una tribu, los levitas, antes que Israel o la propia Judá. La elección de David es la que marca la pauta para todos los demás reyes, de modo que los monarcas judaítas fieles a Yahweh se describen, entre otras fórmulas, como aquellos que siguen *los caminos de David su padre* (2Cr. 17:3-4; 29:2; 34:2). Un monarca tan impío como Manasés vive más que los otros reyes porque se convierte de su maldad y se vuelve al Dios de sus padres (2Cr. 33:12). No cabe duda de que el Cronista será quien mejor imprima en la mente y la conciencia judía de la restauración la idea del monarca ungido fiel a Dios que dará paso a la imagen del futuro Mesías rey, quien no podría ser otra cosa que un descendiente de David.

Dentro del conjunto de la obra del Cronista, los libros de Esdras y Nehemías destacan, aunque de manera discreta[1281], la figura de Esdras, que en Neh. 8-9 aparece, en su calidad de sacerdote, como un segundo Moisés, aquel que entrega de nuevo la ley al remanente de Israel y ora confesando el pecado del pueblo. Se han querido ver en esta figura del escriba y sacerdote Esdras dos importantes rasgos mesiánicos: la vinculación con la ley en tanto que voluntad revelada de Dios, y su oficio de intercesión por el pueblo.

La figura del Mesías en los Salmos. Como corroboración de cuanto hemos dicho en lo referente a la imagen del rey de Israel, entendido como prototipo mesiánico, hallamos en el Salterio una serie de composiciones de la época monárquica, algunas tal vez de la restauración, destinadas en su origen a la glorificación de los soberanos que reinaban (o habían reinado) en Jerusalén, vale decir, de la casa de David, y que por ello muy pronto adquirieron un claro sentido mesiánico. Se trata de los así llamados *salmos reales*, cánticos de entronización y dominio mundial la mayoría de ellos, que debían ser ejecutados el día en que los monarcas recibían la unción sagrada, y en los que en ocasiones se encuentran claras alusiones a David o a su dinastía. A ellos se añaden cánticos en los que el salmista, identificado como el rey David por la tradición, aparece bajo la figura del justo sufriente, el hombre fiel perseguido por los impíos, precisamente a causa de su piedad, que ellos no comprenden ni aceptan. Son, en conjunto, los Salmos 2, 20, 21, 22, 45, 72, 89, 110, y 132. El hecho de que todos ellos se muestren "bivalentes a partir de su misma composición"[1282], vale decir, que revistan un claro sentido mesiánico (*mesianismo real*, a decir de los especialistas),

---

[1281] Si se compara con lo abigarrado de las historias narradas en el apócrifo IV Esdras, también conocido como *Apocalipsis de Esdras*. Qué duda cabe de que para el judaísmo antiguo (no tanto para el hodierno) Esdras constituyó una figura de gran relevancia, algo que a los lectores actuales de la Biblia pasa completamente desapercibido.

[1282] DE VAUX, R. *Op. cit.*, p. 162.

además del significado literal inmediato, ha propiciado que en algunos manuales se los designe claramente como *salmos mesiánicos*, indicando así su contenido más profundo.

De ellos, es el primero, el Salmo 2, el que se considera más emblemático y el que, en cierto modo, viene a marcar la pauta para todo el resto, por lo que lo citamos *in extenso* a continuación:

> *¿Por qué se amotinan las gentes,*
> *Y los pueblos piensan cosas vanas?*
> *Se levantarán los reyes de la tierra,*
> *Y príncipes consultarán unidos*
> *Contra Jehová y contra su ungido*[1283],
> *diciendo:*
> *Rompamos sus ligaduras,*
> *Y echemos de nosotros sus cuerdas.*
> *El que mora en los cielos se reirá;*
> *El Señor se burlará de ellos.*
> *Luego hablará a ellos en su furor,*
> *Y los turbará con su ira.*
> *Pero yo he puesto mi rey*
> *Sobre Sion, mi santo monte.*
> *Yo publicaré el decreto;*
> *Jehová me ha dicho: Mi hijo eres*
> *tú;*
> *Yo te engendré hoy.*
> *Pídeme, y te daré por herencia las*
> *naciones,*
> *Y como posesión tuya los confines*
> *de la tierra.*
> *Los quebrantarás con vara de*
> *hierro;*
> *Como vasija de alfarero los*
> *desmenuzarás.*

[1283] TM מְשִׁיחוֹ *meshijó*, es decir, sustantivo מָשִׁיחַ *mashiaj* más el sufijo pronominal de 3ª persona del singular masculino; LXX χριστοῦ *khristû*, genitivo singular de χριστός *khristós*; Vulgata *Christum*, acusativo singular de *Christus*. Es interesante constatar cómo ni el TM ni los LXX consideran el término *ungido* un nombre propio. No así la Vulgata, cuya lectura, posterior en varios siglos, es ya evidentemente cristiana y cristológica.

Ahora, pues, oh reyes, sed
prudentes;
Admitid admonestación, jueces de
la tierra.
Servid a Jehová con temor,
Y alegraos con temblor.
Honrad al Hijo, para que no se
enoje, y perezcáis en el camino;
Pues se inflama de pronto su
ira.
Bienaventurados todos los que en
él confían.

El trasfondo de la composición es, evidentemente, una supuesta coalición de naciones contra el pueblo de Israel (o quizás mejor, contra el reino meridional de Judá), que el poeta, con gran dominio del idioma y sus implicaciones estéticas, presenta como una sublevación universal ante el monarca davídico, al que declara ungido (v.2) e Hijo de Dios (vv. 7,12), en tanto que escogido de Yahweh y beneficiario de su pacto; como se ha hecho notar en múltiples ocasiones, la entronización del rey equivale a su nacimiento: *Mi hijo eres tú; yo te engendré hoy*, reza el v. 7. Es claro el contraste entre *los reyes de la tierra* (v. 2), exhortados a la sumisión y la obediencia (vv. 10-12), y el rey entronizado por Yahweh *sobre Sion,* su *santo monte* (v. 6), predestinado al dominio del mundo, que habrá de ejercer su autoridad con mano de hierro (vv. 8-9). Todas estas imágenes bélicas, respondan a un hecho concreto que las hubiera inspirado (tal vez la coalición contra Judá narrada en 2Cr. 20), o quizás a una mera construcción literaria cortesana, rezuman una teología muy elaborada en relación con la ciudad de Sion y el pacto de Dios con David. De ahí que, pese a su primera finalidad de celebración de una entronización real, o quizás un aniversario de ascensión al trono, según algunos inspirado en la profecía de Natán (2Sa. 7), este cántico adquiriera pronto una dimensión escatológica, sobre todo a partir del exilio y la restauración, lo que acabaría dándole las connotaciones cristológicas posteriores, al mismo tiempo sacerdotales, proféticas y escatológicas, que leemos en el Nuevo Testamento (Hch. 4:25-26; 13:33; He. 1:5; 5:5; Ap. 2:26-27; 12:5; 19:15), y que hacen del Mesías un rey cuyo dominio es universal, sobre todos los pueblos, por designio divino. De este modo, el rey que canta el Salmo 2, sea quien fuere el soberano judaíta al que la composición estuviera destinada en un principio, trasciende por completo la monarquía davídica histórica y apunta a una realidad completamente distinta, de implicaciones eternas.

Los demás salmos reales antes mencionados vienen a incidir en estos mismos rasgos del monarca, que, en flagrante contraste con la realidad de unos reyes judaítas no siempre fieles a Dios, van perfilando un valor más centrado en la figura del soberano ideal, el rey por antonomasia que ha de llegar:

> «Los salmos no olvidan nada de la antigua doctrina sobre el rey. Registran y engrandecen la filiación divina del rey entronizado. Evocan continuamente el simbolismo real. No se olvidan de las exigencias de derecho y de justicia que el heredero ha de practicar y hacer que se practiquen en el país. El rey gobierna ahora en virtud de la elección y de la gracia de un Dios reconocido no solo como nacional, sino como universal. La doctrina mesiánica del Salterio es sumamente rica y coherente[1284]».

Así, el Salmo 20, de atribución davídica según el encabezamiento, presenta también una situación de conflicto (v. 1), para nosotros desconocida, pero en medio de la cual se hace particular hincapié en la protección divina al ungido de Yahweh:

> *Ahora conozco que Jehová salva a*
> *su ungido;*
> *Lo oirá desde sus santos cielos*
> *Con la potencia salvadora de su*
> *diestra.* (v. 6)

La invocación del *nombre de Dios* (vv. 1,5,7), vale decir, la especial vinculación del ungido divino con Yahweh, es garantía de salvación y de victoria. El Mesías será alguien que experimentará padecimientos y opresión del enemigo, pero al mismo tiempo, alguien sobre quien vela de forma muy concreta el Dios de Israel.

El Salmo 21, también atribuido a David, presenta una petición del monarca elevada a Dios: una vida larga y próspera. De ahí la rotunda afirmación del v. 7:

[1284] Cazelles, H. *Le Messie de la Bible. Christologie de l'Ancien Testament*. Paris-Tournai: Desclée de Brouwer, 1995, p. 152.

Por cuanto el rey confía en Jehová,
Y en la misericordia del Altísimo[1285],
no será conmovido.

De ahí que, ya desde el comienzo del poema, se indique el gozo que experimenta el monarca israelita en el poder divino (v. 1), que es quien lo libra de todo mal y le da la victoria frente a sus adversarios, de modo que anticipa el triunfo del Mesías sobre sus enemigos, que son al mismo tiempo enemigos de Dios y de su pueblo.

El Salmo 22 ocupa un lugar muy destacado dentro de los salmos mesiánicos, debido a su empleo en el Nuevo Testamento en referencia a los acontecimientos de la crucifixión (Mt. 27:35,39,43,46; Mc. 15:24,29,34; Lc. 23:34,35; Jn. 19:24; He. 2:12). Aunque la tradición lo atribuye también a David, el salmista no se presenta en este caso como un monarca, sino más bien como un israelita fiel que sufre el desprecio y la persecución de los impíos. Los vv. 22-26 parecerían catalogarlo dentro de los pobres y los menesterosos, los עניים *anawim*, que se mantienen fieles a Yahweh a pesar de las dificultades. La composición, que es una auténtica obra maestra del género poético veterotestamentario, bascula entre dos realidades opuestas: la conciencia del salmista de haber sido abandonado de todos, incluso de Dios, y la esperanza en un testimonio universal de la obra restauradora de Yahweh en la persona del pobre doliente, como evidencian los vv. 1 y 31, que citamos a continuación:

Dios mío, Dios mío, ¿por qué
me has desamparado?
¿Por qué estás tan lejos de mi
salvación, y de las palabras de mi
clamor?

Vendrán, y anunciarán su
justicia;
A pueblo no nacido aún,
anunciarán que él hizo esto.

[1285] Heb. אליון *Elyón. Cf. supra* lo dicho sobre este nombre en relación con Melquisedec.

Nada tiene de extraño que algunos teólogos contemporáneos hayan entendido en la aplicación de estas palabras del salmo a la cruz de Cristo, nada más y nada menos que el total cumplimiento del *Decretum horribile*[1286] de eterna condenación en la persona del Mesías, así como la victoria de la vida sobre la muerte y una redención obtenida para todos los pueblos[1287].

El Salmo 45, atribuido a los hijos de Coré y presentado en el encabezamiento como un cántico de bodas reales, dice que el soberano es *el más hermoso de los hijos de los hombres* (v. 2), e incide como ningún otro poema mesiánico en el hecho de su unción:

> *Por tanto, te ungió*[1288] *Dios, el Dios*
> *tuyo,*
> *Con óleo de alegría más que a tus*
> *compañeros.* (v. 7)

El Salmo 72, aunque, según una de las posibles lecturas del encabezamiento que acompaña a su texto, estaría compuesto para Salomón[1289], refleja en sus niveles lingüísticos una redacción más tardía, tal vez de los siglos finales de la monarquía judaíta. Expresa, por un lado, un dominio efectivo universal del monarca descendiente de David, conforme al cual *todos los reyes se postrarán delante de él* y *todas las naciones le servirán* (v. 11), pues se trata de un rey justo, un rey que ha de juzgar *con justicia* y *con juicio* (v. 2). Pero añade, por otro lado, una nota de gran importancia para su contenido más mesiánico al afirmar en el v. 17:

> *Será su nombre para siempre,*
> *Se perpetuará su nombre mientras*
> *dure el sol.*
> *Benditas serán en él todas las*
> *naciones;*
> *Lo llamarán bienaventurado.*

[1286] Doctrina según la cual Dios, de toda eternidad, ha destinado a perpetua condenación a los réprobos del género humano. Se onsidera una de las enseñanzas distintivas del calvinismo clásico. *Cf. Institución de la Religión Cristiana*, III,XXIII,7.

[1287] Véase BARTH, K. *Church Dogmatics*, vol. II. Edinburgh: T & T Clark. 1980, p. 171.

[1288] Raíz verbal hebrea משח *mashaj.*

[1289] No faltan quienes lo entienden más bien como una composición del mismo Salomón. La expresión hebrea permite ambas posibilidades.

Como bien han notado algunos comentaristas, este versículo viene a hacer eco a la promesa de bendición universal pronunciada por Dios sobre el patriarca Abram en Gn. 12:2-3. La relación entre las bendiciones del rey mesiánico y las promesas otorgadas a los patriarcas se hace, por tanto, evidente. Nada de extraño tiene que se suela indicar esta composición como uno de los salmos mesiánicos más auténticos dentro de este peculiar género[1290], algo que viene asegurado también por el *tárgum* correspondiente, que traduce así los versículos 1 y 17:

[1] *Oh Dios, da al rey-mesías las sentencias de tus juicios.*

[17] *Su nombre será celebrado para siempre;*
él era ya conocido antes de que
el sol fuese creado,
y por sus méritos serán bendecidos todos los
pueblos de la tierra.

Concluimos cuanto pudiéramos decir de este cántico con las acertadas palabras del cardenal Gianfranco Ravasi, cuando afirma:

«El Salmo 72 es, por consiguiente, un canto real de la época moderna isaiana o del siglo VII a. C., en el que la tipología del soberano adquiere contornos cada vez más nobles y religiosos, preparando así el camino a sus sucesivas reinterpretaciones[1291]».

Tales interpretaciones, como hemos visto, apuntan directamente al Mesías.

El Salmo 89, que se presenta como una composición de Etán ezraíta, aunque en sus últimos versículos viene a aludir a una situación de alejamiento de la dinastía davídica de los caminos de Dios, no deja de cantar el gran poder del Señor, auténtico soberano de Israel, y la singularidad de David, ungido de Yahweh y receptáculo de promesas eternas, de un pacto establecido para siempre sobre bases inamovibles (vv. 3-4, 34-37), pese a la apariencia de una condicionalidad dependiente de la fidelidad humana (vv. 30-32). En realidad, el salmista se plantea la misma cuestión que hallamos en pasajes bíblicos como Gn. 18 o Éx. 32, entre otros: ¿cómo es posible compaginar la crisis auténtica del pueblo

---

[1290] Así los comentarios talmúdicos de Rashi a los Salmos.
[1291] RAVASI, G. *Il libro dei Salmi*, vol. II. Bologna: Edizioni Deboniane. 2008, p. 467. La traducción es nuestra.

de Israel que contempla el autor sagrado en sus días, con unas promesas divinas de bendición que se presentan como seguras y eternas? De ahí las palabras

> *He exaltado a un escogido de mi*
> *pueblo.*
> *Hallé a David mi siervo;*
> *Lo ungí[1292] con mi santa unción.* (vv. 19b-20)

Todo lo cual hace del rey de Israel un auténtico hijo escogido para Yahweh, y bendecido para toda la eternidad.

> *Él me clamará: Mi padre eres tú,*
> *Mi Dios, y la roca de mi salvación.*
> *Yo también le pondré por*
> *primogénito,*
> *El más excelso de los reyes de la*
> *tierra.* (vv. 26-27)

Recuérdese la importancia de los primogénitos en el *Decálogo cultual* (Éx. 34:19-20) y en la historia de las plagas de Egipto (Éx. 11; 12:29-36). Como en ocasiones se ha señalado, el núcleo central de la composición, o sus partes más antiguas, destacan la promesa davídica que habíamos encontrado en 2Sa. 7. En nada exagera la declaración de J. C. McKenzie cuando afirma:

> «El salmo 89 hace pasar la promesa dinástica a través de una noche oscura, de la que podrá salir radiante en tanto que aurora de un porvenir mesiánico cada vez más luminoso[1293]».

En ocasiones, se ha señalado el parecido del Salmo 110 con el Salmo 2. Pero en el 110, atribuido también a David, el monarca ungido de Israel no solo reina en el trono de Dios (Israel), sentado a su diestra (v. 1), sino que se añade en el v. 4 una idea capital:

[1292] Raíz verbal hebrea משח *mashaj.*

[1293] McKENZIE, J. L. "The Dynastic Oracle: 2 Samuel 7", in *Theological Studies* 8 [1947], p. 214. La traducción es nuestra.

Juró Jehová, y no se arrepentirá:
Tú eres sacerdote para siempre
Según el orden de Melquisedec.

Como ya habíamos visto en el capítulo anterior, este texto puede muy bien hacerse eco de un antiguo sacerdocio preaarónico sito en la ciudad de Sion, en relación con una de las advocaciones de Dios asimiladas por los patriarcas. Pero lo que aquí viene a destacar el sagrado texto es la función eminentemente sacerdotal (¡con un sacerdocio eterno!) del rey mesiánico. David, como ya se había indicado en su momento, había asumido funciones sacerdotales a comienzos de su reinado, al estilo de los monarcas de los pueblos vecinos de Israel (*cf.* 2Sa. 6:13-14), pero es evidente la intención del compositor de ensalzar al ungido de Dios como portador de un sacerdocio muy superior al levítico, lo cual no deja de constituir una manifestación de osadía muy grande en Israel. Tal ha sido para algunos la base sobre la que han elaborado la hipótesis de una gran antigüedad de esta composición, dado que conserva el recuerdo del sacerdocio de Melquisedec, algo que no se encuentra en ningún otro lugar del Antiguo Testamento.

Finalmente, el Salmo 132, designado como *Cántico gradual* por la tradición judía, presenta desde su primer versículo una exaltación del personaje de David, a quien llama abiertamente *ungido* (v. 17), y para quien describe, a guisa de promesa divina, bendiciones eternas en el marco de una teología de Sion.

Allí haré retoñar el poder de
David;
He dispuesto lámpara a mi
ungido.
A sus enemigos vestiré de
confusión.
Mas sobre él florecerá su corona. (vv. 17-18)

Esta composición relaciona la elección de David como rey con la elección de Sion, y en los vv. 11-12 muestra un eco de la profecía de Natán sobre la dinastía davídica, que habíamos encontrado en 2Sa. 7:

En verdad juró Jehová a David,
Y no se retractará de ello:

De tu descendencia pondré sobre
tu trono.
Si tus hijos guardaren mi pacto,
Y mi testimonio que yo les
enseñaré,
Sus hijos también se sentarán sobre
tu trono para siempre.

La figura del Mesías en los profetas. Dentro del macroconjunto literario del Antiguo Testamento, van a ser ciertos escritos de los profetas los que pondrán el broche de oro a la imagen anticipada del Mesías que presenta la revelación divina a Israel, aunque no empleen de manera específica el término מָשִׁיחַ *mashiaj* referido a él. Los oráculos de Os. 3:5 (*Después volverán los hijos de Israel, y buscarán a Jehová su Dios, y a David su rey...*) y Am. 9:11 (*En aquel día yo levantaré el tabernáculo caído de David, y cerraré sus portillos y levantaré sus ruinas...*), que algunos especialistas quieren englobar dentro del ámbito de ese mesianismo real dinástico vinculado con la casa de David, tan presente en los libros históricos y en el Salterio, pertenecen a la época preexílica y a un tipo de profecía, dirigida de forma específica al Israel septentrional, cuya finalidad no es otra que el fin del cisma y la restauración de la nación hebrea dividida. Nos limitamos, por tanto, a mencionarlos, pero no podemos considerarlos como verdaderas profecías mesiánicas. Ni que decir tiene que no todos los libros que ostentan en nuestras biblias actuales el nombre de un profeta, presentan figuras o temas mesiánicos. Únicamente lo hacen los que señalamos a continuación.

De los profetas anteriores al exilio babilónico, destacamos, en primer lugar, la figura señera de Isaías, cuyo mensaje más directo se halla recopilado en la parte de su libro a la que los especialistas designan como *Proto-Isaías* (Is. 1-39), conforme a lo que habíamos indicado en capítulos anteriores. Dentro de ella, destacamos la unidad literaria a la que se ha dado en llamar *Libro de Emanuel*, que ocupa los capítulos 7-12[1294]. En el capítulo 7, es sin duda el versículo 14 el más conocido como oráculo mesiánico, debido a la interpretación cristológica que le da Mt. 1:23:

Por tanto, el Señor mismo os dará señal: He aquí que la virgen concebirá, y dará a luz un hijo, y llamará su nombre Emanuel.

[1294] O 6-12, como prefieren algunos estudiosos.

La lectura del Evangelio mateano, tomada directamente de la LXX, presenta el vocablo παρθένος *parthenos*, "virgen", en lugar del término que muestra el TM, donde encontramos simplemente עלמה *almah*, "doncella", "muchacha" (BTI y NVI lo vierten por "joven"[1295]), que no implica forzosamente lo que hoy entendemos por virginidad[1296]. La profecía isaiana original no apunta, pues, en principio, al nacimiento virginal del niño Emanuel, sino a una situación en la que alguien que va a nacer (probablemente, el príncipe heredero del trono hierosolimitano, el futuro rey Ezequías, como han sugerido algunos exegetas) será testigo de grandes cambios que traerán la paz a la casa de David y al reino de Judá. Tanto la simbología que encierra el significado del nombre *Emanuel* ("Dios con nosotros"), como el mensaje de estabilidad prometido al rey Acaz y al pueblo judaíta en un momento de graves complicaciones políticas, lo mismo internas que en la esfera internacional, debieron facilitar el hecho de que se viera en aquella figura del príncipe anunciado, no exactamente al vástago natural de la familia reinante, sino a alguien distinto, alguien que con su sola presencia pudiera provocar cambios drásticos en el decurso de la historia de las naciones[1297].

Pero es Isaías 9:6-7 el texto que, al añadir nuevas notas mesiánicas a la figura del recién nacido Emanuel[1298], viene a reforzar esta idea y darle su sello definitivo, ya que ahora se expresa el profeta en un lenguaje mucho más atrevido, de modo que se convierten estos versículos, bien enmarcados en su contexto, en un pasaje clave para el mesianismo veterotestamentario:

Porque un niño nos es nacido, hijo nos es dado, y el principado sobre su hombro; y se llamará su nombre Admirable, Consejero[1299],

---

[1295] BTX, aunque lee también *virgen*, como RVR60, en una nota a pie de página indica que el vocablo original hebreo significa "doncella".

[1296] El término exacto para indicar una virgen es en hebreo בתולה *bethulah*.

[1297] *Cf.* el *nascenti puero* de la Égloga IV virgiliana, cuya irrupción en el mundo viene también a inaugurar una era de restauración de la Tierra, un retorno a la prosperidad de la primitiva Edad de Oro del género humano. Nada de extraño tiene que los cristianos de los primeros siglos vieran en esta composición del vate romano un anuncio del nacimiento de Cristo realizado por paganos.

[1298] Keil, C. F. & Delitzsch, F. *op. cit.* vol. 7, p. 161.

[1299] BTI y otras versiones lo vierten como *Consejero Admirable* o *Admirable Consejero*, uniendo ambos términos en un único sintagma, lo cual es más acorde con la puntuación del TM.

Dios fuerte, Padre eterno, Príncipe de paz. Lo dilatado de su imperio y la paz no tendrán límite, sobre el trono de David y sobre su reino, disponiéndolo y confirmándolo en juicio y en justicia desde ahora y para siempre. El celo de Jehová de los ejércitos hará esto.

Los calificativos que acompañan en este oráculo al pequeño príncipe rompen por completo cualquier previsión humana que se pudiera hacer sobre su futuro reinado. Aunque se ha querido ver en estas declaraciones fórmulas típicas de entronización, o simples asimilaciones de títulos reales propios de las monarquías del Creciente Fértil de la época, aplicadas para la ocasión al príncipe que iba a nacer según el vaticinio de Is. 7:14, se ha de reconocer que elogios de tal magnitud no se constatan ni siquiera en el Salterio cuando se exalta la figura de David. Ni los libros de Samuel, ni Reyes, ni Crónicas, atribuyen a los soberanos hebreos designaciones tan altisonantes y que, para conciencias judías un tanto escrupulosas, podrían tener incluso ciertos resabios blasfemos (¿divinización del monarca judaíta, al estilo de los faraones egipcios y otros soberanos de la zona?). Ello nos obliga a dirigir nuestra atención, una vez más, no tanto hacia el presunto hijo que nacería del rey Acaz, sino a la figura del príncipe ideal que se vislumbra a través de él en la profecía, por supuesto un futuro descendiente de David en tanto que *vara del tronco de Isaí* y *vástago [...] de sus raíces* (Is. 11:1), y cuyo reinado será de paz (Is. 11:6-9) y de restauración de Israel (Is. 11:11-12). Más allá de cuanto pudieran contener de protesta subversiva contra el mal gobierno de Acaz, su patente debilidad ante el Imperio asirio, y sus acomodaticias derivas idolátricas (*cf.* 2Re. 16; 2Cr. 28), estos oráculos mesiánicos del *Libro de Emanuel* vehiculan la idea de que la restauración que Dios promete a su pueblo solo podrá ser llevada a cabo por una figura muy especial, un rey que habrá de venir en un momento posterior de la historia. La redacción de tales vaticinios, aunque en las traducciones al uso aparecen en tiempo futuro, viene expresada en la lengua original en el llamado *estado perfecto*, habitualmente traducido como pasado, y entendido por los gramáticos como "acción acabada". Por medio de este rasgo gramatical, al que algunos especialistas llaman *perfecto profético*, señala el vidente la certeza absoluta que tiene en relación con el cumplimiento de sus predicciones, pues obedecen a la inspiración divina y reflejan un propósito firme por parte de Yahweh.

Que a la hora de recopilar el libro de Isaías, tal como lo leemos hoy, los escribas judíos de la Gran Sinagoga hayan querido conservar unos mensajes cuyo cumplimiento no solo no había tenido lugar en los tiempos del profeta, anteriores al exilio, sino que parecería imposible en la propia época de la restauración, corrobora la idea de que los entendieron como claras alusiones mesiánicas, una proclama de esperanza para un pueblo que andaba en tinieblas, pero estaba llamado a ver una gran luz (Is. 9:2).

Contemporáneo y coterráneo de Isaías, el profeta Miqueas contribuye de manera admirable al cuadro general trazado por su colega. El capítulo 5 de su libro contiene, en sus primeros versículos, un canto de esperanza frente al devastador poder asirio, el gran enemigo de Israel y de Judá de aquellos momentos: la situación cambiará, se enderezará; hasta se predice que la tierra asiria será devastada ¡por judaítas! (vv. 5-6). Si tales trastoques de la realidad son posibles, ello se debe a lo expresado por el oráculo del v. 2:

Pero tú, Belén Efrata, pequeña para estar entre las familias de Judá, de ti me saldrá el que será Señor en Israel; y sus salidas son desde el principio, desde los días de la eternidad.

Un incomprensible arcano divino parece humillar la altivez de la aristocrática corte hierosolimitana al escoger un escenario humilde para la acción salvífica de Yahweh: Efrata[1300] era una localidad insignificante en comparación con Jerusalén. La gran gesta restauradora de Dios solo se llevará a cabo mediante alguien que ha de nacer allí, un nuevo David[1301]. El vaticinio de Miqueas apunta a un personaje más allá de lo humano, con raíces en la eternidad[1302], y lo más destacado de todo, alguien que aparecerá, no para Israel, sino para el propio Dios: la oración *de ti me saldrá*, algunos la leen *saldrá para Yahweh*. La explicación es simple: la situación nefasta por la que atraviesa el pueblo constituye un

---

[1300] Algunos exegetas opinan que el nombre de Belén es una adición posterior debida a la identificación de esta población con la antigua Efrata. *Cf.* VUILLEUMIER, R. "Michée". In MARTIN-ACHARD, R. *ET ALTERI* (ÉD.). *Commentaire de l'Ancien Testament*, vol. XIIb. Neuchâtel (Switzerland): Delachaux et Niestlé, 1971, pp. 59-60.

[1301] Recuérdese que la familia de David era originaria de Belén (1Sa. 16:1-13; 17:58).

[1302] No son pocos los autores que recomiendan prudencia en una declaración tal, alegando que la noción de preexistencia es algo ajeno a la mentalidad hebrea. Prefieren traducir el término עולם *olam*, que tradicionalmente vertemos por "eternidad", como "tiempos remotos", "antigüedad" o similares. *Cf.* BJ, BTI, CI, entre otras versiones actuales de la Biblia.

baldón para Dios, que solo puede ser reparado por la aparición de esta figura extraordinaria. Nada de extraño tiene que ya ciertos *targumim* vieran en este oráculo una predicción de la llegada del Mesías, entendido como un personaje previsto por Dios desde antes de la creación, o que Mt. 2:6 lo cite como una profecía referida al nacimiento de Cristo en Belén.

La gran catástrofe nacional judaíta que supone la toma y destrucción de Jerusalén por los babilonios, propiciará la emisión de un importante vaticinio profético de corte mesiánico por parte de Jeremías, contemporáneo y testigo presencial del fin del reino de Judá. En los días previos a la caída, y en medio de una serie do oráculos acusadores contra los falsos pastores de Israel, que extravían al pueblo, afirma:

> *He aquí que vienen días, dice Jehová, en que levantaré a David renuevo justo, y reinará como Rey, el cual será dichoso, y hará juicio y justicia en la tierra. En sus días será salvo Judá, e Israel habitará confiado; y este será su nombre con el cual le llamarán: Jehová, justicia nuestra.* (Jer 23:5-6)

La magna crisis nacional encuentra su salida en un descendiente de David, un hombre justo, como consecuencia de cuyo reinado Judá e Israel, el pueblo hebreo reunido de nuevo[1303], hallarán la paz. El hecho de que este príncipe davídico ostente como nombre el Sagrado Tetragrámmaton, יהוה צדקנו *Adonay Tsidqenu* (*Jehová, justicia nuestra*), apunta a un tipo de realidad que va más allá de las pretensiones dinásticas de los descendientes de David, cuya situación, según Lam. 4:20, es muy otra. El texto de este poema, cuya composición se ha atribuido tradicionalmente a Jeremías, viene a describir el desencanto ante la trágica constatación de que las ilusiones de los israelitas, depositadas en la dinastía de David, no habían hallado cumplimiento:

> *El aliento de nuestras vidas, el*
> *ungido de Jehová,*

[1303] Los libros de Jeremías y Ezequiel contienen oráculos en los que se proclama la unión de ambos reinos, Judá e Israel, como manifestación del poder restaurador de Yahweh. Es evidente que el impacto de la caída de Samaria, y luego de Jerusalén, en manos de naciones paganas hostiles, propició un sentimiento profundo de esperanza nacional panhebrea que hallaría eco en el pensamiento de estos profetas-sacerdotes, además de en el proyecto político de Josías.

De quien habíamos dicho: A su
sombra tendremos vida entre las
naciones, fue apresado en sus lazos.

De ahí que sea imperativa una manifestación del poder de Dios por medio de este príncipe ideal, el momento de cuya aparición queda oculto en los arcanos divinos (*He aquí vienen días...*), muy en la línea de los profetas Isaías y Miqueas.

Durante el exilio en Babilonia, son dos los profetas que van a transmitir vaticinios de clara significación mesiánica para el pueblo cautivo. El primero es Ezequiel, quien, al igual que su contemporáneo Jeremías, y en medio de una serie de oráculos dirigidos contra los falsos pastores que apacientan a las ovejas de Dios, hace la siguiente proclama:

Y levantaré sobre ellas a un pastor, y él las apacentará; a mi siervo
David, él las apacentará, y él les será por pastor. Yo Jehová les seré
por Dios, y mi siervo David príncipe en medio de ellos. Yo Jehová
he hablado. (Ez. 34:23-24)

La misma idea se halla en Ez. 37:24, también en un contexto de restauración nacional de los reinos de Israel y Judá. Es importante destacar que, en este caso, la figura mesiánica no es ya un presunto rey de la casa de David, un descendiente suyo, sino el propio David *redivivus*, en tanto que príncipe ideal de la historia hebrea. Ez. 37:25b aún añade una nota importante más al afirmar: *Mi siervo David será príncipe de ellos para siempre*, con lo que la profecía apunta claramente a una figura que trasciende la realidad histórica del rey David. De ahí que los capítulos 44-48 de Ezequiel, al presentar al *príncipe* sacerdote[1304] del Israel restaurado en una Palestina paradisíaca, anticipen la gloria de los tiempos mesiánicos, expresada por medio de figuras accesibles para un pueblo castigado por los avatares históricos, y con grandes ansias de restauración material.

El segundo es el profeta anónimo al que designamos como *Deutero-Isaías* (Is. 40-55), y quien va a esbozar el cuadro mesiánico más hermoso

---

[1304] Aunque los capítulos finales de Ezequiel se prodiguen en exaltar las funciones de los sacerdotes hijos de Sadoc y los levitas, el príncipe mesiánico de Israel aparece descrito como alguien que efectúa también sacrificios por el pueblo y por sí mismo (Ez. 45:22-25), es decir, funciones sacerdotales.

y más completo de todo el Antiguo Testamento. Curiosamente, este autor, que nunca designa al Mesías por este nombre, emplea, sin embargo, el término מָשִׁיחַ *mashiaj* en un contexto para nosotros sorprendente:

> *Así dice Jehová a su ungido, a Ciro, al cual tomé yo por su mano derecha, para sujetar naciones delante de él y desatar lomos de reyes; para abrir delante de él puertas, y las puertas no se cerrarán:*
> *[...]*
> *Por amor de mi siervo Jacob, y de Israel mi escogido, te llamé por tu nombre; te puse sobrenombre, aunque no me conociste.* (Is. 45:1,4)

Ciro, rey de Persia, es el monarca ungido por Dios, aunque pagano, en quien se ha de cumplir la profecía de Jer. 25:11, es decir, el fin de la cautivida babilónica y el comienzo de la restauración de Judá, conforme a lo que leemos en 2Cr. 36:22-23 y, especialmente, en Esd. 1:1-4, que presenta una lectura más completa:

> *En el primer año de Ciro rey de Persia, para que se cumpliese la palabra de Jehová por boca de Jeremías, despertó Jehová el espíritu de Ciro rey de Persia, el cual hizo pregonar de palabra y también por escrito por todo su reino, diciendo: Así ha dicho Ciro rey de Persia: Jehová el Dios de los cielos me ha dado todos los reinos de la tierra, y me ha mandado que le edifique casa en Jerusalén, que está en Judá. Quien haya entre vosotros de su pueblo, sea Dios con él, y suba a Jerusalén que está en Judá, y edifique la casa a Jehová Dios de Israel (él es el Dios), la cual está en Jerusalén. Y a todo el que haya quedado, en cualquier lugar donde more, ayúdenle los hombres de su lugar con plata, oro, bienes y ganados, además de ofrendas voluntarias para la casa de Dios, la cual está en Jerusalén.*

Esta magistral adaptación del decreto de Ciro a los tonos y usos propios del lenguaje religioso judío[1305], viene a incidir en la ya anteriormente

---

[1305] Lo que debió, sin duda, ser el decreto original se contiene en el llamado *Cilindro de Ciro*, una buena traducción de cuyo texto a nuestro idioma se lee en GARCÍA CORDERO, M. *La Biblia y el legado del antiguo Oriente. El entorno cultural de la historia de salvación.* Madrid: B.A.C., 1977, pp. 544-545.

mencionada gran aportación del mensaje de los profetas al pensamiento veterotestamentario, que no es otra que el señorío universal de Yahweh sobre todas las naciones. El Dios de Israel no está atado a su pueblo en exclusiva, sino que actúa entre las naciones con total libertad, pero siempre con un propósito salvífico y restaurador de los hijos de Jacob y del resto del gran conjunto humano. Es decir, que Dios habla a Israel, le revela su voluntad, también por medio de la historia profana y sus circunstancias. Nada de extraño tiene, por consiguiente, que algunos autores hayan llamado al rey Ciro, el Mesías pagano[1306].

Pero la contribución fundamental del Deutero-Isaías al mesianismo judío la constituye la por demás singular figura del עבד־יהוה *ébed-Adonay* o *ébed-YHWH*, *el Siervo de Jehová* de RVR60, en la que confluyen rasgos divinos y gran profusión de carismas. Tan solo se menciona a este *Siervo* en cuatro cánticos que lo muestran siempre como elemento central: Is. 42:1-4[1307]; 49:1-6; 50:4-11a; 52:13 – 53:12. El último, que en la tradición exegética cristiana suele ser conocido como el canto del *Siervo Sufriente*[1308], es, con mucho, el más importante, aquel en el que se muestra con mayor detalle la importancia y la trascendencia del Siervo. Lo citamos *in extenso* a continuación:

He aquí que mi siervo será prosperado, será engrandecido y exaltado, y será puesto muy en alto. Como se asombraron de ti muchos, de tal manera fue desfigurado de los hombres su parecer, y su hermosura más que la de los hijos de los hombres, así asombrará él a muchas naciones; los reyes cerrarán ante él la boca, porque verán lo que nunca les fue contado, y entenderán lo que jamás habían oído. ¿Quién ha creído a nuestro anuncio? ¿y sobre quién se ha manifestado el brazo de Jehová? Subirá cual renuevo delante de él, y como raíz de tierra seca; no hay parecer en él, ni hermosura; le veremos, mas sin atractivo para que le deseemos. Despreciado y desechado entre los hombres, varón de dolores, experimentado en

---

[1306] FRIED, L. S. "Cyrus the Messiah? The Historical Background to Isaiah 45:1", in *Harvard Theological Review*. 95 (4), 2002; LAWRENCE, J. M. "Cyrus: Messiah, Politician, and General", in *Near East Archaeological Society Bulletin*. n.s. 25. 1985, pp. 5-28.

[1307] La delimitación de los tres primeros cánticos no es idéntica para todos los autores. Indicamos la más extendida en los manuales.

[1308] Se halla en la base de las imágenes iconográficas y el drama medieval *Christus patiens*, tanto en su versión occidental como en la bizantina (Χριστὸς πάχων *Khristós pakhon*).

quebranto; y como que escondimos de él el rostro, fue menospre-
ciado, y no lo estimamos. Ciertamente llevó él nuestras enferme-
dades, y sufrió nuestros dolores; y nosotros le tuvimos por azotado,
por herido de Dios y abatido. Mas él herido fue por nuestras rebe-
liones, molido por nuestros pecados; el castigo de nuestra paz fue
sobre él, y por su llaga fuimos nosotros curados. Todos nosotros
nos descarriamos como ovejas, cada cual se apartó por su camino;
mas Jehová cargó en él el pecado de todos nosotros. Angustiado
él, y afligido, no abrió su boca; como cordero fue llevado al mata-
dero; y como oveja delante de sus trasquiladores, enmudeció, y no
abrió su boca. Por cárcel y por juicio fue quitado; y su generación,
¿quién la contará? Porque fue cortado de la tierra de los vivien-
tes, y por la rebelión de mi pueblo fue herido. Y se dispuso con los
impíos su sepultura, mas con los ricos fue en su muerte; aunque
nunca hizo maldad, ni hubo engaño en su boca. Con todo eso, Jeho-
vá quiso quebrantarlo, sujetándole a padecimiento. Cuando haya
puesto su vida en expiación por el pecado, verá linaje, vivirá por
largos días, y la voluntad de Jehová será en su mano prosperada.
Verá el fruto de la aflicción de su alma, y quedará satisfecho; por
su conocimiento justificará mi siervo justo a muchos, y llevará las
iniquidades de ellos. Por tanto, yo le daré parte con los grandes, y
con los fuertes repartirá despojos; por cuanto derramó su vida has-
ta la muerte, y fue contado con los pecadores, habiendo él llevado
el pecado de muchos, y orado por los transgresores.

Tanto a partir de la lectura de este cántico, como de los tres restantes más arriba indicados, es fácil deducir que el Siervo se muestra como salvación, justicia y luz para Israel y para los gentiles (Is. 42:1,4; 49:6), y lo más sorprendente, como expiación más allá del culto sacrificial levítico (Is. 53:5), enlazando en cierto modo con la línea de pensamiento que habíamos visto en un capítulo anterior, y que preconizaba cierta espiritualización de la religión de Israel. Lo cierto es que el mensaje del Siervo viene a hacer hincapié en el sufrimiento: muestra una mediación entre Dios y su pueblo a través del dolor y la humillación (Is. 50:6). Todo ello ha planteado desde siempre el problema de la interpretación de esta sorprendente figura del Siervo de Yahweh[1309]. ¿Se trata, por ventura, de un

---

[1309] BRUNOT, A. "Le Poème du Serviteur et ses problèmes (Is 40-55)", in *Revue Thomiste*, 61 (1961), pp. 5-24; MUILENBURG, J. *The book of Isaiah, Chapters 40-66*. The

individuo real, o tal vez de lo que se ha dado en llamar una "personalidad corporativa"? A favor de esta segunda opción se ha alegado Is. 49:3, donde se coloca en labios de Dios la declaración *Mi siervo eres, oh Israel*, así como la lectura que efectúa la LXX de Is. 42:1, el comienzo de los cánticos del עבד־יהוה *ébed YHWH*; donde RVR60 lee:

He aquí mi siervo, yo le sostendré; mi escogido, en quien mi alma tiene contentamiento,

la LXX reza:

Ιακωβ ὁ παῖς μου, ἀντιλήμψομαι αὐτοῦ· Ισραηλ ὁ ἐκλεκτός μου, προσεδέξατο αὐτὸν ἡ ψυχή μου.

Iakob ho paîs mu, antilémpsomai autû. Israel ho eklektós mu, prosedéxato autón he psykhé mu.

Es decir: *Mi siervo Jacob, me haré con él. Israel, mi elegido, mi alma lo ha tomado para sí.* Tal ha sido hasta hoy la interpretación más extendida en las fuentes judías posteriores, si bien no todos los exegetas se han mostrado de acuerdo en la idea de que el pueblo real de Israel sea este Siervo, sino más bien un Israel ideal, el remanente de que hablan Esd. 9:8; Is. 10:21; 37:4; Jer. 23:3; Sof. 3:13; Zac. 8:12. Pero el hecho de que se considere, a todas luces, al Siervo como una figura profética, lo ha puesto en relación con la profecía de Dt. 18:18, antes indicada, y que predecía la llegada en tiempos futuros de un profeta como Moisés. Ello ha propiciado que algunos exegetas, tanto judíos como cristianos, hayan querido ver en estos cánticos alusiones a Moisés, David, Jeremías o Job. Ahora bien, los sufrimientos del Siervo de Yahweh no solo parecen más profundos[1310], sino también más eficaces que los del gran

---

Interpreter's Bible in twelve volumes, Volume V. New York: Abingdon Press. 1956; "Servant of The Lord", in WOOD, D. R. W., AND HOWARD MARSHALL, I. *New Bible Dictionary*. Leicester, England; Downers Grove, IL: InterVarsity Press, 1996; "Servant Songs", in CROSS, F. L., ED. *The Oxford dictionary of the Christian church*. New York: Oxford University Press. 2005.

[1310] De ahí la antigua tradición, recogida en la Vulgata, que hace de esta figura casi un leproso. En Is. 53:4, donde RVR60 lee *Le tuvimos por azotado*, la Vulgata reza *Et nos putavimus eum quasi leprosum* ("Y nosotros lo tuvimos casi por leproso"), lectura que no sería exclusiva de San Jerónimo y los occidentales, ya que, según se ha indicado en ocasiones, ha tenido su repercusión en la iconografía cristiana oriental.

legislador de Israel, de Jeremías o de Job, a la hora de efectuarse la purificación del pueblo; y la presencia del Espíritu de Dios en el Siervo tiene visos de algo mucho más trascendente que en el rey cantor de Israel. De hecho, los últimos versículos del cuarto cántico vienen a transmitir la idea de que, por un lado, Israel halla en el sacrificio del Siervo su propia reivindicación como pueblo de Dios, y por el otro, que el mismo Siervo alcanza un renombre y una victoria jamás conocidos en los escritos del Antiguo Testamento. Todo ello parece inclinar la balanza a favor de un individuo excepcional, un profeta como jamás habría conocido Israel, y de hecho, una figura claramente mesiánica. Por ello, aunque algunos se hayan decantado por ver en él al propio autor anónimo de los cánticos, quizás el mismo Deutero-Isaías, o alguien a quien él habría conocido y del que se consideraría discípulo, subyace el problema de que las tradiciones judías, de suyo tan concienzudas a la hora de transmitir información real o magnificada de sus figuras prominentes, no hayan conservado traza alguna de un profeta tan extraordinario. De ahí que, en el mundo cristiano, a partir de las citas de Mt. 8:17, Mc. 15:28 y Lc. 22:37, se haya entendido este *Siervo de Jehová* como una clara anticipación de la figura de Cristo[1311]. Nada de extraño tiene, pues, que en algunos círculos se haya dado al último cántico del Siervo el nombre de "El quinto evangelio". Sin duda, tiene razón Luis Alonso Schökel cuando afirma:

> «En nada se ha llegado a un acuerdo. Y cuando recordamos la sencilla postura del diácono Felipe, que a partir de Is 53 anuncia al eunuco etíope la buena noticia de Jesús (cf. Hch 8, 34s), tenemos la impresión de que la ciencia bíblica ha gastado inútilmente demasiados litros de tinta y kilos de papel[1312]».

En la época postexílica, vamos a encontrar, finalmente, tres escritos proféticos en cuyos oráculos se hacen alusiones mesiánicas, si bien no exentas de controversia. El primero de ellos es el para nosotros anónimo *Trito-Isaías* (Is. 56-66). Hallamos entre sus declaraciones una muy especial:

[1311] *Cf.* también el empleo de partes de este cuarto cántico en otros escritos neotestamentarios: Jn. 12:38; Hch. 8:32-33; Ro. 10:16; 15:21; 1 P. 2:22,24-25; Ap. 5:6.

[1312] SCHÖKEL, L. A. Y SICRE DÍAZ, J. L. "Profetas. Comentario", vol. I, de SCHÖKEL, L. A. Y MATEOS, J. *Nueva Biblia española*, Madrid: Ediciones Cristiandad. 1980, p. 272.

El Espíritu de Jehová el Señor está sobre mí, porque me ungió[1313]
Jehová; me ha enviado a predicar buenas nuevas a los abatidos,
a vendar a los quebrantados de corazón, a publicar libertad a los
cautivos, y a los presos apertura de la cárcel; a proclamar el año
de la buena voluntad de Jehová, y el día de venganza del Dios
nuestro; a consolar a todos los enlutados; a ordenar que a los afli-
gidos de Sion se les dé gloria en lugar de ceniza, óleo de gozo en
lugar de luto, manto de alegría en lugar del espíritu angustiado; y
serán llamados árboles de justicia, plantío de Jehová para gloria
suya. (Is. 61:1-3)

Como bien se evidencia a partir de su propio contenido, este oráculo
ostenta dos claras fuentes: por un lado, y una vez más, la profecía de
Dt. 18:15,18, y por el otro, el jubileo descrito en Lv. 25. Quien habla se
presenta de entrada con una autoridad profética, como si fuera el profeta de los días postreros anunciado por Moisés, y además, con una característica muy destacada en tanto que alguien especialmente ungido
para anunciar al pueblo la libertad tras una situación humillante de cautiverio y prisión. Su clara conciencia de haber sido ungido por Dios,
lo cual le ha otorgado el don del Espíritu de Yahweh, revela su condición mesiánica, entendida ya como una función profético-liberadora
que va más allá de la mera declaración del monarca persa en relación
con el regreso de los judíos a Jerusalén, o con la restauración del templo, y se inscribe en el contexto de un jubileo definitivo, de los últimos
tiempos, en el que Dios restaura de una vez por todas y para siempre a
su pueblo[1314]. Al igual que indicábamos más arriba en relación con los
cánticos del *Siervo de Yahweh*, resulta para nosotros prácticamente imposible identificar con seguridad a esta especial figura profética, pero
entendemos fácilmente por qué Jesús se la apropia para sí en su discurso de la sinagoga de Nazaret narrado en Lc. 4:16-21[1315].

El segundo profeta postexílico que se suele señalar en relación con el
mesianismo es Hageo, más concretamente por su oráculo de Hag. 2:7,
donde leemos:

[1313] Raíz verbal מָשַׁח *mashaj*.

[1314] CROATTO, J. S. "Del año jubilar levítico al tiempo de liberación profético (reflexiones exegéticas sobre Isaías 61 y 58, en relación con el jubileo)", in *Revista De
Interpretación Bíblica Latinoamericana* (1999).

[1315] Lucas no toma la cita del TM, sino de la LXX. De ahí el añadido *y vista a los*
ciegos, que no se lee en el texto hebreo que hoy poseemos.

Y haré temblar a todas las naciones, y vendrá el Deseado de todas las naciones; y llenaré de gloria esta casa, ha dicho Jehová de los ejércitos.

Como ya lo habíamos indicado en un capítulo anterior, esta lectura que hallamos en RVR60, pese a la innegable importancia que ha tenido en su momento en la historia de la liturgia y la exégesis cristianas, plantea serios problemas textuales. No es, desde luego, la del TM, ni siquiera la de la LXX, que en lugar de *el Deseado de todas las naciones*, rezan חמדת כל הגוים *jemdath kol haggoyim* ("el deseo de todas las naciones"[1316]) y τὰ ἐκλεκτὰ πάντων τῶν ἐθνῶν *ta eklektá panton ton ethnôn* ("lo más selecto de todas las naciones"), respectivamente. La lectura de RVR60 sigue literalmente a la Vulgata (*Desideratus cunctis gentibus*), que en este caso fuerza las versiones anteriores para dar al texto un sentido personal y mesiánico que no era el original. De hecho, este oráculo de Hageo no es citado en ningún pasaje del Nuevo Testamento como anticipador de la obra de Cristo, y representa, de la manera en que se señaló en su momento, la tendencia de San Jerónimo de buscar a Cristo constantemente en el Antiguo Testamento, muy loable en sí misma, pero poco consistente en casos como este[1317].

El libro de Zacarías es el último que consideramos de esta época. Dados los problemas que presenta su composición en dos partes claramente diferenciadas y, por ende, su autoría[1318], hemos de distinguir dos momentos muy importantes reflejados por este escrito: el primero, que se correspodne con Zac. 1-8, a comienzos de la época de la restauración; y el segundo, reflejado en Zac. 9-14, más tardío y de complicada

---

[1316] Algunos mss. importantes leen el término hebreo en plural: חמדות *jamdoth*. En tal caso, su traducción sería "los deseos de todas las naciones" o "aquello que desean todas las naciones". Es fácil comprender que San Jerónimo derivara este texto hacia una imagen concreta del Mesías, ya que todos los pueblos desearían la redención, de acuerdo con la profecía de Is. 2:1-4.

[1317] Pese a lo cual, los Reformadores aceptaron este sentido mesiánico del texto. Calvino, más concretamente, expresó que tal sentido podía derivarse de las palabras dichas originalmente por el profeta, si bien reconocía que no era el significado primero del pasaje. *Cf. Expositions familières de Jean Calvin sur les douze petits prophètes.* Genève, 1566, p. 744.

[1318] *Cf.* los comentarios. Un buen estudio sobre este asunto se halla en AMSLER, S. "Aggée, Zacharie 1-8" et LACOQUE, A. "Zacharie 9-14", in MARTIN-ACHARD, R. (SECRÉTAIRE DE RÉDACTION) *ET ALTERI. Commentaire de l'Ancien Testament.* Vol. XIc. Neuchâtel (Switzerland) – Paris: Delachaux & Niestlé Éditeurs, 1981, pp. 45-53, 129-146.

ubicación, debido a las dificultades de su contenido. Lo que está claro es que la primera parte exalta la obra de Zorobabel, constructor del templo de Jerusalén y vástago de la estirpe real judaíta, es decir, de la casa de David, en quien se depositan las esperanzas del pueblo recién llegado a la tierra de sus antepasados[1319]. Es *el Renuevo* de Zac. 3:8, y una clara figura mesiánica, llamada a restablecer para siempre el pueblo de Dios. Pero, dado que los avatares históricos no se muestran tan favorables a este personaje, pronto hallamos la curiosa declaración de Zac. 4:14 dentro del contexto de una visión en la que el profeta contempla un candelabro y dos ramas de olivo:

Estos son los dos ungidos que están delante del Señor de toda la tierra.

Aparte de la particular expresión hebrea que RVR60 traduce por *ungidos*, בני־היצהר *bené hayyitshar*, "hijos del aceite", también recogida de forma literal en la LXX (υἱοὶ τῆς πιότητος *huioí tes piótetos*) y en la Vulgata (*filii olei*), se destaca la idea de que son dos las figuras mesiánicas, llamadas a actuar juntas. El contexto general vendría a apuntar al propio Zorobabel, a quien parece dirigido el contenido de la visión, por un lado, pero también al sumo sacerdote Josué (Esd. 5:2; Zac. 3:1), por el otro. Se halla, pues, en germen la doble concepción de un mesías real davídico y otro sacerdotal aarónico, que más tarde hallará eco en Qumram[1320].

La segunda parte del libro parece estar bañada toda ella en un contexto eminentemente mesiánico y escatológico, como suele indicar cualquier comentario o artículo formal[1321]. Lo cierto es que hallamos en ella dos figuras mesiánicas prominentes. La primera en Zac. 9:9-10, que reza:

Alégrate mucho, hija de Sion; da voces de júbilo, hija de Jerusalén; he aquí tu rey vendrá a ti, justo y salvador, humilde, y cabalgando

---

[1319] *Cf.* además Esd. 1:8,11 (muchos comentaristas consideran que Sesbasar y Zorobabel son la misma persona); 2:2; 3:2,8; Hag. 1:1,14; 2:1-4.

[1320] Así la llamada *Regla de la Comunidad* (1QSa 2,17-22) y las *Bendiciones* (1QSb 2; 5,20-27).

[1321] AZURMENDI RUIZ, J. M. "Zacarías y Deutero-Zacarías", in LEVORATTI, A. J. ED. *Comentario Bíblico Latinoamericano*, vol II. Estella (Navarra): Ed. Verbo Divino, 2005, pp. 563-581; *cf.* DRUM, W. "Zacharias", in *The Catholic Encyclopedia*, vol. 15. New York: Robert Appleton Company, 1912.

sobre un asno, sobre un pollino hijo de asna. Y de Efraín destruiré los carros, y los caballos de Jerusalén, y los arcos de guerra serán quebrados; y hablará paz a las naciones, y su señorío será de mar a mar, y desde el río hasta los fines de la tierra.

Se trata de un mesías-rey, por un lado humilde, como se supone habría sido la monarquía israelita en sus comienzos (libros de Samuel), lejos aún del esplendor y el boato desmedido de la corte salomónica; pero con una innegable vocación de dominio, por el otro, en lo que se hace eco del Sal. 72:8, uno de los salmos mesiánicos antes vistos. Justicia, salvación y paz para Israel son las divisas de su poder. La aplicación que hacen de este pasaje, especialmente del v. 9, los Evangelios de Mateo (Mt. 21:5) y Juan (Jn. 12:15) a la entrada de Cristo en Jerusalén el Domingo de Ramos, están, por tanto, más que justificadas.

La segunda, en un contexto de guerra y rechazo de los falsos profetas, aparece en Zac. 13:7, que dice así:

Levántate, oh espada, contra el pastor, y contra el hombre compañero mío, dice Jehová de los ejércitos. Hiere al pastor, y serán dispersadas las ovejas; y haré volver mi mano contra los pequeñitos.

La imagen empleada por el oráculo encierra más que una simple alusión a una economía ovina. Tal es una de las figuras predilectas con las cuales se describe a los reyes (1Re. 22:17; 2Cr. 18:16), los guías del pueblo en general (Is. 56:11; Jer. 2:8), y el mismo Dios (Sal. 23:1; 80:1), como hemos tenido ocasión de comprobar en múltiples ejemplos de los epígrafes y capítulos precedentes. De ahí que este pastor compañero del propio Yahweh se entienda como alguien especialmente vinculado con Dios y con el pueblo, una figura al mismo tiempo real y profética, o incluso sacerdotal, imposible de identificar con nadie concreto de la época en que estas palabras fueron pronunciadas o puestas por escrito. Una vez más, la aplicación que hacen los evangelistas de estas palabras a Jesús (Mt. 26:31; Mc. 14:27) viene a mostrar con total nitidez su sentido último, su aplicación más pertinente más allá de los tiempos veterotestamentarios, pero firmemente enraizada en ellos.

El Mesías en el libro de Daniel. Contemplamos las aportaciones del libro de Daniel al mesianismo veterotestamentario en un epígrafe distinto al de los profetas porque, si bien la tradición cristiana ha entendido desde siempre que se trataba de un escrito profético (*cf.* Mt. 24:15; Mc. 13:14)[1322], debe englobarse más bien, como ya habíamos indicado en el capítulo anterior, dentro de la literatura apocalíptica, un género con características y particularidades muy propias, hijo directo de épocas de persecución y angustia; además, el hecho de que el judaísmo posterior lo haya catalogado, no dentro de los נביאים *Nebiim* o Profetas, sino entre los כתובים *Kethubim* o Escritos, daría a entender que el canon profético ya estaba cerrado cuando tuvo lugar la redacción definitiva del libro[1323].

Son dos las figuras mesiánicas que se mencionan en este escrito. La primera, el *hijo de hombre* (aram. בר אנש *bar enash*) de Dn. 7:13-14, en la que algunos especialistas han querido ver rasgos propios del zoroastrismo asimilados en la fe judía[1324]. Este pasaje reza:

> *Miraba yo en la visión de la noche, y he aquí con las nubes del cielo venía uno como un hijo de hombre, que vino hasta el Anciano de días, y le hicieron acercarse delante de él. Y le fue dado dominio, gloria y reino, para que todos los pueblos, naciones y lenguas le sirvieran; su dominio es dominio eterno, que nunca pasará, y su reino uno que no será destruido.*

Aunque, dentro del contexto profético del capítulo, pareciera, en la interpretación ofrecida por uno de los ángeles, que se tratara de un simple símbolo del pueblo de Dios como opuesto a las naciones paganas

---

[1322] Las palabras *el profeta Daniel* dichas por Jesús, dan a entender que el judaísmo de su tiempo así lo consideraba. El hecho de que, entre los ocho manuscritos qumramitas que contienen partes del libro de Daniel, dos de ellos puedan ser datados entre los años 150-100 a. C. (4Q114 y 4Q116), otros tantos hacia el 50 a. C. (4Q112 y 4Q115), y los cuatro restantes entre 50-74 d. C. (1Q71, 1Q72, 4Q113 y 6Q7), viene a evidenciar la importancia de este escrito, no solo para la antigua comunidad esenia de aquellos años, sino para el conjunto del judaísmo del momento, que lo consideraba un libro claramente profético.

[1323] Se suele señalar en círculos críticos el hecho de que Eclo. 44-50 no recoja el nombre de Daniel entre las grandes figuras del pasado nacional hebreo, como una evidencia de que, cuando Jesús ben Sirac compuso su obra, el libro de Daniel aún no había visto la luz, por lo que no era reconocido su protagonista dentro de los grandes profetas de Israel.

[1324] *Cf.* el magnífico estudio de HADAS-LEBEL, M. *Une histoire du Messie*. Paris: Albin Michel, 2014.

representadas por bestias antinaturales[1325] (Dn. 7:18,27), de donde se ha deducido que se trata de una figura corporativa[1326], el judaísmo posterior lo identifica como el Mesías, una personalidad individual y trascendente. Así, el libro de Enoc 48:3-10 afirma que su nombre (*Hijo de hombre*, entendido ya como nombre propio) es anterior a la creación del mundo y será establecido como rey justo y Señor de toda la tierra; Enoc 68:26-29, además, hace de él el Juez escatológico universal. Y por su parte, el libro 4 Esdras, o Apocalipsis de Esdras, 13:3 también lo presenta sobre las nubes del cielo. Nada de extraño tiene, por tanto, que Jesús se aplique a sí mismo esta figura en Mt. 26:64 y Mc. 14:62.

La segunda se encuentra en la ya aneriormeten mencionada profecía de las setenta semanas, más concretamente en Dn. 9:25-26. Se trata de la figura del *Mesías Príncipe*[1327] o *Príncipe Ungido*[1328] (heb. מָשִׁיחַ נָגִיד *Mashiaj Nagid*):

Sabe, pues, y entiende, que desde la salida de la orden para restaurar y edificar a Jerusalén hasta el Mesías Príncipe, habrá siete semanas, y sesenta y dos semanas; se volverá a edificar la plaza y el muro en tiempos angustiosos. Y después de las sesenta y dos semanas se quitará la vida al Mesías, mas no por sí; y el pueblo de un príncipe que ha de venir destruirá la ciudad y el santuario; y su fin será con inundación, y hasta el fin de la guerra durarán las devastaciones.

Al igual que en el caso del *hijo de hombre* de Dn. 7, resulta complicada la identificación de este *Mesías Príncipe*, empezando ya por las dificultades que presenta el estado del texto hebreo de la profecía, de lo cual se hacen eco las traducciones actuales. Los propios Padres de la Iglesia fueron conscientes de lo arduo de este asunto, pues unos identificaron claramente a esta figura con Cristo, lo que motivaría no pocas cábalas numéricas en relación con la cifra 70 y sus derivaciones, pero no todos lo entendían igual. Y resulta indiscutible el hecho de que ningún pasaje del Nuevo Testamento alude a Dn. 9 como oráculo profético anticipador de fecha alguna en relación con la crucifixión. Desde el helenista

---

[1325] La expresión aramea בַּר אֱנָשׁ *bar enash* significa simplemente "un ser humano".

[1326] VERMES, G. *Jesús el judío*. Barcelona: Muchnik Editores S. A. 1977, p. 171.

[1327] Así, BTX y RVR60. BJ lee *Príncipe Mesías*.

[1328] O *ungido príncipe*, BTI, CI, NC. Por otro lado, NVI traduce *príncipe elegido*.

Teodoción de Éfeso, prosélito judío del siglo II d. C., una corriente interpretativa ve en este *Príncipe Ungido* al sumo sacerdote Onías III, quien, según 2 Mac. 4:30-38, fue asesinado por el tirano seleúcida Antíoco IV Epífanes.

Sea como fuere, ambas figuras, sin duda de gran valor mesiánico, lo son, de entrada, por el hecho de que se muestran como señales procedentes de lo Alto para un pueblo que intenta sobrevivir en medio del caos y la persecución. El libro de Daniel, de este modo, viene a subrayar una de las características fundamentales del mesianismo judío anterior a nuestra era: una teología de pura resistencia en el nombre de Yahweh, Dios de Israel.

La figura del precursor del Mesías. Concluimos esta somera visión del mesianismo veterotestamentario con dos leves pinceladas acerca de un supuesto mensajero o heraldo de los tiempos mesiánicos, figura que se anticipa, en primer lugar, en Is. 40:3-5:

> *Voz que clama en el desierto*[1329]*: Preparad camino a Jehová; enderezad calzada en la soledad a nuestro Dios. Todo valle sea alzado, y bájese todo monte y collado; y lo torcido se enderece, y lo áspero se allane. Y se manifestará la gloria de Jehová, y toda carne juntamente la verá; porque la boca de Jehová ha hablado.*

Como muy bien hacen notar los diferentes comentarios al libro de Isaías, se describe con estas palabras la función propia de quienes eran enviados con cierta antelación a los lugares por donde habían de transitar los monarcas, a fin de disponerlo todo de manera conveniente y que no hubiera impedimento alguno. Pero ciertos detalles del texto dan a entender que no se trata de un enviado cualquiera. El primero de todos es que el pasaje habla, no de un mensajero, sino de una voz anónima, que algunos comentaristas entienden como celestial. Luego, que el mensaje tiene como marco el desierto, donde nadie vive, lo cual hace pensar en ese segundo éxodo anteriormente mencionado, es decir, la redención del Israel cautivo (en Babilonia, según la época en que este

---

[1329] BTX, junto con la mayoría de las versiones, lee según el TM:

Una voz clama: ¡Preparad en el desierto el camino a YHVH!

La lectura de RVR60 sigue la de la LXX y la Vulgata, el clásico *vox clamantis in deserto*.

oráculo ve la luz) y su regreso a la tierra de sus ancestros. Y finalmente, el monarca anunciado no es un rey humano, sino el propio Dios, quien conduce a su pueblo a la libertad. Se comienza a perfilar de este modo la imagen de un especial heraldo que ha de preceder al Mesías-Rey de Israel y prepararle el terreno, todo ello dentro de un marco de redención. Así lo entienden los Evangelios (Mt. 3:3; Mc. 1:3; Lc. 3:4-6; Jn. 1:23), aplicándola a la persona de Juan el Bautista.

En segundo lugar, esta figura del precursor se manifiesta por medio de una clara alusión a Elías, considerado como el profeta por antonomasia. Solo que ahora se lo presenta bajo una nueva óptica. Leemos en Mal. 4:5-6[1330]:

He aquí, yo os envío el profeta Elías, antes que venga el día de Jehová, grande y terrible. Él hará volver el corazón de los padres hacia los hijos, y el corazón de los hijos hacia los padres, no sea que yo venga y hiera la tierra con maldición.

De este modo, aquel gran siervo de Dios de los días más aciagos de Israel, cuya partida de este mundo se relata en 2Re. 2:11-12 como un hecho portentoso, ajeno a las leyes naturales que rigen la vida en la tierra, queda reservado para hacer su aparición antes del gran יום יהוה *Yom-YHWH* o *día de Jehová*, y con un claro mensaje de reconciliación entre los seres humanos, por lo que deviene una figura de gran peso en la tradición judía posterior[1331]. Aunque el propio Juan el Bautista no se reconoce a sí mismo como tal (Jn. 1:21), Jesús afirma con claridad que es él aquel Elías que había de venir como precursor (Mt. 11:14; 17:11-13). De hecho, el capítulo 1 del Evangelio según Lucas, consagrado en buena parte a los eventos relacionados con el nacimiento del Bautista, aparece todo él inmerso, incluso desde el punto de vista lingüístico[1332], en la más pura atmósfera del Antiguo Testamento, a fin de vehicular la

---

[1330] O Mal. 3:23-24, según las versiones.

[1331] BIALIK, H. N. AND RAVNITZKY, Y. H. *The Book of Legends: Sefer Ha-Aggadah.* New York: Schocken Books, 1992; COLLINS, J. *The Scepter and the Star. The Messiahs of the Dead Sea Scrolls and Other Ancient Literature.* New York: Doubleday, 1995; TREBOLLE, J. ED. *Paganos, judíos y cristianos en los textos de Qumrán.* Madrid: Trotta, 1999.

[1332] Los dos primeros capítulos de Lucas, que constituyen todo un *evangelio de la infancia*, se desmarcan del resto de la obra por imitar deliberadamente el estilo semitizante de la LXX. Incluso en las traducciones se percibe ese entorno veterotestamentario, dadas las figuras empleadas, los ambientes descritos y los tonos de los cánticos transcritos.

idea de que el Salvador de Israel había de ser precedido por un especialísimo siervo de Dios que ejercería ante él un ministerio profético. Así lo recoge Lc. 1:17:

E irá delante de él con el espíritu y el poder de Elías, para hacer volver los corazones de los padres a los hijos, y de los rebeldes a la prudencia de los justos, para preparar al Señor un pueblo bien dispuesto.

A modo de conclusión. Las figuras de los patriarcas, tal como vienen referidas en las tradiciones recopiladas en época tardía por el libro del Génesis, y el surgimiento del mesianismo, dan al pensamiento veterotestamentario un nuevo color, un nuevo horizonte de universalidad que solo se hará plenamente patente en el Nuevo Testamento. De esta forma, Israel alcanza la plenitud de su desarrollo teológico, fruto de un largo proceso en el que sacerdotes, levitas, profetas, y finalmente los sabios, encuentran la clave de su historia nacional, entendida como una *Heilsgeschichte*. La gran tragedia que supone, no solo la cautividad babilónica y la diáspora correspondiente, sino también la desaparición del estado septentrional efrainita y de su población y su cultura autóctonas, diluidas entre los pueblos del Medio Oriente, tiene como contrapartida la percepción definitiva de que Dios tiene un propósito para su pueblo a pesar de las circunstancias adversas de la historia, y de que las naciones gentiles también están incluidas en él.

> *La figura del Mesías enlaza directamente con las de los patriarcas de Israel para evidenciar que Dios escoge a su pueblo con una clara finalidad: ser luz de las naciones*

PREGUNTAS PARA REFLEXIONAR: ¿Qué significa en nuestro idioma el término "patriarca"? ¿Cuál es su etimología? ¿A quiénes designa literalmente la Biblia como "patriarcas"? ¿Por qué el pensamiento cristiano circunscribe el empleo del vocablo "patriarcas" a las figuras de Abraham, Isaac y Jacob? ¿Con qué nombre o advocación adoraban los patriarcas a su Dios? ¿Cómo lo conciben? ¿Por qué las tradiciones patriarcales no parecen interesarse demasiado en una confrontación abierta con la idolatría? ¿Qué podemos deducir de los relatos genesíacos sobre la religión de los patriarcas? ¿Qué papel tiene

José en los relatos patriarcales? ¿Qué función ejecutan las figuras femeninas destacadas que aparecen en las tradiciones patriarcales? ¿Por qué la atmósfera general del mundo de los patriarcas se parece más a la del Nuevo Testamento que la que hallamos en los otros escritos veterotestamentarios? ¿Por qué el apóstol Pablo enlaza la figura del Mesías con la de los patriarcas? ¿Cuál es la etimología del término "mesías"? ¿Cuándo aparece en la historia de Israel el concepto de Mesías? ¿Y en la historia bíblica? Comenta el sentido mesiánico del Salmo 2. Comenta la figura del *Siervo de Jehová* de los cánticos de Isaías. ¿Qué figuras mesiánicas aparecen en el libro de Daniel? ¿Y en el *Libro de Emanuel*? ¿Hasta qué punto parece metodológicamente correcto buscar figuras mesiánicas en los libros del Antiguo Testamento? ¿Qué valor tiene la figura del precursor del Mesías en los escritos veterotestamentarios? ¿En qué sentido acertaron, o no, los evangelistas al asimilarla a Juan el Bautista?

APÉNDICE:

LA LITERATURA APÓCRIFA

APÓCRIFOS O DEUTEROCANÓNICOS

Puede parecer extraño que en un manual de teología del Antiguo Testamento redactado desde un punto de vista esenciamente reformado se consagre un capítulo, o un apéndice, a las líneas de pensamiento vehiculadas por la literatura que en medios catolicorromanos se conoce como *deuterocanónica* (lit. "de un segundo canon") y en los protestantes como *apócrifa* (lit. "oculta")[1333]. De la manera que ya habíamos visto, si bien de forma somera, en el capítulo de la primera parte consagrado a la Reforma y la Contrarreforma, las denominaciones protestantes, andando el tiempo, zanjaron la cuestión de estos escritos, que coleaba desde la Antigüedad cristiana, eliminándolos de las ediciones de la Biblia. De ahí que el lector protestante y evangélico actual, especialmente si procede de una cultura hispánica o latina en general, bien pueda considerar este apéndice como superfluo, innecesario.

Pero, por otro lado, resulta innegable que estos libros apócrifos o deuterocanónicos forman parte de las ediciones bíblicas de otras confesiones, integran su Antiguo Testamento[1334] y, dado que se trata de una

---

[1333] En ocasiones se ha hecho notar la escasa precisión de la nomenclatura protestante en este caso, pues los libros que los catolicorromanos llaman deuterocanónicos no contienen nada oculto ni son obras propias de sectas esotéricas judías. No vamos a consagrar apéndice alguno, por otro lado, a la rica literatura judía que el mundo protestante designa como *pseudoepigráfica* (lit. "de falsa atribución") y el católico como *apócrifa*, pues, si bien algunos de sus componentes se hallan en la LXX (*Salmo 151, Odas de Salomón, 3 y 4 Macabeos*) o en el canon de la Iglesia de Abisinia (*Libro de Enoc, Libro de los Jubileos*), constituye un vasto repertorio teológico y literario, largamente ampliado con los descubrimientos de los escritos del mar Muerto, y que rebasa con mucho los límites de nuestro estudio. Es decir, no halla su lugar exacto en una teología del Antiguo Testamento propiamente dicha.

[1334] Un ejemplo patente de lo cual lo tenemos en las ediciones de nuestras Biblias protestantes castellanas del Oso y del Cántaro, en las que también aparecen, siguiendo la corriente más común de la época en que fueron publicadas. Ello ha causado más de una sorpresa entre creyentes evangélicos actuales.

literatura que ve la luz entre los siglos II a. C. y I d. C., nos permite conocer con mayor exactitud el transfondo histórico, religioso y cultural en el que vieron la luz el propio Antiguo Testamento canónico hebreo recopilado en su versión premasorética, la Septuaginta griega y, muy especialmente, el Nuevo Testamento. Aunque, desde luego, no sean comparables a los treinta y nueve escritos canónicos veterotestamentarios que conocemos y utilizamos, bien merece la pena que prestemos atención a la teología que vehiculan. Se trata, finalmente, de libros "buenos para leer", como dijera en su momento el reformador Martín Lutero y reconocen hoy los estudiosos[1335]. Dice a este respecto Edmond Jacob:

> «Estos libros no debieran ser para nosotros un osbtáculo, sino más bien un puente entre ambos Testamentos. Ciertas doctrinas, como la resurrección de los muertos, la angelología, el concepto de retribución, han asumido en la literatura apócrifa la forma con que se hallan en el Nuevo Testamento. Percibimos en los libros apócrifos la huella de la revelación divina que encontramos en la Biblia; de ahí que disminuir el valor de su testimonio, aunque sea secundario, implique correr el riesgo de eliminar un eslabón de alto valor en esa cadena que constituye la unidad de la revelación. Por este motivo, el regreso a la práctica de la Reforma, cuando los apócrifos se insertaban al final del Antiguo Testamento[1336], nos parece altamente deseable[1337]».

¿A qué libros nos referimos cuando mencionamos los apócrifos o deuterocanónicos? Evidentemente, a los escritos no contemplados en el Antiguo Testamento canónico judío y protestante, pero que hallamos en las biblias católicas dentro del texto sagrado, y en las interconfesionales como un apartado independiente entre el Antiguo y el Nuevo Testamento. Huelga la precisión de que no nos vamos a preocupar de las cuestiones de su canonicidad o deuterocanonicidad, origen, autorías y destinatarios, ni tampoco de las razones que tienen unos u otros para admitirlos o no en sus cánones respectivos, todo lo cual forma parte

---

[1335] Algunas iglesias de la Comunión Anglicana emplean fragmentos de estos libros para la devoción de los fieles, indicándose siempre que se trata de textos no canónicos, e incluso dentro de las lecturas prescritas en los leccionarios para la predicación dominical. Así, v. gr., el *Libro de oración común* de la Iglesia Episcopal de los EEUU.

[1336] Así la Biblia del Cántaro (BdC).

[1337] BOISSET, J. ET ALTERI. *Le problème biblique dans le protestantisme*. Paris: Presses Universitaires de France, 1955. Pp. 81-82. La traducción es nuestra.

de otras disciplinas de estudio. Por otro lado, siguiendo el ejemplo de nuestras primeras biblias protestantes en lengua castellana, añadimos al conjunto deuterocanónico tres obras más, que la Biblia del Oso indica como apócrifas, pero que formaban parte del texto de la Vulgata que circulaba en la época[1338]. Podemos clasificarlos en conjunto de la siguiente manera[1339]:

Libros históricos o de género narrativo: *Oración de Manasés*, 3 Esdras*, Tobías, Judit, Ester XI-XVI o Ester griego, 1 y 2 Macabeos.*

Libros proféticos: *4 Esdras o Apocalipsis de Esdras*, Baruc (con la Epístola de Jeremías*[1340]*), Daniel III: 24-90, XIII y XIV o Daniel griego.*

Libros sapienciales: *Sabiduría de Salomón o Libro de la Sabiduría, Sabiduría de Jesús ben Sirac o Libro del Eclesiástico.*

El mundo que vio el origen de la literatura apócrifa y deuterocanónica. Recibe el nombre técnico de Período Intertestamentario o *Intertestamento*[1341] el conjunto de siglos que datan entre el ministerio de Malaquías, último de los profetas de Israel, y la aparición de Juan el Bautista, vale decir, entre finales del siglo V a. C. y las tres primeras décadas del I d. C., según las teorías más tradicionales. Época de grandes cambios mundiales, que vio la caída del Imperio aqueménida y el ascenso del Helenismo de la mano de Alejandro Magno y, sobre todo, los reinos de los Diádocos, dos de los cuales tuvieron una enorme influencia en los eventos políticos y religiosos de Palestina. Como se ha dicho en ocasiones, son los libros 1 y 2 Macabeos los que nos dan la pauta para comprender el porqué de la literatura apócrifa veterotestamentaria, pues reflejan a la perfección las condiciones que se dieron en la Palestina del siglo II a. C., momento en que se iniciaría, según se dice, su composición, bien para reflejar la situación de crisis por la que atravesaban los judíos del momento (1 y 2 Macabeos, 3 y 4 Esdras,

---

[1338] Razón por la cual formaban también parte de la primera edición de la Biblia protestante inglesa King James Version o "Versión autorizada".

[1339] Los libros marcados con asterisco (*) son los que añaden las ediciones antiguas de la Vulgata, y que encontramos en las Biblia del Oso (BdO) y del Cántaro (BdC), pero que no aparecen en las ediciones católicas o interconfesionales de hoy.

[1340] Su sexto capítulo.

[1341] ANDRÉ, P. *Intertestamento.* Estella (Navarra): Verbo Divino, 1983.

Tobías, Judit, Ester griego, Daniel griego, Baruc), bien como una relectura o reflexión acerca de las Escrituras Canónicas (Oración de Manasés, Sabiduría, Eclesiástico), ya conocidas a la sazón, o al menos en su mayor parte, a la luz de los eventos de aquel trágico presente. 1 Mac. 1 ha sido considerado un capítulo clave para entender los libros apócrifos. Con tonos y estilo de crónica histórica, narra de forma resumida el ascenso de Alejandro Magno, la división de su imperio entre sus generales y la aparición del monarca Antíoco IV Epífanes (*Antíoco El Ilustre* v. 11[1342]), con sus intentos de unificación cultural de todos sus territorios bajo el signo del Helenismo, lo cual conllevó unas condiciones trágicas para los judíos:

> *El rey Antíoco escribió un decreto ordenando que en todo su reino todos los pueblos formasen un solo pueblo y que abandonasen sus propias leyes.* (v. 43)

> *A los quince días del mes de Kislev, en el año ciento cuarenta y cinco, el rey Antíoco levantó el abominable ídolo de la desolación sobre el altar de Dios[1343], y construyó altares por todas las ciudades de Judea. Delante de las puertas de las casas y por las plazas quemaban incienso y ofrecían sacrificios; despedazaban y arrojaban al fuego los libros de la Ley que encontraban, y a cualquiera que tuviese el libro del pacto del Señor, o que cumpliese los mandamientos de su Ley, lo mataban con violencia, conforme al decreto del rey.* (vv. 57-60)

El hecho de que ya antes de tan terribles acontecimientos aparecieran en Jerusalén y toda Palestina judíos prohelenistas, dispuestos a renunciar a su herencia nacional en aras de una plena integración en el mundo cricundante, a los que el autor del libro llama *hombres malvados* (v. 12), coadyuvó grandemente a la campaña de helenización forzosa impuesta por el tirano. A partir del capítulo 2, con la introducción de la figura del sacerdote Matatías y sus hijos, el más destacado de los cuales será Judas Macabeo, comienza la reacción nacionalista judía, que tiene

---

[1342] Salvo indicación contraria, las citas de los libros apócrifos de este apéndice se tomarán de la edición de las Escrituras conocida como Biblia del Siglo de Oro (BSO).

[1343] *Cf.* Dn. 8:11-12; 9:26-27; 11:30-31. Recuérdese que, como habíamos dicho en un capítulo anterior, el libro de Daniel ve su redacción definitiva hacia el siglo II a. C., en la época descrita por 1 Mac. 1.

como banderas la observancia sabática (aunque no con el rigor que tendrá después en el judaísmo rabínico. 1 Mac. 2:32-41), el concepto de pacto o alianza, y una clara conciencia de historia nacional con tintes sagrados. De este modo, enlaza con la historia sacra narrada en el Antiguo Testamento, de la que se considera continuadora.

El libro 2 Macabeos vendrá a incidir en los mismo hechos, o al menos en los más destacados, pero ofreciendo un colorido especialmente religioso, menos de crónica histórica y más de historia salvífica, al estilo de los libros canónicos. Episodios como la leyenda de Jeremías y la ocultación del arca del pacto (cap. 2), la historia de Heliodoro en el templo de Jerusalén (cap. 3), la narración del martirio de los siete hermanos, auténticos héroes de la fe (cap. 7[1344]), o la muerte del tirano Antíoco por un juicio de Dios (cap. 9), entre otros, dan el tono de la obra y muestran el pensamiento de *los fieles* de Israel, a los que 1 Mac. 1:42 designa como *asideos*[1345], círculos de creyentes estrechamente vinculados a las venerables tradiciones patrias que, andando el tiempo, llegarían a desembocar en la secta de los fariseos del Nuevo Testamento. Aunque, en medios evangélicos de nuestros días, el epílogo de esta obra (2 Mac. 15:38-40) ha sido citado muchas veces en manuales de apologética y de introducción a la Biblia para justificar su rechazo de que sea incluida en el canon, nadie que lo lea con un mínimo de sentido crítico podrá dejar de reconocer su inmenso valor en tanto que testimonio histórico de la fe judía en el crisol del sufrimiento y la persecución, poco antes de despuntar nuestra era cristiana.

El pensamiento transmitido por los libros apócrifos. Dicho lo cual, vamos a ver a continuación, y de forma muy somera, las líneas generales de pensamiento que se hallan en el conjunto de la literatura apócrifa. Ni que decir tiene que los puntos desarrollados no se encuentran forzosamente en todos y cada uno de esos escritos, pues responden a géneros distintos e intereses diversos. El amable lector no debiera llevarse, por tanto, una falsa impresión al concluir este apéndice. Solo pretendemos hacer hincapié en aquello en que los libros apócrifos difieren de lo que hemos visto en relación con la literatura veterotestamentaria. En lo

---

[1344] *Cf.* He. 11:35b. Los mejores comentaristas indican que hace referencia a este triste episodio.

[1345] Transcripción griega del hebreo חסידים *jasidim*, los piadosos.

demás, suponen una clara continuación de aquella, de lo cual ofreceremos también algún que otro ejemplo.

La imagen de Dios. La literatura apócrifa continúa la línea trazada por los textos canónicos del Antiguo Testamento en lo referente a la imagen que ofrece de Dios. Ahora bien, puesto que ve la luz en un momento histórico en el cual la fe judía ya se ha consolidado en su primera fase —la anterior a la destrucción del templo de Jerusalén el año 70 d. C.[1346]— no se hallan en estos escritos ni los rasgos primitivos con que algunos hagiógrafos veterotestamentarios perciben al Dios de Israel en ciertos momentos, ni tampoco esa amplia variedad de teónimos que encontramos en el canon hebreo, especialmente en las tradiciones patriarcales o en los libros poéticos. El Dios que reflejan los libros apócrifos es realmente único y absoluto, sin competidores divinos de ningún tipo, creador y dueño indiscutible del mundo y de los hombres, y recibe, por lo general, los dos nombres griegos de *Dios* (θεός *theós*) y de *Señor* (κύριος *kyrios*), aunque a veces se lo designa por medio de adjetivos, calificativos o sustantivados, y construcciones genitivales que califican esos mismos nombres; los más comunes son *Altísimo* (ὕψιστος *hýpsistos*, Tob. 1:13; Sab. 6:15; Eclo. 37:19), *Poderoso* (δυνάστος *dynastos*, Eclo. 46:8), *Todopoderoso* (παντοκράτωρ *pantokrátor*, Bar. 3:1,4; 2 Mac. 3:22) y el postexílico *Dios del cielo*[1347] (ὁ θεός τοῦ οὐρανοῦ *ho theós tu uranû*, Jdt. 5:8[1348]), amén de la simple locución *el cielo* (ὁ οὐρανός *ho uranós*, 1 Mac. 3:18[1349]), sin que quede ya ni rastro del antiguo Tetragrámmaton. El Nuevo Testamento, también redactado en griego[1350], continuará la misma práctica.

[1346] Lo que algunos autores designan como *Período del segundo templo. Cf.* MAIER, J. *Entre los dos Testamentos. Historia y religión en la época del segundo templo.* Salamanca: Ediciones Sígueme, 1996.

[1347] *Cf.* Esd. 1:2; 5:12; Neh. 1:5; 2:4, donde aparece en la forma plural *Dios de los cielos.* En Dn. 2:19,37, en cambio, se lee la forma singular *Dios del cielo.*

[1348] En la BSO aparece esta expresión en Tob. 12:6, pero no se encuentra en el texto de la LXX, sino en el de la Vulgata: *Deum caeli.*

[1349] La BSO lo vierte como *Dios del cielo.*

[1350] Para mayores detalles sobre la debatida cuestión de la lengua en que vieron la luz los libros apócrifos o deuterocanónicos, véanse las introducciones al Antiguo Testamento en sus capítulos correspondientes. Lo cierto es que, al ser vehiculados principalmente por la LXX, las traducciones que se han ido realizando a lo largo de la historia del cristianismo se han fundamentado en esta versión griega, con todas sus variantes.

Son dos, no obstante, los detalles más destacados que aportan los libros apócrifos al pensamiento veterotestamentario acerca de Dios, y que hallaremos mucho más desarrollados en el Nuevo Testamento y en la teología cristiana posterior. El primero de todos es el concepto de la trascendencia divina. Aunque, como viéramos a lo largo de los capítulos de la segunda parte, Israel fue desarrollando poco a poco la idea de que su Dios es alguien desligado del mundo y con unos alcances, no ya de actuación, sino de propósito, universales —concepción que se haría más evidente en los escritos de los profetas y de los autores de la restauración postexílica— es en la literatura apócrifa donde contemplamos el proceso totalmente concluido. De hecho, la presencia real de Dios, mencionada en ocasiones cuando se alude a la historia de Israel, no se manifiesta en las historias narradas por estos libros, sino de formas muy indirectas. Mientras que en el Antiguo Testamento canónico son muchos los textos, especialmente los que contienen las tradiciones más antiguas, en los cuales la intervención divina en la Historia de la Salvación es muy directa (acontecimientos del éxodo o la conquista, v. gr.; recuérdese lo que habíamos dicho desde un principio acerca de las *magnalia Dei*), los libros apócrifos muestran a Dios siempre como entre bastidores, dirigiendo todos los acontecimientos, ciertamente, pero nunca haciéndose realmente visible[1351]. Un relato como el intento frustrado del comisionado Heliodoro por profanar el templo de Jerusalén y llevarse sus tesoros, referido en 2 Mac. 3, nos presenta lo más parecido a una teofanía dentro de las narraciones apócrifas:

Pero el Señor de los antepasados y Soberano de toda potestad hizo una gran demostración de sí mismo, de tal manera que todos los que se atrevieron a venir con Heliodoro fueron derribados por el poder de Dios, y se desmayaron llenos de miedo, porque se les apareció un caballo montado por un jinete de aspecto terrible, adornado con una hermosa armadura, y el caballo puso con fuerza sus patas delanteras sobre Heliodoro. El jinete que lo montaba parecía estar armado con armas de oro. Aparecieron también otros dos jóvenes, poderosos en fuerza, de gloriosa presencia y vestiduras

Solo recientemente se han tenido en cuenta posibles lecturas de versiones semíticas halladas en Qumram, pero no de todos los libros.

[1351] *Cf.* los libros de Esdras y Nehemías, y sobre todo el libro de Ester, en el que, como ya habíamos señalado en su momento, ni siquiera se menciona una sola vez el término *Dios* o sus equivalentes.

espléndidas, que se pusieron uno a cada lado de él y lo azotaban sin cesar por ambos lados y lo hirieron con muchos golpes. Heliodoro cayó de repente en tierra y quedó rodeado de completa oscuridad. Luego lo levantaron, lo colocaron en una camilla, y lo llevaron fuera. (vv. 24-27)

Aunque el narrador habla claramente de una manifestación de Dios (*la aparición del Señor Todopoderoso*, v. 30), las noveladas descripciones de las figuras del jinete y los dos jóvenes tienen, evidentemente, un elevado valor simbólico que las distancia de cuanto leemos, v. gr., en los relatos referentes a la teofanía del Sinaí o a la vocación del profeta Isaías. Por otro lado, a lo largo del pasaje encontramos la expresión *el poder de Dios* (vv. 24, 28, 29, 34, 38), traducción de las construcciones griegas ἡ τοῦ θεοῦ δύναμις *he tu theû dýnamis*, ἡ τοῦ θεοῦ δυναστεία *he tu theû dynasteía*, y τὸ τοῦ θεοῦ κράτος *to tu theû kratos*, lo cual parece hacer de este peculiar concepto el verdadero protagonista del relato; el poder de Dios sería así una hipóstasis del Dios de Israel. A medida que el judaísmo adquiría mayor conciencia de la realidad de Dios como ser trascendente, más la alejaba de intervenir directamente en los asuntos de este mundo.

El segundo es la idea de la paternidad divina. Como habíamos dicho en su momento, este concepto alcanzará su plenitud en la enseñanza de Jesús en el Nuevo Testamento, pues en el Antiguo la imagen de Dios como Padre no es demasiado frecuente, por un lado, y por el otro obedece a los patrones de pensamiento de una sociedad semítica antigua. La literatura apócrifa, aun sin mencionar a Dios como Padre en la mayoría de los casos, contiene ejemplos que anticipan ya claramente la enseñanza de Jesús. Uno de ellos lo hallamos en Tob. 13:3-4, que dice:

Confesad al Señor, hijos de Israel, y alabadlo en presencia de los gentiles; porque por eso os esparció entre las naciones que no lo conocen, para que vosotros contéis sus maravillas y les hagáis entender que no hay otro Dios omnipotente sino él, el cual es Señor y Dios nuestro y padre por todos los siglos.

Vemos otro en Eclo. 23:1,4, versículos que comienzan, respectivamente, por las fórmulas de invocación *Señor, Padre y Señor de toda mi vida* y *Señor, Padre y Dios de mi vida*. Tanto en el caso de la narración de Tobías como en las invocaciones de Ben Sirac hallamos una noción de paternidad de Dios más íntima, más vinculada con el conjunto del pueblo de Israel, en el primer caso, o con el creyente individual, en el segundo, que permite vislumbrar, aunque aún de lejos, lo que leeremos en los Evangelios.

Resulta evidente que el Dios de Israel delineado en los apócrifos muestra rasgos que nos lo hacen familiar a los lectores cristianos de la Biblia, mucho más, en cierto sentido, que ciertos pasajes del Antiguo Testamento canónico.

Ángeles y demonios. Estrechamente vinculado con el concepto de un Dios trascendente, el judaísmo intertestamentario desarrollará la angelología y la demonología en mucho mayor grado que los escritos canónicos veterotestamentarios. Cuanto más grande, poderoso y Señor del universo se concibe a Dios, mayor necesidad experimentan los judíos de poblar el mundo con seres espirituales que hagan la función de mensajeros o enlaces entre el Todopoderoso y el ámbito humano, en lo cual se ha querido ver una transposición celestial de la realidad de las monarquías helenísticas de la época, o incluso del Imperio romano, para los libros más tardíos. La historia narrada en 4 Esdras es un evidente ejemplo: remedando el estilo y los tonos del libro canónico de Daniel, es también un ángel, *el cual tenía por nombre Uriel* (4 Esd. 4:1)[1352], quien comunica al escriba Esdras los acontecimientos futuros en relación con el pueblo de Israel[1353]. Otro lo hallamos en el libro de Tobías, donde la figura del ángel Rafael, *uno de los siete santos que presentan las oraciones de los santos y están siempre delante del Santo* (Tob. 12:15), juega un importante papel de protagonista sobrenatural, en tanto que representante de Dios. Pero, así como los seres celestiales presentados en los escritos del canon hebreo pueden participar plenamente del mundo material sin desdoro alguno de su naturaleza ultraterrena (Gn. 18:1-8), en la literatura apócrifa, aunque en ocasiones parecen actuar de manera un tanto burda (DnGr. 14:35), se comienza a buscar una espiritualización total de su ser, de modo que sus manifestaciones en el ámbito humano se revisten de apariencias que engañan los sentidos. Afirma, v. gr., Rafael en Tob. 12:19:

[1352] Las citas directas o indirectas de los libros 3 y 4 Esdras las tomamos de la BdO, adaptándolas a la ortografía castellana actual.

[1353] En Dn. 8:16 y 9:21 es el ángel Gabriel el mensajero encargado de explicar al profeta las visiones procedentes de Dios.

Yo aparecía ante vosotros todos los días, y os parecía que comía y bebía, pero me sustento con alimento y bebidas que los hombres no pueden ver[1354].

En relación con los espíritus malignos, si bien la literatura apócrifa o deuterocanónica no conoce el desarrollo exagerado de la demonología que se constata en otros escritos intertestamentarios de la época, hallamos, no obstante, que la figura de Satanás se encuentra ya plenamente desarrollada, de modo que a él se atribuye el origen de la muerte en nuestra especie:

Pero por envidia del diablo entró la muerte en el mundo. (Sab. 2:24)

Por su parte, el relato del demonio Asmodeo, que se narra en el libro de Tobías, enlaza el pensamiento judío con las leyendas supersticiosas y folclóricas sobre espíritus malignos, tan abundantes en el Medio Oriente y en el mundo helenístico. Asmodeo, enemigo declarado de la unión conyugal (Tob. 3:8), será vencido por medio de un acto puramente mágico (vísceras de pez quemadas en un brasero, Tob. 8:1-3), de modo que el joven Tobías y su prometida Sara puedan contraer matrimonio y consumarlo. El espíritu maligno, forzado a huir al desierto del Alto Egipto, será capturado y atado por el ángel Rafael (Tob. 8:3b). En este relato, que tiene mucho de cuento popular, despunta ya la idea de una guerra declarada entre las huestes angélicas y las diabólicas, que hallamos plenamente perfilada en el Nuevo Testamento (relatos de las tentaciones de Jesús; la guerra cósmica de Ap. 12), y que culmina con la derrota de estas últimas. Por otro lado, el hecho de que Asmodeo huya a los desiertos del Alto Egipto, es muy indicativo del concepto judío de

---

[1354] En relación con el concepto de "comida de ángeles", *cf.* Sal. 78:25a, que reza:

Pan de nobles comió el hombre.

El texto de la LXX (Salmo 77 para esta versión) reza:

ἄρτον ἀγγέλων ἔφαγεν ἄνθρωπος

arton angelon éphagen ánthropos

o sea, *pan de ángeles.* Tal es, también, la traducción de la Vulgata (*panem angelorum manducavit homo*), si bien la Nueva Vulgata lo vierte como *panem fortium*, es decir, "pan de fuertes", más acorde con el TM.

los países paganos como nidos de demonios, especialmente en los lugares deshabitados.

Una nueva festividad. La literatura apócrifa alude a las celebraciones y a los ritos que encontramos en el Antiguo Testamento, pero también refiere la institución de una nueva fiesta del calendario judío: 1 Mac. 4:36-59 nos relata en detalle cómo Judas Macabeo, tras vencer a sus adversarios helenistas, rededicó el templo de Jerusalén, profanado por Antíoco Epífanes, desechando y sustituyendo cuanto había sido contaminado, a fin de que el culto judío pudiera ser reanudado conforme a la ley de Moisés. Se trata de la *fiesta de la dedicación* mencionada en Jn. 10:22 (gr. τὰ ἐγκαίνια *ta enkaínia*), a la que los escritos de Flavio Josefo designan como *Fiesta de las Luces*, y los judíos llaman חנכה *Janukkah*, celebración que hoy reviste una destacada importancia en su liturgia sinagogal[1355].

A la misma festividad parece aludir Jdt. 1:31, versículo que se encuentra únicamente en la Vulgata[1356], ya que no hay constancia de la fiesta ahí indicada, pero sí se sabe que el libro de Judit era leído en la Janukkah.

La lucha contra la idolatría. Los libros apócrifos heredan de las últimas manifestaciones literarias del Antiguo Testamento una clara conciencia de lo absurdo de la idolatría pagana. La religión judía, en principio respetada por los persas y los macedonios de Alejandro Magno, así como por los reyes Ptolomeos de Egipto y los primeros Seléucidas de Siria, se ve confrontada a una guerra de exterminio con la persecución de Antíoco Epífanes y la imposición del paganismo heleno. De ahí que esta literatura desarrolle un espíritu esencialmente combativo frente a la insensatez de adorar ídolos, vivos o inertes, humanos, animales o astros. El libro de la Sabiduría, de claro estilo sapiencial, contiene en sus capítulos 10-19 un verdadero *midrash haggádico* sobre el Antiguo Testamento, en el que destaca de forma muy especial la pugna, no solo ya de la religión, sino también de la razón, contra la adoración de ídolos; tal es el contenido de los capítulos 13-14, con una interesante digresión sobre el origen del culto a los ídolos en 14:12-21, que citamos a continuación, dada su importancia:

[1355] COHN-SHERBOCK, D. *Op. cit.* v. s. v. Januká.
[1356] La BSO lo presenta entre paréntesis, como una glosa.

El origen de la fornicación fue el pensar en los ídolos; y la corrup-
ción de la vida fue la invención de ellos, pues ni existieron desde
el principio ni existirán para siempre. Por vanidad de los hombres
entraron en el mundo y por eso les está determinado un rápido fin.
El padre, entristecido de gran dolor por la muerte de su hijo, que
le fue quitado prematuramente, le hizo una imagen y, primero, la
comenzó a honrar como a un hombre muerto, pero después como si
fuese un dios; y dio a los suyos ceremonias y sacrificios. Después,
confirmada con el tiempo, la impía costumbre se conservó como ley
y por mandamiento de los soberanos se les rindió culto a las esta-
tuas esculpidas. De igual modo, los que no podían honrar personal-
mente a los soberanos que estaban lejos de ellos, hicieron imágenes
de sus figuras lejanas, convirtiendo en visible la imagen del rey a
quien querían honrar, para adularle fingidamente como si estuvie-
se presente, aunque estaba ausente. Y, finalmente, para extender el
impío culto, también la ambición del artista animó a los ignorantes,
porque el artista, deseando tal vez agradar al señor, trató de pro-
ducir con su arte la imagen más bella. Y el pueblo, atraído por la
belleza de la obra, a quien al principio honraba como hombre, al
final lo comenzó a adorar como si fuese un dios. Y esto ha sido una
asechanza para la vida, porque los hombres, caídos en desgracia o
en esclavitud, pusieron a las piedras y a los maderos el nombre que
no se debía colocar a ninguna cosa creada.

En estas palabras leemos lo que era, sin duda, la opinión de muchos pensadores griegos acerca del origen del culto a las estatuas de los dioses. Por otro lado, en Sab. 15:14-19 se halla un razonamiento acerca de la insensatez de la idolatría muy en la línea de los grandes profetas de Israel. De un tenor similar es la carta de Jeremías a los cautivos de Babilonia que contiene el cap. 6 de Baruc. Pero también se hallan estos conceptos en la literatura narrativa. Así, Jdt. 6:2 pone en boca de Holofernes, general de las innumerables huestes asirias que invaden Judea, esta declaración: *¿Qué otro dios hay aparte de Nabucodonosor?*, fuertemente desmentida por la tremenda derrota que sufrirán los paganos a manos de los judíos, en lo cual el autor ve la clara mano del Dios único.

Con todo, es DnGr. 14 el capítulo fundamental en la diatriba judía de estos escritos contra los ídolos. Los primeros veintiún versículos contienen la historia de Daniel y la superchería del dios Bel, ídolo adorado por los babilonios; Daniel desenmascara ante el rey el engaño de los sacerdotes del ídolo, quienes hacían creer a todo el mundo que el falso dios comía las ofrendas que se le presentaban, siendo que lo hacían ellos mismos con sus familias entrando en el templo de noche por un pasadizo secreto. Los diecinueve versículos restantes narran cómo Daniel mata a un gran dragón, adorado también por los babilonios como un ser divino, lo que le vale ser arrojado al foso de los leones, de donde sale indemne. En ambos episodios, y obviando sus evidentes rasgos folclóricos, resalta el hecho de que ni construcciones inertes ni seres vivos pueden ser adorados en lugar del Dios de Israel, pues resulta del todo absurdo.

Los textos sacros de la Ley y los Profetas entendidos como kerigma y como Historia de la Salvación. Los libros apócrifos efectúan una lectura muy importante del Antiguo Testamento siguiendo un patrón fundamental, el tema de la sabiduría (gr. σοφία *sophía*) de Dios que opera a lo largo de la historia nacional de Israel. En este sentido, son capitales los dos escritos catalogados como literatura sapiencial que llamamos *Sabiduría* y *Eclesiástico*. Este último, que es el primero en ser redactado en el tiempo, si bien sigue una línea muy tradicional judía palestina que lo asimila, en cierto sentido, al estilo del libro canónico de los Proverbios, evidencia las aportaciones de nuevos modelos de pensamiento; por otra parte, el libro de la Sabiduría, que ve la luz, probablemente, en la época herodiana, representa las corrientes propias del judaísmo helenístico de las comunidades hebreas situadas en Alejandría de Egipto. El libro de la Sabiduría, en efecto, razona la existencia de Dios y del ser humano con argumentos filosóficos, al mismo tiempo que efectúa una lectura de las tradiciones sacras de Israel a la luz de una nueva concepción de la realidad, que le permite reconocer la belleza de las cosas creadas (Sab. 13:3), la existencia de una providencia divina rectora de la historia (Sab. 14:3) e incluso una conciencia en el ser humano (Sab. 17:1), conceptos que no aparecen plenamente desarrollados en el Antiguo Testamento.

Eclo. 24 contiene un hermoso cántico a la sabiduría en el que se condensa la creencia firme de su autor en relación con el devenir histórico de Israel: Dios ha puesto en la casa de Jacob la sabiduría, lo cual explica los avatares por los que ha atravesado y de los que ha salido airosa la estirpe sagrada. La propia sabiduría, creación directa de Dios (*cf.* Pr. 8:22-31) y, casi se podría decir, una hipóstasis de la Divinidad, se presenta a sí misma con estas palabras:

*«Yo salí de la boca del Altísimo, (engendrada antes de toda
criatura.*
*Yo hice que en los cielos naciera una lumbrera permanente y como
una neblina cubrí toda la tierra.*
*Yo tuve mi morada en los lugares altísimos y mi asiento en columna
de nubes.*
*Yo sola recorrí la redondez del cielo y anduve en la profundidad del
abismo.*
*Sobre las olas del mar, sobre toda la tierra, sobre todos los pueblos y
naciones tuve dominio.*
Humillé con poder los corazones de los eminentes y de los humildes.
En todo esto busqué reposo y alguna heredad donde habitar.
*Entonces el Creador de todas las cosas me dio mandamientos y el que
me creó estableció mi tabernáculo.*
*Y dijo: "Habita en Jacob, y en Israel ten tu heredad y en mis escogidos
echa raíces")».*
Desde el principio, antes del tiempo, me creó y jamás desfalleceré.
*Delante de él serví en su santa morada y así estoy establecida en
Sion.* (Eclo. 24:5-14)

A partir de estas premisas, el Antiguo Testamento se entiende como
kerigma y como Historia de la Salvación, de la cual el gran protagonista es Dios (Sab. 15-19), si bien se muestra jalonada de figuras humanas ilustres, desde Adán hasta el sumo sacerdote Simón, hijo de
Onías (Eclo. 44-50). Partiendo de un mundo creado de la nada (2 Mac.
7:28)[1357], la sabiduría de Dios sostiene al hombre caído y le hace salir
airoso de las pruebas (Sab. 10-11).

*La sabiduría aguardó al primer padre del mundo, formado solo y
creado por Dios, y lo levantó de su caída. Y le dio fuerzas para ven-
cerlo todo.* (Sab. 10:1-2)

A la luz de este punto de vista, se explican los frecuentes resúmenes,
completos o parciales, de la historia sacra que sirven muchas veces de
preludio a lo que se va a relatar después, o que enmarcan unos hechos
considerados trascendentes para la supervivencia del pueblo judío.
Los autores de los textos apócrifos narrativos sienten la imperiosa

---

[1357] Primera alusión escrituraria a la doctrina de la *Creatio ex nihilo* en la literatura
judía, de donde ha pasado al cristianismo. Este versículo evidencia el trasfondo filosófico helenístico de su autor.

necesidad de justificar cuanto refieren como continuidad de la Historia de la Salvación. Los ejemplos más claros son los compendios que leemos en 3 Esd. 1 y 4 Esd. 3, así como la por demás extraordinaria confesión de fe de Jdt. 5:6-25 puesta en boca del amonita y primeramente pagano Aquior (al final del relato se convertirá al judaísmo), quien condensa la trayectoria de Israel desde los patriarcas hasta la restauración después de la cautividad babilónica. Los vv. 17-19a ofrecen la clave de todo el conjunto narrativo del libro de Judit:

> *Y no hubo quien sobrepasara a este pueblo, sino cuando él se apartaba del culto al Señor, su Dios. Todas las veces que adoraron a otros dioses, aparte de su Dios, fueron entregados a exterminio y a humillación. Pero todas las veces que se arrepintieron de haberse apartado del culto a su Dios, el Dios del cielo les dio fuerzas para resistir.*

De este modo, se entiende la existencia de la nación judía como una proclamación, un testimonio constante al mundo del poder del Señor, Dios de Israel y Dios único. Con ello, las Escrituras del Antiguo Testamento, percibidas ya como un bloque compacto, sin tenerse en cuenta sus diversos orígenes, los tipos de sociedades que describen, o los distintos niveles teológicos y enfoques que presentan acerca de Dios y acerca del propio Israel, han alcanzado el *status* de revelación divina y definitiva para Israel, base de su instrucción y fuente primaria de su historia y de su identidad. De ahí que, a partir de ese momento, se busque en ciertos círculos palestinos más o menos helenizados entroncar a los personajes bíblicos con figuras o pueblos destacados de las tradiciones históricas helénicas: 1 Mac. 12:19-21 afirmará, v. gr., que tanto judíos como espartanos son descendientes de Abraham. Así, los círculos judíos más avanzados intelectualmente contribuirán al desarrollo del *ecúmene* como ideal universal del momento.

Pero, al mismo tiempo, la lectura kerigmática de las Escrituras generará entre los autores de varios libros apócrifos un cierto malestar: los textos sagrados se expresan en ocasiones con cierta crudeza a la hora de referir algunos hechos concretos de la historia nacional; no todos sus protagonistas humanos aparecen siempre enfocados de manera demasiado positiva, por lo que se sentirán obligados a retocar, casi a corregir esa información. Así, Tob. 14:6 manifiesta cierta desazón ante el hecho de que el libro de Jonás no refiera la destrucción de Nínive, por lo cual insiste en que tal evento ha de tener lugar forzosamente: la glosa *"porque la palabra de Dios no perece"* evidencia a todas luces el malestar de un autor muy escrupuloso que mezcla una profunda teología con sus innegables dotes de ficción literaria. Jdt. 9:2-3, por su parte, intenta dar al crimen de Siquem perpetrado por Simeón y Leví (Gn. 34) un tono de cumplimiento de un mandato divino efectuado por puro celo por la palabra del Señor, presentando a la heroína de Betulia como una descendiente directa de Simeón. Y EstGr. 5:15-19, por no mencionar sino un libro más, pone en boca de la reina Ester una sentida oración en la cual dice *aborrecer* la cama de los incircuncisos y hasta sus insignias reales, claro subterfugio literario para no hacer de este personaje un mal ejemplo ante las jóvenes judías, y justificar de este modo su matrimonio con el rey Asuero, un pagano, como un designio divino salvífico para con el pueblo de Israel. En este mismo escrito, la figura del malvado Amán es presentada llamándole *macedonio* (EstGr. 7:10) en vez de *agagueo* (Est. 3:1), clara evidencia de que el autor escribe estos capítulos en un momento en que eran los Seléucidas de origen heleno los grandes enemigos de Israel.

Protagonismo femenino. Aunque encontramos en la literatura apócrifa pasajes como Eclo. 9:1-13, que ponen en guardia al israelita fiel frente a los peligros que implica la mujer —en lo cual no se desmarcan demasiado de la línea marcada por la literatura sapiencial canónica (*cf.* Pr. 2:16-19; 7:1-27; 11:22; 31:3 Ec. 6:26)[1358]— hallamos, no obstante, una clara valoración de la figura femenina en Sab. 8, donde el autor de este libro presenta a la sabiduría con los rasgos de una esposa ideal, con unos tonos que no se encuentran en los libros sapienciales del canon hebreo. Sab. 8:2 afirma literalmente:

A esta, pues, yo amé y busqué desde mi juventud y procureé tomarla por esposa, pues me enamoré de su hermosura.

Pero ya antes de la composición del libro de la Sabiduría, encontramos dos claras obras en las que las protagonistas son mujeres judías destacadas, auténticas heroínas del género de ficción conocido como *Novela*

[1358] Sin olvidar, por otro lado, que esa misma literatura ofrece también instrucción sobre el valor innegable de la mujer virtuosa (Pr. 31:10-31).

helenística[1359]: la reina Ester y la valiente Judit. El llamado *Ester Griego* es una segunda edición del libro canónico de Ester y, a todas luces, una evidencia del esfuerzo titánico de un(os) hagiógrafo(s) judío(s) de época helenística por dotar al original hebreo de un significado verdaderamente religioso. El libro de *Judit*, por su parte, quiere exaltar hasta lo sumo la figura de una israelita piadosa (el nombre Judit significa, precisamente, *judía*) que, en un momento comprometido para la supervivencia de Israel, salva a su pueblo con su valor y su astucia. Ambas obras comparten el rasgo de unas personalidades femeninas muy marcadas, mucho más allá de las convenciones sociales que la época intertestamentaria toleraba para el mal llamado *sexo débil*, así como una manifestación de sentimientos mujeriles muy expresivos, un tanto forzados en ocasiones (EstGr. 6:1-18), acompañados de oraciones que reflejan una profunda espiritualidad (Jdt. 9). Algo similar se halla en DnGr. 13, capítulo conocido como *Historia de la casta Susana*, verdadera obra maestra que participa también de los rasgos de la novela helenística, y en el que una mujer virtuosa de Israel se convierte en blanco y víctima de una calumnia muy bien urdida por unos ancianos inicuos.

Se ha señalado, en ocasiones, que otra auténtica heroína judía de esta literatura es la anónima madre de los siete hermanos martirizados por el impío rey seléucida Antíoco antes mencionados. En efecto, el autor de 2 Mac. la presenta como alguien que alienta a sus hijos, en medio de la tribulación, hasta el final:

> *Con todo eso, la madre era sobremanera admirable y digna del mejor recuerdo, pues viendo morir a siete hijos en el espacio de un mismo día, lo sobrellevó con gran fortaleza por la esperanza que había puesto en Dios. Llena de sabiduría, a cada uno de ellos exhortaba valientemente en su propia lengua, y animándolos con varonil valentía en sus pensamientos de mujer, les decía así: «Yo no sé de qué manera vosotros aparecisteis en mi vientre, pues yo no os di ni el espíritu ni la vida, ni tampoco compuse todos vuestros miembros; pero el Creador del mundo, que estableció la generación*

[1359] EASTERLING, P. E., Y KNOX, B. M. W. (EDS.), *Historia de la literatura clásica*, vol. I, Literatura Griega. Madrid: Ed. Gredos, 1990; LÓPEZ FÉREZ, J. A. (ED.), *Historia de la literatura griega*. Madrid: Ed. Cátedra, 1988; PERVO, R. I., "Early Christian Fiction", in J. R. MORGAN & RICHARD STONEMAN (ED.). *Greek Fiction. The Greek Novel in Context*. London-New York: Routledge, 1994.

del hombre y planificó el origen de todas las cosas, él mismo os restituirá otra vez con clemencia el espíritu y la vida, como ahora vosotros, por causa de sus leyes, os tenéis en poco» (2 Mac. 7:2-23)

El tirano la condenó a muerte después de sus hijos (2 Mac. 7:41).

Sin hallar en estas heroínas rasgos de lo que hoy consideraríamos auténtico feminismo —se exalta su valor precisamente comparándolo con el de los varones—, sí podemos observar en estos escritos una cierta sensibilización hacia la figura de la mujer que nos deja entrever un paso más en comparación con lo que hallamos, por lo general, en el Antiguo Testamento, y que preludia de algún modo la compasión mostrada por Jesús en los Evangelios hacia las mujeres.

Escatología general e individual. No es la escatología general la mayor aportación de los libros apócrifos. De hecho, son muy pocos los datos que hallamos en ellos sobre este tema, aunque interesantes. En la línea de los cuadros que se leen, por ejemplo, en Is. 2:1-4; 11:1-16, el libro de Tobías recoge las ideas de una peregrinación de las naciones a Sion y un mundo futuro de paz y perfección como manifestación del poder de Dios:

> *Pero a ti, Jerusalén, ciudad de Dios, el Señor te castigó por las obras de tus hijos, pero él volverá a tener misericordia de los hijos de los justos. Bendice al Señor con tus bienes y alaba al Rey de los siglos, para que vuelva a edificar en ti su tabernáculo y vuelva a llamar hacia ti a todos los cautivos, y te goces por todos los siglos de los siglos. (Tú resplandecerás con brillante luz y todos los límites de la tierra te adorarán; las naciones vendrán desde lejos a ti, trayendo ofrendas en sus manos; adorarán en ti al Señor y tendrán tu tierra por santuario; generaciones de generaciones te alabarán y te exaltarán: Te llamarán con nombre grandioso)*[1360]. (Tob. 13:11-15)

Tob. 14:7-9 incide, con otras palabras, en los mismos hechos y predice un futuro glorioso para una Jerusalén reconstruida en la que Dios derramará su paz, su bendición y su misericordia a todas las naciones, algo que también hallamos en el pseudoepigráfico libro de Enoc

---

[1360] Los vv. 13-15, que BSO presenta entre paréntesis, no se encuentran en todos los manuscritos ni en todas las recensiones.

90:28-33. Pero aunque a Dios se lo llama *Rey*, no aparece por ningún lado el concepto de *Reino de Dios*, que sí se menciona en Sab. 10:10 en relación con los patriarcas de Israel, aunque con una proyección futura.

En relación con la Jerusalén celestial de Ap. 21:2 como morada eterna de los justos, ya preparada desde los acontecimientos del tiempo terrestre, encontramos una curiosa declaración en 4 Esd. 7:26, según la cual *la Esposa* de Dios (la ciudad santa) aguarda *debajo de la tierra* el momento de su aparición, vale decir, al más puro estilo de los cuentos orientales, especialmente los persas, en los que se hallan bajo tierra ciudades maravillosas, de inmensos palacios, bosques y estanques de agua.

Las aportaciones más trascendentales de la literatura apócrifa en el campo de la escatología tienen que ver con lo que llamamos *escatología individual*, debido al claro desarrollo del individualismo de la época en que ve la luz. Eclo. 16:4, al afirmar que *Mejor es morir sin hijos que tenerlos impíos*, manifiesta una clara ruptura con las concepciones culturales y sociales veterotestamentarias según las cuales una numerosa descendencia representa la mayor de las bendiciones, claro exponente de una prístina mentalidad tribal que suponía la supervivencia del hombre en su prole (*cf.* Sal. 127:3; 128:3,6). Eclo. 41:1-16 exalta la perennidad de la buena fama sobre la brevedad de la vida humana, y hace referencia al renombre que cada uno debe procurar dejar a la posteridad. En relación con la muerte, el Sirácida no parece ir mucho más allá de lo que había ido el Antiguo Testamento. Sin embargo, sus contemporáneos, los autores de los libros de Daniel y los Macabeos, avanzan bastante más. Como ya habíamos indicado en su momento en relación con Daniel, el autor de 2 Macabeos concibe claramente la idea de la resurrección de los muertos. En su ya mencionado capítulo 7, el relato del martirio de los siete hermanos, leemos declaraciones como las de los vv. 9, 11, 14, 29, en las que los mártires confiesan su esperanza de volver a recibir de Dios el cuerpo que entregan por fidelidad a la ley de Moisés. Y en 2 Mac. 12:43-46 leemos lo siguiente acerca de un sacrificio expiatorio encargado por Judas Macabeo a favor de unos judíos que habían muerto en pecado, por poseer amuletos paganos:

Judas hizo una colecta, y envió a Jerusaén dos mil dracmas de plata, para que se ofreciese un sacrificio por el pecado. En esto actuó correcta y rectamente, como hombre que pensaba en la resurrección; porque, si no hubiese esperado que aquellos que habían caído habrían de resucitar, innecesario y vano habría sido orar por los muertos. Además, lo hacía porque él consideraba que para los que morían piadosamente estaba guardada muy buena recompensa de gracia. Fue santo y piadoso este pensamiento. Y así hizo expiación por los muertos, para que fuesen absueltos del pecado.

Queda así constatada la fe en la resurrección, al mismo tiempo que la necesidad de orar por los difuntos, algo que el judaísmo posterior y el cristianismo, especialmente en sus vertientes piadosas más populares, practicarán ampliamente.

Esta creencia en la resurrección futura de los cuerpos viene acompañada, además, de la idea de una vida de ultratumba. 2 Mac. 7:36 ya da testimonio de ello al poner en boca del más joven de los siete mártires que sus hermanos *están bajo el pacto de la vida eterna.* Pero será el libro de la Sabiduría quien dejará la constancia más clara de la doctrina de la inmortalidad del alma humana, al igual que hará la literatura rabínica y el propio Nuevo Testamento. Sab. 2:23 afirma sin ambages que *Dios creó al hombre para la inmortalidad al hacerlo a imagen de su propia semejanza.* En Sab. 8:19-20 y 9:15 se halla la misma enseñanza, pero el texto capital es Sab. 3:1-4:

> *Pero las almas de los justos están en la mano de Dios y ningún tormento las tocará.*
> *A los ojos de los insensatos pareció que morían, su partida fue considerada trabajosa,*
> *y su separación de nosotros, perdición; pero ellos están en paz, porque aunque delante de los hombres padezcan tormento, su esperanza está llena de inmortalidad.*

Sin duda que en tales planteamientos late la filosofía griega, especialmente difundida en el mundo helenístico, pero entronca con las tradiciones sagradas de Israel y colorea el pensamiento del judaísmo que conoció y profesó Jesús, así como el de la Iglesia cristiana del siglo I.

El Mesías. Aunque pudiera parecer sorprendente, después de cuanto habíamos señalado en el último capítulo de la segunda parte de esta obra, no hallamos en la literatura apócrifa o deuterocanónica una clara manifestación de mesianismo. Ni siquiera en relación con la escatología emerge una figura de tipo mesiánico similar a las que encontramos en el Antiguo Testamento. De los apócrifos contenidos en las BdO y BdC, tan solo el libro 4 Esdras contiene alusiones claras a la figura del Mesías, pero, como indican los críticos, por el hecho de que se trata de una obra tardía, del siglo I d. C. y con evidentes interpolaciones cristianas posteriores. Así, v. gr. en 4 Esd. 7:28,29 hace decir a Dios *mi Hijo Jesús* y *mi Hijo Cristo*, respectivamente, aludiendo a una profecía para el futuro de Israel.

A modo de conclusión. Los libros apócrifos o deuterocanónicos se muestran, a todas luces, como una continuación del Antiguo Testamento canónico que conocemos, de modo que el pensamiento que vehiculan viene a reflejar el que allí encontramos, si bien actualizado a tenor de los nuevos tiempos en que vive el pueblo judío de los últimos siglos antes de Cristo. Redactados, según parece, en griego, al menos en una buena parte, la profusión de estilos literarios que encontramos en estos escritos nos habla muy a las claras de las cualidades de sus autores, grandes escritores, sin duda, aunque anónimos para nosotros en la mayoría de los casos, pero al mismo tiempo teólogos y pensadores religiosos de un nivel nada desdeñable, cuya finalidad es conservar y transmitir el legado sagrado de Israel, como una adquisión para siempre, en medio de un ambiente hostil. Sus aportaciones nuevas al elenco teológico judío, aunque aparezcan en ocasiones envueltas en un lenguaje novelesco o fantástico, contribuyen de forma clara a preparar el terreno para el escenario en que aparecerá Jesús entre los hombres, y en el que verá la luz el Nuevo Testamento. De ahí que su lectura resulte para nosotros más llevadera, más fácil que la de muchos textos de los treinta y nueve libros canónicos hebreos.

> *El mensaje vehiculado por los libros apócrifos, pese a su evidente ropaje literario, apunta a la esperanza de Israel en tanto que es pueblo escogido por Dios, en medio de todas las adversidades y las dificultades de la época en que estas obras ven la luz*

PREGUNTAS PARA REFLEXIONAR: ¿Qué significan los términos *apócrifo, deuterocanónico* y *pseudoepigráfico*? ¿Cuáles son, por lo general, los libros que los protestantes llamamos *apócrifos*? ¿Qué valor real pueden tener para nosotros si no forman parte del Antiguo Testamento Canónico? ¿Cuál es la razón por la que las primeras biblias protestantes en lengua castellana los contenían? ¿Qué otros tres escritos apócrifos aparecen, además, en las Biblias del Oso y del Cántaro, que hoy no se hallan en las versiones católicas e interconfesionales de las Escrituras? ¿Cómo entienden a Dios los libros apócrifos? ¿Por qué razón no se constata ni una sola vez en ellos el Sagrado Tetragrámmaton? ¿De qué ángeles ajenos al Antiguo Testamento nos ofrecen los nombres propios? ¿Quién es Asmodeo en el libro de Tobías? ¿Qué diferencias fundamentales se hallan éntre los libros 1 y 2 Macabeos en cuanto a su contenido? Menciona algunos episodios propios de 2 Macabeos en los que se explicite un contenido esencialmente religioso. ¿Cómo resume Aquior en el libro de Judit la Historia de la Salvación, identificada con la historia nacional de Israel? ¿Qué indica Baruc 6 en relación con el culto a los ídolos? ¿Y DnGr. 14? Resume la historia de la casta Susana, indicando cuál es la finalidad de este relato. ¿En qué se diferencian el libro canónico de Ester y el apócrifo Ester griego? ¿Qué diferencias fundamentales hay entre los libros de la Sabiduría y el Eclesiástico? ¿Cuál es la gran aportación del libro de la Sabiduría a la escatología personal? ¿Y la de 2 Macabeos? ¿Por qué 4 Esdras menciona específicamente al Mesías con los nombres de *Jesús* y *Cristo*?

CONCLUSIÓN

¿A DÓNDE NOS CONDUCE LA TEOLOGÍA DEL ANTIGUO TESTAMENTO?

Nunca puede resultar tarea fácil redactar el último capítulo de un trabajo como este. La razón es muy sencilla, y salta a la vista: después de cuanto hemos encontrado en los capítulos precedentes, y reconociendo con total honestidad que tan solo hemos presentado una visión muy superficial de cada tema, no podemos pretender dar por clausurada una investigación que en sí se muesta inagotable. Los binomios paulinos reseñados en los que, pensamos, se condensa el pensamiento veterotestamentario, no han dejado aún de sorprender a quienes se adentran en su estudio, o a quienes tienen otros enfoques, otros puntos de vista, sobre los libros del Antiguo Pacto.

Por ello, la pregunta tiene todo su vigor: ¿a dónde nos conduce la teología del Antiguo Testamento? F. F. Bruce, en una de sus obras más conocidas, *This is that*, en las pp. 15 y 16 de su traducción en castellano *Esto es aquello*[1361], cita literalmente párrafos de la encíclica *Dei Verbum* que presentan el conjunto de la revelación y el pensamiento veterotestamentarios como una preparación para el *Deus caro factum est*, vale decir, para el advenimiento de Cristo y la consumación del plan de la Salvación del género humano. No tiene nada de extraño, dado que las palabras del propio Jesús *la ley y los profetas eran hasta Juan* (Lc. 16:16), o aquellas otras que afirman que las Escrituras dan testimonio de él (Jn. 5:39), inciden en la misma idea. Si a ello añadimos que en Lc. 24:32,45 el Señor resucitado abre para los suyos el sentido primordial de las Escrituras veterotestamentarias, cuando dice que se ha cumplido *todo lo que está escrito de él en la ley de Moisés, en los profetas y en los salmos*, entendemos que solo Cristo pone perfectamente el broche de oro al Antiguo Testamento, solo él le da

---

[1361] Tenemos ante nuestros ojos la edición de Editorial Mundo Bíblico (EMB), 2009.

sentido, vale decir, a él nos conduce. De ello da buena cuenta la Epístola a los Hebreos como ningún otro escrito neotestamentario (*cf.* He. 1:1-2): todo el canon habreo señala hacia el Redentor, hacia el Mesías que había de venir. De ahí que el Antiguo Testamento coloree el Nuevo, tanto en las narraciones de la Historia evangélica en su conjunto (Mt.–Hch.), las disertaciones contenidas en las Epístolas o las visiones del Apocalipsis: los hechos capitales de la vida y el ministerio de Jesús se presentan como claros cumplimientos de pasajes proféticos en una admirable intertextualidad que sigue siendo hoy motivo de estudio y discusión (Mt. 1:22-23; Jn. 12:14-16); himnos como el *Magnificat* (Lc. 1:46-55) o el *Benedictus* (Lc. 1:68-79) reflejan la atmósfera del antiguo Israel en los albores de la aparición del Mesías; los apóstoles leen en los textos del Antiguo Pacto prefiguraciones de las condiciones del cristianismo naciente (Gá. 4:21-31); etc. De este modo, la tentación marcionita que muchos cristianos han experimentado a lo largo de los siglos de la Historia de la Iglesia, queda fuera de lugar: resulta imposible cimentar la fe cristiana sin el trasfondo histórico y teológico del Antiguo Testamento. Así pues, la lectura cristiana de los treinta y nueve libros canónicos del Antiguo Pacto se funda en la Gracia y la verdad que vienen a través de Cristo (Jn. 1:17), no en la ley (frente a las lecturas del judaísmo rabínico o de la comunidad de Qumram). En este sentido, el *soli Deo gloria* proclamado por la Reforma se interpenetra claramente con el *Immanu-el* de Is. 7:14. Tal ha sido la dinámica de la Iglesia del Nuevo Testamento, de los Padres, de los Reformadores, y de teólogos contemporáneos como Karl Barth. Ello implica que el Antiguo Testamento es una tradición viva no concluida en el siglo I d. C., y que continúa hoy, pues su comprensión en clave de promesa-cumplimiento hace de él un magnífico exponente de la Historia de la Salvación, la *Heilsgeschichte* que decíamos desde las primeras páginas introductorias, cuya culminación la ofrecerá el Nuevo Testamento.

Nada de ello, sin embargo, nos exime de la necesidad de escuchar al Antiguo Testamento en sí mismo, en el estadio en que ha quedado su redacción definitiva, la que nos ha sido entregada, presumiblemente la de la Gran Sinagoga de la restauración después del exilio babilónico. En tanto que Palabra de Dios revelada a Israel bajo la inspiración del Espíritu Santo, tiene algo que decir, algo que aportar, pues contiene, ni más ni menos, la respuesta que el antiguo Israel dio al Dios Yahweh que había salido a su encuentro. De ahí esa tensión permanente entre doxología, soteriología, historia, reflexión y polémica que hallamos a lo largo de sus treinta y nueve escritos. De ahí también lo imperativo de una lectura existencialista de esta magnífica colección de tradiciones antiguas, con sus interpretaciones y reinterpretaciones efectuadas por los teólogos del momento: los hagiógrafos, los sabios y, sobre todo, los profetas. Aún se discute en medios teológicos actuales si estos últimos especialmente, o el conjunto de los que hemos nombrado, no han de ser considerados testigos más que teólogos propiamente dichos. Personalmente, creemos que ambos conceptos no están reñidos, pues nadie hace una teología digna de este nombre en abstracto, sin una experiencia auténtica de Dios, sea esta notoriamente pública o privada.

De ahí que el Antiguo Testamento se resista, casi con ferocidad, a una interpretación normativa. Desde luego, el Nuevo Testamento presenta lecturas muy variadas de las antiguas Escrituras hebreas, sin pretender sentar cátedra, y muy en la línea carismática seguida por los propios profetas de Israel cuando se enfrentan con las tradiciones patrias. Solo así se entiende que a los autores sagrados les importe muy poco probar la realidad histórica de los hechos que narran. Quienes hoy nos acercamos a los escritos inspirados del Antiguo Testamento reconociéndolos como tales, hemos de llevar a cabo un poderoso ejercicio de humildad, dejando de lado nuestros *a prioris* culturales y religiosos, marcados por una impronta de pensamiento occidental, y siendo conscientes de que nos adentramos en un terreno en el que Dios, el Dios de Abraham, Isaac y Jacob, el Dios que viene al encuentro de sus hijos, es el protagonista, el actor principal del *teodrama* que presentan las Escrituras hebreas, al decir de Hans Urs von Balthasar, no el hombre, y que los hechos divinos, por tanto, escapan a nuestro control.

Y ese Dios de Abraham, de Isaac y de Jacob, aunque parezca paradójico (¿acaso el Antiguo Testamento no está lleno todo él de crasas paradojas?), no se contenta con ser exclusivamente el Dios de Israel. Es también, aunque el propio Israel parezca no entenderlo ni aceptarlo, el Dios de las naciones, de todos los pueblos, llamados a ser bendecidos y redimidos por su gran misericordia. El Dios del juicio devastador, del fuego y de la peste, que aborrece la idolatría, la injusticia y la iniquidad, es también, y sobre todo, el Dios de la misericordia que se opone a los brotes fundamentalistas y exclusivistas de ese Jonás airado y decepcionado, desgraciado padre de todos los fariseos antiguos y modernos. Solo así se entiende la Creación como una manifestación de bondad, un *principium evangelii*, al decir de algunos teólogos de siglos pretéritos. Solo así se comprende la historia de Israel como una pre-figuración de la historia de la Iglesia. Solo así se llega a explicar que el Antiguo Testamento siga interpelándonos a los creyentes cristianos y nos invite a acercarnos por medio de sus capítulos y versículos, sus luces y sus sombras, sus más que evidentes contradicciones y sus titubeos, pero también sus cuadros magníficos, al Dios que un día se revelará plenamente como Padre de Jesucristo y Padre nuestro.

El Antiguo Testamento nos lleva, indefectiblemente, a Cristo —nadie lo ha de poner en duda— pero haciéndonos recorrer primero las profundidades de nuestra más acendrada miseria humana. Por eso, el estudio de su pensamiento, de su teología, sigue siendo, y será siempre, algo apasionante.

BIBLIOGRAFÍA SUCINTA

ANDIÑACH, P. R. *El Dios que está. Teología del Antiguo Testamento*. Estella, Navarra: Verbo Divino, 2014.

_____. *Introducción hermenéutica al Antiguo Testamento*. Estella, Navarra: Verbo Divino, 2014 (2ª edición).

BARBAGLIO, G., Y DIANICH, S. (DIR.). *Nuevo Diccionario de teología*. Madrid: Ediciones Cristiandad, 1982.

BLENKINSOPP, J. "Old Testament Theology and the Jewish-Christian Connection" in *Journal for the Study of the Old Testament*, 28 (1984), pp. 3-15.

BROWN, R. E. SS ET ALTERI (DIR.). *Comentario Bíblico San Jerónimo, Tomo V, Estudios Sistemáticos*. Madrid: Ed. Cristiandad, 1971.

BRUEGGEMANN, W. *Teología del Antiguo Testamento. Un juicio a Yahvé. Testimonio. Disputa. Defensa*. Salamanca: Ediciones Sígueme, 2007.

CARBAJOSA PÉREZ, I. *De la fe nace la exégesis. La interpretación de la Escritura a la luz de la historia de la investigación sobre el Antiguo Testamento*. Estella, Navarra: Ed. Verbo Divino, 2013.

CATE, R. L. *Teología del Antiguo Testamento. Raíces para la fe neotestamentaria*. El Paso, Texas: E.M.H. 2003.

CERVANTES-ORTÍZ, L. *Pacto, pueblo e historia. Una introducción al Antiguo Testamento*. México: Basilea, 2007.

CLEMENTS, R. *Old Testament Theology. A Fresh Appoach*. Atlanta: John Knox Press, 1978.

CROATTO, S. *Historia de salvación. La experiencia religiosa del pueblo de Dios*. Estella, Navarra: Verbo Divino, 1995.

_____. *Exilio y supervivencia. Tradiciones contraculturales en el Pentateuco*. Buenos Aires: Lumen, 1997.

CHILDS, B. S. *Teología bíblica del Antiguo y del Nuevo Testamento*. Salamanca: Ediciones Sígueme, 1992.

DANYANS, E. *Conociendo a Jesús en el Antiguo Testamento. Cristología y tipología bíblica*. Viladecavalls, Barcelona: CLIE, 2008.

DE PURY, A. (ÉD.). *Le Pentateuque en question.* Genève: Labor et Fides, 2003.

DE PURY, A. ET ALTERI (ÉD.). *Israël construit son histoire.* Genève: Labor et Fides, 1996.

DE VAUX, R. *Instituciones del Antiguo Testamento.* Barcelona: Ed. Herder, 1976.

DYRNESS, W. *Themes in Old Testament Theology.* Westmont, Illinois: Inter-Varsity Press, 1979.

DRANE, J. *Introducción al Antiguo Testamento.* Terrassa, Barcelona: CLIE, 2000.

EICHRODT, W. *Teología del Antiguo Testamento.* Tomo I. Madrid: Ediciones Cristiandad, 1975.

ELLIS, P.F. *Los hombres y el mensaje del Antiguo Testamento.* Santander: Sal Terrae, 1969.

FERGUSON, S. B., ET ALTERI (ED.). *Nuevo Diccionario de Teología.* El Paso, Texas: C.B.P., 1998.

GARCÍA CORDERO, M. *Teología de la Biblia, vol. I. Antiguo Testamento.* Madrid: B.A.C., 1970.

GONZÁLEZ, A. ET ALTERI. *Profetas verdaderos, profetas falsos.* Salamanca: Ed. Sígueme, 1976.

GRELOT, P. *Sentido cristiano del Antiguo Testamento.* Bilbao: D.D.B., 1995.

HARRISON, R. K. *Introducción al Antiguo Testamento.* 4 vols. Grand Rapids, Michigan: TELL, 1990-1996.

HASEL, G. F. *Old Testament Theology: Basic Issues in the Current Debate.* Grand Rapids, Michigan: Eerdmans, 1991.

HICKS, E. *Teología del Antiguo Testamento.* Material mimeografiado. S.T.B.M. Lomas Verdes, Naucalpan, Méx.

HOUSE, P. R. *Old Testament Theology.* Westmont, Illinois: InterVarsity Press, 1998.

JACOB, E. *Teología del Antiguo Testamento.* Madrid: Ediciones Marova, 1969.

KAESTLI, J.-D. ET ALTERI. *Le canon de l'Ancien Testament.* Genève: Labor et Fides, 1984.

KAISER, W. *Hacia una teología del Antiguo Testamento,* Miami, Florida: Ed. Vida, 2000.

KNIERIM, R.P. *The task of Old Testament Theology,* Grand Rapids: Eerdmamns, 1995.

MAIER, J. *Entre los dos testamentos. Historia y religión en la época del segundo templo.* Salamanca: Ediciones Sígueme, 1996.

MARTIN-ACHARD, R. *Dios de toda fidelidad. Los grandes temas bíblicos a través de las celebraciones de Israel.* Rubí, Barcelona: Gayata Ediciones, 1992.

_____. *Permanence de l'Ancien Testament. Recherches d'exégèse et de théologie.* Genève: Cahiers de la Revue de Théologie et de Philosphie, 1984.

MORIARTY, F. L, S. I. "El mensaje teológico del Antiguo Testamento y el cristiano", in *Sagrada Biblia Cantera-Iglesias*. Madrid: Biblioteca de Autores Cristianos, 1979.

MOTYER, J. A. "Teología del Antiguo Testamento" in *Nuevo Diccionario Bíblico*. El Paso, Texas: Casa Bautista de Publicaciones, 1977.

OLLENBURGER, B. C. *Old Testament Theology: flowering and future*. Winona Lake, Indiana: Eisenbrauns, 2004.

_____ et alteri. *The Flowering of Old Testament Theology*. Winona Lake, Indiana: Eisenbrauns, 1992.

PAGÁN, S. *Introducción a la Biblia hebrea*. Viladecavalls, Barcelona: CLIE, 2012.

PREUSS, H. D. *Teología del Antiguo Testamento*. vol. I. *Yahve elige y obliga*. Bilbao: Desclée de Brouwer, 1999.

_____. *Teología del Antiguo Testamento*. vol. II. El camino de *Yahve con Israel*. Bilbao: Desclée de Brouwer, 2015.

PRUSSNER, F. C. AND HAYES, J. H. *Old Testament Theology: its history and development*. Westminster John Knox Press, 1985.

RENDTORFF, R. "I principali problemi di una teologia dell'Antico Testamento", in *Protestantesimo* 35 (1980), pp. 193-206.

_____. *The canonical hebrew Bible. A theology of the Old Testament*. Leiden: Deo Publishing, 2005.

RÖMER, T. ET ALTERI (ED.). *Introduction à l'Ancien Testament*. Genève: Labor et Fides, 2004.

ROPERO, A. (ed.). *Gran Diccionario Enciclopédico de la Biblia*. Viladecavalls, Barcelona: CLIE, 2013.

SCHEM, A. J. "Hengstenberg and his Influence on German Protestantism", in *The Metodist Quarterly Review*, vol. XLIV 1862 pp. 108-128.

SICRE, J. L. *De David al Mesías. Textos básicos de la esperanza mesiánica*. Estella, Navarra: Ed. Verbo Divino, 1995.

_____. *Introducción al Antiguo Testamento*. Estella, Navarra: Ed. Verbo Divino, 2000.

_____. *Profetismo en Israel. El Profeta. Los Profetas. El mensaje*. Estella, Navarra: Ed. Verbo Divino, 1998.

SOGGIN, A. *Introduction to the Old Testament*. Lousville: John Knox Press, 1998.

TREBOLLE BARRERA, J. *La Biblia judía y la Biblia cristiana. Introducción a la historia de la Biblia*. Madrid: Ed. Trotta, 1993.

VÍLCHEZ LÍNDEZ, J. SJ. *Sabios y Sabiduría en Israel*. Estella, Navarra: Ed. Verbo Divino, 1995.

VON RAD, G. *Théologie de l'Ancien Testament, vol I. Théologie des traditions historiques d'Israël.* Genève: Labor et Fides, 1957.

_____ *Théologie de l'Ancien Testament, vol II. Théologie des traditions prophétiques d'Israël.* Genève: Labor et Fides, 1965.

WESTERMANN, C. *Théologie de l'Ancien Testament.* Genève: Labor et Fides, 1985.

WRIGHT, E. M. *El Dios que actúa. Teología como narración.* Madrid: Ediciones Fax, 1974.

YOUNG, E. J. *Una introducción al Antiguo Testamento.* Grand Rapids: TELL, 1977.

ZIMMERLI, W. *Manual de teología del Antiguo Testamento.* Madrid: Ediciones Cristiandad, 1980.

TÍTULOS DE LA COLECCIÓN